高等学校心理学专业课程教材

SOCIAL PSYCHOLOGY

社会心理学

（第3版）

主编　金盛华

高等教育出版社·北京

内容提要

本书第 3 版内容保持了原书 18 章社会心理学的主干知识，分为五大部分：社会心理学概论（包括社会心理学及其发展，社会心理学理论和社会心理学研究方法三章），社会心理发展（包括社会化，态度及其形成两章），社会认知（包括社会知觉，刻板印象与归因，自我概念和价值观四章），社会互动（包括沟通，人际吸引，人际关系，助人行为和侵犯行为五章），社会影响（包括从众、依从和服从，劝导与态度改变，群体中的相互作用，合作、竞争与冲突四章）。全书介绍了社会心理学的原理和研究方法，反映了国内外的社会心理学理论与实践研究的进展。同时，为了便于学习者使用，本书还用二维码关联了丰富的数字课程等拓展资源。

本书适合用作心理学、社会学、经济学、管理学、教育学等专业的本科生或研究生教科书，也适合用作社会心理学理论和实践研究领域的专业参考书。

图书在版编目（CIP）数据

社会心理学/金盛华主编. --3 版. --北京：高等教育出版社，2020.8（2025.2 重印）

ISBN 978-7-04-052598-4

Ⅰ.①社… Ⅱ.①金… Ⅲ.①社会心理学 Ⅳ.①C912.6-0

中国版本图书馆 CIP 数据核字（2019）第 184891 号

Shehui Xinlixue

策划编辑 陈 容　责任编辑 陈 容　封面设计 李树龙　版式设计 马 云
插图绘制 于 博　责任校对 张 薇　责任印制 赵 佳

出版发行 高等教育出版社
社 址 北京市西城区德外大街 4 号
邮政编码 100120
印 刷 北京中科印刷有限公司
开 本 787mm×1092mm 1/16
印 张 27.25
字 数 670 千字
购书热线 010-58581118
咨询电话 400-810-0598
网 址 http://www.hep.edu.cn
http://www.hep.com.cn
网上订购 http://www.hepmall.com.cn
http://www.hepmall.com
http://www.hepmall.cn
版 次 2005 年 10 月第 1 版
2020 年 8 月第 3 版
印 次 2025 年 2 月第 7 次印刷
定 价 56.00 元

物 料 号 52598-A0

第3版前言

2010年,本书第2版出版的时候,原计划每5年修订一版,不想光阴荏苒,到第3版即将付印的时候,时间已经过去10年了。

我的第一本社会心理学教材《当代社会心理学导论》出版于1995年,至今已经过去四分之一个世纪。十分幸运的是,这四分之一个世纪是中国社会心理学发展有史以来最为迅速的阶段。今天,中国心理学研究者的成果已经在国际主要社会心理学期刊中占据重要地位。在这个背景下,出版一本高质量的社会心理学教材,远比25年前更富有挑战性。也许,这正是原定5年即修订的第3版,延至10年后才能出版的原因。

第3版延迟出版的另外一个原因是本书从第1版开始,实际上是用自我价值定向理论贯穿全书的。传统上,社会心理学观察人的行为的视角侧重强调外部环境要素,但是,外因通过内因起作用,一切外部因素都需要通过个人的自我价值的转译,才会对行为发挥影响作用。可以说,忽视了内部自我对于社会信息如何进行加工的社会心理学,本质上都会存在致命的不足,难以真正说清楚人的社会行为发生的根本原理。而将一个更加完善和系统的自我价值定向理论及其贯穿的社会心理学体系呈现在读者面前,前提条件是自我价值定向理论本身获得了实质的进展。这一理论在2012年作为国家社会科学基金重大项目"本土心理学核心理论的重大突破与建构"正式立项,为理论的提升和系统化提供了契机。经过6年的大规模研究,自我价值定向理论完成了系统的重构工程,并在理论的广泛应用价值方面取得一批高水平成果,这些成果的一个重要标志是《自我价值定向理论及其应用:中国本土心理学理论的突破与建构》作为项目核心成果于2019年3月正式出版。这本呈现自我价值定向理论最新进展的著作的出版,为本书的第3版做了最好的理论铺垫。

与第2版相比,第3版更加系统地将自我价值定向理论贯穿到整个社会心理学体系之中,并根据国家社会科学基金重大项目关于自我价值定向理论的核心成果,对书中有关该理论介绍的部分,进行了系统性的重新表述,并对与该理论联系紧密的章节,如价值观等,进行了较大规模的重写,补充了最新资料。

另外,第3版用二维码关联了丰富的数字资源,包括微课、知识拓展等,在提供丰富的、直观的资源的同时,尽量压缩成书的篇幅。在修订过程中,有关研究材料尽量采用了国内外主要心理学期刊最新发表的社会心理学研究成果,并尽可能反映近年来国内外社会心理学的重要研究进展。全书的修订原则依然沿袭一贯的三条基本定向:其一,本书的新版及时跟踪学科前沿,系统反映本领域最新研究成果,提供有实证研究支持的理论思考;其二,强化相关的知识进展在学科本体知

第2版前言

识体系上的整合，注重其与我国现实社会问题的紧密联系；其三，重构作者提出的自我价值定向理论，提出主题明确的理论命题，并努力将该理论的思想运用到各章具体问题的解释当中。第 3 版在完成上述修订的同时，也对第 2 版中存在的问题和不足进行了修正，并在各章的导入例证上进行了全面更新，使本书对相关问题的讨论及时跟上时代的变化。

本书的基础是我长期对社会心理学问题的关注和研究，对相关理论、方法和知识的积累以及对其所进行的系统思考。进入社会心理学领域近 40 年来，本人一直致力于建构社会心理学完整的本体知识体系。本书前两版的各种评审途径的权威肯定、积极社会反响与读者的广泛肯定，给了我进一步完善和提高本书水平的动力，并使我感觉有责任保持本书对学术前沿的跟踪，及时反映社会心理学领域的最新成就和我对社会心理学的最新思考。唯有如此，才能保证本书应有的生命力，也是为读者提供一本好的社会心理学著作的写作初衷的最好实践。

本书的每一章节都凝聚了本人与合作者的共同努力。各章的写作分工是：第一章，金盛华、李红霞、张怀春；第二章，金盛华、黄雪娜、于全磊；第三章，金盛华、李红霞；第四章，金盛华、张玉柱、杜晓鹏；第五章，金盛华、张玉柱、王静、赵宇迪；第六章，金盛华、郑健君、王艺；第七章，金盛华、单雯、郭亚飞；第八章，金盛华、黄甜、于全磊；第九章，金盛华、李玲、辛志勇、郑健君；第十章，金盛华、蒋玉娜、王静、吴恭安；第十一章，金盛华、孙嘉卿、张庆伟、吴恭安；第十二章，金盛华、单雯、张庆伟；第十三章，金盛华、黄甜、陈玲丽、董梦晨；第十四章，金盛华、石孟磊、陈玲丽、张林；第十五章，金盛华、王静、王新波、杨金花、孙燕；第十六章，金盛华、范丽恒、赵雷、孙燕；第十七章，金盛华、王新波、陈晓芳、杜晓鹏；第十八章，金盛华、黄雪娜、杨金花、万薇洁。我的部分博士生和硕士生为本书修订提供了资料支持和编辑帮助，在此一并表示感谢，并为不能一一鸣谢致歉。

在本书的书稿写作中，引证了大量国内外社会心理学研究者的宝贵学术成果和资料，没有他们出色的研究工作，本书就不可能完成。在此，请允许我向各位原作者表示敬意和谢忱，同时也为未能一一直接表示谢意而致歉。在资料引用或有关研究与理论观念的转述中，如有不当或差错，责任完全由本人承担，恳请原作者知会本人予以订正。

在本书第 3 版的完成过程中，要特别感谢高等教育出版社陈容编辑，她在修订和编辑过程中，始终耐心支持本书修订计划的完成，更对全部书稿的修订做了细致充分的整理、编辑和查核等大量工作，并在图稿、专业术语、参考文献、作者译名的中英文对照与统一方面，付出了很多艰苦的劳动和耐心。对于她对本书的悉心支持，在此特别表示由衷的感谢。

学海无涯。虽然本人及各章的写作参与或支持者全力试图出版一本能够透视整个社会心理学完整画面的优秀著作，但由于本人水平有限，本书难免还存在各种不足，在此恳请读者和同行专家不吝赐教。本人也将为不断修订、提高和完善本书持续努力。

金盛华
2020 年 4 月于北京

目录

第三部分　社会认知

第四部分　社会互动

第一部分　社会心理学概论

第一章　社会心理学及其发展

本章要点

＊社会心理学的概念
＊社会心理分类系统
＊社会心理学与相关学科的联系和区别
＊社会心理学研究范畴
＊社会心理学的发展过程
＊西方与中国社会心理学发展现状

2019 年 3 月，一位 21 岁女大学生求职返回途中救助 80 岁倒地老人的视频被传上网络。虽然当事人认为“这都是举手之劳，应该做的，没有啥功劳”，但她助人的视频被传到社交平台后，不仅引起600 万人的巨量围观，而且被求职单位直接破格录用。人民日报客户端为此专门配发人民微评：如此破格，是崇“格”——崇品德，重人格。……勇于救人获得回报，这是善良的力量。为何一件当事人认为平常的“举手之劳”，却引起如此巨大的社会反响？社会对于人们的行为和品格有着怎样的预期？

某位记者曾对搭便车实地采访，结果发现：如果司机是女性，则无论邀请男士还是女士，都同意搭车。如果司机是男性而邀请女士搭车，则屡屡被拒，如有人同行，则女乘客同意搭车，同行人中途下车后，搭车女士马上拿出手机，用方言给家人打电话，告知当前位置和所搭车的车牌号。男司机邀请男士搭车，被邀男士都欣然同意。同样是邀请搭车的友好行动，为什么行动者性别会有如此大的影响？同样是搭便车，为什么男女乘客有明显不同的行动模式？

一个看似平常的行为，为何能引起巨大的社会反响？同样的行为情境，为何男女行为大相径庭？在日常生活中，每时每刻都在发生各种各样吸引我们注意或引发我们不同行为的社会事件，但同样的事件为何会引发天差地别的行为，我们却很少知道其中的真正原因。科学地解答这些问题，找到行为背后的真正原因，正是社会心理学研究的使命。从以上几个例证可以看到，社会心理学的研究兴趣和目标与我们的日常生活息息相关。

人是社会的动物。任何时候，人的心态与行为，都必定要受到他人、群体和整个社会的影响。心理学家的兴趣，就在于科学地描述、解释、预测乃至控制人的行为与心理。而人的社会属性，客观地决定了仅仅将人当作一个自然实体来研究，是不可能全面揭示人的心理与行为规律的。这样，在人类的科学体系中，就需要有一个专门领域，将人当作社会实体来研究，以揭示人的社会性的行为与心理规律。这一专门领域，就是我们将要讨论的社会心理学，英文称为 social psychology。

在心理学领域，社会心理学也许是与人们日常生活关系最为密切的学科。社会心理学的知识积累和研究发现不仅可以使人们科学地了解身边发生的诸多社会心理现象，或被直接用来解决日常生活中的各种问题，而且在很多人文科学领域，如社会学、人类学、管理学中也被广泛运用。

第一节　社会心理学的界定

什么是社会心理学？社会心理学究竟研究什么问题？这涉及一个确定学科“研究对象”的问题。任何一个学科，其存在的前提，是先确立自己的研究对象与研究范围。学科的研究对象以及与之相关的学科性质、任务等，共同规定了一个学科的整体面貌和内容。

科学地界定一个学科是一件非常困难的事情。一个学科在其发展过程中有着不同的知识积累路线，不同的学者由于同学科发生关联的方式和看问题的视角不同，所以会产生关于学科界定的不同观点。

一、关于社会心理学理解的分歧

科学地认识一门学科，需要对这一学科在更大的科学系统中进行定位。在讨论社会心理学学科属性问题时，部分学者武断地提出这样或那样的定义，却较少解释他们提出这些定义的根据。更有一些学者望文生义，将社会心理学简单定义为研究社会心理现象的科学。事实上，人类知识体系中有一系列学科都以社会心理现象为研究对象，而绝非只有社会心理学。简单化的定义方法，很容易导致人们对一门学科的误解。

1908年，心理学家麦独孤(McDougall)和社会学家罗斯(Ross)几乎同时出版了各自撰写的社会心理学教本，这成为社会心理学诞生的标志。1929年，墨菲(Murphy)在《近代心理学历史导引》一书中由此回溯，找出了形成社会心理学的两种主要的理论渊源，并进而划定了两种不同取向的社会心理学：心理学的社会心理学和社会学的社会心理学。墨菲写道：社会心理学在形成时，它趋向于分为两支，一支是心理学家的社会心理学，注重社会情境中的个人；一支是社会学家的社会心理学，注重团体生活。

所谓心理学的社会心理学，是采用心理学方法，研究人的思想、情感和行为怎样受到真实的、想象的和隐含的他人存在的影响；社会学的社会心理学，则采用社会学方法，研究不同水平的交往，即个人与个人之间、组织机构与个人之间、正式组织与非正式组织之间的交往(Kotsmin，1979，参见金盛华等，1995)。显然，对社会心理学理解不同，定义也会有所差异。要真正科学地认识社会心理学，就必须首先了解定义社会心理学的依据和背景。

二、定义社会心理学的依据和背景

一般而言，科学地定义一个学科，需要考虑以下几个方面的问题：

首先，一门学科的定义，必须能正确描述该学科在整个科学体系中的位置，体现该学科的独特性和存在价值，并能勾画该学科的基本框架，最终促进该学科的研究和人们对该学科的认识。

一门学科的定义,应与该学科已经积累的知识本体和所讨论的问题有逻辑的对应。

其次,学科的界定是相对的。一门学科的界定,具有相对性和时代特征。学科的对象范围,会随着学科自身及有关学科的发展而变化。例如,社会心理学在形成初期,没有人注意到人的社会行为与物理环境的关系,但到20世纪七八十年代,几乎所有社会心理学家都认为忽视这一关系是错误的。

最后,学科定义的真正意义,不在于为本学科确定绝对的界限,而在于勾画学科中心和轮廓。社会心理学作为一个以人类社会高度关注的社会心理现象为研究对象且与其他学科紧密联系的学科,既要有具备自身特点的研究中心,又必然会涉及其他学科也关注的研究领域。

因为学术文化和学术范式的不同,不同背景的社会心理学家提出了许多不同的社会心理学的定义。社会心理学起源于美国,迄今为止,绝大多数社会心理学资料也是来自美国。因此,有必要了解美国社会心理学家对于这门学科对象的理解。

虽然美国社会心理学家对于社会心理学对象的理解不尽相同,但研究倾向的一致性却越来越明显,到20世纪末与21世纪初更是如此。奥尔波特(Allport)的经典社会心理学界定,即社会心理学是科学研究人的思想、情感和行为怎样受到真实的、想象的和隐含的他人存在的影响的学科,依然被大多数美国社会心理学家推崇,如阿伦森等人(Aronson, Wilson, & Akert, 1999)。

奥尔波特的社会心理学定义,是美国社会心理学界影响最大、最广泛、最持久的定义之一。该定义不仅指出了实际的、直接的社会相互作用会影响人的心理与行为,而且指出了想象与隐含的间接社会存在同样会对人的心理与行为发生影响。这就将社会相互作用的范围拓展到了人的全部生活。它意味着即便没有他人的实际存在,个人对于他人及自身社会角色的意识、个人与他人的关系也会持续地影响个人的心理与行为。

总体来说,美国社会心理学家都强调,社会心理学研究的核心是人际相互作用与社会影响。社会心理学家格根(Gergen)于1981年明确指出:社会心理学是系统研究人的相互作用及其心理基础的科学。迈尔斯(Myers)在其2004年出版的《社会心理学》(第8版)中依然沿用他一贯以来的理解:社会心理学是研究人们相互理解、相互影响和相互关系的科学。

三、社会心理分类系统

社会心理分类系统是由金盛华提出的一个旨在确定社会心理学具体研究范围、明确社会心理学定义及其与其他相邻学科关系的系统。按照这一分类系统,通常所说的社会心理概念包括六类内容:

第一类,表现为个体现象的社会行为与社会心态,如社会知觉、态度、价值观、社会性需要、成就动机、自我概念等。

第二类,表现为人际相互作用现象的人际交往与人际关系,如人际沟通、吸引、爱情、依赖等。

第三类,表现为个人与群体相互作用现象的社会影响,如从众、社会助长、去个性化、规范形成、领导等。

第四类,表现为微观群体心理现象的社会心态,如群体凝聚力、士气、心理气氛等。

第五类,表现为宏观社会现象的非系统化社会心理倾向,如传统、风俗、时尚、流行、阶级与民族心理特点、国民性等。

第六类,表现为宏观社会现象的系统化社会心理思想,如哲学、宗教、道德、伦理、政治、法律等。

清晰地分类社会心理学,使得我们能够确定社会心理学的研究范围和内容,对定义社会心理学具有重要作用。下文的定义与这里的分类密切相关。

四、本书的社会心理学定义

社会心理学的对象范围,是由它在科学体系中所占的位置客观决定的。在整个研究人类心理与行为的学科体系中,不同学科具有明显不同的分工,分析层次也有明显差异。生理学着眼于从生理状态解释人的经验与行为;普通心理学的兴趣集中于人的心理活动过程与心理状态(从广义角度来说,个性特征也属于心理状态);社会心理学试图从人与人之间的相互作用(包括社会影响)来解释人的社会心理与行为;社会学、人类学侧重从群体角度,从人的社会与文化属性解释人的社会行为。

从社会心理学的产生、发展、目前的状况及其在学科体系中的职能来看,以美国学者为代表的社会心理学工作者的研究更聚焦于社会背景中的个人,即一定社会背景条件下个人的社会心理与行为。虽然许多社会心理学著作都讨论群体过程等问题,但作为一个学科,社会心理学的焦点依然是以个人为基点,考察人与人之间的相互作用和群体的社会影响,考察大社会背景与物理环境对人的影响作用。

欧洲社会心理学在经过一些年的发展之后,拓展了美国社会心理学的研究领域,形成了既关心人际过程、群体过程,又重视个体内过程和群体间过程的社会心理学体系。中国学者在建立理论的努力中,重视文化独特性对人的社会心理的重要影响作用。

根据上述社会心理分类系统,在社会心理学的研究范围内,美国的社会心理学研究者更重视第一类、第二类及第三类社会心理现象的研究,以心理学为训练背景的社会心理学研究者就更是如此。而欧洲学者在此基础上开始倾向于较多地重视第四类、第五类甚至第六类社会心理现象的研究。

综观社会心理学产生的原因、发展、目前的状况及其在学科体系中的职能,我们可以看到,作为心理学的一个分支,社会心理学所研究的是社会背景中的个人,研究个人的社会心理与行为,并以个人为基点,考察人与人之间的相互作用和社会影响,考察大社会背景与物理环境对人的影响。因此,归根到底,社会心理学研究的是社会的人,而不是社会本身。这是社会心理学区别于其他行为科学并得以独立存在的根本。因此,社会心理学的研究范围,首先是第一类、第二类及第三类社会心理现象。尽管它也较多地涉及第四类,有时会涉及第五类乃至第六类社会心理现象,但它研究的着眼点是个人,关心的是个人特征,而不是群体的属性。社会本身的特征,是社会学、人类学及其他行为科学的研究中心,而个人社会心理现象,则成了这些学科的外围领域。

根据上述所有背景思考,我们将社会心理学界定为“研究社会相互作用背景中人的社会行为及其心理根据的科学”。

社会心理学的目标是科学地描述、解释、预测和控制人的社会行为。为了实现这一目标,社会心理学家就必须不只关心行为本身,同时也研究作为人的社会行为预测源的个人社会心理、人与人之间的相互作用和社会影响。这样,个人的社会心理与行为、人际相互作用和社会影响,就成了社会心理学的 3 个主要构成部分。

第二节 社会心理学与相关学科的联系和区别

社会心理学成为独立学科已经有一百多年历史,与许多相关学科存在密切联系。较普遍的观点认为,社会心理学是心理学的分支学科,但也有少数学者认为社会心理学是社会学的分支学科。人们越来越接受这样的观点:社会心理学是在社会学与心理学之间形成的边缘学科。周晓虹(1997)认为,社会学、心理学和文化人类学是社会心理学的母体学科。从这里可以看出,与社会心理学联系最密切的学科是社会学和心理学,其次是文化人类学。所以,探讨社会心理学自身的独特性并与相关学科相比较,是认识社会心理学不可缺少的一环。

一、社会心理学分析的独特性

心理学研究的范围十分广泛,从看不见的情绪激发、顿悟学习,到可以看得见的外显表现(如攻击行为)。其中,生理心理学、认知心理学和实验心理学的研究领域较靠近看不见的"内在";发展心理学和人格心理学的研究领域处于"内在"与"外在"的中间位置;社会心理学的研究领域处于"外在"。

对儿童学习的研究,不同心理学家所做的努力不同:生理心理学家从营养、用餐时间和用餐次数安排考虑,通过保证营养和避免饥饿感来提高注意力从而提高学习成绩;发展心理学家注重儿童年龄特征、接受与理解知识的能力,通过设计更加合理的课程帮助儿童提高学习成绩;社会心理学家探讨的是儿童学习的社会情境,如教室内的人数、座位安排、教师期望等对儿童学习的影响。

由此可见,社会心理学之所以具有独立学科的地位,是因为它分析人的心理和行为的独特视角。借鉴班杜拉(Bandura,1977)的交互决定论观点,我们可以将社会心理学理解为一种交互作用分析模型,即将人作为一个社会的人放到一定的社会背景中,并以人与社会环境及行为的互动来分析和解释社会心理与行为。这意味着,传统心理学试图用人的个性来解释人们的心理和行为的视角,在社会心理学中已经发生了从人的社会属性来解释心理和行为的实质性改变。社会心理学的这种独特分析取向,获得了其他研究领域所不能替代的知识,促进了心理学的发展。

在社会心理学的分析中,环境—人—行为构成了一个互动系统。行为不再被简单理解为一种心理过程的终结,而是另一个过程的起始。行为在这种互动中获得了动态的意义。

二、社会心理学与人格心理学

社会心理学与人格心理学关系密切。美国心理学会(APA)一直将这两个领域合并在一起,两个领域共属一个分会——人格与社会心理学协会,两个领域也共有权威的心理学杂志 *Journal of Personality and Social Psychology*(《人格与社会心理学杂志》)。但是,这两个领域仍然存在明显的区别。这些区别集中表现在3个方面:

第一,人格心理学主要研究个人内部的心理活动过程、人格的结构及各部分之间的关系、人格的内在动因等问题;社会心理学主要研究人怎样为其他人所影响,研究社会影响对人格的作用。

第二,尽管人格心理学家与社会心理学家经常关心共同的问题,但研究的着眼点不同。人格心理学强调个体差异,注重人格类型的研究;社会心理学强调人的共同性,注重研究不同的社会情境对人有着怎样的一致影响。同样是在研究攻击问题,人格心理学家注重为什么不同类型的人攻击倾向不同;社会心理学家则关注情境对人们攻击倾向的影响以及这种影响发生作用的原理。

第三,人格心理学主要侧重有关个人行为的基本理论探讨,而社会心理学则更侧重人们日常生活中具体社会心理与行为问题的研究。由于这一原因,人格心理学领域的著名学者往往著作等身,如弗洛伊德(Freud)、马斯洛(Maslow)等;社会心理学领域中出色的研究者都是当代心理学工作者,其贡献主要是对具体问题的研究。

三、社会心理学与社会学

社会心理学与社会学是容易混淆的两个领域。的确,两个学科有着不可分割的联系。社会心理学是在社会学和心理学的基础上发展、分化而来的,而且,社会心理学家与社会学家也常常关心同一社会领域中的问题,如都研究群体中人们的行为。但是,无论在研究的取向和侧重点,还是在研究方法上,两个学科的区分仍然是很明显的。

在研究取向和侧重点上,社会学着眼于社会本身,注重社会、群体的结构、功能、变化等问题,而社会心理学着眼于社会、群体背景中的个人,注重行为与社会的相互作用对人的影响。例如,对犯罪或离婚的研究,社会学倾向于将犯罪与离婚当作社会的属性,将其作为衡量社会状况和进行社会比较的参数,而社会心理学则倾向于从犯罪与离婚是个人行为的视角看待这些问题;社会学注重从社会综合治理的角度来解决犯罪与离婚问题,而社会心理学则试图从解决个人心理问题的角度使人的行为朝着社会期望的方向变化。

在研究方法上,尽管社会心理学有时使用与社会学相同的方法,但社会心理学的基本特征是实验科学,强调现场实验和实验室实验方法的运用,注重揭示行为与社会相互作用之间的因果联系。社会学由于所涉及的问题经常是难以用实验进行研究的社会问题,因而社会调查法在社会学研究方法中具有特殊地位。由于方法学上的特殊性,社会学研究也较多使用描述及相关性研究,而较少对因果关系进行揭示。

近年来,文化人类学家发现,在心理学及大部分社会学关注的要素之外,还存在着另外一类决定人类行为的因素——传统的风尚习俗、典章制度、工具、哲学、语言,等等,即我们统称的文化。在文化人类学家的影响下,社会心理学领域出现一大批富有成效的跨文化研究成果,并开始对原先以欧美人为研究对象的主流社会心理学提出了挑战。20 世纪 80 年代后期,美国心理学家伦那(Lonner)和加拿大心理学家巴里(Berry)主编了丛书"跨文化研究和方法论"(*Field Methods in Cross-Cultural Research*),在序言中,伦那和巴里以不容置疑的口吻写道:正如本书的标题所示,社会心理学中的跨文化研究已对所谓"主流"心理学提出了挑战,促使社会心理学从不同的文化中获取自己的发现,超越传统的过于狭隘的资料基础去拓宽自己的发展前景。毫无疑问,从跨文化的角度来看,人类行为不仅受到社会因素的影响,同时也受到文化因素的影响。

第三节 社会心理学研究范畴

社会心理学的研究范畴是随着人们对社会心理认识的深入而逐步明晰并不断发展、完善的。社会心理学研究范畴因学者的知识背景、研究范式、接触问题视角的不同而有所不同。用发展的眼光看,我们会发现,社会心理学的研究范畴有时被缩小,有时被扩大。根据前面对社会心理学的理解,本书将要讨论的社会心理学研究范畴主要有社会心理发展、社会认知、社会互动、社会影响等几个部分。通常,社会心理学教材还会讨论社会心理学的应用问题。由于本书篇幅限制,也考虑到应用部分不再属于社会心理学本体知识部分,故本书省略了关于社会心理学应用的内容。

本书分为5个部分。第一部分为社会心理学概论,包括第一章社会心理学及其发展、第二章社会心理学理论和第三章社会心理学研究方法;第二部分为社会心理发展,包括第四章社会化和第五章态度及其形成;第三部分为社会认知,包括第六章社会知觉、第七章刻板印象与归因、第八章自我概念和第九章价值观;第四部分为社会互动,包括第十章沟通、第十一章人际吸引、第十二章人际关系、第十三章助人行为和第十四章侵犯行为;第五部分为社会影响,包括第十五章从众、依从和服从,第十六章劝导与态度改变,第十七章群体中的相互作用和第十八章合作、竞争与冲突。

本书关于社会心理学研究范畴的讨论,主要分布在本书除概论之外的其他4个部分。

一、社会心理发展

本书讨论的个体社会心理的发展包括两个方面:社会化、态度及其形成。

(一)社会化

为什么有些人要变性?你在生活中是否曾被别人说成“假小子”或“女子气”?你这样评价过别人吗?

其实,这样的问题在生活中十分常见。这是关于一个人在社会生活中“社会化”的问题。比如你是男性,被别人说成讲话带“女子气”,你就会受到影响,就会调整说话的语气语调,力争显示自己的“男子气”。青少年群体鼓励男孩有阳刚之气,男孩就扮“酷”;女大学生接受了女子要性感和有吸引力的观念,露脐装就在大学校园里悄悄流行。这些现象的背后,都隐藏着相同的心理机制——社会的期待,它影响着人们的价值观、心态和行为,这就是社会化。

通常,社会化强调个人对社会的适应,但事实上,在社会化过程中,个人是主动的、有选择的,社会化在用各种机制引导人们形成共同的社会心理特征的同时,人们也基于个体自身的选择而形成了自己的独特个性和“自我概念”。社会心理学对社会化的研究,主要是力图揭示人如何通过内化他人态度、按照他人期待调整自己的行为。本书的第四章将详细讨论社会化问题。

(二)态度及其形成

你喜欢运动吗?你认为学习社会心理学是否对你的发展有利,是否会帮助你更成功地与别人相处?这些都是典型的态度问题。在日常生活中,如果问你身高多少、是哪里人,你总能给出确切的答复。但若问你对所钟爱的人喜欢到何种程度,你可能会难以作答。面对“你真的爱我吗”的发问,你可能会说,“不信我把心掏出来给你看”。掏心不可能,也没必要。掏心的含义,是要真实。这个问题在社会心理学中可以得到很好的解决。社会心理学可以通过了解一种态度的演化背景来揭示这种态度形成和发展的过程。这是本书第五章讨论的内容。

二、社会认知

每个人都是业余心理学家,都会对遇到的任何社会事物和人做出判断。判断出错,则会被评价为“没有头脑”。人怎样认识别人?又怎样认识自己?为什么我们对有些国家和地区的人有成见?为什么有些人重金钱而轻事业,而有些人却认为事业至上?这些都是本书的社会认知部分要深入讨论的问题。

（一）社会知觉

乘飞机与乘汽车旅行,哪一种更安全?空难几乎年年发生,一旦发生事故,就几乎没有生还的可能。汽车交通事故尽管时有发生,但许多时候并不直接威胁生命。由此,你可能相信乘汽车更加安全。如果以百万公里行驶死亡率计算,航空飞行的安全性却远远高于公路交通。

空难的及时、全方位、详尽报道,会给人以深刻的印象,使人更容易回忆,于是人们便感觉航空飞行不安全。除此之外,日常生活中更经常发生的是我们随时与他人打交道的问题。怎样才能更迅速地对别人做出准确判断呢?这是人们普遍关心的问题。这些都属于人们关于社会事物和人的概念是怎样形成的社会知觉问题,也正是本书第六章社会知觉要讨论的内容。

（二）刻板印象与归因

我们对某些国家和某些地方的人会有成见,但这些成见究竟是怎么形成的,我们却浑然不知,甚至虽然从来没有与某个国家的人打过交道,我们却认为他们聪明。比如一提到犹太人,就很容易想到爱因斯坦和诺贝尔奖。这些联想是已有知识的激活,不需要新的学习。这种相对牢固的背景概念,就是所谓的刻板印象。本书的第七章会专门论述。

人是理性的动物,试图解释身边发生的一切。在日常生活中,无论是对自己还是对别人,我们都会尝试寻找行为的原因,如解释为什么一个人会喜欢某种工作,为什么一个人比另一个人更负责任。这种寻找行为原因的过程称为归因。本书在第七章将深入探讨。

（三）自我概念

你认为自己的长相如何?同学们喜欢你吗?要回答这样的问题,就要学习关于自我概念的内容。人是认识的主体,而当主体转向认识自己时,自我就成了客体。“人贵有自知之明”,自知(know yourself)是自古以来困扰人类的不变命题。通过本书第八章自我概念的学习,你将懂得如何更好地认识自己。

（四）价值观

生命和时间都是有限的,每个人都只能做对自己重要的事情。那么,什么事情对是自己重要的呢?你需要选择一个判断标准,这个标准就是价值观。当你用这个价值尺度对事物进行取舍的时候,你就有了价值观。你的价值观是怎样的呢?什么事情对个人是真正重要的?本书第九章价值观将深入讨论这些问题。

三、社会互动

人是社会性动物。在实际社会生活中,人既不会独立于他人而存在,也不会简单接受别人所施加的影响,人永远存在于有形、无形的人与人之间的相互作用和相互关系之中。本书社会互动部分的任务,就是纵深分析人与人之间的相互作用和相互关系。

(一)沟通

人是独立的,但沟通使人可以交流信息和情感,人与人之间建立的心灵桥梁使得这个世界可以融于一体并精彩纷呈。在第十章,我们将了解人与人之间沟通的规律和特点,进而促使我们与他人的沟通更有效、更成功。

(二)人际吸引

人类社会已走到21世纪,人际吸引依然是人们生活中的一个永恒主题,甚至变得比以往更加重要。不仅时尚、美容成为普遍的追求,甚至整容的人造美也已进入寻常百姓家。究竟是什么决定着我们的吸引力?这就是本书第十一章要解决的问题。

(三)人际关系

与人交往,你是快乐的,是痛苦的,还是“痛并快乐着”的呢?人因为与别人交往而变得内心丰富多彩。人际关系的状况,不只影响人对生活的感受,还影响人的心理健康、成功和幸福。本书第十二章关于人际关系的讨论,将帮助我们学会更好地认识人情的本质,学会更好地处理人际关系。

(四)助人行为

你曾经求助于人吗?当别人求助时,你愿意帮助的人是什么样的?如果你是一位靓丽大方的女士,那么你会更容易得到男士的帮助吗?正如你愿意帮助某些人而不愿意帮助另一些人一样,助人者会依据受助者的特点决定是否采取帮助行为,也会根据当时情况、自己的能力做出选择。助人问题不仅是道德问题,更是社会心理学研究的问题。为什么某些人会向他人伸出援助之手,而另一些人却无动于衷?为什么有人很容易获得帮助,而另一些人则难以得到支持?助人作为社会期待的行为怎样才能得到促进?这些将是本书第十三章讨论的问题。

(五)侵犯行为

动物会为争夺“王位”、配偶、领地争斗,人类也会为生存、资源和荣誉而战斗。在日常生活中,从打架、斗殴到有组织的侵犯,几乎从未停止和消失过。为什么人类会出现各种各样的侵犯行为?为什么人类的生活难以远离硝烟?学习完第十四章的内容,我们将会对日常生活中可能随时发生的侵犯以及相关问题有系统的认识。

四、社会影响

从出生开始,人就被置于一个特定的社会结构之中并成为其中的一员,同时受到其他成员及社会整体的影响。由于社会压力而发生的个人行为与态度朝着社会主流方向变化的过程,称作社会影响(social influence)。个人从一个自然的人(个人在出生时,只具有最基本的生理本能,又称为生物人)成为社会的人(经过社会化,自然人转变成具有社会观念和社会技能的人)的社会化过程,正是在社会影响的作用下实现的。

(一)从众、依从和服从

一个人在车站等车或在机场候机,当发现一群人站起来准备行动时,他也会跟随其后,然而最后可能发现,这群人根本不是与其乘同一趟车或同一班飞机的乘客。如果既定的车次或航班晚点,个体的这种倾向就会更强。这就是从众现象,即个体需要借用别人的行动线索引导自己的行为。有时,别人向我们提出要求的时候,我们虽不情愿,但还是满足了对方的要求。为什么会这样?当身穿制服的人示意司机停车时,司机即使没有违规,也不清楚对方的身份,仍会停车接受检查。为什么我们会跟随别人行动,为什么会听从别人的指挥?本书第十五章将深入讨论有关从众、依从、服从的心理原因和影响因素。

(二)劝导与态度改变

研究与实践都表明,提供信息和意见的方式不同,效果会大相径庭。怎样劝导才能达成最佳的态度改变效果呢?这将是本书第十六章讨论的中心问题。

(三)群体中的相互作用

"一个和尚挑水吃,两个和尚抬水吃,三个和尚没水吃。"当个人聚成群体后,群体的力量显然不能等同于所有个人力量的累加。在人数增加的同时,每个人的贡献却可能在减少。为什么?体育比赛中,观众群情激奋,运动员会受到激励而发挥得愈加出色;但当我们独自写作文时,却唯恐被别人打扰。"三个臭皮匠,赛过诸葛亮",众人的智慧,会增加我们正确选择的可能性,但一个错误的想法可能会因受到集体的支持而铸成大错。众人的智慧在什么情况下是有益的,又在什么情况下会向有害的方向逆转?本书第十七章关于群体中相互作用的讨论,将对这些问题做出科学回答。

(四)合作、竞争与冲突

个人的力量,无论多么强大,放在大千世界之中,都是渺小的。一切事业和繁荣,皆发源于人与人之间的合作。然而,资源是有限的,社会本身是一个分化的结构,这种有限和分化,又导致了人与人之间的竞争和冲突。人在怎样的条件下会倾向于合作?人为什么会相互竞争、发生冲突?合作怎样才会被促进?冲突怎样才能被平息?这些都是本书的最后一章——第十八章要讨论的问题。

第四节 社会心理学的发展

读史使人明智。了解一个学科的酝酿、发展过程、最新的状况和发展趋势，可以使人对一门学科的来龙去脉产生清醒的认识，从而更好地进入这一学科知识体系的内部，更加有效地掌握有关学科的知识。社会心理学的学习也不例外。社会心理学真正建立自己的学科地位，经历了从哲学思辨到经验描述，再到科学实验的长期过程。

一、史前思想积累阶段

一个学科的诞生，必经历思想孕育的阶段。对于社会心理学，这个阶段隐含在"哲学思辨"中，时间可追溯到古希腊时期，其特点是用权威思想解释人的社会行为。表 1-1 是对这一时期的简单概括。

表 1-1 社会心理学的孕育时期

权威人物	思想内容	影响或例证
柏拉图	人性深受社会环境影响，教育和社会制度可以改变人性	康德、歌德、卢梭发展了这一思想，认为改变社会就能改变人性
亚里士多德	人性由生物本能决定，难以改变	其宣泄说孕育了弗洛伊德的心理动力说，进而影响到当代社会心理学对侵犯行为的研究；其人类行为交换论是现代交换论的起源，并影响了马基雅维利、霍布斯等人
孔子	对人的社会知觉和评价是相对的	子贡问曰："乡人皆好之，何如？"子曰："未可也。""乡人皆恶之，何如？"子曰："未可也。不如乡人之善者好之，其不善者恶之。"
老子	内心和外表的矛盾长存	信言不美，美言不信

古希腊哲学家，18 世纪苏格兰的道德哲学，中国各个朝代的思想先贤，都有闪烁社会心理学思想光芒的观点流传，丰富了社会心理学的思想积累。如三国时期诸葛亮的"问之以是非而观其志""临之以利而观其廉"的"知人性"之法；柏拉图在《理想国》中的社会分类观点，亚里士多德提出的"人是社会动物"的命题，都对社会心理学后来的诞生有一定影响。

推动社会心理学诞生的直接原因是 19 世纪下半叶欧美大陆的社会和科学的发展。一方面，当时资本主义的发展给社会带来了大量亟待解决的社会问题，客观上需要有一门学科专门研究这些问题。另一方面，社会学与心理学在这一时期得到了长足的发展，使得这两个领域中有关社会心理问题的研究越来越多，让社会心理学有了知识上的准备。

1875 年，德国学者舍夫勒(Shaffle)首先使用了"社会心理学"一词。英文中社会心理学提法的出现，是社会学家鲍德温(Baldwin)的创造。他在 1897 年出版的著作《精神发展的社会与伦理观》一书的副标题是"社会心理学研究"。同时期的法国社会学家塔尔德(Tarde)、黎朋(Lebon)及德国心理学家冯特(Wundt)的工作，促进了社会心理学从社会学与心理学中分化出来。

二、产生阶段

社会心理学经历了漫长的积累以后，经过从 19 世纪到 20 世纪 20 年代的各种努力，作为一门学科宣布独立。

（一）社会心理学的初创时期

社会心理学的初创时期属于“经验描述”阶段，强调根据经验来描述社会行为。这一阶段是从 19 世纪下半叶开始的，其前奏是 1859 年德国的拉扎勒斯（Lazarus）和斯坦塔尔（Steinthal）创办了《民族心理学和语言学杂志》（参见章志光，金盛华，1996）。

1908 年，在北美与欧洲大陆，几乎同时出现了两本专门的系统的社会心理学著作，一本是罗斯的《社会心理学》，另一本是麦独孤的《社会心理学导论》。罗斯第一次将社会心理学作为一门独立的学科来对待，并专门讨论了这门学科的本质与范围。其长达 23 章的著作广泛谈及了当时社会中心问题之一的暴众心理及有关的各种社会心理问题。麦独孤则明确提出：社会心理学必须说明个人的心理天赋如何形成社会上的一切复杂精神生活，以及这种生活如何反过来影响天赋。

社会心理学同时在社会学与心理学领域出现，产生了社会心理学研究倾向的不同传统。主要接受社会学训练的学者倾向于强调群体心理研究，称为“社会学家的社会心理学”；而主要接受心理学训练的学者倾向于强调个体社会心理的研究，称为“心理学家的社会心理学”。

关于社会心理学学科产生的历史背景、学科影响和直接来源见表 1-2。

作为一门新的学科，社会心理学诞生了。但是，它仍然不能被称为“科学”，因为“科学”应该以能够进行验证的知识为基础。

表 1-2　社会心理学的产生

维度	内容
历史背景	欧洲资本主义上升：英、法、德资产阶级先后建立政权 资产阶级革命解放了生产力，出现技术革新、科学进步，思维科学、社会科学获得发展 新的社会问题出现：城市问题、管理问题、劳资问题等
学科影响	社会学由“生物还原主义”向“心理还原主义”过渡 心理学与社会学相互靠近和渗透
直接来源	德国的民族心理学 法国的群众心理学 英国的本能心理学

（二）实验社会心理学的产生

一般认为，科学实验是“科学”社会心理学建立的重要标志。正如冯特建立世界上第一个心理学实验室是科学心理学建立的标志一样，科学社会心理学也以实验作为建立的标志。

使社会心理学发展出现质的飞跃的是实验方法的引入。你骑过自行车吗？单独骑车和同其他人一起骑车在速度上有什么不同？不进行实验，你能否确定其中存在差异？关于这些问题，特里普利特一百多年前就做过实验,他发现单个人骑自行车比群体骑车的速度要慢 20%(Triplett,1898)。不过,特里普利特只进行了少量局部实验,尚未建立系统的社会心理学体系。

一般认为,系统的科学社会心理学的建立,是以美国社会心理学家奥尔波特在 1924 年出版的以实验为基础的《社会心理学》为标志的。这本书的出版,宣告了社会心理学作为一门科学的历史正式开始。同年,奥尔波特在雪城大学开创了世界上最早的社会心理学研究生学位点。奥尔波特本人也被誉为科学社会心理学或实验社会心理学的创始人。

奥尔波特提出,社会心理学应研究个人的社会行为与社会意识,强调不存在群体心理问题。因为心理是脑的属性,而群体没有脑的存在。他的这些观点以及他所开辟的社会助长等研究领域,至今仍对社会心理学有着重要影响。

三、迅速发展阶段

20 世纪 20 年代以后,以科学知识为基础的社会心理学随着社会需要的变化而获得了较快发展。30 年代,面对世界经济萧条和社会动荡不安,社会心理学家开始重视研究领导、舆论、谣言、种族关系和价值冲突等问题。40 年代,受第二次世界大战的影响,信仰、偏见、劝导和宣传等问题成为社会心理学研究的中心课题。到 40 年代后期,勒温(Lewin)领导的关于群体动力学的研究开始受到重视。50 年代,社会心理学研究范围扩展到社会交际形式和各种人格特征对社会行为的影响。

20 世纪 60 年代以后,社会心理学获得充分发展,研究范围几乎涉及人们社会行为的各个方面,攻击和亲社会行为开始受到关注(Milgram,1963;Latané & Darley,1968)。更重要的是,20 世纪五六十年代出现了一批产生重要影响的社会心理学理论,如社会比较理论、认知失调理论、平衡理论,等等。社会心理学已建立了一个比较完整的科学体系并拥有众多分支学科,在学术界占据了牢固地位。

社会心理学的发展受到整个心理学发展趋势的影响。在行为主义统治心理学半个世纪后,20 世纪 60 年代后的认知心理学浪潮、后现代主义思潮,也引起了社会心理学研究趋势的相应变化。

(一)认知社会心理学

认知社会心理学源于格式塔心理学和勒温的场论,此后出现了许多认知社会心理学理论。20 世纪 50 年代,美国心理学家麦奎尔(McGuire)提出了认知相符的概念;1957 年,奥斯古德(Osgood)等人提出了一致性理论,费斯廷格(Festinger)提出了认知失调理论;1958 年、1961 年,海德(Heider)和纽科姆(Newcomb)分别提出了平衡理论;1967 年,凯利(Kelley)提出了三维归因理论并发展了海德的归因理论。认知社会心理学理论强调认知活动或认知过程在社会心理与社会行为中的作用,较少涉及情感、意向和动机因素。

认知社会心理学的发展从 20 世纪八九十年代到今日,受到了第二次认知革命的影响。第二次认知革命促进了社会建构理论的产生。

社会建构理论将认知过程看作人使用语言和话语的结果,认为语言并不只是中性的工具和媒介,它同时为我们认识世界和自己提供了范畴和方式,它不是表达思维,而是规定思维。它强调心理学家应该关注话语(discourse)的作用,话语分析应为心理学的基本方法。

社会建构理论认为,语言通过一定的结构化方式组成各种话语,任一语词的意义都依赖它所处的话语背景。心理学家应该分析话语对心理学知识的影响,以话语分析作为心理学的研究方法,揭示语言在认识自我过程中的作用。心理学应进行特定文化历史条件下的话语分析,找出特定心理形式产生的社会原因,并进行历史的和跨文化的分析。

第二次认知革命促使了话语心理学(discourse psychology)的出现,为社会心理学解释人和世界提供了新的视角。话语心理学力图研究文本(text)和话语是如何建构的,研究文本和话语本身的心理意义。话语心理学不使用认知过程的术语解释文本和话语的建构及其作用,而是采用建构的观点,强调对行为的描述方式以及如何在话语中建构起事件。

(二)后现代主义社会心理学

后现代主义思潮源自20世纪30年代的现代主义,在20世纪60年代初步形成,80年代在西方成为一种泛文化思潮。这种思潮对诸多领域都产生了重要的影响,如哲学、文学、艺术、美学、社会学等。心理学领域中也出现了后现代主义社会心理学思潮。

根据乐国安在2004年的研究,格根对后现代时期的社会心理学者曾经提醒到:① 后现代时期的学者应该意识到,我们对周围世界所进行的论述,只是遵照一定的科学研究程序所获得的产物,科学研究可能带有一定的偏见; ② 任何一种叙事方式都只适用于一定的历史条件和文化背景,因此,每一位研究者在从事自己的研究时,必须要考虑到自己开展研究的历史和文化背景;③ 不应简单将“方法”视为神圣追求,方法实际上可能误导他人认可自己,成为把自己的想法“合理化”的工具;④ 应该反思“实证研究是获得真理的必然途径”,要有人大胆质疑“‘科学进步’根本就是由科学文字及叙事特点所制造出来的产物”。

后现代主义思潮在对强调实证、经验和普遍性的现代社会心理学提出质疑的同时,的确发挥着拓展研究者视野和思想深刻性的作用。但是,后现代主义思潮的思想方法能否推动一个新的社会心理学诞生,进而像后现代主义倡导者设想的那样替代科学社会心理学,显然还有很大的疑问。也许,后现代主义思想对现代社会心理学发展的真正意义,不是能够发展出替代的体系,而是提出问题,推动科学社会心理学本身的发展。

第五节 社会心理学的现状与趋势

了解当前社会心理学现状和今后的发展趋势,有助于我们从宏观上了解社会心理学全局,尽快认识并了解学科的最前沿,也只有如此,才算真正掌握了本学科的知识。

一、西方社会心理学的现状与趋势

美国和欧洲是科学社会心理学产生和发展的两大基地。

(一)美国

美国不仅是社会心理学的发源地,而且一直是社会心理学知识输出的地区。今天,虽然包括中国在内的世界各地的社会心理学研究都有长足的发展,但美国依然是社会心理学知识和理论的主要来源国家。

在美国,心理学是一个高度发达的科学领域。在心理学内部,心理学家公认的许多心理学的重要发展,都直接与社会心理学相联系。美国心理学会中从事社会心理学或其他社会心理学相关学科的会员占有相当大的比例。美国心理学会中的“人格与社会心理学协会”一直是最大的分会之一,另外还有“社会问题的心理研究协会”“消费心理学协会”“社区研究和行动协会:社区心理学分会”“女性心理学协会”“心理学家公共服务协会”等应用社会心理学分会。美国心理学会中实际从事社会心理学研究的会员总人数以万计。在研究、教材出版、教学及博士学位授予方面,社会心理学在美国都是最为重要也是最引人注目的心理学分支。

美国社会心理学家除注重社会认知、社会影响、人际交往、合作等基本问题的研究外,还注重吸引与交往、助人行为、态度改变、法律与犯罪心理等应用性问题的研究。有关自我概念、家庭背景对儿童的影响、教养方式、环境设计、成就动机、价值观等一系列应用性问题,已受到社会心理学家越来越多的注意,而对于行为归因的关注则开始相对减弱。

美国社会心理学占主导地位的仍然是实验社会心理学,研究者栖身于美国大学的心理学系或相关机构,属于美国心理学会会员,权威期刊是《人格与社会心理学杂志》(*Journal of Personality and Social Psychology*),年刊是《实验社会心理学进展》(*Advances in Experimental Social Psychology*)。

另外两支社会心理学力量分别是符号互动理论学者群和心理社会学学者群。二者主要栖身于大学社会学系或相关机构,属于美国社会学会会员,权威期刊是《社会心理学季刊》(*Social Psychology Quarterly*)和《美国社会学评论》(*American Sociological Review*)。

美国社会心理学的哲学基础是实证主义与实用主义,较注重实验室研究,并在实验过程中注重应用最新的科学技术。但这种实验室研究方法也使部分学者怀疑由此得出的结论是否可以被推广到现实生活中。

(二)欧洲

1963 年,在美国社会心理学家费斯廷格的倡议下,美国社会研究委员会支持与资助成立了欧洲实验社会心理学协会。在 20 世纪 60 年代中期以前,欧洲的社会心理学研究主要是借鉴美国。

【知识拓展】欧洲社会心理学的发展

由于美国力图以自己的研究成果影响其他国家和地区,并且将自己的研究称为主流社会心理学,这激发了欧洲心理学家努力探索欧洲人社会心理的欲望。经过多年以来的不懈努力,以欧洲人为主要研究对象的欧洲社会心理学成果累累,并形成了自己的特色。一方面,欧洲社会心理学以解决社会问题为目标,另一方面,在美国社会心理学理论研究开始沉寂时,欧洲社会心理学在理论研究方面获得了突破性进展。到 20 世纪 60 年代后期,欧洲的社会心理学与美国的社会心理学被并称为主流社会心理学。

欧洲的权威社会心理学出版物有:《欧洲社会心理学杂志》(*European Journal of Social Psychology*)、《欧洲社会心理学专著丛书》(*European Monographs in Social Psychology*)、《欧洲社会心理学研究》(*European Studies in Social Psychology*)、《欧洲社会心理学评论》(*European*

Review of Social Psychology)。2001 年,欧洲版社会心理学手册出版,其中个体内过程(intraindividual processes)、人际过程(interpersonal processes)、群体过程(group processes)和群际过程(intergroup processes)是较为典型的欧洲社会心理学特色领域。

欧洲社会心理学家认为,美国社会心理学的成就在于面对美国的社会问题,欧洲社会心理学家则重视理论的研究探索。他们认为,理论研究不能简单依赖实验室研究,而应在研究社会问题的过程中建立起自己的理论。欧洲社会心理学产生的经典理论模型和研究技术主要有:社会认同理论(social identity theory)、少数人影响(minority influence)、社会表征理论(social representation theory)、话语分析(discourse analysis)等。

二、中国社会心理学的现状与趋势

在 1949 年之前,中国社会心理学领域曾有一部分针对中国特定问题的研究,但不够系统化。1949 年以后,在中国,由于苏联学术观点的影响和"文化大革命"的干扰,社会心理学一直没有得到应有的重视。此一时期是西方社会心理学发展尤为迅速的时期。

1979 年 5 月 31 日,《光明日报》率先发表的短文《建议开展社会心理学研究》是目前所知公开发出的学科重建的最早声音。1982 年春,中国社会心理学研究会(后更名为中国社会心理学会)成立,中国社会心理学研究进入新时期。同年,北京师范大学心理学系开始招收以社会心理学为主攻方向的研究生。南开大学、广州师范学院(现为广州大学)等院校也相继开展同样的工作。这一时期,北京、上海、天津、广州等地一批新老结合的研究群体出现,一部分译介著作陆续出版,使中国社会心理学研究者用较短时间完成了社会心理学的重建。1997 年 10 月 23 日,中国心理学会下属的社会心理学专业委员会也被批准成立,表明社会心理学在我国得到了更多方面的承认。

中国的社会心理学在这样的历史脉络中扬帆起航,弹指一挥间,从无到有,从小到大,也正在经历从弱到强的发展道路。回顾这一顺利起步、发展的历史阶段,如下特点尤为鲜明。首先,我国社会心理学正在从以引进西方概念和知识体系为主向自主创新和建立中国特色的社会心理学过渡。其次,我国社会心理学与国际先进国家差距仍然较大。再次,近 40 年来,我国社会心理学知识体系过分集中于应用研究而基础理论和原创性实验研究不足。最后,中国具有最好的社会心理学研究环境和发展机遇。

目前,中国大陆的社会心理学研究,主要集中在社会心理学理论体系建立、社会心理学基本理论探索、人际交往理论研究、价值取向研究及应用社会心理学(含教育社会心理学)问题的系统研究等方面。受港台地区强调心理学本土化的心理学家影响,部分社会心理学研究者在研究中尤其注重中国人社会心理独特性的研究。

应当特别强调,以杨国枢、杨中芳为代表的一批倡导社会心理学研究本土化的学者,从 20 世纪 80 年代后期到 90 年代中期,不仅在研究中国特定的孝、人情、面子,中国人心理与价值观等问题上取得了令人瞩目的成就,而且他们在这一时期开办的研究班所培养的一批中国青年社会心理学工作者,已经成为中国社会心理学研究队伍的重要力量。

近年来,我国在社会心理学教学、论文与著作发表、人才培养方面发展尤其迅速。目前,全国高等院校心理学院系、专业,综合性大学的社会学院系、哲学专业等广泛开设了社会心理学课程,政法、商业乃至财会类院校也越来越重视社会心理学课程。

中国社会心理学的旗舰刊、中国社会心理学会会刊《社会心理研究》于 1990 年创刊,正在受到越来越多的关注。社会心理学研究者不仅陆续出版了一批以介绍西方社会心理学素材和体系为主的著作,而且还出版了一批以教育社会心理学、社会化等课题为核心的著作。其中,有些著作以研究者自己的系统实证研究为根据。章志光于 1993 年出版的《学生品德形成新探》就是典型的教育社会心理学研究著作。

在具体研究课题上,中国民众的价值取向研究,民众对重要社会事件的态度,判断与决策,传播媒介、读者、听众、观众情况的调查,家庭问题研究,教育社会心理学问题研究,司法社会心理问题研究及民俗社会心理问题研究等,也受到较多研究者的重视。此外,诸如“非典”“5·12”汶川地震、新型冠状病毒肺炎疫情防控时期民众社会心理反应等应急社会心理问题、人力资源管理及经济领域的社会心理问题,也开始进入中国社会心理学领域。毫无疑问,社会心理学在中国将会越来越受重视,队伍也将不断壮大,并会发挥更大的社会影响。近年来,“中国社会心理学会学术年会”受到广泛关注,并成为中国心理学界少有的每年一度的学术盛会之一。

社会心理学是一门兼具社会科学和自然科学属性、基础研究和理论研究并重的交叉学科。从 19 世纪后期以孔德(Comte)、冯特等为代表的社会学家、心理学家开始试图客观描述人类社会的心理和行为,至今已经有一百多年的积累。当今中国社会的急遽变革为社会心理学既带来了机遇,也带来了挑战。综合最近几年中国研究者在社会心理学领域的研究成果,未来中国社会心理学的发展有以下两个方面的鲜明趋势。

一是多种研究取向开始相互影响和融合。社会心理学产生之初受到不同学科渊源和研究方法与理论积累的影响,产生了社会学和心理学两种取向的社会心理学,在后来的发展过程中,又进一步分化,出现了多种分支。当前中国的主流社会心理学研究,特别是在国际心理学期刊发表的研究成果,主要为实验社会心理学,有关研究更强调实证主义、实验主义和个体主义。不过,近些年来,心理学领域的社会心理学研究也开始呈现多学科交叉和多层次整合的特点。研究者们对于社会心理学的其他研究取向,如倡导社会认同、社会表征、话语分析的欧洲社会心理学取向也开始较为关注,并开始借鉴社会学、经济学等学科中的研究逻辑,从更宏观、更贴近社会现实的视角研究社会心理问题。认知神经科学的迅速发展,也促使社会心理学研究者将相关理念和技术手段应用于社会认知研究领域,并形成了社会认知神经科学研究分支。

二是研究手段走向多元化。随着科技的不断进步,越来越多的技术手段被运用到社会心理学的研究之中,使学科的研究领域更加扩大,其深度和科学性也得到明显提高。功能性磁共振成像(fMRI)、事件相关电位(ERP)、脑电图(EEG)、眼动和面孔识别等技术的普及和运用,使社会心理学研究方法有了从未有过的突破性进展,这些技术被研究者们广泛用于探讨自我与社会关系的认知、刻板印象、亲社会行为等社会心理行为背后的神经机制。随着网络运用的发展,基于网络平台的大数据研究手段也开始被应用于社会心理学的研究,如有研究者基于网络大数据对民众社会心态和青少年网络行为倾向开展研究。这些研究取得了其他方法难以替代的有价值的研究结果,也将对社会心理学的知识积累产生重要影响。

表 1–3 简要概括了社会心理学的发展脉络及其趋势。

表 1-3 社会心理学的发展脉络及其趋势

社会心理学发展阶段	内容
现状	1. 美国社会心理学发展迅速，成果累累，方法众多，新领域、新理论和学派最多，与欧洲社会心理学一起，共同引导着社会心理学研究的主导方向 2. 欧洲社会心理学自 20 世纪 60 年代以来，形成了另一主流，开发出具有自身特色的研究领域，对社会心理学做出了巨大贡献 3. 文化人类学关于“文化与人格”的现场研究，促使社会心理学研究扩大范围和吸收其他研究方法 4. 许多社会心理学正在受到重视的国家和地区出现“本土化”学术运动 5. 20 世纪末，后现代社会心理学兴起，对社会心理学中的实证主义提出质疑 6. 话语心理学出现
趋势	1. 各种心理学努力寻求统一 2. 实证主义研究方法与人文主义研究方法并用 3. 世界化和本土化相兼容 4. 各种研究取向进一步综合 5. 话语心理学可能促使社会心理学深化

我们所学习的社会心理学，本着博采众长的原则，从广度上尽可能涉及各种取向的社会心理学，又以心理学的社会心理学为基本立足点；从深度上尽可能对美国、中国、澳大利亚、新西兰、欧洲等国家和地区的研究成果进行介绍和探讨，提升我们的认识。同时，由于社会心理学的研究硕果累累，我们又必须精选具有代表性的内容进行学习。

思考与探究

1. 对照多种社会心理学定义，分析本书对一个学科的界定和进行思考的方法，领会并掌握社会心理学的定义。

2. 思考社会心理分类系统与社会心理学的定位。

3. 结合案例分析社会心理学与社会学、人格心理学的异同。

4. 根据社会心理学的发展历程，总结其发展的特点。

5. 根据社会心理学的现状和趋势，概括总结其特点，思考并发表自己的看法。

第二章　社会心理学理论

本章要点

* 社会学习理论
* 社会交换理论
* 认知失调理论
* 图式理论
* 认同理论
* 社会认同理论
* 自我类化理论
* 角色理论
* 自我价值定向理论

某君出身寒微，一表人才，勤勤恳恳，兢兢业业，被上司的美貌千金看中，结婚之后得岳丈提拔，平步青云。表面上，他幸运之至，然而他却整日郁郁寡欢，生活了然无趣。待儿子长到 10 岁时，一次住院的机缘，他邂逅一位朴实无华的护士，猛然醒悟自己的价值、快乐、幸福和真正的归属，都应在平凡之中。为此，他毅然决然提出离婚，决心弃豪门而归平实。

为什么此君要挣脱一般人看来优越的家庭呢？原来，出身寒微的他在豪门之中，一切都是豪门赐予的，很难感受到被别人尊重，岳母、岳丈是自己的"领导"，妻子是自己的"领导"，甚至连儿子也在这种家庭氛围中学会了做"领导"。他成了家中真正的异己，一切必须谨小慎微。曾经的阳刚，竟不得不蜷曲在家庭压抑气氛的囚笼之中，他在这个不是由他主导的家中，已经不再是真正的自己。

理论是对经验的概括、概念的凝集和研究的总结，也是理解问题的视角。掌握一种理论，也就找到了看待世界的一种方法。尤其对于社会心理学这一门面向社会心理现象的学科而言，建立广泛的理论概念对于理解复杂的社会心理和行为就更加重要。

通常，社会心理学的理论主要分为强化导向的社会心理学理论、认知导向的社会心理学理论、精神分析理论、场论及角色理论等。由于精神分析理论和场论在过去十多年的社会心理学研究中没有明显的改变和新的理论推进，故本书不再解释精神分析理论和场论，而是在讨论具体问题的有关章节的内容有所涉及时加以讨论。本书关于社会心理学理论的探讨，着重于近些年仍然受到研究者重视，且使用频率较高的几种主要社会心理学理论，同时特别介绍了新的理论进展和作者的理论思考。在内容上，这里主要介绍强化导向、认知导向的社会心理学理论和角色理论。

此外，为了反映欧洲社会心理学的进展与成就，我们增加了关于社会认同理论、自我类化理论的介绍。这些理论有些受到后现代主义思潮的影响,但后现代主义并不是一个清晰的理论概念,而是一种思想倾向。由于这些理论在概念和本质上更接近认知社会心理学取向,为此,我们将这些理论列入了认知导向的社会心理学理论范畴。

本书作者积数十年思索和研究,提出了已经得到很好证明的自我价值定向理论的构想,本书也将对此进行详细介绍。

第一节　强化导向的社会心理学理论

强化导向的理论,早期包括巴甫洛夫(Pavlov)的经典条件作用原理,华生(Watson)的行为主义,桑代克(Thorndike)的刺激—反应理论,斯金纳(Skinner)的操作行为主义,多拉德和米勒(Dollard & Miller)的模仿论。这些理论被用来解释人的复杂社会心理现象,本身就是一种进步。但是,这些理论在解释的广度、深度方面仍存在很多局限。

班杜拉(Bandura)的社会学习理论和霍曼斯(Homans)的社会交换理论的出现,扩大了强化导向的理论对人的社会心理现象的解释范围和深度,因而受到更多重视,我们将在本节进行重点讨论。

一、强化理论溯源

从学习角度看待和研究人的心理与行为,是欧美许多社会心理学家多年来采用的视角。因此,学习理论是社会心理学中十分重要的理论。学习理论强调,早期的学习决定了行为方式;在任何情境下,每个人都会学到某种行为;多次的学习会形成习惯;当类似或相同情境再次出现时,人会采取惯用的方式做出反应。

一般情况下,当遇到老朋友伸出手时,我们会习惯地伸出手去握手,因为在过去,我们学会了用握手表达友好、亲热、礼貌等。当遇到乞丐向我们伸出手时,我们或许会从兜里掏些零钱给他们,或许不予理会,这些都是习得的适当反应。如果有人去和乞丐握手,可能有好多原因:或者认错了人,或者喝醉了酒,或者头脑不正常,或者乞丐是其亲友,或者他自己就是乞丐。总之,一般人与乞丐握手不是通常的习惯,因为我们没有与乞丐握手的训练经验。

学习理论是一种强化理论,最早可追溯到巴甫洛夫的经典条件作用。20 世纪初,学习理论流行,并成为行为主义的基础。后来,赫尔(Hull)、斯金纳、多拉德、米勒将其运用到社会心理学。自 20 世纪 70 年代以来,班杜拉将应用范围扩大,提出了社会学习理论(social learning theory),又称观察学习理论,在解释人类的社会行为方面取得了重大成功。

二、强化理论的核心概念

强化理论的核心概念与学习产生的机制有关,包括联结(association)、强化(reinforcement)和模仿(imitation)。

(一)联结

联结最早由巴甫洛夫提出。他发现,在喂狗时,让铃声每次与食物同时出现,经过一段时间，即使没有食物只有铃声出现，狗也会分泌唾液。这是铃声与分泌唾液的联结。实际上，联结是两种刺激在大脑形成的暂时的神经联系。用联结也能解释人的社会心理现象和行为。例如，受过侵华日军迫害的中国人听到“日本鬼子”一词，就产生愤怒、痛恨的情绪；中国人对日本篡改历史教科书、否认其侵略行径深感愤怒，是因为中国人记忆中忘不了南京大屠杀和侵华日军曾经给中国人民带来的深重灾难。这些态度的产生和形成都是“联结”的结果。

（二）强化

强化是强化理论最核心的概念，其含义是，人们之所以学会某种行为，是因为这种行为能产生令人愉快的后果或满足自己的某种需要；人们之所以避免某种行为，是因为这种行为会带来令人不愉快的后果或无法满足某种需要。

与强化密切关联的概念还有刺激（stimulus）与反应（response）、内驱力（drive）、泛化（generalization）、分化（discrimination）、消退（extinction）等。这些概念通常在普通心理学教材中都有介绍，本书不再赘述。

（三）模仿

模仿就是个体在社会生活中，主动仿效他人言行的社会心理现象。多拉德和米勒认为，可以通过延伸刺激—反应关系与强化的概念来理解模仿的心理机制。人类许多社会行为都是通过人际相互影响——模仿习得的，都可以通过一般学习原则来说明。模仿是习得的，它在解释儿童如何学会社会行为方面占有中心地位。模仿在维持纪律和遵从社会规范方面颇为重要。儿童很小就会仿效家人的动作、言语，若受到奖赏，就继续或扩大仿效领域。所以，模仿反应也是一种泛化现象。后来，模仿被用来解释态度的形成与改变，以及挫折、侵犯、助人（亲社会行为）等现象。

强化理论假定，行为主要通过个人过去的学习经验获得，它倾向于将行为的原因归于外在环境，忽视个人对环境的主观感受；注重解释外在行为，忽视主观心理状态。

三、社会学习理论

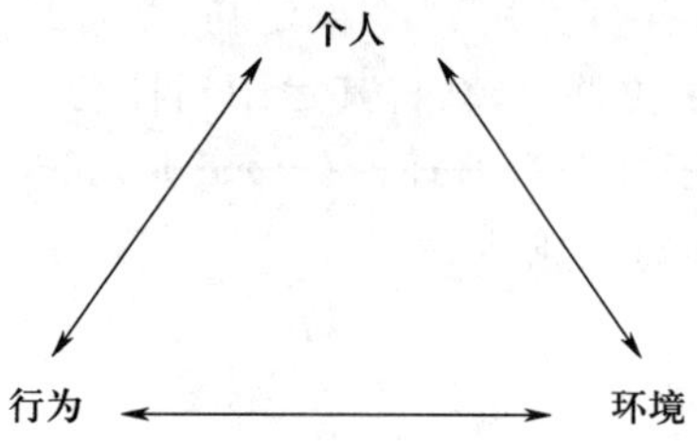

图 2-1 交互决定论

班杜拉的社会学习理论接受了行为主义心理学的多数原理，但是更加注意线索对行为和内在心理过程的作用，强调思想与行为之间的相互作用。这种变化可以从班杜拉提出的交互决定论中得到充分展示，如图 2-1 所示。图 2-1 表示个人自身的因素与行为、环境是交互作用的关系，行为受个人和环境两方面因素的影响。同时，行为不是终极的输出端，而是对个人（行为者）和环境发生作用的一个要素。

按照社会学习理论的观点，社会行为的背后有注意、保持、复制、动机等几个方面的社会学习的过程，如图 2-2 所示。

（一）注意过程

注意过程（attention processes）是指观察者比较容易观察与自身相似或者被认为优秀、关注度

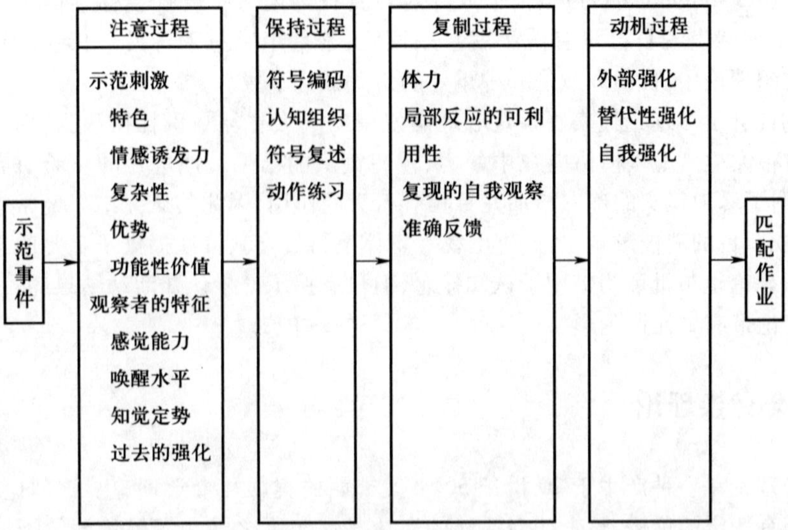

图 2-2 观察学习的过程

来源：转引自 Shaw, M. E., & Costanzo, P. R. (1982). *Theories of social psychology*. 2nd ed. New York: McGraw-Hill.

高和有影响力的榜样。自我概念低、有依赖性、焦虑的观察者，更容易产生模仿行为。强化的可能性、外在的期望会影响个体决定观察谁和观察什么内容。

（二）保持过程

保持过程（retention processes）即个体记住了从榜样情境中了解的行为，对观察到的行为在记忆中以符号（表象和语言）形式表征，储存感觉表象，使用言语编码记住这些信息。

（三）复制过程

复制过程（reproduction processes）是指从榜样情境中观察到的行为涉及将符号表征转换成适当的行为。个体的自我效能感（self-efficacy）会影响复制过程。自我效能感是个体对自己能成功完成一种行为并使某种特定结果得以产生的自信程度。

（四）动机过程

动机过程（motivational processes）是指表现所观察到的行为而受到鼓励。包括外部强化、替代强化和自我强化。

外部强化（external reinforcement）是指外部因素对个体行为所进行的一种直接强化，如物质奖励、口头表扬等。如果行为获得了有价值的结果而不具有惩罚或没有奖励的结果，人们便倾向于表现这种行为。

替代强化（vicarious reinforcement）是指观察者因看到榜样受强化而受到的强化。例如，学生目睹教师惩罚不完成作业的学生，感到了不完成作业的威胁，于是自觉完成作业。“杀一儆百”“杀鸡给猴看”就是制造替代强化。替代强化也指情绪反应的唤起对个人行为的影响。例如，看到模特穿的衣服，觉得优雅妩媚，自己穿上后也体验到模特因受注意而感觉到的自豪、愉快，这也是替代强化。一些厂商使用明星促销，其道理就在于此。

自我强化(self-reinforcement)是指个人针对自身行为是否符合社会标准而进行的奖惩。例如,3 岁的孩子突然发现自己没有洗手就拿东西吃,于是用一只手打另一只手,说:吃东西要洗手!在班杜拉的理论中,自我调节是一种重要的自我强化手段。

班杜拉的社会学习理论代表着现代心理学发展的一大主流。班杜拉认为,现代社会青少年的侵犯行为在很大程度上是模仿电视中暴力、侵犯镜头的结果。他进行的实验研究很有创造性和说服力,证明了暴力镜头的确有增加儿童相应行为的作用,因此其研究结果经常被用来讨论媒体,特别是电视节目的消极影响,为促进电视等媒体节目提高教育性提供了重要理论根据。

社会学习理论也被批评为借用了认知概念,但没有揭示产生认知活动结果的过程与条件,并且其交互决定论带有二元论色彩。

四、社会交换理论

社会交换理论是一种产生于 20 世纪 50 年代末期的美国社会学理论。该理论认为,社会中的任何事物都有特定的价格,整个社会活动的实质是人与人之间相互等价地给予或回报彼此间所需要的事物。社会交换理论的基本范畴和概念包括价值、最优原则、投资、奖励、代价、公平和正义等。主要代表人物有霍曼斯、布劳(Blau)和埃默森(Emerson)。

(一)社会交换理论的基本命题

霍曼斯是社会交换理论的创始人,他运用强化理论,提出了一系列构成社会交换理论基础的基本命题,包括以下几种。

1. 成功命题

成功命题是指行为重复的频率决定于行为获得奖赏的频率和及时性。一种行为获得奖赏的概率越高,奖赏越及时,行为重复出现的可能性就越大。这一命题是典型的强化理论的运用。

2. 刺激命题

刺激命题是指相同刺激将带来相同或相似的行为后果,现有刺激与过去引发特定行为的刺激越接近,则引发同样行为的可能性越大。

3. 价值命题

价值命题是指一种行为后果对个体的价值越大,则行为对个体的奖赏也就越高,个体重复同样行为的可能性也越大。

4. 剥夺—满足命题

剥夺是指某人在得到某一特定奖赏后所经历时间的长度。满足是指一个人在刚刚过去的时间里得到的奖赏,足以使他不再马上需要更多奖赏的状态(佟丽君,1997)。相同奖赏的重复,会导致满足的递减,间隔越小,递减越大;而长时间间隔形成的剥夺则会提高一种奖赏的价值。

5. 攻击—赞同命题

若行为没有得到预期奖赏或者受到未预期的惩罚,则个体可能被激怒,此时行为的方向是攻击。这与强化理论的挫折—攻击理论的观念完全一致;如果行为获得了预期的奖赏,或者没有遭到预期惩罚,则行为的方向是赞同。

6. 理性命题

正如现代决策理论强调的那样,霍曼斯强调人们的行为选择会同时考虑价值和成功的可能性。理性命题在社会交换理论中的地位是突出的,以至于被当作“公理”来看。理性命题综合并限定了成功命题、刺激命题和价值命题。霍曼斯指出,个体的行为取决于成功和价值这两个因素,而非其中任何一个因素。

(二) 社会交换理论的核心概念

在社会交换理论中,有以下几个核心概念。

1. 行为者

在社会交换理论中,行为者不仅可以是个体,也可以是合作群体或特定实体。行为主体的拓展,使社会交换理论的分析范围从微观人际交换扩展到了宏观组织网络。社会交换理论倾向于用自我利益驱动解释人们的行为,而不重视个性对行为的影响。

2. 资源

当行为者拥有的物品和进行的行为本身对他人有价值时,就成为资源。对于社会交换理论而言,金钱、实物、服务、信息和爱都可以是资源,只要一方的行为对另一方有价值,就可以构成社会交换。

3. 交换结构

交换关系是在相辅相成的交换结构中发展起来的,交换结构的形式包括以下 3 种:① 直接交换,即交换双方的行为互为对方的交换结果。② 间接交换,即在多方交换关系中,互惠交换可以是间接的,如 AB 二者之间的交换并不是直接互惠,而是通过中介 C 的传递。③ 成效交换,即群体为共同目标努力,创造出一个对成员共同有益的结果。

4. 交换过程

社会交换初始的完成称为交易,多次交易就形成了交换关系。在通常的直接交换中,交换过程包括协商交易和互惠交易。协商交易是指交换者共同决策,达成一致意见,交换同时完成,实现一次交易,如购买行为。多数经济交换和社会交换都是协商交易。互惠交易是行为者单方面向对方做出有利行为来启动交换,如提出建议或帮助对方等,这一过程无须协商,也不需要评价是否能够或多大程度上给对方好处。第十二章将就不同关系和交换风格进行更深入的探讨。

(三) 社会交换理论的发展

从 20 世纪 80 年代开始,由于受到埃默森和库克(Cook)等人研究的影响,社会交换理论从传统的关注对等交换,转向关注权力和不平等的交换如何建立信任、承诺和情感。

如果一切交换实质上都是利益交换,而利益交换又必定是以扩大自我利益为中心的,那么任何交换都势必卷入权力运作。为此,社会交换理论研究者在世纪之交,从研究权力和不公平转向研究社会交换的整合,包括研究信任、承诺和情感。

1. 信任

社会交换涉及付出和回报,必然伴随着风险和不确定性,因而交换双方需要信任(Blau, 1964)。山岸俊男等人(Yamagishi & Cook, 1992)认为,交换双方需要一开始就拥有高信任感,否则交换关系会难以为继;莫尔姆等人(Molm, Takahashi, & Perterson, 2000)研究发现,与等价交换相比,互惠交换产生了更高水平的信任。信任和承诺之间关联紧密。承诺作为交换双方可靠性的信号,对信任的发生和发展起着促进作用,承诺行为的增加,直接使得信任水平的增高。

2. 承诺

承诺是对关系的一种情感性依恋(Lawler & Yoon,1996)或者是对交换对方的一种喜爱情感(Molm,Takahashi,& Peterson,2000)。劳勒等人(Lawler,Thye,& Yoon,2000)在其关系凝聚力理论中表明,承诺行为包括单方面的赠予、持续保持与特定对象的交换等行为等,承诺行为随着权力结构的不同会发生变化。在一个交换网络结构中,低权力者(资源占有不足者)比高权力者(资源占有充足者)更会采取承诺行为。在社会交换的意义上,承诺行为的作用是降低关系的不确定性。

3. 情感

劳勒将情感定义为交换过程中产生的自发内部刺激。情感对交换关系的结构、形式和结果都至关重要。当代交换理论家认为,处于相互依从和权利平等关系的交换双方,更容易成功协商,产生积极情感(如感兴趣和满意等),使承诺行为得到加强。

社会交换是人们生存的方式,是社会生活得以生存和发展的基础,社会交换理论为解释各种社会现象提供了一个良好的理论框架。它强调在方法论上要研究个人,对斯金纳的行为主义心理学、功能主义的文化人类学和功利主义的经济学进行了全面综合。但它在理论和方法上忽视个人内在价值取向等因素对交换关系的影响,具有简单实证主义、自然主义和心理还原主义的倾向。

以强化理论为基础的社会交换理论虽然可以解释许多关于人的相互作用现象,引起当代社会心理学家的极大兴趣,但其忽视对中介心理过程的探讨,倾向于将人看成简单利益驱动的动物,解释力也很有限。

第二节 认知导向的社会心理学理论

认知导向的社会心理学理论是用人的认知过程解释人的社会行为,把社会现象置于心理现象中进行考察,强调人的内部心理的积极性和主动性。

认知理论的观点认为,人的行为取决于人对社会情境的知觉和加工过程。受格式塔心理学的影响,认知理论认为,人对环境的知觉,不是被动地照搬,而是主动地组织、理解、加工和解释。社会知觉的定律,同人对物体知觉的定律极为相似。像对物体的知觉一样,人们经常很自然地把对某一社会情境的知觉、想法、信念,组织成简单而有意义的形式。不管社会情境如何错综复杂,人都要将其看作有意义的整体,将环境事件安排在有序的因果序列里,使环境变得有规律。对环境的知觉、组织和解释,影响着人对社会情境的反应,人据此可以预测、控制环境并做出不同反应。

人解释社会事物的过程,被心理学家称为社会认知(social cognition)。社会认知的核心,是人们对他人外在特征和内在特征(如人格、情绪和人际关系)的认知。自20世纪80年代以来,研究者又从认知心理学角度,研究人对他人、自己和周围环境各方面社会信息的加工、推理的复杂社会认知过程。

按照认知理论的解释,对一个人亲近另一人的解释,要视情境而定:可以解释为表示友好,也可以解释为有求于人;可以解释为他们有血缘关系,也可以解释为被吸引。脱离了背景信息,就无法对有关事件进行推理和判断。

一、主要社会认知过程的解释路径

社会认知的心理过程要经历产生社会知觉、形成社会印象、进行社会判断等不同阶段(如表2-1所示)。

表2-1　社会认知的心理过程

阶段	主—客关系	认知职能	认知深化程度
产生社会知觉	直接	识别和搜索	量
形成社会印象	间接	描述和复制	量→质
进行社会判断	间接—直接	定性和定论	质

例如,你在街上遇到了X先生,看见其长相和身体外部特征,掌握了一些关于此人的线索。这是产生了对X的社会知觉。你回到家后,家人问:“路上你遇见X先生了吗?”你不知所云:“谁是X先生?”但根据回忆,你说:确实遇到一个人,长得如何如何,“是不是X先生?”家人说正是他。此时你对X的描述已经是对X的社会印象。家人说:“你不认识X?为什么他说是你的朋友?”你大为疑惑,思索为什么X会这样说,是不是自己一时没有认出老朋友。这时你在进行社会判断。

社会心理学家对社会认知心理过程的解释在不同时期采用的方法是不同的,其侧重点也有所不同。

1. 社会知觉解释

社会认知早期研究主要集中于个人的社会知觉,着重探讨人们如何收集他人的信息,并将这些信息组合成一个完整的总体印象。这种解释的假设是,人作为观察者,会做到考虑周全,相当客观,具有理性思维,能注意到他人行为的细节,并构建出稳定可靠的基本框架。

2. 归因解释

与强调个人知觉不同,从归因视角研究社会认知时,较少注意人如何将零散的信息组合成整体印象,而更多地将注意力指向人们对行为原因的解释。按照归因解释,人人都是“天生的科学家”,都会权衡、组织各种各样的信息,并对行为背后的原因做出系统的解释和判断。

3. 图式法解释

这种方法将注意力集中在人们怎样在头脑中组织记忆信息、利用信息理解他人的行为。图式法将人看作“吝啬的认知者”,即由于信息处理能力有限,人们只用最省力的办法,解决或回答一个社会问题,尝试用最有效的途径判断事物,而不是像归因研究者强调的那样,人人都是“天生的科学家”。

二、认知失调理论

社会认知理论深受格式塔心理学、场论的直接影响,认知失调理论创立者费斯廷格本人就是场论(field theory)的代表人物勒温的嫡传弟子,认知失调理论是在场论的基础上发展起来的一种认知理论。

（一）认知失调理论的基本假设

认知失调理论（cognitive dissonance theory）又称认知不协调理论，最初是由社会心理学家费斯廷格于 1957 年阐明和完成的。认知失调理论认为，当各认知因素之间出现“非配合性”（nonfitting）关系时，认知主体就会产生认知失调。这种失调会产生心理压力，促使个人改变有关观念或行为以减少或避免这种失调。观念与行为改变的本质是态度的改变。本书第十六章将介绍认知失调理论在劝导与态度改变中的应用。

（二）认知失调的条件

协调和失调的概念，是费斯廷格为避免使用一致和不一致的概念所带来的混淆而提出的。当两个认知之间的关系相对应时，二者为协调关系；反之，则为失调关系。例如，一个人站在雨地里，那么相应的应当是他被淋湿了，此时对两个事实的认知关系是协调的。如果站在雨地里，但没有被淋湿，那么这两个事实就违反了人们已经建立起来的逻辑，此时对两个事实的认知则是失调的。

费斯廷格指出，认知失调通常在 4 种情况下出现：

（1）逻辑的违背。例如，水在 0℃结冰与冰到 30℃仍不融化，这两个观念是失调的。

（2）文化价值的冲突。一种行为在一种文化中被接受，而在另一种文化中被摒弃。这样的例子很多。例如，美国的父母在孩子 18 岁以后，任由其独立，不再给予例行经济支持，这被认为是正常的。同样的行为在中国，父母可能会被批评为不负责任。

（3）观念层次的冲突。对同一事物，从不同观念层次评价，会得出矛盾的结论，也会引起失调。例如，一个来自中国家庭的人，遇到家人与他人打架，而正义在对方那边，其行动决策就会面临失调。从隶属关系上，他/她应当帮助自家人；但从更高的主持正义的角度来说，他/她又不应当帮助非正义者。

（4）新旧经验的矛盾。当新的行为与已有经验不一致时，对行为的认知也会出现失调。例如，一个人过去反对抽烟，现在与朋友聚会时又不反对抽烟，甚至同朋友一起抽烟，就会产生失调。

（三）认知失调的程度

认知失调的程度，取决于两个方面：

（1）失调的程度与某一认知元素对个人生活的重要性成正相关关系。涉及的认知后果越不重要，失调的程度越低；涉及的认知因素越重要，失调程度就越高。例如，丢失一元钱与丢掉自己满意的工作造成的失调程度是不同的。

（2）失调的程度取决于个人所具有的失调认知的数目与协调认知数目的相对比例。

（四）减少和消除认知失调的途径

认知主体的失调作为一种机体紧张状态一经产生，人的避免焦虑、肯定自我的倾向就会推动人减少或避免失调。减少或消除认知失调的途径主要有：

（1）改变行为，使个体对行为的认知符合态度。例如，“天天吸烟”的人相信“吸烟有害”从而彻底戒烟。

(2) 改变态度,使个体的态度符合其行为。例如,如果有学生认为“我比谁都聪明”,但是考试却常常不及格,这时就需要改变自我评价,认为“我学习确实比较吃力”,才能达成协调。

(3) 引入新的认知因素,消除已有认知因素间的失调关系。以吸烟为例,在既不怀疑“吸烟有害”的论断,又不戒烟或减少吸烟量的情况下,通过补充新的认知因素,同样可以消除二者的失调关系。如提出“吸烟可以提神、增加工作效率”的新认知,使吸烟成为虽然有代价但仍是值得的行为。

如果引入一个新的认知因素不充分,那么可以同时引入多个新认知因素。例如,在吸烟有价值的认知上,再加上“生命的价值不是以生命长短,而是以创造来衡量的”,“与其说不吸烟不能工作而长寿,不如以吸烟来增加工作效率,发挥有限生命的价值”等认知。通过新的认知因素的传递,已有认知因素之间的失调关系就可以被消除。

由此可见,根据认知失调理论,认知失调会使人产生压力和感到不适,这种压力和不适感会驱动人们尝试改变,使认知恢复舒适的协调状态。由此可以说,人永远处在遭遇失调和寻求协调的过程当中。

三、图式理论

(一) 图式的基本概念

图式概念最初出现在康德(Kant)的《纯粹理性批判》中。康德认为,图式是使感性经验具有普遍意义的形式条件(江怡,2004)。按照现代认知心理学的观点,图式(schema)是通过认知经验发展起来的关于特定事物或概念的认知结构。图式是在过往经验基础上形成的概括性知识表征,但并不是关于事物或概念的定义,而新经验会通过皮亚杰所说的“同化”和“顺应”过程,不断进行重构。图式之间存在层次差别,高一级图式不是低一级图式的简单累加,而是有机的重构。

(二) 图式的功能

图式具有以下几个功能。

1. 有助于信息加工

图式能够稳定地将新的经验和过去的经验连接起来,从而能够快捷、经济地处理大量信息。凯利(Kelley)完成的对人知觉过程中存在的中心品质的经典实验就很好地印证了这一功能:如果用两种特征预先让学生形成印象,在其他各种特征都相同,只有“热心”和“冷漠”两个对立特征的描述是不同的情况下,大学生对同一位教师的评价也明显不同,先获得“热心”描述的学生的评价远比先获得“冷漠”描述的学生的高。这里,中心特征启动对人整体性评价的作用是典型的图式对信息的简约作用。这种作用在于解释、记忆新的信息并进行推理。

2. 有助于回忆与推理

人类的记忆具有随时间推移而重构的特性,人们常常用和已有的图式相一致的信息来填充空白。科恩(Cohen,1981)进行了一项有意思的实验:让被试观看一段一个妇女和丈夫在家中的录像。一半被试被告知妇女是图书馆管理员,另外一半被试被告知妇女是服务员。结果,被试对录像的细节的回忆明显与被告知的社会角色的图式相一致。人们用与图式相一致的细节填补了记忆的空白。

图式也影响着人们对他人或其他社会实体做出推论(Fiske & Taylor,1991)。一个完整的、正确的图式,可以帮助人们推测新的事实。

图式理论显示,社会心理学越来越多地融合了认知心理学中信息加工的观点。与传统社会心理学强调研究个体、群体的外部行为来预测社会心理现象的方法相比,图式加工的观点深入人类大脑内部的信息加工过程,揭示了个体或群体根据已有知识来解释外界新信息的方法和过程。

四、认同理论

认同理论(identity theory)是从符号互动理论(symbolic interactionism),特别是从结构性符号互动作用中孕育发展而来的(Stryker,1980)。传统的符号互动理论认为,个体在社会情境中的行为认同和解释过程建构了社会本身(Blumer,1969)。个体可以按照其所期望的方式,对其所处的情境自由地进行认同选择(Stryker,2000)。

不同心理学家从不同的角度来阐释认同理论,美国心理学家斯特莱克及其同事(Stryker,1980,2004;Serpe,1987;Stryker & Serpe,1987,1994;Thotis,1995,2003),主要关注社会结构如何影响个体认同和个体行为,强调自我折射社会,认为认同有群体认同(也称为社会认同)、角色认同和个人认同 3 种基本形式。伯克和他的同事(Burke,1980,1991,1997,2003,2004;Stryker & Burke,2000)则注重认同过程的个体内在动力,并提出了认同控制理论(identity control theory)。不过,研究者都共同关注认同理论的 3 个核心要素(社会、自我、认同)及其相关的原理。

1. 社会

研究者认为,人们的认同过程建构了社会本身。个体认同他人行为,并将很多个体的相似行为方式集合,对一种类型加以认同。同时,这个群体的行为方式与其他群体的不同行为方式存在着互动并相互适应的过程,从而构成更具普遍意义的行为方式,这种通过广泛互动产生的普遍行为方式就构成了社会结构。在社会被个体的认同建构的同时,个体也从建构的社会中得到反馈,并改变自己既有的行为方式。

2. 自我

正如社会通过认同来被建构一样,自我也是通过认同过程形成的。自我本身是个体折射"互动他人"观点而形成的客体。个体通过角色获得(role taking)过程,用他人的观点来看待自身,从而使自我的意义成为共享的意义。自我从人际互动中而来并存在于复杂的社会中,因此在更复杂、更有组织性的社会结构中,我们就必须类化自我,使自我有更明确的社会联结点。

3. 认同

群体认同、角色认同和个人认同直接影响人们在社会情境中的行为方式(Burke,2004)。一名教授如果强调群体认同,则他会首先分出内群体(ingroup)和外群体(outgroup)——其内群体是学术圈,外群体是非学术圈,会强调学者的生活方式并对学术群体产生归属感;如果他强调角色认同,则他会首先分出与教授对应的角色——学生,会在与学生角色的互动过程中,尽力表现强有力的学者形象和相应角色行为,并产生强烈的自我效能感;如果其强调个人认同,则他会倾向于将自己视为一个独特单元,并在履行自己角色的过程中显现独特个性和风格。

尽管认同理论经过多年的补充已有相对完善的理论观点,但仍然有很大的发展空间,如情绪在认同中的作用、认同的改变、我与非我、多种认同的联系等问题仍需进一步阐释,从而加深人们对自我、认同、意义和行为的理解。

五、社会认同理论

社会认同理论(social identity theory)是由英国社会心理学家塔吉菲尔等人(Tajfel,1982,1987;参见付宗国,2001)在认同理论基础上延伸提出的,也是目前群际行为研究领域影响最大的理论。其基本观点是社会分类、群际比较及人们对积极社会同一性的追求,是群际冲突和群际歧视产生的根源。

塔吉菲尔等人通过最低限度群体范式(minimal group paradigm)的经典实验,发现群体划分本身就能引发敌意性的群际行为。实验从纯认知角度,最低限度地将人们划分为两个群体,让人们认识到自己与他人属于不同的群体,就会导致人们对其他群体及其成员的歧视,产生竞争与超过对方的心理与相应的行为,而权威主义人格、挫折、相对性匮乏和现实利益冲突等,都不是群际冲突和歧视的必要条件。经由这一实验的结论,研究者提出了社会认同理论。

按照塔吉菲尔等人的解释,社会认同是个体自我概念的一部分,它来源于个体对自己作为某个或某些社会群体成员身份的认识,以及附加在这种成员身份之上的价值和情感方面的意义。在某些情境中,个体会依据自己的群体成员身份行动,其所属群体对他们具有重要意义。把人们进行社会分类,既给环境安排了秩序,也界定了个人在社会上的位置。

塔吉菲尔等人认为,个体总是努力追求积极的自我形象,这可以通过他所隶属的群体来获得。人们总是或多或少地依据自己所属的群体来界定和评价自己。社会群体可能具有积极价值,也可能具有消极价值,但个体总是努力追求一种积极的社会认同。如果通过群际比较,发现自己的群体优于另一群体,个体就会体验到积极的社会认同,从而感到满意。为了满足追求积极自我评价的需要,人们在进行群际比较时,常常偏向于内群体,表现出“内群体偏爱”:假设两个群体同样好,人们也往往认为自己所属的群体更好,甚至在客观上自己所在的群体没有其他群体好时,在主观上仍然认为自己的群体更好。这也可以说是一种“谁不说俺家乡好”效应。

塔吉菲尔等人对人们争取积极的社会认同的策略进行过概括,如表 2-2 所示。

表 2-2　人们争取积极的社会认同的策略

群体分类	社会流动信念体系①的策略	社会变革信念体系②的策略
高地位群体 (优势群体)	1. 极力倡导这种信念,不愿改变群体地位现状 2. 限制个体流动数量 3. 降低劣势群体凝聚力,避免其集体性对抗行为	1. 极力提倡让地位低的群体与地位相同或更低的群体比较 2. 在一定程度忍受低地位群体的评价维度的改变,但自己不想做出改变 3. 压制劣势群体,可能导致激烈的群际冲突
低地位群体 (劣势群体)	努力离开自己的群体,争取加入高地位群体,从而获得满意的社会认同	1. 选择其他比较维度,重新评估当前比较维度的价值 2. 与地位相同或更低的群体比较 3. 反抗、对抗、竞争与革命

① 社会流动信念体系:认为群体边界具有通透性,个人可以在各群体间移动受不同社会信息体系影响而采取的策略。

② 社会变革信念体系:认为群体边界是固定的和不通透的,个人不能从地位低的群体进入地位高的群体,即使进入了也不能逃避其身份的消极意义。

社会认同理论首次将社会比较区分为人际社会比较和群际社会比较两种不同过程,并且明确将认同区分为个人认同(personal identity)和社会认同(social identity)两种自我知觉水平。这一理论还包含了不同于个体自尊的“集体自尊”这一全新概念,并且表现出与美国主流认知社会心理学的不同,被看作几十年来欧洲本土化心理学最重要的成果之一。

六、自我类化理论

(一)类化的概念

所谓类化(categorization),就是当我们知觉事物时,往往先根据一些简单的原则,将事物进行归类。例如,我们看到一个人,常常最先依据性别相似性,把他或她归入男性或女性;也可能根据地域接近性,把这个人归为北京人或广东人;还可能根据过去与其交往的经验,把这个人归为可信任的人或不可信任的人。这说明,我们认知他人,并不是简单把他或她当成独立的个体,而是自动、自发地立即将其归到某一类别中。

人们在类化时,往往根据他人或事物与原型的相似性来进行,即把被类化的事物与该类事物的一个典型或理想范例相比较而进行归类。通过简单的类化,我们对他人或事物的认识过程就被简化了,从而节省了认知资源。

(二)社会类化

社会类化(social categorization)是指个体在产生社会知觉时,主观上将自己归属于某个群体的过程。社会类化的结果是在认知水平上扩大了群体之间的差异,同时缩小了群体内成员之间的差异。

社会类化涉及两个过程:一个是同化,即知觉到群体中的每一个人在某方面都很相似;另一个是对比(亦即异化),即相信群体间的差异比实际的要大。

刻板印象(stereotype)或类属思维,就是典型的人们将信息类化的结果。

(三)类化的作用

塔吉菲尔(1957,1959,参见付宗国,2001)研究了类化的概念及其作用,通过实验研究发现,无论是物理刺激还是社会刺激,类化会使类别内的相似性和类别间的差异性在知觉上都得到加强,这称为“加强效应”。他用这种认知导向的理论来解释刻板印象的形成机制。

(四)自我类化理论的内容

20世纪七八十年代,塔吉菲尔、特纳(Turner)和他们的同事在英国布里斯托大学对“群体对个人的影响”的课题开展研究,并依据研究结果,在社会认同理论的基础之上,提出了自我类化理论(self-categorization theory)。

塔吉菲尔等人认为,在群体中,人们的自我定义会发生改变,个人认同会让位于社会认同。在许多情况下,我们将自己认同为独特的个体对他人做出反应,这时,我们有独特的个性,知道自己喜欢或不喜欢什么,有自己的技能、才智、态度和观点。由我们独特个性特征产生的关于自己的定义,可在群体情境中再现,在与某群体意见不一致时,这一点更会凸显。

但是，在群体中也有新的认同可能性，即人们可以将自己作为社会群体的一员，并把自己看作具有这个群体特征的一员。这种从个人认同到社会认同的转变，在大规模群体中尤其明显。在这种转变发生时，个人不仅仅考虑自己是具有特别个性的个体，而且会按照自己的群体成员身份指称自己。既然我们如此为自己贴标签，或被他人如此贴上标签，那么关于“我们是谁”的想法就会发生改变。

塔吉菲尔指出，从个人认同到社会认同的转变不仅发生在大规模群体中，也可在面对面的小群体中发生，甚至在实验室想象的群体中也可以出现。

从心理上讲，当个人将自己按照群体分类时会发生什么呢？首先，个体的自尊会变得与群体的命运相连。为使自己感觉良好，个体就会对（也必须对）自己的群体产生积极看法。其次，个体进行比较的基础发生了改变。这时群体外人员的信息和施加的社会压力，与个体自己的关联程度降低，影响力下降。

特纳（Turner，1982）强调，当人们认同自己群体的时候，就开始出现去个人化（depersonalization）和自我刻板（self-stereotyping）过程。我们习惯于把某种思想套在他人身上，特别是其他群体的人，仅仅注意他们的所谓特征，而容易忽视个人的差异性和多样性。特纳指出，人们对自己也会按自己的社会认同刻板化或类属化。这种自我刻板（或自我类属）的过程，会使人在不同时间对他人做出十分不同的反应。

例如，我们依据个人认同，可能将邻居作为朋友对待；但是，在其他情况下，如果考虑到群体因素，依据社会认同，面对属于不同群体（如不同宗教）的邻居，我们的感情和行为会有很大不同，可能不再将邻居当成朋友。

第三节 角色理论

正如上一节社会认同理论中提到的，个体的社会属性通过人们的社会认同高度影响人们的社会心理和行为。那么个体是怎样与整体的社会发生联系的呢？社会心理学从个体水平的分析过渡到群体和更高水平的宏观分析的一个桥梁，就是人之所以成为社会的人的角色理论。

一、角色理论的来源

角色理论（role theory）是一种试图从人的社会角色属性解释社会心理和行为的产生、变化的社会心理学理论取向。由于这一理论的基础概念是“角色”，其基本原理也是借助戏剧比拟来阐发的，故称为角色理论。

由于角色理论概念体系本身接近真实生活，并且具有良好的解释力，所以它不仅受到社会学家的重视，心理学、人类学、管理学、教育学等领域的研究者也高度重视这一理论的解释和应用价值。

角色理论被称为理论，往往给人一种错觉，似乎该理论也像精神分析或行为主义一样有明确的创始人、发展脉络、概念来源和理论体系。实际上，角色理论是一种从多种来源的概念演化、发展起来的分析取向。在 20 世纪 20 年代至 60 年代，角色理论逐渐建立了自己的概念和原理体系。角色理论主要有 3 个来源。

（一）社会学来源——符号互动理论

符号互动理论最初是由布鲁默(Blumer,1937)在一本由沙密特(Schmitt,1937)主编的《人与社会》的著作中提出的,布鲁默在1969年专门出版了《符号互动理论:观点与方法》一书,阐述了该理论的原理。

符号互动理论除受到18世纪苏格兰道德哲学的影响外,还有两个主要的观点来源:库利(Cooley,1902)的镜像自我(looking-glass self)理论和米德(Mead,1934)的角色获得(role-taking,也译为"角色承担""角色采择")思想。

库利认为,儿童总是观察别人的脸色来确定别人对自己的态度,就像是把别人的表情当成镜子,并在镜子中看到自己的形象。他认为,一个人关于自己的观念——自我意象(self image),是由别人对于自己的观点和反应来塑造的,通过这种途径形成的自我意象为镜像自我。而自我意象又影响着我们实际的自我。这种假设被20世纪60年代后期的预言自动实现效应证明。

米德认为,人与人之间的相互作用是通过各种符号系统,尤其是语言实现的。人在学习语言和其他符号时,也就获得了理解别人和被别人理解的工具。人通过语言来获得别人的角色,获得对别人的体验,并在将自己与别人比较的过程中,意识到自我的存在。米德强调,没有对他人自我的体验,就没有个体自己的自我。

斯特莱克(Stryker,1959,1980)曾概括了符号互动理论的基本观点。认为:

(1) 人们对物理和社会环境的各个对象进行指称的用语和分类,隐含着在社会相互作用过程中发展起来的共同行为期望。人们用各种语词名称定义情境、相互作用过程的其他参与者和自己。在用特定名称指定客体时,同时也引发了相应的行为期待。

(2) 分类用语中有各种指称社会"地位"的符号,这些符号引导着相互作用的双方共同的行为期望,并被打上了各种"角色"的标签。

(3) 人们用各种名称指称自己,而这些指称自己身份的名称已经成为个人"自我"的一部分,并引导个人对自己的行为期望。

(4) 行为受相互作用的共同期望引导,但并不被简单决定。先前的定义可能会约束在相互作用情境中产生变化的可能性,但行为可能因行为者的尝试和探索而成为角色创造(role making)的过程,这种过程可能改造相互作用的形式和内容,直至反过来引发相互作用赖以发生的大的社会结构的改变。

(5) 社会相互情境赖以存在的大的社会结构决定着一个社会的角色创造的程度。对于角色执行者行为的新异性,有些社会结构是开放性的,有些社会结构则较为封闭,但所有社会结构对相互作用的可能性都会有所限制。

在上述符号互动理论的观点中,我们不仅可以看到米德思想的贯穿,也可以看到角色理论思想的内涵。因此,符号互动理论是角色理论最重要的来源之一。

（二）人类学来源——结构功能论

结构功能论(structural functionalism)的观点认为,一个社会系统是由各种社会身份和地位构成的,正是这些身份和地位构成了结构。这种结构是人们相互之间动力关系的导引体系,决定人们的行为。角色则是个人在特定社会身份上的表现,一个人对他人的一切行为,都是由其社会身份的功能意义决定的。

结构功能论的主要代表人物是著名人类学家林顿(Lindon)。他在1936年出版的《人的研究》一书中强调,地位是各种权利和义务的结合,角色则是地位的动力侧面。社会中的每一个人都被社会委任于一个地位,并在同其他地位关联的情况下占有它。当我们履行构成一个地位的权利和义务时,我们也就在执行一个角色。他还明确指出,角色与地位是很难分开的,区别它们只是学术上的要求。

(三) 心理学来源——角色扮演

一种理论能够成为被人们广为认同的观念,除了其自身的理论概念和原理有强有力的解释力之外,该理论视角带来的技术能够解决实际问题,也常常是它得以存在和被接受的重要条件。对于角色理论来说,角色扮演技术正好发挥了这样的作用。

角色扮演是一种使人暂时置身于他人的社会位置,并按这一位置所要求的方式和态度行事,增进人们对他人社会角色、自身原有角色的理解,从而学会更有效地履行自己角色的社会心理学技术。这一技术最初是由社会心理学家莫雷诺(Moreno,1934,1960)于20世纪30年代为进行心理治疗始创的。后来许多心理学家在分析该技术的原理和推广方面做了大量工作,使这一技术成为社会心理学领域公认的、应用范围最广、实施最为容易、行之有效的方法之一。

角色扮演使人们能够亲身实践他人角色,从而更好地正确理解他人处境,体验他人在各种情况下的内心情感。只有获得与他人相同或类似的体验,个体才会知道在与别人发生相互联系时,应该怎样行动,采取怎样的态度。因此,角色扮演在发展人们的社会理解能力、改善人际关系方面有着尤其重要的地位。

不仅如此,心理学家在研究中发现,较长时间的角色扮演可以改变人们的心理结构。角色扮演中的直接情感体验、所扮角色的某些特征,最终能被"固定"在人们的心理结构中,使其个性发生实质性变化。因此,角色扮演被当作一种心理改变技术应用于心理咨询与心理治疗实践中。

角色扮演在态度改变方面具有特殊作用。著名态度问题研究者贾尼斯(Janis)等人自1965年开始进行追踪研究,发现角色扮演是扭转人们日常生活中顽固态度与行为的很好的方法。他们以嗜烟女大学生为被试,用角色扮演促使她们戒烟。具体操作是,让吸烟者扮演一个患者,由医生告诉她们:"你已经身患肺癌,必须很快进行手术。"结果被试对吸烟的态度和行为变化十分明显。实验前,被试平均每天抽烟24支,角色扮演后,每天吸烟量很快降到不足13支。18个月后,再接触这些被试,发现每天吸烟量继续下降到了11支。没有参加角色扮演的控制组被试在同样时期内每天吸烟量没有任何变化。

角色扮演被广泛应用到人们日常生活的各个领域,被用来进行各种各样的人员培训,也被用来改变人们的态度和人际关系。同时,作为一种教育方法,角色扮演技术在改善学生的学习和培养他们的良好个性品质方面也发挥了巨大的作用。角色扮演技术的巨大成功,甚至在行为科学领域造成了一种"角色扮演运动"。研究表明,无论在促进儿童发展、培养人们的理解力,或在帮助人们获得新的行为模式方面,角色扮演都有其他方法难以取代的作用。

二、角色理论的主要观点

角色理论家认为,就像演员在一场戏中扮演一个角色一样,人在实际生活中的角色行为是整个行为系统的产物。也就是说,人作为社会结构中的一个成员,社会环境和周围人群与其发生的直接的和间接的、外显的和内隐的、真实的和想象的联系，会在个人态度和行为的各个层次上发生相互作用。而且，人不是被动地接受环境的影响，由于个人自身的个性是特定的，人最终做出的行为，是所有这些因素相互作用的结果。班杜拉在其交互决定论中实际上也是试图描述这样一种思想。

角色理论家用戏剧比拟现实生活，认为具有一定社会身份者的行为，如同戏剧中扮演一定角色的演员的行为。在戏中扮演角色，意味着以剧中人的方式表演，并且还需要以剧中人的态度来看待世界和自己。演员的表演是由剧本、场景、导演的指示、其他演员的表演、观众反应、演员对自己角色的理解和自身的表演才能等诸因素决定的。演员的表演，一方面是规定性的，一个角色不管是由谁来表演，我们都知道他是在扮演什么角色；另一方面又是创造性的，许多人表演同一个角色，我们可以判断只有一个人的"表演"是这个角色应有的状态。

在现实社会结构中占据一定社会地位或身份的个人的行为，是由客观的行为环境、社会的要求与规范、他人在各自地位上的角色表现，以及自身对角色的理解、个性和能力等因素决定的。较于戏剧舞台，客观的行为环境就像"场景"，社会的要求规范等就如同"社会剧本"，它们对人的行为具有强制性质。只不过"社会剧本"所描述的角色远不如戏剧的剧本细致，因而也就有着更大的角色创造空间。现实生活的"导演"，就是管理者、家长、教师或教练，"观众"则是由那些与行为者发生真实的或想象的、直接的或间接的相互影响的人构成的。生活中的"表演"，像戏中的表演一样，一方面会受到环境、社会剧本、"导演"和"观众"的限定，另一方面又受表演者自身对自己角色的熟悉程度、对角色的理解、个性和个人经验历程（表演经验）的影响。而个人角色行为的整体倾向，是由社会剧本来限定的。

角色理论强调社会环境对行为的定向作用，同时也重视个人可能的角色创造，因而被称为"社会有限决定论"。从角色理论的原理演绎可以看到，这一理论通过戏剧比拟，较为完整地考虑到了现实社会行为的整个系统，并将宏观的社会因素和微观的个人因素联系到了一起而形成了一个完整的行为分析系统，因此，该理论在社会心理学中具有特殊的价值和地位，是一种重要的社会行为分析体系。

三、角色理论的主要概念

角色理论涉及的概念很多。不同的来源对相同术语的理解也不尽相同。本书主要介绍角色理论中最主要的几个奠基性概念。

（一）角色

关于"角色"这一核心概念，角色理论中有多种不同的理解。由于角色理论的解释力高度依赖对角色概念的澄清，所以我们对其进行了系统研究并对角色的概念进行了彻底澄清。

角色最初是由拉丁语 rotula 派生出来的。这一概念最初在学术著作中出现是在齐美尔（Simmel，1920）的《论表演哲学》一文中，在那篇文章中他提到了"角色扮演"。到了 20 世纪 30 年代，"角色"一词才被专门用来讨论角色问题。

角色概念的第一种理解将角色等同于社会地位，如利维（Levy，1953）在《社会结构》一书中将角色定义为"由特定社会结构来分化的社会地位"；第二种理解将角色等同于行为本身，如纽科姆（Newcomb，1951）在其《社会心理学》中将角色定义为"个人作为一定地位占有者所做的行为"；第三种理解将角色等同于行为期望或规范,如林顿(Lindon,1945)在《人格的文化背景》一书中将角色定义为"与特定社会地位有关的文化模式总和,包括社会对于占据这一地位的所有人的一切态度、价值观和行为";第四种理解将角色等同于行为方式或行为特点,如彼德尔(Biddle,1979)在其《角色理论:期望、同一性和行为》一书中强调,角色是"一定背景中一个或多个人的行为特点"。正如彼德尔所说,这些角色的定义都无所谓对错,它们是从某一种视角强调了角色现象的一个侧面。

通过综合各种观点,研究种种与角色关联的社会心理现象和系统研究证据(如在第三章提到的监狱模拟实验),再结合在社会心理学领域已经变得高度活跃的"角色"一词被广泛使用的本质含义,我们发现,科学的角色定义,必定整合4种社会心理要素:① 作为主体的个人;② 作为建立社会联系和社会约束的社会地位或身份;③ 作为指向特定社会身份占据者一般特点和倾向的行为方式;④ 作为相应行为方式内在基础的心理根据——态度和价值观。融合角色关联的这4种要素,科学的角色定义应当是:一定社会身份所要求的一般行为方式及其内在的态度和价值观基础。

上述角色概念可以很好地解释角色现象。正如角色理论所借助的戏剧表演一样,在戏剧中饰演一种角色,如果仅仅是"演",那还只是游戏。真正优秀的"表演",实质上是达到"是"的境界的角色获得。也就是说,不仅仅有饰演角色的行为方式,更具有角色的内心世界和体验。监狱模拟实验也揭示,当人们被赋予新的角色时,人们改变的不仅仅是行为方式,实际上内心的态度和价值观结构也会发生深层的重构。

(二) 角色冲突

角色冲突(role conflict)是指个人不能同时满足对其有意义的多种角色期望而履行不同角色时所出现的矛盾心态。外部社会对于在社会结构之中,占据一定位置的人如何行为和如何看待事物,总有一定的期望,这种期望也就是角色期望(role expectation)。在现实社会生活中,一方面,一个人往往同时具有多种不同的社会身份,为对应这些身份,他被要求履行不同的角色。另一方面,对应于同一特定社会身份,不同的人或社会群体所持有的角色期望也不尽一致,他可能因此被要求按照不同的角色模式去行动。这样,当一个人受时间或精力的限制,不能同时满足外在社会不同的角色期望而履行不同角色,但这些角色对其又都具有一定意义,回避履行任何角色都会出现消极后果(如受制裁或被人拒绝)的时候,就会出现角色冲突。由于多种社会身份引起的角色冲突称为角色间冲突(比如一个学生在学校是学生,但回家则是儿子或女儿,在要好的同伴面前又是朋友),对应于这些不同身份,外部社会的要求有时是互不相容的,因而会在一个人身上引起冲突。自古所谓"忠孝不能两全",就是典型的角色间冲突。

在现实生活中,一个中学生,学校教师可能希望他诚实,而在同学那里,他则被期望应当讲义气。这样,当某些同学出现违纪或越轨行为时,一些学生对于究竟该不该将事情真相报告教师,常常会出现角色冲突,因为教师与同学在这一问题上的期望是对立的。

外界社会将同一种身份存在不同的角色期望所引起的角色冲突称为角色内冲突。如同样是对于学生的要求,有些教师期望他们得到全面发展,因而会重视安排学生参加劳动和各种课外活动,而另一些教师则认为对学生而言重要的是成绩优异,他们不应当在劳动和课外活动上耗费时间和精力。在这种情况下,身处这两种不同理解夹缝中的学生,对于自己该不该参加劳动和课外活动这一问题,就会产生强烈的角色冲突。

角色冲突的强度取决于两个因素。其一是角色之间的共同性。角色冲突的强度与角色之间的共同性成反比例关系:角色之间的共同性越大,冲突越小;共同性越小,则冲突越大。其二是角色自身的限定性。角色的限定性越大,规定越严格,角色执行者就越难于偏离这些要求。因此,角色冲突的强度与角色限定性成正比例关系:限定性越大,冲突的强度也越大;限定性越小,冲突的强度也越小。

角色间冲突的解决途径是,首先明确各种角色的重要性和不履行某种角色的后果,然后按照最优选择的原则,根据情况分出各种角色的轻重缓急,优先执行最重要和能避免严重后果的角色。角色内冲突的解决途径则是明确有关角色的一般模式,然后比较不同的角色要求同一般模式的差异,再本着行为与态度要接近一般模式的原则,优先执行与一般模式差异较小的角色。

（三）角色创造

角色创造是指行为超出角色的一般模式,拓宽既有角色行为范围的过程。任何一个社会角色,除其明确限定的行为模式之外,还有一个非限定性的模糊领域。关于这一领域中的行为是不是也可归于某一角色,没有明确的规定。这样,对于一些不墨守成规、敢于进取而有独特性的人来说,他们的行为常常会冲破典型的角色行为模式,触及模糊领域中的各种行为,并通过自身的行为实践将这些行为与自身角色联系到一起,形成对某一角色的概念。这样一个复杂的过程,就是角色创造。比如,过去在女子是否能踢足球这一问题上的社会规定是模糊的,对此没有可以或不可以的明确规定,只有一般男子踢足球而女子不踢的典型行为模式。

而某些女子足球运动的先驱者开创了女子踢足球的先例,并使它成为一项公认的女子运动。这些先驱者的开创性行动,就是角色创造。他们以自己的行为实践将踢足球与女性的性别角色联系到了一起,使人们明确了女子也可以踢足球,从而拓宽了女子角色行为的范围。其他如女子举重、女子健美等运动,也都是角色创造的结果。

不同的人与社会对于角色创造的容忍性是不同的。倾向保守的人和社会,对于角色的理解容易固定在典型行为模式之中,因而对于超出一般模式的角色创造的容忍性很小。而倾向开放的人和社会,对于角色的理解会表现出良好的适应性和应变性,因而对于角色创造的容忍性较高,也能很快适应新的角色概念。

（四）角色偏常

角色偏常(role deviance)是指一个人的行为和心理准备长时间偏离社会期望,形成与自己社会身份不相适应的行为和心态结构。心理学家在通过实验研究探讨角色偏常原因的过程中发现,角色偏常现象是十分复杂的,行为偏离社会期望只是表面现象,其背后的实质是个人的整个行为动力系统的各个环节,包括其所受到的外部对待、评价与角色期望,其内在的自我概念系统、动机机制及表现于外的行为模式和行为的后果,都偏离了特定社会身份要求的一般模式。

个人行为动力系统中的各个方面构成了一个协同活动、倾向一致的整体,系统中的内、外动因与行为作为整个系统的不同环节,总是彼此相互影响、相互适应、自相一致的。这样,一个人的行为动力系统究竟能否产生积极的行为和行为效果,不是取决于系统中的某一因素,而是取决于整个系统的运动状态,取决于运动的倾向性,也就是取决于其运动状态究竟是良性循环还是恶性循环。当一个人的行为动力系统处于良性循环时,其外部动力因素、内部动力因素、行为和行为效果诸方面是在相互促进的基础上相互适应、自相一致的。良好的社会对待、社会评价与角色期望,会产生积极的自我概念,产生积极的行为动机和实际行为;而由积极的行为所产生的良好行为效果,又会使其获得更好的社会对待、社会评价和更积极的角色期望。如此循环往复,整个行为动力系统就会保持良好的运动状态。

相反,若一个人的行为动力系统处于恶性循环状态,其各个环节就会在相互妨害的基础上相互适应、自相一致。消极的社会对待、社会评价和角色期望,会直接导致消极的自我概念,降低自我期望的水平和行为动机的强度,并最终导致消极的行为与行为后果。而不良的后果又会反过来使这个人所得到的社会对待、社会评价和角色期望更加消极。如此循环往复,整个行为动力系统就会保持在恶性循环状态下运动。

上述角色偏常的观点在教育上有着直接的现实意义。如在后进生形成原因的问题上,角色偏常的观点告诉我们,更多的后进生学习成绩长期显著偏离了特定年龄、特定年级学生的一般模式,处在一个恶性循环的运动状态之中,其各个环节处在消极的彼此适应、自相一致的状态下。对于周围的人,尤其是教师、家长与同学,这些后进生的成绩落后已成为理所当然的事。他们给予这些后进生的对待和评价,也是从这种消极的期望出发,与这些消极期望相适应的。后进生自己也认为自己成绩落后是自然的结果,自己只能有这样的水平,努力也是无效的。这样,后进生的整个行为动力系统就构成了一个闭合的恶性循环状态。在这个系统内部,成绩落后是作为一个有机、和谐和自相一致的部分存在的,并不是异常现象。

由于后进生的整个行为动力系统处在闭合式的恶性循环状态之中,因此,后进问题一旦出现,他们自身很难在系统内部进行自我调整并实现自我改变,他们的角色偏常的改变或矫正通常需要外加的特定教育手段来实现。

第四节　自我价值定向理论

一、自我价值定向理论的背景

(一) 核心概念的酝酿

自我价值定向理论(self-worth orientation theory)是金盛华在 1982 年进行本科生论文研究时开始形成的模糊的概念。在研究失足青少年时发现,青少年卷入社会不良群体的契机通常是他们的正常生活结构被破坏,因找不到通常人们所具有的家庭、学校和同辈的支持而转向了社会不良群体,因为此时社会不良群体对他们的接受成了唯一维持自我认同的途径。此时,金盛华产生了疑问:为什么青少年必须寻求能接受自己的社会支持呢? 这种来自社会不良群体的最后的支持,对于发展偏离者的心理意义是什么? 由此,金盛华开始萌发“人寻求自我意识支持”的概念。

1984 年,金盛华开始进行硕士论文的实验研究。当时的实验发现,小学中的一部分所谓“差生”并不是智力问题,而是自己形成了“差生”的行为动力系统,这一系统的各个环节自相适应,成绩落后尽管是偏离社会期望和学生角色的状态,却是已经发生偏离的系统中的一个合适因素,而如果变换角色,让所谓“差生”担任班干部,则可以改变其“差生”的自我意识,启动其行为动力系统的良性循环,改变其“差生”的自我概念和行为驱动模式,最终矫正其角色偏离。李德伟在后来的博士论文研究中用高年级学生做低年级学生少先队辅导员的实验,证明了同样的现象。至此,人对自身价值的概念需要支持的意识已经变得更为明确。

1986 年,董婉月在进行从众实验研究时,金盛华建议她比较自我价值卷入和非自我卷入状态下可能出现的不同从众模型。实验的结果高度证实了作者的预想,即在自我价值卷入的条件下,大学生开始显示出与非自我价值卷入不同的模式。非自我价值卷入的从众模式与西方研究的结论高度接近,而当自我价值卷入时,大学生被试即使在大家意见与自己的意见不一致造成的压力下满头大汗,也仍然坚持自己的意见。董婉月的这一研究发现,使金盛华关于自我价值保护的机制有了初步的认识。

1989 年,金盛华提出性别助长假设,并指导王青在学位论文研究中得到很好的证明。后来,李朝旭对性别助长现象进行了系统研究,进一步证明了性别意识中的自我价值支持现象。随着在社会心理学领域系统、深入的教学和研究,金盛华通过在理论上研究符号互动理论、米德(Mead,1934)关于主体我和客体我关系的论述、罗杰斯(Rogers,1951)关于自我的理论、凯利(Kelly,1957)的个人建构理论(personal construct theory)及其相关的固定角色疗法(fixed-role therapy),以及精神分析关于选择性遗忘的理论阐述和个案研究,更加清晰地了解了关于自我结构和自我价值的行为导向作用概念,并在社会知觉、自我概念、归因、人际互动等社会心理学研究领域发现越来越多的关于人的自我价值寻求和自我价值保护的研究证据。由此,关于自我价值定向的理论观念也变得更加明确。

(二)自我价值定向理论的形成

金盛华在 20 世纪 90 年代初期进行博士论文研究时,正式提出了自我价值定向的理论命题,并根据自我价值定向原理,假定自杀是一种选择,一种无奈的选择,即如果一个人丧失自我价值依托之后,同时又缺乏其他让步自我价值支持途径(即退一步还可以找到自我价值支持的理由),则会出现自我价值感的危机。这种危机要是没有及时被其他自我价值支持力量挽救,个人就倾向于选择自杀,结束自认为已经丧失存在价值的生命。

根据这种假定,金盛华推导出一个"自我价值依托—丧失—强自杀意向"模型。假定无论是中国还是美国的大学生,其自杀意向与自我生命价值评判及社会支持的状况都会有密切的关联。个人自我生命价值评判越消极,社会支持越少,自杀意向就越强。研究的结果表明,自我价值依托—丧失—强自杀意向模型与测量数据高度拟合,对中美大学生样本都是很好的自杀意向预测模型。

由于自我价值定向原理和相关理论预想得到研究的支持,金盛华在 1995 年出版的《当代社会心理学导论》和 1996 年章志光教授主编出版的《社会心理学》两本书中,开始尝试运用自我价值定向理论原理来分析有关社会心理问题,在诸如态度与行为的关系、人际吸引规则等重要问题上,有关理论概念的引入显然推进和深化了对这些问题的分析。

二、自我价值定向理论的 6 个基本命题

在自我价值定向理论之中,自我价值既是一个具有哲学意味的词汇,又是一个可以进行科学实证的心理学科学词汇。同时,这个理论也是从哲学命题出发,又落脚于心理学实证的一个社会心理学理论建设尝试。

从自我价值这一基本概念出发,根据近 40 年研究、探索和概括社会心理学领域关于自我问题的研究积累,自我价值定向理论建构了该理论的 6 个基本命题。

1. 自我价值寻求原理

人是社会性的动物。人用理性思维寻求事物的合理性和行为的理由，建构解释自己、他人、周围世界以及自己与他人、与周围世界联系的理由体系，并在其中找到自我，特别是找到作为自我意义存在方式的自我价值，使自己的行为获得明确的方向。自我价值寻求原理很好地解释了人们普遍存在的一个已经被研究和实践反复证明的心理倾向，即人不为做什么和付出什么所痛苦，但一定会为做了和付出了而不能解释所痛苦。也正因为如此，人们“讨说法”的心理会十分强烈，“秋菊打官司”的故事也被民众广泛认同。

自我价值定向理论在社会心理学理论上的一个重要突破，是发现人寻求行为的理由和意义不是弥散性的，而是有其特定的方向，这一方向就是人作为主体必须找到自我生命的意义、建构自我生命的理由体系——自我价值体系。自我价值寻求与确立，是自我存在和自我行为的出发点。人的自我意识一经产生，一切行为就总是被自我价值追求和自我价值确立的需要牵引。

当人们的自我价值体系混乱时，人就有了矛盾和冲突，就会产生价值定向冲突，即主体由于不能同时实现对主体有价值的不同目标而引发的自身矛盾。矛盾的解决途径是主体建立价值序列，最终明确并选择对自己具有最重要价值的对象，并由此使行为摆脱混乱，重新获得明确的方向。

2. 自我价值定向原理

自我价值定向是指个体选择一定的价值标准和价值体系衡量自身价值并使自己的行为获得明确方向的过程。自我价值定向有动态和静态两个方面。动态方面是指个体在特定情境和具体行动上启动了怎样的价值标准引发自己的行为，它决定着行为的方向和性质，并对个人自身整体性的发展走向产生影响；静态方面是指个体已经形成的自我价值状况，将作为个人自身行为以及与周围世界关系的导向系统，引导和建构个体指向特定对象（包括自身）的自我体验和社会行为。自我价值定向静态方面的主要功能是维持自我价值稳定，而动态方面的主要功能是使个人具有适应性、突破性和创新性，在必要的时候重构自我价值本身。因此，人的自我价值是变化的，并可能在与环境的互动过程中不断成长。

由于自我价值对行为、自我与其他事物关系的定向作用，自我价值实际上成了个体自身及其解释整个世界的价值诠释中心。一切与个体发生相互作用的客观事物，必须通过个体自我价值体系的“转译”，才会获得价值和对个体自身的意义。

自我价值作为个人行为的出发点，不但具有基础的解释作用，还决定着个体行为及其有关对象对于个体的意义。当一种对象对于个体的意义与自我价值相一致时，自我价值会为与这种对象有关的行为输出源源不断的动力，输出动力的大小则决定于有关对象在个体自我价值衡量上的价值高低。一个对象对于自我价值越重要，自我投向这一对象的心理资源越充分，有关行为的动机也就越强，反之则越弱。不过，由于自我的状况不同、自我选择的价值定向不同，同一个对象对于自我的价值可能是变化的。随着一个对象对自我价值的重要性的衰减，自我的与对象有关的行为也会缺乏后续动力。这就很好地解释了为何人们对于一种对象的行为动力会变化，或增强或衰减。行为动力究竟是增强还是衰减，是由人们对于一个特定对象的此时此刻的价值评判高低决定的。

自我价值定向原理使人的行为有跨情境、跨对象的一致性和跨时间的一惯性，是自我价值定向理论对心理学理论的第二个重要突破。这一突破使得心理学研究可以从单一因素追寻人的行为特性，而不是从传统的个性视角，从复杂的多因素个性结构寻找行为的逻辑。

3. 自我价值支持原理

个人以自我价值感的形式被体会到的自我价值从形成、维持到发展,都是建立在各种内外充分的支持资源基础之上的。内外支持资源的变化,将会引发自我价值感的改变,重大或长期的自我价值支持变化必定引起自我价值的重构。自我价值支持原理很好地解释了人的行为和心理特性为何会在特定的条件下,特别是在极端条件下出现重大改变,为何在极端环境,如传销的群体压力下会被洗脑,又为何会在面临生死威胁的情境中出现甚至同情加害者的"斯德哥尔摩综合征"。

自我价值的外部支持是指各种来自物质的、来自个人和社会关联的支持资源,这一路径的支持是客观的自我价值依托。自我价值的内部支持则是个人自身的自我价值定向,是自我价值的诠释体系和倾向的选择,以及对所选信念的坚定程度。当个体的自我价值体系处于暂时稳定状态时,外部支持资源越多,个体的自我价值感越积极,并会向内表现出更为肯定的自我概念,向外表现出更为积极的自尊和自信的特点。为此,家境优越、高社会地位、高收入、成绩优秀、成就杰出等显见的自我支持资源,都会使人有更为积极的自我价值感,并在内在的积极自我概念和外在的自尊和自信中体现出来。

将自我评价、自我意识、自我概念、自信和自尊等复杂的与自我主题关联的概念和研究统整到自我价值概念体系之中,是自我价值定向理论在心理学理论上的第三个重要突破。

当个体的自我支持资源相对稳定时,个体的自我价值感则决定于其自我价值定向及相关信念的坚定程度。根据自我价值支持引发自我价值变化的原理,个体的自我价值越是向内在精神信念的因素倾斜,个人有稳定、牢固的价值信念和对信念的坚守,则外在的物化自我价值支持资源对个体自我价值感的影响就越小,因而这种个体的自我价值的稳定性也越高。反之,如果个体的自我价值支持中缺乏稳定的精神信念和对信念的坚守,则个体的自我价值对于物化自我价值支持资源的依赖性就越高。这种个体的自我价值定向和自我价值感,会随着外在物化的自我价值支持资源的变化而迅速发生对应的改变。

当人有充分的且与自我价值相一致的内外支持且行为理由充分时,人的行为充满动力。一旦人的行为缺少与自我价值相一致的理由支撑时,人就会出现行为是否合理和恰当的疑问,自我价值将面临拷问,严重时会出现严重冲突和意义混乱。自我价值支持原理明确了人们在自我价值支持理由不充分时会引发行为和相应心态的改变,成功地将费斯廷格的认知失调理论进行了高度简化。

4. 自我价值的符号互动原理

人的自我价值感是主观的,是一个自我主体与他人、社会、外部世界其他要素以及作为客体的自我本身的符号互动的结果。按照符号互动理论的观点,人们运用特定用语和分类指称各种物理和社会环境的各种对象时,会通过符号互动过程,启动语词本身的含义,同时激活与语词关联的对社会角色的特定行为期望。人所处的社会环境首先是语言构成的信息环境,然后才是实体的社会环境。随着社会环境的高度信息化和虚拟化,人的自我价值受到影响的途径也正在发生深刻的变化。实际上,符号互动环境成为人们的直接现实,其对于人们自我价值的影响已经远远超过实体的社会环境的作用。

自我价值实际上是通过符号系统和符号互动过程支撑的。在现实生活中,人们的自我价值首先来源于社会赋予人的身份符号,这一路径的自我价值来源是静态的、结构性。一个重要的社会身份变化,会引起深刻的自我价值警觉,积极的变化会直接提升人们的自我价值,消极的变化则直接打击人们的自我价值。在这里,自我价值遵循一个重要原则,即对已经获得的身份不敏感,而对身份变化敏感;对于身份的负面变化,因为其直接威胁人们的自我价值,并会激发人们的自我价值保护机制的作用而会尤其敏感。

社会身份符号通常经过特定组织来传递,组织有正统和非正统之分。正统组织通常直接来源于一个社会主导权力系统或被主导权力系统承认,如一个行政市下属的街道办主任、镇长的头衔等。非正统组织是没有被社会主导权力正式承认的社会组织,现实社会中既有正面的非正统组织,如绿色和平组织等,也有负面的非正统组织,如曾经的“洪帮”等。当一个组织有足够的力量影响成员的生存状况和在实际社会中所受到的尊重时,无论是正统的还是非正统的,组织的身份都会成为人们自我价值的重要构成部分。在某些特殊情况下,如间谍,可能通过直通的秘密通道委任要职,这种情况获得的身份虽然没有直接的组织环境支持,但对人们自我价值的影响是完全相同的。

特定人物或组织的身份符号也可以通过一种确定性的社会联系得以传递,并对关联人的自我价值构成重大影响。正如中国俗语所说的“前三十年看父敬子,后三十年看子敬父”,“一人得道鸡犬升天”。人与人之间是紧密联系的,身份符号的社会价值也会通过这种联系传递。

自我价值的另一个来源是人们现实的社会互动。日常生活中,人们通过有效的语言符号进行的动态沟通,会高度影响人们即时的自我价值感,这种影响是动态的、情境性的。人是社会的动物,所以个体的自我价值感高度依赖他人构成的社会背景支持,脱离了社会环境,特别是长期缺少来自社会的反馈,个体的自我价值会出现从状态到结构的深刻危机。他人对个体自我价值感的这种影响使得人们高度敏感于他人的评价和尊重。

值得关注的是,在实际沟通情境中,人们对外部评价的敏感性是泛化的,在实际的互动情境中,不重要的他人同样可以影响人们的自我价值感。专业影评者对一部影视作品的肯定或否定会影响主创人员的成就感,而普通观众对作品的肯定或否定同样会影响主创人员,“良言一句三冬暖,恶语伤人六月寒”的效应是普遍的。

来自情境互动的动态自我价值感可能最终影响结构性的静态自我价值。心理学家早就发现了预言自动实现效应的广泛存在。有关皮格马利翁效应(Pygmalion effect)的研究很好地证明了沟通会影响到人们实际的自我状况,更证明了重要他人(significant others)的评价和态度会对一个人的自我价值产生深刻影响,并最终重构一个人的自我本身。

5. 自我价值保护原理

由于自我价值是人们自我意义的根本,又是使自我与周围世界的关系和行为获得方向的出发点,因此人都有遭遇自我价值威胁时首先选择自我价值保护的优势心理倾向,从而维持自我认同的稳定。心理学的系统研究已经证明,人的心理活动从知觉到记忆,从思维倾向到人际关系,从价值认同到态度选择,各个方面都有一种防止自我价值遭到否定的自我支持倾向,并且这种倾向是在环境或行为线索显示不相一致时自动优先启动的。

自我价值保护原理假设人们在态度和价值观选择上会优先选择与自我价值相一致的选项,这一点已经被大量关于态度和价值认同的研究证明。在价值观的变迁和新价值观的塑造上,个体在没有建立对一种价值体系的安全感之前,不会接受这种体系之中的价值观;个体更不会接受一种否定自己价值的价值体系,因而否定自我价值的价值体系不可能成为个体自我价值定向的构成部分。自我价值保护原理对于当今社会主义核心价值观的培育与践行具有重要的应用价值。

6. 自我价值适应原理

人的自我价值是通过其社会化过程与自我的独特成长经历派生的,关键事件和经验,特别是与高度影响个人自我价值的重要他人的互动和关系,对一个人的自我价值形成和改变有着重大影响,因此人的自我价值是不断进行适应性调整和重构的。过去的经验塑造人的自我价值,未来的经验则将重构人的自我价值,人因此而具有可塑性。社会心理学领域关于生活史研究资料的积累,充分证明了关键事件和经验塑造价值的作用。

从既有研究来看,影响个人自我价值形成和重构的重要因素有3个:

(1) 个体依据自身经验历程形成的诠释行为和推动行为的自我价值定向系统。关于生活史的大量研究证明,早期生活经历会给人的自我价值定向打下深刻的烙印,有些烙印终其一生都难以被改变。

(2) 作为个体自我价值定向产生背景的一般社会价值取向(一个社会的文化核心即其价值取向)。在中国,已经证明儒家价值取向依然深刻影响中国人现在的价值取向,因此文化化育人心,一种文化的价值范式和行为习惯,会通过潜移默化的路径对个体的自我价值的形成产生广泛和深刻的影响。早期人类学家在西萨摩亚群岛所进行的文化范式塑造土著民族的性格和价值观的经典研究,已经为这种影响提供了十分有说服力的范例。

(3) 冲击个体自我价值感并引发自我价值重构的重大经验事件。这种事件通常有高度自我价值卷入和强烈的情绪体验。很多人在极端生活事件中,都改变了自己的人生态度,实际是自我价值定向发生了重大改变。有研究表明,大地震发生后,人们对金钱的态度会发生深刻的变化,储蓄愿望明显降低,而消费趋势则明显上升。

良好的解释力和预测力是衡量理论本身是否表征一个真实世界的最好方法。能够很好地解释和预测,说明真实世界正是以理论表征的方式存在的。理论是为复杂、连续,看上去苍茫一片的世界安上一个全景透镜,同时又用最简单的原理为混沌一片的世界建构一个可被观察的系统,因此好的理论必须是简约的。可被检验是科学自诞生以来为避免争论和欺骗的普遍原则,虽然可被检验不能简单等同于真理,因为检验本身是有条件和有限的,但可被检验却是一种理论是否科学的必要条件。自我价值定向理论通过大量验证性研究,已经被证明具备简约、可验证、有良好解释与预测力这3个特征。随着这一理论被更多研究者熟悉并引发更多研究来促使理论在不断证实和证伪过程中持续发展,其很可能成为具有高度理论价值和应用意义的本土心理学理论。

三、自我价值定向理论的主要概念

(一) 自我价值

自我价值(self-worth)即个体选择一定的价值标准对自身进行价值评判后所获得的关于自身总体价值的概念。它是个体通过择定的价值标准,以自身为对象进行的价值评判。

(二) 自我价值定向

自我价值定向(self-worth orientation)指个体选择一定的价值标准和价值体系衡量自身价值并使自己的行为获得明确方向的过程。个体选择了怎样的价值标准衡量个人自身的自我价值,会对个人自身整体发展发挥决定性作用。个体的自我价值定向会直接影响其解释事物的思维方式和行为选择。不同个体的自我价值定向可能具有很大差异。

（三）自我价值感

自我价值感(sense of self-worth)指个体对自身价值评判结果的体验。当人们使用一定的价值标准或价值体系对自身进行价值评判,并获得关于自身总体价值的概念的同时,人们也会产生对自我价值评判后果的体验。如果在个体择定的价值标准下获得的自我价值判断结果是肯定的,则个体会获得积极自我价值感,就可以体验到自我价值肯定,并产生积极的自尊和自信。反之,如果在个体择定的价值标准下没有得到支持自我价值的结果,则个体的自我价值感是消极的,会体验到消极的自尊和自信,并由此产生自卑和自我贬低。

（四）自我价值支持

自我价值支持是指支持个体自我价值确立的内外心理资源。正如自我需要建构一个包括自身在内的系统并在其中为自己定位一样,自我价值的确认,也是在这个自我定位系统中通过各种途径的自我价值支持实现的,而从来不能仅仅从个人自身得以完成。

人在一切自我价值支持资源之中,社会赋予人的价值标签和人与人之间的联系带来的资源具有重要意义,尤其是重要他人对自己的承认是最为重要的资源。为此,人在自我价值寻求中对他人的评价和反馈高度敏感。按照库利(Cooley,1902)的镜像自我理论,人的自我早期的形态是他人对自我态度的折射的镜像自我,人的自我也正是在镜像自我的基础上发展起来的。

（五）自我价值保护

自我价值保护(self-worth defense)是指个体为了保持自我价值的确立和稳定,心理活动的各个方面都有一种防止自我价值遭到否定的优势心理倾向。社会心理学研究证明,自我价值保护会以各种方式渗透到心理活动的各个方面,覆盖外部行为和内隐心理过程。精神分析理论就证明了人的合理化作用和选择性遗忘的防御机制,这些防御机制的本质即自我价值保护。

关于自我阻抑(self-handicapping)的实验也很好地证明了人们在遭遇可能的失败时,会有意增加自己获取成功的困难,预先为失败准备好借口。这显然是自我价值保护的另一种形式。关于态度改变的心理学研究已经发现,人们在面临态度改变的压力时,会采取各种自我保护策略。从自我价值定向理论的原理出发,可以预见,随着心理学研究的深入,现实生活中更多的自我价值保护策略将会被发现。

四、自我价值定向理论的系统支持

前面在介绍自我价值定向理论的背景时提到,自我价值定向理论的命题和原理的合理性与科学性,得到了众多前人研究和理论观点的支持,也得到了金盛华长期以来所进行的研究的证实和支持。

（一）根据自我价值定向理论观念提出的假定被实验证明

根据自我价值定向原理,金盛华在 1989 年提出性别助长(sex facilitation)假设,设想随着儿童性意识觉醒,不同性别在场会引起行为促进效应。北京师范大学本科生王青在学位论文的实验研究中很好地证明了这一现象的存在,这一研究发现了性别角色对力量行为的定向性影响。

初中男生因为异性在场完成引体向上的次数明显增加，而初中女生却相反，男生在场会比女生在场完成的次数更少。因为青春期女生在性意识觉醒后开始有女性的柔美意识，不希望在异性面前表现力量。后来，李朝旭(2004)进行了系统的性别助长效应研究，更进一步支持了性别助长假说，说明随着人们自我价值意识的变化，行为也会出现相应改变。金盛华在较早时期完成的关于"差生"转变的研究，也证明了自我价值引导行为的假说。学习成绩落后的学生若能被自己所辅导的低年级学生支持，那么这些"差生"的自我概念明显会向良性方向转变，并最终改变外在的"差生"刻板印象，实现成绩的实质提高。

董婉月 1993 发表的有关从众研究的文章(参见章志光，1993)，对自我价值引导行为的假说提供了更强有力的说明。该研究发现，在非自我价值卷入的问题上，大学生被试的从众行为模式与阿希(Asch，1956)报告的结果高度接近，与国内其他研究者获得的大学生从众行为模式也一致。但是，当从众实验的材料转换成有自我价值卷入的意见认同时，研究发现，可以预测被试行为的因素不再是从众情境中其他人的行为，而是被试自己原来所持有的意见。正如前面提到的，即使是多人构成的从众压力使被试汗流满面，被试也会坚守自己的观点而拒绝从众。

（二）社会心理学领域的支持证据积累

关于自我阻抑策略的实验研究发现，当人们在后来可能的挑战中担心自己是否能够建立成功经验时，人们更倾向于为自己准备合理的借口，以便在真的遭遇失败时，保护自我价值不被失败的经验贬损(Berglas & Jones，1978)。

社会心理学家琼斯(Jones，1956)的研究证明，人们对支持自己既有态度的材料学习起来更容易，信息更容易被吸收和同化，而对于与个人既有态度相违背的材料，不仅学习、记忆起来更困难，而且获得的信息也容易被歪曲。

弗洛伊德在有关选择性遗忘的论述中，发现当一种记忆经验会带给人们痛苦时，人们会选择性地遗忘，而被遗忘最严重的是早期反自我价值的痛苦经验，这些经验高度困扰了人们的自我价值意识，使得个体不得不将其压抑进无意识。不过，按照弗洛伊德的理论，被压抑进无意识的痛苦经验并不会消失，而是会在无意识中继续困扰人们的内心，并使人产生偏离行为。

在归因、人际关系、群体动力研究等领域，同样积累了大量可以证明自我价值定向倾向的现象。归因领域发现的"自我失败倾向于进行情境归因，他人失败倾向于进行本性归因，而关于成功的归因倾向则相反"正好证明了自我价值支持倾向的存在。自我价值定向理论在这里为各种归因偏见提供了很好的解释。在人际交往领域，无论是关于交往交互性的研究，还是关于"新获得的爱更有吸引力"的现象；无论是前述社会认同理论，还是谢里夫(Sherif，1961)、阿伦森(Aronson，1978)等人关于群体形成的研究，以及实践中的事实个案，都很好地证明了"人做对自己有价值的事"的基本假定的合理性，也证明了自我价值意识引导行为的判断的正确性。

（三）自我价值依托—丧失—强自杀意向模型

根据自我价值定向理论，金盛华在博士论文中提出，由于人的自我意识是动态的，人要想维持自己的已经建立的自我意识和自我价值感，就需要不断获得自我支持性的信息。这意味着人的自我价值需要依托，否则难以维持。因此，一个人可以获得的和业已存在的自我价值肯定途径越多，其自我价值评判就越积极，已经建立的自尊与自信也就越不容易被动摇。由此，研究假定自我价值评判与社会支持的状况是人们自我价值状况的重要变量，并可以由此预测人们的自杀意向。对于中美大学生的对比研究的结果发现,研究的自我价值依托—丧失—强自杀意向模型得到了很好的印证。研究所得数据与根据这一假定建立的模型高度拟合。关于现实生活中大量的自杀个案所进行的心理解剖学(psychological autopsy)分析也表明,现实生活中触发自杀事件发生的主要因素与自我价值毁灭意识高度关联(Zhang,2004)。

(四)中国企业家基础价值取向具有良好的预测作用

金盛华在2004年与中国企业家调查系统合作,对3 112名全国企业法人代表进行了研究,结果表明,根据企业家的品格追求、工作成就、金钱权力和法律规范构建的基础价值取向模型,可以很好地定向预测企业家群体的经营价值取向。其中,"品格追求"对"经营责任"有显著正向预测作用(重视品格会强化经营责任),对"表面成功"有显著负向预测作用(强调品格会反对追求表面成功);"工作成就"对"经营责任"有显著正向预测作用(重视成就则重视经营责任),对"经营道德怀疑"却有显著负向预测作用(重视成就会反对怀疑经营道德);"金钱权力"因素对"经营道德怀疑"和"表面成功"有高度正向预测作用(看重金钱和权力会强化对经营道德的怀疑和对表面成功的追求),而对"经营责任"有一定负向预测作用(看重金钱权力会忽视经营责任);"法律规范"对"经营责任"有正向预测作用(法规意识会强化经营责任),对"表面成功"的作用则是负向的(法规意识会制约追求表面成功)。

以上结果意味着,由于企业家群体的自我价值定位不同,其在经营过程中也会有不同的行为模式,而通过企业家的基础价值取向,我们可以对经营模型进行相当水平的定向预期。这些大规模研究结果,为自我价值定向理论提供了系统的支持。

关于自我价值定向理论的解释能力,本章将不再详细介绍,而会在各章的分析中,将自我价值定向理论作为一种基本的社会心理学理论取向,用来解释各种社会心理现象和行为。

思考与探究

1. 试运用社会学习理论来解释生活中的社会心理实例。
2. 理解社会交换理论在解释日常生活中人际关系问题的价值。
3. 比较几种不同的认知理论。
4. 分析自身的角色组合、遭遇的角色冲突及其解决途径。
5. 深入理解自我价值定向理论及其在解释自身与周围社会心理现象上的价值,并尝试运用该理论来解释3个社会心理实例。

第三章　社会心理学研究方法

本章要点

* 社会心理学研究的方法学路径
* 观察法
* 档案法
* 访谈法
* 现场研究与现场实验
* 实验室研究
* 研究变量及其操作
* 实验误差控制
* 社会心理学研究的客观性和伦理性原则

马路边有一个人站立翘首凝视对面大厦的一扇窗户。行色匆匆的路人有的也不时向大厦的窗户望去。当有两个人一起看向对面大厦时，行人不仅会关注他们在看什么，而且有人开始停步观望。当伫立眺望窗户的人数增加到5个时，停留下来的人越来越多，没有停步的人也会匆匆向马路对面观看，想知道到底发生了什么。

这是心理学家在实际生活环境中，运用自然实验（观察）的方法，研究日常生活中完全没有相互联系的人是否会发生相同行为的过程。社会心理学领域中的大量科学知识，都是通过不同的系统方法研究发现和积累起来的。

社会心理学的研究内容与日常生活息息相关。但是，各种社会心理现象或行为在什么条件下出现？为什么出现？其主客观原因是什么？要回答这些问题，仅依据日常生活经验和常识是很难的。关于社会心理现象或行为的知识，还需要依赖系统科学研究来积累。社会心理学的一个任务就是揭示人与社会相互作用中心理活动发生、发展和变化的规律，解释、理解、预见进而控制人们的社会行为。本章将主要介绍关于社会心理学研究方法的知识。

第一节　社会心理学研究的方法学路径

社会心理学研究的方法学路径有 3 种：现象揭示研究、关系解释研究和因果联系证实研究。

一、现象揭示研究

现象揭示研究的目的是对一定社会心理现象或行为进行科学、客观、精确的描述，它往往是进一步研究的前提。要对一种复杂社会心理现象进行研究,就必须了解这一现象的本质特征及其与其他现象的区别。现象揭示研究是典型的回答“是什么”和“怎么样”等问题的研究。例如,我们要研究人们生活满意度或对物价上涨的心理承受力,就要回答“什么是生活满意度”“什么是对物价上涨的心理承受力”,然后再回答“目前人们生活满意度或对物价上涨的心理承受力如何”的问题。

在现象揭示研究中,对所研究的变量规定一个可以达成广泛共识的操作性定义(operational definition)至关重要。通常,我们把要研究的现象称为研究变量,如生活满意度或心理承受力。研究变量通常是一个概念,无法进行直接的测量,故也称为潜变量。潜变量必须转变为实际上可直接观测的变量。对研究变量或潜变量,设定一个指标系统,对其进行量化的评价,就是设定一个(研究)变量的操作性定义。选定的指标系统就成了观测变量。通过选定这些观测变量并解释各个观测变量的意义和测量的操作方法,就获得了研究变量的操作性定义。例如,我们要研究人们的生活满意度,生活满意度就是我们的研究变量。生活满意度的意义需要我们来定义。当我们想通过对工作、衣食住行和周围环境的满意度来衡量个体总体的生活满意度,并确定所选定的几个方面的满意度高则认为生活满意度就高,反之则低的时候,人们在这几个方面的满意度及其同生活满意度的关系,就构成了生活满意度的操作性定义,而对工作、衣食住行和周围环境的满意度就成了我们观测生活满意度的操作途径。

如果给变量设定的操作性定义仍然不够具体,则可以为每一个还不能直接进行测量的变量的更低一层次的变量设定操作性定义,依此类推,直到可以使用某个具体定量指标来指示一个变量为止。相对于上一级的变量,次一级可以操作的变量就是观测变量。而对于可以直接进行操作的变量而言,上一级的变量就是需要用次一级的变量来定义的研究变量或潜变量。

二、关系解释研究

关系解释研究又称相关研究,是考察两个或更多变量(即现象)的相互关系,揭示一个变量是否受其他变量影响,影响程度和性质如何,进而用一个变量预测另一个变量的研究方法。

许多社会心理学知识是用关系解释研究积累起来的,特别是应用社会心理学研究会较多采用这种方法。例如,某公司人员流动率高达 30%,公司每年为培训新人花费大量钱财,但是产品质量仍难保证。心理学家对长期就职人员的各种背景情况,如智力、性格、对公司和工作的态度、家庭背景等进行了社会心理测量或评价,发现这些因素与雇员是否长期供职有关,通过这些相关因素,可以有效预测哪些人会长期就职,哪些人倾向于流动,并依据结果对公司提出建议。一年后,该公司人员流动率从 30% 下降到 6%。

相关研究的优点是可以同时搜集大量资料,花较短时间和较少人力、物力发现大量的联系,对许多现象做出预测。公司招聘、招收飞行员、制作广告、设计产品形象,都可运用关系解释研究。此外,关系解释研究对许多无法用实验研究的领域有独特作用。例如,要研究拥挤和人的心理与行为的关系时,可以对城市人口的变化和人们实际生活居住密度产生的效应进行关系解释研究,由此得到相应资料。

关系解释研究的主要不足是许多时候并不能通过它来确定相互关联的因素之间的因果关系。例如,我们知道两个事件是正向相关,但我们只能说当一个因素发生时,另一个也可能发生。两个变量之间出现相关,可以有 3 种情况:第一个变量的变化引起了第二个变量的变化;第二个变量的变化引起了第一个变量的变化;一个没有指明的第三个变量同时引起了这两个变量的变化。比如,我们可以通过关系解释研究揭示学生自尊与学业成绩有正相关关系,却无法确定孰因孰果,究竟是自尊水平低导致成绩落后,还是成绩落后导致自尊水平低。有可能它们都由另外的因素决定,如家庭的社会、经济地位,或个人的智力、努力程度等。

三、因果联系证实研究

揭示事物因果联系,认识人的社会心理与行为的内外原因,是人们普遍的兴趣,也是科学的重要职能。社会心理学领域的大部分资料,都是因果联系证实研究的结果。因果联系证实研究的目的是确定不同变量之间的因果联系,通常是为验证设想的因果联系或假说。

通常,因果联系的揭示,需要用实验的方法来进行。例如,进行助人实验时,可以用实验助手在车厢突然倒下的方法设定需要救助的应急情境,然后通过改变助手的不同特点来考察年龄、吸引力、着装风格、种族等因素是否会影响人们的救助行为。实际上,许多关于助人行为的研究正是运用这种方法来进行的。

部分关系解释研究也可能进行因果联系的推定。在这种情况下,两种相互联系的变量哪一个影响另一个就有清楚的线索了。

运用科学实验研究来获得有关人类社会心理与行为的系统知识,是社会心理学的一个重要特征。

第二节 社会心理学的主要研究方法

随着科学技术的发展,研究方法越来越多。方法的本质是搜集可靠的资料,一切方法,都是从两种基本的方法——观察法和实验法——延伸出来的。

社会心理学以人为研究对象,不同于纯自然科学以物为对象的研究,因此在了解社会心理学研究方法时要考虑其特殊性,在解释结果时要增强或然性解释。正如后现代主义学者所提醒的,在用社会心理学研究成果解释现实生活时,要避免简单地将研究结论普遍化,而需要将结论进行限定性表述。因为社会心理学研究实际上很难穷尽所有影响人们心理或行为的各种社会因素,因而结论需要表达为“在某种特定情况下,人们的心理过程是如此”,而不能普遍化为“必然如此”,或“从来如此”“永远如此”。

社会心理学主要的研究方法包括:观察法、档案法、调查法、现场研究(包括进行有限控制的现场实验)和实验室研究等。本书除了介绍这几种方法外,还将简要介绍准实验研究。

一、观察法

观察法是为达到某种目的而通过一定组织方式进行直接而系统的观察,收集人类社会行为的资料,进而分析和判断变量关系的方法。观察法常常伴随着细致而准确的测量,如运用录音笔、录像机、摄像机等工具。

当运用现场观察的方法时,要注意使观察具有系统性。例如,如果我们希望研究地铁乘客进出站时对一则广告注意的人数和时长,那么就不能只在上班高峰期观察。因为上班时人们的时间压力更强,而且因为人多,有些人可能因为别人遮挡而根本没有看见我们要进行反应观察的广告。为此,我们就需要有精密的观察系统的设计,如每隔 20 分钟观察一次,每次有 3 种观察角度;每个被观察对象从一个角度一出现,就会被连续追踪 15 秒;整个观察序列连续进行 15 天,并且有人分别专门观察男士和女士的反应。同时,观察的记录系统要精密而细致,保证观察不漏过一条有效信息。

通常,一个严密的研究计划需要有连续、系统的观察设计,这是观察获得全貌信息的必要程序。如果观察只进行一两次,或只对某一研究对象进行观察,所获得的研究资料价值就会非常有限,甚至会使人建立起与事实大相径庭的错误概念。

因为研究目的不同,所以观察也有各种不同种类。表 3-1 将各种观察法进行了概括和总结。

表 3-1 观察法的种类

划分标准	类型
根据观察程序的形式化程度	结构化观察法 非结构化观察法
根据观察地点和组织条件	实地观察法 实验观察法
根据观察规律性的强弱	系统观察法 随机观察法
根据观察者的介入程度	参与观察法{完全参与观察法 半参与观察法} 非参与观察法

观察法曾经被早期社会心理学家较多采用,在实验社会心理学产生后,观察法一度较少被运用,但当前这种方法又重新得到高度重视。

观察法有直接接触事实的优势,来自观察的第一手资料直接、生动,与研究要触及的现象之间有高度对应性。

但是,观察法同样有许多限制。首先,某些行为难以被观察,因为它们很少发生;其次,观察是针对某一特定情境或特定群体展开的,因而难以推广到其他情境或群体;最后,虽然在条件许可的情况下,研究者可能用有限干预的方法,控制观察情境中的某些事件的发生,如在现场中使用假被试作为情境,但在大多数情况下,观察是被动发生的,因而可能不能获得预想的结果,或被突发的因素牵制。此外,观察法需要研究者具有系统的训练背景和研究经验。一个缺乏经验的观察者常常会发生偏离观察程序和不能系统、客观登记观察数据的情况。

观察法在其他类型研究方法中几乎都有涉及,在其他方法的有关介绍中会体现出这一点。

二、档案法

档案法是档案分析法的简称。它是根据一定的目的,搜集各种现存的已发表和虽未发表但是通过系统方法记载(如论文、地方志)的知识载体,通过对文献的研究形成对事实的科学认识的方法,借以揭示特定社会行为及心理现象与某些社会条件之间的依存关系。这是一种更偏于社会学的方法,社会学家比社会心理学研究者更经常使用这一方法。但由于这一方法以及由其揭示的资料的独特价值,社会心理学也经常使用这种方法。

档案法涉及的资料,包括个人作品、档案记录、报刊、电视报道、统计资料等。一切与某种现象有关的资料,都可能引起研究者的兴趣。由于这种方法的基本出发点是从既有资料积累中进行研究,因此对研究某些有连续性的社会心理现象,如犯罪与离婚等,有着特殊的作用。

档案法研究的结果经常发人深省。例如,库钦斯基(Kutchinsky)在 1973 年运用档案法研究了色情文学与犯罪之间的关系。他从档案资料中发现,丹麦在 1965 年取消色情文学禁令后,性犯罪和一般犯罪率非但没有上升,反而明显下降,性犯罪率从原来的十万分之八十五下降到了十万分之五十,一般犯罪率由十万分之二百二十下降到十万分之八十七。研究者分析,性驱力作为机体紧张状态的背景,会直接增加人们的攻击性。色情文学开禁,为人们提供了一种替代性满足的途径,性驱力及时释放,攻击性降低,因而一般犯罪率也出现明显下降。

人本主义心理学家马斯洛著名的自我实现理论和自我实现者人格模型,也是运用档案法研究了包括林肯、爱因斯坦等人在内的著名历史人物后得出的。

档案法的优点是它没有实验效应问题,也没有其他涉及人与人相互作用的问题。这种方法可以追溯社会发展,进行系统研究,也可进行跨文化比较。

但是,档案法的不足是很明显的。首先,它是相关性的研究,难以进行因果判断。比如库钦斯基的研究,将犯罪率下降归因于色情文学开禁,无论将研究推论建立得多么完善,都会让人想到这是一件冒险的事。因为影响犯罪的因素还有很多,另一些因素的作用可能更大。其次,获得完整、客观的档案资料本身也是问题。因为档案材料本身常常带有编制者个人偏见,甚至完全是捏造的。因此,档案法研究要求研究者有高度的理论素养和分析材料的能力。

三、调查法

调查法是积累社会心理学知识的一种重要途径。调查法是运用各种数据或事实搜集方法,对所关心的现象进行研究的一类方法的总称。

运用调查法的社会心理学研究很多,人们熟知的民意测验就是典型的调查法研究。这种方法使我们可以迅速了解人们在特定时期的社会心理和对某种特定社会事件的反应,细致地研究心理与行为的每一个方面及它们相互之间的关系。

半实验法的调查法的运用,使得调查更有针对性和可靠性。比如,我们要想知道某一电视节目或广告的效果,就可以在这些节目的期望观众中随机地选择一个群体,请他们到演播室评审节目。为了评审被试对每一个镜头真实的偏好反应,需要使他们的反应及时被记录且不被干扰。此时我们可以请他们坐到特制的椅子上,左右手中各有一个按键,如果某个镜头他们不喜欢,体验不愉快,就按左手中的键,喜欢而感到愉快就按右手中的键。这样,我们可以将每位被试对各个镜头的反应全部记录下来。然后通过研究和分析,看哪些镜头受欢迎,哪些不受欢迎,也可以通过进一步调查确认受欢迎与不受欢迎的原因。很明显,经过这种审定程序修改后的节目,必然会受到观众的欢迎。

为了系统了解调查法,我们将其分问卷法、测量法和访谈法 3 个部分分别进行详细介绍。

（一）问卷法

问卷法是通过让被试书面回答问题来了解他们的社会行为或心理的状况和特点的方法。民意测验就是典型的问卷法。

问卷法有结构化问卷和非结构化问卷之分。多数问卷法调查的问题在设计时不考虑问题的内在联系和不同问题要向一个更高一层次的概念的会聚。这些问卷通常会报告作答者在单一问题上的反应结果,而不能得出整体的概念。

另一种结构化的问卷设计会与测量法融合,在问卷中使用可以会聚到上位概念的结构化问题设计。这种问卷调查的结果可以会聚成为更高层次的概念,因此也更有价值。但其对研究者的专业准备和对问题的背景研究的要求都更高。

问卷法的优点是统一作答,效率较高,可用于对团体进行大规模调查;结果处理高度数量化、规范化;作答者容易反应,对研究人员的要求也相对较低,花费的资源也较少。并且,多数问卷都不要求作答者暴露真实身份,因而更能反映作答者的真实观点或想法。

问卷法的缺点是不够灵活,让人感到不能充分说明自己的态度,有的项目使人无法回答因而漏答,导致答卷作废。问卷法对作答者的文化水平有一定要求,文化低的作答者在理解表述上可能存在问题。另外,问卷回收、组织作答等环节容易出现一些现场难以控制的问题,有时结果中会混进任意作答的资料,使研究的精确性受到损害。因此,社会心理学家主张,问卷调查使用的工具应当有足够的可靠性(通常,调查中可能发生的问题在预调查试验中可以发现,从而有助于在实施正式调查时加以避免),研究者对作答者面对调查的反应应当有清楚的了解。

（二）测量法

测量法与问卷法相同,只是使用的研究工具一般为标准化的心理测验。常用的社会心理测验有最大成绩测验和典型反应测验,前者测量人们的最大作业成绩,评定人们的能力;后者测量人们在特定情境中的典型行为或感受,像个性、兴趣、焦虑、情绪等。

运用心理测验进行社会心理测量,有较高的专业要求,测量过程需要有严格的程序,并且要防止误用和滥用。此外,心理测验还存在文化适用性问题,要注意不同文化环境影响心理测验结果的解释。测验要与基本理论假设一致。

经常见诸报刊、网络的一些"测验",其实更多的是游戏性项目,许多"量表"没有经过科学检验,因此在信度和效度等技术性特征上并没有可靠的依据,其结果解释也不能被理解为是科学的。在遇到这些测验时,需要将之与真正科学的心理测验区别开来。

（三）访谈法

访谈法是通过面对面、通信或电话采访的方式,了解被访者心理倾向或反应的方法。访谈法是心理学,特别是社会心理学广泛运用的研究方法。在目前的社会心理学研究报告和硕士、博士论文中,绝大多数研究者在方法上都涉及访谈法的运用。研究者往往用访谈法作为研究入手的方法,用以了解人们对一种概念的理解,或对一种事物的态度、看法、感受和意见。

访谈并非一般意义的谈天、交谈,它针对特定的科学目的,有一整套设计和编制原则。一个设计良好的访谈计划,是通过系统的过程发展起来的。比如,美国国家心理健康研究所关于雇佣态度的研究计划,通过一年的研讨和反复试验,才最终确定出一个 23 个问题的访谈提纲。而在

23个问题的设计中，从第13个问题开始，访谈才真正进入问题聚焦的部分，前面的12个问题，都属于导入性的和外围的问题。

概括起来，访谈法可分为以下几种类型：

（1）无结构访谈。无结构访谈是一种非正式、自由提问和自由作答的访谈形式。这种访谈通常用于进行问题探讨和概念探索。访谈实际上也不是全然没有结构，而是没有事先准备好的结构，结构是在访谈过程中形成的。

（2）结构化访谈。结构化访谈是一种正式、事先决定了问题项目和反应可能性的访谈形式。这种访谈通常对访谈的目标和需要获得的信息有清晰的概念，并且对访谈过程有完整的了解。

（3）半结构化访谈。半结构化访谈又可分两种情况：一种要求被访者自由地回答预定问题或用讨论方式回答；另一种要求被访者按照有结构的方式回答无结构的问题。

访谈法的优点是灵活，可以及时了解和澄清不明确信息，随时改变和调整，适用范围广泛，可对各种问题和各种对象进行访谈，并且没有文化水平的限制。而且，访谈法可以在收集相关资料的同时了解被访者的动机、个性和对特定问题的情绪反应。访谈可以通过建立与被访者的融洽关系，使被访者坦率直言，从而使结果更可靠。

访谈法的缺点也是明显的。首先，访谈结果的会聚、编码和处理分析过程非常复杂，需要研究者有良好的系统训练和专业素养，访谈资料的许多分析方法尚不够普及。其次，访谈者自己的价值观、信念和偏向，有可能会影响被访者的反应。最后，访谈法要花费较多时间和精力，并且难于大范围收集数据，其所需要的被访者的合作也更为深入，由此可能带来研究合作方面的困难。

四、现场研究与现场实验

（一）现场研究

现场研究是研究者亲临被研究情境——现场，对被试行为进行有目的、有计划的系统观察的方法。现场研究时常运用各种调查方法获得更多背景资料。例如，有些心理学家为揭示“丐帮”群体或黑社会运作过程和生存机制，化装成“丐帮”或黑社会成员，长期生活在这些群体中，进行系统观察研究，就是典型的现场研究。社会心理学家为研究人们的助人行为，请助手扮成需要帮助的人出现于各种社会场合，考察人们的行为反应，也是经过设计的现场研究。社会心理学家与人类学家为揭示少数民族社会心理与行为规律，长期生活在少数民族聚居地区，使用的也是现场研究方法。

现场研究的优点是在自然情景中对人们进行研究，资料直接来源于实际生活和真实的人，因而真实可靠；现场研究还可以获得其他干扰被试真实生活的方法所不可能获得的资料。现场研究获得的研究结果也更容易直接运用于实际生活。

现场研究的不足在于，一方面，研究者在研究过程中是被动的，无法控制研究情境。实际生活中的各种偶发因素容易冲击研究过程，使研究难以系统化。为此，社会心理学家发展出许多辅助性系统观察方法，如对观察每一个对象的时长和位置做出系统安排。另一方面，现场研究在时间、人力与钱财资源上需要较大投入，对研究者自身素质的要求也较高。

（二）现场实验

现场实验是指在真实生活情景中进行的有控制的实验，所以又称自然实验。有些社会心理学家将现场研究与现场实验两种方法统称为现场研究,并强调这是社会心理学的首要研究方法。这说明现场研究与现场实验在社会心理学中具有特殊地位。

社会心理学家史密斯(Smith)在1982年开展的一项研究就是现场实验的很好例证。史密斯选择超级市场作为实验情境,考察在食品推销时身体接触对推销员与顾客的短暂的人际相互作用的影响。实验是请求顾客品尝和购买一种新食品。请求方法有两种,一种是主试用一半时间只请求,没有身体接触,这种条件构成对照组;另一种是主试用另一半时间在请求的同时还轻拍顾客的肩膀,这种条件构成实验组。结果发现,对照组50%的顾客购买了食品;实验组79%的顾客购买了食品。这说明轻度身体接触促进了短暂的人际相互作用。在这一例子中,顾客不知道自己在被研究,研究者推销的过程就是实验过程。实验的自变量为推销方式,自变量的操作是有没有身体接触。每一位顾客被安排到对照组或实验组的概率是相等的,实验能保证随机分配。

现场实验的优点是它使研究具有可控制的特点,可以缩短研究周期,摆脱研究的被动性,且现场实验在真实生活情境中进行,被试不知道自己在被研究,因而实验结果的可靠性高。

现场实验的局限为对现实情境的控制有限,研究可能受到干扰。如果某阶段去超级市场的人恰巧是一个特殊群体,不是一个完全随机的抽样,就会干扰样本来源的随机性,从而使研究受到干扰。现场实验中自变量的操作也较为困难,我们很难说拍肩膀推销与不拍肩膀推销的差异仅仅是拍肩膀。

五、实验室研究

实验法是通过系统操作一个或多个变量(自变量),以确定其变化是否对其他一个或多个变量(因变量)造成影响的研究方法。实验室实验是直接以实验室环境作为实验情境进行实验研究的方法。由于社会心理学研究必须考虑研究情境与实际社会情境的可比性,所以社会心理学实验很少直接使用已有实验室背景作为条件,一般是尽可能改装实验室使之接近实际生活。因此,社会心理学实验更多是属于模拟实验。模拟实验是指在实验室建造模拟实际社会生活的环境条件,在其中进行有控制的实验。

斯坦福大学心理系著名社会心理学家津巴多(Zimbardo)等人在20世纪70年代初进行的监狱模拟实验,是经典的社会心理学模拟实验。研究者在斯坦福大学心理系的地下室建造了一座模拟监狱,通过广告以每天15美元报酬招聘自愿参加实验的大学生,以问卷和面试的方法选出24名最成熟、情绪最稳定且反社会倾向最低的应征者。

24名被试被随机分为两组,第一组6人,充当监狱警卫,另外18名为第二组,充当囚犯。研究的一切处理都与真实监狱一样。实验开始时,“囚犯”被响着警笛的警车从家中带走,经搜身、换衣服、喷防虱液、戴镣铐等手续后投进“监狱”。警卫发制服、警哨、警棍等用品,8小时轮班维护监狱秩序。结果,原计划两周的实验到第6天就不得不终止。

随着时间推移,充当警卫与囚犯的被试无论在情绪上还是行为上,都变得越来越像真的警卫与囚犯。“囚犯”越来越显示出被动、依赖、压抑、无助、自贬等消极情绪与行为;“警卫”则显示出用污辱、威胁“囚犯”被试的非人道方式取乐,甚至罚“囚犯”做俯卧撑,拒绝他们上厕所的要求。被试的深层人格结构开始出现动摇。结果,实验不得不提前终止。

事后,研究者对被试进行了长期、多次心理咨询式补救,消除他们参加实验的消极影响。双方关系保持了一年,直至实验的消极影响消失。

监狱模拟实验的戏剧性结果引起了广泛注意,它使人们更好地认识了社会身份在心理与行为方面的作用。

实验法的优点表现在能够通过模拟实验或实验室实验,使人们在有精密控制的条件下对所关心的问题反复进行研究;可以揭示特定变量与一定行为或心理表现之间的因果联系,因而可以用来验证理论假设,对特定问题进行深入、细微的研究;实验的高度控制特征使获得的资料精确而可信。

实验室实验和模拟实验的不足也很显见。实验室实验与模拟实验研究特定情境下的人为特征,以及被试的被研究意识,使得实验结果不可避免地与实际生活有一定脱离。尽管社会心理学家努力使实验设计和情境接近生活真实,并试图相信被试在实验中的表现意味着在实际生活中遇到类似情况时他们会做出类似的反应,但从实验中获得的结论仍不能等同于从现实生活中获得的结论。实验法研究往往注重深入研究一个单一因素的独特作用,而由此又带来了另外一个不足,即实际的社会行为和心理从来不是受单一因素支配的。在实际生活中,某一因素独立起作用的机会很少,这使得实验结果的解释能力受到很大限制。更多研究者认为,实验结果需要经过良好综合,才能得到很好的运用。

需要特别说明,方法是为研究服务的,相对于特定研究目的,一种方法可能是最佳选择;而对于另一个研究目的,最适用的可能是另外一种方法。方法本身无所谓优劣,最能实现研究目的的方法就是最好的方法。任何研究者在选择方法时,对于一种特定方法的方法学意义都应当是自觉的,即自觉认识到这种方法在多大程度上能帮助自己接近真理,达到既定研究目的,认识到该方法与其他方法相比较在自己研究领域的特殊意义。任何缺乏方法学自觉性的研究,从本质上讲都不科学。

美国社会心理学家阿伦森和卡尔史密斯(Aronson & Carlsmith)1968 年提出了世俗现实性和实验现实性概念。世俗现实性是指研究场所发生的事件与人们日常生活的接近程度,实验现实性是指被试在对其发生强烈影响的实验情境中的卷入程度。二者并不是对立概念,一个实验的世俗现实性和实验现实性可能同时很高或很低,或者一个高而另一个低。

1994 年,阿伦森、威尔逊和阿科特(Aronson,Wilson,& Akert)提出了心理现实性问题,用来专门指实验中诱发的心理过程和日常生活中发生的心理过程的相似程度。一个实验可能会与人们日常生活中所遇到的情形相距甚远(世俗现实性低),并且又未能对被试造成足够的影响力(实验现实性低)。但是,这样一个心理学实验仍然可能拥有较高的心理现实性,即所发生的心理过程类似于发生在日常生活中的心理过程。

六、准实验研究

准实验的理论、方法和命名的发展应归功于坎贝尔(Campbell)及其同事们的工作。准实验近似于实验,是“接近的实验”。同随机化的实验一样,准实验也用于评估一个或以上的实验处理对一个或以上的结果变量的影响。不同的是,准实验没有对处理条件进行随机分配。在准实验设计中,前瞻性的、典型的原因变量被称为“处理”或“干预”,潜在的影响经常被称作“结果”。准实验就是研究者并没有对自变量加以完全的实验控制,但对于怎样、什么时候和对什么作因变量的测量进行了控制且旨在探索现象间因果关系的研究方法。

对汽车驾驶员遵从行为的研究(Barch,1957)为准实验研究提供了一个很好的实例。法律规定,汽车左转或右转时驾驶员应该打尾灯。这个研究就是考察两辆汽车相继转弯时,如果前一辆打了信号,后面一辆跟着打信号的情况如何。只要当两辆汽车相距少于30米,并向同一方向转弯的话,两个驾驶员打信号的行为就被记录下来。于是,在4个星期的天气好的白天进行观察,记录了5 000次汽车驾驶员的行为。结果发现,前一辆车打信号的行为确实影响了后一辆车的驾驶员。不过,影响程度相对来说比较小,后一辆车打信号的行为只增加了不到10%。在此例子中,自变量是第一个驾驶员是否打信号,而因变量是第二个驾驶员是否跟着这样做。第一个驾驶员的行为没有被控制,但是研究者做出了许多规定。对时间、空间和记录因变量时该选择哪些驾驶员的行为都进行了安排。这无疑排除了许多其他变量的影响,如坏天气、两辆车之间距离较大等。当然,还存在一些其他变量没有被控制,如有的十字路口有交警或交通警车,对第二个驾驶员是否转弯打信号的行为会有明显影响。最理想的办法是对除一个自变量之外的所有变量加以控制,但这已不能称为准实验了。

在研究自变量十分复杂,或者实验时间较长的社会背景中,像一种新工作制度的实施,准实验是相当有用的。虽然它有许多局限性,但准实验研究毕竟比没有实验研究要强。

第三节　社会心理学实验研究的变量与操作

一、变量

社会心理学实验研究的变量分为5类:自变量、因变量、无关变量、中介变量与干涉变量。自变量即研究假定为原因的变量,一般为影响社会行为或心理表现的外部条件。实验中通常以实验条件为自变量。因变量为研究假定与自变量有因果关系的变量,一般为我们感兴趣的各种社会行为与心理表现,如态度、自尊、社交倾向、恐惧感或安全感等。无关变量为可能对因变量具有影响作用,但在某一特定研究中并不关心的变量。实验研究必须对无关变量加以控制,才能单纯而方便地考察自变量对因变量的作用。中介变量是与有机体有关的不可观察的过程或状态,用以帮助解释自变量与因变量之间的关系,也常作为假设的构思,从可观察到的测定做出推论。当一个变量的系统变化可能改变自变量与因变量之间的关系时,这个变量就称为干涉变量。

实验研究中,被研究者通常被简称为被试。在社会心理学的实验中常常会让一些假被试(研究者或实验助手等)和真正的被试一起参加实验,让被试完全相信这些假被试是和他们一起来参加实验的真正的被试,但假被试参与研究是为了帮助研究者生成一种更有利的实验情境。

二、操作

实验的操作是指变化自变量的状况,因而也称自变量的操作。自变量的操作可以是几种性质不同的变化,如用民主的、专制的或放任不管这3种方式领导一个群体,考察群体内成员行为的变化。这里,3种领导方式就是对“领导方式”这一自变量的操作。连续、系统地改变实验条件,是一种更为困难的自变量操作。这种操作通常在自变量为物理条件时能够得以实现,如我们可以系统地改变房间的温度和噪声来考察温度、噪声等环境条件对人的行为与情绪的影响。

自变量的操作的基本原则有以下几点。一是要使变量的几种情况之间有足够大的差异,使得它们能对因变量造成性质不同的影响。二是要尽可能保持每一种实验条件对每个被试同等地起作用,这样被试群体才有整体的意义,使得所获得的资料可以进行统计学的分析。

关于因变量,有两个方面的因素直接影响着自变量的操作。其一,因变量必须有一个与其实质内涵相一致的操作性定义,使得自变量的不同状况在因变量上所造成的效应获得反映。其二,每个被试身上发生的作为因变量状况指标的行为或心理变化,必须有同等的被观察、被记录的机会。这样才能保证最后的实证资料真实地反映自变量的操作对因变量的作用,从而客观揭示自变量与因变量之间的实质联系。

三、研究的控制与误差

(一)随机分配

社会心理学实验旨在确定一个单一变量对人们心理或行为的影响。因此,研究首先需要控制诸多干涉变量可能造成的对因变量的影响。这一目的是通过随机分配来实现的。

随机分配是指每一位被试被安排到各种实验条件下的机会是完全均等的。这种安排的目的,是将各种没有得到控制的干涉变量均衡或随机地分布到各种实验条件下,使得这些变量所造成的效应被平衡。

实际的社会心理学实验研究,通常有实验组与对照组两类被试。实验组是实验条件变化或进行自变量的操作的被试组,对照组是实验条件不变的被试组。选择两个分组的被试时,必须保证被试都是来自一个性质共同的总体(如同是大学生或工人),同时还必须保证每一位被试被安排到实验组或对照组的机会均等。只有这样,实验的结果或因变量的变化才能用自变量的操作来解释。

(二)误差控制

社会心理学实验是由人来做的关于人的实验,因而研究者与被试之间的相互作用,可以直接导致实验的结果受到干涉变量的影响。

从研究者的角度说,至少有两个方面的因素可能会对被试的行为产生影响。一是研究者对研究结果的期待,二是研究者对待被试的方式。

本书后面章节的讨论中将提到皮格马利翁效应,科学地揭示了权威人物的期望会怎样影响人们的行为。作为权威研究者的心理学家,如果知道关于研究的假设,并期待某种特定的实验结果,就可能使被试的行为具有倾向性。研究者对待被试的方式的差异,也同样可能会影响到研究的结果。

通常,社会心理学实验用两种重要的措施来避免实验研究者本人可能带来的研究误差。一种措施称作“双盲实验设计”,另一种措施是将研究者与被试发生的相互作用标准化。

双盲实验设计是指研究的设计者本人不进行实验操作,而是由其他对实验目的和设计原理一无所知的人来主持研究,从而避免研究者有倾向地影响被试。

标准化实验程序设计是将主试(相对于被试,即研究者)与被试可能发生的相互作用与沟通规范化,并制订出标准化方案,使主试严格按照标准化方案与被试发生联系,由此实现主试与每位被试的相互作用的一致。

被试引起实验误差的主要途径也有两条,一是实验效应,二是反应的社会赞许倾向。

早期经典的社会心理学实验“霍桑研究”,已科学地证明了实验效应的存在。被试意识到被研究本身,就可能会引起他们行为的明显变化。霍桑研究本来的目的是考察工作条件与生产效率之间的关系。结果发现,被选择出来参加研究的工人不仅在较好的条件下生产效率更高,即使生产条件不如通常情况,他们的生产效益也比普通工人更好。原来,参与研究带来的被接受、被重视的意识对生产积极性的影响比工作环境对生产积极性的影响更大。

在实际研究中,为避免单纯对实验组被试进行自变量操作而产生实验效应,研究者常常也对对照组施行表面上与实验组类似的干预。两组干预的区别,仅仅在于研究者以外的其他人难以觉察的自变量的操作。这种实验安排可以使实验效应所造成的误差得到平衡。

社会称许倾向是指被试在意识到自己被评价的时候,不是客观地按照自己的真实状况做出反应,而是有意无意地努力朝社会期望的方向表现,从而导致实验的结果出现倾向性偏差。

消除社会称许倾向对实验的影响是一项非常艰难的工作。实际的实验安排通常有这样几种措施:一是尽可能使实验情境的安排靠近实际生活,降低被试的被评价意识;二是实验通过特定的安排,在被试不自觉的情况下记录他们的行为反应,如通过单向观察玻璃来观察被试对实验情境的反应。另外一种巧妙的实验安排是让被试充当研究者的助手,使被试感到被研究的不是自己,而是别人。实际上,他们自己才是真正的被试,而被试认为是真被试的人实际是研究者的助手。我们在后面服从问题讨论中引用的米尔格莱姆的研究,就是运用这种方法的一个典型例证。

第四节　社会心理学研究的原则

社会心理学方法论的原则是从科学研究哲学方法论和普通方法论中总结出来的。遵守这些原则,是保证研究获得的结论具有科学性,同时具有积极社会意义的重要前提。

一、客观性原则

客观性原则要求社会心理学研究以事实为根据进行假设、推论和获得结论。科学知识与日常观念的重要区别,是前者有在广泛范围内得到承认的事实根据。社会心理学研究的一个很大的特点就是它涉及的问题大都是人们在日常生活中关心的问题。个体有使自己的行为获得定向的需要,我们在日常生活中已根据自己的经验和感受,对要研究的现象形成了种种先定概念。这些先定概念常作为一种偏见,直接影响我们对事物的理解和对事物因果关系的解释。例如,有遗传决定论先定概念的人,在研究中可能竭力寻找同卵双生子在个性特征上存在的共同证据,支持自己“自以为正确”的假定,却对大量同卵双生子个性特征不同的证据视而不见。

科学社会心理学的研究路线不应当是先有倾向性观念,然后搜集事实材料证明这些观念的正确性,而应当是先依据客观事实提出一定假设,然后运用可以避免偏见的方法,搜集事实信息,验证假设的正确性,并在此基础上得出结论。

在研究过程中,始终遵循事实驱动研究的路线对于获得真正科学的知识十分重要,对于研究过程中出现的与设想不相符合的事实或资料需要给予特别关注,而不是忽视或丢弃。许多科学家与重大发现擦肩而过,就是因为思维方法受到先定假设或既有知识的束缚,放弃了追寻异常现象或事实背后的原因。

对于科学研究而言，获得结论并不意味着获得真理，结论仅仅是“用一定方法证实的知识”。搜集资料的条件、方法直接影响资料的客观性，因此，客观性原则的另一含义是，一切知识都要具有被再评价、再证实的开放性。科学发展一方面要开拓，另一方面要对既有知识重新评价和确认。在这个问题上，后现代主义学者的提醒，对提高科学家反思自己所运用的方法、过程和获得的结论的意识具有积极意义。

二、分析与综合原则

把复杂事物分解为相对简单的组成部分，或将事物的各个部分联合成为统一整体，是科学研究的基本方法，也是一个普遍的方法论原则。在社会心理学研究中贯彻分析与综合原则，包括两个方面的含义。其一，社会心理与行为虽然是极其复杂的现象，但我们仍然可以通过分析，将其分解为各个方面加以专门考察研究。我们前面提出的社会心理分类系统，就是典型的分析。在分析研究的基础上，我们再通过综合，将各个方面联系成为有机的整体，以实现对整体的科学认识。其二，在专门研究某一社会心理或行为现象与现实条件的依存关系时，我们可以分析、考察某一条件或行为动力系统中的某一环节所起的作用，然后再将研究结果综合为整体的结论。“元分析”或“关于研究的研究”等方法，就是典型的综合大量同类个别研究得出新的综合性结论的方法。

分析与综合是同一方法的两个不同侧面。没有分析的认识，就不能实现综合的理解；没有综合的过程，分析的结论也只能是片段的收获。

三、交互作用分析原则

人是社会性的，我们从出生开始就被放置于一定的人际和社会结构中，并受到各种性质不同的影响。人际或群际由于社会生活需要，总会发生直接或间接的相互接触、来往、联系等，出现信息和情绪沟通以及行为调节等复杂现象。考虑人们在个体与个体、个体与群体、群体与群体之间的相互作用，以及在各种相互作用条件下人与环境的交互作用来研究社会心理和社会行为，是社会心理学研究的重要原则。

根据交互作用分析原则，研究任何社会心理现象，都需要在头脑中始终保持“交往与活动相统一”的意识和设计思想，也就是只有在社会的相互作用背景之中，才可能揭示人们社会心理或行为的本质。

四、宏观与微观相统一原则

宏观与微观相统一是社会心理学研究特定的方法论原则。所谓宏观，是指民族、国家或整体社会生活环境等大的社会背景，有其自身不以个人的意志为转移的运转机制与规律。所谓微观，则是指个人具体、直接的社会相互作用环境，包括人际交往及小群体两方面的背景，它是个人的直接社会现实。

很显然，宏观社会与微观社会有着不可分割的内在联系，但同时它们又有各自的独立性与发生、发展规律。现实生活中，微观社会既可以与大社会相一致，也可以与其大相径庭。

社会心理学的研究中心,是作为人们直接社会现实的微观社会。由于微观社会与宏观社会存在不一致性,因而我们不能将从微观社会获得的社会行为和社会心理规律简单推广到宏观社会。在解释宏观社会的社会心理问题时,还必须考虑到宏观社会自身的特性。

五、伦理性原则

伦理性原则是社会心理学研究尤其需要强调的原则。由于社会心理学直接以人为研究对象,并且在研究时经常需要隐藏真实研究目的,因此如何避免给被试造成伤害就成了不可回避的问题。

从伦理道德的角度来说,用欺骗的手段诱导被试参加社会心理学研究,而他们自己又不知道自己的哪些方面正在被研究,本身就是一件不道德的事情,而且有些实验的确可能对参与者造成深刻的不利影响,如用实验损伤被试的自尊等。我们前面曾提到的监狱模拟实验就是一个典型的例子。

怎样在社会心理学研究中坚持伦理性原则呢?绝大多数社会心理学者都赞同社会心理学研究在道德上必须做到以下几点。

第一,自愿参加。即在进行研究之前,研究者应征得被试的同意。目前,美国心理学会坚持要求研究成果发表时出示被试同意被研究的文件。通常情况下,研究者有义务使被试在被研究前尽可能多地了解研究的情况。

目前,中国研究者的规范研究通常都设定了被试参与研究之前正式签署《知情同意书》,如果研究涉及录音或录像等采集资料的方式,则在录音或录像前,会设置请求被试同意的环节。如果被试不同意被录音或录像,则研究者会终止录音或录像采集资料的方式。

在研究实践中,对于在规范学术平台,特别是通过国际学术路径发表的研究,不仅需要有正式的被试知情同意的程序设置,通常还需要有官方承认的正规学术机构的伦理委员会的审核。比如,在医学领域,2016 年 12 月 1 日正式施行的《涉及人的生物医学研究伦理审查办法》明确规定,从事涉及人的生物医学研究的医疗卫生机构是涉及人的生物医学研究伦理审查工作的管理责任主体,应当设立伦理委员会。伦理委员会审查“研究者的资格、经验、技术能力等是否符合试验要求”“研究方案是否科学,并符合伦理原则的要求”“受试者可能遭受的风险程度与研究预期的受益相比是否在合理范围之内”“知情同意书提供的有关信息是否完整易懂,获得知情同意的过程是否合规恰当”等事项。心理学研究的伦理关怀与医学研究基本相同,只是医学研究通常还要强调特殊保护原则,即尤其重视对涉及儿童、孕妇、智力低下者、精神障碍患者等特殊人群的被试予以特别保护。

第二,接近真实生活。即研究情境应尽可能靠近被试日常已经习惯的生活,使其成为自然环境,从而避免研究对被试造成不利影响。

第三,有利研究设计。这一点有 3 个方面的含义。其一,研究必须重要且设计完善。任何实验或研究的冒险,只有在有足够证据让人相信研究的结果富有意义,且研究设计已经最大限度地考虑到了被试利益的前提下,这一研究才能考虑付诸实施。其二,研究要尽可能减少欺骗措施的运用。其三,研究要尽可能减少对被试的不利影响。

第四,事后解说。在某些实验中,实验者为了检验特定的实验效应,常常需要采用隐瞒真实研究目的的措施,此时研究者就必须在实验完成后向被试清楚说明实验的真实情况和目标,以及为何采取隐瞒的研究处理,并说明研究对于被试可能产生的影响。

第五,自由终止。这一点实际是自愿参加的延伸。当被试对研究出现不良反应、意识到研究对自己不利或对研究不再有兴趣时,应有随时退出研究的权利。在任何情况下,被试都不应在被迫的条件下参加研究。

第六,充足补救。如果研究出现了像监狱模拟实验那样对被试的不利影响,研究者必须本着维护被试个人权利和彻底消除不良影响的原则,及时终止研究,并对受影响者进行充分的心理补救,直到他们恢复到研究前的状况。

思考与探究

1. 请分析观察法在社会心理学研究中的特殊作用。
2. 请列举档案法的特殊价值。
3. 请分析问卷法的优缺点。
4. 请分析现场研究和现场实验为什么在社会心理学研究中有特殊地位。
5. 实验室研究和准实验研究的优缺点是什么?
6. 实验的误差怎样控制?
7. 为什么社会心理学研究要遵循客观性和伦理性原则?

第二部分　社会心理发展

第四章　社会化

本章要点

* 社会化的概念
* 社会化与个性化
* 社会化的心理机制
* 社会化的影响源
* 社会化的结果
* 成人社会化问题

1920年，在印度加尔各答东北的米德纳波尔小城附近，人们发现了两个由母狼抚育的女孩，大的七八岁，取名卡玛拉；小的约两岁，取名阿玛拉。她们被送进了孤儿院。

刚被发现时，她们的行为更像是狼，四肢行走，昼伏夜出，食物放在地上用牙齿撕咬着吃，不会说话，叫起来声音如狼，不穿衣服，不让人给她们洗澡，也不喜欢与人接近。

阿玛拉被收养11个月后死亡，七八岁的卡玛拉智力水平只相当于6个月的婴儿。长期训练两年后她才能直立，13岁才能独立行走，但在快跑时，还要用四肢。直到17岁死去时，卡玛拉仍然没有学会说完整的话，当时的心理发展水平相当于两岁儿童。

在美国，一个名叫伊莎贝拉的女孩，一生下来就被聋哑母亲隐藏起来，过着与世隔绝的非人生活。在一个偶然的机会，人们发现了她，当时已6岁的伊莎贝拉不会讲话，智力仅相当于刚出生的婴儿。

为什么没有在人类社会中成长的儿童会成为“人形动物”呢？为什么儿童在与世隔绝的环境中不能成长为正常的人呢？人要想成为人，仅有人类的基因遗传还不够吗？本章关于社会化问题的系统分析，尝试对这些问题进行回答。

每一个人的成长过程，都是从自然人向社会人转变的过程。人从出生起就被置于一定的社会环境之中，并被周围环境影响。社会、文化、群体、民族、家庭、同辈、学校等，都会对个体的发展和社会心理的形成发挥种种形式不同的作用。个体通过学习社会知识与规范、掌握社会技能，逐渐获得明确的自我概念，学会扮演社会角色以适应人类社会生活的社会性。在这个过程中，个体逐渐完成了从生物性个体向社会性个体的转化。

第一节　社会化的概念及其实质

一、社会化的概念

社会化(socialization)通常是指个体在社会影响下,通过学习社会知识、掌握社会技能、建立社会经验,并通过自身不断地选择和建构,形成社会所认可的一套心理—行为模式,成为社会成员的过程。社会化可以是自觉和积极主动的,也可能是不自觉和消极被动的;可以是有意识、有目的地实现的,也可能是在无意识、在潜移默化中完成的。

任何一个人类个体,如果只有人类的身体结构,那么算不上是真正意义上的人。人类历史上发现的“狼孩”“熊孩”等,他们虽然拥有与正常人类相同的基因和身体结构,但是由于缺少社会化过程、他们无法习得人类语言并通过语言建立起正常发展的自我意识,也无法完成其他如道德、社交技能等社会性发展。故而,他们无法达到与同龄人相适应的心理结构,而在特殊的养育环境中成为“人面兽心”的个体。由此可见,社会化是人类个体生存和发展的基础。个体必须通过社会化过程,才可以发展成为能够适应特定社会环境并正常生活的个体。

人类社会也通过社会化完成文化向个体植入并使整体社会的文化得以延续的过程,并通过积极社会化所培养的个体,使社会的文化获得重建和发展的可能性。个体通过社会化,习得相应社会的文化规范,成为可以适应社会环境、体现个体生命价值并为社会提供积极回馈的个体。社会化是人类社会的共同特点,无论哪一个国家或民族,也无论哪一个社会,或哪一种语言,都同样需要社会化。

人能够被社会化的核心原因有 3 个:

第一,人脑有数以千亿计的神经细胞,其组成各种联系和网络的可能性几乎是无限的。大脑不仅可以使人掌握语言、学习和积累知识,而且可使人具有抽象思维能力,在既有知识与经验的基础上再造已经获得的知识、创造全新的知识,从而使人不仅能够适应环境,而且可能改变环境,使其适应自己的需要。这些能力,其他任何动物都不具备。人的遗传素质客观地决定了人类社会化的可能性,其他动物即便是在人类社会中成长,也不可能被社会化为有意识的个体。

第二,社会化的本质是社会经验的传递。人类社会所特有的语言现象,为这种传递提供了实现的条件。有效的经验传递,需要有能够抽象地指称事物的物化媒介,而语词正好起到了这样的作用。语词作为概括化符号,可以代表某种事物而又超越该事物的表面特征。由于语言的存在,人类祖先的经验得以积累、积淀下来,并直接构成后人赖以社会化的最为重要的文化环境。没有语言,就没有文化,也就没有社会化。

第三,人类在童年的长期依赖性,为社会发挥对儿童施加长期而系统的影响提供了可能性。较为低等的动物出生后即成为独立活动的个体,虽然父辈可能会提供一段时间的保护,但这种保护是物种延续的本能,而不是自觉的社会化努力。人类则不同,在长期的进化过程中,人类已经发展起与其不同发展阶段相适应的社会化体系,即家庭—学校—社会,通过这一体系构成了新生一代完整的社会化生活链。这种社会化生活链之所以能够发挥社会化的作用,正好与人类童年期长期的依赖性生活相适应。“狼孩”“熊孩”由于特定事件的发生中断了个体对人类社会的依赖,也中断了这种社会化生活链的影响,因而他们在成长过程中失去了成为真正意义上的人的机会。

社会化不仅发生在成长阶段，而且是一个连续不断的、终身的过程。人生每一个阶段都在进行着社会化，而且都是以前一个阶段的社会化为基础的。前一阶段的发展会对后续阶段的发展产生影响。在地球村已经成为现实的时代，现代人的社会化往往不是在单一的本土文化的环境中发生的，而是不断经历本土文化和外来文化的碰撞和融合，外部文化和环境的不断和迅速的演变，使得人们不得不持续学习，这进一步强化了社会化在人的发展中的重要性。

二、语言社会化的特殊地位

社会化的目标非常广泛，凡是与适应社会生活、成功履行一个人的社会角色有关的知识、态度、情感、行为方式、思想观念、生活技能等，都属于社会化的目标。通常在分析社会化目标时，更多地强调价值观念、行为规范与社会技能的社会化，或是从社会领域来划分，强调政治社会化、法制社会化、道德社会化。这些分析忽视了一个更为重要的社会化目标，即语言社会化。实际上，人的社会化是从掌握语言开始的，其他一切社会化目标的实现，也是以语言社会化为前提的。语言社会化包括两个方面的含义，一是语言本身的社会化，二是应用语言达到社会化。前者是语言本身的发展，后者则是思维和情感的发展。

语言是社会文化知识传播和传播的媒介，社会规范和文化知识根植于各种语言交流情境，通过语言进行编码和传播。个体通过语言交际活动获得与社会秩序、交往原则和社会角色等相关知识（魏惠琳，张福慧，2013）。个体成长为合格社会成员的过程在很大程度上是通过语言学习来实现的，儿童在语言学习过程中可以形成一种世界观。例如，有研究者通过梳理文献发现，个体可以通过语言习得过程获得交际礼貌、社会等级知识以及不同社会角色的身份认知（Burdelski & Cook，2012）。语言学习对儿童参与社会能力的培养、社会责任感的养成以及对特定文化规则的接受等方面具有非凡作用。语言是个人超越自我、联系社会，使自己成为整体社会的一个自然部分的桥梁，没有语言，就没有自我（Mead，1934，参见金盛华，1996）。

语言是人类劳动和社会化过程的产物，反过来又影响着人类的社会化进程。语言学家认为，语言是一种文化最为集中的反映，掌握一种语言本身的过程就是社会化的过程。一种语言中所蕴含的观念、思想与各种知识，会在人们掌握语言的过程中发生深刻的潜移默化的影响。这样，不只其他方面的社会化要以语言的获得为前提，而且语言获得的本身就有不可替代的社会化作用，语言社会化既是目标又是手段。因此，语言社会化在个人的整个社会化过程中有着特殊地位。语言是一个人生命的界限，也是社会化程度的一个标志，从某种意义上说，个体在多大程度上掌握了一种社会的语言，也就在多大程度上获得了社会化。

三、社会化与个性化

社会化强调的是社会对个体的影响和个体对社会的适应，而不强调个体影响社会和社会为适应个体需求、促进个体发展必须进行不断的调整和完善。个性化（personalization）是指个体在特定社会条件影响下，在实现社会化的同时形成个人心理—行为倾向独特性的过程。一个高度文明和发达的社会，应当在强调社会化的同时，发展起容纳个人创造性、合理追求，并由此使社会得以不断改革的机制。

社会化是与个性化相对的概念。个人的社会共同性是通过个性中与社会、文化要求相适应的行为体现的，而个人的独特性则通过高度带有个人色彩的思维方式和行为方式，以及稳定而特殊的个人能力、气质和性格等得到体现。

【微课】
社会化与个性化

社会化与个性化是同步进行、同时实现的。个体社会化的过程也是个性形成或个性化的过程。一方面，社会对某个特定的群体有相对一致的期望，在同一个群体中生活的人们，有着系统化的共同社会生活。这种社会生活的共同性带来了人们经验的相似性，由此，人们发展起与社会期望相一致的观念、情感、思维和行为方式，使社会化的目标得以实现。另一方面，个体除了有与他人相对一致的社会生活之外，还拥有独特的、难以被系统化的社会生活，这种生活使人们在社会化的同时也获得个性化。

社会化和个性化是两个伴生的、相互影响的双向互动过程，是一个过程中的两个方面。无论对个体而言还是对整体社会而言，社会化和个性化都具有同等重要的作用。社会化与个性化在个体发展过程中的结合，可以看作两种相互并列的发展目标，而不是两个对立的发展方向（范翠英，2003）。社会化进程并不仅仅是一个单纯被决定的过程，它也是一个被创造的过程，是一个自由行动的过程（谢维和，2000）。从个体的角度来看，社会化使个体能够适应环境，获得发展的基点，个性化则使个体具有超越现实而又推动现实变革的独特性与创造性。从社会整体的角度来看，社会化保证了人类社会的延续和文化的传承，个性化则是社会发展的重要促进机制。

社会化与个性化相伴随的原因有两个。第一，社会及其代理者在引领个体的社会化时，实际上不可能使每一个个体获得完全相同的经验。个体在被社会化的同时，实际上已经通过与他人独特的相互作用过程，建立了与任何其他人相区别的个别化经验。第二，个人与社会环境的相互作用并不是简单、被动的，而是具有能动性与选择性的，每个人的经验世界，都会由于这种能动性和选择性而与其他人的相区别。个人因为有和他人相同或相似的社会生活，获得相同或类似的经历和内在体验而被社会化，也因为有不同于他人的独特社会生活、经历和内在体验而产生个性化，最终使个人的观念、情感、思维、行为方式的内容、表现形式都具有高度的个人色彩。

一方面，当一个社会只允许社会化存在而扼杀个性化时，社会的继承者会出现"过度社会化"效应，即只会适应既存的社会现实，而缺乏推动社会发展和变革应有的独特性和创造性，那么这个社会就可能长期在一种水平上简单重复。纵观人类文明的发展历史，总是一种更为先进的文明战胜一种相对落后的文明。中国数千年的封建社会，从发达强盛走向落后衰微，意识形态、文学艺术、科学技术缺乏革命性成就，其中最重要的原因就是对个性化的扼杀。

另一方面，如果一个社会过于强调个性化而忽视了个人的社会化，则会出现"社会化不足"的症候，即社会的继承者缺乏应有的传承优秀传统的能力，从而使社会失去应有的连续脉络，社会也因为缺乏凝聚社会的共同性基础而更容易失范和分崩离析。一个良性运行的社会，应该既从宏观上规定人们的行动方向和方式，发展起完善的社会化代理机构体系（如教育体系）和完善的社会化诱导机制（如奖励制度与法制体系），同时也为个人发源于原始生命的个性发挥提供尽可能大的空间，使社会化和个性化作为一个人的不同侧面，在个体身上得到充分的统一。对于个人而言，合理的状态应当是既能够较好地适应社会，又能够充分发挥自己的个人风格和独创性。

第二节 社会化的心理机制

社会化在个体身上发生的心理机制究竟如何？这是社会化研究者较少讨论的问题。实际上,从心理机制探讨社会化,是社会心理学的重要使命。本书认为,从社会角色引导、社会比较、社会学习和亚社会认同4个侧面,可以很好地揭示社会化在个体身上发生的心理机制。

一、社会角色引导

在现实社会生活中,角色是个人自身与社会的桥梁,一个人担负什么样的角色,社会就会对其产生什么样的要求和期望。为此,角色引导着人们生活的诸多侧面,并影响着人们的实际生活状况,以及人们的行为方式与内在心理状态。

个体的社会环境和社会生活,首先是与其社会角色相一致,并依据社会对于相应角色的要求和期待而被系统化的。社会中的个人会学习扮演社会角色并按照社会对个人的角色期望确定自己的努力方向,从而使社会结构得以维持和发展。对于处在特定社会位置、担负特定社会角色的个体,共同的社会要求和期待使他们的社会生活具有了高度一致性。对于学生角色占据核心地位的儿童和青少年,社会对于他们有着高度一致的理解、期待和对待方式。这种一致性程度很高的社会化环境,使他们对事物的基本看法、对社会事件的观念与态度以及基本的价值倾向具有很高的一致性。

根据社会认同理论和自我价值定向理论,社会认可是个体自我价值最重要的来源,只有得到社会的接纳和承认,个体才能形成稳定的自尊和自我认同,并由此获得自信和安全感。中国社会强调的个人的价值由社会来评判的价值倾向,更强化了这种作用。为此,人们对社会接纳、承认和重视是先定性的,个体会自觉或不自觉地与社会现状或基本倾向保持一致以获得稳定的安全感。在这种心理机制的推动下,虽然具体社会环境各不相同,但个体仍然在总体上与大社会的基本要求和期望保持一致。也就是说,个体总体的社会化倾向,是由大社会基本倾向决定的。

社会对每一个个体都会施加影响,但是影响的力度是与年龄和已有的社会化水平密切关联的。越是缺乏独立、稳定的自我价值体系的个体,越容易受社会和他人的评价和要求的影响。儿童、青少年由于还没有发展起成熟的个人独立评价系统,他们对社会、他人及自身正确与错误、成功与失败、应该与不应该以及有价值与没有价值进行判断、取舍时,也更倾向于依赖社会倡导的基本价值标准。孙娜(2004)研究了北京高中生在性方面的价值取向,结果发现,与人们的担心不同,北京高中生的性价值取向仍然与大社会的期待高度一致,即接受高中生正常的异性交往,而不接受异性之间的亲密交往。

二、社会比较

随着不断成长和自我意识水平的不断提高,个体自我评价的需要越来越强。费斯廷格(Festinger,1957)认为,任何一个具有自我意识的人,都需要评价自己的状态,并明确自己和周围世界的关系。个人的行为定向,是建立在明确自我评价和自我与周围世界关系的评价基础上的。但在现实生活中,许多时候并不存在个人可以信任的绝对评价标准,这时人们就需要将自己与他人进行对比,才能够形成明确的自我评价。这种将自身状态与他人状态进行对比以获得明确自我评价的过程,就是社会比较。

【微课】
社会比较

社会心理学家从20世纪50年代以来对人们进行社会比较的对象的选择过程进行了大量研究,结果表明,当不能确定自身状况的社会评价意义时,个体倾向于选择与自己社会特征共同的人进行比较(Festinger,1957)。正是由于这一原因,同辈群体在人们特别是青少年的社会化过程中具有重要的影响。

人的自我评价多数是社会性的。在许多情况下,人们获得社会性自我评价的唯一途径就是社会比较。例如,看一部名导演的电影,你在没有其他参照的情况下,即使不喜欢,也不敢贸然断言这部电影不好。只有在明确知道多数评价是批评性的,你才知道自己的感觉是对的。

总体上,人们面临的情境越缺乏客观标准,要求社会比较的倾向就越强。20 世纪 70 年代末,高田利武(1979)通过实验发现,在缺乏客观物理标准的情境中,人进行自我判断的确信程度会下降,此时人们更倾向于要求知道别人的判断,并将自己的判断与别人的判断进行比较(参见金盛华等,1995)。阿希的从众实验很好地证明了人在没有参照标准时依据他人判断做出自己判断的心理机制。

大量的社会心理学研究证实了社会比较对人的深刻影响。谢立夫(Sherif,1935,1961)关于似动的经典研究发现,社会比较不仅有即时的行为效应,而且会导致稳定的观念改变。经过社会比较获得的规范概念会在人独处时继续发挥影响。

个体进行社会比较的动机十分复杂,确切了解自己的状况仅仅是动机之一(Friend et al.,1973)。许多社会比较已经超出了试图确切了解自己的范围。尽管有方便的客观评价标准,个体仍会进行社会比较。个体自我价值的确立是通过社会比较来实现的,个体只有将自己置身于社会的背景之中,通过将自己与别人进行比较,才能确立自己的价值。一个学生考了满分,满分是客观标准,说明这位学生的答案没有错误,但他还是急切地想知道其他同学的成绩,将自己的成绩与同学的成绩比较。这种社会比较的目的就不是了解评价的标准,而是了解自己在社会比较上有多大优势,从而为自己的成就感和自我肯定感寻找理由(金盛华等,1995)。

有研究发现,人们的自信状况直接决定着社会比较的性质,同时也会影响社会化后果的指向。根据自我价值定向理论,一个具有良好的自我肯定感的人,在进行社会比较的时候倾向于向上比较,即选择比自己优秀的人作为比较对象,这种积极导向的社会比较会激发个体更多的自我努力,并向积极的社会化方向发展;如果个体没有建立良好的自我肯定感,则会倾向于自我保护,此时他们会选择不如自己的人作为比较对象。这种倾向的后果,是自发的自我努力活动减少,并最终阻碍人们的进一步发展。

由于社会比较对个体的社会化有着重要影响,并且自我比较的方向直接决定着自我的发展方向,因此,引导人们,特别是儿童和青少年扩展社会比较范围、深化社会比较内容,是促进他们社会化和积极发展的重要途径。对于儿童和青少年,引导他们进行超出自身所属社会群体范围的广泛社会比较,同时促使其重视个人内在的历时性比较,会有助于个人扩展视野,形成适当的自我概念并向更高社会化目标发展。

三、社会学习

在相当长的时期内,人们认为学习是直接经验的获得,是在行为实践过程中实现的。但是,班杜拉等人在 20 世纪六七十年代进行的大量实验研究证明,人的社会化不只取决于行为实践,观察学习经验以及相关的心理机制对人的社会化也起着十分重要的作用。个人可以通过观察他人的行为和后果来学习各种行为、行为规范和行为方式,也就是说,人的思想、情感与行为,既受行为实践的影响,也受到观察经验的影响。

传统行为主义理论认为，个人行为方式的建立依赖外部强化的直接经验。也就是说，人们根据所受到的强化或惩罚才建立起相应的行为规范概念和行为方式。但是班杜拉等人（Bandura et al.,1963）研究发现，外部强化力量直接作用于行为者本人会产生行为导向作用；但当这些强化力量不直接作用于本人，而是作用于有共同特征的其他人（如同辈），并且这种作用过程及后果被人们观察到时，也会产生同样或类似的作用，这种作用被称为替代强化。人类社会大量社会化经验的获得，都来自替代强化机制支持下的观察学习经验。

根据班杜拉（Bandura,1977）的研究，不仅直接强化、替代强化对个体的社会化有定向作用，而且，随着个体的自我意识水平不断提高和自我评价标准的形成，自我强化就逐渐成为社会化经验中具有自我引导性质的重要机制。也就是说，人们会使用自己设定的标准来评价、衡量自己，当行为符合自设的标准时，他们会以自己能够支配的奖励给自己以正强化，如考试成绩满意，会用看电影或郊游来进行自我奖励。而当行为没有达到自设标准时，他们会进行自我惩罚，如做错事或考试失败后主动放弃应得的东西。自我强化使人能够对自己的社会学习经验进行自主调节，从而一方面接受外在强化与替代强化的影响而被社会化，另一方面又受自我强化的调节而使社会化带有主动性和个性化色彩。

用社会学习机制解释青少年的社会化具有重要价值。青少年的自主生活领域在不断扩展，观察学习经验在社会化中占有越来越重要的位置。青少年的很多行为、观念与行为方式并非来自系统教育，而是来自他们对生活的观察。此外，青少年所认同和崇拜的对象也是他们观察经验的来源之一。特别是在“三星崇拜”（歌星、影视明星和体育明星）的今天，传统社会倡导的英雄崇拜已经被以歌星为主导的明星崇拜冲淡，如何引导青少年的偶像崇拜成为现代教育和媒体的重要任务。

四、亚社会认同

亚社会是指相对于宏观大社会的直接社会环境，有时也指对应于较大社会背景的较小社会背景。亚社会可以是居住的社区，也可以是学校、工作单位等机构。例如，总体来说，我国国民生活在一个统一的大社会中，但是不同地域、地区人们的价值倾向、生活方式仍具有很大差别，因此，人们直接的微观社会环境可能有着巨大的不同。在同一座城市的不同居住区，也有可能在许多方面有不同的文化模式。美国纽约、芝加哥、洛杉矶、旧金山等城市的唐人街文化与周边地区差别明显，是一个很有说服力的例证。

在一个亚社会环境中，既存在与大社会相一致的社会化机制，同时也可能具有与大社会不同甚至相悖的要求、规范、价值倾向和强化手段。亚社会作为个体的首属群体（primary group）和个体社会化的直接背景，个体会首先以亚社会为出发点，并在其被要求、期望和奖惩的环境中被引导。人们只有在完成对亚社会良好适应的前提下，才能够顺利成长和发展。不同的亚社会生活经验，是人们在社会化的同时实现个性化的重要原因之一。

在当今网络时代，青少年的社会化进程深受网络环境的影响，自媒体和朋友圈已经成为深刻影响青少年社会化过程的重要因素，并对其价值观形成产生深刻影响。青少年的心理发展与行为特征之一，就是渴求被同伴接纳，所以容易受到同辈群体的影响。是否能够和如何被同辈群体接纳，成为青少年最迫切关心的问题，因此大部分青少年把自己的价值建立在同伴的认同上。此时，同辈群体就构成了一个亚社会。当亚社会对青少年的要求或期望与大社会相冲突，并且这种冲突又被青少年意识到时,他们就会产生是适应大社会还是认同亚社会的压力。青少年处于自我价值系统形成阶段,通常难以通过自己的努力消除压力,因而青少年的内心更容易矛盾重重。除身心发育不平衡的作用外,外部社会的要求与个体所处的亚群体环境不相一致也是产生这些矛盾的重要原因。

从社会化引导的角度来说,让青少年的亚社会保持与大社会的良性接触和融合,就成为引导青少年社会化的重要一环。这一环节的实现,通常需要青少年对亚社会和大社会的双重适应来达成。一方面,大社会要在与亚社会的接触中试图了解和接受适合亚社会群体年龄特点的文化价值;另一方面,亚社会中的群体也需要学会在与大社会的沟通中矫正自身的角色定位,承担更多应当承担的社会责任,从而使自身的社会化顺利向下一个阶段过渡。

第三节　社会化的影响源

作为人从自然人到社会人的过程,社会化就是在各种内外因素相互作用、相互影响的过程中逐步形成成熟的人的心理结构的。在此过程中,各种社会与文化环境的要素长期发挥着塑造人的心理结构及其运作机制的作用,使人最终从心理运作的内容到形式都打上深深的社会与文化的烙印。

一、文化的影响

文化是在某一特定群体或社会的生活中形成的并为其成员所共有的生存方式的总和,包括价值观、信仰、艺术、法律、风俗习惯、风尚、生活态度、行为准则,以及相应的物质表现形式。文化因素以其渗透力浸染人的身心,并直接支配和制约着人的成长,从而使人的一切言行举止最终都能够被打上深刻的文化烙印。生活世界是一个文化化的世界,人的社会化过程实质上就是人的文化化过程。文化之所以与社会化紧密相关,其根本原因在于“从广泛的意义而言,文化与社会结构几乎难以区分,它们是同一现象的两种不同概念”(墨菲,1991)。

文化的“化人”作用主要表现在以下几个方面:

第一,文化为个体提供社会化的规范。每种文化都有自成体系的行为规范和价值系统,规定着哪些思想和行为是被允许的,哪些是不被允许的;哪些是正当、合理的,因而是被提倡的,哪些是不正当、不合理的,因而是被反对的。如果个体的行为趋向符合规范和准则,就能得到赞许和鼓励,违背规范和准则则必将受到批评和惩罚。文化以此来引导人们形成社会文化所要求的思想观念、价值准则和行为方式。一个自然人便是在特定的文化背景下,在不断地被规范强化的过程中最终成为具有特定文化标志的“社会人”。

第二,文化培养人们对身份、地位的认同,从而成为特定的社会角色。每个社会角色都代表着一套有关行为的社会准则,这些准则规定了个人在扮演某一特定角色时所应有的行为方式。众多社会角色,如法官、警察、教师、学生、演员、观众、父亲、儿子等,无不具有带特定文化标志的角色规范和行为模式。个人扮演的任何角色都必须经过社会化,通过社会规范的内化而确立,这正是社会文化的责任。苏联社会学家安德烈耶娃认为,社会化是一个双面过程:一方面,它包括个体通过进入社会文化环境、社会关系体系来掌握社会文化经验;另一方面,它包括个体的积极活动、积极介入社会文化环境,再现社会关系体系。也就是说,人不仅掌握社会文化经验,并且还把它变成自己的价值、观点和立场。不同的文化都对不同角色有独特规定,并驱使人们通过对角色规范的学习,合乎要求地扮演各种社会角色。譬如男性和女性作为不同的性别角色,不同文化对其特征有不同的规范。中国传统文化历来提倡男主外女主内,由此形成女子操持家务、男子掌管门户的性别角色规范。某些文化则主张男女平等,性别角色分野很不明显,也很不严格,至少在现代社会的一般生活中是如此。在南太平洋岛屿上的某些土著人部落中,性别角色的文化特征是女主外男主内,男子操持家务,女子掌管门户,与中国传统文化恰恰相反。文化往往通过灌输规范和不断强化,培养社会成员的角色规范认同,并使之内化为准则,以维护社会的整一。

第三,文化造就人的心理和人格模式。不同文化背景下人们的心理和人格有一定的差异。就人类而言,轻人伦重竞争,以个体为本,追求自我表现的人格和文化心理只有在西方文化的熔炉中才能形成;而重人伦轻竞争,害怕风险、迷信权威,以群体为本的人格和文化心理也正是东方文化的产物。可以说,某一文化的深层内容正体现在它的心理层面。民族文化心理是整个文化结构中最为稳定的部分,也是最有影响能量、最具稳定性的部分。一言以蔽之,个体的文化心理和人格是社会文化塑造的结果,人格和心理的差异,首先体现了文化的差异。

【知识拓展】
米德对文化的分类

不同社会的文化中有许多内容是带有共性的,如许多社会都有音乐、舞蹈、游戏、求婚仪式、丧葬仪式、宗教、迷信、合作,以及相似的道德规范(如毋偷盗、毋奸淫等)。但是,每一个社会的文化又有其独特之处,这些独特之处对人的社会化,甚至对不同民族成员的共同人格和社会行为的形成起着决定作用。许多社会学家和人类学家都研究过不同民族的不同文化及相应育儿方式对儿童社会化的影响。在这些研究中,最有影响的是由布朗芬布伦纳(Bronfenbrenner)进行的美苏两种文化儿童教养方式的比较。研究发现,美苏两种文化的儿童的社会化存在着极大的差异:前者注重“个人主义”价值观,孩子很少受到父母的照顾和管束,所以他们看电视的时间多;后者注重“集体主义”价值观,父母关心孩子,国家也直接参与孩子的培养。不同的社会化方式,造成了美苏两种文化中儿童行为的差别。

二、家庭的特殊作用

家庭是儿童社会化的第一场所、第一课堂,父母是儿童的第一交往对象,更是个体早期发展阶段的核心影响源,是孩子原始的自我感觉以及形成基本的身份、动机、价值和信念的背景(罗森堡,特纳,1992),所以,父母教育方式对孩子的影响是深刻而长远的。儿童在最初的生活中向父母学习语言、模仿父母的动作和行为、直接接受父母对其行为规范的要求和规定。家庭中父母的教养方式、职业背景、婚姻质量,子女人数等都对儿童社会化具有重要的影响。帕克(Parke,1999)认为,父母—儿童关系或父母的育儿风格仅是影响儿童社会化的第一条途径,父母作为一个指导者、教育者或顾问,是影响儿童社会化的第二条途径。帕克将家庭视为一个系统,并将其分为父母—儿童子系统、婚姻子系统、兄弟姐妹子系统。可见,家庭对儿童的影响是系统性的,而非单一的影响源。本章导言中的“狼孩”正是由于儿童从小就失去了家庭这一首要的社会化环境,从而错过了社会化的关键时机,导致社会性和智力均没有得到应有的发展。

有关家庭对儿童社会化的影响的研究中,父母的教养方式是最受重视的一个领域。大量研究表明,父母的教养方式在儿童的认知发展、性格形成、道德发展以及自我概念形成方面都具有不可忽视的影响力。鲍姆林德(Baumrind,1971)的研究揭示,父母的教养方式对儿童的社会化有着重要影响。她将父母教养方式分为专断型、容忍型和权威型3种。3种方式在对待子女的态度和训导方法等方面各不相同,因而对儿童早期的发展也有着各种性质不同的影响。

专断型父母的特点是控制、限制以及过分保护。这种父母不鼓励他们的孩子提问、探索、冒险和主动行为,倾向于把严格的规则强加给孩子而不作说明,甚至用惩罚来强制执行。这种家庭教养方式下的子女,独立性和社会责任感都相对较低。一项对五、六年级学生的研究发现,专断型的教养方式与学生的低自尊有关,因为学生在这种家庭氛围中被认为不能独立从事活动,而且没有能力去做。另一些研究发现,父母的专断使儿童在学校和家庭里有更多的攻击行为。

容忍型父母倾向于对孩子采取放任的态度,不加控制,不提要求,也不惩罚。这种没有干涉的方式,同样意味着不鼓励儿童去探索、争取成就和尝试,也不指导儿童判断自己是否胜任,行为是否恰当。鲍姆林德(Baumrind,1967)在早期的小样本研究中发现,那些行为不成熟的儿童大多来自父母属于容忍型的家庭。在某种程度上,容忍型父母的子女也倾向于冲动、攻击,缺乏独立性和担负责任的能力。

权威型父母似乎综合了前两种类型父母的优点。大量研究证明,权威型的教养方式是促进儿童心理发展的较为积极的教养方式。这种父母对孩子温和而关心,他们鼓励孩子争取成就、独立和探索,他们虽然也用轻微的惩罚来贯彻提出的规则,但会加以说明,并且会随儿童对它们的反应而显示出灵活性。在鲍姆林德的研究中,权威型父母的子女比其他两种父母的子女的能力更强、自尊水平也相对较高(Comstock,1973)。采用权威方式教育孩子的父母,具有埃里克森(1950,1968)描述为"成熟的父母"的特征,即有信心,自我信任,有主张,对儿童有温暖和关心的态度。按照埃里克森的观点,这类父母最容易鼓励他们的孩子,与孩子有更多的情感沟通和交流。鲍姆林德(Baumrind,1967,1970,1971)的多项研究都表明,儿童期适当的、符合社会要求的发展,往往是与权威型教养方式相联系的,而与容忍型教养方式相去最远。2005年,鲍姆林德在权威型教养方式和青少年自主性发展的研究中,详细分析了具体的社会交往活动如何影响儿童的发展,强调权威型父母教养模式的普遍性影响。

【知识拓展】
父母教养方式的其他分类

1979年,布朗芬布伦纳提出了著名的人类发展生态学理论,在该理论模型的推动下,心理学家走出教养方式对儿童社会化发展的单向研究的圈子,尝试将父母的特征和儿童的特征都纳入教养方式体系。在研究思路上跳出所熟悉的微观系统,将教养行为、亲子互动的分析放在更广阔的系统中进行研究,关注家庭的社会文化背景、社会阶层、社会经济地位及父母体验到的压力和社会支持等宏观系统对家庭微观系统中亲子互动的影响,较全面地探讨了教养方式对儿童社会化的各种影响因素。

除了父母教养方式,家庭结构也会对儿童的社会化产生影响。例如,随着我国社会经济的发展,广大农村出现了很多留守家庭。一项针对浙江省某市的调查发现,学龄儿童的平均留守比例为11.5%,隔代抚养率为58.4%(邓纯孝,2012)。留守家庭存在着家庭教育功能退化、亲子沟通较少等现实情况。有研究对比了留守儿童和非留守儿童的社会化结果,发现留守儿童比非留守儿童在性格上更加胆小和任性,非留守儿童的社会交往状况也要好于留守儿童(董海宁,2010)。

家庭的社会经济地位也会对儿童的社会化产生重大影响。来自较高社会经济地位家庭的儿童在入学时的语言准备要明显好于来自较低社会经济地位家庭的儿童(陈敏倩,冯晓霞,肖树娟,苍翠,2009),高社会经济地位家庭初中学生的学业成绩也要优于低社会经济地位家庭的学生(乔娜，张景焕，刘桂荣，林崇德，2013）。但是这种影响并不是单一的线性关系，而呈现倒 U 形关系：当家庭的社会经济地位超过一定水平后，儿童的学习成绩和学习动力出现下降趋势（任春荣，辛涛，2013）。同样，低社会经济地位家庭儿童的社会适应相比高社会经济地位家庭儿童，也存在劣势（叶婷，吴慧婷，2012）。但有研究表明，其实比起“父母是谁”，“父母怎么做”的影响更大。相较于家庭的社会经济地位，家庭学习环境对儿童的学业成绩和社会技能的影响作用更大（李艳伟，李燕芳，刘丽莎，吕莹，2013）。

基于进化心理学视角的生活史理论认为，个体在幼年时期的生活环境将会对个体的发展产生深远的影响。幼年时生活条件艰苦的个体往往倾向于在今后生活中采用快生活策略，这种策略强调数量，如倾向于早生育、多生育；幼年时生活条件富足的个体更倾向于采用慢生活策略，这种策略强调质量，更倾向于晚生育，更重视子女的养育质量（Ellis，Figueredo，Brumbach，& Schlomer，2009）。

另外，父母的婚姻质量、养育压力等家庭其他方面的因素也会对儿童的社会化产生影响。例如有研究表明，父母的养育压力会影响儿童创造力的培养，二者存在负相关关系（舒增，贺琼，李晓敏，张晶，张月寒，方晓义，2016）。

三、同辈群体的作用

儿童在进入学校之后，生活中重要他人的结构开始发生重要变化，同辈群体对儿童的影响越来越大。同辈群体对儿童社会化发生作用的原因主要有：① 同辈群体是一种非正式群体，它是由个人自由选择的，因此往往容易使其成员产生较高的心理认同感；② 同辈群体有自己的价值标准，有自己心目中的英雄、榜样和偶像，有自己的语言、交往方式、消费方式乃至流行的追求，构成了独特的亚文化群体；③ 同辈群体的社会化极少带有强制性，它往往是在其成员对个人的社交、安全、尊严、优越感的满足之中自然而然实现的；④ 同辈群体中的交往对象也是儿童进行社会比较时的参照对象，只有通过与同龄人的比较和对照，儿童才能够判断出自我行为正确与否、是否被社会接受，才能获得对自我的肯定和全面认识，这是儿童自我概念形成过程中的重要一环。

伴随着生理成熟、性意识萌发和成人感的出现，青少年急切渴望摆脱“儿童”刻板印象，建立新的自我概念。他们反感成人社会惯常地将他们当作“孩子”看待，不喜欢被命令、告诫、劝说和指引，而喜欢自己做决定。此时，反权威的代言人往往受到青少年同辈群体的欢迎和尊重，并易于成为他们的代表。

项葵（1989）分析了群体对个体社会化的作用后认为，个体在社会化过程中参与的群体有很多，这些个体参与的群体都或多或少地影响了个体的社会化，但是真正起重要作用的群体只占少数。群体对个体的影响大小从根本上取决于群体和个体之间本质上对应程度的高低，而且也依赖个体社会化阶段身心发展水平的高低（参见乐国安，2004）。

大多数情况下，同辈群体的价值观与社会的基本价值观是一致的。但是，当同辈群体和父母双方的价值观不一致时，青少年就必须选择采纳其中的一种。这会对青少年自我概念的发展和一般适应产生不良影响。当大部分同辈群体脱离作为正统社会化代理人的成人的控制而独立活动的时候，就可能会在一定程度上成为抵抗成人控制的反作用力，甚至可能演变为反主流文化群体，其消极影响不可低估。

四、学校的作用

现代学校不仅是一个有目的、有计划、有组织地向儿童系统传授科学知识和生活技能的制度化机构，更是一个包容了人际交往、角色定位、制度规范等社会现象，传授社会规范、价值观念，养成社会情感态度、实践社会交往技能的儿童社会化的重要场所。它通过引导学生（儿童）服从教育制度的安排、传播社会主流的文化目标、价值标准和人类知识遗产，培养学生思考、分析和解决问题的能力等来推动学生逐渐成为一个合格的社会成员。作为儿童学习、生活的重要场所，学校因此成为儿童接受社会化影响最集中、最丰富的生活环境，成为个体通往现代社会的必由之路。

学校是儿童从家庭走向社会的第一桥梁。学校作为正规的儿童社会化场所，其作用是从正面将社会规范、价值观、知识、技能传授给新一代人。当儿童进入学龄期后，学校就取代了家庭而上升到影响其社会化的首要地位。学校的亚文化倾向，教师的期待、威信及风格，师生关系的性质等，都可能对学校的社会化作用发生重要影响。

（一）学校文化的影响

学校文化是指一所学校在长期办学实践中形成的、学校成员习得并共同具有和相互作用的，通过一定的物质载体和行为方式表现出来的思想观念、制度规范的总和。学校文化分为物质文化（外显层）、制度文化（中间层）和精神文化（内隐层）3 种形态。

学校物质文化包括物质形态（如校舍布局、绿化景观、教学设施、娱乐场所、图书馆建设等）以及显现在外的学校主体活动形式（如丰富多彩的文体活动、各类竞赛、公益劳动、社会实践活动等）等，良好的学校环境与丰富多彩的活动使校园充满生机、师生心情舒畅，像无声的语言，通过各种情趣、意向、准则等，潜移默化地在儿童社会化中打上美好的烙印。

学校制度文化包括学校特有的规章制度、管理条例、学生守则、领导体制、评比标准，以及各种社团和组织机构的职责范围等，其对儿童社会化的影响则是通过直接的制度约束以及体现在制度中的观念意识、行为准则等实现的。

学校精神文化主要是指长期形成的，学校师生共同认可的行为方式、价值观、群体目标、治学态度以及思想意识，表现为学校的人际关系、校风、传统、审美情趣、道德情操、思维方式、习俗等观念形态，是学校文化的深层次构成和内核所在。学校精神文化作为学校整个精神风貌的体现，虽然无形，却实实在在地对儿童的思想认识、学习态度、社会动机等社会性发展的各个方面乃至整个精神面貌和人格形成发挥着潜移默化的影响，具有独特的感染力和凝聚力，直接影响着学校的办学方向和教育教学的活动方式，因而构成了学龄儿童社会化最基本和最重要的文化内涵和文化背景。

学校文化对儿童社会化具有重要且特别的影响，主要基于以下原因：① 学校是按照预定的目标、计划，根据社会要求来塑造年轻一代的专门机构，其影响更有计划性、组织性和系统性；② 学校有专业的教育人员——教师，专门的影响媒介——课程、教材、教学手段等来实现其目标，其影响效率更高；③ 学校教育客观上为儿童提供了与同龄儿童交往，从而在团体活动中习得行为规范、体验各种社会情感、训练社交技能的机会；④ 学校作为专门的教育机构，在协调其他社会化因素的影响方面有着特殊的主导作用。

（二）教师威信和教师期望

学校教育过程中对学生影响最大的是教师。一位教师是否具有威信会对学生的社会化产生不同的影响。学生比较信任有威信的教师,从而能积极主动地学习,乐于接受教师的要求,对于教师的批评和表扬都容易接受。更重要的是,学生会把有威信的教师当作认同的对象并加以仿效。因此,在日常的学校生活中,有威信的教师能够通过自己的言行、思想活动,把伦理原则、道德标准具体化,使学生在富有形象性、感染性和现实性的具体事例中受到教育,从而实现他们的社会化。

学生的学习是一个发展、进步的过程,每位教师都会对学生有一定的期待。教师的期待会影响学生的学习动机、对成功的期待以及自我评价。美国心理学家罗森塔尔等人（Rosenthal et al.,1968）发现了皮格马利翁效应,又称教师期望效应,即如果教师对学生抱有良好期望,一段时间后,这种期望就会成为现实,学生真如期望的那样获得了良性发展。这种“期望自动实现”的现象启示人们,教师、家长和其他成年人,都应该以某种合适的方式对学生特别是小学生抱有良好期待和愿望,希望他们成功,按照社会要求行事。这样真诚、良好的愿望会引导儿童更好地社会化。

在罗森塔尔的研究中,有一个结果尤其引人注目,即学生年级越低,皮格马利翁效应也越明显。这意味着,学生在其发展早期,更容易受到教师或其他教育者期望的定向影响。库利早就指出,儿童靠观察别人的脸色和反应来确定别人对自己的态度和评价,就像是把别人的表情与反应当作镜子,通过这种“镜子”来看自己的形象,形成关于自己的概念——自我概念。这样,儿童在情感上高度依赖、认知上高度认同并对儿童生活有着重大影响的教师,实际上一方面在塑造着儿童的自我概念,另一方面也通过影响自我概念的途径,塑造着儿童的实际自我面貌,对儿童的整个身心发展产生倾向性的影响。

研究证实（金盛华,1986）,教师对于学生的期望与对学生的实际教育后果之间,存在着明显的良性循环和恶性循环机制。如果教师对学生的态度积极,期望较高,那么他们会直接造成有利于学生发展的社会处境,使学生在教师的各种有意或无意的支持和鼓励下形成积极的自我评价和自我概念,并据此形成较高的自我期望,使学习的动机水平提高,学习兴趣增加,并最终导致积极的教育后果:学习成绩优良、智力发展加快,个性的各个方面平衡健康地朝社会期望的方面发展。更为重要的是,良性的教育后果会使教师对学生产生更为积极的态度、期望和与之相适应的积极对待,并最终促成新的积极的皮格马利翁效应。

相反,如果教师对某些学生形成了消极的态度和低期望,那么他们对这些学生的消极对待会造成明显的不利社会处境,使这些学生在教师有意或无意的忽视、否定、拒绝和贬低中形成消极的自我评价和自我概念,并据此形成低自我期望,使学习动机和学习兴趣的水平下降,并最终导致消极的教育后果:学习成绩不良、智力发展延后,缺乏应有的自信并出现各种个性发展问题。这种状况又会反过来使教师的态度更消极,低期望得到验证,并使教师产生更低的期望和与之相适应的消极对待,从而使这些学生的学习成绩和行为表现每况愈下,甚至对其一生的成长和发展产生不利影响。

（三）学校社会心理处境分化

学校社会心理处境分化是指在校学生由于种种学校环境的区别化使学生心理发展出现性质上的分离。在学校中,个体的社会心理处境分化既包括诸如由教室设施、座位位置等不同而造成的物理处境分化产生不同的心理影响，也包括由师生、父母、同伴互动等重要他人所构建的心理处境分化产生的心理影响，如有的学生由于教师、家长以及同伴等重要他人给予了信任与支持，其社会心理处境可能处于积极的一端，反之，其社会心理处境则处于消极的一端。学校社会心理处境分化会对学生的社会化产生重要影响。

五、媒体的作用

媒体是青少年生活环境的重要组成部分，对青少年的社会化有着重要的影响。在“互联网+”时代，青少年所处的媒体环境有了新的变化。这些变化主要体现为媒体环境的立体化，具体来说可以归纳为 3 个方面。首先，媒体和网络终端更加多样，使得青少年对媒体和网络的获得更加便捷。尤其是移动互联网的发展，使得青少年可以通过手机等各种便携设备获得网络和媒体资源。其次，媒体和网络服务内容更加丰富。媒体和互联网不再是单一地提供视频内容或信息浏览服务，互联网已经渗入生活中的方方面面，如信息搜索、购物、餐饮及交通等。最后，网络使用的互动性更加突出，每个个体都成了一个小的媒体输出源。媒体和网络对青少年的社会化来说是一把双刃剑，需要客观看待其对青少年社会化的影响。

【微课】
媒体对青少年社会化的影响

（一）媒体和网络对社会化的积极影响

媒体和网络为青少年提供更多信息，帮助其了解社会，促进其社会性发展。媒体和互联网的普及，在一定程度上缩小了边远地区青少年与其他地区青少年在社会交往上的差距，对边远地区青少年自我社会化产生着重要影响（彭榕，2016）。青少年在网络社交过程中细致地选择自我展示的内容，有助于解决同一性和亲密感建立等青春期发展的关键问题，也可以帮助青少年积累社会资本（顾璇，金盛华，李红霞，吴嵩，2012）。媒体和网络也会激发青少年的社会参与。社交媒体为青少年参与社会事件讨论提供了机会，有助于提升其公民身份意识（卢家银，2012）。媒体对体育赛事的转播、点评以及青少年通过社交网络对赛事的卷入有助于刺激青少年积极参与自己喜爱的体育运动（段长波，2013）。

（二）媒体和网络对社会化的消极影响

媒体和网络也会为青少年的社会化发展带来一些不利影响。例如，网络暴力刺激将提升青少年的内隐攻击性（田媛，周宗奎，丁倩，2011），网络游戏将淡化青少年的规则意识，冲击法律权威（刘亚娜，高英彤，2013）。网络和电视的接触频率越高，青少年出现冲动性消费和炫耀性消费的非正常消费行为的可能性越大（郭朝阳，2010）。过多接触媒体和网络也将导致儿童的学习效能降低，阻碍了其知识技能社会化的深度和广度（孙宏艳，2014）。

（三）媒体和网络同其他社会化影响源共同发挥作用

媒体和网络同其他社会化影响源共同发挥作用，媒体和网络是现实生活的延伸和发展。例如，无论是网络受欺负行为还是传统受欺负行为，都能够预测青少年的偏差行为（黎亚军，陈福美，卢富荣，王耘，2015）。对于网络交往对实际人际交往的影响，有研究认为农村和乡镇的学生更容易因为网络交往而忽视现实人际交往（翟思成，薛彦华，黄承芳，2014）。现实和网络行为之间也存在着双向影响，而非全是单向影响。网络成瘾能够负向影响个体的社会适应性（杨辰，王文秀，孙晋海，2010）。但是，家庭和学校环境的社会心理处境分化也会影响个体的网络成瘾，父母和教师的支持越多，儿童的网络成瘾倾向越低（李玲，于全磊，张林，金盛华，2015）。网络成瘾和抑郁之间也存在双向预测机制（荀寿温，黄峥，郭菲，侯金芹，陈祉妍，2013）。

第四节 社会化的结果

社会化的本质是使生物的人转化为社会的人，也就是让个体学会一个正常社会成员的行为，学会承担责任。一个人要成为一名合格的社会成员，他（她）就要获得语言与认知能力，学会根据社会道德规范制约和调整自己的行为，并且学会扮演各种社会角色（包括性别角色），这些也是社会化的目标所在。

一、语言与认知能力

社会化的核心是学习，而学习的核心是掌握语言。语言是人类在长期经验积累基础上形成起来的描述客观事物的符号系统，是人们理解他人和被他人理解的重要工具。人可以通过口头和文字来传达信息，沟通思想，理解和接受社会态度、习俗，并塑造自己的个性，知道自己和他人体验的区别，从而使自我得以分化（Mead，1934，参见金盛华，1996），学习社会知识、技能和规范，达到社会化的目的。因此，语言是社会化的重要工具和基础条件，是个人和社会相联结，并使自己成为整体社会一个部分的桥梁，没有语言，就不可能实现社会化。人的系统社会化，就是从学习语言开始的，语言的掌握也是社会化成果的集中体现。

语言是文化最集中的体现，学习一种语言必然要接触相应文化。学习的过程，也就是在一定程度上被相应的文化“同化”的过程。语言中蕴涵的观念、思想和知识会在人们掌握语言的过程中对人们产生潜移默化的影响。更为重要的是，语言获得本身就有不可替代的社会化作用，而且其他社会化的实现，是以掌握语言为前提的。因此，语言社会化在人整个社会化过程中有特殊地位。在一定意义上说，在多大程度上掌握了某个社会的语言，就在多大程度上获得了社会化。生活在特定社会的人，要适应和吸收社会文化，成为合格社会成员，就必须首先完成语言社会化。

语言的掌握也好，其他社会化目标的达成也罢，学习过程都必须以认知能力的获得为前提。因此，认知能力的形成是社会化的基础条件，提高认知能力又是社会化要达到的结果之一。认知能力主要是指人类的学习和思维能力。人与其他动物的重要区别在于人类基于语言的思维能力，这种思维能力构成了人类接受社会化和适应社会生活的重要基础条件。一般动物虽然也有学习与积累知识的能力，但主要方式是模仿，而缺乏人类这样高度发达的抽象思维能力和创造力。由于抽象思维能力与创造力的存在，人类可以迅速、正确、深刻地认识客观事物的本质属性，理解社会环境的意义，接受社会文化的熏陶，学习与积累知识。人们通过实践使知识内化，从而确定自己的思想观念、态度和行为模式，并用来指导自己的行为。此外，与动物相比，人会主动增强学习动机，自觉主动地有计划、有目的地进行某些活动以实现社会化。

二、道德规范与行为制约机制

道德社会化(moral socialization)和法律社会化(legal socialization)是个体社会化的主要内容,是个体作为社会成员存在所必需的行为制约机制建立的原因。当人们认同和接受某种道德规范,并使自己的行为遵循这些社会道德规范时,就实现了道德社会化。当人建立了法制观念,自觉按照法规约束自己的行动时,就实现了法律社会化。

皮亚杰、科尔伯格和布鲁纳等人对个体的道德发展问题进行了系统研究并提出了种种理论观点。其中,皮亚杰的认知发展阶段论和科尔伯格的道德发展阶段论,都强调道德发展是一个从低级到高级的过程,具有阶段性、顺序性,这些阶段和顺序从整体上看是不可逆转的。而且,个体的道德发展的水平差异是可以被测量和被判断出来的。布鲁纳的认知策略则强调社会化过程中认知因素的中介作用,认为儿童通过观察自身经历过的事物中的文化准则与道德规范形成认知策略,并使行为受到影响。

中国与西方国家不同的文化传统决定了个体的道德社会化、法律社会化具有自己的特点。中国学者通过历史文献分析和实际的实验、调查等方法进行了很多关于道德社会化的研究。罗毅(1992)发现,传统中国人道德社会化的主要途径有"家教"和"尚贤"。其中,家教利用亲子关系,从小教育,养成习惯,道德情感培养始于家庭,移于社会。尚贤则给不同社会地位的人提出了十分明确的社会要求,明确了不同角色的权利和义务,利用外部舆论的压力作用,强化角色意识,使外在的道德规范内化为个人的良心,从而实现道德社会化(参见乐国安,2004)。

陈琦(1988)参照国外认知理论的生成学习模式,提出了学生道德行为学习过程的模式(见图 4-1)。此模式认为,学生在接受道德教育之前,具有不同的道德认知结构和道德需要。在接

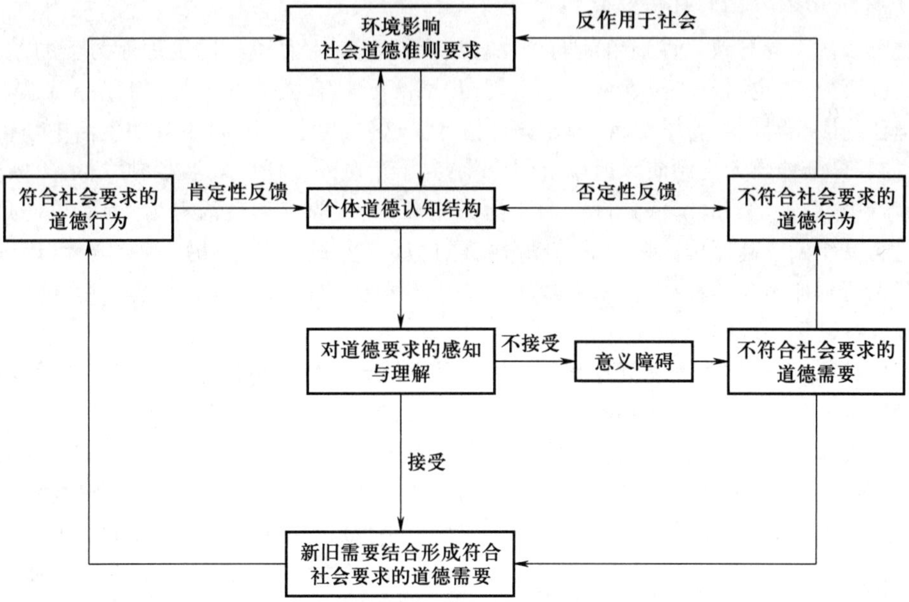

图 4-1　陈琦的道德行为准则学习过程模式

来源:转引自乐国安.(2004).*中国社会心理学研究进展*.天津:天津人民出版社.

受道德教育的时候,外部新的道德要求与已有道德认知结构相互作用。如果学生接受了道德教育,就会结合新旧需要形成符合社会要求的道德需要,做出符合社会要求的道德行为,并进一步强化其道德认知结构。如果学生不能完全理解、不能完全接受道德要求,就会出现意义障碍,也就是客观的道德教育和学生已有的认知结构不相符合,产生抵制心理,产生不符合社会要求的道德需要和道德行为。这会对社会产生消极作用,也会促使学生的认知结构向负面发展。

三、性别角色的获得

(一) 性别与性别角色的概念

吉登斯(Giddens,1989)从两个层面上对“性别”进行了解释:一个层面是生理上的差异,指男女性别的生物学或解剖学差异,涉及的主要是生理性征,英文用 sex 来表达;另一个层面是指男女心理的、社会的差异,英文用 gender 来表达。根据生理差异,可把男女称为男人(man)和女人(woman);根据心理和社会差异,可把男女称为男性(male)和女性(female)(时蓉华,1998)。

性别角色(gender role)是特定社会或群体按照人的男女性别规定的不同行为模式。对于性别角色是怎样形成的,不同的心理学家做出了不同的解释。弗洛伊德(Freud,1920)和埃里克森(Erikson,1946)的精神分析理论更多地把性别角色的形成归结为男女生理结构上的差异;班杜拉(Bandura,1971,1977)的社会学习理论认为直接强化、模仿和观察学习是获得性别定型行为的基础;科尔伯格(Kohlberg,1974)和贝姆(Bem,1974)用认知发展理论进行了解释,认为性别角色的形成与发展具有阶段性,儿童首先要经历性别自认阶段,即对自我性别的认同,然后获得性别恒常性(gender stability),随后通过自我社会化达到性别定型(参见朱莉琪等,1998)。

(二) 性别角色分化的社会文化因素

社会分工的不同导致了性别角色的分化。男女两性在体力和其他生理能力上的差异,产生了不同的社会分工,也出现了男女两性的责任分化:男子具有强健的体魄,担任狩猎、战斗任务;女子要担任妊娠、哺育、照料子女、料理家务等任务。这样,男女在不同的劳动生活中获得不同经验,分工的差异延伸出人格倾向和地位上的分化:男子在对外责任中发展了独立性、果断性;女子在对内职责中发展了亲和性、依赖性。由于男子主外,拥有职权和政治势力,因而男性角色比女性角色更容易受到较高评价。最初的劳动分工经过反复实践,逐步成为一种社会秩序。人们根据这种分工所延伸出来的种种要求,形成了有关性别角色的种种规范。社会又用这些规范来要求后代以保持已经形成的行为规范。

不同的社会中,性别角色规范及其共通性也具有差异。性别角色差异的跨文化研究发现,性别角色受社会文化制约。米德(Mead,1934)发现,男性化或女性化并非是性别本身固有的,而是社会文化有规律的产物。每个人为了适应文化环境要求,都需要改变自己。她发现,阿拉佩什(Arapesh)部落中的男子和女子都表现出类似西方社会中的女性特征,如富有合作精神,不侵犯别人,文雅,不与人竞争,关心别人的需要等。蒙杜古马(Mundugumor)部落中的男子和女子则都表现出好侵犯别人,凶猛,冷酷无情,好与人竞争,好斗,容易觉察自己被侮辱并随时准备给予报复,这是西方社会的男性特征。在德昌布利(Tchambuli)部落中,女子掌权,捕鱼,讲究效率,对待男子和蔼、忍耐、欣赏,表现得像西方社会中的男性;而男子从事艺术活动和非物质生活所必需的活动,如跳舞、雕刻、绘画等,他们注意自己服装的华丽及其制成的艺术品的优良,毕生依靠妇女提供安全,表现得美雅、胆怯、顺从,对别人的意见敏感,这些恰恰像西方社会中女性的特征。可见,性别角色受到社会文化的制约(时蓉华,1998)。

伊格利(Eagly,1987)从生物学与社会化的互动过程来看待性别角色的分化问题,认为生物学的基础造成男女体力上的性别分化。在成年期,男女两性从体力分化开始,男性倾向于获得社会权利和物质权利,女性被期望有养育能力。每一种角色都学习相应的技巧与信念,并力图表现出该角色所要求的行为。生物学和社会化对性别角色分化都具有重要的作用。

由此可见,人类早期的社会分工、社会文化、生物学等因素,共同导致了人类社会的性别角色分化,铸成了人类对男女性别的不同认识。

(三)性别角色社会化的影响源

性别角色社会化的影响源主要有以下几种。

1. 家庭双亲的影响

个体的早期经验主要从家庭中获得,社会和父母共同的性别角色期望决定了父母对男女不同后代的抚养方式。父母会自觉或不自觉地将成人世界的性别规则传递给儿童。有学者研究发现,父母会更多地鼓励男孩进行一些要求肌肉运动的活动,给男孩的玩具更多的是刀枪、汽车等;父母常常鼓励女孩子玩“过家家”,阻止女孩做奔跑、跳跃和爬树等“危险”活动,要求女孩应该学会斯文,女孩的玩具也大多是洋娃娃、厨房用具等。久而久之,儿童就表现出性别偏好的倾向。这种差别也出现在父母给子女取名的时候,男孩的名字更偏向于使用表达勇敢、坚强等字,而女孩的名字更多地表达了温柔、美丽、乖巧等(魏国英,陈雪飞,2005)。

2. 学校的影响

孩子在较早时候与父母生活在一起,性别角色意识受父母的影响较大,到学龄期,孩子则更多地受到学校、教师和同学的影响。

(1) 教材中的性别角色。崔冲与吴黛舒(2019)对部编本中小学语文教材中性别角色塑造进行了较为系统的研究,发现部编中小学语文教材在性别角色塑造上明显有几方面的问题:

首先,部编本中小学语文教材中男女角色有明显的不平衡,男性主角次数远多于女性主角,性别差异显著。如部编本七年级上、下册和八年级上、下册中男性所从事的社会事业为 21 种(男性角色次数为 201,占 88.94%),女性所从事社会事业有 9 种(女性角色次数为 25,占 11.06%)。这种性别角色的不平衡不仅是数量上的,质量上的偏向更为明显。教材中描述男性能力特征的褒义词有伟大、精力充沛、博学、精益求精、探求真理、称职、杰出、卓有成就,等等,多指向社会事业和知识技能,具有智能化特点;而描写女性能力特征的褒义词仅有好劳动、整日劳碌、聪明能干、家庭组织者,多指向家庭事务,带有重复性体力输出的色彩。

在性格/品行特征词汇中,描绘男性角色的褒义词可以简略概括为意志坚定、负责、无畏、自信、有主见、专注、倔强、严厉、自省、自律、自强等,这些词蕴含着主体性、自我完善性和理智性色彩,而描绘女性角色的褒义词有依从、慈爱、孝顺、顾家、懂事、任劳任怨、忍让、善解人意、贤惠、多愁善感等,它们带有顺从性、服务性、情感性特点。

其次,在男女所活动的社会领域中,男性角色多出现在社会领域,女性角色多出现在家庭领域。男性角色的社会身份地位较高,多从事主导型、管理型、创造型事业,女性角色多从事服务型、辅助型事业。

很显然,部编本中文教材中的性别角色塑造明显受到了社会关于性别的刻板印象的影响,并且作为重要的社会化背景,强化了学生的性别角色分化。教材中的性别角色素质究竟怎样才能更好地促进学生的社会化进程,显然是一个需要更深入研究的话题。

(2) 教师的性别观念。教师自身的性别观念影响着他们用不同的态度对待男女生。例如,教师受传统性别观念影响,认为男生刚强、女生顺从,因而采用不同方式对待他们。在一些幼儿园和小学,女性教师占绝对多数的情况引起了心理学家的关注。教育部 2018 年发布的关于中小学专任教师的统计数据显示,北京市小学、初中、高中的女教师比例分别约占 81%、76% 和 71%。

史密斯(Smith,1976)认为,教师女性化对学生行为有影响。例如,男生较女生更多受到女教师的批评;女教师批评男生更多使用严厉语调,但批评女生时使用一般语调较多;在女性教师负责的班级,女生和男生的课业相当,但女生有更多机会获得较高分数;女教师的课堂组织常常使男生疏远教师。因此,史密斯认为,要改变教材、学校环境,在初等教育阶段还需更多男教师以满足男生模仿男性的心理需要。国外的有关研究还表明,在教师女性化的学校里,女生因为与女性教师认同而获得较好的人格发展,男生则因不能与女性教师认同而诱发心理焦虑,产生攻击性行为(时蓉华,1998)。

(3) 家庭与同伴的影响。由于家庭、学校的性别角色刻板印象,学生也形成了一定的性别刻板印象,这种性别刻板印象会对同伴产生一定的影响。

威廉姆斯等人(Williams & Best,1990)研究了 14 种文化背景下的大学生,问他们如下的问题:“女性应该做家务吗?”“她应该更关心她丈夫事业上的成功吗?”结果,所有男生都做了肯定回答。特别是在尼日利亚、巴基斯坦,大学生更表现出浓烈的传统意识。相对而言,荷兰、德国学生的传统意识较淡(时蓉华,1998)。

徐振华等人(2010)对大学生性别角色形成的过程进行了研究,发现家庭与同伴在其性别角色形成过程中发挥着重要作用。其中父母作为教养者,其自身特点和对孩子的期待,教养方式和家庭气氛,都影响着大学生的性别角色形成。研究中 62.5% 的被试描述父亲使用了“和蔼”“乐观”,25% 的被试则使用了“严厉”“暴戾”,另外的 12.5% 被试描述父亲“话不多”,显然教养者的行为风格直接影响着被试所经历的教养方式和家庭气氛,并进而影响其性别角色的走向。此外,与同胞兄弟姐妹和同伴的互动方式,也显著影响着被试的性别角色形成。在深度访谈中,有被试就明确说:“作为哥哥,就有责任去照顾弟弟,做他的榜样。”而与同伴的交往方式,则通过榜样作用和主体认同的心理机制,深刻影响到被试的性别角色形成。

3. 大众传媒的影响

大众传播工具强化和稳固了文化中人们对男女性别的角色定型。电影、电视、广告、文艺作品、报刊等,都在无意或有意地,但却十分有效地传播和强化着性别差异。例如,在商业广告中,男性较多以广告产品的知识权威或专家身份出现,总是以权威声音向人们推销药品、昂贵的家用设备;女性则更多出现在化妆品、洗发水等广告中,这类广告中的美女向受众暗示:“女性的价值就在于美丽、年轻。”这实质上强化了女性的被观赏性和易操纵性的刻板印象。还有一类被安排到家庭、厨房、卫生间的女性形象,暗示着女性在家里自然或理所应当是家务料理者的刻板印象。

由上述分析可见,在人类社会早期,基于生理差异的社会分工、社会文化因素等,产生了性别角色分化。在现实社会中,性别角色分化的维持又受到家庭、教科书、教师、同学、大众媒体等的强化而得到维持和延续。

第五节 成人社会化

随着社会科学技术的迅速发展和社会生活方式的急剧变化,主要以成人为对象的成人社会化在社会生活中变得越来越重要。当今的大学几乎全部设置了继续教育学院,就是显示成人社会化地位的一个重要佐证。

一、成人社会化的概念与内容

人们对社会化概念的理解有一个从狭义到广义的发展历程。在20世纪50年代之前,人们一般认为,一个人从出生开始,经过儿童和青少年阶段的发展,已基本掌握社会生活所需要的知识技能、价值观念和行为规范,其社会化过程至此也就完成。因此,这种意义上的社会化实质是以儿童和青少年为对象的狭义社会化。后来人们逐渐意识到,社会化是一个广义而非狭义的概念,社会化过程贯穿人的一生,它是一个连续不断的、终身的过程。

从社会化的连续性看,人生每一阶段的社会化,都以前一阶段的社会化为基础。前一阶段的社会化状况,对后一阶段的社会化会产生深远影响。如果前一阶段的社会化没有达到预定目标,则后一阶段的社会化会出现明显困难。例如,倘若一个儿童在进入青春期时还没形成清晰的性别差异概念,那么他/她进入青春期后容易遇到困难。

从个人对社会变化的不断适应来看,当今社会科学技术发展愈加迅速,本土文化与外来文化的碰撞与融合已成现实,这些社会变迁不断诱发、引导一个社会的生活方式发生变化,从而迫使人不断学习、不断适应。

(一)成人社会化的概念

作为社会化的一个有机组成部分,成人社会化是指在基本社会化的基础上,成人为适应社会文化环境的变化及其所要求的角色重构,而在承担正式社会责任后所进行的延伸性的社会知识、技能、价值观念和行为规范的学习过程。

成人社会化,一方面是为完成进一步的适应进行维持性学习,另一方面则是为变革而进行创新性学习。因此,成人社会化,既能使社会的正常运作与发展得到保证,也能使成人在适应社会需要的同时,自身个性也得以发展和完善。

(二)成人社会化的内容

成人社会化主要包括以下内容。

第一,进一步接受社会的深层文化传统和生活经验,继续学习生产、生活所需的知识与技能。成人所需的知识与技能广泛涉及工作和生活的多个方面,而且成人所拥有的知识与技能需要根据环境的改变而不断充实和更新。

第二,接受新的价值观念和社会行为模式。社会行为规范会依循一定社会政治、经济和文化的变革而变革,成人自然也需要根据社会的发展状况和不同的生活情境,不断掌握并遵从相应的社会规范。例如,随着社会的发展,成人职业的变换与流动变得更为频繁,从事新职业的成人就要学会遵从该职业所特有的道德规范。

第三,确立相应的人生目标与价值观念。人生目标的确立并不仅限于未成年阶段,每一个成人也应根据个人情况确立相应的人生目标,唯有如此,成人才不至于在发展中盲目而为、迷失方向。另外,与青少年相比,成人的价值观要实现由理想趋于现实的转化,他们对客观事实的体认将更多是以其价值观对现实的意义为根基。人生目标统一性的表现之一即发展健全的个性是成人社会化的本质要义之一,也是成人社会化内容的一个有机构成部分。

二、成人社会化的文化反哺机制

现代社会较之传统社会的一个显著特点就是它的流动性。社会在不断发展、文化在不断变迁,即使成年人也会不断受到影响并为适应这种变化而不断学习和调整自己。社会变迁的速度和广度使成年人的发展性社会化问题突出。成年人能否顺利完成社会转型期的社会化任务,一方面关系到个人能否顺利适应和发展,另一方面也关系到整个社会的转型能否顺利进行和最终完成。

在传统的社会化和文化传承的概念中,文化的传递方向多是由上一代人传给下一代,社会化的过程也是亲代教化子代。特别是在中国传统社会中,这种现象更是典型。

但是,随着经济全球化、信息化、数字化和网络化的生活方式迅速进入每一个家庭的日常生活,成人的生活经验、价值观念以及适应能力开始跟不上形势的变化,他们需要获取大量信息,通过学习以适应社会的快速发展。此时,传统的亲代教化子代的社会教化方式已经失去效用,同辈间的影响也被大大削弱。反而,原本处于被教化地位的晚辈开始"反客为主",充当起教化者的角色。周晓虹(1988)把这种在急剧的文化变迁时代所发生的年长一代向年轻一代进行广泛的文化吸收的过程称为"文化反哺"。

文化反哺是我们这个物质生产高度繁荣、社会急剧变迁的时代独有的现象。一方面是由于社会变迁加快,各种新事物、新规则层出不穷,成人已有的知识体系和经验与现实生活的对应性和对现实生活的解释力开始出现下降,他们必须学习新的知识、技能乃至新的价值观念和行为规范。另一方面,成人既有的知识、经验反而可能会在某种程度上阻碍成人了解、接纳新事物,从而影响他们适应新的生活方式。而实际生活变化所引发的社会化的需求,又要求成人必须适应社会,达到自己感到满意的生活状态并与社会变迁相适应。在这种情况下,对新鲜事物较为敏感、易于接受的年轻一代,就担当起了一种新形式的与传统方向相反的文化代理人,反过来对长辈施加影响,引导长辈适应现代社会生活。

周晓虹(2000)的研究发现,子代对亲代的影响并不仅仅停留在生活技术的层面,而是扩展到了生活的各个方面,其中在日常行为层面上最为明显。此外,孩子对社会和人生的理解、消费观念、消费方式以及审美和生活情趣,也都会影响到父母,使父母的生活态度在无形中发生明显可见的变化。在涉及事物的好坏、对错判断的价值观方面,父母也受到了孩子的影响,但这种影响相对于其他方面而言比较小。

由此可见,文化反哺已经成为现今成人社会化的一种重要机制。社会迅速的生活方式变迁和生活观念变革所引发的成人继续社会化的压力,被主要发生在家庭中的文化反哺机制化解了。这种化解,从客观上正在改变传统的成人本位社会的结构,缓冲传统代际冲突的作用。当然,这种反向社会化的存在,并不会否定一般社会化的意义和作用,而是更显示了现代社会的社会化正在由传统的单向社会化方式向双向乃至多向的社会化方式转变。一般社会化和反向社会化的互补,更加有利于个体的持续发展、代际的良性互动和人类文化的传承和发展。

三、角色获得

角色获得(role taking)是指站在别人立场上,体验别人的角色,了解别人在特定交往情境中的期望与情感。通过角色获得,我们可以知道别人在特定条件下期望我们怎样行为,了解此时此刻我们怎样表现才恰当,由此调节自己的行为,使行为效果符合我们的愿望。心理学家发现,通过角色获得,我们可以细致了解别人在特定条件下对我们的感受。如果需要,我们甚至可以知道应该选择怎样的身体姿势,用多高的声音说话等。

角色获得既是成人社会化的内容,又可以看作成人社会化的运作方式。现在已成年的许多人,在青少年时代与同龄异性的交往曾经受到教师、家长和社会舆论的严厉禁止。现在,当他们面临自己的子女与异性的交往问题时,表现出的更多是理解、帮助和指导,而不再是简单禁止和缺乏理性的担忧。也只有这样,他们才能与子女正常沟通,这是一种学习,是一种社会化。如果当今父母仍然对子女的异性交往简单禁止甚至横加指责和干扰,则不但难以理解,更说明他们自身在社会化方面需要调整或得到帮助。

四、角色改变

个体到成年之后会遇到许多新的矛盾和新问题,随着年龄的增长,社会角色也在变换。因此,成人社会化经常面临角色改变的问题。从具体的角色上来看,成年人不再只承担相对单纯的角色,众多的角色要求他们面对不同对象和情境及时、经常转换角色。一个成年人可能既是儿子(女儿)也是父亲(母亲),可能既是上级又是下级,还可能是……

从阶段发展上来讲,成年人要经历成年初期、成年中期、成年晚期的较大社会角色改变。在成年初期,青年人自我意识蓬勃发展,人格处于形成和再构时期,但其社会角色处于"边缘人"地位:青年人还不能完全承担成年人的责任和义务,法律上已成年,却通常被排斥在成年人行列之外。这时青年人的角色表现是内心矛盾冲突不断,抱负水平不确定,容易采取极端立场。

在成年中期,个体的职业、家庭、个性、社会地位相对稳定,他们进入社会的核心,其角色任务主要是胜任现行多种角色并能顺利在角色间转换,尽可能创造更多思想的或物质的成果。这是人生各种重担集于一身的时期,既要继续和发展上一代人传下来的知识和技能,又要学习新知识,掌握新技能以帮助和培养年轻一代的成长。社会对他们的要求更多、更严格,社会化的任务也更艰巨,意义更重大。

在成年晚期,个体将面临生理机能的衰退带来的体力、精力的不足。离开工作岗位后,个体就逐渐退出社会主角的舞台,新生一代的后来居上和自己伴侣的离世,让个体更多地表现出情绪消极低沉、失落感等老年特征。

个体无论在成年的初期、中期还是晚期,角色的多样性使得他们不得不经常转换角色。这种角色变化既可能是出现在同一个阶段中的,如在单位是职员、领导、同事,到家里是妻子、丈夫、父母等,也可能是阶段发展中的变化,如由单身变成父母,由学生变成职员,由低级职位晋升到高级职位等。也就是说,个体随时随地都在体验角色的转变。因此,扮演好自己的角色和转变好各种角色成为个体不可避免的任务,也是社会化的目标之一。

五、再社会化

成年人在初始社会化基础上步入社会,经过进一步角色学习胜任了社会各种角色,但有时由于一些原因,原来已经学习的价值标准和行为规范不能适应新情况,个体需要通过吸收新的角色、价值或知识来建立新价值标准和行为规范,确立新生活目标,这就是再社会化。再社会化意味着要放弃一些已有的价值观念或生活方式而认同一种新的价值观念或生活方式,而继续社会化则强调随着人生阶段的推进,成年人需要不断适应不同的角色和继续学习。

再社会化经常在下列情况下发生:

(1) 较大的角色变换需要再社会化。例如,作为移民、出家人、新兵,成年人要学习新的价值观念和行为规范。

(2) 社会化不完全或称为顺应不良者,需要用再社会化矫正其原先社会化的不足和对主流文化的错误偏离。

(3) 无理性反社会化产生的有害社会进步者需要再社会化,如对惯偷、黑帮、破坏分子等进行改造。对特殊角色的改造需要用再社会化手段,如对战犯、恐怖分子、邪教头目和参与者进行改造。

针对上面提到的再社会化发生的情况,古德曼(Goodman) 把再社会化分为:① 自愿的再社会化(voluntary resocialization),即个体旨在以新认同取代既有认同,或以新的价值与行为模式取代旧有的价值与行为模式;② 非自愿的再社会化(involuntary resocialization),是以一种"全控机构"(total institution)使个体与过去完全隔离,并对个体的日常活动施以相当的控制。

思考与探究

1. 如何理解社会化的概念以及社会化和个性化的关系?
2. 试述社会化的心理机制。
3. 试述家庭、同辈群体和学校对儿童社会化的影响。
4. 简述社会化的结果。
5. 试分析成人为什么要经历社会化,简述成人社会化的内容。
6. 当代中国的社会变迁为社会化带来哪些新议题?

第五章　态度及其形成

本章要点

* 态度的概念
* 态度的维度
* 态度的形成过程
* 态度与行为的关系
* 合理行动理论
* 瑟斯通量表
* 李克特量表
* 内隐态度测验

近几年，英国“脱欧”是震撼整个欧洲和世界的大事件。2016 年 6 月 23 日，英国伦敦自上午 7 点（北京时间 6 月 23 日下午 3 点）开始的持续 15 小时的公投结果显示，支持“脱欧”的选民票数为 17 176 006 票，占总投票数的 52%。而到了 2018 年 9 月，根据彭博社的调查，英国民众在回答“认为英国‘脱欧’公投是对还是错？”的问题时，47% 的人认为是错的，43% 的人认为是对的，还有 10% 的受访者声称还没有决定。这些调查结果说明，人们在面对诸如英国“脱欧”这样重大的问题时，部分人的态度是不断变化的，有人会随着环境和周围公众态度的变化而犹豫不决。

社会心理学家一直认为，态度是行为的决定因素，也是预测行为的最好途径。因此，社会心理学研究向来很关注态度问题的研究。早期著名学者托马斯甚至认为：社会心理学就是态度的科学。1936 年，盖洛普民意测验以不到 1% 的误差成功地预测了罗斯福总统当选，更强化了态度课题在社会心理学中的地位。有史以来最有影响的社会心理学家之一奥尔波特在 1968 年指出，态度的概念可能是美国社会心理学中最有特色、最不可缺少的概念。

第一节　态度的实质

一、什么是态度

态度（attitude）一词，源于拉丁语 aptus，基本含义是指适合、适应，是指对行为的主观的或心理的准备状态；在艺术领域中是指雕塑或绘画作品中人物外在的、可见的姿态。英国社会学家斯宾塞首次在现代意义上使用了“态度”一词。心理学界把朗格（Lange，1888；参见时蓉华，1998）的运动肌态度经典实验作为最早关于态度的实验研究。

(一) 态度的定义

在态度研究的历史中,曾有许多不同的定义,它们往往只强调态度的一种成分,后来人们才发现只有将多种成分都考虑进去,才能形成统一的、具有较高统摄性的态度的定义。

虽然目前社会心理学家对态度概念的理解并未取得一致,但绝大多数人都同意,态度包含认知、情感和行为 3 种成分,它决定着人们在现实生活环境中注意什么样的对象,决定着人们怎样加工有关对象的信息,决定着人们对于有关对象的体验,也决定着人们对有关对象进行反应的先定倾向。

在具体的态度定义上,较为典型的说法有以下几种:

第一,认为态度是一种评价或情感反应。最早的态度问题研究者瑟斯通就持这种观点。著名社会心理学家伯克威茨(Berkowitz)则建议,从实际态度研究或评价的操作看,将态度看作评价反应,最接近人们对一定对象进行积极或消极判断的事实。

第二,认为态度是一种心理与神经的准备状态,它对人们对于一定对象及其相关情境的反应起着直接且动态性的影响作用。这种观点的提出者是著名社会心理学家奥尔波特。

第三,将态度笼统看成认知、情感和意动成分的复合体,它影响人们理解、感受事物和对事物做出反应的方式。认知心理学取向的社会心理学家倾向于接受这一观点。

根据态度在实际生活中对人们的心理作用,以及前面提到的社会心理学家们的研究,本书提出的态度定义是:态度是个体指向一定对象、有一定观念基础的评价性持久反应倾向。

态度是社会心理学的核心概念之一,对象性、观念性、评价性和持久性是对其进行定义的基本出发点。其中,对象性是指态度与需要、价值观等其他心理特征推动的一般倾向不同,它是指向特定对象或内容的;观念性是指态度是以知识观念为基础的;评价性是指态度是具有正面和负面指向的心理矢量;持久性是指主体指向一定对象的态度是相对稳定和一致的。

通过态度来预测行为,是人们最初研究态度,并将它置于社会心理学重要位置的原因。但是,社会心理学家们的大量研究揭示,更多的时候,人们的行为决定于多种因素的综合作用,而不简单决定于态度。态度一经产生,就会对人们的实际行为产生各种性质不同的影响。因此,归根到底,态度是一种倾向性的心理准备状态。而且,这种心理状态区别于情感,有认知因素或观念的参与,同时,它又具有相对稳定的特征。

(二) 态度的构成要素

作为一种具有认知基础的心理反应倾向,态度兼具认知、情感和行为 3 种成分,并且这 3 种成分是彼此相互关联的。

1. 态度的认知成分

态度的认知成分是指人们作为态度主体,对于一定态度对象或态度客体所持有的知识、观念、意象或概念,以及在此基础上形成的具有倾向性的思维方式。充分理解是人们对一个事物、一个现象形成一定态度的一个前提,如果没有一个清晰、全面的认知,那么态度的形成也会是模糊的,可信度也会较低。徐红(2004)对 6 ~ 12 岁儿童电视广告认知的研究发现,该年龄区间的儿童对广告的认知是随年龄增大而增加的,随着认知度的提高,他们对待广告的态度和信任度也从不稳定发展到了辩证的稳定状态,形成了明确的自我态度倾向。

态度的认知成分具有倾向性和组织性。这种倾向性和组织性会成为一种"头脑中的既定模式”或刻板印象，使人倾向于按照刻板印象的轨道来认识态度对象，并对其进行思考。因此，态度的认知成分区别于一般的事实认知，有时会带有偏见的性质。例如，在西方社会，有种族歧视的人会产生负面的黑人刻板印象，一提到黑人，他们就会想到肮脏、愚蠢、落后、原始等观念。这些观念不是对黑人特征的客观描述，而是倾向性的、排斥性的偏见。

态度观念是在直接或间接经验的基础上形成的，也可以通过新经验的建立而获得改变。如果新接收的信息与既有的观念总是不相一致，则人们的观念就会发生改变。例如，如果个体一直接触的黑人朋友都很聪明、勤勉和文明，则他关于黑人愚笨、懒惰和落后的观念就会被动摇，并最终发生变化。

2. 态度的情感成分

态度的情感成分是指个人对于一定态度对象的体验，如接纳或拒绝、喜爱或厌恶、热情或冷漠、敬重或轻视等。有研究表明，态度的情感成分的强度最大(Wrightsman,1962)。

态度的情感成分与认知成分紧密相连，社会心理学家认可态度具有认知成分的观点，但同时他们又相信，通常人们以肯定或否定、赞成或反对、选择或不选择为典型的态度反应方式，并且这些反应方式属于情感反应。不过，态度反应并不单纯是情感的反应，而是兼具认知与情感因素的综合性反应。一切态度反应，即便它看起来像是纯粹的情感反应，如“我讨厌……”“我喜欢……”等，它也有认知成分的积极参与。人们态度中的“我讨厌……”的实质是“因为……，所以我讨厌……”。与之相应，“我喜欢……”的态度反应，实质应当是“我喜欢……，因为……”。人们的态度虽然实质上具有情感的倾向性，但却是一个理性抉择的结果。人们在选举中支持某一候选人，投票时支持某一种提案，都是有理由的选择。只不过态度的研究者通常只关心态度指向，而不太关心选择这种指向的理由。

态度的情感成分有认知因素的直接支持，这是态度情感体验与一般情感体验的最重要区别之一。

3. 态度的行为成分

态度的行为成分有两个方面的含义：一是态度作为一种心理准备状态和反应倾向，一经产生就必定对人们与特定态度对象有关的行为产生种种性质不同的影响；二是态度具有特定的意动效应。关于态度对行为的影响问题，我们在后面的论题中将专门讨论。这里我们先讨论态度的意动效应。

你可以尝试体验一下意动效应的存在。用20厘米长的一根细线拴一重物，用手捏紧细线的另一端，保持重物垂下且静止不动，闭上眼睛，保持手的静止，然后想象有一股强大的磁力在吸引重物前后或左右摆动。几分钟后再睁开眼睛，你会发现重物果然在前后或左右摇摆。或者在平地上画一个比双脚稍大的正方形，你站立在正方形内然后闭眼，边原地轻轻踏步，边想象正前方或正后方有一股强大吸力使你倾斜。过一会儿睁开眼睛，你会发现你已经从前方或后方踏出原来的正方形了。

“聪明的汉斯”事件曾在欧洲轰动一时，这也是意动效应的一个经典案例。德国有一匹马，名叫汉斯。主人发现它聪明绝顶，它会在表演时从观众中找出主人要它寻找的朋友，会用蹄子在地上敲出主人出的加减运算，甚至能做乘法题。最后，连许多科学家都开始设想，“动物没有思维”这一在当时没有人怀疑的科学论断，可能已经被聪明的汉斯超越。

事情的结局是一位大侦探揭开了汉斯之谜。这位大侦探出了一道题：“伦敦到巴黎有多远？”汉斯看看侦探，犹豫地举起蹄子又放下，放下又举起。它失败了。就此人们发现，凡是出题人知道答案的算术题,汉斯就能得到答案。如果出题人自己也不知道答案是什么,汉斯也无从获得答案。原来汉斯从出题人的期待中知道什么时候它敲的那一下已是答案,就不会再敲下去了。汉斯不会思维,但它的确敏锐,的确聪明。

汉斯的故事告诉我们,一个人的内心状态,必定会通过种种微妙的途径流露于外,但在人们试图不表现这种内心状态时,这种流露过于细微,不易被通常只关心行为方向和态度指向的人们发现。

态度不只有微妙的意动效应,它也实际影响人的行为,只不过有时影响的是行为的方向,有时影响的是行为方式。前者易于被人觉察,后者则常常不被人注意。可以设想,如果你的朋友请你做客的同时,也请了你最讨厌的人到场。你可能考虑到种种关系才不至于拂袖而去,但你此时的行为与没有你讨厌的人在场时已有很大不同,只不过别人不予留心罢了。在这种情况下,态度影响的不是行为方向,而是方式。

4. 态度的认知、情感和行为 3 种成分之间的关系

传统的研究普遍认为,态度的认知、情感和行为 3 种成分是密切联系的,一定的认知水平会影响到人的情感判断,同时会对人的行为产生一定的影响,从而表现出一定的态度。但也有研究表明,态度的 3 个成分并不总是彼此高度对应的,了解态度重要的是考虑从 3 个方面的因素去解释和认识态度,但并不一定说三者之间总是相互对应的,这一点在后面关于态度与行为的关系论证中会有更为清楚的说明。

态度的认知、情感和行为 3 种成分不相一致的情况比较典型地出现在“理通情不达”的情况。比如,当自己的亲人出现违法犯罪行为时,是否应该举报,多数人就会出现“理通情不达”的态度认知与情感不相一致的情况,并最终影响行为的方向。从认知的角度来说,任何人出现伤害公众利益的行为,每个人都有义务向有关部门举报,但当涉事者是亲人时,就会出现情感上难以接受自己去举报亲人的冲突。在“理通情不达”的情况下,人们最后究竟是理性战胜情感,还是情感战胜理性,本身与人们的理性程度有高度关联。此时,受教育水平的高低,对得失的理性判断就高度影响人们究竟是认知性的理性占主导地位并影响行为,还是最终行为更受情感惯性的支配。

二、态度的特点

态度具有以下几个特点。

(一)态度是习得的心理状态

人的社会性是获得的。人的社会化的一个重要方面就是态度的学习。人与周围世界,特别是与其他人的相互作用使人获得了对于人和事物的认识,学会了对人和事物进行选择。人对于事物的接受与拒绝、喜爱与厌恶、赞成或反对的倾向,正是人逐渐被社会化、逐渐适应周围世界的结果。

态度作为习得的心理状态,可以随着社会生活环境的不断变化及个人新的社会学习经验的建立而改变。态度的改变是人适应生活变化,心理不断发展的重要方面。关于态度理论的研究提出了双重态度模型理论(将在本节后面部分具体介绍),表明态度有内隐的和外显的两种,外显的态度比较容易被改变,而系统改变内隐的态度则较难。

（二）态度有具体的指向

态度是与一定的具体对象相关联的,这是态度与其他一般性的心理准备状态的重要区别。与态度一样,情感、价值观、信念等也具有心理动力的特征,但态度有具体的对象,而后三者则具有概化性质;态度与具体行为动机相联系,而后三者与需要相联系。态度与情感、价值观、信念的区别问题,后面将有专题讨论澄清。

（三）态度的稳定性与持续性

态度作为有一定指向和认知观念基础的心理反应倾向,一经形成,就具有一定的一致性与一贯性。一致性即稳定性,它是指在不同情境下人们对同一对象的态度会倾向于一致。一个令人厌恶的人,无论他在哪种场合出现,都会引起我们相同或接近的不愉快与拒绝的态度反应(不是简单的情绪反应)。一贯性是指时间特征上的持久性,即态度形成后,它会在新的态度改变要求出现前一直保持不变。在一个人的全部态度系统中,总是一方面维持许多已有的态度,另一方面又由于新的社会要求与经验而逐渐改变一部分已有态度,使它们获得新的特征,从而使人既保持了个性与自我的连续性,同时又保持了个性与自我的适应性。

（四）态度的简单性与复杂性

态度可能是简单明确的,比较容易被确认和保持,也可能是复杂的,不太容易形成一个明确的指向,有时甚至会出现矛盾、冲突现象。造成这个现象的原因在于态度的3种成分彼此关联,3种成分的不同表现和彼此间不相一致,就有可能使态度变得较为复杂。例如,部下对于领导有时因为其讲公平、能力强而尊敬接纳他,有时却会因其过于严厉无情而排斥反感他,这种不同情境下的矛盾态度,反映了态度本身的复杂性。社会认知理论认为,不同认知元素之间不一定都是一致的,可能存在彼此矛盾的认知元素,而且它们并不一定都会最终趋于统一。个体对态度对象同时存在消极的观念和积极情感,或者同时存在积极观念和消极情感,就属于元素之间的矛盾。

三、态度的维度

态度具有以下5个维度。

（一）指向

指向(direction)即态度的方向,是指人们对于态度对象是肯定指向还是否定指向。在一个典型的态度量表上,指向的操作术语包括是与否、赞同与反对、接受与拒绝、喜爱与厌恶、选择与不选择等。大多数态度测量涉及的都是态度的指向。

（二）强度

强度(strength)是指态度的极端性,即积极或消极的程度,表明一种特定态度倾向于某一指向的程度。强度通常用等级量表的位置或者二分量表中选择指向相同的项目数量来操作。有研究者(Krosnick & Petty,1995)指出,态度的强度有坚持性、抵抗性的特征,会对信息加工过程、行为产生影响。

（三）深度

深度(intensity)是指态度主体在一种态度对象上的卷入水平。它的操作指标,通常是个体的某种态度得不到他人支持时所产生的挫折感强度。十分遗憾的是,这样一个实质性的态度维度,往往被态度研究者们忽视。实际上,态度的情感成分在深度这一维度上体现得最为充分。

有些社会心理学家认为,态度的深度与强度是一回事。实际上,这是一种误解。深度涉及的是一种态度对个人的重要性的问题。我们可以在一种态度上指向明确而强度很高,如临时选择一个活跃的伙伴指挥郊游,但显然与这一问题有关的态度对个人的重要性有限,因而深度水平较低。但当我们在推选与自己利益密切相关的单位领导或决定自己是否晋级的问题上,显然会有深刻得多的自我卷入。因此,深度与强度可以是一致的,也可以是不一致的。一般情况下,深度水平高的态度也会有较高的强度,但高强度的态度未必深度水平也高。

（四）向中度

向中度(centrality)也称向中性,是指一种态度在个人态度系统和相关的价值系统中接近核心价值的程度。其指标是一种态度同一个人根本信念关联的水平或与价值系统中心的关系。一种态度与一个人的根本信念关联越密切,越接近价值系统的中心,向中度也就越高;越远离根本信念或价值系统的中心,向中度也就越低。一个人对某种饭菜的态度可能只涉及价值系统的表面部分,而一个人对待祖国和自己品行与价值的态度,则可能直接与其人生信念密切关联。两类态度的向中度明显不同。

高向中度的态度有一个明显的特点,即态度的认知、情感与行为等密切关联,相互支持,会同时发挥作用,促使人做出与态度一致的行为。因而,高向中度的态度与行为会有较高的一致性。本章第三节还将专门讨论这一问题。

（五）外显度

外显度(salience)也称明显度,是指态度主体在一种态度上所表现的外露程度。外显度可以表现在行为的方向上,也可以是行为方式的表现。有些心理学家认为,外显度是由向中度决定的,高向中度的态度也会有高外显度。实际上,高向中度的态度可能使人指向一个远景目标,而不决定近前的具体行为。间谍常常将表面上附和敌人作为最终打击敌人这一远景目标的手段。因此,衡量态度与行为的一致性时,需要引入行为的目的性特征,而不能简单以外显与否作为指标。

双重态度模型理论认为,对于同一态度客体,人们可能同时拥有两种不同的态度,即外显态度和内隐态度。例如,有些白人可能隐藏着对黑人的无意识的消极态度,并同时保持着外显的积极态度。这一理论对传统的态度概念及测量技术都提出了新的挑战。

四、态度与有关概念的联系与区别

（一）态度与情感

态度最容易同情感相混淆,二者的区别主要在以下几个方面:

第一,态度的肯定与否定有其认知性的基础,是评价性的,有理由的,与价值系统有明确的联系;情感的接纳与排斥只受需要状态制约,是非理性的,与价值观没有明确的联系。

第二,态度由于有其认知基础和与价值观的明确联系,因而是相对稳定的;情感则随需要状况的改变而不断变化。

第三,态度的对象是具体的,是具体行为的直接而稳定的内在定向系统;情感则具有概化的性质,它的对象是一类事物,它只是概括性的、不稳定的行动背景。

第四,态度有其指向一定对象的行动效应;情感只是主体对于需要状态的体验,只具有概化驱力背景的作用,没有直接的与具体行为相联系的动机意义。

(二)态度与意见

意见是另一个十分容易同态度相混淆的概念,日常生活中,人们常常将二者混同使用。实际上,两者有着重要区别。

意见是人们对事物客观状况的认识或概念,是人们从独特视角看事物时获得的印象,它通常只是由认知成分组成,而不涉及情感的问题。有关的观念也倾向于接近事物客观状态,而不是自我卷入性的偏见。因此,意见比较容易改变,当有关事物给人以新的印象时,人们会修正已有的有关观念。

前面已经讲到,态度兼有认知、情感与行为成分,因而要复杂得多。并且,由于它与情感、价值观等密切关联,因而较难改变。比如,我们持有关于一个朋友贫穷的概念,这是意见,不构成偏见。朋友表现出好的经济状况时,我们关于他贫穷的意见就会变成富足的印象。但如果我们说一个同事不讲信用而讨厌他时,这就是态度。即便这位同事事实已对我们表现得讲信用时,我们也较难改变认为他不讲信用的偏见和不喜欢他的态度。

态度与意见可以一致,也可以不一致。两者一致的情况下,态度的定向作用会影响人看问题的方法和获得的意见。意见对态度的影响则较小且作用缓慢。

(三)态度与价值观

价值观是人们按照自己所理解的重要性,对事物进行评价与抉择的标准。它是比态度更广泛、更抽象的内在倾向。价值观与态度的根本不同是它不像态度那样有直接的对象,也没有直接的行为动力意义。它对行为的作用,是通过影响态度来实现的。有研究(Kristiansen & Hotte,1996)认为,态度是价值观影响行为的中介变量,并提出了"价值观—态度—行为"模型。像公正、真诚、勇敢、诚实、自由、平等、忠实等,都属于抽象的价值观,而不是具体的态度。

从发展上说,价值观的形成高度依赖情感。情感的愉快,是人们接受某种价值观的前提。儿童从很早开始就依据客体能够满足自己需要的程度形成一定的价值倾向。最终的价值观就是在已有价值倾向的基础上,在积极情感的支持下形成的。而针对具体对象,具有认知依据的态度,则是在价值倾向与后来的价值观基础上发展起来的。

一个人的各种价值观不是无组织的,而是按照各种价值选择的重要性构成了一个完整的价值体系。相应地,人们的各种态度也构成了一个具有整体性的态度体系。越接近价值系统中心的核心价值,越接近态度体系中心的核心态度,对行为的影响作用就越大,即在外在情境压力相对稳定的情况下,一种态度与具体行为之间一致性的高低,或对具体行为影响的大小,决定于这一态度的向中度的高低,也就是看这一态度本身是否居于个人价值体系的中心位置,是否对于个人有特别的意义。价值观和态度之间又是相互支持的。有研究者发现,价值观会被用作防卫和证实个体已经形成的态度。态度的理论研究者也发现，在态度诸多的功能中，其中一项功能就是表达价值观（Eagly & Chaiken，1993；Maio & Olson，1995，2000）。

第二节 态度的形成

一、学习经验与态度的形成

学习理论者们一般都相信，人们也像获得事实、概念、思想、思维方式及习惯一样去获得态度。个人的经历，尤其是重要经历，以及与这些经验相联系的情绪体验，产生与发展了态度。

根据行为主义学习理论，环境刺激的重复，可使人对一定事物产生较为稳定的态度体验，如果新的刺激与已有态度的对象相联系，那么新刺激也可引起同样的态度体验。例如，对于学习数学态度消极的儿童，可以利用他们对游戏活动的积极态度，将他们的数学学习同游戏活动联系到一起，让他们在游戏中学习数学，并使数学学习同愉快的游戏经验联系起来。在多次联系后，这些儿童也会发展起对数学学习的积极态度。

强化是影响态度学习的重要因素。如果人们对于某种对象的态度得到了积极强化，则强化所产生的愉快情绪会同态度对象形成更紧密的积极联系，从而使一种态度得到加强。反之，如果强化是消极的，一种态度总是受到惩罚或挫折，则消极强化引起的不愉快情绪体验，也将同态度对象联系到一起，从而使人形成对某一事物的消极态度。例如，父母或其他成人通过给予孩子微笑、赞许或拥抱等奖赏来肯定孩子“正确的”观点，这种强化在孩子对正确态度的认同形成的过程中起重要的作用。

班杜拉的社会学习理论对态度形成的学习观点发挥了最重要的影响。一方面，班杜拉通过大量实验研究确认，不仅外在的奖惩直接施加在态度主体身上会具有强化效应，施加在其他类同对象身上，同样也具有替代性的奖惩作用。另一方面，个体自我强化的过程，同样影响态度的形成与发展过程。

班杜拉关于观察学习的发现在解释态度形成方面同样有着重要价值。观察学习的研究结果提醒我们态度形成并不简单依赖外在强化。模仿性的观察学习，也是人们态度获得的一条途径。人们的许多态度，是通过观察别人，心理上认同一定的对象发展起来的。儿童最初模仿同性别的父母，后来是教师，再后来是同伴及自己所崇拜的朋友、名人、明星等，这些人都会对人们的态度发生影响。这意味着，在人们生活的不同阶段中对其发生巨大影响的重要他人对人们的态度形成有重要作用。因此，一个人所处的家庭、学校、社区、交往的群体及整个大社会的文化以及大众媒体，都会通过影响人们的经验而影响人们的态度形成。在媒体高度发达的今天，网络、电视、报纸杂志等，都对人们一定态度的形成有着重要的影响作用。

在现实生活中，态度形成的学习理论观点有重要的实际意义。研究发现，如果将一些人的名字与一些积极、肯定的形容词放到一起，则人们会对这些名字形成良好印象。心理学家用这种方法成功改变了在学校社会处境不利儿童的社会交往状况。另外的许多研究则证明，歌颂英雄人物的文艺作品，如果以少数民族人物的名字与背景为题材，则可以成功消除人们的民族偏见。

二、态度的功能与态度的选择

强调态度的心理功能的研究者认为,态度是为一定的心理目的服务的,人们究竟选择什么样的态度,取决于态度对象对于个人的意义。因而,不同的人由于目的与原因的不同,发展起了不同的态度体系。

(一)工具性、调整性和功利性功能

态度的工具性、调整性和功利性功能使人们总尽力发展能给自己带来最大利益的态度。人作为有机体,在与环境发生相互联系时,总是根据自己的需要,根据周围世界的客体能否满足自己的需要,以及多大程度上满足需要来对其决定取舍。一种对象满足机体需要的价值越大,人们对其态度也越积极。因为此时这种态度取向最有利于机体。相反,一种对象越是不利于机体需要得到满足,人们就越倾向于形成拒绝或逃避态度,因为此时拒绝态度更有利于机体。现实生活中自私的态度取向、现实主义的态度取向,都是人们在态度选择上,按照功利原则进行取舍的结果。在这个意义上,个人的态度体系乃至人格的发展是适应的结果。

(二)自我防御功能

态度的自我防御功能使人倾向于选择有利于自我防御的态度。根据自我价值定向理论,人是理性的,需要自己的价值得到确立并维护自身价值不受威胁,任何意识正常的人都会有这种社会心理需求。为此,人需要选择有利于自我形象和价值确立的态度来进行自我防御,使自己减少焦虑,并使情绪冲突转移方向。弗洛伊德提出的种种心理防御机制,在本质上都是自我防御性的态度。一个人的自我价值支持力量越少,自我价值感越薄弱,其态度体系中自我防御性态度的比例也越大。

态度的自我防御功能还表现在态度的自我价值保护方面。

兰博特(Lambert)等人所做的一个态度影响行为的实验,证明了态度具有自我价值保护意义的行为效应。他们设计了一个巧妙的耐痛力测定实验。测定仪器是在血压计空气袋上装一个硬橡皮头改装而成的。实验操作是像测量血压一样把改装的空气袋扎在被试手臂上,然后增加气压。随气压增加,硬橡皮头会顶入肌肉产生无伤害的痛感。气压愈大,痛觉也愈强烈。到被试最后不能耐受叫停时,血压计的读数,就是该被试耐痛阈限的定量的、客观的指标。

参加实验的被试均为信教的大学生,一半为基督教徒,另一半为犹太教徒。第一次测定之后,实验者告诉被试,为了确定大家耐痛阈限的可靠性,稍加休息后还要测量一次。在休息过程中,实验者将被试分为两组,一组为实验组,由一半犹太教徒与一半基督教徒组成。实验者告诉犹太教徒:“有报告说犹太教徒对痛苦的忍耐性不如基督教徒。”对基督教徒则说:“有报告说基督教徒对痛苦的忍耐性不如犹太教徒。”实验的控制组由另一半基督教徒与犹太教徒组成,休息时无条件操作。

休息后的再次测量发现,无论是基督教徒,还是犹太教徒,实验组被试的耐痛阈限大大提高,而控制组则没有变化。由此可见,态度或信仰上的倾向使人们宁可忍受更大的痛苦,也要改变自身所属的群体不能忍受痛苦的不良印象。信仰使人自然地把自己归属于宗教相同的群体,并使人们把群体的价值看成自我价值的一部分,且在行动上努力对其加以保护。由于个人态度同自

我价值的这种密切关系，因而一种态度一旦形成，人们总是倾向于保持这种态度，保护态度所肯定的对象的价值，避免自我价值受到威胁。这种由态度引起，同态度对象有关的自我保护倾向，就称为态度的自我保护效应。一种态度越是接近人们的核心价值，其自我保护效应也越强烈。

金盛华在1987年的研究中也发现，在某一系统的上级部门要求各单位先进行自我评比，然后单位之间再相互评比时，各单位的评比结果都出现了一个有趣的现象，自评的得分很高，相互评比的得分很低。人们希望评比获胜的态度倾向，使人们倾向于肯定自己，否定别人。在后面"归因"部分我们将讨论：人们在归因上明显地将自己的成就归于自身的原因，而将别人的成就归于外在因素；而失败时则对自己做情境的解释，对别人则解释为归于个人因素。所有这些现象，都很好地证明了态度具有自我保护效应。

（三）价值表现功能

态度的自我防御功能是被动保护自我价值和自我形象，而态度的价值表现功能则使人们可以主动表现自己。日常生活中，人们常常需要通过表明自己的态度，来显示自己的社会价值。主动表明态度、积极参与某个隶属群体、实际帮助别人等，都是人们选择并表明一定态度的方式。人们通过这些态度来表明自己的价值。心理学家达顿（Dutton，1973）曾设计过一个巧妙的实验。他在被试回答有关种族的问题时，同时给被试连接上测谎仪。实验结束后告诉其中一半被试，测谎仪显示你有种族偏见，对另一半则说他们的回答是真实的。在被试走出实验大楼时，门口有实际为实验助手的乞讨者。结果发现，被评价为有种族偏见的被试，施舍给黑人乞丐的钱，明显多于另一组被试；而对于白人乞丐，两组被试则无差异。被试在被评价提醒后，通过行为表明自己无种族偏见态度的需要加强了。当然，在达顿的实验中，被试自己对这种过程并未意识到。

（四）认识功能

人为了适应周围世界，必须达到对周围世界的了解和控制，使自己的行为有明确的定向。而对于周围环境的一切客体，我们都是通过态度来赋予它们对于我们的意义的。一个特定的对象，也只有在与我们的既有经验联系到一起，主体对其产生了一定的态度时，它与个人之间的关系才会明确，个人与其有关的行为才有明确的引导。这样，个人与周围世界的关系，是由其态度系统来反映的。个人与周围世界的动态的相互作用，也是由其态度系统来引导的。态度使人们认识了周围世界，也引导着人们认识未知的世界。根据符号互动理论的观点，我们对于他人及社会群体的认识，也同样是通过态度的途径实现的。别人对于我们的态度，使我们了解到他与我们的关系。别人对于周围世界的态度，使我们了解到别人的个性化特征。群体成员对外部世界的态度，使我们了解到群体的社会属性。而群体成员彼此之间及对群体本身的态度，则使我们了解到群体自身的凝聚力，等等。总之，态度发挥着引导我们了解世界各个方面的导向系统的作用。

（五）对社会理解的影响

前面已经提到，态度作为心理准备状态，一经形成就将影响到人们关注事物的方式及对事物的理解。

心理学家哈斯道夫（Hastof）以篮球球迷为被试，考察他们怎样认知一场球赛的犯规现象。他给被试播放一场被试分别支持的两支球队重要比赛的实况录像，让被试判断己方队员与对方队员的犯规次数。结果，与裁判实判这场比赛双方队员的客观犯规次数相比较，双方球迷判定的己方队员和对方队员的犯规都有一个共同倾向，即对己方队员判定的犯规次数比裁判的实判次数要少，而对对方队员判定的犯规次数远远高于裁判的实判次数。

造成这个结果的原因在于被试的态度倾向于己方获胜，因而他们对比赛犯规的知觉受到明显的倾向性的影响。一方面，他们会在己方队员的动作中注意不到犯规，而对对方队员的犯规动作敏感。另一方面，他们可能用不同的判断标准对待己方与对方队员。己队的犯规动作会被理解为合理技术动作，而对方的某些技术动作稍微冒犯己方队员就被视为犯规。

日常生活中，我们如果留心，就会发现自己看中国足球队或篮球队与客场队比赛时，也有同样的倾向，觉得关键时候裁判不公正。实际上，每一场比赛的裁判都偏向客场队是不可能的。真正有偏向的，是我们自己期待自己支持的球队获胜的心理准备状态。

兰博特的研究证明，同样一个人的声音信息，如果我们认为说话者来自一个高社会尊重群体，则我们对说话者的印象较好。如果我们认为说话者来自一个低社会尊重群体，我们对说话者的印象就较差。一张特征显著的照片，如果我们认为他是科学家，则对其特征的解释有显著积极倾向；如果我们认为他是一个罪犯，则对其形象特征的解释明显是消极的。这些研究证据都很好地证明了态度对注意与理解的定向作用。

当人们对一个事件理解不充分时，社会的导向不仅仅是具有积极意义的，同时也存在偏见，造成社会歧视和刻板印象。这个现象说明，对社会的态度有时候不是根据信息本身，而是依赖社会的导向。

（六）记忆过滤效应

大量社会心理学实验研究已经很好地证明了态度对人们内部信息加工过程的影响。社会心理学家琼斯（Jones）研究证明，人们对支持自己既有态度的材料，学习起来更容易，信息更容易被自己的记忆系统吸收和同化；而对于与个人既有态度相违背的材料，不仅学习、记忆起来更困难，而且获得的信息也容易被歪曲。

心理学家莱威尼（Levine）的实验研究则进一步证明，不仅符合自己态度的东西容易被记忆，而且记住之后不容易遗忘，而不符合或反对自己态度的东西不容易被记住，即使记住了也更容易遗忘。很显然，既有的态度使得人在内部信息加工上有自我服务的倾向。态度对于记忆的这种选择作用，被称为态度的过滤效应，即作为心理准备状况的态度会对个体的信息加工过程产生制约，自动过滤掉不利于自己的信息。

（七）激励作用

从著名的霍桑研究开始，大量的社会心理学实验研究，以及日常生活现象，都有力地证明，人们对于一种事物的态度越积极、越强烈，态度自身涉及的问题越重要，人们对有关事物采取行动的内驱力也越大。金盛华在 1987 年的调查也显示，一定条件下，积极的态度可以激发人们高度的工作热情。某大学教职员工不满于上级主管部门对学校的评价，在部门统一考试前夕，全校齐心协力精心准备，甚至老教授也与同学同吃同住，以便随时解答问题，并且及时给成绩较差的同学补课。结果，部门统考时这所大学获得第一名。

长期的高激励水平，必须以人们对工作有积极的态度为前提，这已经成为管理学的基本命题之一。

三、影响态度形成的因素

个体对待事物的主体性态度是在个体自身各种身心背景的基础上形成的。科学研究已经证明,人类的基因可能对人们的态度倾向有影响。研究证明,父亲对于面孔更像自己的孩子有更高的喜欢程度,父亲身份确定性对孩子接受性有明显的影响。而关于单纯接触效应的实验则发现,一个人的照片在被试面前被呈现的次数也会影响被试对这个人的喜欢水平。

影响态度形成的具体因素有很多,可以从不同方面来考察。一般来说,强调学习经验的心理学家,注重个人经验与外界重要他人的榜样作用;强调社会结构对个体社会化过程影响作用的社会学家,往往重视参照群体对个人的影响;强调文化因素的人类学家,则更偏重于强调文化背景的持续熏陶。在社会心理学领域,这些观点已越来越倾向于共存和融合。总括起来,影响态度形成的因素主要有以下几个方面。

(一)需要的满足和情绪性经验

态度具有情绪成分,与人们需要满足的经验有高度关联。对于能够满足或是能够帮助自己实现目标的对象,人们倾向于有积极情绪体验,产生肯定态度。反之,对于阻碍自己达到目标或引起挫折的对象,则倾向于产生消极情绪体验,产生否定态度。一种态度与需要的联系越密切,或者与许多需要的满足相联系,则态度受到的影响也越大。

情绪性经验影响态度很早就已经被社会心理学家关注。奥尔波特在早期就开始十分重视个体经历的情绪效应对态度的影响。他发现,某些导致心灵创伤的经历,哪怕仅仅只有一次,也可以使人形成十分稳固的态度。而且,这种态度还会泛化到相关或相似对象之上。"一朝被蛇咬,十年怕井绳"就是一个非常典型的例子。心理学家对恐惧症的长期研究发现,各种恐惧症都是与强烈的情绪伤害联系在一起的。一位小学生因为受到一位教师的当众羞辱性的谴责,从此,只要是这位老师上课,这位学生就会出现情绪不安、冒汗、身体颤抖的恐惧症症状,最后不得不转学。一位眼睛恐惧症患者,最终在心理咨询专家的帮助下找到了问题起因,原来她小时候在姑姑家独自一人翻抽屉时,突然看到一双眼睛在盯着她——那是姑姑的义眼。她从此害怕与人对视。

反过来,轻松、愉快的情绪体验对于产生积极的态度同样有着不可忽视的作用。在某一个行为中体验到轻松、快乐和成功的感受的人,自然会倾向于对这个行为持积极肯定的态度。周林等人(2000)对少年班与普通班学生学业态度进行研究发现,少年班学生由于智力优势等因素,学习过程相对于普通班的学生要轻松许多,他们多数认为自己的学习过程比较快乐,因此少年班学生比普通班的学生对学业的态度更积极。

(二)知识

知识影响人们态度的形成,也可以使已经形成的态度发生改变。对于同自己没有直接关联的对象,人们有关态度的基本倾向是认知性的。认知性的态度有利于我们对于态度对象做出快速的、"正确的"反应,从而节约认知资源。然而,当我们的知识发生改变时,从认知角度出发的态度也会发生相应的改变。此时知识的作用就更加明显。比如迷信巫术,首先就是因为信息、知识的缺乏,使人易于偏信某些以简单的表面欺骗为特征的巫术。一位研究生虽研究心理学,但对巫术深信不疑,因为他亲眼见到过巫婆手放入滚烫的油锅而丝毫无损。等到这位研究生有机会看了纪录片《巫师的骗术》后才恍然大悟。原来巫婆用两份油加一份醋放到油锅里,醋沉锅底,而油浮在上面,看起来像是油锅。加热之后,由于醋的沸点低,先沸腾起来,造成油锅沸腾的错觉。此时油锅边上的实际温度在50℃左右,相当于热一些的洗澡水。只不过人都有油锅滚烫的经验,谁也不敢像巫婆一样试试双手下油锅,从而只好相信巫婆有特殊能力。

(三)家庭

在第四章讨论社会化问题时,我们已经讨论了父母教养方式对孩子发展的长远影响。由于儿童早期在家庭中成长,父母主导着儿童个人的信息环境和观念形成过程,并且是儿童首先认同的对象。因此,父母会通过各种途径,包括父母的认知态度、行为方式,以及对于孩子的教养方式等,影响儿童态度的形成。

研究表明,人们对许多事物的态度,都深刻地受到父母的影响。个人的许多价值观、行为习惯,都是在父母影响下发展起来的。社会心理学家海斯等人的研究表明,小学生中80%的人对政党的态度都与其父亲相同。在全美国范围内做的研究则揭示,83%的中学高年级学生对总统候选人的选择,同自己的父母相一致(参见金盛华等,1995)。卡宁汉姆(Cunningham,2001)关于男女青年对家务劳动中性别分工的态度的研究表明,这种态度与他们幼年时期母亲的性别角色态度及父亲实际参与家务劳动的情况密切相关。

(四)群体参照

群体参照是指人们在价值取向上或行为方式上认同自己所属或所选择的群体。群体参照的作用是为人们提供社会同一性和自我评判的标准。通常情况下,个人的参照群体就是其实际隶属的群体。在参照群体与隶属群体不相一致,特别是隶属群体与参照群体的价值取向不相一致的情况下,个人会面临许多危机。

个人在群体中的社会身份,以及通过这一身份反映的群体本身在大社会中的位置,是个人社会认同构成的重要方面,对个人的自我价值直接发挥着重要影响。因此,群体对人们的态度形成与发展发挥着极为重要的作用。本书第二章介绍的社会认同理论就特别强调了这种作用。社会心理学家长期、系统的研究揭示,群体可以在各个不同层次上影响人们态度的形成。

首先,人们隶属或用以参照的群体的规范、态度或特征,会作为个人社会环境的外在压力,使个人作为群体成员依从群体压力,并做出相同的选择。我们后面章节中将要讨论的从众、规范形成等著名实验研究,都证明了人们在一定条件下迫于群体的压力会选择与群体一致的判断或态度反应。

其次,个人对于认同和选择的参照群体,会自愿采纳群体的态度。由于对参照群体的隶属直接同人们的社会价值与自我价值紧密联系,个人需要与群体保持较高的一致性,否则就难以将群体的价值当成自己的价值。因此,个人在许多方面会自愿接受参照群体的态度选择。比如某公司建立教育基金会,公司鼓励职工和部门捐款,多数人就自觉接受了公司的建议,慷慨解囊。个人在公司中的地位越高,与公司保持一致的责任意识也越强,态度的认同感也越高。

最后,隶属于同一群体,使人们有相同或相近的知识、经验和社会视角,从而使群体中各成员的态度自然地渐趋一致。纽科姆曾做过一个多年的追踪研究。结果发现,来自较为富裕的家庭且在重要态度与行为方式上与家庭相一致的大学新生,入学时间越长,行为模式越接近大学生的一般模式而越远离家庭的旧模式。比如,在总统候选人的选择上,大学新生班中62%的人与父母相一致，二年级则下降为43%，到三、四年级则降低至15%。在我们的大学校园中也可以明显看到这个大学生被社会化的过程。新生入学时，可以根据口音、服饰、行为方式等特征相当容易地判断一个同学来自哪个地区，家住城市还是农村。几年之后，再想寻找这种特征来做出判断就相当困难了。

（五）文化因素

文化作为人们社会化的大背景，深刻地影响人们态度的形成。米德曾对萨摩亚群岛的3个原始部落进行长期研究，发现文化背景直接决定着人们对许多事物的态度，乃至整个思维方式。

另一位人类学家奥伯特（Albert）于20世纪60年代在非洲中部一些部落的发现更有典型意义。当奥伯特告诉这些部落的妇女，在一些国家由男子从事重体力劳动时，这些妇女的反应是：你们是不是弄错了，男子生来就不能干重活。

我国学者在1987年（参见金盛华等，1995）所做的调查研究表明，沿海地区青年在传统价值、开放、创业、离家、个性化等方面的态度与内地某些地区青年差异明显。两者相比，沿海青年对社会变革具有较高的适应性。这一研究的结论，恰好说明我国沿海地区与内陆地区在某些方面已出现文化与价值观的差异。

（六）遗传因素与性别作用

虽然关于态度的讨论通常强调习得过程及相关的影响因素，但研究表明，遗传因素确实对态度有一定的影响。基因对于认知能力和情绪方面的作用是显著的，遗传决定了多种态度，包括对待饮食的态度、对待工作的态度以及对待各民族的态度（参见 Lewis，2008）。有研究结果表明，同卵双生子之间的态度比异卵双生子之间的态度有更高的相关性，即便同卵双生子幼年时就被分开在两个截然不同的环境中成长，这种态度上的高相关性也依然存在，这表明个人的态度系统在一定程度上仍然受遗传因素的影响。

艾森克（Eysenck）曾计算遗传对50项态度的影响，发现影响系数可达到7%～51%，50项中有23项存在显著遗传效应。艾森克等人（1989）在另一项关于60项态度的研究中，得到1%～63%的结果。奥森等人（Olson et al.，参见 Worchel，2000）在研究中发现，300多对加拿大双胞胎在一个30项九因素的测量上有6个因素出现显著遗传效应，高达66%。

泰塞尔（Tesser，1993）认为，某些态度是具有生物基础的，人们不想（也不能）对其进行改变，可能会对这些基于遗传的态度建构起心理防卫，使这些态度更强、更抗拒改变。他发现高遗传的态度（如对死刑的态度）与低遗传的态度（如对资本主义的态度）相比，高遗传的态度更易于从头脑中提取（实验中的报告速度更快），且更抗拒被影响。遗传对于态度的作用，已经开始引起研究者们更多的关注。

在性别影响态度方面，人们一般认为，男女对于同一问题的态度具有相当大的差异性。在男性认为某一个想法天经地义的时候，女性却会认为不可思议。20世纪90年代曾经有一本畅销书《男人来自火星，女人来自金星》，详细论述了男人和女人在各个方面的态度差异，以及由其导致的种种问题、矛盾和冲突。性别因素造成的态度差异，是生理遗传和社会角色共同影响的因果。

第三节　态度与行为的关系

一、态度同行为的分离与一致

态度在社会心理学领域中的特殊地位,是由态度可以预测行为的假设带来的。人们对于社会行为预测的普遍兴趣,导致态度研究受到特别的关注。然而,态度的确可以预言行为吗?

【知识拓展】拉皮埃尔的研究

(一) 拉皮埃尔挑战

社会心理学家拉皮埃尔(LaPiere)在1934年进行的一项著名的态度与行为关系研究,对态度可以预测行为的命题提出了挑战。拉皮埃尔研究的目的是揭示种族歧视态度与实际的种族歧视行为之间的一致性,他的研究分为两个部分——问卷调查与现场研究。

问卷调查的研究表明,被调查的旅馆与饭店高度一致地显示出对中国人的拒绝,比例达到压倒性优势。无论是对单问题问卷还是多问题问卷的反应,无论是旅馆还是饭店,也无论这些旅馆和饭店是否实际上有接待中国人的经验(去过或未去过),被调查者的反应都高度一致。然而,事实上,在现场研究阶段,拉皮埃尔与中国夫妇共去过250家旅馆与饭店,仅有一家拒绝接待中国人,而且还是因为他们将中国人当成日本人。这说明种族歧视态度与实际的行为之间,几乎没有一致性关系。对于这一点,拉皮埃尔和其他许多态度研究者深信不疑。拉皮埃尔的这一经典性的研究,对态度可以预测行为的命题提出了实质的挑战。

此后,社会心理学家威克尔(Wicker,1969)重新对态度预测行为的作用提出了怀疑。他对广泛涉及种族关系、工作满意度、课堂欺骗等问题的研究进行了回顾,得出的结论是态度更可能同外显行为没有关系或关系甚微。他发现,态度测量与行为测量之间的相关系数很少超过0.30,相关关系已相当微弱。威克尔总结道:研究者推测,在个体内部有一个稳定的、潜在的态度,它既影响个体的言语表达,也影响个体的行为,但很少有证据支持这一推测。

(二) 态度与行为一致的证明

1. 民意测验

1936年,美国人盖洛普运用抽样调查的方法,成功预言了罗斯福总统当选。预测投票数与实际投票数相差不到1%。这一巨大成功,不仅使得民意测验成为一项引人注目的事业,更重要的是,它向人们展示,如果运用正确的方法,确实了解了人们的真实态度,那么通过态度来预测行为是可能的。

1972年、1976年及1980年的美国总统大选期间,盖洛普民意测验所及其他主要新闻机构所做的民意测验结果也显示,在选举行为上,态度有着高度的预测行为的作用。

2. 具体态度与具体行为的对应性

社会心理学家佩因罗德(Penrod)于1983年在其《社会心理学》一书中曾经概括和预测了态

度与行为的关系,认为:① 一般态度预测一般行为;② 具体态度预测具体行为;③ 态度测量与行为的时间间隔愈短,态度与行为的一致性越高。

大量的研究证明,佩因罗德的总结和预测有很大的合理性。戴维森等人(Davidson & Jaccard,1979,参见 Worchel,2000)进行的一项研究揭示了在妇女节育方面从一般态度(如对节育的态度)到具体态度(如对此后两年内使用口服避孕药的态度)对行为的预测作用,结果表明,态度测量与行为测量之间的匹配越紧密,相关程度越高(见表 5-1)。

表 5-1 态度测量与两年里使用口服避孕药行为的相关关系

态度测量	相关系数 *r*
对节育的态度	0.083
对节育口服避孕药的态度	0.323
对使用口服避孕药的态度	0.525
对此后两年中使用口服避孕药的态度	0.572

来源:Worchel,S.,et al.(2000). *Social psychology*. Stamford,CT:Thomson Learning.

显然,态度在一定程度上的确能预测行为。态度与行为的对应性越高,其预测态度的效果也就越好。

(三)影响态度与行为一致的因素

态度与行为的关系是非常复杂的,一种态度与行为之间一致的程度,会同时受到行为本身可否实施(如应急情境中的救人行动)、态度指向的目标与行为目标是否一致(如拉皮埃尔研究中的种族歧视态度指向与敬业、行为有礼貌的行动目标并不一致)、情境是否制约态度行为发生(如拉皮埃尔研究中情境显然制约了态度行为的发生,如果将研究的行为测量变为当事人不在场时选择旅行伙伴实验,可能就会得到完全不同的研究结果),以及行为测量与态度测量的时间是否同步等因素的影响。有研究表明,在某些背景和场合下,情境会制约和削弱态度与行为的联系,它会阻止态度表现在外显行为中。如面对权威人物时,我们可能在表面行为上与其保持一致,而把真实的态度隐藏起来。另有研究(Debono & Synder,1995)表明,个体倾向于选择能够保持态度与行为一致的场合,而态度本身也会因为被表达而得到强化。

态度本身的因素即强度、深度、外显度、向中度等都会影响态度与行为的关系。有研究(Krosnick & Carnot,1993)表明,强硬的、明确的、稳定的、通过直接经验获得的态度与行为有较高的一致性。认知成分和情感成分高度一致的态度更可能预测行为。

态度与行为的特异性水平也是影响态度和行为一致的因素(参见格里格,2003)。当态度和行为处于同样的特异性水平时,态度就是行为良好的预测指标。

此外,个体的个性品质也是影响其态度与行为一致的因素。法博瑞格等人(Fabrigar et al.,2006)的研究表明,个体已有的认知因素会影响态度与行为的一致性。人们与态度相关的知识的关联性、复杂性和数量会影响态度与行为的一致性:那些与行为直接相关的态度对行为的预测性要优于那些与行为相关性较低的态度;与行为低相关的知识的复杂性能够增加态度与行为的一致性;知识复杂性对态度行为关系的影响可以扩展到不确定的行为。

由此可见,态度和行为之间的关系是复杂的,它受多种因素以及某些联系的内在机制的影响。

二、态度与行为关系的理论解释

对态度与行为关系的理论解释主要有以下几种。

（一）合理行动理论

合理行动理论认为,行为是理性思考的结果,在行为发生的过程中个体会考虑各种行为方案,评价各种结果,然后才做出行动与否的决定。最后的决定是行为意向的反映,决定着是否有外显行为的发生。合理行动理论认为,行为意向是由两个因素决定的(见图 5-1):一是对行为的态度,即人们对某种行为完全持正面的或负面的评价;二是主观规范,即人们对别人会赞成或不赞成某种行为的感知。

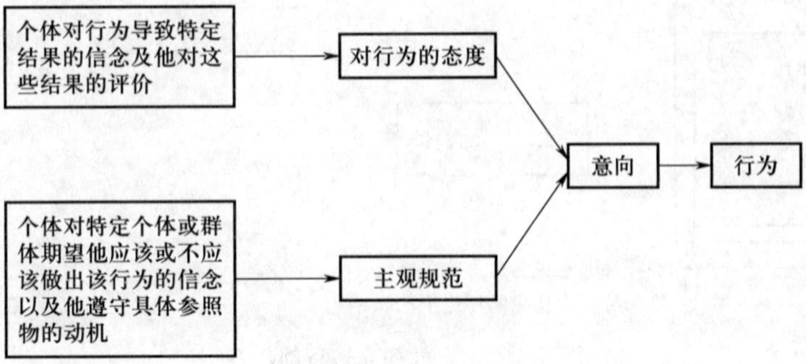

图 5-1　合理行动理论

注:箭头表明影响方向。

来源:Worchel,S.,et al. (2000). *Social psychology*. Stamford,CT:Thomson Learning.

合理行动理论不再简单地用态度决定行为的路线解释态度与行为的关系,而是用行为意向——是否决定用特定方式行动,作为中介变量来解释行为,其中,态度变成了行为驱动的一个环节。与传统的试图发现态度决定行为的简单模型相比,合理行动理论无疑有了实质发展。因此,合理行动理论成了解释态度与行为一致的支配性理论框架,包括选举、吸烟、节育、饮酒、献血、使用安全带及购买各种产品的大量应用性研究,都支持了这一模型对于态度与行为关系的解释。

但是,在实际生活中,行为的发生机制和态度在行为过程中的作用远比合理行动理论描述的更为复杂。伊格利等人(Eagly & Chaiken,1998)在《社会心理学手册》中总结"态度结构与功能"时,概括出了一个基于合理行动理论的综合合理行动模型,其中系统列出了合理行动理论没有涉及但可能对行为发生发挥作用的外部因素。图 5-2 演绎了合理行动理论的扩展和行为影响的多元框架。

（二）双重态度模型

20 世纪 90 年代中期,格林沃德等人(Greenwald & Banaji,1995)在研究大量文献的基础上提出了一个新的研究领域——内隐社会认知(implicit social cognition),即过去经验虽然不能被个体意识到或自我报告,但对个体当前的某些行为仍然会产生潜在影响。这一发现强调了无意识在社会认知中的作用,并进而提出了内隐态度这一受到心理学家广泛关注的概念。

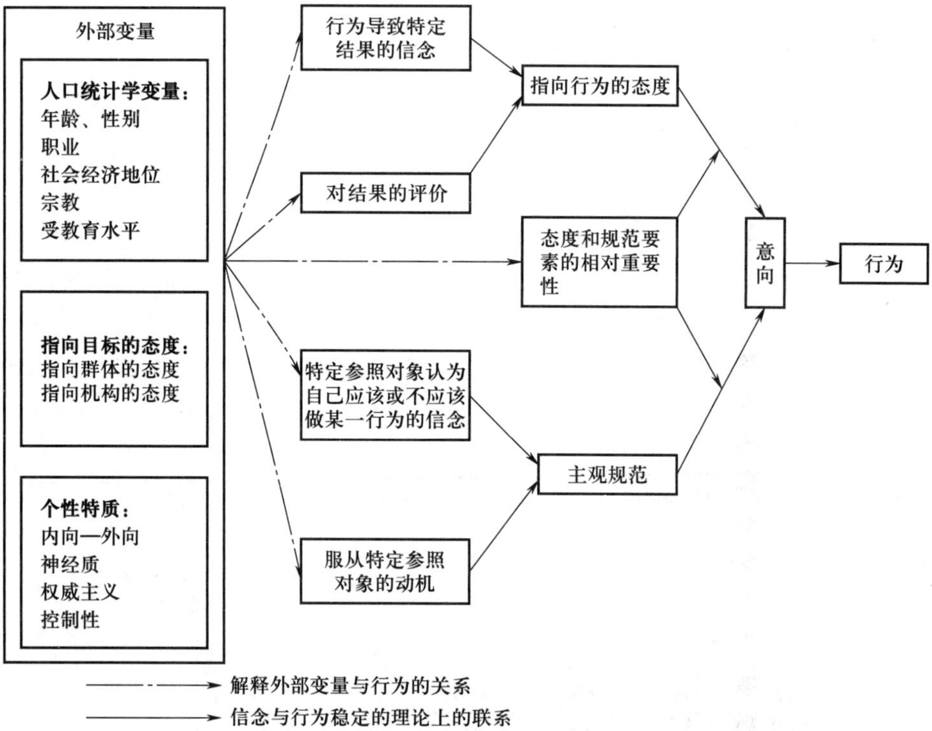

图 5-2 综合性的合理行动示意

来源：Gilbert, D. T., et al. (1998). *The handbook of social psychology*. New York: McGraw-Hill.

内隐态度(implicit attitudes)是指影响对个人当前认知、情感和行为反应产生影响的过去经验和态度形成的无意识痕迹。威尔逊等人(Wilson & Lindsey,2000)在此基础上提出了双重态度模型(dual attitudes model),认为人们对同一态度客体能同时具有两种不同的评价：一种是自动化的、内隐的态度,另一种是外显的态度。当态度发生改变时,人们已有的态度 A1 改变为新的态度 A2,但同时已有态度 A1 仍然在人们记忆中保有痕迹,并潜在地影响着他们的认识和行为,使态度具有“双重态度”特性。根据双重态度模型,内隐态度和外显态度的分离,是导致态度与行为不一致的重要原因。格林沃德(Greenwald,1998)等人关于偏见的研究发现,人们内隐的偏见态度是被自动激活的,更容易将负面特征关联到自己存有偏见的群体,将积极特征关联到自己认同的群体,而在意识层面,人们在外显态度上表现出对不同群体是平等尊重、没有偏见的。

张智勇等人(2006)对大学生的研究发现,大学生关于职业的年龄归属存在明显的内隐—外显态度分离现象。在内隐层面,他们认为年轻人擅长某些职业,而年长者擅长另外一些职业,但在意识层面,他们表明自己不会有职业偏见。其他研究者在专业认同、人格特征的有关研究上,也同样发现了内隐—外显态度分离现象(胡志海,2006)。

（三）自我价值定向理论

态度是否决定行为的问题,直到今天仍然让众多的社会心理学家感到苦恼。虽然,更多的研究者在这一问题上都采取回避态度,但很显然,在这一问题没有得到很好解决之前,一切有关态度的研究都具有一定的盲目性。

综观社会心理学领域中的各种倾向的理论,没有一种现成的理论可以很好地对态度与行为的关系做出客观而逻辑清晰的解释。而本书第二章提出的自我价值定向理论,则可以从行为与态度选择决定于有关行为和态度对于个人价值的视角,对态度与行为的关系做出令人满意的说明。

在态度研究方面,社会心理学研究者一直在走一种歧途。在经由态度来预测行为的强大诱惑下,许多研究者有意或无意地形成了一种"态度决定行为"的错误观念。事实上,人们的实际行为要受制于两个方面的因素:一是作为内部准备状态的态度,二是存在于外部的情境压力。行为是态度与情境压力二者的函数。

自我价值定向理论假定,人是理性的、社会化的动物,人的生存过程就是一个不断解释世界、解释自己、寻找和建立个人意义,试图确立自我价值的过程,态度和行为二者都是人们寻求自我价值的具体体现。

根据自我价值定向理论,一种具体的行为究竟是否发生,取决于这一行为的后果对于行为者的价值。行为者对于一种具体行为的价值判断,一方面决定于这一行为能够给行为者带来的预期的满足水平,另一方面决定于做出这一行为可能付出的预期代价。如果预期的满足价值大于预期代价,则指向性的行为就会发生;如果预期的满足价值与预期代价相抵,或是小于预期代价,则指向性的行为就不发生。但是,由于态度自身的稳定性,在态度并不决定行为指向的情况下,它仍然会影响人们与态度对象有关的行为。只不过此时的影响不在于行为的方向,而在于行为的方式。这样通过宏观观察的态度与行为的关系就没有发生,似乎态度不影响行为,而实际上,态度仍然在影响着行为,不过此时影响的是测量和观察所忽略的微观的、细节的行为。

因此,在态度与行为的关系方面,科学的命题应当是"态度与行为指向的一致性""态度对行为的影响""态度与行为的相互作用",以及"态度在什么条件下决定行为"等,而不存在简单的"态度决定行为"的问题。按照自我价值定向理论的观点,在外在情境压力相对稳定的情况下,一种态度与具体行为之间一致性的高低,或对具体行为影响作用的大小,决定于这种态度的向中度高低,也就是看这种态度本身是否居于个人价值系统的中心位置,是否对于个人有特别重要的意义。一方面,态度的向中度越高,则有关的行为对个人的意义越重要,对个人的心理影响也越大,从而这种态度对行为的决定作用就越大,情境的相对影响作用也就愈小。另一方面,当态度的向中度很高但行为与其不相一致时会出现强心理冲突,从而这种态度抗拒不一致行为的力量也大。因此,态度的向中度越高,其与实际行为的一致性也越高。反之,态度的向中度越低,则有关行为对个人的意义也越小,对个人的心理影响也越小,实际行为与其不相一致时心理冲突也小,其抗拒不一致行为的力量也弱。因而,以这种态度为背景的行为,更多地取决于情境的作用。此时,态度对于行为的影响作用表现在行为的方式上,而不在行为的指向上,即尽管表面上行为与态度不相一致,但实际上行为仍然受到态度的影响。

在拉皮埃尔的研究中,接待员的行为实际上是服从了一种研究没有考察到的态度;而当他们面对问卷时,行为情境变得更为简单,也不再涉及与自身所承担的责任相冲突的问题,因而他们可以直接从社会种族偏见的角度做出拒绝接待的回答。

引发关注态度与行为测定关系的拉皮埃尔态度研究的方法学限制是很明显的。首先,拉皮埃尔仅仅把行为的方向(接待与不接待)作为行为观察的指标,根本没有考虑到行为方式的问题,这就使得他的研究被错误定向。

同样道理,威克尔的研究回顾由于没有注意态度影响行为方式的问题,因而其态度与行为无关或关系甚微的结论也是欠科学的。根据自我价值定向理论,态度必定对行为发生一定的影响,关键在于我们怎样考察行为与测量态度。

第四节 态度的测量

一般而言,态度测量可以分为定性测量和定量测量。前者主要回答是或否、支持或反对等问题。投票就是典型的定性态度测量。

虽然,人们在更多时候都关注态度的定向方向,特别是在了解选举或民意测验等单一事件的态度时更是如此。但是,态度是复杂的,许多态度都不能简单用单一项目的指向来表达,为此,社会心理学家发展起了很多可以对态度进行科学测量的技术。

一、瑟斯通量表

瑟斯通量表是指瑟斯通(Thurstone)本人提出的"主观外显相等间距法"量表。他认为通过人与人之间的比较,态度是可以被概念化并且被测量的。1929 年,他在助手蔡夫(Chave)的帮助下,设计了一种精确的态度测量方法,他称为"主观外显相等间距法":

(1) 选择特定的态度对象。

(2) 通过广泛调查,提出有关态度对象的简单明了的各种问题,并以它们作为原始题目,一般为 50 道题以上。

(3) 将确定好的问题分别写到卡片上。

(4) 从将要进行态度测量的群体中,随机抽取一个足够大的代表性样本,一般多达 300 人,以他们作为每道题目的审订人。

(5) 请审订人按 11 点量表,即从最赞成到最反对,平均分为 11 个等级,客观、独立地评定每个题目所体现的对态度对象肯定或否定态度的程度,并按 11 个不同等级分为 11 组(堆)。如一道题目体现了对态度对象的最肯定态度,就将其放到第 1 等级中;没有明显肯定或否定,反映中性态度的题目,放入中间第 6 等级中;反映最不赞成态度的题目,则放入最后第 11 等级中。

(6) 计算出每一道题目上所有审订人评分的平均数,同时得出每一题目的分配曲线。这种评定过程要对每一道原始题目都同样进行,然后删除审订人认为意义模糊和评分高度分散的题目,保留意义明确、评分集中或一致的题目。这些最后保留下来的题目,就构成了测定人们关于某一对象态度的瑟斯通量表。

一般情况下,瑟斯通量表共有 25 题左右,它们通常会平均分配在各个等级之上。瑟斯通量表可被用来广泛施测于审订人所代表的群体。它的记分,直接依据各个题目已经确定的量表值,肯定回答记分,否定回答则不记分。得分越高,对某一对象的否定态度越强烈。

瑟斯通量表的优点很明显,首先,它的每一道题目都有态度强度上的明确定义,而不是平均考虑与态度对象有关的各个方面,这显然是与实际生活相符合的;其次,它将每道题目的得分在态度强度的意义上汇聚成了一个态度的总分,在根本上符合统计学原理;再次,被测者易于对量表进行反应,对每个题目回答是或否就行;最后,易于记分。

瑟斯通量表的不足有以下几点，一是编制量表的过程复杂，通常必须由专家来完成；二是 11 点量表审订判断相当困难。现在已有研究者将 11 点量表改为易于判断的 5 点量表。

瑟斯通量表的另一个不足是它的题目都是肯定性描述，答题时只有是、否两种反应，因而难于发现被试任意性的习惯反应，使测量的真实性受到损害。

二、李克特量表

李克特量表也叫总加量表。1932 年，心理学家李克特（Likert）为了避免像瑟斯通量表一样过于复杂，提出了一种类似于瑟斯通量表但更为简便的方法。他选择了人际关系、各族关系、经济冲突、政治冲突和宗教 5 个态度范畴分别设计了 5 个特殊的由一系列陈述问题组成的问卷。有些问题要求被试进行是与否的回答，有的则允许进行多种选择，大部分问题采用 5 点或 7 点量表让被试做出回答。

李克特量表也是先针对一定的态度对象，通过广泛调查，收集和拟订一系列关于该态度对象的陈述和备选题目，然后抽取一个态度测量对象群体的代表性样本进行试测，请他们以 5 点量表对每个题目评分，即完全同意记 5 分，比较同意记 4 分，不能确定记 3 分，比较反对记 2 分，完全反对记 1 分。下一个步骤是对预测结果进行统计处理和项目分析（使用每个题目与总分相关的 t 检验或项目区分度检验）。最后保留与量表总得分相关高且区分度也较好的题目，删去不合要求的题目。保留下来的题目则构成正式量表。李克特量表通常有 20 道左右的题目。

李克特量表由于编制较为简单，各题目之间的一致性也较高，已成为目前应用最广泛的态度量表。但李克特量表也存在一定的缺点。例如，对态度的变化没有瑟斯通量表敏感，不同的反应模式会产生相同的量表总分；测量结果的准确性依赖被试的反应倾向，有的被试可能以强烈的方式表达轻微的态度反应，有的则以轻微的方式表达强烈的反应。

李克特量表也有了一些发展，主要表现为：一是选择答案数量的改变，由最初的 5 点记分方式改为 2 点到 7 点的记分方式；二是陈述句格式的改变，陈述句可以是不完整的句子，通过被试的作答来完成句子，如：

当知道老师生病时，我____。

(1) 非常高兴　(2) 高兴　(3) 悲伤　(4) 非常悲伤

三、语义差异量表

语义差异量表是由心理学家奥斯古德（Osgood）等人于 1957 年发展起来的，是等级量表的另一种形式。其基本方法是用成对的两极性的形容词，如好/坏、聪明/愚蠢等来评价态度对象。在每对两极性形容词中间，从肯定的一极到否定的一极，一般平均分为 7 个等级，分别以 7、6、5、4、3、2、1 数字表示。其中，7 表示最肯定的评价，1 表示最否定的评价，4 则表示没有明确倾向的中性态度。记录被试在所有回答上的得分并累加，就可以得到关于选定对象的态度测量。得分越高，反映被试对态度对象越肯定。

用于语义差异量表的 3 个主要态度维度包括：① 情感倾向维度，主要评价好/坏；② 力量维度，主要评价强/弱；③ 活动维度，主要评价快/慢。例如：

情感倾向维度的测量可以涉及:

好	7	6	5	4	3	2	1	坏
漂亮	7	6	5	4	3	2	1	丑陋
聪明	7	6	5	4	3	2	1	愚笨

力量维度的测量可以涉及:

大	7	6	5	4	3	2	1	小
强	7	6	5	4	3	2	1	弱
重	7	6	5	4	3	2	1	轻

活动维度的测量可以涉及:

迅速	7	6	5	4	3	2	1	缓慢
积极	7	6	5	4	3	2	1	消极
敏锐	7	6	5	4	3	2	1	迟钝

通过了解一个人对一定态度对象在上述3个维度的评定,就可以了解其对这一对象的态度。我们在实际运用语义差异量表时,还可以根据需要,设定另外一些有关态度对象的评价方面,使态度测量在各个最重要的方面反映态度主体与态度对象的关系。语义差异量表的优点主要在于两个方面:第一,它考虑到了实际生活中人们对一定对象的评价不简单是完全肯定或完全否定的,因而在每一方面都对人们评价的强度进行分化;第二,它编制简便,不需要过多的专门化知识,一切涉及对态度对象评价的两极性评定都可以引入量表。

四、投射测验

投射的实质是一种知觉转移,即个人将自己的需要、情感或观念倾向投射到其他对象上,知觉成其他对象具有种种我们自己具有的特征。日常俗语的“以小人之心,度君子之腹”,所指的即为典型的投射现象。

投射测验的方式,通常是给予人们一定的刺激物,让人们据此进行联想,并用口头或书面方式报告出来,然后通过分析人们联想的内容,推测人们的态度与个性。投射测验式的态度测量,实际上是一种间接的态度测量方法。

最著名的投射测验有两种:一种为主题统觉测验,英文缩写为TAT;另一种为罗夏墨迹测验,让被试看一个墨迹,然后叙述其内容和联想,此测验主要用于病理心理诊断。

TAT通常是给被试一系列图片,让被试根据图片内容,联想以前发生过怎样的事情,以后事情又将如何,使每张图片都引出一个故事。由于人们的心理准备状态不同,所联想出的故事也不同,由故事的倾向可以了解人们对一定事物的态度。例如,给学生一张画着一个男孩坐在桌旁看书的图片,不同成就动机的学生所联想的故事会明显不同:高成就动机的学生的故事会以学习、努力、考试为中心联想和组织故事;低成就动机的学生则更注重娱乐、挫折、人际冲突。TAT可以被直接用于测量成就动机或其他我们关心的态度评价。

用于态度测量的其他投射方法也很多。比如在学校,教师可以运用投射性句子完成测验,了解学生对家长、对学习、对教师、对学校的态度。如果学生在“我爸爸……”这一句子完成测验(可以让学生造若干个句子)中写下的都是“我爸爸出差了,我很高兴”“我爸爸今天又瞪眼了”等反映消极亲子关系的句子,则可以了解到这一学生对父亲态度的消极程度。

五、内隐态度测验

内隐态度研究自20世纪90年代中期兴起以来，随着研究的深入，内隐态度的测验方法也受到高度关注。目前，测量内隐态度的方法主要有启动技术和内隐联系测验等。

启动技术被大量研究证明是内隐记忆的良好测定方法。例如，将态度对象的名字或图片（如工厂）短暂呈现，作为启动刺激，紧接着呈现一个消极或积极的评价形容词（如繁荣或污染）。如果启动词激活的评价与形容词一致，被试对评价词做出的反应就快，不一致则慢。运用启动技术，可以很容易测查人群之间的社会偏见或人们之间的内隐态度状况。

内隐联系测验（Implicit Association Test，IAT）的另一个名字是内隐联想测验，但实际上测验检验的是联系，而不是联想，因此"联想测验"的说法实际上是误用。内隐联系，即没有知觉到的"想"的过程。

内隐联系测验最初由格林沃德等人（Greenwald et al.，1998）提出，是具有突破意义的内隐态度测量技术，它的出现，使态度测量完成了从传统的主要测量外显态度到同时测量内隐态度的一次飞跃。这一测量技术的基本原理是，如果一个人内隐概念中关于某一对象与某一特定属性之间的联结紧密（如花—美丽），则辨别归类加工的自动化程度就高，反应时也较短；如果人们内隐概念中关于某一对象与一个特定属性之间联结不紧密（如花—令人厌恶），则人们在进行辨别归类时会产生认知冲突，反应时也会较长。内隐联系测验尤其适合测量那些不受意识控制或很少受到意识控制的内隐态度，并对有关行为进行预测（参见张婉莉等，2007），因此，内隐联系测验特别适合用于测量内隐偏见等内隐认知特点。关于内隐联系测验的具体操作过程，下一章的有关部分将进一步介绍。

六、态度的实证测定

态度的实证测定又可以称为行为反应测量（behavioral measures），包括距离测量和生理反应测量两种方法。

距离测量（distance measures）是通过人与人之间交往时的接近程度和融合程度来研究人们的态度。具有测量意义的方面包括空间距离、目光接触、沟通内容、紧张程度、交往气氛等。

生理反应测量（physiological measures）是一种在实验室里运用仪器测量人对某些事物的生理反应，从而探求其内隐态度的方法。因为态度中的情感因素会唤起机体的自主神经系统的变化，引起心跳、呼吸、血压、瞳孔等发生变化，因而测定生理变化，可以推测人的态度。测谎仪就是典型的例子。生理反应测量的结果只起参考作用，因为它所探测的是极端反应，有些反应可能被遗漏；有些生理反应可能由多种原因造成，单纯靠生理反应推测态度的可靠性会受到影响。因此，生理反应测量通常需要与其他方法结合使用。

思考与探究

1. 态度的本质是什么？态度与情感、意见、价值观的区别分别是什么？
2. 态度有哪些主要功能？
3. 影响态度形成的主要因素是哪些？

4. 你怎样理解态度与行为的关系？
5. 瑟斯通量表有哪些优缺点？
6. 李克特量表在态度测量中为何被广泛应用？
7. 内隐态度的测量方法有哪些？其原理是什么？

第三部分　社 会 认 知

第六章　社会知觉

本章要点

＊社会知觉的概念
＊印象形成过程
＊中心品质理论
＊首因效应与近因效应
＊晕轮效应
＊预言自动实现效应
＊认知启发
＊印象管理
＊情境同一性
＊自我监控
＊内隐社会认知

同一个青年,同样装扮新潮,花衬衣、格子裤、戴巨大的蛤蟆镜。第一位女士看到他时,他正弯腰全力帮助一位先生捡拾满地的文件。等他完成帮助别人的行动,直起身来跟他所帮助的人道别时,这位女士看到了他的全部装扮。她的印象是:这个青年时尚、绅士、形象潇洒。等到他走过一个街角,迎面碰到第二位女士,这位女士对他的印象是:装扮怪异、流里流气、形象恐怖。

为什么同一个人会在不同的人眼中有大相径庭的印象?本章关于社会知觉的讨论,将很好地解决这个问题。

社会知觉是外部世界与个人心理世界建立联系的桥梁和开端,为此社会心理学家对社会知觉的兴趣从未衰减。人怎样知觉他人和周围世界?为什么许多时候人们不能形成对世界的客观了解?哪些因素影响人们社会知觉的准确性?等等。这些问题,将是本章关注的焦点。通过了解社会知觉的过程和知觉偏差的原因,可以使人更准确地了解他人,并更有效地表现自己。

第一节　社会知觉的概念

一、社会知觉的定义

社会知觉(social perception)最初是由布鲁纳(Bruner,1947)提出的概念。通过实验研究,布鲁纳发现,知觉不仅取决于客体本身,也受到知觉者的目的、需要、态度与价值观的影响。

社会知觉一词是指人对各种社会性的人或事物形成的直接的整体印象。其中主要是对人的知觉，即对各种担负社会角色并具有个性色彩的人，或是人与人之间的关系或对群体所建立的最初印象或概念，这种印象通常是关于对象的外表特征的认识。

【知识拓展】
布鲁纳的货币实验

经常与社会知觉混同的一个概念是社会认知（social cognition）。虽然，许多社会心理学家主张社会知觉与社会认知没有本质的区别，但在本书中，我们认为社会认知是社会知觉的上位概念。因为，无论从概念本身，还是在人的整个认知过程上，社会知觉涉及的仅仅是一个整体的表层印象，而不是关于对象的全部认识。社会认知则包括关于特定社会对象的全部认识过程，其中既包括社会知觉，也包括社会推理；既包括对于其他人和外部世界的认识，也包括对自身的认识；而且，有关态度形成等内容，实际上也属于社会认知的范畴。因此，社会认知要比社会知觉复杂得多：在过程上，社会知觉只是社会认知过程中的一个阶段；在结果上，社会知觉只是社会认知的一个部分。社会认知不仅包括对有关对象的外表特征的知觉，还涉及对有关对象的记忆、推理、判断、解释等复杂环节。

二、社会知觉的分类

根据知觉对象的不同，我们可以将社会知觉大致分为以下几大类。

（一）对自我的知觉

依据自我价值定向理论的基本原理，人具有解释自我的基本诉求。为此，个体必须对自我有较为清晰的感知与认识，进而形成一定的自我概念，解释自我的心理与行为。这一过程就需要个体的知觉参与其中，通过观察自我、与他人比较、获取他人的反馈信息等方式逐渐构建出有关自我的基本轮廓。由于自我概念的建立是个体与其所处文化交互作用的结果，因此对自我的社会知觉还将有利于增强人们对其自身及所处环境的文化价值的了解和把握。而当涉及人际交往时，对自我知觉的内容还包括对自我角色的知觉，即个体如何判定自我，并结合所处环境如何对自我予以定位。这种对自我角色的知觉是一种动态的过程，会根据所处环境和互动对象的变化而有所调整。

（二）对他人的知觉

个体在自我概念建立的过程中要与他人进行比较，在人际交往过程中要对他人的角色进行定位，这些都需要人们对他人有较为准确的知觉和印象形成。在社会知觉中，个体通常会依据他人的外表、语言、行为、形态、情境等，对他人的状态、心理与行为等进行了解与认识。然而，由于个体在知觉判定方面的差异，在对他人的知觉过程中还会出现一定的知觉偏差。如下文将会提到的首因效应、近因效应、刻板印象与归因偏差等，均需引起我们的注意，避免各类效应或偏差影响我们对他人知觉的客观性。

（三）对人际的知觉

人际知觉中不但包括对自我的知觉、对他人的知觉，还包括对交往情境的知觉。因此，人际知觉是对自我、他人和交往情境综合的判定过程，其中所涉及的相关概念（如印象管理、情境同一性)会在本章后面的部分予以详细介绍。

三、社会知觉与有关概念的联系与区别

首先与社会知觉密切关联同时又容易混淆的概念是知觉。一般知觉与社会知觉的核心区别是:一般知觉主要讨论人对物的各种物理特性和时间、运动等方面的知觉,即如何获得关于有关对象的整体印象,以及在知觉过程中的对象与背景、整体与部分的关系及知觉恒常性等问题。社会心理学所研究的主要是以人为对象的社会知觉问题,更关注在知觉过程中人们信息提取的倾向和社会知觉准确性的影响因素。

印象是另一个容易与社会知觉混淆的概念。许多社会心理学著作都只讨论印象及其形成的问题,而不提及社会知觉。其实,所谓印象及其形成的问题,实际上就是社会知觉及其过程的问题。印象是社会知觉的结果。当人们面对一定的对象,并通过社会知觉过程获得了关于这个对象的初步而整体的认识时,这个认识就是浅表的印象。由于社会知觉和印象在社会心理学领域的高频出现,本书专门设一节,讨论社会知觉及其与印象、社会认知、社会推理等重要概念之间的联系与区别。本书为了方便讨论,在涉及社会知觉的结果时,主要用“印象”说法,而涉及过程的时候,则较多使用社会知觉的说法。

社会推理(social inference)是与社会知觉紧密关联的概念。社会推理是指个人根据一定的信息线索,对信息进行整合和解释,形成关于作为对象的特定人(群体)的,或是特定事件的结论的过程。归因(attribution)是典型的社会推理过程。刻板印象是一种简单地根据原有经验进行判断的特殊社会推理形式,黎岳庭教授将 stereotype 译作“类属性思维”,更好地体现出了刻板印象的社会推理特性。不过,为了照顾到已经形成的术语习惯,本书中在提及 stereotype 时,仍然译作“刻板印象”,只在必要时作“类属性思维”的说明。本书在第七章将详细讨论刻板印象和归因问题。

第二节 印象形成过程

一、印象及其定向作用

印象(impression)是指人在最初遇到新的社会情境时,主观上按照自己以已有经验为基础的理解,将情境中的人或事物进行归类后所形成的对有关人或事物的概念,是社会知觉过程的结果。这种对于别人或事物进行归类,明确其对于我们的意义,使自己的行为获得明确定向的过程,就是印象形成。

由于在人们的生活中,最为重要的社会对象是人,因此社会心理学家对于印象及印象形成的探讨集中在对人的印象及其形成方面。

社会心理学家研究发现,形成印象是人们适应新的社会情境的一种方式。每一个人都具有使自己的行为获得明确定向的需要,都需要明确周围客体,尤其是人对于自己的意义,从而使自己能够知道对一定的客体或人应当进行怎样的反应。当一个陌生人向我们走来的时候,我们只有明确知道他是想问路、乞讨还是抢劫,才知道究竟怎样做出反应才是恰当的。要想明确对方的

意图,就必须先将对方归入某一类别,形成对于对方的一定概念——印象。根据社会心理学的符号互动理论,当我们运用对于我们来说已经具有一定意义的名称来称谓新的社会情境中的其他人时,也就明确了这些人同我们的关系,明确了这些人对于我们的意义。相应地,我们行为的适当性也就被确定,行为也就获得了明确的方向。

个体对他人印象的形成往往建立在有限信息资料的基础上。人们通常根据少量信息猜测他人的智力、年龄、经历、种族、宗教、文化水平、诚实、热情等,并据此产生对他人的感受,表现出喜欢或不喜欢的态度。人们还倾向于将认知对象综合为完整形象,将矛盾的信息资料重新整理或加以歪曲,达到认识的一致性,消除由信息不一致带来的不安。为了进一步消除这种不安,个体对信息的加工可能会有所选择,以保持其先前所做出的判断或已有的态度、认知,这种对信息的选择结果被称作验证性偏差(conformation bias)效应。对于由信息选择带来的验证性偏差效应广泛存在于各类社会知觉过程当中,而信息呈现的方式(Jonas,Schulz-Hardt,Frey,& Thelen,2001)、群体异质性的差异(Schulz-Hardt,Jochims,& Frey,2002)、与世界观相关决策的议题是否涉及生命内容(Jonas,Greenberg,& Frey,2003)、认知负荷(Fischer,Jonas,Frey,& Schulz-Hardt,2005)等,对该现象的产生及强度均具有一定的影响。

印象作为行为定向和理解对象的背景,是人际关系最初、最直接、最经常的定向因素,直接影响着个体之间进一步的相互作用和人际关系状况。随着我们对他人进行归类的差异,彼此之间关系的性质也会出现变化,进而我们对自己行为适当性的理解也有所不同。比如,倘若晚上有人突然敲门讨水喝,这时我们究竟会做出怎样的反应,就取决于我们对于这个人的印象:如果这个人给你的印象是文质彬彬、诚恳老实的,有点像做社会调查的知识分子,那我们可能就答应他的要求,热情地给他倒上一杯水;假如你觉得这个人油腔滑调,不三不四,像个为盗窃探路的小偷,你就可能很不客气地拒绝他的要求。

二、印象形成中的信息选择倾向

我们对陌生人的印象在短时间内就能形成。一个人身上看得见和看不见的自然特征、社会特征和心理特征有很多,那么我们在短时间里首先注意到哪些特征?如何据此形成对于此人的印象呢?心理学家通过大量实验发现,在自然特征上,我们首先根据性别、种族和外表吸引力将人们归类;在社会特征上,我们首先根据人们所属的群体和社会角色对人进行归类;在心理特征上,我们则按照具有社会评价意义的人际关系特征和智力特征来对人进行归类。在归类时所用的任何一种类别,我们都有一整套自觉或不自觉的既定观念。这些观念更多的是通过潜移默化途径形成的,我们据此建立的有关别人的印象常常不够精确,甚至与别人的本来面目大相径庭。尽管如此,这些观念和据此所做出的判断,客观上仍然引导着人们的社会适应。

(一)自然特征的信息选择倾向

我们建立的比较系统的关于人的自然特征,首先同人们的性别、种族和外表吸引力联系在一起,我们根据这 3 个方面将人进行分类。例如,有人敲门要水喝,如果敲门的是位女性,我们可能联想到善良、较少攻击性、力量单薄等女性特征。即便是晚上,我们也认为她不构成威胁,从而很从容地请她进屋慢慢喝水。如果敲门者是位身强力壮的男性,我们就受到另外一套与男性相联系的观念的警告,从而保持警戒,拒绝请他进屋喝水。

（二） 社会特征的信息选择倾向

在印象形成过程中，对人们的社会特征，我们先寻求能说明其在正式社会结构中明确的位置信息，确定其社会角色，然后从社会角色角度来预测其行为，确定其对我们的意义和我们行为的适当性。在无法确定他人社会角色，或他人社会角色相同时（如都是学生或教师），我们则通过将人们归入一定群体，然后从其所属的群体背景来推知人们的特征。例如，可以先在较大范围内，确定一个人来自何方；然后根据有关的刻板印象，对其特征进行推论。在小范围内知觉他人时，我们也会借助把人归入某一特定群体来判断其特征，使自己的行为获得较为明确的定向。例如，人们将大学生分为师范生、理工生等；在学校内部，我们又将来自不同学院的人加以区分。如此，都是信息选择倾向所致。当然，这种依据刻板印象进行推论的行为也可能使得印象形成出现偏差。例如，在印象形成过程中，个体倾向于将男性归为领导者，而将女性与被领导者相联系（贺国荣，2003）。

（三） 心理特征的信息选择倾向

在印象形成过程中，对人的心理特征，我们往往依据具有社会评价意义的人际关系特征、智力特征来对人进行归类，并据此为自己的行为进行明确定向。罗森伯格等人的研究发现，在人际交往中，具有积极定向意义和消极定向意义的人际关系和智力特征主要包括表 6-1 所列的一些方面。

表 6-1 印象形成中不同定向性质的特征

定向性质	人际关系特征	智力特征
积极定向	有帮助的 真诚的 宽容的 好交际的 幽默的	科学的 决断的 灵巧的 聪慧的 有坚持性的
消极定向	不幸的 自负的 易怒的 令人厌烦的 不合群的	愚蠢的 浅薄的 犹豫的 不可靠的 笨拙的

来源：转引自金盛华，张杰．(1995)．*当代社会心理学导论*．北京：北京师范大学出版社，42.

上述这些特征虽然是在美国文化背景下获得的，但我们可从中看出，其中许多特征对我们中国社会中也有参考价值。如果想给别人留下良好印象，使别人有较高接纳性，需要让别人感到你具有一些使其获得积极定向的心理品质。

三、总体印象形成模式

在印象形成过程中，信息选择是针对对象的各个具体特征的。但事实上，我们最终形成的印象并不停留在各种具体特征上，而总是形成对别人的总体印象，并根据这一总体印象来获得最终的行为定向。

关于总体印象形成，安德森发现，人在获得各种信息的同时，会按照保持逻辑一致性和情感一致性的原则，将各种具体信息综合起来，形成一个总体印象或总体概念。无论什么人，都不能接受各种感受的相互冲突或杂乱无章，他们必须使自己获得的信息和由其引起的情感最终汇聚于一个一致的观念。

在具体的总体印象形成方式上，不同人可能有不同情况。概括起来，总体印象形成的方式有加法模式、平均模式和加权平均模式 3 种。

（一） 加法模式

心理学家费希本（Fishbein，1964）认为，人们的总体印象形成，首先遵循加法模式。一个人在肯定评价上的特征越多，强度越大，则给人的总体印象也越好，越易为人所接纳。相反，一个人在消极评价上的特征愈多，强度愈大，那么他留给人的总体印象就越差，也越难为人们所接纳。比如，有两个人 A 与 B，二者的特征如表 6-2 所示。

表 6-2　印象的相加结果

A	B
真诚 +3	理解 +3
热情 +3	自信 +1
聪慧 +2	
多嘴 -3	
合计：+5	合计：+4

来源：转引自金盛华，张杰．(1995)．*当代社会心理学导论*．北京：北京师范大学出版社，43.

按照加法模式，A 的总体印象分值要高于 B，因此 A 给人的印象要优于 B。社会心理学家们所做的大量研究证实，在日常生活中，许多人总体印象的形成，都遵循加法模式。

（二） 平均模式

安德森（Anderson，1978）研究发现，有些人在总体印象形成上，并不是简单地将人们各个特征的评价分值进行累加，而是通过将各个特征的分值加以平均，然后根据平均值来形成对一个人的总体印象。在前述例子中，按照加法模式，A 的总体印象要优于 B，但按照平均模式，A 的总体印象分值应为 5÷4＝1.25，而 B 的总体印象分值应为 4÷2＝2。因此，B 的总体印象要优于 A。

（三） 加权平均模式

另有研究发现，许多人在形成对别人的总体印象时，不仅考虑积极特征、消极特征的多少以及特征自身的明显度（亦即强度），还考虑每一个特征的重要性。因此，对人的总体印象不是依据简单的平均结果,而是首先按在总体评价中的重要性,确定出每一个特征的权重,然后再将权重与每一个特征自身的明显度相乘。最后进行平均计算的结果,正是权重与明显度相乘的积。例如,A、B 两者尽管特征数目、性质及明显度都相同,但由于两者的特征在总体评价上的重要性不同,那么,按照加权平均模式,两者最后给人的总体印象也不同。请看表 6-3 的计算过程。结果,B 的总体印象分高于 A。

表 6-3 印象形成的加权平均模式

A		B	
特征	明显度×权重	特征	明显度×权重
活泼	(+5)×3=15	友好	(+5)×3=15
有魅力	(+5)×3=15	兴趣广泛	(+5)×3=15
吸毒	(−3)×5 =−15	不整洁	(−3)×2=−6
加权总结果	15	加权总结果	24
加权平均值	15÷3=5	加权平均值	24÷3=8

来源:转引自金盛华,张杰.(1995).*当代社会心理学导论*.北京:北京师范大学出版社,44.

(四) 中心品质理论

上述的加权平均模式强调了这样一个事实:人们在总体印象形成过程中,并不平等看待各个特征的重要性,某些特征比另一些特征更能影响人们的总体印象。这已经为许多研究所证实。凯利(Kelley,1950)曾经做过一个研究。他以大学生为对象,告诉学生,将请一位教师来主持大家的专题讨论。学生分为两组,实验者对其中一组介绍说,被邀请的教师有这样 7 个显著特征:聪明、熟练、勤奋、热情、坚决、实干、谨慎。对另外一组介绍时将"热情"换成"冷酷",其他特征完全一样。此后,"被邀请"的陌生教师走进教室,主持 20 分钟讨论。讨论结束,研究者让学生说出对被邀请者的印象。结果发现,与"冷酷"组相比,认为被邀请者"热情"的学生对他的评价更积极。不仅如此,得知被邀请者"热情"的学生,讨论时与被邀请者沟通自由,谈笑自如;而认为被邀请者"冷酷"的学生表现得更拘谨。不同的描述不仅影响了人们的印象,也影响了人们的行为。

依据上述结果,凯利等人认为,热情—冷酷是影响人们印象形成的中心品质。与其相对应的是边缘品质(或附加品质)。是否具有热情或冷酷的品质,会直接影响人们对其他人特征的评价。

四、对他人情绪与个性的印象

对他人形成印象时,需要对他人的某些方面进行知觉或认知。对他人的知觉内容,早期研究主要侧重于对他人情绪和个性的知觉和判断(Bruner & Tagiuri,1954),后来扩充为对他人潜在情感、性格、意向、思考、能力、特质等的知觉,以及对人际关系、对他人内在一切心理状态以及行为等的观察判断,甚至团体特质状态(Tajfel,1981) 也成为社会知觉对象。郑瑞泽(1982)将知觉对象分类如下(见表 6-4)。

表 6-4　对他人的知觉的内容

知觉对象		知觉内容
对个人的知觉	个人属性	1. 身体特征:容貌、体型、年龄等 2. 心理特质:能力、人格、态度等
	个人状态	1. 生理状态:疲劳、饥饿、觉醒水准等 2. 心理状态:注意、情绪、意向等 3. 表现行为:动作、姿势等
对团体的知觉	团体属性	1. 部分特性:成员资格、人际关系、角色等 2. 全体特性:规范、领导等
	团体状态	团体气氛、士气等

(一) 对他人情绪的知觉

了解他人情绪,需要借助一定的线索。研究(Krech,1974)发现,面部表情、身体动作、姿势是推测、判断他人情绪状态的重要线索。这些线索被称为表情线索(expression cues)。按照表达情绪的身体部位来区分,可分为 3 种类型:其一,面部表情(facial expression),即面部的情绪表达;其二,身段表情(body expression),是身体各部分姿态的情绪表达;其三,言语表情(speech expression),是言语中声调、快慢、音色随情绪产生的变化。

表情线索是非常重要的。人们在社会生活中,通过对他人表情的认知和解释来判断其心理状态。从心理、生理进化的角度来看,表情线索是人类祖先在生存适应中残存的遗迹。达尔文认为,人的各种表情线索具有适应意义。例如,原始人在准备格斗时,自身各个部位会产生许多有利的变化:怒发冲冠,咬牙切齿,紧握拳头。在人类发展史上,表情最初也是为了适应机体生存而产生的,以后逐渐变成一种先天的、固定的心理模式。因此,表情线索与情绪、情感状态之间形成了机能上的关系,成为认知他人情绪、情感的一种重要线索。

现代研究(如 Russell,1994)结果表明:面部表情确实能够揭示他人的情绪,但对情绪的判断要受到表情发生的背景和各种环境线索的影响。例如,当一个人看到恐惧的面部表情的照片,同时正在阅读一则故事,暗示照片上的人实际上很愤怒,那么,有很多人会把照片上的脸描述为愤怒而不是恐惧(Carroll & Russell,1996)。因此。面部表情并不如先前认为的那样,在提供潜在情绪的清晰可辨的信号方面具有广泛的普遍性,它受到文化和情境背景差异的影响。

身体动作也能揭示一个人的情绪状态。大量的身体动作,特别是一个部位对另一个部位的动作,会显示一个人在情绪上的唤起,如触摸、抓擦。这种行为的频率越高,表明这个人的激起水平或紧张水平越高。

个体通过情绪知觉形成对他人的印象,相应地,个体还可以利用情绪表现策略进行自身的印象管理。人们可以通过自己在面部表情、身段表情、言语表情等方面的表现,帮助自己在他人心目中树立起良好的个人印象。相关的研究还发现,如果个体持有积极的情绪反应,则对他人的印象形成也会有所不同,并表现出积极的情绪反馈(Dasborough & Ashkanasy,2002)。

(二) 对他人个性的知觉

认识他人个性有益于顺利交往,但是认识他人个性存在许多困难。个体在判断时,如果缺乏客观的标准,就会参照一些主观标准。其中一个倾向是,人会“以己推人”地、不切实际地假定他人的观点、行为与自己相似。如,以为自己害羞的人很可能估计他人也会评价自己为害羞的人(Story & Vanderklok,1985;Campbell,1986)。后来,有研究者(Kenny & Voie,1984; Kenny & Albright,1987)提出了社会关系模型,它强调要增强认知准确性,评价行为的标准要考虑3个方面因素:一是认知者的评价标准;二是行动者;三是认知者与行动者的特殊关系。这个模型的提出是一种进步,它将对品质的认知放在了现实的、复杂的、特殊的社会关系中考虑。

了解他人性格,需要通过多种途径和长期深入的观察与接触,了解他人的经历、生活背景等,这样才能了解其较为稳固的,反映其动机、意向、态度、价值观、能力等的心理特征。如果仅仅根据外表做出判断,俗语说,人不可貌相,很容易得出错误结论,所以了解他人个性要持慎重态度。

在中国特定的文化背景下,有人通过长期的生活实践总结了如下判断他人个性的方法:时间考验,俗语说“路遥知马力,日久见人心”;危难考验,即“患难见真情”;利益考验,即“利动小人心,义动君子心”;世态炎凉考验,通过考察一个人在穷富、成败、盛衰等变化过程中的应对方式,识别其真实的人格(李庆善,1994,参见章志光等,1996)。

第三节 社会知觉偏差

社会知觉经常出现一些偏差,比较显著的有首因效应和近因效应、晕轮效应、预言自动实现效应等。

一、首因效应与近因效应

通常所说的印象,更多是指第一印象(first impression)或最初印象(primary impression)。由于最初获得的信息比后来获得的信息对印象形成的影响更大,进而第一印象在一定程度上主导了总体印象形成的现象,称为首因效应(primary effect),也叫最初效应。与首因效应相对应,在总体印象形成上,新近获得的信息比原来获得的信息影响更大的现象,称为近因效应(recency effect)或最近效应。

(一) 首因效应

社会心理学家的大量研究揭示,通常情况下,在印象形成过程中,首因效应的发生更经常。这是因为,第一印象一旦建立起来,就对后来获得信息的理解和组织产生强烈的定向作用。由于人们保持认知平衡与情感平衡的心理作用,必须使后来获得信息的意义,与已经建立起来的观念保持一致,所以人们对后来获得信息的理解,常常是根据第一印象来完成的。教师第一次讲课十分成功,在学生头脑中会留下强有力的、积极的第一印象。即使以后这位教师有些课讲得不够好,学生也会认为这不是能力问题,可能是教师没有时间好好准备。相反,如果教师第一次课讲得很糟糕,即使以后的课讲得很好,学生也可能认为是碰巧而已,甚至会认为看起来讲得很好的课存在很多不足,如虽然条理清楚,但没有深度,或虽然充满活力,但不够严谨等。

阿希(Asch,1946)曾以大学生为研究对象,做过一个实验。他让两组大学生评定一个人的总体印象。对第一组大学生,他说这个人是“聪慧、勤奋、冲动、爱批评人、固执、妒忌”,6个特征的排列顺序是从肯定到否定。对第二组大学生,阿希仍然用这6个特征,但排列顺序被颠倒了,从否定到肯定。结果发现,大学生对被评价者形成的印象,高度受特征呈现顺序的影响。先接受肯定信息的第一组大学生,对被评价者的印象远远优于先接受否定信息的第二组。这说明,第一印象具有高度的稳定性。

陆钦斯(Luchins,1957)运用文字描述材料的研究,也验证了首因效应。他用两段文字材料描绘了一个叫吉姆的学生。一段将吉姆描绘成友好、外向、乐于交往、快乐的人,说"吉姆去买文具,与两个朋友一起边走边晒太阳。他走进一家文具店时,店里挤满了人,他一面等待店员招呼,一面与一个熟人谈话。出商店时,他又停下来与来买东西的同学聊天。离开商店时,他遇到了头天晚上结识的女孩。吉姆与她说了会儿话才去学校"。另一段文字则将吉姆描绘成呆板、害羞和内向的人,说吉姆"放学后,独自一人离校,在阳光明媚的马路上,他走在背阴的一边。路上他见到了头天晚上认识的女孩。他穿过了马路进了一家糖果店,店中学生很多,有几个人他认识。他静静等到店员看到他,卖给他东西。他坐在桌旁喝完饮料就回家了"。

陆钦斯将这两段文字材料以不同方式呈现给被试,考察他们对吉姆的印象。结果发现,只看外向特征描述材料的被试,绝大多数将吉姆看成友好、外向的人;只看内向特征描述材料的被试,绝大多数将吉姆看成沉默、内向的人。当将两段材料合在一起呈现时,多数被试对吉姆的印象只根据先出现的第一段材料形成,无论将哪段材料放在前面,都是如此,第二段材料产生的影响很小,即先呈现外向特征描述材料,被试就倾向于形成吉姆外向的印象,而忽视后呈现的内向特征描述材料;若先呈现内向特征描述材料,被试就倾向于形成吉姆内向的印象,将后呈现的外向特征描述材料提供的信息忽视(见表6-5)。

表6-5 材料呈现的首因效应

材料呈现序列	知觉者判断的百分比/%	
	外向	内向
单独外向	95	3
先外后内	78	11
先内后外	18	63
单独内向	3	86

来源:转引自金盛华,张杰.(1995).*当代社会心理学导论*.北京:北京师范大学出版社,48.

研究证明,印象形成中的首因效应是存在的。所以,第一印象在人际交往中是非常重要的,它会影响人们以后对其行为的解释和稳定的内在特质的归因。心理学家对首因效应的产生提出了多种解释。一种解释认为,之所以最初获得的信息及由此信息形成的第一印象在总体印象形成过程中作用更大,是因为在最初接触陌生人时,人们注意的投入完全而充分,因而此时的印象更鲜明、强烈。对后继的信息而言,人们的注意会被分散,信息的影响作用下降。心理学家通过实验发现,当实验者提醒被试注意新接触的人各个方面的因素,注意不高度集中于最初信息时,首因效应随之消失。

另一种更为主要的解释认为,人们按照先入为主的第一印象来对后继信息进行解释。像陆钦斯的研究,当人们先看外向特征描述材料再看内向特征描述材料,会认为内向特征材料描绘的吉姆的表现,是因为他当天在学校里正好赶上不顺心的事,而吉姆实际是外向的人。反之亦然。

心理学家卡普兰(Kaplan,1975)的研究及其他许多研究证实,第一印象对后继信息的解释有明显的定向作用。如果先知道一个人有依赖的特点,那么会将他慷慨的特征理解成建立依赖关系的一种手段。如果先知道一个人有独立的特点,则会把他慷慨的特征看成独立性的表现。同样是一张眼睛深陷、额头突出者的照片,当人们得到的最初信息说此人是屡教不改的罪犯时,人们看到的是深陷的目光中隐藏着险恶,突出的额头显示了死不悔改的决心;当人们得到的最初信息说此人是著名学者时,人们则认为深邃的目光表明他思想深刻,突出的额头则是追求科学坚强意志的表现。

社会心理学的研究提醒人们应当注意新信息,不要形成不成熟印象,或者让人们在每次获得新信息时,都重新考虑他们的印象等,可以防止首因效应形成的印象偏差。

(二) 近因效应

相对于首因效应,近因效应远没有那么普遍和明显。近因效应的产生,是因为在形成印象过程中,不断有足够引人注意的新信息出现;或者原来的印象已经随时间推移而淡忘。心理学家发现,在人们回忆旧有信息存在困难、对一个人的判断要依赖当前情境时,人们就倾向于以新近信息为依据,从而产生近因效应。

在安德森(Anderson,1963)等人所做的与阿希类似的研究中,研究者告知被试要对其所列出的形容词表进行测试。结果发现:越是新近出现的特质,对形成最后的印象越重要。另外,在阿希的实验中,如果要求被试每呈现一个形容词之后就对某人做出评价,那么,初始信息的影响明显减弱。在初始信息和新近信息之间有较长的时间间隔,或者在中间插入其他与形成印象无关的任务,将会削弱首因效应,并显示出近因效应。社会心理学实验研究也发现,人的个性特点影响近因效应产生。心理特质表现为开放、灵活型的个体,会产生更多的近因效应。如果一个人有高度保持一致、稳定的倾向,缺乏足够适应性和应变能力,那么其自我一致、自我肯定的倾向会使首因效应更占优势。

二、晕轮效应

晕轮效应(halo effect)又叫成见效应、光圈效应,是指我们对一个人形成了某种印象后,这种印象会影响对他的其他特质的判断,人们会习惯用与这种印象相一致的方式去评估他所有的特点。社会心理学家发现,外表有吸引力的个体在其他方面也会得到较好的评价。相反,如果一个人外表缺乏吸引力,那么对他/她其他特征的评价则可能会更糟。

有心理学家在1972年做过一个实验,用数据证明了晕轮效应。他们让被研究者分别看高吸引力、无吸引力和一般吸引力的3类人的照片,然后让他们对照片上这些人的某些特征进行评定,结果见表6-6。

表 6-6 印象评价的晕轮效应

评定特征	高吸引力者	一般吸引力者	无吸引力者
个性的社会赞许性	65.39	62.42	56.31
职业地位	2.25	2.02	1.70
婚姻能力	1.70	0.71	0.37
当父母的能力	3.54	4.55	3.91
社会的、职业的幸福感	6.37	6.34	5.28
总体幸福程度	11.60	11.60	8.83
婚姻的可能性	2.17	1.82	1.52

注:表中数字越大,表示所评定的特征越积极。

来源:Freedman,J. L., Sears,D. O.,& Carlsmith,J. (1978). *Social psychology*. Englewood Cliffs,NJ:Prentice-Hall.

从上表的结果中我们可以看到,外表吸引力直接影响人们的印象形成。如果以一般吸引力者为参照,高吸引力者在更多特征上获得了更高的评价,而无吸引力者得到的评价明显低于一般吸引力者。在各个特征评价上显示出一致性。

心理学家在分析晕轮效应时发现,人们按照自己的观念(而不是根据科学依据),从个人的一种品质推断出其他品质,是一种普遍倾向。比如,知道了某人是聪慧的,则把这个人想象成富有魅力、灵活、有活力、认真、有心计、可信赖的;知道了某人行为轻率,则相信这个人好夸口、虚伪、常说谎、不受欢迎等。心理学家称这种从一种已知特征推知其他特征的普遍倾向称为概化晕轮效应。也就是不只外表吸引力会影响人们的印象,其他品质,尤其是重要品质,同样具有晕轮效应。虽然晕轮效应使人们形成的有关别人的印象与别人本来面目相差很大,但通过这一途径建立有关别人的印象,却是最迅速、最经济的途径,它帮助人们尽快适应多变的外部世界,使外部世界尽快得以结构化。

三、预言自动实现效应

预言自动实现效应在社会心理学中通常称为自我实现预言(self-fulfilling prophecy)。莫顿(Merton,1957)将这种现象解释为,对一种情境的最初错误解释,会引起某种预料的行为,使错误观念变成了现实。

预言自动实现效应的经典证明是罗森塔尔发现的期望效应。在这个开创性的研究中存在一定的缺陷,该研究招致了相当多的批评,但是,这项研究经受住了时间的考验。

在随后的时间里,学者对教师的期望效应做了上百项研究(Brophy,1982; Rosenthal,& Rubin,1978)。早期的研究结果发现:东方和西方的中产阶级学校里存在系统的期望效应或者自我实现预言(Rosenthal & Crowne,1968;Rosenthal & Evans,1968)。

打电话也会产生自我实现预言。施奈德等人(Snyder,Tanke,& Berscheid,1977) 在实验中给男大学生提供关于某女性的文件袋,内有伪造的照片,有的把这个女子描绘得很有吸引力,有的则描绘得无吸引力。然后让男生们给此女子打电话,闲谈 10 分钟。用磁带记录下电话内容。结果发现,得到的资料说该女子有吸引力的男生,较另外的男生在电话交流中举止更多情,并认为有吸引力的女子更友好、更可爱、更合群。

自我实现预言只是我们日常社会交往的可能结果之一。一些研究指出,即使效应出现,其影响也不是决定性的。但由于被卷入的人们很少能够意识到对一个人的期望会相当大地影响另外一个人的行为。因此,这就成了一个能够引起人们好奇心的现象。大量研究证明了自我实现预言效应的普遍性。有研究者(Darley & Fazio,1980)指出了这一效应产生的关键步骤:

第一,知觉者对被知觉者抱有一种期望。

第二,知觉者按与期望一致的方式行动。

第三,被知觉者解释知觉者的这一行动。

第四,被知觉者用行动对知觉者做出反应。

第五,知觉者解释被知觉者的行动与自己最初的期望相一致。

自我实现预言建立在由于推理错误、知觉错误导致的最初对情境的错误解释基础之上。要纠正这种效应,有两种可能见效的办法:

第一,从知觉者角度来看,如果知觉者对被知觉者的期望进行"补偿",自我实现预言就可能消失。例如,知觉者认为某人是敌视的,不希望自己也敌视对方,反而对其格外好,这可以使对被知觉者的敌视等令人不快的行为降到最小限度(Ickes,1982)。但是,如果知觉者坚持其最初假设,这种办法就不起作用。例如,如果知觉者坚信,即使自己对被知觉者再热情,对方的冷漠仍不可能有什么改变,这就会导致自我实现预言继续存在。

第二,从被知觉者角度看,如果被知觉者积极地尝试消除知觉者的期望,自我实现预言就可能消失。我们作为他人的知觉对象,经常拒绝扮演他人认为的消极角色。因为我们做了某件事,给他人以错误的消极印象,但我们的个性并非如此,仅是因为当时情境压力造成自己的行为,我们就努力用与知觉者期望相反的行为表现,消除留给他人的错误印象,即我们作为被知觉者,这时就不会响应他人按照错误的知觉对我们的消极期望。例如,大富翁的慈善义举,能使人们改变"为富不仁"的印象。

四、证实偏差与后视偏差

(一) 证实偏差

证实偏差(confirmation bias)指人们倾向于寻找证明自己所建立或相信的信念是正确的信息,而忽视与自己假定不相一致的信息,从而造成认知偏差。人们日常生活中由于维持心理上认知一致性的需要,很容易陷入相信自己正确,并有意寻找自我证实的信息,而忽视乃至曲解证实自己是错误的信息。《吕氏春秋》中有一个被广为熟知的典故——疑邻盗斧,丢了斧子的人先认为是邻居偷走了自己的斧子,然后怎么看邻居的神色言行都觉得他像是偷了自己斧子的人。而当他意外找回斧子之后,又怎么看邻居都不像是偷斧子的人了。这个典故很好地演绎了人在认知上的自证倾向,是一个经典的证实偏差例证。

虽然孔夫子早有箴言:知之为知之,不知为不知,是知也。这是先哲对人的认知需要有理性的提醒,但实际上,善于反思的科学家发现,有些科学研究由于通常基于理论或观察形成了既定的假定,研究过程中倾向于寻找支持自己假定的信息,而对不支持甚至否定自己假定的信息不予重视甚至是有意忽视。例如,当研究者相信遗传决定行为时,甚至会细致地找到没有在一起生活的同卵双生子娶同样姓名的太太,抽同一牌子的香烟,养同一品种的宠物狗且给宠物取了同样的名字的例证,而对于即便在一起生活但行为出现显著分化的例证却视而不见。

证实偏差使得人们的自我意象通常会相当稳定,同时也会导致人出现过度自信。准备投资股票的人总是倾向于相信自己所选择的股票会涨,也倾向于寻找和选择相信支持这只股票上涨的信息。避免出现由于证实偏差导致的过度自信的最好方法是保持信心与胜任力的一致性,即信息必须建立在可靠能力基础之上。比如,我们对股票信息缺少专业判断力的时候,就不能轻易相信所获得信息的实质价值,乃至如果对股市和所选择股票没有专业判断能力,就不要轻易入市。

（二） 后视偏差

后视偏差(hindsight bias)也可被称为“我早知道”效应,指当一种事情发生时,个人认为自己早就预见了事情会是这样的现象,即“事后诸葛亮”。当球赛以比分 2∶0 结束时,有人认为自己早就知道是 2∶0 的结果,自己对事情会怎样发生事先的判断很准确。而实际上却是事后自证,因为之前没有留下任何自己怎样判断的依据,只是自己感觉自己原来的判断就是 2∶0。

后视偏差实际上是另一种自证现象。正如聚光灯效应所说的人们自己认为受到别人关注的程度比实际上受到关注的程度要高一样,人们会动用很多尝试性知识在知觉上进行自我支持。

后视偏差可能会带来我们高估自身智力的负面结果。我们会更多把现在看来“显而易见”的错误选择归咎于决策者,而不是称赞他们的好选择,这似乎也“显而易见”。幸福是来自知道真相,还是来自保留幻想?是来自与人相处,还是源自平静的孤独?寻求意义可以有各种视角,无论我们发现什么,总会有人预见到的。

关键不在于常识可能是错的,而在于常识通常都是对的,因此,我们很容易欺骗自己,认为我们过去和现在知道的比我们实际知道的要多。这就是为什么我们需要科学帮助我们从幻觉中筛选出现实,从容易出现的后视偏差中筛选出真正的预测。

五、认知启发与社会知觉误差

认知启发(cognitive heuristics)是指人在社会认知中喜欢走“捷径”,并不对关于他人所有信息进行感知,而是倾向于“抄近路”,感知那些最明显、对形成判断最必要的信息的现象。它是人们经常快速、简便进行推理,得出结论的决策法则。认知启发很容易出现偏差。麦奎尔(McGuire,1969)把人称为懒惰的接受者(lazy perceiver),泰勒(Taylor,1981)把人看成认知吝啬者(cognitive miser),都强调了这种现象的存在。面对不确定事件的判断,人们常采用 3 种启发方式(Tversky & Kahneman,1973):

（一） 表征性启发

表征性启发(representativeness heuristic)是指人们根据当前信息或事件与其认为的典型信息或事件的相似程度进行判断。这种策略认为,个体越是与某一群体的一般成员相似,他就越可能是那个群体中的一员。因为每个群体都有独特的行为风格,其成员总有共同特征,故表征性启发往往是准确的。但是,当个人特征与其所在群体其他成员不一样时,表征性启发会产生基率谬误(base-rate fallacy),即个体忽视事物发生概率而做出错误判断。人们运用表征性启发进行决策时,习惯于把事物的类型划分典型化,进而过分强调某种决策选项的典型性而忽略其发生的概

率。例如:

小王是一名大三的学生,为人热情、开朗,有一定的文艺特长且乐于参加社团活动,具有一定的组织能力。那么她可能是以下选项中的哪一个?

A. 她是校合唱团的骨干且在其中担任干部。 B. 她是校合唱团的骨干成员。

结果表明,多数人选择 A,认为选项 A 更接近对其特征的描述,而忽略了选项 A 出现的概率要远远低于选项 B。

(二) 可用性启发

哪些信息容易被回忆和联想,人们就倾向于根据哪些信息进行判断的现象被称作可用性启发(availability heuristic)。与不容易回忆的信息相联系的事件相比,与容易回忆的信息相联系的事件被认为更平常、更多见、更容易发生。例如,航空事故给人们深刻印象,导致人们相信乘火车比乘飞机更安全。实际上,从事故的发生概率来看,飞机更安全。但谈到飞机,太容易让人想起航空事故;而火车事故一方面相对较小,另一方面,有些事故人们根本不知道。

可用性启发能在一定程度上帮助人们判定事物发生的频率,因为发生得多的事物就容易让人想起。但在几种情况下,这种启发是不可靠的:第一,当一些事件的信息很生动、很显著,给人的印象深刻,很容易被提取,而另一些事件的信息比较平淡、人们比较熟悉,习以为常,此时就容易判断为前者的发生频率高;第二,当有的事情很容易联想起具体事例,而另外的事情不易产生联想时,人们就倾向于认为前者的发生频率更高。

(三) 调整性启发

调整性启发(adjustment heuristic)或称锚定启发(anchoring heuristic),是指先抓住某个锚定点,然后逐渐调整,最终得出结论的判断方法。这种启发适合对模糊信息进行评价。卡恩曼(Kahneman)和特韦尔斯基(Tversky)在早期对启发式思维和认知偏差的研究中发现了这种机制(Epley & Gilovich,2006)。多数时候,人们对事物的判断多依据对其起始状态的判定。例如,让个体快速推测"1×2×3×4×5×6×7×8"和"8×7×6×5×4×3×2×1"两组运算哪个更大时,结果发现被试对第一组数值乘积值的推断要明显低于第二组。其结果可能是两组乘积起始数值(1 和 8)大小的不同所造成的。对事物的判断如此,对人的判断也是如此。对人的判断,人们通常使用的锚定点就是自己。当一个人评价另一个人很漂亮时,其意思是说,这个人至少比我漂亮,或比某个与自己密切相关的人漂亮。

六、影响社会知觉偏差的其他因素

根据前文内容可知,信息的先后顺序造成了印象形成过程中第一印象、首因效应等社会知觉偏差出现;中心品质几乎决定了对人的总体印象;对人的好恶严重影响对他人的知觉印象。我们关于别人的印象与其本来面目有较大误差,常常是不准确的。心理学家巴克豪德(Buckhoud,1974)研究发现,一次人身袭击事件发生 7 个星期之后,当研究者将包括袭击者在内的 6 张照片交给 142 名事件目击者辨认时,有 60% 的人,包括被袭击者本人,对袭击者的指认都是错误的。印象的误差之大,由此可见一斑。

影响印象形成及准确性的因素还有很多。例如,被知觉对象本身的特点,知觉主体与被知觉者之间信息沟通的状况,知觉者自身的情绪状况和个性特点等,都会对印象形成过程和印象准确性产生较大影响。这里重点介绍同知觉主体有关的影响印象形成和准确性的因素。

(一) 知觉者的情绪状况

社会心理学家的早期研究证明,知觉者情绪状况直接影响印象形成过程中的信息选择与解释,因而影响印象准确性。心理学家墨莱(Marray,1933) 发现,在女孩刚参加完一种恐怖游戏,情绪仍处于恐惧状态时,给她们看一些别人的表情照片,她们会认为照片的表情也是恐惧的,而没有做恐怖游戏的女孩则没有这种现象。

在我们心情好的时候,我们会感到周围的人都那么让人愉快;而当我们沮丧时,又会感到周围许多人让人心烦。这是一种普遍现象。因此,在一定程度上,从别人对待周围人的态度中,我们可以判断这个人的情绪状况。如果一个人突然情绪特别振奋,愿意做平时不怎么愿意做的事,变得大方,比平时热情,容忍性明显增加,那么他/她可能遇到了令人振奋的事,情绪正处于良好状态。

(二) 投射作用

投射作用是指人由于自身的需要和情绪倾向,将自己的特征投射到别人身上的现象。投射作用使人将自己具有的特征看成别人具有的。

投射作用的直接结果是投射者自身心理状况对印象形成的影响,甚至比被知觉者本身的特征影响更大。由于投射作用,个体在知觉他人时,会歪曲其特点,把自身具有的特点投射到对方身上,使有关他人的印象实际上更像投射者自己的。心理学家做过大量实验,证明无论人自身心理状态是喜是悲,对别人的表情判断都更接近自己的情绪体验,从而对别人的印象成了自身真实心理状态的体现。

投射作用的另一结果是人可以准确评价同自己类似的人。在这种情况下,对类似者的判断要比其他人的判断准确。因为此时的投射恰好是吻合的。

投射作用表明,对别人的评价或印象,一方面是对别人个性的测量,另一方面更是自我个性的鉴定。这种鉴定能避免直接自我鉴定时的社会赞许性影响,因而运用投射方法测量人的个性,可能比自我评价方法更好。心理学中的投射测验正是根据这一原理发展起来的。

(三) 内隐人格

内隐人格理论出自心理学家凯利(Kelly,1955)。他认为,每个人对人都有不同于别人的独特理解,人们的各种个性品质相互联系,只要认识其中一个占重要位置的特征,就可以推知其他品质。例如,知道一个人懦弱,就可推知他/她多虑、怕事、守本分;知道一个人说话粗俗,就可以认为他/她胆大妄为,不守信用等。实际上,关于人的这种"内隐人格理论",是通过经验途径建立起来的非科学化的观念,没有系统的科学依据。因此,当人们以"业余心理学家"自居,以"内隐人格理论"为根据去推测人们的品质时,常会出现错误。

从功能角度来看,内隐人格理论是人们适应多变社会情境的一种方式。人们建立起对他人的理解,就可以使自己所处的周围情境结构化,从而可以对自己在一个社会情境中的行为适当性进行预测,使自己的行为获得明确定向。因此,无论进入什么样的社会情境,人们已经建立起来的内隐人格理论都会自觉不自觉地发挥作用,影响人们印象形成过程中的信息选择和理解。由于不同人持有不同的内隐人格理论,因而对同一个人,不同人形成的印象各不相同,甚至大相径庭。正因为印象形成过程会受人们既有内隐人格理论的影响,所以,人们形成的印象常有个人偏见参与,出现较大误差。

(四) 知觉者对被知觉者的熟悉与个人情感卷入

心理学家发现,与人们通常的理解不同,人与人熟悉并不能增加印象判断的准确性,相反会降低其准确性。人与人越熟悉,个人情感卷入成分越大,个人偏差的作用也越大。研究表明,个人情感卷入是偏差产生的一个重要因素。一般来说,随着个人情感卷入的增加,人们信息选择和解释的客观性会下降,从而使人们印象判断的精确性变差。

第四节 印象管理与自我表现

印象形成是知觉主体对于认知对象形成最初认知的过程,通常都是高效和表层的,来自进化过程的适应需要,是人行为获得定向的最初依据。而当人们成为他人知觉对象的时候,正如谈恋爱初期人们都希望把自己好的一面展现给别人看一样,会对自己输出的信息和自我表现进行管理,以期互动过程中别人对自己的印象对后续互动有积极的定向。

一、印象管理的概念

印象管理(impression management)是指一个人通过一定的方法去影响别人对于自己的印象,使别人所形成的印象符合自己期望的过程。恰当的印象管理是人际交往的润滑剂,可以使交往顺畅进行。恰当的印象管理不应理解为虚伪,应理解为讲文明、讲修养。

【微课】印象管理与自我表现

印象管理与印象形成既有联系也有区别。印象形成是信息的输入,是形成有关别人的印象。而印象管理是信息的输出,是对别人的印象形成过程发挥影响。

符号互动理论强调,参与社会互动的人,要站在他人角色立场,了解别人如何看待自己。这样可以使人们有效控制自己的社会行为,使别人感到满意。

戈夫曼(Goffman,1959)提出的“戏剧论”(dramaturgy),就是讲印象管理的问题。他把社会交往看作戏剧舞台,人人扮演一定角色,演出相应的节目。在别人面前,人总是企图控制别人对自己的印象以及交往的性质。社会赞许性的需要和控制交往结果的愿望,促使人们进行印象管理。在社会互动中,每个人都竭力维持与当前社会情境相吻合的形象,确保他人对其做出正性的评价。成功维持良好形象,就会受到周围人赞许,自己就有“面子”,否则就“丢脸”。每个人都有保全“面子”或挽回“面子”的策略,这就是印象管理策略。

总之,印象管理是人们适应社会生活的一种方式。但是,我们在承认其积极意义的同时,不可否认,也有些人会伪装自己,即所谓的两面人。他们在别人面前的表现与真实人格和心理背道而驰,其娴熟的表演迷人眼目,使他人上当受骗。这时,当印象管理策略被用作实现阴谋的手段时,我们应当引以为戒。

心理学家研究发现,人的印象管理能力虽有不同,但其发展在童年早期就已开始,印象管理不只是成人有,儿童也有。

二、自我表现

社会心理学把自觉的印象管理过程称作自我表现。自我表现是人与人之间相互作用的一个基本方面。在现实生活中,人们经常有意识地按照一个模式表现自己,以便给别人留下期望的印象,借此达到预定目的。成功的印象管理,的确会帮助人们在许多情况下获得优势。

(一) 建立良好的第一印象

在自我表现中,人们首先关心的是如何给别人留下良好的第一印象,使自己与别人的关系有一个良好的开端。

那么,我们怎样才能通过有意识的努力,使我们在同别人发生相互作用的开始,就给别人留下一个良好的第一印象呢?在日常生活中,更多的青少年(甚至成年人)在初次接触陌生人的新的社会情境中,都不知道如何恰当地进行自我表现,往往过于拘谨,缺乏自发性,交往不自然,从而很难给别人留下积极、深刻的良好印象。

社会心理学家艾根(Egan,1977)发现,在同陌生人相遇的初期,按照SOLER模式表现自己,可以明显增加别人的接纳性,使我们在别人心目中建立起良好的第一印象。SOLER是由5个英文单词的首字母拼写起来的专用术语。其中,S表示"坐(或站)要面对别人";O表示"姿势要自然开放";L表示"身体微微前倾";E表示"目光接触";R表示"放松"。这样会给人"我很尊重你,对你很有兴趣,我内心是接纳你的,请随便"的轻松、良好印象。

心理学家发现,如果我们有意识地在社交场合运用SOLER模式改变不适当的自我表现习惯,可以有效地增强别人对我们的好感,增强别人对我们的接纳性。

卡内基(Carnegie)在《如何赢得朋友及影响他人》一书中,根据大量实际生活成功经验,总结出给人留下良好第一印象的6条途径:

(1) 真诚地对别人感兴趣。

(2) 微笑。

(3) 多提别人的名字。

(4) 做一个耐心的听者,鼓励别人谈他们自己。

(5) 谈论符合别人兴趣的话题。

(6) 以真诚方式让别人感到他自己很重要。

在日常生活中,我们要学会这些自我表现的技术并不难。如果我们想到任何一个人都具有我们所不及的方面,都值得我们学习,想到我们每认识一个人就等于多打开了一扇人类世界的窗户,我们就不难做到真诚地对别人感兴趣,对别人真诚地微笑。如果我们懂得别人需要有自我展示的机会,我们就能做一个耐心的听者,鼓励并支持人们表现自己。如果我们知道个体需要别人承认他们的价值,我们就可能注意那些对个体自我价值起支持作用的内容。

(二) 自我表现的原则

1. 角色获得

通过角色获得,我们知道别人期望我们怎样行为,了解我们怎样表现是恰当的。由此,我们可以调节自己的行为,使效果符合各种愿望。

2. 相互支持

自我表现必须不侵犯别人尊严。社会生活犹如舞台,每人都在扮演一种角色。如果言行损害了他人“面子”,使他人尊严受到威胁,人们就对其高度排斥。成功的社会交往,表现在交往双方以各自的自我表现相互支持,使对方的期望得以实现,同时也达到自己的目的。人的行为要于人有益,也于己有利。

3. 学会特殊的自我表现策略

人们经常有意识地使用一些特殊策略,向别人表现自己,给别人留下各种印象以达到不同目的。社会心理学家琼斯(Jones,1982)总结了5种人们特殊的自我表现策略:

(1)逢迎。逢迎是用一定策略性行为(如抬高别人、遵从别人观点、送礼等)来影响别人,以增加自己个人品质的吸引力,使自己看起来值得被人喜欢的策略。常用方法有真诚赞美别人和由衷赞同别人观点。这两种方法是对别人自我价值感的支持,能增加别人对我们的接纳性。

(2)恫吓。恫吓旨在给别人造成恐怖印象,使别人由于害怕而接受控制,由此达到自己的目的。例如,强迫被害者交出金钱。在拳击比赛前的介绍中,选手们尽可能威胁地凝视对方,努力让对方害怕。

(3)自我抬高。自我抬高是夸大呈现自己的能力。人可以在总的方面抬高自己,也可以在某些特殊能力上抬高自己。在自我抬高时若能承认自己小的不足,则可以使自我抬高更可信。它可以利用美化现象来实现。例如,通过暗示如果自己在接受任务时没有生病,那么会完成得更有效。

(4)显示。显示是给别人以正直和品行高尚的印象,由此使别人感到彼此的差距而内疚。领导者可用这种方式确立自己的形象。如放弃某些细小利益,显示自己道德超越以赢得人们尊重,增加影响力。

(5)恳求。恳求是向别人坦白自己的弱点和对别人依赖的行为,目的是引起他人同情,进而得到帮助。人们往往在其他策略都无法使用时,最后才被动地使用这种策略。它会给人造成孤立无援、毫无办法的印象,从而赢得同情和帮助。

琼斯的研究发现,对于这5种特殊的自我表现策略,人们会根据时间、场合择其一种加以运用,也可能同时运用多种。不同人对策略的偏好不同。但是,几乎每个人都会使用某种策略来帮助自己达到预定目的。

三、自我表现与情境同一性

亚历山大(Alexander,1970)等人于20世纪70年代提出了情境同一性(situated identity)概念,认为印象管理是社会互动的一个侧面。他们认为,每个社会情境或人际背景,都有一种合适的社会行为模式,这种行为模式表达了一种特别适合于该情境的同一性,故称为情境同一性。人们在交往中,总是力求创造最适合自己的情境同一性。人进行印象管理,试图给他人留下一定印象,就是使自己在特定情境中的自我表现符合于自身的情境同一性。因此,有什么样的交往情境,或者有什么样的交往对象,人就会有相应的自我表现。

（一） 交往对象与自我表现

人在不同对象面前，其行为表现可能不一样。格根和威什诺夫（Gergen & Wishnov，1965）在实验中先让被试描述自己的特征，一个月后，再把这些被试分为两组，让他们在他人面前描述自己的特征。第一组被试的谈话者很自负，第二组被试的谈话者很谦逊。结果，第一组被试的自我描述比一个月前更积极，叙述的优点更多；第二组被试比一个月前不仅减少了优点叙述，还强调自己的短处。实际上，这是个体为了达到与交往对象的默契，根据情境中不同对象的特点，使自己的思想观点在自我表现时尽可能与对方接近的现象。例如，某位激进的女大学生主张女性独立，在竞选校学生会部长时会极力主张男女平等，宣称女性照样能做好男性所做的事；但是她与男大学生交往时，又表现得顺从、温柔。在某些特定情况下，如当人们与不能认同的对象进行交往时，不是表现出与交往对象的接近，而是尽可能表现出与对方的不同，甚至宁愿改变自己已有的态度、观点，也不愿与对方相似。例如，某人很讨厌某一交往对象，感到对方与自己相似令人反感，就会自我表现得与之不同。

（二） 交往目标与自我表现

交往目标能决定人的自我表现。在格根和泰勒（Gergen & Taylor，1969）的研究中，研究者让海军军校学员一起完成某项任务，对其中一半学员强调团结、和睦，对另一半学员强调工作效率和结果。然后，让学员在自己的小组做自我介绍。结果发现，强调工作效率和结果的那一组学员，表现了更多肯定的自我描述，告诉别人自己的能力、特长和优点；强调团结、和睦的那组学员，其自我描述更谦虚，甚至有自我批评。这说明交往目标不同，人的自我表现也不同。

四、印象管理的识别

印象管理的识别，即在交往中分辨交往对象的印象管理策略，了解其真实动机和面貌。既然人通常会通过运用印象管理策略，给他人留下尽可能积极和自我期望的印象，那么，了解交往对象的真实态度、情感和人格，辨别真伪，就成了人们社会适应能力的一个重要侧面。

（一） 非语词反应与印象管理

人在交往中的自我表现通常可分为两个构成部分：一是人们容易控制的表现，如语言、仪表等；二是人们不太留意或没有加以控制的流露，如姿势、眼神或无意识动作等。这两部分有时一致，有时不一致。当不一致时，第二种非控制性的信息流露更为真实。在日常行为中如果过分刻意控制自己的行为表现，反而显得做作，容易暴露难以控制的部分。真正高明的印象管理者，能用“不太留意、未加控制”的方式表达其目的指向的积极自我，他们已经能够控制非言语行为。但尽管如此，他们仍然会在身体运动方面暴露真实自我的信息。

埃克曼和弗里森（Ekman & Friesen，1974）曾进行过一项研究，安排两组护校学生被试对一部令人不快的电影进行评价，要求一组被试真实表达自己的不快，而要求另一组被试表达对该电影的积极情感。两组被试在讨论时被拍成录像，实验研究者让观察者根据录像判断两组被试是否讲了真话。一组录像只出现被试的面部表情，另一组录像只显示被试颈部以下的部位。结果发现,观察身体运动的人更能有效地识别人物的诚实度。这一实验证明,非语词反应流露出了人们真正的内心状态。这意味着通过细心、敏锐地捕捉各种非语词线索,欺骗是能够被识破的。

(二) 自我监控与印象管理

自我监控(self-monitoring)是指个人为适应环境或符合他人的期望所进行的自我行为调整。与印象管理不同,自我监控更关注人们在印象管理方面的个体差异,并且假定不同的人在自我监控方面有不同的特质。对有些人来说,有意地自我表现,是一种生活的方式。他们不断地监控自己的行为,注意其他人的反应,校正自己的表现以获得渴望的效果。他们是在自我监控测量中的高分获得者(Snyder,1987;Gangestad & Snyder,2000)。要使行为适应外部环境,他们更倾向于赞成自己并非真正认同的态度(Zanna & Olson,1982)。由于总是关注他人,他们不太按照自己的态度行动。而自我监控测量上的低分获得者则较少关心其他人的想法,他们更多处于内在导向,倾向于按照自己的感受和信仰做事和说话(McCann & Hancock,1983)。

【知识拓展】
自我监控量表

高自我监控者被描绘为一个"实用主义的自我"(Snyder,1987),他们的表现包括:① 对行为合理性的关注;② 关注别人对行为合适与否的暗示;③ 在不同的场合熟练地表现出多种不同的行为;④ 能够改变自我表现的形式(Gabrenya & Arkin 1980)。总之,高自我监控者对适应环境感兴趣,他们能熟练地识别别人的希望和期待,并且能够调节自己的行为以适应别人的期待。他们表现外向,高自我控制,并且愿意改变自己的行为以适应别人(Briggs & Cheek,1988)。

与高自我监控者相比,低自我监控者所表现的自我形象更真实。他们被认为有一个"原则性的自我"(Synder,1987)。他们更容易出现行为与自己态度相一致的情况,在他们认为自我监控不必要时更是如此(Snyder & Gangestad,1982)。

低自我监控者的行为与态度一致的主要原因是他们比高自我监控者能更快地从记忆中评价自己的态度(Kardes,Sanbonmatsn,Voss & Fazio,1986)。价值和原则对低自我监控者比对高自我监控者更重要,并且能更快地被意识到。在施奈德等人(Snyder & Swann,1976)的一个研究中,低自我监控者支持控告大学性别歧视的女生的行为,这可以从他们赞同的态度来预测;而对于高自我监控者,他们的实际行为与他们的赞同态度是不一致的。当一致性变得很重要时,高自我监控者会通过表现更多的与态度一致的行为,显示出他们的适应性和灵活性(Snyder & Kenzierski 1982)。也就是说,如果人们期待高自我监控者有一致的行为,他们也能表现出同低自我监控者一样的一致性。

高、低自我监控者的差异也会存在于亲密和浪漫的关系中。高自我监控者选择浪漫的伴侣时,他们更重视外表吸引而不是人格吸引(Synder,1987)。低自我监控者却相反,认为夫妇之间的和谐更多地在于性格和兴趣的符合,而不是身体方面的吸引(Glick,Demorest,& Hotze,1988)。研究表明(Snyder,1987),当一种工作需要在组织的交叉点上实现或与自己组织之外的其他人一起工作时,高自我监控者对于这种需要灵活性和能够觉察别人需要与期待的工作更为胜任,这正是高自我监控者敏锐了解他人需要和期待的特长。

第五节 内隐社会认知

一、内隐社会认知的概念

内隐社会认知是美国心理学家格林沃德(Greenwald,1995)提出的一个新的、重要的社会心理学概念,它标志着社会认知的研究进入了一个崭新的阶段。

内隐社会认知(implicit social cognition)是指在社会认知过程中,虽然个体不能回忆某一过去经验(如用自我报告法或内省法),但这一经验对个体的行为和判断依然具有潜在影响的认知现象。它是一种深层的、复杂的社会认知活动,是认知主体不需努力、无意识的操作过程。它具有如下鲜明的特征:

(1) 社会性。内隐社会认知是对人及人际关系等社会对象的认知,这一过程包含着深刻的社会历史意义和文化内涵。

(2) 积淀性。作为一种社会认知结构,内隐社会认知是已有的社会历史事件和生活经验长期积累的结果。

(3) 无意识性。内隐社会认知的发生和发展是一种自动的、无意识的操作过程。

(4) 启动性。个体的过去经验和已有的认知结果,会对新的对象的认知加工产生影响。

内隐社会认知从无意识维度对传统的社会认知(即主体在意识操纵下对社会客体的信息加工过程)提出了挑战。随着20世纪90年代后期大量有关内隐社会认知研究成果的发表,内隐社会认知逐渐成为社会认知领域的研究热点。

内隐社会认知的提出具有非常重要的意义。一直以来,精神分析学派都难以找到确凿的证据来支持弗洛伊德的无意识论。而对于诸如晕轮效应的无意识生成现象、对某种行为的语句描述引发个体对有关行为的推理等现象,传统的社会认知理论的解释力越来越弱。内隐社会认知研究及其发展则为无意识理论提供了初步的实证支持,有关的研究发现也被广泛应用于研究社会心理学中的内隐现象。如在人才测评中,研究者发现某些内隐线索在不知不觉中干扰决策者的选拔公正性。显然,如果使人们将这些内隐的干扰线索转变为可以意识的因素,将可能避免在选拔决策中的偏差。

二、内隐社会认知的研究方法

由于内隐社会认知的活动脱离了意识的监控,直接测量法已无法证明内隐认知过程的存在。为此,内隐社会认知研究所采用的是间接测量的技术和方法。

早期的投射测验是研究内隐社会认知的很好的方法。让被试根据一幅抽象的图片、照片或抽象的刺激讲故事或进行联想式描述,可以获得被试本人的许多内隐心理。斯普兰格(Spangler,1992)发现,用投射法测量的成就动机比用问卷法测量的有更高的预测效度。

内隐社会认知的研究方法还包括以下几种。① 补笔法,即在被试学习一系列单词后,主试给被试提供单词的缺笔词,要求被试把心中想到的单词填写出来。吉尔伯特(Gilbert,1991)用补笔法揭示了内隐刻板种族印象的存在。② 阈下条件法,即主试给被试迅速呈现一组富有感情色彩(愉快/不愉快)的刺激物,然后呈现中性刺激物,测查其是否对原来的中性刺激做出了情感性判断。③ 反应时法,根据被试完成判断任务的反应时差异来考察其内隐社会认知效应。

格林沃德(Greenwald,1998)提出了一种全新的内隐社会认知研究方法——内隐联系测验(IAT),并以其创新性和有效性迅速奠定了作为内隐社会认知研究新范式的地位。

IAT 是一组计算机化的分类任务,以反应时差异为指标来测量概念间内在的联系强度,从而间接反映个体的内隐心理倾向。

IAT 的方法学基础是心理学中的启动效应。IAT 要求被试对目标概念与属性概念做出同一反应。那么,当这两个概念之间联系紧密或者性质相容时,被试对于这两个概念做出同一反应的反应时就较短,而如果两个概念联系不紧密或者性质不相容时,被试需要的反应时就较长。完成两类任务的反应时差异称为 IAT 效应。IAT 效应是目前衡量概念间联系程度的关键指标。

系列研究表明,IAT 具有较好的一致性信度(Cunningham,Preacher,& Banaji,2001)和再测信度(Greenwald & Farnham,2000),其结果不受某些实验程序变量的影响(Greenwald,1998),具有较好的稳定性,而且不同的 IAT 之间有良好的聚合效度,同时又有良好的区分效度(蔡华俭,杨治良,2002)。局限在于内隐联系测验只能用于测量概念间的相对联系强度。

三、内隐社会认知的相关研究

(一) 内隐社会知觉的研究

内隐社会知觉是个体对社会信息的一种无意识获得,属于内隐社会认知的初级阶段。

周爱保等人(1998)曾开展一系列研究来探讨内隐社会知觉的特性和规律。在一个实验中,研究者选择不同词性(消极词、积极词和中性词)与词频(高频中性词、低频中性词)的 64 个双字词作为实验材料,采用"意识过滤"技术和速示辨认测验,对男、女两种被试进行了内隐社会知觉特点的考察。结果发现:经验、刺激的特性和刺激的启动作用,对内隐社会知觉有显著的影响,而实验材料的笔画数和被试的性别对内隐社会知觉没有影响。

(二) 内隐社会认知中关于印象形成的研究

钟毅平、杨治良(1998)采用性质不同(积极和消极)的成语作为实验启动刺激材料,在启动实验阶段先告知被试判断成语结构,随后让被试在看来无关的印象形成实验中,判断一张模糊照片上的目标人物的品质。结果发现:事先呈现的积极或消极成语,对随后的印象形成产生了正向或负向启动效应。其中,积极成语启动组倾向于将目标人物的品质评价为更聪明、善良、谦虚;而消极成语启动组对目标人物的品质的评价则较差。研究者认为,品质判断所测量的是内隐社会认知,事先判断成语是一种经验或学习痕迹,被试在形成对他人的印象时,虽然没有意识到这种经验,但它却影响了人们的印象形成和社会判断。两位研究者的进一步研究还发现,当呈现表示同一品质但性质相反的成语时,如果启动刺激和目标刺激之间不延迟,则近因效应在启动效应中起作用,但在延迟情况下,首因效应在启动效应中占优势。

还有研究就信息的性质对内隐社会印象的影响进行了探索(周爱保,1999)。研究者要求被试根据不同性质信息描述对不同性别的人(名)的印象。结果发现,被评价人的性别特征在社会印象形成过程中产生了重要作用,而评价人自身的性别特征却没有显著作用。

（三）内隐社会认知中的刻板印象研究

内隐的刻板印象是指不能被觉知的过去经历（内隐记忆）影响着个体对特定类型的社会成员的评价。葛明贵（1998）采用男性和女性的人格特征词作为实验材料，研究内隐性别刻板印象。结果发现，被试对男性和女性的人格特征词的内隐记忆差异显著。突出表现在对“女性”加工的精细性和对“男性”加工的宽松性上。而在外显记忆中，对男性和女性的人格特征词没有表现出差异。研究者认为，由于人们头脑中存在的对女性的歧视与不公正态度，造成这种对女性目标词的精细加工。而这种内在歧视通过直接测量手段是不能获得的，其作用也是在主体没有明确意识到的情形下发生的。研究者称这种现象为内隐性别刻板印象。

格林沃德等人（1998）将 IAT 引入对种族刻板印象的研究中。实验以白人学生为被试，以白人和黑人的姓名为目标刺激，表示愉快意义与不快意义的词为属性刺激，以完成对白人+愉快/黑人+愉快的分类任务所用的反应时差异为指标。研究发现，被试对于白人姓名显示出积极的内隐偏好。但是从外显态度测验的分数来看，此实验的大多数白人被试都认同种族平等或偏向黑人。在本实验中，内隐态度与外显态度的测量出现了分离，证实许多白人都深藏着对黑人的无意识的消极评价，同时还保持着积极的外显态度。因为无意识偏见会对主体的自我形象产生威胁，故其被逐于意识之外。

“男性适合理科，女性适合文科”是教育领域从中学到大学的普遍刻板印象。研究者发现，女生的内隐性别—学科刻板印象要高于男生，且男女开始形成内隐刻板印象的时间存在差异（Passolunghi，Rueda Ferreira，& Tomasetto，2014）。内隐性别—学科刻板印象可以预测八年级学生的科学、数学成绩的性别差异。这种性别—学科刻板印象被学生内化后就成为导致女生理科成绩比男生差的主要原因之一（Nosek et al.，2009），它还会影响大学生，特别是女生的职业规划（Cundiff，Vescio，Loken，& Lo，2013）。但女性科学家、女性教授的模范作用可以降低内隐性别—学科刻板印象，从而提高女性追求科学的积极性（Young，Rudman，Buettner，& McLean，2013）。总之，在发展和教育情境下，可以用 IAT 来测量学生的内隐性别—学科刻板印象，从而预测数学和理科成绩的性别差异。

（四）内隐自尊的研究

内隐自尊是过去自我态度积累下的一种无意识痕迹，是个体在评价与自我相关的对象时，由内隐的自我态度带来的一种无意识效应。关于自我偏见和角色扮演的研究揭示了其中内隐自尊的存在。自我偏见效应是指人们在进行判断时，潜隐的自我肯定会带来判断上的偏见。人们倾向于从有利于维护自我形象的角度做出判断，并修正过去的记忆。这一自我认知偏见具有适应性功能，有助于保持自我的完整和统一。

格林沃德等人（2000）的实验研究对内隐自尊用 IAT 进行了测量。内隐自尊在这里是指自我在评价与“我”有关和无关的对象时的潜隐效应。该实验中的两个 IAT 分别涉及情感性和评价性内隐自尊：① 情感性 IAT 采用表示令人愉快或不快意义的词语，如钻石、健康、日出、剧痛、垃圾、毒药等，作为表示积极和消极情感性概念的项目；② 评价性 IAT 采用表示积极和消极意义的词语，如明亮、尊贵、诚实、丑陋、卑鄙、罪恶等，作为表示积极和消极评价性概念的项目。总的来说，当自己与表示愉快意义的项目联系时，被试的反应更为迅速。两种 IAT 效应都很显著，并且两种 IAT 结果之间无显著差异。进一步分析表明，性别和种族对自尊的 IAT 分数作用不显著。并且，关于自尊的IAT与其外显测验的得分之间,往往仅存在低相关关系。蔡华俭(2003)有关内隐、外显自尊结构及关系的研究指出,作为独立于外显自尊结构的内隐自尊,其强度表现虽不如西方被试,但却验证了内隐自尊在东方文化背景下的存在。随后,耿晓伟和郑全全(2005)的研究更是直接确认了中国文化背景中自尊的双重结构(外显与内隐)。与此同时,有关中国人人格与内隐自尊关系的研究也发现,内隐自尊作为独立于外显自尊的特殊结构,与中国人人格的各个因素均无关联(周帆,王登峰,2005)。

研究发现,自恋人格倾向的个体外显自尊低、内隐自尊高(Vater et al., 2013),并且容易表现自杀倾向和抑郁症状(Creemers, Scholte, Engels, Prinstein, & Wiers, 2012);而存在社交焦虑障碍的个体外显和内隐自尊均低于普通人(Ritter, Ertel, Beil, Steffens, & Stangier, 2013)。研究还发现,自我—伤害的IAT不仅可以区分自我伤害和非自我伤害的青少年(Nock & Banaji, 2007a),区分无自杀意念、有自杀意念以及自杀未遂的青少年(Nock & Banaji, 2007b),还可以预测未来的自残和自杀行为(Randall, Rowe, Dong, Nock, & Colman, 2013)。自我—伤害的IAT可以将自杀未遂者从其他急救病人中区分出来,并且可以预测个体6个月后的自杀企图(Nock et al., 2010)。

(五)内隐归因的研究

内隐归因作为内隐社会认知研究的一个方向,是运用内隐的研究方法对归因开展研究的成果积累(Dweck & Leggett,1988;Sandra,1995)。随着内隐社会认知领域不断的深入研究与成果积累,越来越多的学者开始关注归因的内隐研究,并逐渐明确提出了内隐归因的概念与结构。贺国荣(2005)发现,个体对于"性别—(被)领导者"的归因具有显著的内隐效应。郑全全等(2007)采用外显的自陈式量表和自行设计的内隐联想测验,对归因过程进行了研究。结果发现:个体归因过程由内隐与外显归因两个部分构成,这种归因的双重过程模型不受性别与经验因素影响。同时,研究还发现个体的归因偏差受其内隐归因影响。依据归因的双加工模型假设,当进行信誉判断时,不同的任务卷入水平和认知能力将导致个体不同的归因策略(Reinhard & Sporer,2008)。

思考与探究

1. 什么是社会知觉?为什么说社会知觉比对物知觉更困难?
2. 试结合生活实例,分析在印象形成过程中的确存在中心品质。
3. 举例说明首因效应和晕轮效应在印象形成中具有的定向作用。
4. 社会知觉偏差的产生有哪些原因?
5. 试观察周围的生活和自己是否存在预言自动实现效应。
6. 认知启发导致的社会认知误差有几种?
7. 举例说明自己的3种情境同一性的结构中有哪些成分。
8. 分析自己在自我监控方面的特性,并分析其对于印象管理的价值。
9. 试分析内隐社会认知在认识自我方面的价值。

第七章　刻板印象与归因

本章要点

* 刻板印象的概念
* 刻板印象形成
* 偏见形成的原因
* 如何消除偏见
* 归因理论
* 归因偏差

在一个茶馆中，一位公安局局长正在和一位长者下象棋，突然，一个小孩子跑进来对公安局局长说：“快回家吧，你爸爸和我爸爸吵起来了。”长者问公安局局长：“这个孩子是你的什么人？”局长说：“这是我的儿子。”那么，请问这两个吵架的人和局长是什么关系？有人拿这个问题问了100个人，结果只有两个人答对了。

你如果仔细思考和推理，那么事情并不复杂：这个下棋的公安局局长是位女局长，自然是孩子的妈妈，吵架的人是孩子的爸爸和孩子的外公。而在许多人的心目中，公安局局长“一般”是男性，上茶馆下棋的人也“一般”是男性。这是一个典型的刻板印象误导人的判断的故事。

本章将系统讨论刻板印象这种习惯化的思维方法和人们对事件做出原因解释时的方式和偏差。

在日常生活中，人的思维是高度分类的，即面对各种对象，都倾向于用将对象归于一个特定类别来认识。人们在认识各种社会人群时，不是纯粹通过情境性的信息整合后形成对一种对象的客观认识，而是运用许多既存的分类概念，将对象先归于某一类别，然后形成对这一对象的认识。这大大节省了人们的认知资源，帮助人们有效地组织和解释复杂世界，但同时也会出现判断上的“先验主义”偏差。

第一节　刻板印象及其形成

一、刻板印象的概念

刻板印象(stereotype)也称类属性思维，是指人们通过整合有关信息及个人经验形成的一种针对特定对象的既定认知模式。作为认知系统的重要组成成分，刻板印象有助于简化人们的认知过程，减轻认知负担，节约认知资源，提高认知效率，从而使人适应复杂环境。人们通过刻板印象,能够迅速地获得关于特定对象的概念,并由此建立自身与对象的明确关系,使关于特定对象的行为有明确的方向。按照斯特莱克(Stryker,1959,1980)的符号互动理论的观点,当我们运用某种语词指称环境中的对象时,也就同时明确了对象的意义及其与我们的关系。

在刻板印象研究领域,有心理动力学(psychodynamic)、社会文化(socio-cultural)理论和社会认知(socio-cognitive)理论等3种基本理论走向(Ashmore & Delboca,1981)。心理动力学认为,刻板印象源于知觉者的动机,通过启用心理防御机制,人们会将自我或内群体某成员消极的属性知觉为外群体的特征,并且通过以不友好的术语标定外群体使得内群体成员比其他群体"更好"。

社会文化理论认为,刻板印象是社会情境与文化传承的产物,强调刻板印象的形成和维系过程中社会(包括家庭、传媒、文化传统)的影响作用。人们通过社会学习获得社会环境中所流行的观念与态度,反过来,这些观念与态度又会得到社会的强化。社会文化理论的关注焦点在于刻板印象与偏见是如何通过社会化经验、伙伴群体的影响以及媒介渲染获得与保持的。

社会认知理论将刻板印象看作一种可以引导信息加工的观念系统或认知结构,强调信息加工系统的机能,以及该系统如何影响群体与群体成员的知觉,也强调从外界刺激提取的信息到人际行为知觉的最终形式之间,存在着信息加工的中介机制。

(一) 图式与刻板印象

图式是过去经验中关于个人、群体、角色或事件等的一套有组织的认知系统或架构,它可以是语言材料的图式,也可以是视觉材料的图式,还可以是其他材料的图式。图式加工(schematic processing)就是人在接触外界事物时,在记忆中检索那些与输入信息最符合的图式与之对照,加以理解和解释。社会图式主要包括个人图式、角色或群体图式、事件图式(Taylor & Crocker,1979)。

吕勇(1992)从图式观对刻板印象进行了认知和评价,定义了社会刻板印象是个人对某社会群体的图式。这种图式是一种"知识结构",因此,刻板印象不同于态度和偏见;而且社会刻板印象可以针对任何群体,既可以是正确的也可以是错误的。

在信息不够充分的情况下,人们可以利用已经形成的图式对个人进行类推;而且人们可以利用图式来加快信息加工速度。如当我们初次见到一位教授的时候,我们会推断他/她可能是学识渊博的。虽然,人们对于某个群体的图式有利于对某一群人进行概括的了解,但也容易产生偏差,造成"先入为主"的成见。如提到民工,人们联想到的可能是衣装不整、犯罪等,但是这并不是所有民工的特点。

刻板印象的图式过滤器模型(schema filter model)认为,刻板印象是以概括化的知识结构(即图式)为表征储存于记忆中的。这些结构实际上是大量知识的储存库,不仅指明了某一类型的人所具有的特性,而且指明了他们可能做出的行为,指引着人们对信息的编码和表征。刻板印象之所以能简化社会认知活动,是因为它提供了一个具有过滤作用的心理图式,借助这一心理图式来促进对"与刻板印象一致"的信息的加工,同时过滤掉"与刻板印象不一致"的信息。大量研究表明,相对于不一致性信息,刻板印象会促进一致性信息在记忆系统中的编码和表征(Bodenhausen, 1988; Bodenhausen & Liehtenstein, 1987; Bodenhausen, Macrae, & Garst, 1998; Hamilton & Sherman, 1994; Miller & Turnbull, 1986; Stangor & Duan, 1991; Stangor & McMillan, 1992;Taylor & Crocker,1981)。由于"一致性信息"与已存在的心理图式相适应,激活的刻板印象为它提供了概念流畅性(conceptual fluency),于是,我们对这些信息的加工理解就需要较少的认知资源,而加工"与心理图式不一致"的信息则需要较多的认知资源。

(二) 刻板印象的准确性

在20世纪70年代之前,学者更多地从结果角度考察刻板印象,关注它在做出错误社会判断时所产生的负面影响,更多地将之与偏见、不公正等社会问题联系在一起。为了强调刻板印象的准确性,有研究者提倡将 stereotype 翻译成"类属性思维"(罗震雷,张厚粲,黎岳庭,2005),认为类属性思维不总是错误的。

罗震雷等人提出,人们对某一群体的固定看法与实际情况相符时,类属性思维就具有准确性。在许多实例中,相对客观的准确性判断确实是存在的,正是这种存在于知觉和现实之间的一致性,为类属性思维准确性的存在提供了有力支持。此外,类属性思维的准确性还可以通过预测被观察到,这时,准确判断就成为能够正确预测行为的判断。类属性思维的准确性暗含着多种一致性成分,而且在建立个体特征和社会类别联系过程中不断被调整,并随着时间而变化。

与类属性思维准确性有关的理论包括奥尔波特(Allport,1954)的分类学说、麦考利(McCauley,1978,1980)等人的或然性模型,以及由黎岳庭(Lee,2001,2004)等人提出的EPA模型。分类学说认为,由于类属性思维是社会分类的结果,所以存在于人脑中的分类符合客观实际的程度决定了类属性思维的准确性程度,这在很大程度上受知觉者过去经验的影响。或然性模型认为,类属性思维是建立在可能性的基础上,而非"全"或"无"的判断,所以只能说它在某些条件下是准确的,在另外一些情况下是不准确的,而不能绝对地判定某个类属性思维是"对的"或"错的"。EPA模型则认为类属性思维是由评价(积极—消极)、潜力(激活—没有自动激活)和准确性(准确—不准确)共同作用形成的动态系统。

不过,为了使读者明晰概念,本书还是传承传统和主流,用"刻板印象"作为 stereotype 的中文翻译。

二、刻板印象的内容及表现

(一) 性别刻板印象

在刻板印象中,关于男女两性的刻板印象是最具典型性和代表性的。由女性的刻板印象引发的对女性的偏见和歧视,在世界范围内普遍存在,受到国际社会的广泛关注。

性别刻板印象是人们关于男女行为差异的相对稳固的、倾向性的信念和看法,如本章开篇故事中的"公安局局长"通常是男人;而性别角色是特定社会或群体按照人的男女性别规定的不同行为模式。

【微课】
刻板印象
内容模型

性别刻板印象源于性别角色的分化。男女两性在体力和其他生理能力上的差异,导致出现不同的社会分工,也出现了男女两性的责任分化。男子具有强健的体魄,担任狩猎、战斗任务;女子要担任妊娠、哺育、照料子女、料理家务等任务。这样,男女在不同的劳动生活中获得不同经验,分工的差异延伸出人格倾向和地位上的分化。男子在对外责任中发展了独立性、果断性;女子在对内职责中发展了亲和性、依赖性。由于男子主外,拥有职权和政治势力,因而男性角色比女性角色更容易受到较高评价。最初的劳动分工经过反复实践,逐步成为一种社会秩序。人们根据这种分工所延伸出来的种种要求,形成了有关性别角色的种种规范。社会又用这些规范来要求后代,保持已经形成的行为规范。

由此可见,人类早期的社会分工和生物学等因素,共同导致了人类社会的性别角色分化,铸成了人类对男女性别的刻板印象。

(二) 地域和种族刻板印象

在日常生活中,我们时常能听到"北方人豪爽耿直、南方人精明细致""上海人精细、东北人豪爽""德国人严谨、法国人浪漫、美国人开放、中国人含蓄"等对特定地域的人的特征评论,这些都是人们心目中传统的地域刻板印象,即知觉者关于某个地区人群群体的刻板印象。

与地域刻板印象联系最为密切的是种族刻板印象,因为种族演化是以地理为基础的,如亚洲地区的居住者多为黄种人,赤道附近的人多为黑色皮肤,而接近南、北极的地区的人则多为白色皮肤。随着全球化时代的到来,世界人口的流动越来越迅速和多样化,很多地域的移民越来越多,于是特定地域或种族也跟着呈现多元化。所以二者的区别在于地域刻板印象以地域进行划分,而种族刻板印象一般根据肤色、发色、面部骨骼结构等遗传决定的身体形态进行划分。

三、刻板印象的形成、作用与改变

(一) 刻板印象的形成

1. 社会认同理论

社会认同理论是群际刻板印象最主要的理论解释(Tajfel & Turner,1979),该理论认为刻板印象是社会分类和社会比较的结果。在社会知觉中,人会将信息分门别类地处理,所谓"物以类聚、人以群分"。人们总是倾向于以一定的标准将人进行归类,使信息的提取和运用结构化。

刻板印象的产生和内—外群体效应的出现是相关联的,与群体成员希望从所属群体中获得对自己更积极的认同有密切的关系。社会认同理论假设,个体的自尊部分来自其所在社会群体的成员关系。由于人们总想维护积极的自我认知或自我价值感,因而他们在主观上愿意坚持对其所属群体的赞许性评估,这便是内群体偏爱(ingroup favoritism)。因为当个体认为自己归属于积极的群体时,个体可从群体的积极性中获得积极的自我价值感;个体也可能通过提高内群体的价值,从而达到提高自我价值的目的。因而人们倾向于对自身群体做出积极的评价,赋予自身群体积极特点,而当人们进行内群体和外群体的比较时,外群体贬抑(outgroup derogation)也随之显现。

研究表明,无论是在临时生成还是在相对固定群体中,都普遍存在与自尊一致的内群体偏向,如格林沃德等人(Greenwald et al. ,1998)研究日裔美国人和韩裔美国人对大和民族和大韩民族的态度时发现,存在明显的内—外群体效应,即他们更容易把快乐的词语与具有他们自己民族特征的名字相连,把不快乐的词语特征赋予其他民族,并且内隐态度的效应比外显态度更明显。纳吉等人(Negy et al. ,2003) 对 486 名大学生的研究显示,民族认同感与民族中心主义具有显著相关,即对本民族认同高的被试更多表现出内群体偏向和外群体贬抑。希达尼斯等人(Sidanius et al. ,2004)关于具有种族倾向的学生群体的追踪研究也发现,随着民族群体成员的民族认同感提高,对外民族的刻板印象、民族间偏见以及对种族群体间矛盾的知觉也会增加。

然而,社会认同理论是在临时的小群体实验范式下提出的,群体成员间不曾有真实的面对面互动,所以该理论在解释与单纯实验环境非常不同的社会环境时,就可能有过分概括化的风险。此外,社会认同理论大多是基于外显刻板印象研究验证的,所以很可能不适用于解释内隐刻板印象。

2. 弱势群体的社会认同

有关弱势群体的研究得出了与社会认同理论观点不同的结果,即个体对某一外群体有更积极的刻板印象,褒奖外群体(即外群体偏向,outgroup bias),而对内群体却存有消极的刻板印象,贬损内群体(即内群体贬抑,ingroup derogation)。如斯奈德曼(Sniderman & Piazza,1993)等人对非洲裔美国人的大规模抽样调查发现,他们普遍对自己所在的群体持有懒惰、不可靠和暴力等消极的刻板印象。而且,非洲裔美国人对自身群体的这些消极刻板印象的强度比欧美人所持有的更高。梅杰(Major,1994)研究发现,女性通常感到自己就应该比男性拿更少的工资,认为这种不公平是合理的。

琼斯特等人(Jost & Banaji,1994)发现,弱势群体成员在内隐水平上存在外群体偏向是普遍现象,后来很多研究者也验证了这一点(Finkelstei & Burke,1998;Rudman,Feinber,& Fairehild,2002),弱势群体成员对所属群体内部成员持有矛盾和冲突态度,并对社会地位比自己高的群体持有内隐偏好态度,也被一系列研究证明(Jost & Burgess,2000;Jost,Pelham,& Carvallo,2002)。在此基础上,出现了系统公平化理论(system justification theory),认为外群体偏向是人们理论化地使用观念和社会判断去支持既存的不平等形式,甚至在损害个人和群体的利益和尊重的情况下也是如此。弱势群体成员在心理上接受了社会主流文化对社会结构或地位差异的定位,并倾向于顺从这种安排(Jost & Banaji,1994;Jost,Pelham,Sheldon,& Sullivan,2003;Jost & Thompson,2000)。

王沛(2001)通过再认实验研究了大学生的职业刻板印象,结果显示,大学生群体中存在着明显的内群体偏向,并表现出对建筑工人群体的消极态度。连淑芳(2005)应用IAT研究了上海的本地和外地大学生的群体偏向,结果表明,两个群体的大学生都存在明显的内群体偏向,同时社会和经济地位较低的外地群体,表现出既有内群体偏向也有外群体偏向的双趋倾向。彭嘉桦(2007)对男女城市居民和农村居民施测刻板解释偏差(stereotypic explanatory bias,SEB)的问卷后发现,优势群体(城市居民或男性)在内隐和外显态度方面都存在内群体偏向,其内隐和外显态度基本一致,而弱势群体(农村居民或女性)在内隐态度上存在相当程度的外群体偏向,在外显态度上存在内群体偏向和一定程度的外群体偏向,有双趋倾向。孙永丽(2007)通过IAT发现,处于优势群体的上海学生和处于弱势群体的外省学生对上海人群体都存在着正面的积极内隐刻板印象,并均对外省人持有消极态度,而外省同学随着迁入上海时长的增加,对上海人的积极内隐刻板印象强度减小,表明本地化的社会化会减少弱势群体刻板印象的作用。

菲斯克等人(Fiske et al.,2006)研究了东亚地区被试对本地主要社会群体在热情、能力、地位和竞争等特征上的评价后发现,与个人主义样本(欧洲和美国)不同,3个集体主义样本(中国香港、日本和韩国)被试表现出的内群体偏好比个人主义文化中的被试低,表明内群体偏好受到文化变量的影响。

(二) 刻板印象的作用

自我实现预言表明,人们对他人形成的印象会暗示别人的行为方式。刻板印象作为印象的一个重要来源,同样会引发自我实现预言。正如前面提到的,当我们对某人有刻板印象时,我们的期望会使我们对目标的行为表现与我们在没有刻板印象的情况下应有的行为表现有所不同,有时候,这些不同的行为会引发证实我们期望的目标的行为。这会形成一个恶性循环。例如,如果一个人认为西班牙人是好斗的，那么他可能以一种防御、逃避的态度对待西班牙人。这种防御、逃避的行为可能会侮辱或激怒目标对象，这可能会使目标对象比他们已有的行为表现得更有攻击性，从而证实那个人对西班牙人的刻板印象。甚至在这个交往过程的中立观察者（开始没有刻板印象的知觉者）也可能会得出西班牙人好斗的结论，从而潜在地开始进行另一个恶性循环。

大量研究证实，刻板印象激活对于人们的行为存在影响，一种典型的情形是刻板印象激活会使人们产生与刻板印象相一致的行为，即同化效应。如在年轻的大学生被试中激活老年人刻板印象，结果使年轻大学生的走路速度放慢（Bargh，Chen，& Burrows，1996）。

斯提尔等人（Steele & Aronson，1995）提出的刻板印象威胁理论（stereotype threat theory）认为，消极自我刻板印象的激活，会导致个体完成任务的水平降低，原因是个体害怕自己印证消极的刻板印象。在任何消极刻板印象的情境中，个体都可能产生这种压力感（贺雯，梁宁建，2007）。

念动论（ideomotor theory）认为，头脑中的观念会自动激活相应的行为（Bargh & Chen，1996；Dijksterhuis，2001），如果刻板印象中包含了某些行为信息，刻板印象激活后，这些行为很可能就自动启动。例如在一项研究中，研究者（Dijksterhuis & Knippenberg，2000）让两组大学生被试花 5 分钟分别描写"教授"或"足球流氓"的特点和生活方式，以此激活被试头脑中对其中某个群体的刻板印象。另外两个组被试的启动条件是呈现有关"教授"或"足球流氓"的特性（如智慧或愚蠢）。之后，被试完成一个由 20 个多选题构成的测验。结果显示，被试的行为与启动条件相一致：被用"智慧"特性启动的被试，比用"愚蠢"特性启动的被试答对了更多的问题。同样地，描述"教授"特点的被试，答对的问题比描述"足球流氓"特点的被试多。

刻板印象具有简化认知过程，节约认知资源等认知功能，并且也可能反映一定的客观现实。正因为存在这些"益处"，刻板印象一旦形成，就具有较高的稳定性，很难随着现实的变化而发生变化，从而使人们形成认知惰性，阻碍人们看到新的现实和接受新的观点。而且刻板印象通常是由个体推知群体并将群体视为一个整体的结果，具有过分概括化、过度简化或夸大群体特点的特性，且忽略了各个成员的差异性。因此在通常情况下，刻板印象常与实际情况存在偏差。在信息不充分的情况下，人们利用已经形成的图式对知觉对象进行类推，容易造成先入为主、以偏概全的成见。如提到农民工，人们联想到的可能是不整洁、落后、贫穷等特征，但是这并不是所有农民工的特点。刻板印象的过分概括化作用、夸大群体间的差异性和凝固性等特点导致的种种社会认知偏差，是偏见和歧视存在的认知基础。

刻板印象具有"僵化性"和"对抗相反信息"的能力，为了保持刻板印象的一致性，个体会出现选择性注意，关注证实他们期望（刻板印象）的信息，并忽略与期望不一致的信息；而且，在选择性注意的基础上，人们还会进行选择性记忆，那些与刻板印象一致的信息被记忆得更牢。这一点在科恩（Cohen，1981）的研究中得到了证实。研究者让被试看一个妇女与她的丈夫共进生日晚餐的录像带，当告诉这个妇女是个服务员时，他们倾向于记得她喝了啤酒、在看电视；当把被试的职业说成图书管理员时，他们则记得她戴着眼镜并且在听古典音乐。

研究发现，即使获得与刻板印象相反的证据，人们也更倾向于维护而不是改变其刻板印象（Fiske，1998；Lyons & Kashima，2003；Macrae & Bodenhausen，2000）。威尔德等人（Wilder et al.，1996）的研究表明，由一个外群体成员做出的反刻板行为，通常不会改变人们对这一群体的刻板印象。

很多研究者还关注了情绪和动机在刻板印象维持中的作用（Edwards & Smith，1996；Munro & Ditto，1997；Zuwerink & Devine，1996），发现反刻板印象的信息呈现会使被试产生消极情绪反应，从而激发被试拒绝反刻板印象信息、维护刻板印象的认知动机。

自我价值定向理论也可以用来解释刻板印象难以改变的现象,按照该理论的观点,如果人们接受反刻板印象信息,就意味着接受自己以前的想法是错误的,必须承受一定的自我否定,而人们的自我保护机制是自动的,其优势反应是对不一致信息进行拒绝,而不是承认自己一直持有的观念是错误的。

(三) 影响刻板印象改变的因素

刻板印象虽然有其稳定性,但并非是一成不变的,研究者通过某种手段可以促成某些刻板印象的改变。典型的方法就是让被试直接接触不符合原有刻板印象的群体成员(Brown, Vivian, & Hewstone, 1999; Wilder, 1993),或者间接呈现反刻板印象的描述信息(Johnston & Hewstone, 1992; Kunda & Oleson, 1995; Weber & Crocker, 1983)。研究表明,用指导语引导被试产生追求印象精确度的动机时,远比其产生防御动机时更容易改变既有刻板印象(Neuberg, 1990,参见 Fiske, 1998)。

大量研究表明,媒体信息对受众的刻板印象的影响能力不可忽视(Dixon, 2006; Dixon & Maddox, 2005; Rada, 2002; Chiricos & Eschholz, 2002; Mastro, 2003; Peffley & Valentino, 1999)。奥利弗等人(Oliver & Armstrong, 1998)发现,警察节目中对非裔美国人的消极描写,对有关刻板印象有显著影响,受众看这些节目越多,对非裔美国人犯罪的刻板印象越严重。更细致的一系列研究表明,白人受众观看黑人暴力犯罪的新闻会导致对非裔美国人的消极刻板印象,并反对有益于黑人的政策推行(Peffley, Shields, & Williams, 1996)。与之相反,研究也证明,如果给被试呈现反刻板印象的信息,会使被试对黑人的犯罪行为做出更多的外在的或情境归因,这表明对非裔美国人的消极内隐刻板印象减少了(Murphy, 1998)。

(四) 内隐刻板印象的新型测量方法:刻板解释偏差

比较典型的内隐刻板印象的测量方法包括基于反应时的范式、从内隐记忆研究中启发得到的内隐记忆测验、加工分离法、投射测量以及把归因与内隐社会认知测量相结合的刻板解释偏差测量。其中,以刻板解释偏差为指标的内隐态度测量,是目前被认为最具优势和发展前途的方法。

解释偏差反映了归因偏向的存在,最早由哈斯蒂(Hastie, 1984)提出,指人们在面对与自己的期望值不一致的情境时,会做出更多的解释行为(即归因行为),从而使不一致得到合理化。刻板解释偏差就是指个体在与其刻板印象不一致的情境中表现的解释偏差。它反映了个人对某一社会群体的刻板印象在其信息加工过程中无意识地发生的作用,可以作为测量内隐态度的一种指标(Sekaquaptewa, Espinaza, & Thompson, 2003)。

与其他诸如 IAT 等测量内隐态度的方法一样,SEB 作为反映人们内隐态度的指标,其测量结果与传统的直接测量个体态度的外显测量结果相关并不显著(Dovidio, Kawakami, & Johnson, 1997; Kawakami & Dovidio, 2001; VonHippel, Sekaquaptewa, & Vargas, 1997)。

SEB 是通过计算个体所做的内归因或外归因(个人归因或环境归因)来计算刻板印象强度的。SEB 分值(非绝对值)越大,说明被试在不符合刻板印象的句子情境中做出的归因越多、提供的解释越多,内隐刻板印象的强度越大。

第二节 偏见与歧视

一、偏见与歧视的概念和成因

（一）偏见和歧视的概念

刻板印象、偏见和歧视都是对特定群体或其成员的倾向性态度，通常以消极的形式出现，与态度的认知、情感和行为3种成分相对应，刻板印象偏重于认知，偏见偏重于情感，而歧视则偏重于行为。

偏见（prejudice）是指人们不以客观事实为根据建立的对特定的人或事物的情感色彩明显的倾向性态度。偏见虽然可能表现为正面的偏爱（如多数人对自己本群体的成员评价是正性的），但往往是消极的态度倾向且带有鲜明情感色彩。研究者所关心的和人们日常生活中提及的偏见，通常都是指负面的态度倾向。

歧视（discrimination）是指不平地看待和对待某个特定对象，其核心是将特定对象看得比自己低劣，并使自己的压迫、强制、剥夺对方的行动合理化，造成社会地位、经济地位的不平等。

偏见和歧视会使人对于特定对象的思考、信念、情感和行为带有定向明确的倾向性模式，使人们的沟通和情感融合出现障碍，破坏社会生活的协调与和谐气氛，引发人与人之间和群体之间的疏离，并且这种沟通障碍和疏离又会反过来强化偏见与歧视（参见乐国安，2004）。

（二）偏见与歧视的成因

研究者认为偏见和歧视产生的原因主要有以下几种。

1. 社会化历程

个体在社会化的过程中，会吸收并内化作为文化传统一部分的偏见，如“男尊女卑”的女性偏见等。研究发现，同其他态度一样，偏见也可以是习得的。伯德等人（Bird, Monachesi, & Burdick, 1952）早期的追踪研究发现，当年几乎一半的白人家庭中规定，不准他们的孩子和黑人孩子玩。随着孩子越长越大，他们从同伴那里得知黑人是另类群体，并且如果他们被看到和黑人一起玩的话就会被赶出同伴群体，他们的父母也关注媒体关于黑人如何参与非法行为的报道。这里，每一个事件都在教导孩子对黑人产生偏见。孩子的父母塑造了偏见态度，并且父母和同伴都惩罚与黑人交往的行为。最终，孩子在成长过程中学会了对黑人的偏见。

2. 认知因素

偏见和歧视的认知解释强调消极刻板印象在其发展中的作用。刻板印象最初来自父母、同伴、媒体、个体经历和其他来源，一旦形成，信息加工就受到影响，刻板印象就更容易被证实。在面对特定对象时，与刻板印象一致的信息更容易受到关注，更容易从记忆中激活，不确定的事件容易被解释为与刻板印象一致。这样，即使刻板印象是错误的，它们也可能随着时间的流逝而变得强烈起来，从而导致进一步的偏见发生。

3. 动机因素

偏见可能源于知觉者的紧张、恐惧和潜在的需要。日常生活的社会结构性差异引起的经常性挫折，可能会导致存在偏见和歧视的个体和群体之间出现各种形式的直接或替代性攻击，发泄对偏见和歧视对象的压抑情绪。贾德等人（Judd & Park，1988）发现，群体之间的竞争状态会强化对手群体的同质效应，即将对手群体的所有成员看作相同的对象，认为“他们都一样”。这种倾向在德国早期的纳粹规则中非常突出。很多人在经济危机时代（大萧条）把犹太人视为竞争对象——犹太人是个威胁。结果就造成了消极刻板印象，产生了大范围的敌意和歧视。

4. 社会分层

分层（stratification）是社会学家借鉴的地质学名词，用以描述由社会地位造成的差别和不平等现象。人与人之间、与群体之间，乃至整个社会结构中，存在着高低有序的层次，这些层次构成了社会阶层（参见常新，邓俊荣，2002）。

社会分层作为一种社会现象是客观存在的，它受到人们的自然差别和社会差别的影响。其中，自然差别是指人们在自然生理形态上的差别，如性别、肤色、年龄等；社会差别是人们所处社会地位上的差别，如由于社会分工不同，导致厂长与工人、知识分子与农民之间的社会地位不平等。在某些情况下，自然差别导致了社会差别，在种族歧视的条件下，肤色就导致了社会差别。自然差别和社会差别相互影响、相互关联，共同形成了社会阶层（常林彬，1998）。

处于同一个社会阶层中的人们，在经济水平、社会地位各方面都比较相似，属于一个群体。对于这个群体中的成员而言，其他阶层就是外群体。沙赫特等人（Shanchter et al.，1959）研究发现，恐惧性的实验情境可以直接推动人们的群体认同，使人们愿意与类同的人待在一起来降低恐惧实验情境带来的焦虑。研究表明，如果群体之间对比鲜明，就会使社会分群更加突出，造成更强的内群体的身份意识，并影响人们的观念和行为（参见黎岳庭，2005）。

由于各阶层成员之间在经济收入、社会地位，甚至价值观各个方面都不同，社会各阶层成员之间存在着一定的认知差异。处于社会转型时期的中国社会，经济的发展也导致了各社会阶层的差距加大，社会阶层之间的偏见、歧视和心理融合等问题也变得越来越突出。

本书认为，社会和谐建设的本质，是在更高和更广泛的层面建立相互认同和融合的共同体，为此，社会优势群体需要真诚地尊重、关怀、体恤、帮助和支持社会弱势群体，而不是用偏见和歧视激化群体间的偏见和歧视。

二、性别歧视和种族歧视

（一）性别歧视

性别歧视（gender discrimination）是一类性别成员对另一类型性别成员，尤其是男性对女性的歧视（时蓉华，1998）。性别歧视是世界普遍现象。一般认为的性别歧视，指的是男性对女性的歧视。虽然女性对男性的歧视也在一定程度上存在，但不具有普遍性。

歧视不仅是一种态度，更是一种行为。歧视通常以刻板印象为根据。性别刻板印象作为一种带偏向的知觉倾向，可以直接导致歧视行为产生。中国传统的男强女弱、男尊女卑、夫尊妻荣的观念，就是对女性的歧视。封建社会还造成了对女性令人发指的压榨和迫害。据调查，我国目前有33.9%的家庭存在着程度不同的家庭暴力，31.7%的人承认配偶对自己有暴力行为。

从全世界来看，男女不平等具有一定的普遍性。女性的劳动时间占全世界劳动时间的2/3，所占财富却不足1%，获得的收入仅占世界总收入的10%。特别是在发展中国家，社会的发展和进步没有使妇女地位上升，反而导致她们地位下降。新技术使男性经济实力大增，妇女地位却随着现代技术进步降低。即使妇女找到工作,报酬也极低,多限于服务性行业(时蓉华,1998)。

消除性别歧视、追求男女平等,这是全世界的一致要求。女权运动(feminist movement)提倡男女平等,提高妇女地位,鼓励妇女独立参与社会的政治、经济、文化运动。所以,歧视妇女的观念和行为是可以被消除的,而且总体上正在逐渐消除。事实证明,女性的潜力很大,可以与男性并肩创造奇迹。所以,妇女不但应与男性获得法律意义上的平等,而且应在威望、权利和财富方面减少与男性的差异。这既需要女性自己的奋发努力,更需要全社会以公正公平之心正确对待女性。彻底消除性别歧视,实现真正男女平等,是社会进步、文明的标志。

（二） 种族歧视

对于有种族偏见的人而言,一提到黑人,他们头脑中关于黑人的种族偏见的刻板印象就会被激活,此时他们会联想到肮脏、愚蠢、落后、原始等观念。显然,这些观念不是对黑人特征的客观描述,更不是对一个特定黑人的符合事实的描绘,而是既有的倾向性、排斥性的偏见。李本华与杨国枢于 1963 年曾研究了我国台湾大学生对各国人,包括黑人的印象。从他们获得的结果可以看出,人们对各国人的印象是一种先验的倾向性评价,而不是客观的描述。

三、减少偏见与歧视的方法

人类历史有多久,偏见的历史就有多久,但偏见终究是后天习得的,而不是先天的,因此,偏见是可能通过新的学习过程来改变的。

从有关偏见形成原因的讨论中可以看到,减少偏见最直接的办法,就是通过新的学习过程改变或重建刻板印象。

（一） 对抗刻板印象

研究显示,在人们认识特定对象的过程中,如果被提示要特别注意对象的个人特性,就可以成功降低印象形成过程中的刻板印象,此时知觉者会做出更精确的基于事实信息的判断。德维因(Devine,1989)的研究表明,没有偏见的人有意识地控制了他们对黑人的刻板印象。他认为,抛弃或转移根深蒂固的刻板印象,就像改正一个坏习惯一样。它不会自动发生,而是需要付出有意识且坚持不懈的努力。我们每个人都可以通过有意识的控制,降低刻板印象对少数群体可能做出的不公正判断的影响。

（二） 平等接触

产生偏见的原因之一在于,人们对某一类人形成刻板印象之后,由于缺少平等的接触、了解的机会,刻板印象中的错误信息一直得不到更正,因此,导致偏见的形成。奥尔波特(Allport,1954)指出,偏见能通过群体在追求共同目标的平等交往中减少,其效果大小取决于这种交往是否得到社会习俗的支持,是否能获得共同利益和相互理解。所以,增加、鼓励个体间的平等沟通有利于人们获取新信息,进而改变原有的看法。

社会心理学中关于减少偏见最具研究性的技术就是群体间接触。接触理论提出,不同群体成员之间的接触产生更积极的社会群体间的态度(Pettigrew,1986)。这种接触的前提是群体之间必须有同样的地位（Amir,1969），也就是两个群体的成员必须大致同样处于社会中的某种特殊情境下。同时，群体之间必须有合作行为。

（三） 创造消除偏见的环境

偏见是后天习得的，要减少偏见，就需要从减少学习偏见的机会入手。利用家庭、学校、大众传媒等对个体态度形成和转变过程施加积极的影响，可以达到减少社会偏见的目的。一项关于电视对种族态度的影响的调查表明，通过电视使公众的态度发生积极转变是可能的（时蓉华，1998）。研究发现，如果将一些人的名字与一些积极、肯定的形容词放到一起，则人们会对这些名字形成良好印象。心理学家用这种方法成功改变了学校社会处境不利儿童的社会交往状况。另外，有研究证明，歌颂英雄人物的文艺作品，如果以少数民族人物的名字与背景为题材，则可以成功消除人们的民族偏见。研究（金盛华，1986；李德伟，1988）发现，当学校给予学习成绩不良的学生有利的社会身份（如低年级学习小组辅导员或少先队辅导员）时，不仅可以改变他们对自身的信心，而且也改变了环境中教师、家长、同伴对他们的不利评价。

此外，立法反对基于种族、性别、宗教、年龄和其他因素的歧视，也有助于减少偏见和歧视。

第三节　归因与归因理论

自我价值定向理论假定，由于人的意义是伴随自我意识诞生而逐步寻求获得的，因此人必须解释周围世界、解释他人、解释自己。人对事物的归因特点，构成了社会心理学在20世纪后期研究的一个焦点。

一、归因的概念

归因（attribution）是指根据有关的外部信息、线索判断人的内在状态，或依据外在行为表现推测行为原因的过程。心理学家根据各种研究所提出的有关归因问题的不同概念与观点，则统称为归因理论。

设想，下雨天一辆急驰而过的汽车溅了你一身泥水，你怎样解释司机的行为呢？是司机有紧急的事情要做，不得已而为之，还是这位司机故意借此取乐？你会发现，随着你对司机行为的解释不同，你的行为反应也不同。如果你相信前一种情况，你就会觉得情有可原，不去追究，甚至祈祷司机一路顺利。如果你认为司机故意制造恶作剧，你则会非常愤怒，甚至在可能情况下予以报复。

【知识拓展】
海德和西美尔的归因实验

正如自我价值定向理论的命题明确表述的，人本能地寻求和赋予事物以意义，每个人就像一个纯朴的科学家，需要解释社会生活中的各种问题，会习惯地问“为什么？”因为人需要对外部世界和自己的行为进行原因解释，从而对事物有预见性，以便对环境有所控制，并使自己的行为有明确引导。人需要知道与自己相处的其他人对自己是有利还是有害，需要知道自己的某种行为是带来奖励的后果还是惩罚的效应。因此，归因不仅仅是一种心理过程，更是人们的一种需要。

归因使得人们对事物有预见性，使人们形成一系列从经验中总结出来的有关人的行为与其原因相联系的观念或理论。它使我们对周围世界和自己有一个相对固定、前后一致的看法,使得我们能够适应世界。这些观念或理论可能不够系统,没有得到科学的验证,也可能来自片面的经验的误解,但它们是每一个人指导自己实际行为的真正的实用“心理学理论”。因此,即便是错误的归因、错误的预见,也起着同样的作用。

二、归因理论

归因理论由几种不同理论观点和实验成果集合而成,共同看法有:第一,归因理论研究人们在社会环境中如何运用信息对事件做出原因分析,它研究人们收集哪些信息,以及如何将这些信息结合起来,做出归因;第二,许多归因理论,都倾向于将社会知觉者看成“朴素科学家”,他们可以运用与专业科学家所用的相似方法完成许多任务;第三,归因理论研究,一般或明或暗地认定,动机因素是(或可能是)原因分析的动力;第四,归因研究者们最常用的基本假设是,归因是重要的,归因分析是人行为的基础,也是认知和情绪的基础。

(一) 朴素心理学家理论与现象学模型

归因理论最早是由美国心理学家海德(Heider,1944,1958)提出的,他所著的《人际关系心理学》(1958)奠定了归因研究的基础。他将归因视为社会共识(commonsense)的一部分,认为每个人都在很自然地观察因果关系,归因就是由观察到的行为来推论观察不到的原因。他认为,为了适应、了解复杂多变的社会,控制周围环境、预见他人行为,每个社会成员都致力于寻找人们行为的因果性解释,因此每个人都是朴素心理学家(naive psychologist)。

朴素心理学认为,日常生活中每个人都是朴素心理学家即业余心理学家,都有一系列从经验中总结出来的、有关人的行为与其原因相联系的观念或理论。人们会利用这套理论对各种行为做出相应的解释,并预见他人的行为以达到对环境的有效控制。否则,人就无所适从,就没有控制感。

海德将行为的原因分为两种:个人的因素,称为内部因素;环境的因素,称为外部因素。这是最简单的行为原因分类。行为的内因是指存在于个人内部的原因,包括人格、品质、动机、态度、情绪、心境、能力、努力程度等个人所具有的特征。相应地,如果归因的结果是将行为的原因归于个人特征,就称作本性归因,如将学习成绩不好归因于学生不够努力、将比赛失败归因于技术水平与对手还有差距等。行为的外因是指事件或行为发生的外部条件,包括各种背景因素,机遇,运气,其他人的影响,行为者所从事的工作的难易程度、特异性及其他各种非人为的因素等。相应地,如果归因的结果是将行为的原因归于外部因素,则称作情境归因,如将考试成绩不理想归因于试题难度太大等。在许多情况下,行为或事情的发生不单由内因或外因所决定,而兼有两方面因素的影响。如果同时将行为或事件的原因归于两个方面,则称作综合归因。但只有先理清行为的根本原因是内在原因还是外部原因,才能有效地预测、控制行为。

海德对行为原因的分类是一项开创性的工作,它成为归因的基础理论,影响深远。

(二) 相应推断理论

受到海德归因理论的影响,琼斯和戴维斯(Jones & Davis,1965) 等人提出了相应推断理论(theory of correspondent inferences)。所谓相应推断,是指由人的外显行为来推断其内在动机和人格特质,内在动机和人格是外显行为的原因。

琼斯和戴维斯等人认为,行为和引起行为的意图总是与人的某种重要的稳定特点(倾向性)相应。一般都假定,对他人倾向性的归因,使我们能够理解和预测他人的行为。

在做相应推断的时候,我们要先了解个体采取某种行为的目的,再进行由行动者意图到行动者个性本质的推断过程。这个过程会受到以下因素的影响。

1. 行为结果的严重性

如果行为结果严重,对其原因的推断就比较困难。例如,张三打了李四一拳,结果,李四的面容被毁,其婚姻也随之解体了。这时,就很难对原因做出推断。这时候,人们可能的猜测会很多:张三为什么打人?禀性暴躁?仅仅是一时冲动?为了专门毁掉他人面容?为了毁掉他人婚姻?为了自卫?这就难定论了。

2. 社会赞许性

某种行为越被社会赞许,越难对其原因进行推断。因为,人们认为,合乎社会规范或社会期望的行为很难反映一个人的内在特质。相反,社会赞许性小的行为、越轨行为,越能对人做出本质归因。例如,人们不太倾向于将一个见面打招呼的人看成极其有教养的人,但人们非常倾向于将一个在葬礼上还讲笑话的人看成社会性欠缺的人。

3. 非共同性效应

非共同性亦即独特性,它是推断个性本质的重要因素。非共同性因素越少,相应推断的可靠性就越高。例如,几个男大学生都走进一家书店,其中多数人走到书架前,翻看图书;其中一人却同漂亮的女店员攀谈起来。这样就可以推断,多数同学去书店这种共同行为,说明他们是为购书而来,但是那个不去寻找图书却与女店员攀谈的同学,并非为书而来,而更可能是为感情而来。

4. 选择自由性

如果某种行为是该人自由选择的,则此行为与其内部品质相对应,否则就难以做出判断。例如,一个人拿刀威胁张三,张三把兜里的钱都给了此人,我们就不能判断说,张三的行为是利他的。

在推断的过程中,知觉者如果将行动者的行为简单地归因于有意的或个性倾向时,很可能产生偏见。人格至上论(personalism)是指知觉者认识到行为者是有意要损害他,或者有意有利于他。例如,同寝室的同学非但没有将垃圾弄出去,反而留下纸条说:“你自己把垃圾弄出去。”就会使人认为这是故意不扔垃圾,并非没有时间。如果学生夸奖教授的文章写得好,教授可能想到,这是学生想得到好分数,而不是出于真心,因而对此学生的印象变坏。

（三） 动机的归因理论

在通常情况下,行为的内外原因中,一部分是可变的,另一部分则是稳定的。例如内部的情绪状态,变化起来非常容易,而个性特点、能力,则会在相当长时间内保持一定的稳定性。外部条件的工作性质与工作难度是相对稳定的,但影响工作的气候条件则是易变的。心理学家韦纳(Weiner,1974)通过大量研究发现,学生在某项作业或考试上的成功或失败,倾向于将原因归于4种原因的一种或几种。这4种原因分别为能力、努力、运气和任务难度。这些可以按照原因的稳定性和控制的位置两个维度分为4类,见表7-1。

表 7-1 成功与失败原因的分类

稳定性	控制的位置	
	内在的	外在的
稳　定	能　力	任务难度
不稳定	努　力	运　　气

来源:转引自金盛华,张杰.(1995).*当代社会心理学导论*.北京:北京师范大学出版社,61.

行为原因的稳定性非常重要,因为对行为原因稳定性的归因会直接影响到对行为原始动机的理解。当行为被归因于稳定的内外因素时,意味着人们可以通过这些因素来预测未来的行为。而如果行为被归因于不稳定因素时,则行为预测的前景就不够明朗。

韦纳(Weiner,1971)认为,成功、失败的原因包括两个维度:一个是成败的原因是内在因素还是外在因素,一个是决定成败的因素是经常发生的还是偶尔发生的。要综合两个维度才能做出总结性的归因。

韦纳等人(1973)认为,能力、努力、运气、任务难度是个体分析工作成败的主要原因,其研究得到了以下几个结论:① 当一个人目前的成败与自己过去的成败不一致,而且与别人的成败也有所不同时,一般将其归因为不稳定的内在因素。如某学生平时成绩很好,但是这次别人考得都很好,但是他却刚及格,这时候可以归因为他在准备这次考试上努力不够。② 当一个人目前的成败与自己过去的成败相一致,而且和他人的成败也一致时,这时任务的难度往往成为归因所在。如某学生平时成绩很好,这次考试他考得很好,其他同学也考得很好,这个时候,我们倾向于认为此次考试的试题比较简单。③ 当一个人目前的成败和自己以往的成败相一致,但是和他人的成败不同时,能力就成为归因所在。如某学生平时成绩很好,这次考试考得很好,但是其他同学考得都不理想,我们会认为这个学生很聪明,学习能力很强。

根据韦纳的研究,我们可以总结为行为原因除了有稳定性与控制的位置两个维度外,还有一个维度——可控性,即行为动因能否为行动者个人所控制。如果是可控的,意味着行动者可以通过主观努力改变行为及其后果。

关于行为原因的可控性,控制点理论对此进行了详细而较好的说明。控制点是由心理学家罗特(Rotter)于 20 世纪五六十年代提出的一种有关个人归因倾向的理论观点。控制点理论认为,个人对自己生活中发生的事件的后果,会有不同倾向的归因,亦即对生活后果的控制力量的位置有不同的理解。对某些人来说,个人生活中的多数事情的后果,取决于个人在从事这些事情时的努力程度,他们相信后果总的来说决定于自己在相关事情上的投入,他们相信自己能控制事情的发展与后果。这一类人的控制点在个人内部,是内部控制的,因而被称为内控者。另一些人则认为,个人生活中多数事情的后果,是各种个人不能控制的外部力量作用的结果,他们相信社会的安排,命运和运气等因素决定了自己的状况,而自己的努力无济于事。这种人倾向于放弃对生活后果的负责,控制点位于个人之外,是外部控制点,因而被称为外控者。

由于内外控者所理解的控制点位置不同,因而他们对事情的态度和行为方式也不同。内控者由于相信自己可以发挥作用,因而在面对失败、困难时,能够进行更为艰苦的努力,增大在任务上的投入。可见,内控者的态度与行为方式是社会期望的。相反,外控者看不到个人努力与行为后果的积极关系,他们在面对失败和困难时,倾向于把责任推向外部原因,不去寻求问题的解决途径,而是寻求救援,或是碰运气,或是放弃。这种人倾向于以无助、被动的方式面对生活,被认为是不可取的态度与行为方式。

自20世纪60年代以来，大量国内外有关控制点问题的研究，已经确认了控制点理论的正确性。韦纳等人于1970年的研究发现，内控者倾向于有高成就动机，而外控者倾向于有低成就动机。德韦克等人（Dweck，1973）的研究则表明，内控学生对学习有更多自信与自我负责倾向，会不断给自己提出更高的成就目标，喜欢向困难任务挑战并有更大挫折耐受力；外控学生缺乏信心，焦虑水平更高，对成就活动缺乏兴趣，将成功归于运气且缺乏信心。内控学生比外控学生更喜欢学习，成绩也更好。

（四）凯利的三维理论

凯利（Kelley，1967）提出了他的归因理论，这使他成为最有影响的归因理论研究者之一。凯利认为，人们在归因时会像科学家一样在所有信息中去寻求规律，寻求决定一种效应是否发生的各种条件的规律性协变。

凯利认为，人们通过检查3个独立维度的信息来进行归因，这3个维度分别是：刺激客体、行为主体（个人）、背景（情境或条件）。这3个维度组成了一个协变的立体构架。因此，凯利的理论也被称为三维理论。

凯利的三维理论将外界信息分成3种不同的信息资料，以"朋友向我们推荐了一部好看的美国电影"为例，这时我们需要从以下几个方面进行考虑。

（1）区别性（distinctiveness），又称特异性，即行为主体的反应方式是否具有针对性。是只对这一刺激客体做这样的反应，还是对所有此类客体都做同样的反应？

我们需要考虑：究竟是这部电影真好而让他说好呢，还是凡是美国电影他都说好。两种情况有着完全不同的意义。

（2）一致性（consensus），又称共同性，即对同一对象，不同的主体是否做相同反应。

我们需要考虑：其他人的反应是怎样的？他们也都说电影好吗？

（3）一贯性（consistency），即行为主体在不同背景下所做出的反应是否一致。

我们需要考虑：朋友是只对我们说电影好，还是对所有人都说好；是正好他在特别高兴时才说这部电影好，还是任何时候他都说这部电影好。

只有在区别性、一致性和一贯性都很高的时候，我们才能得出结论，朋友推荐电影的原因是电影确实很好。这就是说，我们是从3个方面信息的协变来得出结论的。

心理学家麦克阿瑟（McArther，1972）对凯利三维理论进行了系统研究。研究者给被试一个简单的假设事件，并变化其中的区别性、一致性和一贯性信息，然后测定他们的归因结果。假设事件是"玛丽小姐看一个小丑表演时笑得很厉害"。要求被试在3种不同情况下，对玛丽小姐发笑的行为进行归因。表7-2列出了3种条件及对被试归因结果的概括。

表7-2　玛丽为什么发笑

条件	区别性	一贯性	一致性	归　因
1	低：她总对小丑们发笑	高：她总是对他发笑	低：别人很少发笑	人：玛丽（86%）
2	高：她没对别的小丑笑过	高：她总是对他发笑	高：每个人都发笑	刺激物：小丑（60%）
3	高：她没对别的小丑笑过	低：她以前几乎没对他笑过	低：别人很少发笑	情境/环境（72%）

来源：转引自金盛华，张杰．（1995）．*当代社会心理学导论*．北京：北京师范大学出版社，65.

凯利提出的归因理论，是一个严密的逻辑分析模式，对人们的归因过程的分析和解释比较细致、合理。但是,也正是由于这一理论过分强调归因逻辑性,是理想化的模式,脱离了一般人归因活动的实际。实际上,普通人往往根据自己的需要与期望,进行经济、迅速的归因,不会像统计学家那样,对信息进行复杂分析。

(五)异常条件聚焦模型

前面介绍的几个经典的归因理论主要提出于20世纪六七十年代,20世纪80年代之后,归因理论有了不少发展。其中,希尔顿和斯拉格斯基(Hilton & Slugoski,1986)提出了异常条件聚焦模型(abnormal condition focus model),是指人们在进行归因时主要借助逆向标准和对照标准来推断。

逆向标准(counterfactual)就是当人们寻找结果的原因的时候,会反过来询问如果没有这种原因,那么这种结果是否还会产生。比如,我们想确定A是不是B的原因,我们会问,如果没有A,那么会不会有B的出现。如果答案是没有A就没有B,那么A就是B的原因。可见,当行为产生的原因很多的时候,这样的筛选就会烦琐、浪费时间,而且脱离实际。

对照标准(contrastive)是人们把目标事件(正在寻找原因的行为)与没有发生该事件的背景事件进行对照以直接确定目标事件的原因。比如,“我没考上研究生”,这是目标事件,“我的同学考上了研究生”,这是背景事件。把这两个事件进行比较,以便寻找“我没有考上研究生”的原因。

异常条件聚焦模型认为,归因过程有两个步骤:一是通过逆向标准确定事件产生的必要条件;二是通过对照标准确定所有的必要条件中属于异常的条件。也就是说,逆向标准帮助我们了解事件或行为发生的必要条件,对照标准则从必要条件中确定充分条件。

仍以考研究生为例,我发现“专业课准备不充分”和“英语阅读成绩不良”都是造成“没考上研究生”这个结果的原因,进一步和我的同学(已考上研究生)对比,发现“专业课准备不充分”是一个异常的条件,也可以说这就是导致考研究生失败的原因。

不同的观察者注意的焦点不同,因此选择和确定的异常条件也会有所不同,因而归因也存在差异。这种差异更多的是由人们的知识背景、理解问题的方式、信仰等主观因素所造成的。

异常条件聚焦模型的优点在于不需要进行凯利理论中的复杂的条件匹配,也不是将归因者只局限于3个维度中,因为一件事可能有很多复杂的归因可能,这更符合实际情况。

不同的理论对不同情况和现象,做出了各自正确的解释,勾画了用于推断因果关系的一系列过程,各自适用于一定情况。刘永芳(1995)分析了经典归因理论的发展,认为这些经典的归因理论都得到后人的不断改善,但是仍然受到来自各方面的怀疑和批评。怀疑和批评认为这些理论都过于强调归因推断过程中的逻辑性,它们更关心人们应该如何进行归因,而不是现实生活中的人们如何进行实际的归因(乐国安,2004)。而新的归因模型则更重视归因者的知识背景、主观信仰、态度直觉等主观因素可能对归因过程产生的影响。

第四节 归因偏差

上文提到的归因理论,刻画了社会知觉者在归因时应该运用的“正确”方法。这些理论各自揭示了一个正确归因过程应遵循的标准或原则。但是,心理学家又发现,当这些模型应用于实际生活时,总是存在或多或少的偏差甚至错误。这些在归因过程中经常出现的一贯的错误和偏见,有的来源于认知过程本身固有的局限,有的来源于人们的动机,有的则是认知因素和动机两者的结果。了解这些错误和偏差,可以知道人们在做因果分析时如何误入歧途,也可以了解人们实际上经常采用的归因方法的特点。由此,我们就可以知道,人们的社会知觉为何不准确和经常错误百出。

【微课】
归因偏差

一、基本归因偏差

基本归因偏差(fundamental attribution error)是指在对他人行为进行归因时,往往倾向于把别人的行为归结为其内在因素,而低估了情境因素的影响。

在西方归因理论中,基本归因偏差被认为是一条普遍的归因规律,那么在强调集体主义的亚洲环境中,情况会怎样呢?莫里斯和彭凯平(Morris & Peng,1994)分析了英文报纸和中文报纸对美国发生的两件类似惨案的报道,发现英文报纸对两件惨案的报道都集中在对两位谋杀者的心理不稳定和其他消极的个性因素的推测;中文报纸的推测集中在情境、背景等社会因素上。对中国和美国的大学生如何解释这一事件的调查也发现了类似的结果:中国大学生更加偏爱情境归因,美国大学生偏爱个性归因,这种归因倾向无论对美国谋杀者还是中国谋杀者都是一致的。可见,由于文化背景的不同,西方国家的人倾向于用个体因素来解释事件,而亚洲国家的人多使用情境归因(王登峰,侯玉波,2004)。

夸特罗内(Quattrone,1982)以归因过程的双级梯模型(two-step model of attribution prosess)来解释基本归因偏差,认为人们会不由自主地、自动化地先做出内归因,之后有可能有意识地、选择性地做出情境归因,这可能影响内归因;而有时人们会停止在第一步而不进行第二步。吉尔伯特等人(Gilbert & Malone,1995)以真实场景实验验证了该模型:在人们排队买机票时,一个年轻人粗鲁地推搡别人,一般人都会说他“真没教养”。但是,当年轻人说“我母亲病危了”时,很少人会有愤怒反应,因为会觉得他推别人往前走是情有可原的,这时内归因就被降低了。

二、活动者—观察者效应

活动者—观察者效应(actor-observer effect)是指活动者对自身行为归因不同于他人对此行为的归因。虽然,双方认知到的是同一个行为,但是活动者倾向于把成功归因为个人,把失败归因于情境;而观察者则会更多地把成功归因于情境,把失败归因于个人的特质。

例如,某学生的考试成绩不是很好,作为学生本人来说,他可能认为试题难度太大,或其他同学在考场中干扰了自己;而教师则会认为是因为学生不努力、知识掌握得不牢固;家长可能认为教师的教学方法不适合自己的孩子等。总之,每个人都从自己的角度出发,把失败的原因归为外部的因素,而非个人的因素。

【知识拓展】
泰勒的活动者—观察者实验

产生这种归因偏差可能有两个原因。其一,活动者和观察者的着眼点不同。活动者很难对自身的行为进行深入的直接的观察,而由于外在的情境因素很容易被观察到,所以它们就成为知觉的对象。反过来,观察者则更多地把注意力放在活动者身上,因此活动者的个人特质就成为主要知觉对象。由于这种知觉对象的不同,导致了归因的不同。其二,从另一个角度来看,这种活动者—观察者效应的出现可能是因为活动者和观察者的信息来源不同。活动者对自己过去的行为比较了解,而且活动者可能对自己当时的情绪状态、态度和能力非常清楚，于是活动者会把自己的行为归因于某些短暂的因素。而观察者对活动者当时的状态和过去的行为方式不是很了解，他们就会假定活动者当前的行为和过去的行为方式是一致的，因此会归因于内在因素。

三、自我服务偏差

自我服务偏差（self-serving bias）是指人趋向于把别人的成功和自己的失败归因于外部因素，而把别人的失败和自己的成功归因于内部因素（Miller & Ross，1975）。个体一般都对良好的行为采取居功的态度，而对于不好的、欠妥的行为则会否认自己对其负有责任。例如，足球赛输了，就会认为要么是裁判不公平，要么是场地不适应，不会认为是由于自己的技术不好；如果球赛赢了，就会认为这是自己拼搏所应得到的，绝对不会是裁判的有意偏袒。

当某个行为有个体的自我卷入时，个体在归因过程中会有明显的自我价值保护作用，即归因会朝有利于自我价值确立的方面倾斜。自我服务偏差往往随自我卷入的深浅而不同，自我卷入越深，自我服务的程度越高。

米勒（Miller，1975）的实验研究证明了归因的自我价值保护倾向与自我卷入水平的关系。在高自我卷入情境中，研究者让被试相信，他们正在参加一项重要的心理测验，测验被许多机构用来进行研究和选人，分数越高，意味着一个人越聪明，越受欢迎。实验的低自我卷入情境是让被试相信要参加的是一项尚不成熟的尝试性测验。实验安排部分被试在测验上得到高分，而另一些被试得到低分。然后要求被试解释是哪些原因决定了他们的成绩。结果表明，自我卷入水平越高，被试自我防卫的倾向也越强。在高自我卷入的条件下，对于意味着成功的高分数，人们更倾向于进行个人的解释；而对于意味着自我价值可能受到贬损的低分数，人们更倾向于寻求外在原因来解释。

罗斯和斯考利（Ross & Sicoly，1979）认为自我服务偏差的产生可能由于以下几个条件：① 自己在活动中的作用和贡献更容易被注意；② 回忆自己的作用和贡献比回忆别人的要容易，因此会觉得自己做得比别人多；③ 接受信息的差异可能导致我们认为自己的作用大，比如他人工作的时候，我们不在场，因此会低估他人的作用；④ 某些动力因素的存在促使了自我服务偏差（钟毅平，1999）。

此外，从印象管理的观点来看，布雷特利（Bradley，1978）认为自我服务的真正目的是为了在别人面前提供一个良好的印象，我们对成功或失败的真正原因有一定的认识，但是为了维持自己在他人面前的良好形象，我们就会把成功归因于自己的能力，把失败归因于环境因素。

在自我服务偏差的研究中同样发现了文化差异，塔卡塔（Takata，1987）的研究发现，在把成功归因于内在原因而把失败归因于外部原因方面，美国被试表现出自我服务的偏向，而亚洲人特别是日本人则表现出相反的偏向（王登峰，侯玉波，2004）。

思考与探究

1. 什么是刻板印象？举例说明刻板印象在社会现实中的不良影响。
2. 举例说明“偏见的实质是一种误区”。

3. 结合你对社会现实的观察,举例说明如何消除不同社会群体之间的偏见。
4. 性别刻板印象在家庭中可能会有哪些不良影响?
5. 什么是归因?结合具体事例尝试运用不同归因理论追寻事情的真正原因。
6. 联系生活实例,思考在归因过程中会出现哪些偏差以及如何避免。

第八章　自我概念

本章要点

* 自我概念的定义
* 自我概念的理论
* 自我概念的功能
* 自我概念的形成
* 自我知觉理论及其验证研究
* 自我差异与自我提高对自尊的作用
* 自我效能感对自我发展的影响
* 文化自我

自我一直伴随着我们的生命历程，从自我意识出现开始，我们便从未停止对自我的探索，我们一生都在问自己一个问题："我是谁?"如果你告诉别人20件关于自己的事，使别人清楚地了解你，你会告诉他们什么？你的个性？社会背景？生理特征？爱好？你拥有的东西？你亲近的人？

现在请试着回答一下这些问题。在下面的横线上，请写下20个句子，它们必须以"我"字作为主语，同时这些句子必须包含你觉得最能代表你作为一个独立个体的那些特征。

1. ....
2. ....
3. ....
4. ....
5. ....

……

16. ....
17. ....
18. ....
19. ....
20. ....

在上面的20个句子中，你都填写了哪些内容？是你的外貌、你的性格，还是你所归属的团体？你填写的，就是你头脑中的自己，是你对自己的认识和描述。

自我概念是社会心理学的重要命题。自20世纪80年代以来，社会心理学中对于"自我"的关注日益增加。自我概念作为外部的社会影响与个人行为之间相关联的中介因素，调节和影响着个体行为。在本章的讨论中，我们将系统讨论自我概念的理论、作用和形成过程，并会纵深探讨自我知觉、自尊、自我效能感等相关问题。

第一节　自我与自我概念溯源

个人在一生中，始终在追寻着两个目标：一个是希望融入社会，在与他人交往的过程中获得社会认同；另一个是希望认识自我，并发展自我，通过了解自己的生理、心理及其与他人的差异，发展出具有个人独特性的对自己的观念——自我概念。

关于自我概念的术语，社会心理学界有多种不同理解和提法，最常见的是“自我意识”（self-consciousness）、“自我观念”（对 self-concept 的另一种译法），这些提法通常都被简称为“自我”。在这一章中，我们统一用“自我概念”（self-concept）来指称各种关于“自我”的讨论，并将自我概念定义为“个人关于自身的认识和观念”。因为与个体自身有关，自我归根到底是人们的反身意识，即以自身为对象，形成对自身的看法和观念的问题。

另一个与自我这一术语高度关联的概念是自我觉察（self-awareness），即自己把自己当作考察对象，认识自己的一切，包括生理状况、心理特征、自我的目标、自己与他人的关系等。自我觉察强调过程，而自我概念更强调通过自我觉察过程形成相对稳定的状态。

【微课】
自我概念

一、自我概念的相关理论

在自我概念的研究中，主要存在以下几种重要理论。

（一）詹姆斯的自我理论

自我概念研究最早可追溯到美国心理学家詹姆斯（James，1891）对自我的讨论。詹姆斯将自我分为“主体我”（I）和“客体我”（me），前者表示“自己认识的自我”，也即主动地体验世界的自我；后者表示人们对于自己的各种看法，如人的能力、社会性、人格特征以及所属物等。客体我由 3 个要素构成：物质我（material self）、社会我（social self）和心理我（mental self），这 3 个要素都包括了自我评价、自我体验以及自我追求等侧面。

物质我是指与自我有关的物体、人或地点，包括自己身体的各个组成部分，以及自己的服装、家中的亲人、家庭环境等。社会我是指我们被他人如何看待和承认，包括我们给周围人们留下的印象、个人的名誉、地位，以及自己在所参加的社会群体中起到的作用等。社会我在很大程度上取决于我们所扮演的社会角色，我们的自我会随社会情境不同而转换和调整。心理我是我们的内心自我，它由一切自身的心理因素构成，包括感知到的智慧、能力、态度、经验、情绪、兴趣、人格特征、动机等。

詹姆斯认为，3 种客体我都接受主体我的认识和评价，对自己形成满意或不满意的判断，并由此产生积极或消极的自我体验，进而形成自我追求，即主体我要求客体我努力保持自己的优势，以受到社会与他人的尊重和赞赏。一些学者的研究（Hart & Damon，1986）已经证实这种分析思路的合理性。

（二）米德的自我理论

米德(Mead,1934)以社会整体为研究视角,着重从社会和个体互动的角度来定义自我,按照符号互动理论的思想解释自我及其形成和发展的过程。他认为,语言位于自我结构的核心,在我们和他人的内心世界里,符号代表了客体,我们在童年时学习用符号的方式去思考一个客体的过程,就是获得自我概念的过程。他的主要观点有:

1. 自我的主客体分化

像詹姆斯一样,米德也将自我分为"主体我"和"客体我"两个部分,主体我是自我主动、自主的部分,客体我是自我结构性的稳定部分。米德认为,客体我是"概化了的他人"和团体规范的总和,是从他人的立场上评价和预测自我的反身侧面。与客体我相对,主体我是由个人主体对他人态度进行反应的过程性自我,主体我的反应过程和倾向会受已经形成起来的客体我的引导,但主体我因为其冲动性和能动特征,有时会突破客体我的框架,产生创新性。客体我引导主体我的活动,而主体我的活动又定义和扩展客体我。二者相辅相成的动态过程,就是自我的活动和发展的基本形态。

2. 影响自我的他人

米德认为,影响自我的他人有两类。一类是概化他人(the generalized others),即社会文化整体。概化他人通过家庭、学校、司法等机构,以及规范、语言、文字,使人将社会文化、道德规范内化为个人的"自我"。另一类是重要他人(significant others),即影响个人生活和人格成长的中心人物,如父母、朋友、导师等。重要他人对个人态度、观念的影响具有特殊意义,并对个人发展发挥着重要影响。来自重要他人的态度和评价,会逐渐形成个人自我的重要部分。

3. 自我形成和发展的 3 个阶段

按照米德的观点,自我形成和发展可分为 3 个阶段。第一,准备阶段。原始的自我尚不能运用符号,只能无意识地模仿他人。第二,游戏阶段。儿童用游戏扮演不同的重要他人角色,学习其态度和观念,并学会从对方角度看待自己。第三,社会角色扮演阶段,即儿童扮演概化他人的角色,将他人行为综合为整体印象,从概化他人的角度衡量自己的行为,遵守游戏规则,社会的价值观、态度、规范、目标由此内化于个体,形成自我。米德的自我理论强调了自我的社会生成性和对情境的能动反应性,对认识自我的产生和发展具有重要价值。

（三）弗洛伊德的自我理论

在精神分析理论中,弗洛伊德提出了其关于自我的独特的概念。他将自我分为本我(id)、自我(ego)和超我(superego)3 个部分,认为:本我属于人性的非社会化部分,代表本能需要,总是寻求满足和快乐;超我代表良心,属于被社会道德规范制约的部分;自我介于本我和超我中间,发挥着引导本我用社会能接受的方式满足需要的作用。这 3 个部分具有不同的功能;本我力图表现自己,超我努力压抑本我,形成冲突,当超我较强而本我被经常压抑时,需要会隐藏到潜意识之中,并继续影响人的行为。自我控制着本我的冲动和超我的需要,并运用各种心理防御机制,调整本我与超我的关系。

按照弗洛伊德的理论,如果本我与超我的冲突不能再被压抑,就会出现两个方面的结果:一是出现精神疾病,二是人在痛苦的挣扎中实现人性的升华。弗洛伊德在自我领域产生重大影响的同时，也因为其理论不容易被验证而受到批评。并且，由于弗洛伊德的理论过于强调本能与社会的冲突，弗洛伊德的许多弟子都修改发展了其理论观点，其中埃里克森提出的自我同一性危机理论是影响最大的理论之一。

（四）埃里克森的自我同一性危机理论

埃里克森（Erikson，1968）认为，人的一生要经历一系列自我同一性危机（identity crisis），对于这些危机，人们会采取积极或消极的方式面对，从而对自我的发展产生重大影响。他提出，通过适当的方式渡过危机，会促进自我成熟，建立稳定的自我同一性。根据埃里克森的理论，人生有八个阶段的危机，这部分内容将在本章第二节中详细介绍。

（五）沙利文的人际关系学说

开创了精神病学中人际关系学说的沙利文（Sullivan）受库利和米德的影响，十分强调自我发展的社会、人际关系基础，特别强调早期的母婴关系。根据沙利文的观点，自我的发展来自与他人接触时所体验的感受，以及对他人评价的反映性评价（reflected appraisals）或感知。与自我愉快经验相联系的"好我"、与痛苦和安全受到威胁相联系的"坏我"，以及和难以容忍的焦虑相联系的"非我"或被拒绝的自我部分，都是人际关系经验的产物。

（六）罗杰斯的自我概念理论

罗杰斯（Rogers，1951，1959）将詹姆斯和米德的主体我和客体我的概念统整到一起，使自我概念的内涵兼具对象与作用两个方面。他认为，自我概念是个人现象场中与个人自身有关的内容，是个人自我知觉的组织系统和看待自身的方式，因而对一个人的个性与行为具有重要意义的，不是真实自我（real self），而是自我概念。自我概念控制并综合着对环境知觉的意义，高度决定着个人对环境的反应。

罗杰斯认为，所有的人都生活在只有他们自己才明白的主观世界之中，正是这种现象学的实在（主观世界，现象场）而不是物理客观世界（实在）决定着人们的行为。现象学的实在即主观的实在，是人们眼中所见、脑中所想的东西。起初，婴儿不能区分他们现象场的事件，那些事件是浑然一体的。后来，逐渐地，通过语言中"我"的经验，他们现象场中的一部分才作为自我区分出来，这时个人才能反思自我，并作为一个客体被明确意识到。罗杰斯认为，自我概念有 4 个特点：

（1）自我概念是对自己的知觉，它遵循知觉的一般原理。

（2）自我概念是有组织的、连贯的、有联系的知觉模型。虽然自我是变动的，但它总保持有组织和连贯的性质。新的成分会使自我变化，但始终保持它的完整性。

（3）自我不是指存在于我们头脑中的另一个人，而是能表征的自我经验。

（4）自我虽然也包括潜意识的东西，但主要是由有意识的或可以进入意识的东西构成的，它通常可以为人所觉察。

罗杰斯关于自我研究的一个重要贡献，是对自我差距的关注。他认为，个人的理想自我是自我的一部分，是人们向往的自我。理想自我与真实自我越接近，个人就越感到幸福和满足；如果真实自我与理想自我差距很大，就会造成不愉快和不满足。按照自我价值定向理论的观念，真实自我与期望的理想自我差距过大，意味着自我价值定位过高，因而使真实自我的价值不能得到承认，从而引发各种心理问题。

自我差距理论不仅对于解释与自我有关的许多现象具有重要价值，而且可以直接用于心理治疗实践。

二、自我概念的结构

关于自我概念的结构，不同学者从不同角度进行了划分。詹姆斯(1890)与米德(1934)将自我划分为主体我与客体我，詹姆斯还从物质我、社会我和心理我的视角来理解自我的结构；罗杰斯(1951，1959)将自我划分为现实自我与理想自我；施奈德与坎贝尔(Snyder & Campbell，1982)则将自我划分为实用自我与原则自我；罗森伯格(Rosenberg，1979)将自我划分为现有自我、期望自我和表现自我。下面介绍马科斯与伯恩斯关于自我概念的结构划分。

(一) 自我图式理论

自我图式(self-schema)理论是由认知心理学家马科斯(Markus，1977)提出的。所谓自我图式，是指自我概念的组成要素，是个体有关自己某些具体的能力与特征的认知。一个图式就是一个具体的成分概念。受到图式理论的影响，自我图式研究更强调自我概念的动态性质。自我图式作为自我概念的存在方式，会对我们认知周围世界和信息的获取、记忆等发挥模式化影响。

1986 年与 1987 年，马科斯又进一步提出了可能自我与动态自我的概念。可能自我是基于自我图式而指向未来的自我概念，即个体希望自己在某一方面将来会怎样或者该怎样。

可能自我既包括我们梦想成为的自我，如富裕的自我、被爱的自我及爱人的自我，也包括害怕成为的自我，如失业的自我、生病的自我及学业失败的自我。可能自我不只是一些想象的角色或状态，它们代表了对个体有重要意义的希望、恐惧和幻想。这些可能自我既是人格化、个性化的，同时也是社会化的，受到个体所处的社会历史文化背景的影响。它们以具体的目标形式对我们产生激励，或是引导我们的行动，同时也为当前的自我提供评价并解释当前的情境。

动态自我是指在某一特定时刻的自我概念。马科斯等人认为，自我是动态的，自我概念并不是对过去行为的被动反映，而是一种主动的、有力且不断变化的动态结构。各种各样的自我动机如自我增强、自我一致和自我实现，与环境一起决定了动态自我的内容。动态自我会影响个体与自我有关的信息加工、情感调节以及动机过程，也会对人们的社会知觉、与他人的相互作用等方面产生影响。在概念的本质上，动态自我与詹姆斯、米德和罗杰斯等人的主体我是相一致的。

(二) 伯恩斯的自我概念结构图

伯恩斯(Burns，1982) 首先对前人在自我概念方面的研究成果进行了一次总结，并得出了一个自我概念结构图(见图 8-1) 。

伯恩斯的自我概念结构图对自我研究历史上几个影响较大的理论进行了概括，把詹姆斯、罗杰斯、罗森伯格等的观点融合在了一起，对自我研究起到了承上启下的作用。

三、自我概念的功能

伯恩斯(Burns，1982) 在其《自我概念发展与教育》一书中系统论述了自我概念的心理作用，提出自我概念具有一致性维持、经验解释和期望定向 3 种功能。

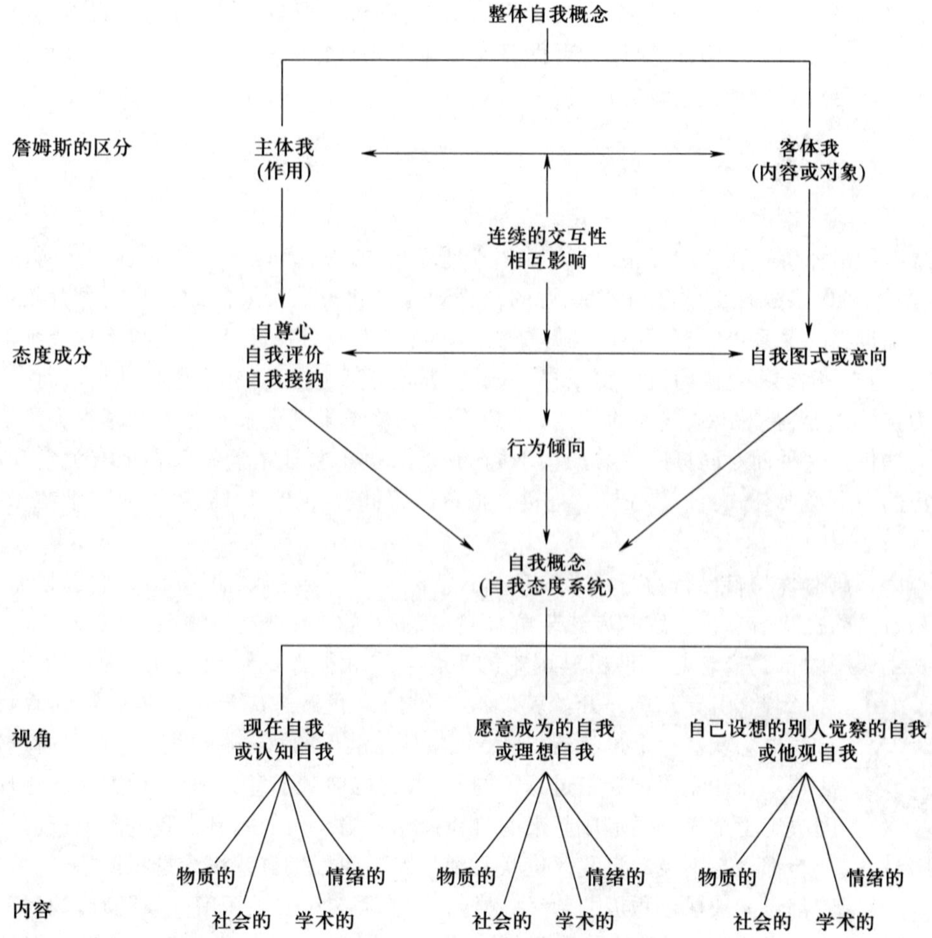

图 8-1　自我概念结构图示意

来源：Burns，R. B.（1982）. *Self-concept development and education*. London：Holt，Rinehart & Winston.

（一）一致性维持

一致性维持功能是指自我概念使人保持内在一致性，个人需要按照保持自我看法一致性的方式行动。个人怎样理解自己，是其内在一致性的关键部分。自我概念的一个重要构成部分是自我胜任概念，即认为自己在特定事项上是具有胜任力的。积极的自我概念引导个体按照社会期望的方向发展，消极的自我概念引导个体放松自我约束。

人们的自我概念是相对稳定并且自相一致的。研究表明，学生良好的自我概念与学业动机及学业成绩之间有着密切的关系，自我胜任（self-competence）概念积极的学生，成就动机与学习投入及成绩也明显优于自我胜任概念消极的学生（金盛华，1988）。很显然，通过维持内在一致性的机制，自我概念实际上起着引导个人行为的作用。在这个意义上说，在儿童与青少年的发展过程中，引导他们形成积极的自我概念有着非常重要的意义。

金盛华（1982）在研究失足青少年时发现，工读学生和进入少年管教所的失足青少年在其发展过程中存在着需要特别关注的“破罐子破摔”现象：当青少年给自己贴上“坏孩子”的标签，形成不良的自我概念时，他们会放松对自我行为的约束，不再在意自己的名声，行为不良已经成为他们不良自我概念的合理印证。显然，当我们认为自己是一个好人时，“好人”的自我概念也会使人倾向于做出与自我概念相一致的行为。

（二）经验解释

自我概念具有经验解释功能。一定经验对个人具有怎样的意义，取决于个人在怎样的自我概念背景下做出评价。同样的经验对不同自我概念背景的人，会具有不同的意义。同样是得了80分的学生，有的会表现出欣喜和满足，有的则感到沮丧和失败。人们的自我概念背景不同，对自我同周围世界的关系也就有了不同的解释轨迹。自认为能力一般、只该获得平均成绩的学生，对于80分的成绩结果，会认为是取得了极大成功，其心理反应就会是欣喜与满足。而一个认为自己能力优秀、应当获得出众成绩的学生，对80分的测验结果则会解释为遭到了很大失败，并体会到极大挫折。这种面对同样的分数产生不同的感受，也正验证了詹姆斯在他有关自我的论述中所提出的一个经典公式：自尊=成功/抱负。抱负的不同会使人们对同一结果产生截然不同的反应。

正如人们具有保持自己行为与自己的自我看法相一致的强烈倾向一样，人们也强烈地倾向于按照与自己的自我概念相一致的方式来解释自己的行为。由于这一倾向，改变人们已经形成的并正发生作用的自我概念是一件极其困难的工作。自我概念的形成是儿童社会化的重要方面，因此，引导儿童一开始就形成积极的自我概念应当是一种先定的教育定向。自我概念就像一个过滤器，进入个人心理世界的每一种知觉，都必须通过这一过滤器。在知觉通过这一过滤器的同时，它也被赋予意义，而所赋意义的性质，则高度决定于个人已经形成起来的自我概念。当个人的既有自我概念消极时，每一种经验都会与消极的自我评价联系到一起。而如果自我概念是积极的，则每一种经验都可能被赋予积极的含义。显然，我们需要很好地了解儿童既有自我概念的状况，懂得每一种教育措施经过儿童自我概念加工后对于他们的意义，这样才真正有可能找到实质地促进儿童发展的方法与策略。

【知识拓展】
更快乐的铜牌得主

（三）期望定向

自我概念的期望定向功能是指人们对情境和自己行为的期望是受自我概念引导的。在各种不同的情境中，人们对于事情发生的期待和自己在情境中如何行为，都高度决定于自己的自我概念。

伯恩斯（1982）发现，儿童对自己及其后继行为的期望，是在自我概念基础上发展起来的，并与自我概念相一致。金盛华（1993）有关儿童自我概念的实验研究发现，后进生成绩落后是整个行为动力系统出现角色偏常（role deviance）的结果。后进生的消极自我概念导致自我期望、学习动机、外部评价与对待方式都偏离应当被鼓励和提升的学生角色，后进生的成绩落后是一个新的自我一致系统的有机构成部分。在这个自我一致的系统中，成绩落后是后进生自己期待得到的结果；教师、家长和同学也认为那是他们应该得到的成绩。这就决定了他们不再愿意更努力地学习，决定了学习对他们不再有应有的吸引力。为此，积极自我概念的培养在儿童教育中具有尤其重要的地位，因为其作用不仅在现在发生，而且影响着儿童自我的发展方向。

自我概念的一致性维持、经验解释、期望定向功能在本质上是同一的。儿童在成长的过程中,由于各方面的影响,逐渐形成了对自我的认识——自我概念。一旦有了明确的自我概念,个体就倾向于在各种各样的情境下都维持自己的一致性:如果我们认为自己是友好的,那么会对所有遇到的人(不管是亲人、朋友还是陌生人)表示出我们的热情;如果我们认为自己是冷漠的,那么会对任何事情(不管这些事情与我们自身有多大的利益相关)毫不在意。

第二节　自我概念的形成与自我认知

儿童社会化需要达到的目标之一,就是形成与实际的自我特征相符合的自我概念。虽然,社会化的目标是形成人们心理结构中社会共同的东西,但社会内容的承载和在特定条件下的显现,却是以人们的自我为基础的。为此,个人自我概念的形成与发展,具有尤为重要的意义。

一、自我概念的出现

无论是研究还是日常生活的观察都表明,婴儿起初是没有自我与非我的分化的,婴儿在早期抓自己的脸与抓其他物体没有差别。为此,有经验的教养者会注意不要让婴儿抓伤自己,尤其不要抓伤自己的眼睛,要勤剪指甲。

孩子长到6～8月时,开始出现自己身体和自身连续性的感觉,此时婴儿可以像认识不同时间的妈妈是同一个人一样,感觉到自己是一个连续的对象。儿童自我意识正是在这一基础上逐步发展起来的。

随着认知能力的不断提高,尤其是随着语言的学习和与他人的相互作用,儿童开始逐渐学会用符号来指称周围世界的客体,并最终了解了语词中"我"的内涵,开始用"我"来代替"宝宝",此时自我已经明确分化为一个独立的对象。根据符号互动理论的思想,当儿童开始学会用语词指称包括自己在内的不同对象时,其行为和关系的导向就已经建立。这意味着自我概念的完整意义已经出现,儿童关于自己的概念将开始影响其与周围世界的关系和对待自己的方式。

按照库利的镜像自我理论,儿童早期的自我概念主要是通过将别人对自己的态度当作镜子来看到自己的"镜映过程"(looking-glass process)获得的,别人的态度不仅影响着儿童折射性的"镜像自我"(looking-glass self),而且会经由这一途径使实际的自我发展受到影响,儿童与不同的人发生相互作用会有不同的镜像自我。但是镜像自我理论无法解释儿童究竟是根据从什么人那里获得的镜像自我来形成自我的问题。米德用概化他人的思想解决了这一问题,即个人的自我是根据一个抽象的概化他人的概念来形成的。米德的思想到今天仍然在解释人们自我形成和发展方面具有重要价值。另外,米德(Mead,1934)还指出,个人的自我,是建立在由符号构建的语言系统之上的,只有通过与他人的符号互动过程才能够获得。"狼孩"由于既缺乏语言,又没有与人的交往,因而没有发展其应有的自我意识。自省能力是儿童形成自我概念的基础。在我国儿童的自省能力方面,韩进之等人(1990)的研究发现,3～5岁的儿童就已有近1/4的比例开始有自我体验,以后这一比例随年龄增长而逐步上升;自我评价方面的能力发展也有着相类似的区别。在自我概念的形成方面,金盛华(1988)的实验研究发现,我国小学三年级以上的学生已形成十分清晰的自我概念,他们对自己多方面的评价都高度接近教师与同伴对他们所作的评价,与他们的实际存在状况也具有高度的一致性。李德伟后来的研究也得出了一致的结果。

在实际生活中，并不是每一个与儿童发生交往的人对他们都具有同等的影响力，儿童生活中的重要他人对他们的自我概念发展有着尤其重要的影响。在不同的发展阶段，重要他人的构成也不同。在学龄前阶段，重要他人主要是父母，儿童的意识由父母的一言一行主导着。到小学阶段，教师开始发挥可能超越父母的影响力。在小学高年级阶段，同伴的影响力也会明显增加。进入中学后，教师的影响力虽有所减弱，但仍然是学生自我概念发展的最为重要的影响源之一。国内外的许多学者一致认为，事实上，甚至到大学阶段，教师的意见也仍然会高度影响学生的自我概念。这些事实表明，在儿童发展的过程中，教师对儿童自我概念的形成与发展发挥着长期、重大而持续的影响，并且这种影响的性质很难被其他途径的影响取代。

这就意味着，教师看待学生的态度和对待学生的方式是学生在学校社会环境中处境是否积极的最主要的因素，教师所做的积极陈述是学生积极的自我交谈的最好的预测器，教师不仅会对学生的自我概念发展发挥巨大影响，而且会由此影响学生的实际自我状况与整个人生道路。

二、自我认知的过程

（一）自我知觉

在社会心理学领域，分析自我认知过程的代表性理论是自我知觉理论（self-perception theory）。该理论的提出者贝姆（Bem，1972）认为，个体是通过自己的行为及其所发生的环境来推断自己的态度、信念和其他内在状态的。例如，心理学专业的学生认为自己对心理学感兴趣是因为自己选择了心理学院和总是阅读心理学书籍。在许多情况下，内在线索是微弱、模糊、不清楚的，因此，个体就要站在外界观察者位置，依据外部线索去推断自己的内在状态。此时，自我认识过程与个人通过别人的行为来认识别人的特征的机制是一样的。按照贝姆的观点，如果个体未受外部环境的引诱和约束，自由地做出自己的行为，该行为就真实代表了个人的内在特性。相反，如果外界压力很大，即个体的行为是迫于外界环境的约束做出的，则该行为就不能代表个体真实的内在状态、特性和态度。

贝姆的自我知觉理论有一个关于自我形成的重要意义一直被心理学界忽略，即自我知觉理论实际上指明了“行为塑造自我”的命题。由于人们经常通过行为来推定自我的状态，特别是在内在自我状态不够清晰的情况下更倾向于从自我行为来进行自我认知，所以这意味着实际行为在人们的自我概念形成中具有重要作用。行为可以回答人们关于“我是谁”的疑问。

（二）自我确证

自我确证（self-verification）是指人们注意和寻找那些与自我概念相符合的信息的倾向。研究表明（Swann，1984，1990），自我认识过程并不是对全部现有信息进行扫描，而是寻找那些与自我概念一致的外部评价性信息。如果个人认为自己是自信的，就会寻找能确认这个自我概念的信息，而排斥否定的信息。

斯旺（Swann，1992）曾经做过一个实验，证明人们确实偏爱确认自我概念的反馈。研究者假设，人们会去寻求能够验证自我概念的伙伴。研究让积极自我概念者和消极自我概念者从两类评价者中选择一类与其合作。评价者（假被试）中一部分对被试的评价是正面的，另一部分对被试的评价则是负面的。是否每个被试都会选择肯定自己的评价者呢？研究结果见图 8-2。

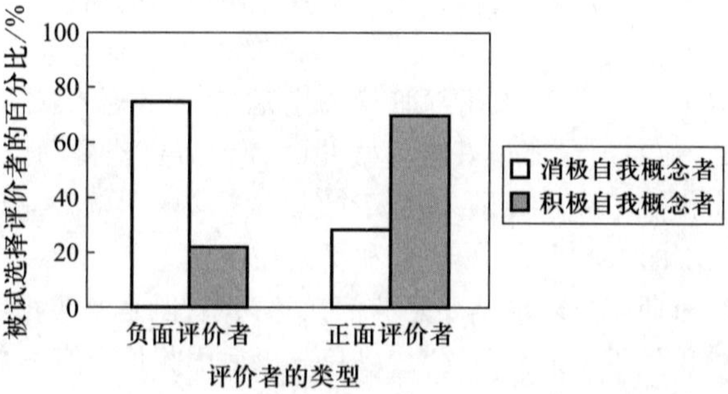

图 8-2　同伴交往偏好

来源：珀文，L. A.（2001）. 人格科学（周榕等　译）. 上海：华东师范大学出版社 .

图 8-2 的结果表明，消极自我概念的被试选择负面评价者的百分比远远超过选择正面评价者的比例，而积极自我概念的被试则更多选择了正面评价者。实验的结果充分说明，个体更倾向于选择证实自己自我概念的交往同伴，这为我们理解为什么消极自我概念常常很难被改变提供了有力的证据。

（三）自我服务偏差

人们喜欢用好的眼光去观察自己，倾向于把成功归因于自己而否认对失败负有责任，这种偏差被称作自我服务偏差或利己偏差（self-serving bias）。许多实验证明（如 Campbell & Sedikides, 1999），人们将成功归因于自己的能力、努力，将失败归因于外在因素，如运气不好等。在游戏、测验、工作适应等方面，都会出现将胜利归因于自己的技能，将失败归因于外部原因的现象，甚至政治家也倾向于将成功归因于勤奋工作、好的名誉和谋略恰当等，而被他们击败的对手则倾向于将失败归因于他们不能控制的原因（Kingdon，1967）。更进一步的研究发现，自我认知方面的自我服务偏差是普遍存在的。

费切霍夫（Fischhoff，1982）的实验证明，人们会高估自己的判断力。当被试被要求先估计两地的距离，然后再请他们对自己估计的准确性做出判断时，结果发现现实中 60% 的准确率被高估为 75%。学生在完成年级升学考试时，那些成绩好的学生倾向于认为测验是对自己能力的有效衡量（Arkin & Maruyama，1979），而那些成绩不好的学生则倾向于批评考试。阿力克（Alicke, 1995）等人发现，在人们与他人进行比较时，多数人会把自己看得比一般人要强。有关研究发现，人们越是用高估的眼光看待自己，就越认为其他人看自己会有嫉妒的成分（Kenny & DePaulo, 1993）。

自我知觉的自我优化倾向能使人产生力量感和自我满意感，符合自我价值定向理论中的自我保护规则，在一定程度上对于保护自我心理健康具有积极意义。但是，这些倾向可能妨碍人们对自我的客观认知，导致自欺的发生，严重时还会使人否认现实。

三、自我概念发展的阶段性

从最初出现到形成并保持相对稳定，个体的自我概念发展有明显的阶段性，并且不同阶段有不同的挑战和关键变化。在这一方面，最具影响力的理论是精神分析学家埃里克森提出的心理社会发展理论（林崇德，2002）。该理论认为，人生有 8 个阶段的危机：

1. 基本信任对不信任

从出生到婴儿时期（0～1.5 岁），人生面临第一个危机：基本信任对不信任的危机。基本信任的感觉主要从母亲和其他照护者那里获得。婴儿的各种需要若得到及时满足，就学会了对母亲和照护者的信任，从而相信环境和周围人是安全的，发展为对一般人的信任。反之，婴儿若得不到及时照料，就会对周围的人产生害怕、怀疑和不信任。

埃里克森建议，这个时期应当以培养婴儿的信任感为主，但是要防止婴儿形成对一切人的信任，就要适当考虑不必对婴儿照顾得过于周全，以免其以后因相信所有人而上当受骗。

2. 自主对怀疑和羞愧

在童年期（1.5～4 岁），个体会遭遇自主对怀疑和羞愧的危机。这个时期的孩子已经能够独立做一些事情。家长等人允许并鼓励孩子独立做事，就会发展起孩子的自主感，使孩子能控制自己；反之，若对孩子的事情过分包办代替，限制过多，斥责并惩罚，就会使孩子产生失败体验，自我怀疑并感到羞愧。

埃里克森建议，在培养孩子自主感的时候，也要适当对孩子加以限制，以避免孩子到青年阶段争取自主时出现失控的危险。

3. 主动感对内疚

学前期（4～6 岁）是主动感对内疚的危机阶段。在这个时期，儿童兴趣泛化，探索积极，好奇心使其提问多、活动多、探索多。若这些言行得到积极反应和鼓励，孩子就会发展起主动感；若经常遭到禁止、指责甚至嘲笑，孩子就会认为自己做错了事，产生内疚。

埃里克森建议，应当充分发展孩子的主动感，耐心回答孩子的提问，鼓励孩子的探索行为。

4. 勤奋对自卑

到学龄期（6～12 岁），儿童将面临勤奋对自卑的危机。这时的儿童关心物品构造、用途与性质，对工具技术感兴趣。如果得到成人的支持、帮助与赞扬，就能加强他们的勤奋，使他们进一步对这些方面发生兴趣。埃里克森劝告父母，防止将孩子的勤奋当作捣乱，否则会使孩子认为自己不如别人，产生自卑心理。

埃里克森建议，应该鼓励孩子努力取得成功，努力完成任务，激发他们的勤奋与竞争心，增强获得好成绩的信心。要鼓励孩子尽最大努力与周围人联系，进行社会交往，相信自己有能力和聪明，任何事都能做好。按照埃里克森的理论，成功经验可以使他们更加勤奋；失败会导致他们产生压抑感和自卑。所以，学校的任务是用成功经验塑造成功的学生，而不是相反。

5. 同一性对同一性混乱

青春期（12～18 岁）是人生发展的关键时期，在这个阶段，个人会面临能否建立自身同一性和克服同一性混乱的危机。

所谓同一性（identity），是指青少年在自身的形象、角色、价值、目标等人生重要方面建立起成熟的自我意识，并且达到个人的内部认识与自身外部特征相一致。在青少年阶段，自我同一性或关于自我特征的清晰自我概念的建立，是其自我发展的重要任务。

埃里克森指出，如果在青春期同一性没有建立起来，在未来的生活中就可能出现同一性混乱的各种表现，包括：① 不能认识努力工作与预期效果的联系，或因为对成就不抱希望而放弃努力；② 不了解领导与被领导的关系，产生盲从或情绪对立，发生权威性混乱；③ 不愿接触异性或耽于性关系，出现性混乱；④ 不考虑时间限制，总想立刻解决问题或任意拖延时间，缺乏时间观念，产生时间混乱。

6. 亲密对孤独

在成年早期（18～30岁），人生面临的是获得亲密和避免孤独的危机。埃里克森指出，在这个时期，如果个人能与他人同甘共苦、相互关怀，就能产生亲密感，与他人建立友谊和爱情；相反，如果个人不能与他人分享快乐和痛苦，不能与他人进行思想情感的交流，不能相互关心和帮助，就会陷入孤独和寂寞的苦恼之中。

7. 产出对停滞

在成年中期（30～65岁），个体会遭遇产出与停滞危机。在这个时期，如果个体能知觉到自己是社会中具有生产力的一员，有能力为社会做出贡献，关心家庭成员，关心后代幸福，并关心社会他人，在工作上会富于创新，获得事业成功，就会有成功的产出和肯定的自我同一性。而有人则在中年阶段体验生活的负担和对生活的厌倦，或只自我专注，只顾自己和自己的家庭，不管他人困难和幸福，则会陷入人生的停滞阶段。

8. 自我完整对绝望

按照埃里克森的观点，在成年晚期（65岁以上），个人依然有需要克服的危机——自我完整与绝望。前7个阶段的良性积累，过往的成就和阅历，会使个体愿意回顾一生，感到人生充满价值和意义，获得自我完整。相反，如一生积累了较多消极成分，会使人追悔过去，认为一生失去多种机会，走错了方向，因而痛心疾首，不接受自己，产生绝望。

埃里克森的心理社会发展理论从生命全过程提出了自我认知过程各阶段的关键特点，理论很容易对应到个人实际的发展历程之中，有很好的表面效度，也带来了心理学领域生命全过程心理发展的新视角，但埃里克森也承认（1964）自己的理论主要是社会和情绪发展的整体性描述，而没有充分说明发展是怎样发生的，理论也没有提出危机解决的普遍路径。

第三节 自　　尊

自尊作为一个人自我价值向往的体现形式，是一个人的行为遵从自己重视的规范的基础。若一个人失去自尊，他遵守规范的自我理由也会随之丧失，为此，自尊在关于自我问题的讨论中具有重要地位。

一、自尊的定义

自尊（self-esteem）是指个体对自己整体状况的满意水平。它可以是积极的，也可以是消极的，并且具有跨时间和跨情境的一致性。按照自我价值定向理论，自尊是个人按照一定的价值标准对自己进行价值评判后获得的自我价值感。当评价的结果是肯定的，自我价值感得到确立时，个体就获得较高水平的自尊，反之自尊会受到伤害，出现自贬。

自尊是行为的动力，对身心健康具有决定性作用。高自尊者能树立合适的目标，能够以自我提高的心态来利用反馈，能成功地应付困难情境；低自尊者常选择不切实际的目标或不树立目标，对未来持悲观态度，对批评与负性反馈产生更多消极情绪及行为反应。低自尊者怀疑生存的价值和意义,容易导致自杀等现象。

二、自尊的结构与影响因素

(一) 自尊的结构

人们对自尊概念的理解不同,提出的自尊结构也有着高度区别。

詹姆斯(1892) 认为,自尊即个体的成就感,取决于个体在实现其设定目标的过程中成功或失败的感受。波普(Pope,1988)则认为,自尊由知觉的自我和理想的自我两个维度构成。

知觉的自我就是自我概念,是个体对自己具备或不具备各种技能、特征和品质的客观认识。理想的自我是个体希望自己成为什么人的一种意向和一种想拥有某种特性的愿望。当知觉的自我与理想的自我一致时,自尊就是积极的,当知觉的自我与理想自我不一致时,自尊就是消极的。这一观点与罗杰斯(Rogers,1951) 早期的观点是一致的。

部分学者试图用更为复杂的模型来解释自尊的构成。库珀史密斯(Coopersmith,1967)提出,自尊可以从 4 个方面来建立:一是个人重要性,指个体是否感到自己受到生活中重要人物的喜爱和赞美;二是能力,指个体是否具有完成他人认为很重要的任务的能力;三是个体的道德性,指个体所达到的伦理和道德标准的水平;四是权力,指个体影响和控制自己生活与他人生活的程度。

波普(Pope,1988)提出,自尊体现在 5 个方面:一是社会方面的自尊,是指个体对自己和同事间的互动关系的满意程度;二是学业自我效能方面的自尊,指的是个体所知觉到的自己对生活中的重要事件的控制和支配力;三是家庭方面的自尊,是指个体如果觉得自己是家中一个有价值的重要的成员,并且感受到家人对他/ 她的爱、尊重和接纳,他/ 她在这个方面就会有正向的自尊;四是身体意象方面的自尊,是指个体对自己外表的观点和看法;五是整体自尊,是指一个人对自我整体上的评价,整体自尊水平高的个体会认为自己是一个不错的人,对自己的大部分感到满意。

我国学者张静(2002)认为,自尊是个体社会实践过程中所获得的对自我的积极情感性体验,是主客体相互作用的产物,由自我效能感(或自我胜任)和自我悦纳(或自爱)组成。魏运华(1997)通过对儿童自尊结构的研究发现,儿童的自尊结构由外表、体育运动、能力、成就感、纪律、公德与助人等 6 个因素组成。蔡建红(2001) 调查了大学生的自尊结构后发现,大学生的自尊结构由一般自我价值感、社交口才、学习能力、他人及社会认同、父母关系、归属群体、人际亲密、演讲、体育运动等 9 个因素构成。还有研究表明,自尊是由利他、人际、生理、学业、家庭和总体自尊构成的。

黄希庭(1998)认为,自尊可以分为特殊自尊、一般自尊和总体自尊。其中,特殊自尊是个体对自我某一方面的评价和接受程度,具有特殊性、情境性和不稳定性;一般自尊和总体自尊是在特殊自尊的基础上抽象概括出来的自我评价与感受,总体自尊不具有情境性和特殊性,是对自我的综合评价和整体体验,具有稳定性。他认为这 3 个层次是一个有机整体,其中,一般自尊和特殊自尊又可分为社会取向和个人取向。

(二) 影响自尊的环境与经验因素

马斯洛(Maslow,1954)认为,自尊需要的满足会使人相信自己的力量和价值,使人们在生活中变得更有能力,更富有创造性;相反,缺乏自尊会使人感到自卑,没有足够的信心去处理面临的问题。哪些因素影响自尊的水平？在不同因素影响下的自尊结构又会发生怎样的变化呢？

人在不同发展时期，影响自尊的主导因素是不一样的。家庭是影响儿童自尊的主导因素，随着个体在学校的学习生活时间越来越长，学校因素逐渐占据主导地位；当个体的主体意识逐渐成熟时，影响自尊的因素就更加复杂。

首先，父母教养方式是影响儿童自尊发展的重要因素。我们在第四章社会化的讨论中已经有系统的论述。研究和教育实践都提示，父母对儿童采取民主型的教养方式，尊重孩子的意见，有助于儿童高自尊的形成、发展与提高；相反，父母对儿童采取专制型的教养方式，整日对孩子板着脸，动不动就批评孩子，当孩子取得任何成绩时不是鼓励而是讽刺，这种情境下的孩子自尊水平就会比较低，因为他们几乎没有被赞扬的经历，也没有自主的权利，他们也就很容易否定自己，使自尊的发展受到阻碍。此外，有研究证明，父母的受教育水平、社会地位，家庭的经济状况与家庭结构等，都会影响到儿童对自己的评价和自尊水平。各种家庭因素对孩子自尊水平的影响，其实都可以归于一点，即父母对子女的教育方式。

其次，学业成绩在很大程度上影响着教师、学校、家长和社会对一个学生的整体评价，因此学业成绩的好坏，也会影响到学生自尊水平的高低。有研究证明，学业成绩和自尊的发展水平呈正相关（金盛华，1993，1999）。但是，个体并不仅仅是学习者，他们还和教师、同伴发生互动。如果教师对待个体是支持的、关心的、鼓励的，如果同伴对个体是友善的、理解的，就有助于个体自尊水平的提高。个体周围的社会文化环境也影响自尊水平。

最后，个人因素对自尊水平有影响。自尊作为个人内心的感受，意味着不同的个体经历会影响个体的自尊水平。金盛华（2004）在其提出的经验—体悟教育论中强调，个体经验的性质会高度影响学生的自尊。詹姆斯在早期也强调了个体的自尊水平与成功经验的联系。个体通常关注其渴望获得成功的领域，自尊往往来自这些领域的成功。同时，正如詹姆斯早期揭示的，个人抱负过高可能会对自尊产生负面影响，即个体对一种成功或失败的价值评估越低，其对自尊的影响也越小，甚至不产生影响。反之，成功或失败的价值评估越高，其对个体自尊的影响也越大。

三、自我差异与自我提高

（一）自我差异

自我差异（self-discrepancy）是希金斯等人（Higgins & Bargh，1987）提出的一种自我导向理论，这种自我导向代表个体要达到的标准。这一理论首先提出了 3 种自我成分——实际自我、理想自我及应该自我。实际自我（actual self）指个体实际知觉到的主体自我；理想自我（ideal self）是个体想要成为的人，它激励个人实现自己的抱负；应该自我（ought self）是个体认为自己应该成为的人，它引导个体尽职、尽责、尽义务。理想自我和应该自我都是起导向作用的非现实自我知觉，因而被合称为自我导向（self-guides）或自我标准。希金斯等人将自我差异定义为实际自我与自我导向之间的差距，并指出自我差异是一种有情绪意义的较为稳定的认知结构。

自我差异理论假设，每种类型的自我差异反映了一种特定类型的消极心理情境。实际自我与理想自我出现差距，会使个体产生沮丧类负性情绪，实际自我与应该自我出现差距，会使个体产生焦虑类负性情绪，两种情况都会导致自尊降低。

（二）自我提高

自我提高(self-promotion)是指个体用一种有利于对自己做出正面评价的方式,收集和解释有关自我的信息。它通常与自我确认(self-verification)共同产生提高自尊的作用。自我提高可以使人对自己产生一个较高的评价,有助于自尊的提高。

使用自我提高的人希望被尊敬而不仅仅是被喜欢。自我提高者尤其希望自己的智力和能力被尊重。为了强化他们宣称自己有能力的可信度,自我提高的人可能会告诉别人他们小的缺点和不足(Baumeister & Jones,1978),以便使别人相信,他们有力量和缺点,但是总体上对自己的能力很自信。此时,承认错误实际是强化胜利宣言的一种可靠的策略。

【知识拓展】
自尊的测量

与承认缺陷来强化能力的类似做法是美化策略(Schlenker,1980)。自我提高可以利用美化现象来实现。人们在完成某些事情后,可能会通过强调事情有多困难来加强其成功的能力总量(Quattrone & Jones,1978)。例如,暗示如果他们在接受任务时没有生病,那么任务会完成得更好。

四、自我效能感

自我效能感(self-efficacy)是指一个人感到自己能够胜任和有效的感觉。这一概念最初由班杜拉(Bandura,1982)提出。根据班杜拉的思想,自我效能感主要是从成功经验中获得的关于自己能力的概念。具有了较强自我效能感的儿童和成年人更坚毅,更少焦虑,更少消沉,同时他们过着更健康的生活,在学术上取得更多成功。

除成功经验外,另一个重要因素也影响着人们的自我效能感——个人的控制感。控制点理论认为,具有内部控制特征的人相信,自己所从事的活动和活动结果是由自身具有的内部因素决定的,自己的能力和所做的努力能控制事态的发展,相信奖励是由个人行为来决定的;具有外部控制特征者认为,自己受命运、运气、机遇和他人的摆布,这些外部复杂且难以预料的力量主宰着自己的行为,奖励的出现与否不是自己的活动能影响的。在现实生活中,极端的内控者或者极端的外控者都不多见,每个人都可以在这两个极端之间的连续轨迹上找到相应的位置。

（一）习得性无助

习得性无助(learned helplessness)是指人或动物面对反复出现的不好的事件,感到难以控制,从而学会了放弃和感到无望的现象。这种现象是由塞利格曼等人(Seligman & Overmier,1967)在一项动物实验中发现的。研究发现,当动物在学习一个任务中接触不可避免的电击以后,会在后来学习第二项任务的时候直接选择放弃。在这个情境中的动物不仅不能完成第二个任务,而且会完全停止行动。塞利格曼将这种状态命名为习得性无助,因为动物学到了在它们的反应和强化之间没有联系,并因此停止了反应。图 8-3 是一个习得性无助过程的简单图示。

图 8-3　习得性无助的产生过程

塞利格曼(Seligman,1975,1991)的进一步研究发现,人类生活情境中同样存在类似的习得性无助机制。当人们在现实生活中屡屡遭受挫折时,他们会对自己的能力产生怀疑,认为有些事情不是自己的能力所能控制的,这样他们就产生了习得性无助。沮丧、压抑的人因为相信努力是无效的而变得被动。丧失信心的人意志缺乏,主动放弃,成为习得性无助者。

(二) 自我决定

习得性无助让人感到沮丧,放弃去改变现状,这对人们的生活和主动适应无疑是有害的。如何克服习得性无助,重新找回自信呢?自我控制感就是克服习得性无助的重要途径。其中,自我决定(self-determination)可以使人增加自我控制感,进而减少习得性无助。正反两方面的研究表明,能否让人自我决定,增强控制感,不但影响人的习得无助状况的好坏,更进而影响人的心态、行为甚至健康的好坏。

无论是毫无人性的集中营,还是慈善的医疗机构,犯人或病人处于被"关押"状态,这种管理都可能使人失去人性。医院里的所谓"好的患者",往往不按传唤键,不问问题,不尝试控制所发生的事情。如此被动的患者可能对提高医院管理效率有好处,但是对患者本人来说却不利于其康复。

有些疾病与无助感和自我选择减少有关。在医院中,那些经过训练相信可以较少使用止疼剂和镇静剂,转而自我控制紧张程度的患者,其焦虑明显减少(Langer,1975)。进一步研究还发现(Langer & Rodin,1976),仅仅引入一点点控制感,就能改变养老院老人的精神和健康。在研究中,他们对待老人时强调老人们的选择机会,强调老人影响养老院政策的可能性,强调每个老人在"让生活像自己设想的那样"方面负责。这些老人被要求做一些小的决定和承担一些职责。3个星期之后,93% 的老人在机敏、活动和精神愉悦方面都显示出进步,说明老人的自我决定增加了控制感,进而在其他方面产生积极影响。

在强调自我决定的积极作用时需要注意,完全的自由和自我决定可能转化为一种负担。过多的选择可能使人麻痹。有研究(Iyengar & Lepper,1999)发现,在 30 种果酱或巧克力中做出选择的人,对选择表现得较不满意;与此相对比,仅在 6 种选项中做出选择者表现得更为满意。更多选择会导致信息超载和更多选择冲突,从而使人感觉自己在选择后发现自己做出了错误的选择。有实验证明,人们对不能撤回的选择比可以撤回的选择表现得更满意。具有讽刺意味的是,人们宁愿牺牲自由,也要换回原先的选择。心理学家发现(Myers,2000),人们对先前的婚姻的满意度更高,尽管当前社会婚姻更不稳定,人们可以逃避不幸的婚姻,尝试重新选择,但人们仍感觉重新选择不如原配。

(三) 自我效能感的行为效应

自我效能感作为个人对于自己能力的信任指标,具有明显的行为效应。

1. 自我效能感的行为效应

拥有各种技能,并不等于在多种环境中都能够很好地运用它们。正是由于这个原因,具有类似技能的人,或者同一个人在不同的情境中,会有不同的行为表现。而其中的原因就在于,每个人的自我效能感是不一样的。自我效能感对于个人而言,是一种重要的行为导向因素,它对行为的影响,在一定程度上独立于支持行为的各种技能。能力的充分发挥,既需要技能,也需要有效运用技能的自我概念。在日常生活中,自我效能感使我们树立更具挑战性的目标,在困难面前更加坚持。大量研究显示,自我效能感可预测工人的生产率(Stajkovic & Luthans,1998)。当出现问题时,强烈的自我效能感可使工人保持平静和寻求解决办法,而不是总思索有哪些不足。

努力和坚持意味着成功。成功反过来又带来自信的增长,促进自我效能感的发展。自我效能感对行为的作用主要有以下几个方面。

(1) 选择行为。个人对于自我效能感的判断,部分地决定着人们对活动和特定社会环境的选择。人们倾向于避开他们认为超出自己能力范围的任务和处境,但会毫不犹豫地从事他们认为自己有能力处理的事情。但是,人们并不会选择他们很容易就做成功的事情,因为那样无法带来成就感。为此,因为自我效能感的驱动,人们的行为通常会遵守"中等难度规则",倾向于选择适度超出自己能力的事情。

(2) 努力付出与坚持不懈。自我效能感越高,人们越相信付出会带来成功,因此会付出更多的努力,努力持续的时间也会更长。当处于困境时,那些低自我效能感的人会放松他们的努力,甚至全部放弃,因为他们怀疑自己的能力和付出是否会带来期待的成功;而那些有高自我效能感的人,会付出更大努力去征服困难。事情具有一定程度的不确定性,对于高自我效能感的人来说会有助于行为准备。因为不确定性给个体以发展的空间,并可以激起个体对知识与技能提升的准备,而事情太过确定反而会缺乏应有的调整性而减少兴趣。这就解释了为什么在现实生活中,那些具备学业胜任力的学生在解决难题时能够成功,而对于简单的问题却反而容易出错。

(3) 思维方式和情感反应。自我效能感是对自己能力水平的一种判断,自我效能感高的人由于对自己能力的充分信任以及在面对困难时的坚持,因此他们一旦开始就促使事情向他们期望的方向发展;低自我效能感的人则相反。高自我效能感的人认为自己有能力去胜任很多事情,即使他们遇到困难、挫折,他们也不怀疑最后成功的可能性,因此可以说他们是乐观者;而低自我效能感的人倾向于认为自己无法胜任太多事情,面对困难时,他们很容易看不到希望,因此他们是悲观者。如面对一件事情进行到一半遭受阻塞时,乐观者会对自己说,事情已经做了一半了,另一半我也一定能够完成;悲观者则会说,事情还只做了一半,我是没能力再做下去了。班杜拉等人(Bandura & Cervone,1983) 曾研究目标和自我效能感对任务动机和持久性的影响。在这项研究中,被试的情境有两个维度:一个维度是有目标和无目标;另一个维度是有影响自我效能感的反馈信息和无反馈信息。实验任务需要被试努力工作才能完成。在实验的一些初步活动之后,按在第一轮实验中工作水平是否满意,以及工作与标准的接近水平(自我效能感反馈)进行分类。图 8-4 为实验结果。

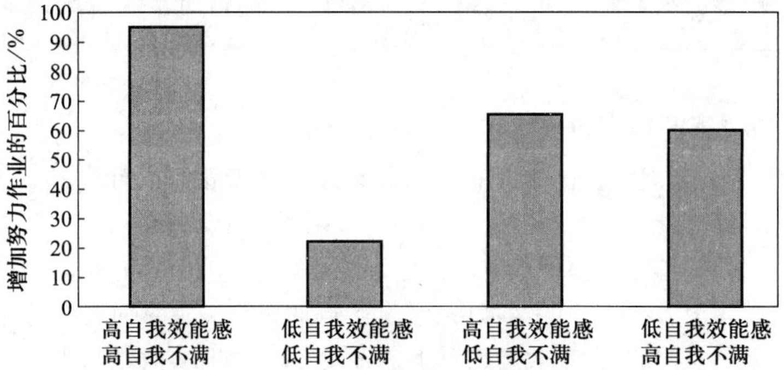

图 8-4　动机水平与自我不满和自我效能感的关系

来源:珀文,L. A.(2001). *人格科学*(周榕等　译). 上海:华东师范大学出版社.

图 8-4 结果说明，在是否在后续的工作中继续努力的问题上，相信自己能力的高自我效能感且不满意自己工作的被试，继续努力的动机强度最大；虽自我效能感高但对自我表现没有大的不满意或低自我效能感与高自我不满并存的时候，动机强度较次；如果自我效能感与自我满意度都低，则人们继续努力的动机最低。

2. 自我效能感的信息来源

自我效能感并不是天生就具备的，它同自尊一样，是随着来之不易的成就而增长的。支持个体自我效能感的信息主要有以下几种来源：

(1) 获得的成就。成功会提高自我效能感评估，不断获得成功的经验，会使人逐渐建立起对自己能力的稳固信心，从而建立强有力的自我效能感。这种自我效能感会概化到类似的情境中去，而且，由于其有广泛的经验支持背景，因而不会因一时的挫折而降低，但反复的失败经验会降低个人的自我效能感评估。

(2) 替代性经验。个人的时间和精力资源是有限的，不可能在广泛的范围内建立成功经验。很多时候，我们通过观察别人的行为，可以得到替代性经验。当人们看到与自己相近或相似的人获得成功时，能够促进自身自我效能感的提高；反之，当看到与自己相近或相似的人不断失败，尤其是在付出很大努力以后仍旧失败时，个人也会降低自己的自我效能感，觉得即使换作自己行动也没有多少成功的希望。不过，从自我效能感的性质上说，替代性经验对于自我效能感的提高或降低的影响是特定的。

(3) 生理唤醒。有研究表明，个人生理唤起信息会使人们部分地依赖来自生理状态方面的信息来评价自己的能力。一些生理信息，如紧张、焦虑，很容易降低人们在特定情境中的自我效能感的判断。不过，当人们变得对某些情境更为熟悉和已经积累了在特定情境中的成功经验时，情绪线索对个人自我效能感判断的影响会下降。

第四节 文化与自我

在西方国家，《鲁滨孙漂流记》和《老人与海》是人们耳熟能详、久负盛誉的文学作品——鲁滨孙虽然只身被困荒岛，但是仍能靠自己的意志力顽强生存；老渔夫独自在海上一连 84 天都未钓到一条鱼，终于在第 85 天将一条大鱼制服。这些故事无不赞美个体蕴藏的巨大潜力，使人们相信只要勇敢拼搏，个体甚至能够战胜大自然。中国文学作品《三国演义》里刘、关、张“桃园三结义”彰显的赤胆忠心，至今被人称颂；《水浒传》里一百单八将“梁山聚义”的场面恢宏，荡气回肠。传统小说里所描写的忠肝义胆甚至比个人成就更重要，因而不难理解为什么关羽被后人赞颂，而曹操却被称作“奸雄”。

从这些文学作品中关于“英雄形象”的描写里，我们不难发现，文化间存在着微妙的差别。在西方人眼中，个体之间是相互独立的，每个个体都具备无穷的潜在力量；而在中国人眼中，个体的自我价值是在与他人的交往联系中实现的，一个个体如果脱离群体，他的存在就失去了意义。

这种文化差异性不仅存在于文学艺术作品中，它还潜移默化地影响着人们日常生活的方方面面。本节将着重介绍不同文化下个体的自我概念存在着怎样的差异。

一、文化差异视角下的自我概念

如前面提到的，自我概念的形成受个体成长所处的环境及环境中的他人的影响，这里所说的环境，包括社会文化环境。尽管社会心理学的历史已逾百年，然而，文化心理学作为一个独立的心理学分支被提出只有40余年的时间，其标志是20世纪70年代《跨文化心理学期刊》的创立。

该领域最早引起广泛关注，是因为霍夫斯泰德（Hofstede，1980）的工作价值观研究。在这项研究中，他整理了IBM公司对全球几十个国家员工的工作价值观调查结果，提出了不同文化间在权力距离、回避不确定性、个体主义—集体主义和男性气质—女性气质4个维度上存在差异，其中，个体主义—集体主义这一维度引发了强烈反响。相比而言，美国人和欧洲人的个体主义倾向更为明显，而亚洲人的集体主义倾向更为明显。

随后，在自我概念领域，马科斯和北山（Markus & Kitayama，1991）提出了“独立自我—互依自我”的二元结构（见图8-5）。通过将美国文化与日本文化间的自我概念进行对比，他们认为西方文化更注重个人价值，视自我为独立的实体，因而自我概念与社会背景间是分离的，他们将这种自我概念的建构称作独立自我（independent self）；东方文化更强调自我与周围环境相互依存，以及个体和他人之间的相互协调，因而“与自我相联系的他人”在自我概念中占有重要的地位，他们将这种自我概念的建构称作互依自我（interdependent self）。这种自我概念结构上的差异，会影响个体的认知、情绪和动机等多个方面。

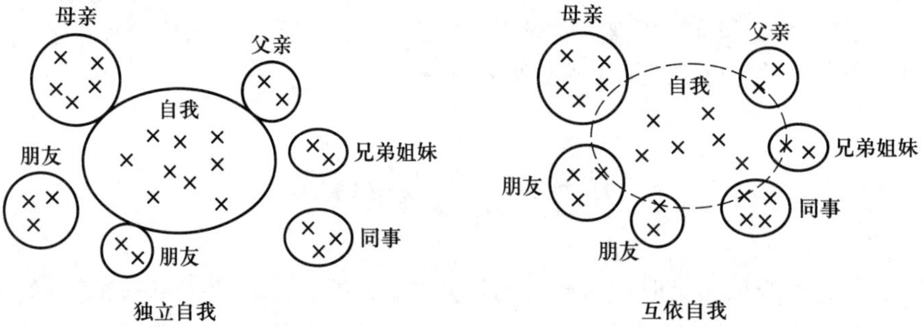

图8-5 “独立自我—互依自我”结构图

来源：Markus，H. R.，& Kitayama，S.（1991）. Culture and the self：Implications for cognition，emotion，and motivation. *Psychological Review*，*98*（2），224-253.

独立自我—互依自我的文化二元结构一经提出就受到了广泛关注，随后的许多研究结果都证实了这一结果的有效性，例如，康萤仪等人（Hong et al.，2001）发现中国香港大学生在描述自己时更多提到对社会及他人的责任而较少提到自身权利，但美国大学生却正相反；神奈川等人（Kanagawa，Cross，& Markus，2001）发现，相比美国人，日本人在描述自我的时候会更多受到所处情境影响，另外日本人所描述的自我比美国人的更加消极。

这种自我概念的差异，可以从认知、情感和动机等多个方面体现出来（Markus & Kitayama，1991）。莫里斯和彭凯平（Morris & Peng，1994）在不告知被试实验目的的前提下，让中国被试和美国被试看同样一段动画，动画中一只鱼领先与另外一群鱼朝同一方向游（见如图8-6），随后让被试描述自己看到的景象。结果美国被试在描述中，更多地将这个情境归因于游在前面的那条鱼,认为它是鱼群的首领,或者正在被一群鱼追逐;中国被试在这种内部归因上出现得较少,而更多地做出群体角度的归因。

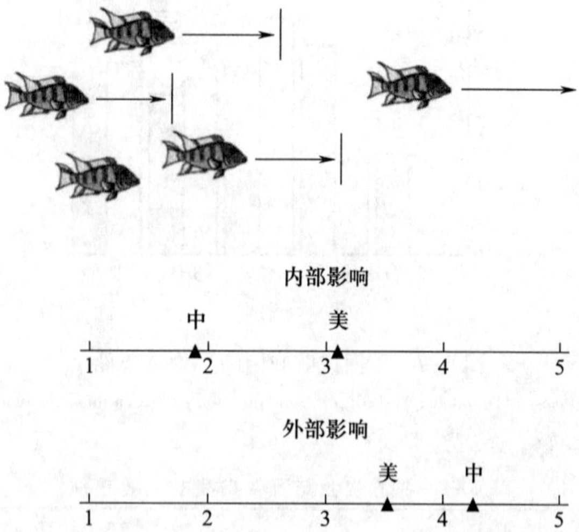

图 8-6 莫里斯和彭凯平实验结果示意

来源:Hong, Y., Morris, M. W., Chiu, C., & Benet-Martinez, V. (2000). Multicultural minds: A dynamic constructivist approach to culture and cognition. *American Psychologist*, 55(2), 709-720.

从独立自我—互依自我二元划分的角度出发,以往自我概念领域许多研究结果的文化适应性必然受到质疑,如在上一节中所介绍的自我服务偏差就是一例。在西方文化背景下,人们喜欢用好的眼光去观察自己,倾向于把成功归因于自己的能力而否认对失败负有责任,但是在日本这种以互依自我为主导的国家却很难发现这一现象,不仅没有出现自我服务偏差,反而出现了"谦虚偏差",即当日本学生感觉自己比他人强的时候,更多倾向于将成功归因于外部因素,而当他们感觉自己不如他人的时候,更倾向于认为是自己的能力还不够。在鹿内(Shikanai,1978)的研究中,他让日本大学生做字谜题,之后让其中一半被试认为自己的水平比平均水平高,以此作为成功情境;让另一半被试认为自己的水平低于平均水平,以此作为失败情境。之后让被试对成功和失败的原因做出解释,结果如图 8-7 所示,日本学生更倾向于将成功归因于外部因素,如任务难度、运气和情境,而将失败归因于自己的能力和努力。在互依自我的文化下,人们认为谦虚是一种美德,因而个体会倾向于按照他人所期待的方式来做出反应。由此可见,不同文化下,个体在自我评价时所参照的标准本身是有差异的。

独立自我—互依自我的结构自被提出起就受到了广泛关注,之后一些从这一角度出发编制的用以测量自我的文化的量表也随之出现。采用最多的是辛格利斯(Singelis,1994)编制的《自我建构量表》,用以测量个体对自身独立性与互依性程度的知觉。该量表良好的效度使得其很快被广泛使用。《自我建构量表》已经被引用过 180 次以上,被用于 50 多个研究中,并被翻译成中文、日文、阿拉伯文等多国语言,应用于心理现象的各个方面,如态度、行为、个体发展、道德品质发展等(张林等,2008)。

为了有助于更好地了解独立自我—互依自我之间的差异,表 8-1 从定义、结构、重要特征等几个主要方面对二者进行了对比。虽然独立自我—互依自我的二元结构自其提出就一直受到各种质疑,但其仍旧是迄今最为研究者重视,且最具说服力的文化维度分类方法。

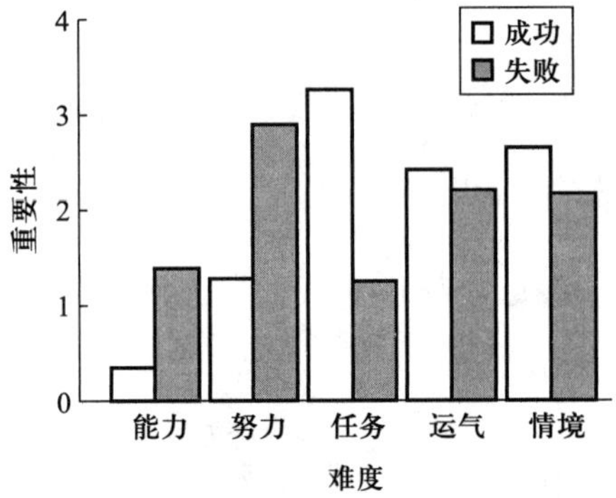

图 8-7 不同成败归因的平均重要性

来源:Markus, H. R., & Kitayama, S. (1991). Culture and the self: Implications for cognition, emotion, and motivation. *Psychological Review*, *98*(2), 224-253.

表 8-1 独立自我与互依自我的主要差别

特征比较	独立自我	互依自我
定义	独立于社会情境	与社会情境相联系
结构	有边界的、单一的、稳定的	灵活的、可变的
重要特征	内在的、私人化的(能力、思维和情感)	外在的、公共化的(地位、角色和关系)
任务	保持独立性 表达自我 实现内在潜质 实现自己的目标 直接了解自己的内心感受	归属和融入群体 找到自己的合适位置 做出合适的行为 实现他人的目标 间接了解别人的感受
他人角色	自我评价:他人的重要性是因为能够提供社会比较和间接评价	自我定义:通过在具体情境中与他人的关系来定义自我
自尊偏差①	表达自我、实现内在潜质的能力	调整、约束自我、保持与社会情境间和谐的能力

来源:Markus, H. R., & Kitayama, S. (1991). Culture and the self: Implications for cognition, emotion, and motivation. *Psychological Review*, *98*(2), 224-253.

二、文化自我的动态观

独立自我—互依自我的二元结构阐明了东西方文化下自我的分歧,但是越来越多的研究者也发现:虽然独立自我主要分布在西方,互依自我主要分布在东方,但东西方人都同时具有这两种自我结构。进一步说,关于自我的各种维度区分方法(不仅限于独立自我—互依自我的区分)

① 自尊的概念是在西方背景下提出的,这里可能需要用自我满意度或能够反映个体完成文化所要求的任务等含义来替换这一概念。

是从文化差异的角度考察不同文化下个体自我概念的整体差异。在这里，文化自我间的差异被看作对立的、非此即彼的关系，而没有顾及不同文化观点可能同时影响个体的自我概念的情况。不同的文化自我概念可能随情境等因素在同一个个体的认知、情感和行为中表现出来，这类从自我的非维度划分视角提出的理论被统称为“自我动态观”。

支持自我动态观的最有影响力的理论是康萤仪、赵志裕等提出的动态建构理论（dynamic constructivist approach）。这一理论包含了两层含义。首先，文化并不是维度论定义的静止的、宽泛的结构，它更具动态性和不连续性，是一套为人们所共享并内化了的松散网络，而这些松散结构又由随不同情境而变化的知识结构所组成。其次，一个个体可以获得不止一个文化意义系统，即使这些文化意义系统之间是冲突和矛盾的，个体也能够在不同的文化意义系统之间进行转化，他们将这种转换称作框架转换（frame switching）（杨宇，2008）。框架转换暗含了两层含义：首先，个体内部的文化意义系统不一定是多种意义、价值观的混合体，意义系统之间可以是彼此独立的；其次，接受一种新的文化，不意味着原有的文化自我成分会被取代，新文化与旧文化对个体的影响并不是冲突矛盾的。

三、来自认知神经科学的证据

随着认知神经科学的发展，脑成像技术为自我在不同文化情境下的差异找到了更为有力的证据，进一步从神经机制的层面呈现个体的自我概念的差异。这其中，最有说服力的是许多研究者使用功能磁共振成像技术[①]进行的自我参照效应的研究。这种任务要求被试首先判断一些人格形容词是否适合描述自己或他人，之后让被试尽可能回忆这些词。典型的实验结果是被试对能够描述自我的词的回忆量要多于不是描述自我的词的回忆量，这一现象被称作自我参照效应（self-reference effect）。许多脑成像的结果发现，相对于他人的判断，自我判断时激活了内侧前额叶区域（medial prefrontal cortex，MPFC）（Craik et al.，1999；Kelley et al.，2002）。

朱滢等（2007）根据独立自我—互依自我的二元结构进一步设想，如果中国人的自我结构中，重要他人对自己具有不一般的意义的话，那么是否能够出现“重要他人参照效应”，也即当进行他人参照任务时，同样能够激活内侧前额叶区域。于是，他们使用中国被试和西方被试对比研究的方法，发现当进行自我参照任务和他人参照任务的时候，西方被试的自我判断记忆成绩要明显好于母亲判断记忆的成绩，而对于中国被试却并没有发现这种优势。同时，如果将自我判断时的脑成像结果减去一般他人判断时的结果，中西方被试都发现 MPFC 的显著激活现象，而如果使用自我判断时的结果减去母亲判断时的结果，则中国被试并没有出现显著的 MPFC 激活，但在西方被试的结果中却观察到了这种激活。这一结果说明中国人更加强调人与人之间的相互依存、联系，母亲作为重要他人，是自我概念中重要的成分，因而出现了相同的神经机制。

文化启动范式研究同样得到了一些可靠的认知神经研究证据。例如，隋洁和韩世辉（2007）对中国大学生被试进行文化启动后，让他们进行不同方向的自我面孔和他人面孔识别任务。在这个研究中，西方文化启动使用的是两段叙述文字，其中主语是单数词“我”（独立自我启动）；中国文化启动使用的是同样内容的两段材料，主语是复数词“我们”（互依自我启动）。尽管在面孔

① 功能磁共振成像技术主要通过测量脑内各处血流含氧量的变化来反映人脑的心理活动，是一种无创且空间分辨率很高的脑成像技术，目前被很多心理学研究广泛采用。

识别任务中,两组被试对自我面孔的识别都要好于对他人面孔的识别,但是,被独立自我启动的被试的速度优势要更大,同时,他们的右侧中部额叶皮质(表征自我识别的区域)的激活程度也要更大。由此可见,文化启动范式能够诱发被试不同自我结构的出现,这一结果也为动态建构理论提供了证据。

思考与探究

1. 什么是自我概念?
2. 埃里克森自我同一性危机理论的主要观点是什么?
3. 自我概念的主要功能有哪些?
4. 试分析自我概念形成的主要机制。
5. 简述自我知觉理论的主要观点。
6. 举例说明日常生活中的习得性无助现象,并尝试分析如何消除这种习得性无助。
7. 试分析自我差异和自我提高影响个人自尊的机制。
8. 试分析自我效能感的本质及其对自我发展的意义。
9. 简述文化自我研究的维度论与动态建构理论的联系与区别。

第九章　价值观

本章要点

* 价值观的定义
* 价值观与主要关联心理变量
* 价值观理论
* 价值观的测量
* 中国企业家价值观

世界顶级富豪盖茨和巴菲特最崇拜的人不是什么名人政要，而是一直隐姓埋名捐出巨资的慈善家查克·费尼。富豪做慈善并不罕见，费尼却把做慈善变成了生活的一部分。他虽然是全球知名奢侈品免税店 DFS 的老板，但居处与穿戴与普通人完全没有两样，平常坐公共交通，穿几十美元一件的衣服，戴 15 美元的卡西欧手表，生活非常简朴，看上去完全是一位普通的邻家老人。然而，2015 年以前，他已经悄悄捐出了 450 亿美元，这个数字每年还在增加。费尼说的最多一句话就是："天堂不需要金钱，裹尸布上也没有口袋！"

有人不想把合法的巨额财产带进天堂，有人却永不满足地非法聚敛巨额钱财。每年都有领导干部因为巨额财产来源不明或收受巨额贿赂落马。

上述材料中在金钱面前的两种态度、两种价值观对比强烈。近年来，价值观问题受到社会心理学家越来越多的关注。本章将系统讨论关于价值观的相关问题。

第一节　价值观概述

一、价值观的定义

（一）价值

价值问题或价值现象是一个多学科研究的对象。从哲学角度看，对价值（value）的界定主要有 3 种观点：一是主体论，即客观事物是否有价值是个人主观评价的结果，如果失去了主观评价，则一切价值议题无从谈起；二是客体论，认为价值是客观事物本身就有的一种固有属性，不以评判者的主观意志为转移；三是关系论，认为对事物有无价值的评判，要取决于主客体之间的关系，也即客体的属性和主体的需求之间是否具有一致性和适宜性。

心理学研究中的价值兼顾了主体的评价、事物的固有属性，以及主客体之间的互动关系。海德（Herder）对"应该"（ought）这个词所进行的"常识心理学"（commonsense psychology）的分析，即

“价值是我们经验什么是应该的那一时刻的心理活动”，能够表达出价值的概念。程宜山（1992）进一步对价值的含义进行了较为直观和形象的描述：价值是一种关系，是主体同满足其某种需要的客体的属性之间的一种关系，这种属性对于主体有一定的积极意义，即能满足人们的某种需要，成为人们的兴趣、目的所追求的对象。

（二）价值观

价值观是人们关于事物重要性的观念，是依据客体对于主体的重要性，对客体进行价值评判和选择的标准。我国心理学工作者所采用的价值观定义往往有两种线索背景。

一般来讲，港台学者多倾向于直接引用西方学者的定义，其中尤以克拉克洪、罗克奇、施瓦茨的定义最为流行。克拉克洪（Kluckhohn，1951）把价值观界定为一种外显或内隐的，有关什么是“值得的”的看法，它是个人或群体的特征，它影响人们可能会选择什么行为方式、手段和结果来生活。这一定义在西方心理学界具有支配地位，从操作层面对价值观的各种定义进行了整合。罗克奇（Rokeach，1973）则认为，价值观是一个持久的信念，是一种具体的行为方式或存在的终极状态，对个人或社会而言，比与之相反的行为方式或存在的终极状态更可取，它具有动机功能，不仅是评价性的，还是规范性的和禁止性的，是行动和态度的指导，是个人的，也是社会的现象。施瓦茨（Schwartz，1998）认为价值观是个体或群体的一系列跨情境的、在重要程度上有差异的目标，是个体或群体的生活指导原则。

大陆学者除引用西方的价值观定义之外，也有一些研究者借鉴了哲学上对价值观的界定。例如，黄希庭（1994）认为价值观是人们区分好坏、美丑、益损、正确与错误，符合或违背自己意愿的观念系统，它通常是充满情感的，并为人的正当行为提供充分理由。杨德广（1997）认为，价值观是一定社会所共同具有的、对于区分好与坏的根本看法，是对于某类事物是否具有价值以及具有何种价值的根本看法，是人所特有的应该希望什么和应该避免什么的规范化见解，是表示主体对客体的一种态度。

对以上研究者所倾向采用的价值观定义进行分析后可以看出：研究者视角不同导致对价值观概念的界定也存在一些差异，这说明了价值观问题的复杂性。但是我们也可以从中看出一些共识：① 从价值观的主体角度考虑，它既是一种个体现象也是一种社会现象，还是一种文化现象；② 从价值观的表现形式看，它是外显的也是内隐的；③ 从价值观的功能看，多数研究者认为价值观对行为具有解释、预测和导向作用；④ 从价值观的层次性上看，它具有超情境的特点，价值观要比态度更抽象、更概括。这些特征应该是我们在给价值观下操作定义时必须要考虑的问题。

（三）价值取向

章志光（1993）认为，价值取向是个人内心关于事物对自己、对社会的意义和重要性的认识倾向，它是个人内化了的价值观，对人的行为起着重要的调节与定向作用。金盛华（1995）认为，价值取向是人们对特定事物所采取的价值观，它是与具体事物和情境相关联的，是人们价值选择的反映。本书将价值取向界定为人们对特定事物所采取的价值观，它是与具体事物和情境相关联的，是人们在特定对象之上所进行的价值选择。

价值观与价值取向之间既有共同点也存在差异。主要差异表现为：价值观强调的是“观”，即认知层面，注重人们判断事物价值的视角，具有系统性和静态性等特点；而价值取向的指向性更为明确,与更为具体的行动选择相关联,是以个人的价值选择来体现的,是个人价值观的体现。在人们讨论和研究价值观问题的时候,实际上涉及的是更为具体的价值取向问题,而价值观是一个概括价值取向的更为一般性的概念。

实际上,当我们研究某一方面的价值取向的时候,我们讨论的也是其价值观问题。如讨论金钱价值取向、成就价值取向、职业价值取向等,也可以称为研究金钱价值观、成就价值观和职业价值观问题。在这种情况下,价值取向实际上已经成为可以与价值观互换的一种变通表达,有所区别的是,与价值观的说法相比,价值取向的说法更强调了主体与客体的关联性和主体对客体的选择性。

二、价值观的本质与核心特征

罗克奇(Rokeach)关于价值观的许多探讨对于确定价值观的概念,揭示其核心特征起到了极大的推动作用。其对价值观的核心特征的论述如下:

(1) 价值观是可测量的(1967)。

(2) 价值观是普遍的、跨情境的,以重要程度分级排序的(1973)。

(3) 价值观是高于个人、对象和情境的(1973)。

(4) 一个人所持有的价值观数量比较少(1973)。

(5) 价值观是既公开又私密的(1973)。

(6) 价值观具有认知、情感和行为/定向成分(1973,1979)。

(7) 价值观既是因变量(个人的、社会的和机制的因素导致的结果),又是自变量(个体一生行动的激发力量)(1973)。

(8) 所有人都具有程度不同的某些价值观(1973)。

(9) 价值观被组织形成了价值体系(1973)。

(10) 价值观的源头可追溯到文化、社会/机制,以及人格(1973)。

(11) 价值观的结果在所有社会现象中都可以被观察到(1973)。

(12) 价值观既是稳定的又是可塑的(1973)。

(13) 价值观是引导信念和态度的规范(1979)。

(14) 价值观是概念化的一小组核心认知,表达了令人满意的存在状态和行为模式,可以按照优先次序组织排列(1979)。

(15) 价值观是生活的标准,它影响着个体,使个体倾向于选择并遵循社会的、政治的或宗教的各种思想体系;引导着个体对自己和他人的评价;是比较过程中的核心;被用于劝说和影响他人(1979)。

(16) 价值观一方面主导及决定着社会态度和意识形态,另一方面主导及决定着社会行为(1979)。

施瓦茨(Schwartz,1992)对于价值观概念和属性的探讨是在罗克奇价值观理论的基础上延伸和发展的。施瓦茨认为,价值观起源于人类的基本需要,指向令人向往的状态、对象、目标或行为,超越情境而存在,是个体生活的指导原则。他更加强调价值观与动机的关系,认为价值观由一组具体化的动机目标构成,而这些动机目标源自人类3种普遍的基本需要,即作为生物体的需要、社会交往合作的需要,以及集体生存和福利的需要。价值观是个体在社会化和认知发展过程中对这 3 种普遍需要的有意识反应,某一价值观的意义是通过与其他价值观的积极和消极的关系得以被理解的。

三、价值观与主要关联心理变量的关系

价值观与态度、特质、需要等均有区别,了解价值观与这些概念之间的区别,对于准确把握价值观的定义具有重要作用。

(一) 价值观与态度

态度是社会心理学的核心概念,它往往被作为行为的一种准备状态而广受重视。金盛华等人(1995)认为:态度是个体指向一定对象,有一定观念基础的评价性持久反映倾向。

价值观与态度有着密切的联系,价值观的功能和作用需要通过态度来实现。另外,人们的价值观不是无组织的,而是按照各种价值选择的重要性构成的一个完整的价值体系。相应地,人们的各种态度也就构成了一个具有整体性的态度体系。越是接近价值体系中心的核心价值,越是接近态度体系中心的核心态度,对行为的影响作用也越大。二者间联系的紧密性也是造成一些价值观测量工具产生很大争议的重要原因之一,即研究者认为一些工具似乎明显是在测量人们的态度问题而不是价值观问题。

就价值观和态度的区别来说,第一,价值观比态度更广泛、更抽象。态度是对一个对象所做出的喜欢或不喜欢的评价,更强调具体的社会对象,而价值观不像态度那样有直接的对象,它更关注理想。价值观在一个人的内在评价等级系列中所占的位置比态度要高。正如施瓦茨所言,态度是情境性的,而价值观比态度更持久,是超越情境的。像公正、真诚、勇敢、诚实、自由、平等、忠实等,都属于抽象的价值观而不是具体的态度。第二,从单个的或具体的行为来看,态度与行为的距离更近,对行为的预测作用更为明显。价值观与一个人如何做人等问题靠得更近(Hitlin,2003),而较少与行为直接关联。价值观对行为的导向作用需要通过影响态度来实现。从个体的总的行为或行为集合以及重大行为事件来看,价值观对行为的影响作用是明显的,尽管这种影响可能要经过态度这一中介因素才能发挥作用。

(二) 价值观与特质

特质是使个体倾向于产生跨情境的一致性行为表现的持久的特征或品质。从概念上来说,特质被视为人格的固定的方面。基于特质的行为常常和基于价值观的行为相混淆,分清这两者之间的差别很重要,如一个人的性情可能是攻击性的(一种特质),但他可能没有太强的攻击性的价值观。罗卡斯(Roccas,2002)等人提出,特质是持久的性情,价值观是持久的目标,基于价值观的行为会更多表现出对一个人行为的认知控制。特质可能是正面的(积极的)或负面的(消极的),但价值观对主体而言主要是单向正面的(积极的)。在判断行为的合理性时人们主要参考价值观。人们的行为判断规范是价值观而非特质,不论是判断别人的行为还是自己的行为,都是如此。罗克奇(Rokeach,1973)提出,把人视为一系列价值观比把人视为一些固定的特质更有好处,因为这种视角提供了社会条件的变化使人发生变化的可能性。

(三) 价值观与需要

彭聃龄(1988)认为,需要是个体内部的一种不平衡状态,它反映某种客观的要求和必要性,

并成为个人活动的积极性源泉。黄希庭(1991)认为,需要是指有机体的某种缺乏和不平衡状态,它表现出有机体的生存和发展对于客观条件的依赖性,是有机体活动的积极性源泉。需要的特点是内在性、动力性和层次性。

动机是指维持个体的活动,并使活动朝向某一目标的内部心理过程或内部动力(彭聃龄,1988)。动机是在需要的基础上产生的。当某种需要没有得到满足时,它就会推动人们去寻找满足需要的对象,从而产生活动的动机。可见,动机的产生不仅以需要为基础,而且还必须有外在诱因的存在。这也决定了动机与需要既有共同点也存在差异,共同点是二者皆具备内在性、动力性,差异在于动机具有方向性,因此,动机与行为的关系更为直接。

从价值观的研究历程来看,价值观的研究始终和需要、动机的研究存在一定的联系,更有研究者(Cohen,1996)把价值观直接定义为一种内驱力,认为价值观的探讨就是对成就需要、归属需要、支配需要等需要的探讨。

黄希庭等人(1994) 认为,需要与价值观的关系十分密切。这种密切的关系主要体现在两个方面:一方面价值观以及由它支配的价值判断都以需要为基础和判断尺度,人们评判对象是否有价值,在于其满足人的需要的程度大小;另一方面,价值观反过来对需要又具有调控作用,表现为对需要的评价和对相互冲突的需要的调节。

需要是价值观或价值判断产生的基础,这一观点在哲学层面也已经有不少的论述。李德顺(1987)认为:需要是激发人的意识活动的基本动因,是价值意识的深刻基础。人的需要转化为人的主观意识的第一种形式,就是欲望。欲望是价值意识的最初形态。因为欲望、愿望是一种最基本的、初级形态的价值意识,它能直截了当地、明确地反映现实的价值所在。袁贵仁(1991)则认为:一个事物对于人是否有价值,就是视其能否满足人的某种需要;价值的大小,也就是满足程度的大小。综上所述,多数研究者认为,人的需要是价值形成的主体根据和判断尺度。

同时,价值观也对需要起到调控作用。有研究者(卢风,2003)指出:人的一切行动是在欲望的推动之下进行,人没有什么欲望就不会有什么追求;人的欲望指向哪里,与人的信仰和价值观密切相关;人的欲望可指向精神超越和人格完美,也可指向物质财富和权力。由此,我们可以得出以下 3 点结论:一是需要和欲望在个体行为中表现出基础性和动力性的特点;二是需要和欲望的层次较低而信仰和价值观的层次较高;三是价值观对需要、欲望有规范作用或定向作用。价值观以社会可接受的、从文化的角度被确认了的方式表达着各种需要,如对性的需要可能从文化角度被再造为爱的价值观(Rokeach,1973)。有许多生物性需要的表达和满足,可以通过文化方面约定的价值观来反映,但是这些价值观不是需要。

(四) 价值观与情绪和情感

情绪和情感是人对客观事物的态度体验及相应的行为反应(彭聃龄,1988)。在现代心理学中,把与主体有机生理需要相联系的态度体验称为情绪;把与人的社会关系需要相联系,并受社会关系制约的态度体验叫作人类特有的情感(情感的 3 种基本类型,即道德感、美感、理智感,更能在一定程度上反映人的价值观点)。

情绪和情感是价值观的构成要素之一,也是价值意识的心理水平的表现形式之一。价值观或价值取向都包含认知、情感、行为等成分。毫无疑问,我们持某种价值观就会对与这一价值观相一致的事物、活动抱有积极肯定的情感,反之就会产生消极否定的情感。因此,个体或群体的情绪和情感在一定程度上可以反映个体或群体所持的价值观或价值取向。它们以心理体验的方式来反映主、客体之间的价值关系,表达主体对于客体的价值态度。

(五) 价值观与行为

有很多研究者对价值观与行为的关系做过详细的论述。普遍的观点认为,价值观对个体或群体行为具有重要的解释、预测和导向作用。我们可以从以下几个方面来理解:

1. 行为是价值观的表现

从总体上讲,多数行为都可进行一定的道德和价值判断,尽管这种判断存在着文化和地域差异。更为重要的是,多数行为尤其是重大行为在被做出之前,通常,行为者都有一个价值判断的过程。这一过程及其结果决定了行为的价值观意义,即行为者自身的价值观念被负载在行为当中。即便是日常生活中一些不经意的琐碎行为或习惯行为,若从认知的角度考虑,这些行为也具有一定的价值意义,因为这些行为虽然似乎没有经过深刻的价值判断,但实际上是个体头脑中的认知结构或图式在起作用。所以在一定程度上,如果人们的价值观念和所做出的行为一致性高,就个体自身来讲是最为协调和平衡的,也符合"费力最小原则",那么,这种行为会自然而然被做出,时间长了就成为习惯化的行为。因此,习惯化的行为与重大行为一样也负载着个体重要的价值观念信息,只不过价值判断这一过程被忽略了。

2. 价值观引导行为

态度与行为的关系不是一一对应的关系,价值观作为更为抽象概括、超越情境的变量,当然与行为的关系也不是一一对应的,甚至价值观对行为的作用比态度更间接。但是,如从多数行为、从行为的长远性和持续性等角度看,价值观的影响作用却是明显存在的。有研究表明,行为者会表现出更多的与某一价值相似或相关的价值一致的行为、更少的与某一价值相反或相对的价值一致的行为(Maio,Pakizeh,Cheung,et al.,2009)。所以从行为的整体性角度考虑,价值观是影响行为的重要因素。

3. 行为可能诱导价值观的改变

行为对价值观的反作用这一问题较少被研究者深入探讨。凯尔曼(Kelman,1958)发现,当环境迫使人们为了达到一个更重要的目标而必须改变自己的表面行为时,个体的态度形态可能会有所变化。虽然这是一种权宜的态度改变,但实际上意味着人们价值观的改变过程已经开始。这种暂时的改变是表面的,但由于个体在心理上具有保持认知一致性的需要,因而,长期的表层行为的变化,将可能导致整个价值结构的真正改变。凯尔曼通过分析典型的价值观改变个案,发现从行为开始的变化最终可以有效地达到"洗脑"的效果,促使价值观发生深层的改变。费斯廷格的认知失调理论则对这种改变的发生机制提供了较为完善的解释。

第二节 价值观理论

一、国外价值观理论

(一) 斯普兰格—奥尔波特价值观理论

德国哲学家和心理学家斯普兰格(Spranger,1928)在《人的类型》一书中,将价值观分为经济的、理论的、审美的、社会的、政治的和宗教的价值观。随后,奥尔波特和阜农(1960)根据斯普兰格的分类编制了《价值观研究量表》,并认为经济的价值观重视务实,对有用的东西感兴趣;理论的价值观重视智慧、兴趣,以发现真理为主要追求;审美的价值观重视世界的形式和谐,以美的原则如对称、均衡、和谐作为评价事物的标准;社会的价值观重视他人的价值,利他和注重人文精神;政治的价值观重视权力、影响和声望;宗教的价值观重视统一的价值,相信神话或寻求天人合一(Braithwaite & Scott,1991)。斯普兰格—奥尔波特价值观理论在 20 世纪 60 年代成为西方非常流行的价值观研究理论的依据。

(二) 罗克奇价值观理论

罗克奇(Rokeach,1973)把个体的价值观分为两类,即终极价值观(terminal values)与工具价值观(instrumental values),两者既有区别又有联系。

终极价值观是涉及最终状态的信念,它们通常是表示内在的名词(如服从、坚持、礼貌),此类价值观主要关心的问题是:从个人的角度和社会的角度来说,什么是值得去奋斗的。工具价值观是涉及达成上述最终状态所采用的行为方式或手段的信念,指令人满意的实施方式,它们通常是表示外在的形容词(如顺从的、坚持的、礼貌的),与技能或自我实现有密切关系,此类价值观主要关心的问题是:从个人的角度和社会的角度来说,什么是对待客体更可取的方式。这两类价值观决定并影响着选择。

尽管这两类价值观从功能上来说是互相联系的,都具有帮助个体获得最终状态的工具性,然而罗克奇认为这两类价值观之间并不存在一一对应的联系,价值观按重要性纵向存在于个体之中,不同的价值观相互独立,在重要程度上存在竞争性,某一价值观重要性的提高必然会导致另一价值观重要性的下降。在现实生活中,个体正是通过对不同价值观的重要性进行评价从而做出行为选择的。罗克奇的这种划分体现了他对价值观具有层次性质和有顺序的认识,并且,也真正表达了价值观作为"深层建构",和"信仰体系""行为选择"之间相互作用的性质和关系。

罗克奇根据其价值观理论,开发了《罗克奇价值观量表》(Rokeach Value Survey,RVS),并利用它进行实证研究。该量表是将 18 项终极价值观和 18 项工具价值观以价值观标志词的形式提供给被试,每个词汇后面以括号中的词语或短语进行解释,请被试分别对两类价值观根据其对自己生活的重要程度进行排序(见表 9-1)。该量表使得价值观研究可进一步操作化,人们使用排序的方法表达他们认为哪一种价值更值得和更为重要。

表 9-1　罗克奇价值观分类(Rokeach,1973;董春亮,2014)

终极价值观	工具价值观
舒适的生活(富足的生活)	雄心勃勃(辛勤工作、奋发向上)
振奋的生活(刺激的、积极的生活)	心胸开阔(开放)
成就感(持续的贡献)	能干(有能力、有效率)
和平的世界(没有冲突和战争)	欢乐(轻松愉快)
美丽的世界(艺术和自然的美)	清洁(卫生、整洁)
平等(兄弟情谊、机会均等)	勇敢(坚持自己的信仰)
家庭安全(照顾自己所爱的人)	宽容(谅解他人)
自由(独立、自主的选择)	助人(为他人的福利工作)
幸福(满足)	正直(真挚、诚实)
内在和谐(没有内心冲突)	富于想象(大胆、有创造性)

续表

终极价值观	工具价值观
成熟的爱(性和精神上的亲密)	独立(自力更生、自给自足)
国家的安全(免遭攻击)	智慧(有知识、善思考)
快乐(快乐的、休闲的生活)	符合逻辑(理性的)
救世(救世的、永恒的生活)	博爱(温情的、温柔的)
自尊(自重)	顺从(有责任感、尊重的)
社会承认(尊重、赞赏)	礼貌(有礼的、性情好)
真挚的友谊(亲密关系)	负责(可靠的)
睿智(对生活有成熟的理解)	自我权力(自律的、约束的)

(三) 施瓦茨价值观理论

施瓦茨价值观理论源于施瓦茨对罗克奇价值观理论的检验。该理论提出,不同的价值观具有同等重要性是存在的,人为地要求个体对同等重要的价值观做出重要性区分并不合理;同时,不同的价值观之间并不是孤立的,而是相互关联的,既存在指向相一致的价值观(如传统和安全,均指向保守性),也存在指向相对立的价值观(如传统和刺激,前者指向保守,后者指向开放)。因此,价值观在人脑中不仅具有纵向联系,也存在横向联系。价值观是一个连贯的、凝聚的动机性连续体,构成一个统一的价值观体系,该连续体可用环状结构来表征(见图 9-1)。

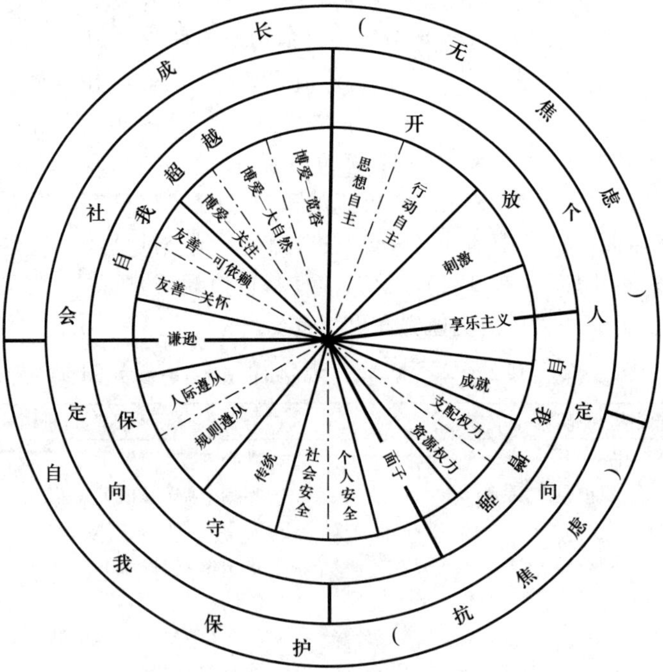

图 9-1　施瓦茨的个体基本价值观理论结构

施瓦茨价值观理论及测量方法自 1987 年理论初步形成至 2012 年被重构,在历经 25 年的持续不断的检验、修订和完善之后,建构了以 19 种具有跨文化普遍性的个体基本价值观及以 4 个价值观分类维度为核心内容的基本价值观模型，并开发了有效测量个体基本价值观的理论配套测量工具《施瓦茨价值观调查表》（Schwartz Values Survey，SVS，1992）和《肖像价值观问卷》（Portrait Values Questionnaire，PVQ，2001，2005，2012）。

1. 个体基本价值观的定义

施瓦茨价值观理论中的19种具有跨文化普遍性的个体基本价值观分别是：思想自主、行动自主、刺激、享乐主义、成就、支配权力、资源权力、面子、个人安全、社会安全、传统、规则遵从、人际遵从、谦逊、友善—关怀、友善—可依赖、博爱—关注、博爱—大自然和博爱—宽容，各价值观与动机关联的定义见表9-2。

表9-2　施瓦茨价值观理论中19种基本价值观定义

序号	价值观名称	与动机关联的定义
1	思想自主（self-direction-thought）	产生自我想法和发展自我才能的自由
2	行动自主（self-direction-action）	自由地决定个体自己的行动
3	刺激（stimulation）	激动、新奇、变化
4	享乐主义（hedonism）	愉悦和感观满足
5	成就（achievement）	根据社会标准获得成功
6	支配权力（power-dominance）	通过对人的控制获得力量感
7	资源权力（power-resources）	通过对物质和社会资源的控制获得力量感
8	面子（face）	通过维护个体的公众形象避免丢人获得安全感和力量感
9	个人安全（security-personal）	在个体当下所处的环境中保持安全
10	社会安全（security-societal）	广泛的社会安全和稳定
11	传统（tradition）	坚持和保护文化的、家族的或宗教的各种传统
12	规则遵从（conformity-rules）	服从规则、法律和规定的各种义务
13	人际遵从（conformity-interpersonal）	避免使他人难过或受到伤害
14	谦逊（humility）	认识到在大的事物框架中个体的渺小
15	友善—关怀（benevolence-caring）	为自己所属圈子中成员们的幸福而效力
16	友善—可依赖（benevolence-dependability）	成为自己所属圈子中可靠的、值得信赖的成员
17	博爱—关注（universalism-concern）	致力于全人类的平等、公正，保护全人类
18	博爱—大自然（universalism-nature）	保护自然环境
19	博爱—宽容（universalism-tolerance）	接受并理解不同于自己的人

2. 个体基本价值观的内部关系

个体基本价值观的环状结构已在图9-1中表示，在该结构中蕴含着价值观之间的相容与相对关系。

（1）价值观模型中位置越相近的价值观，享有的动机类型也越相似，相邻的价值观是相容关系。相容关系意味着它们通常会引导个体产生相同的行为或判断。价值观模型中包含着九对相容价值观。

① 权力—成就：两者均强调的是社会优势和获得自尊。

② 成就—享乐主义：两者均侧重的是自我中心的满足。

③ 享乐主义—刺激:两者都需要一种情感上愉悦的刺激。

④ 刺激—自主:两者都具有内在追求掌控和开放面对变化的动机。

⑤ 自主—博爱:两者都表达出自主判断和适应于多样性的特点。

⑥ 博爱—友善:两者都表现出对他人福祉的关怀和对个人利益的超越。

⑦ 遵从—传统:两者都强调自我约束和服从。

⑧ 传统—安全:两者都强调维护秩序及和谐的关系。

⑨ 安全—权力:两者都强调通过控制关系和资源避免或克服不确定性带来的威胁。

(2) 价值观模型中相互距离越远的价值观,相容关系越弱,相对关系越强。相对关系意味着它们通常会引导个体产生相反的行为或判断。对立动机的价值观在图 9-1 中,方向也是相对的。需要注意的是,相对价值观相互并非反义词,只是其背后的动机对立。价值观结构中存在着 4 对相对关系。

① 自主/刺激与遵从/传统/安全:前者强调独立自主的思想和行动,以及喜爱变化;后者强调自我约束、服从,践行传统,保持稳定。

② 博爱/友善与权力/成就:前者强调平等地接受他人,关心他人福祉;后者强调追求个人的相对成功和对他人的控制。

③ 享乐主义与遵从/传统:前者强调满足个人欲望;后者强调控制个人冲动,接受外部限制。

④ 传统/友善/博爱与享乐/权力/成就:前者强调超越日常生活寻求人生意义;后者强调追求感官和物质回报。

(3) 价值观的这种环状结构包含两个价值观与其他变量的关系假设。这两个假设已成为大量价值观相关研究的研究假设基础。

① 彼此相容的几种价值观目标与某种其他变量(如年龄)会存在着相似的相关关系。

② 某种其他变量与价值观体系中各种价值观的相关关系表现为一种规律性的变化过程,从关联最紧密的价值观到最疏远的价值观(沿着价值观圆环),相关系数呈相应的递减趋势,逐渐地从相关变为不相关、负相关。

3. 个体基本价值观的分类维度

施瓦茨将人们的基本价值观按照 4 个维度进行划分,分别为开放(openness to change)对保守(conservation)、自我超越(self-transcendence)对自我增强(self-enhancement)、成长(growth)对自我保护(self-protection),以及社会定向(social-focus)对个人定向(personal-focus)。

(1) 开放—保守。在这个维度上排列的价值观存在着两端,一端表达的是人们在不可预测和不确定的情况下看重自己的智力和情感兴趣的动机强度;另一端表达的是人们保持现状,维持与亲近之人、与社会机构及传统之间的确定性的动机强度。

(2) 自我超越—自我增强。在这个维度上排列的价值观也存在着两端,一端表达的是人们增强自己的个人利益的动机强度(有时甚至不惜牺牲他人利益);另一端表达的是人们超越狭隘的关怀,提升他人(不论亲疏)福祉,保护大自然的动机强度。

在以上两个维度中,需要注意的是,享乐主义价值观共享“开放”和“自我增强”的动机领域;谦逊价值观同时兼具“保守”和“自我超越”的动机领域;面子价值观则既体现“保守”,又体现“自我增强”的动机领域。

(3) 成长—自我保护。成长类价值观表现为使自我伸展的动机属性,受其驱动时不会使人感到焦虑(无焦虑);自我保护类价值观表现为保护自己,对抗焦虑与威胁(抗焦虑)的动机属性。

需要指出的是，谦逊与成就两种价值观均同时具有成长与自我保护的动机属性。

（4）社会定向—个人定向。社会定向类的价值观表现为个体更关心他人或特定社会体系的结果；个人定向类的价值观表现为个体更关心自己的结果。

4. 施瓦茨价值观理论的使用原则

研究人员在使用施瓦茨价值观理论时既有自由又有限制（Schwartz，2014）。自由是指价值观是一个连续体，可以根据研究目的选择价值观的数量及确定价值观集合的划分，即价值观理论可支持将价值观分为19类、10类、4类甚至2类。实际上，在一个动机连续体中，产生多种不同的抽象分类水平都是有可能的，主要依研究问题而定（Schwartz et al.，2012）。限制是指对价值观进行依问题而定的提取或分类时，有一个关键性的限制条件，即必须保持价值观环状结构中的排列顺序不变（Schwartz，2014）。

二、国内价值观理论

（一）国内价值观定量研究的两个阶段

从杨国枢等人在1964年从事有关价值观的研究开始，我国社会心理学领域的价值观研究已经有50多年历史，可以分为特征鲜明的两个阶段。第一个阶段是20世纪80年代以前，此阶段最典型的特征是对国外价值观研究概念、理论和方法的全面介绍、移植和验证（辛志勇，2001）。在此时期，西方的一些理论架构对中国人价值观研究有着重要的影响，比如个人主义和集体主义、终极价值观和工具价值观，以及关于价值观内容的兴趣建构、关于价值观的生活方式建构等。

第二个阶段是20世纪80年代以后，研究的主要思路是对价值观研究的"中国化"或"本土化"。这一时期中的价值观研究在研究理论构建、概念提出及其解释方面开始显示出浓重的本土化特色。例如，杨国枢的中国人价值的社会取向和个我取向以及传统性和现代性理论构建，及其在研究基础上提出的"文化生态互动论"；黄光国的儒家价值观与现代价值的统合理念；杨中芳关于中国人"自我"以及中国人是否是"集体主义"的探讨；等等。这些研究对于我国的价值观研究摆脱以往的移植、模仿模式起到了先导作用，对目前我国的价值观研究结果的诠释走向也发挥了积极作用。

（二）国内价值观的6种理论

中国人的传统价值观特征蕴含于千百年来的哲学、文学、史学、政治学等领域的经典论著之中，不同历史阶段的先哲们提出的关于天与人、自然与人、人与人之间关系的议题，如天命、自然无为、君子之道、人性向善、三纲五常等，在长期的文化传承中塑造着中国人的传统价值观，使其深刻渗透并表现于典章制度、社会组织、教育体系及人际关系等方面，凸显中国人的价值观体系具有自然万物之宇宙观的和谐之旨，极具特色，成为中国社会发展的稳定的意识形态结构，乃至为邻国所效法。

自周朝至清朝，中国历史虽然不断重复着"一治一乱"的轮回，学者们对于价值观的细节叙述迭有变更，但是传统价值观的根本却并无伤损，也没有造成价值观问题上的真空状态。然而"西风东渐"造成了完全不同的情况，西方的科学革命、产业革命、文艺复兴打翻了传统模式，把人类历史带进一个崭新的阶段，其影响传播到东方，中国震惊于西方的坚船利炮，力图自强，从而感染到民主、自由、人权、解放的浪潮，对自己文化内在的缺失和价值体系开始反省。多年战乱中表现出的孱弱，真正开始冲击中国人的传统价值观结构，使中国人的价值观发展进入重构阶段。

在中国人的价值观特征的探讨上，我国学者通常将其镶嵌于对中国文化特征的探索之中，形成了丰富的本土化研究成果，不同学科的学者们以多种途径和方法、从不同角度分别对中国人价值观的结构及特征进行描绘，从而使人们能够更深入更全面地理解中国人的特点。

1. 差序格局理论

社会学家费孝通（1948）在《乡土中国》一书中以社会中人际交往的模式提出了西方社会的“团体格局”和中国社会的“差序格局”文化特征。他认为在团体格局里，“个人间的联系靠着一个共同的架子；先有了这架子，每个人结上这架子，而互相发生关联”。而在差序格局的社会中，维系社会的是“一根根私人联系网络”，因此社会形态中综合私人关系的团体缺乏具体性。

社会格局的不同，引起了不同的道德观念和价值体系。“团体格局”的道德价值体系主要是权利的概念，“人对人得互相尊重权利，团体对个人也必须保障这些个人的权利，防止团体代理人滥用权力，于是发生了宪法”。“差序格局”下，每个人都以自己为中心结成人际网络，就像将一块石头扔进湖水中，以这个石头（个人）为中心点，在四周会形成一圈圈的波纹，波纹的由近及远正如标示着与个人连带的社会关系的亲疏（见图 9-2）。“差序”是指社会结构以及人际关系网络中的等差秩序，其中的长幼上下和尊卑贵贱等级森严，亲疏薄厚区分明确；“己”是差序格局的中心，因此“克己复礼”“修身为本”成为其道德价值体系的核心。

燕良轼等人（2013）进一步提出，中国人的道德价值体系也具有差序格局的特征，表现为人们会根据差序格局中对象的位置调节自己的道德责任与义务，以及相互关怀的程度，即“亲戚有远近，朋友有厚薄”。同时，学者们也指出差序格局及相应的道德价值体系的弊端主要是缺乏团体道德（费孝通，1948；燕良轼，2013）。

2. 传统价值观层级理论

沈清松（2013）通过对儒家思想中义利之辩的深入剖析，提出了中国传统价值观的层级式结构（见图 9-3）。该层级结构按照儒家思想所肯定的精神价值在“根源性”“开显性”和“能动性”

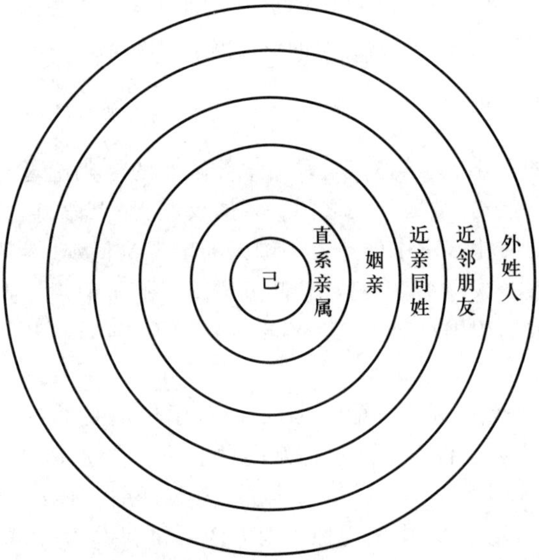

图 9-2 父权家族制差序格局

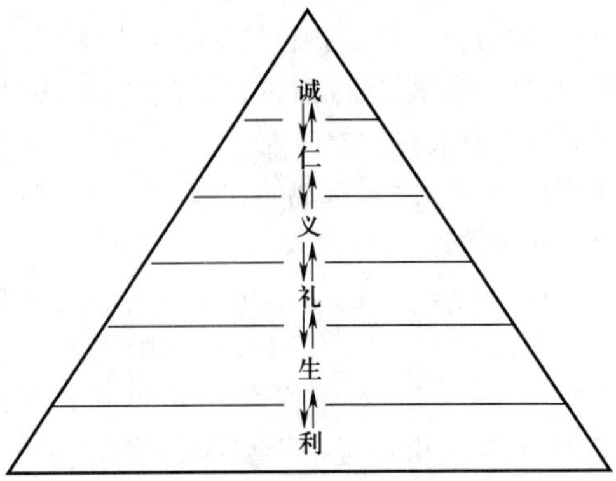

图 9-3 中国传统价值观层级结构（沈清松，2013）

3 个判断标准上形成。其中,根源性是指某价值在人性与天道的源头;开显性是指某价值能够开显人性的本然和天道;能动性是指某价值能促动人性动态的发展。

据此判断标准,最低层次的价值是“利”,其中包含了“财货之利”“欢悦之利”;其上为“生”,“利”对“生”有益,有助于生命的维持和发展,因而生命的价值高于利益;“生”之上为“礼”,指生命终须经由秩序之调理与美感之充实,而由仅求维持的生命变成富于意义的生命;“礼”之上为“义”,意指秩序与美感的根源在于道德判准和内在分寸的掌握;“义”源于“仁”的感通,“仁”的感通又根源于“诚礼”。如此层层递进,循环往复。其中,上一层次必以下一层次为基础,而下一层次必在上一层次获得根源、动力。

3. 社会取向论

杨国枢(1992)以社会取向来描绘中国人的价值观特色,并对其具体内容进行了分析,提出 4 种次级取向,即家族取向、关系取向、权威取向及他人取向。杨国枢认为,人类生存的基本局限或条件是生活圈,每一个生活圈都是由一个人及其相关生活环境所组成的,人是主体,环境是客体,形成了同一生活圈中的两极。

由此,生活圈中有两种动力趋势,即自主性趋势和融合趋势,前者是人倾向于同化与主宰环境而得以扩展,是人的影响远大于环境;后者是人努力使自己配合或顺应环境,并分享及参与超越自我之较大事物或群体,是环境的影响远大于人。两种趋势的强弱组合产生个我取向与社会取向两种最常出现的价值形态,而中国人在其生活圈中的适应方式是偏向社会取向的。

更进一步来说,中国人的社会取向有四大类主要的内涵,即家族取向,表现的是以家族主义为基础的个体与团体的融合;关系取向,表现的是凡事以人际关系为依归的个体与其他个体的融合;权威取向,表现的是以对父权、官权和君权的服从为特点的个体与权威的融合;他人取向,表现的是以留下良好印象或口碑为特征的个体与非特定对象的泛他人(如世人、江东父老等)的融合。这 4 种次级取向彼此关联,同时各有特殊内涵,从价值定向层面深刻影响着中国人的行为,形成了中国社会互动的风格与形态。表 9-3 对社会取向论的内涵进行了总结。

表 9-3　中国人社会取向价值的内涵(杨国枢,1992)

次级取向	特殊内涵
家族取向	家族延续 家族和谐 家族团结 家族富足 家族荣誉 泛家族化
关系取向	关系形式化(角色化) 关系互依性(回报性) 关系和谐性 关系宿命观 关系决定论

续表

次级取向	特殊内涵
权威取向	权威敏感
	权威崇拜
	权威依赖
他人取向	顾虑他人
	顺从他人
	关注规范
	重视名誉

4. 富贵与道德论

中国传统文化中关于财富与道德的论述是一个重要主题,也是体现价值观思想的核心之一,《管子》《史记》《论语》《吕氏春秋》等经典名著中对此话题皆有涉及。概括来说,可分为关于财富的内容、获得财富的途径、财富的运用,以及国富和民富的关系等 4 个方面的内容。文崇一(1993)通过综合分析中国人的财富观和义利观,提出了反映中国人价值观的富贵与道德论。该理论论述了富贵与道德之间互为价值工具和目标的关系,并从两者之间相容与相斥的关系提出了中国人的价值与行动的混合模型(见图 9-4)。

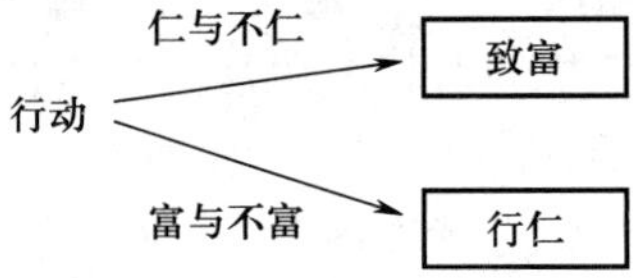

图 9-4 中国人的价值与行动的混合模型(文崇一,1993)

该模型中蕴含了中国传统文化中关于富贵与道德(图中以"仁"简化地表述道德)的相容说和冲突说。相容说有两种方式:一种是以仁致富,即取财以义,要用合乎道德的方法去发财;另一种是以富行仁,即富而好礼或衣食足而知荣辱,发了财可以做些仁义道德之事。冲突说也有两种方式:一种是为富不仁或行不仁而致富,即有道德就不会富有,或者说以不道德的方式也可以取财获利;另一种是不富而行仁,即不发财也可以有道德。

同时,该模型还显示出富贵与道德之间在价值类型方面的转换关系。一方面,人们可能把道德视为目标或终极价值,把富贵视为用来达到目标价值的工具,即工具价值,由此,富与不富皆可有道德。另一方面,富贵也可以被提升为目标价值,而道德降为工具价值,由此,道德和不道德均可成为追求富贵的工具或手段。后者正是中国人最典型的价值冲突。

5. 人情与面子

有研究者认为,中国人的官本位思想其深层机制与中国人的爱面子有关,词语中的"衣锦还乡"和"光宗耀祖"就是很好的例证。黄光国(1983)在其所著《人情与面子:中国人的权力游戏》中提出了他的人情与面子模式。他认为,请托者由于某种原因找到资源支配者,如果事情办成就是有面子,事情没有办成就是没面子,而事情能否办成要取决于资源支配者的心理历程。资源支配者的心理历程可能存在 3 种不同的关系以及相应的做事法则和决策策略。工具性关系对应的法则是公平法则，其决策策略是客观决策；由于情感卷入的原因，情感性关系对应的法则是需求法则，其决策策略面对的是亲情困境；混合性关系对应的法则是人情法则，其决策策略面对的是人情困境。黄光国认为，西方人的社会是一种比较典型的工具性关系，做事喜欢讲究公平，而中国人的社会是一种情感性关系，或接近情感性关系的混合型关系，所以倾向于遵守需求法则和人情法则。

6. 中国人价值观多因素模型

金盛华等人(2009)提出了中国人价值观的八因素模型，具体为品格自律、才能务实、公共利益、家庭本位、人伦情感、守法从众、名望成就、金钱权力。该模型认为中国人价值观体现了明确的“好人定位”特点，即具有“品格为先，利益为辅”的特点，在品格不受威胁，没有自我否定顾虑的前提下(“我是好人”)，功名利禄都会被看重，而如果以否定自己的品格(“我不是好人”)作为得到功名利禄的代价时，中国人会首先保护整体意义上的自我不被否定，从而对功名利禄的诱惑保持警惕。我们将该结构按照“个人取向—社会取向”与“发展取向—维持取向”两个维度进行重构，可以得到中国人价值观的“好人定位理论”模型。在模型中，2 个维度相交构成 4 个分区分别为个人发展区、社会发展区、个人维持区和社会维持区。其中，“品格自律”和“才能务实”主要体现了个人发展，故放入个人发展区；相对地，“公共利益”和“家庭本位”具有社会发展与促进稳定、和谐的意义，故放入社会发展区；“守法从众”和“人伦情感”按照其意义纳入社会维持区；而“名望成就”和“金钱权力”则被放在了个人维持区(见图 9-5)。在 4 个分区中，比较重要的因素被放到箭头所指的外侧。

另外，辛志勇和金盛华(2006)通过访谈、语句完成、自由联想等方法建构了由手段、目标、规则 3 项大的价值观和 16 项小的价值维度构成的大学生价值观结构模型(见图 9-6)。

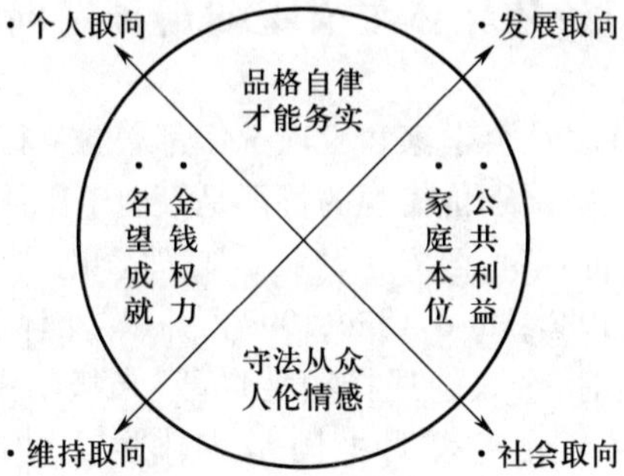

图 9-5　中国人价值观的“好人定位”理论模型

文化层面的中国人价值观研究还散于哲学、社会学、文化学、政治学、文学等领域对于中国文化、中国人国民性、中国传统道德伦理等问题的探讨之中，如梁启超的《新民说》，辜鸿鸣的《中国人的精神》、孙隆基的《中国文化的深层结构》、沙莲香的《中国民族性》等。另外，20 世纪 80 年代发端于我国港台地区的由社会学研究者、文化学研究者、心理学研究者、人类学研究者等所组织的“传统与现代化”的大讨论，也产生了不少关于中国人价值观的重要研究成果，如邦德(Bond)参与编制的《中国人价值观调查表》。这份量表以中国文化的诸多特征如孝敬、谦逊、节俭、适应性、中庸、非竞争性等入手，在此基础上，通过对包括中国香港、中国台湾、新加坡等 22 个地区和国家的调查，抽取出文化水平研究的 4 个因素，即整合性、儒家工作动力论、仁慈心、道德训导；抽取出个体水平的 2 个因素，即社会整合—文化的内在性，声誉—社会道德。黄希庭等人关于自我价值感的研究认为,自我价值感是一个多维度、多层次的系统,包括总体自我价值感、一般自我价值感和特殊自我价值感。根据该理论构想,黄希庭等人编制了自我价值感量表。

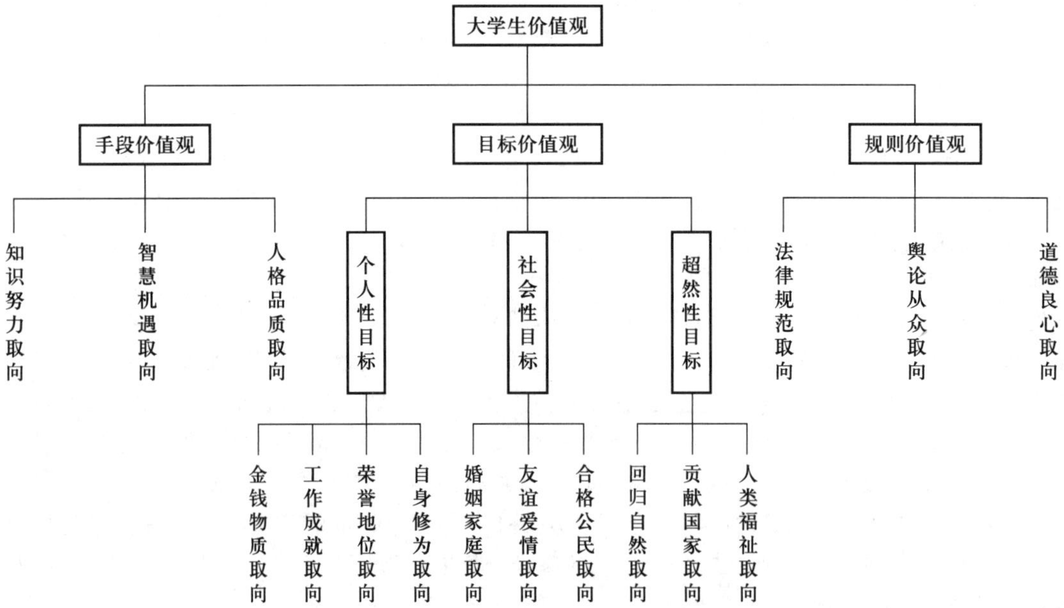

图 9-6 大学生价值观结构

三、中国人价值观特点:从集体主义走向辩证定向

从 20 世纪 70 年代开始,许多社会学家和心理学家都曾被“个人主义和集体主义”这一曾经有压倒性影响的研究裹挟,认为中国人价值观的特征是倾向于集体主义的。

在谈及中国人的文化价值特点时,西方主流社会心理学论述中常常将中国文化用“集体主义”这一概念来概括(Hofstede,1980;Ho & Chiu,1992),并以“集体利益高于个人利益”“集体利益左右着个人利益”“当两者冲突时,个人会选择牺牲自己”来概括中国人的价值观特点。国外学者还通过诸多跨文化研究的元分析表明中国是集体主义的典型国家(Oyserman,Coon,& Kemmelmeier,2002)。

然而,对此结论有许多国内学者并不认同,杨中芳(2001)反对把一切中国人具体的行为看成集体主义价值观的表现,并列举了大量论著说明用集体主义概括中国人价值特点是“挂一漏万”的现象。赵志裕(1986)曾分析了大量中国谚语来探讨中国文化究竟是集体主义的还是个人主义的。结果发现,涉及褒贬此两者的谚语数目相差不远,说明中国文化是既重“集体主义”又重“个人主义”的。陈玲丽、金盛华、刘文和孙丽(2013)通过内容分析方法,说明了中外学者在这个问题上的争议源于“集体”的意义指向差异,国内学者论及的集体主要是指“泛集体”或模糊集体(大集体或社会群体),国外学者主要指“关系集体”(内群体)。

国内研究(金盛华等,2019)发现,实际上中国人价值观最为鲜明的特点不能简单用集体主义来概括,而具有鲜明的辩证定向特性。中国被试在施瓦茨等人(Schiwartz,et al.,2002)价值观量表上显示开放—保守维度上的得分高度接近,自我超越价值观的得分显著高于自我增强价值观的，成长价值观的得分显著高于自我保护价值观的，表明中国人价值观已经有了更重视成长和超越的倾向。在整体上，中国人价值观兼顾社会与个人，强调社会与个人的融合，平衡开放与保守，既重视自主的价值，又重视规则遵从和传统，这些都证明中国人在价值观结构中具有鲜明的辩证定向特点，即中国人一方面在儒家中庸文化影响至深的背景下价值观倾向有独特的平衡性，另一方面，中国社会经过40多年改革开放后经济的高速发展，后物质主义价值观倾向开始显现，这与英格尔哈特（Inglehart，1977）等关于经济发展将引发文化变迁的预言是一致的。

第三节　价值观的测量

心理学家对于价值观的系统性测量伴随着理论研究一直在不断地探索和发展之中（Spranger，1928；Thurstone，1929；Allport et al.，1960；Rokeach，1968，1973，1979；Rokeach et al.，1984；Schwartz，1992）。由于个体价值观之间，以及价值观与行为之间具有复杂的相互关系，因此价值观的测量是一项难度很大的工作。尽管如此，心理学家在检验不同的价值观理论结构的过程中，仍然尝试使用种类繁多的测量方法，如排序、情境化、投射、配对迫选等，产生了丰富的价值观测量工具，使价值观的测量越来越有效、可靠。例如，在《性格与社会心理测量总览》（Robinson，Shaver，& Wrightsman，1990）一书中，作者评价和介绍了多种价值观测量工具（见表9-4），显示出了价值观测量领域的丰硕成果。

表9-4　价值观测量工具汇总

测量工具名称	开发者（开发时间）
《6类价值观量表》（Scale of Values 6）	Henderson（1913）
《6种价值观类型问卷》（Value Types 6）	Spranger（1928）
《价值观研究量表》（Study of Values）	Allport（1931，1960）
《人类价值观类型问卷》（Varieties of Human Value）	Morris（1960）
《个体价值观问卷》[Personal Value(s) Questionnaire，PVQ]	England（1967），McClelland（1991）
《奥尔波特-弗农-林赛价值观问卷》（Allport-Vemon-Lindzey Study of Values，SOV）	Allport（1970），Kopelman（2003）
《明尼苏达重要性问卷》（Minnesota Importance Questionnaire，MPQ）	Gay et al.（1971）
《人际价值观调查表》（Survey of Interpersonal Values）	Gordon（1972）
《罗克奇价值观调查表》（Rokeach Values Survey，RVS）	Rokeach（1973）
《父母价值观排序表》（Rank Order of Parental Values）	Kohn（1977）
《罗克奇终极价值观调查表》（Rokeach Values Survey-Terminal，RVS-T）	Rokeach（1979）
《罗克奇工具价值观调查表》（Rokeach Values Survey-Instrumental，RVS-I）	Rokeach（1979）
《价值观量表清单》（List of Values，LOV）	Kahle（1983）
《布雷思韦特-劳价值观调查表》（Braithwaite and Law Values Inventory）	Braithwaite & Law（1983）
《目标、方式和社会价值观调查表》（Goal，Mode and Social Values Inventory）	Braithwaite & Law（1985）
《父母价值观排序表修订版》（Revised Rank Order of Parental Values）	Schaefer & Edgerton（1985）

续表

测量工具名称	开发者(开发时间)
《个体奋斗价值观调查表》(Personal Strivings Values Survey,PSVS)	Emmons(1986)
《中国人价值观调查表》(Chinese Values Survey)	Chinese Culture Connection(1987)
《社会价值观环形测验》(Ring Measure of Social Values)	Liebrand & McClintock(1988)
《施瓦茨价值观调查表》(Schwartz Values Survey,SVS)	Schwartz(1992,1996)
《配对比较价值观调查表》(Pairwise Comparison Values Survey,PCVS)	Oishi et al. (1998)
《肖像价值观问卷》(Portrait Values Questionnaire,PVQ)	Schwartz et al. (2001)
《教育价值问卷》(Meaning of Education Questionnaire,MOE)	Henderson-King(2006)
《工作偏好问卷》(Work Preference Inventory,WPI)	Henderson-King(2006)
《个体价值观量表》(Personal Values Scales)	Henderson-King(2006)

人们对价值观属性的认识和价值观结构的差异主导着价值观测量方法的选择和价值观测量工具的设计。从国内外价值观理论的发展以及现有的相应测量工具来看,主要存在着两种理论取向及测量工具的设计思路。

第一,价值观直接测量取向。芒福德等人(Mumford,et al.,2002)总结了此类测量取向的4个基本理论假设:价值观处于个体的意识层面;个体能够确认价值观之间的重要性差异;个体能够清晰地表达价值观;目标的达成、情感的流露和反馈都与价值观有明确的联系。持这一取向的学者认为,个体意识到并表达出的价值观对其行为具有指引作用,因此通过直接询问价值观的方式能够获得个体的价值观特征。

第二,价值观间接测量取向。芒福德等人(Mumford,et al.,2002)提出了此类测量取向的4个基本理论假设:价值观既存在于个体的意识层面又存在于潜意识层面;个体对价值观的意识是模糊的;价值观是含蓄内隐的;价值观是情境中的个人行为选择。持这一取向的学者更倾向于通过设定某种情境让被试进行行为选择或进行行为倾向性评分来获得个体的价值观特征。无论是直接测量取向还是间接测量取向,相关的心理学家都根据自己的理论编制出了相应的价值观测量工具。

一、价值观的直接测量方法和工具

1.《罗克奇价值观调查表》

《罗克奇价值观调查表》(Rokeach Values Survey,RVS)立足于价值观的纵向存在结构,以罗克奇提倡的二维价值观为内容,以词汇形式向个体呈现不同的价值观,让其按重要程度进行排序。排序法抓住了现实生活中价值观选择的真实性,却忽略了不同价值观可能具有同等重要性。在施测过程中,其对个体认知能力和注意力要求较高。

2.《施瓦茨价值观调查表》

《施瓦茨价值观调查表》(Schwartz Values Survey,SVS)是根据施瓦茨价值观理论开发的第一个测量工具,共提取了代表不同价值观的57个题项,测量其1992年价值观理论中的10种价值观:自主、刺激、享乐、成就、权力、安全、遵从、传统、友善和博爱。该量表的形式与《罗克奇价值观调查表》类似,给被试呈现两列价值观题项,第一列包含 30 个题项,以名词形式描述人们有可能追求的终极生活状态;第二列包含 27 个题项,以形容词形式描述人们有可能追求的行为方式。每一个题项表达了一种价值观的一个方面。在每一个题项之后的括号内都用短语对该题项进行了解释。

然而,施瓦茨在对其价值观理论的普遍性进行检验的过程中(Fontaine & Schwartz,1996;Schwartz,1992,1994;Schwartz & Sagiv,1995;Schwartz,2001),发现有 5% 的样本与理论模型有较大差距,而这些样本均主要来自撒哈拉以南的非洲、印度、马来西亚和一些欠发达国家的偏远地区,被试的受教育水平很低。研究人员考虑到可能是测量工具存在的问题导致了差异:

(1) 该量表对抽象思维和对脱离具体情境的概念理解能力要求比较高,使其不适用于受教育程度低的人群。

(2) 儿童晚期至青少年期是价值观发展的重要研究阶段,该量表在测量此年龄段的儿童的价值观时,量表内容对于儿童来说过于抽象。同时,价值观理论中提出的价值观模型倘若具有跨文化的普遍性,则应当脱离测量工具的影响,即不论使用什么工具都可得到较一致的结论,因此需要有新的测量工具对理论进行验证。

出于以上需要,在 2001 年,施瓦茨等人发表研究论文,介绍了测量价值观的新工具《肖像价值观问卷》,该工具是对价值观的间接测量。

3.《配对比较价值观调查表》

大石茂弘(Shigehiro Oishi)等人设计并检验了以两两比较的方式突显价值观特征的《配对比较价值观调查表》(Pairwise Comparison Values Survey,PCVS)。该量表将施瓦茨 1992 年价值观理论中的每种分别与其他价值观两两配对,共形成 45 对价值观,每次为被试呈现 1 对价值观,请被试从中选择出一种对自己的生活而言更重要的价值观,并根据重要程度进行评分。

该量表不仅可以测得价值观的相对重要性,而且可以测得一种价值观比另一种价值观重要的程度有多少。更重要的是该测量方法中所有被试的反应项目的平均数是相等的,均为 0,因此有效降低了作答者反应倾向,也无须进行统计方面的校正。

4.《施瓦茨价值观最优—最差量表》

《施瓦茨价值观最优—最差量表》(Schwartz's Values Best-Worst Scaling,SVBWS)主要针对解决价值观测量中的社会赞许性、默许偏差、极端反应偏差等反应倾向设计,具体方法是给被试提供 11 组价值观词汇,每组包含 6 种价值观,每种价值观包含 3 个词汇,让被试根据词汇对自己生活的重要性从每一组中选择出一项最重要的和一项最不重要的价值观。这种方法迫使被试选择出选项中差异最大的两项,从而无法使用中间分值或者具有明显倾向性的分值,因此可以降低作答者反应倾向。除此之外,该工具在数据分析时使用原始分数,不必进行分数校正,从而保留了原始分数可能蕴含的意义,尤其对于跨文化研究更适用。但是分数计算比较复杂,因此较少被使用。

5.《价值观词汇表》

大部分关于价值观与行为的研究都依赖自陈式测量工具。自陈式测量工具除了具有作答者偏差、测量价值观时被试的加工负担较重等问题之外,还有一个问题是无法测量已故之人的主观状态。已故之人的价值观与行为资料可以从历史角度提供一些信息,更能体现价值观的跨时间、跨现实性,从而丰富价值观与行为的关系研究。因此,研究者(Bardi,Calogero,& Mullen,2008)以施瓦茨价值观理论为基础,开发了《价值观词汇表》(The Value Lexicon),确定了代表 10 种价值观的30个词汇(见表9-5)。该工具适用于价值观文本分析。

表9-5 价值观词汇表

价值观	指示词
权力	权力、力量、控制
成就	成就、雄心、成功
享乐	享受、乐趣、快乐
刺激	兴奋、新奇、激动
自主	独立、自由、解放
博爱	统一、公正、平等
友善	善良、慈善、仁慈
传统	传统、习俗、尊重
遵从	约束、敬重、思虑
安全	安全、保险、保护

二、价值观的间接测量方法和工具

1.《价值观研究量表》

《价值观研究量表》(Study of Values)是一种应用非常广泛的行为情境类价值观量表。此量表给被试呈现一系列简单的生活情境,每种情境下配有特别设计的行为选项,让被试根据自己在这些情境中的偏好对行为选项进行评分,以此来推断个体所持有的价值观结构。量表共包括45个情境,测量6种价值观类型(经济型、理论型、审美型、社会型、政治型和宗教型),要求被试对行为情境中的行为选项进行评分,通过计算每一类价值观的得分即可得到被试的价值观类型。例题如下:

平时去剧院时,你通常会喜欢看:

A. 表现人类友爱与痛苦的剧目 (社会型)

B. 反映某些尚存争议的观点的科教片 (理论型)

C. 关于伟人(国家领袖、政治家)生活的剧目 (政治型)

D. 类似《天鹅湖》那样富有想象的剧目 (审美型)

2.《肖像价值观问卷》

《肖像价值观问卷》(Portrait Values Questionnaire,PVQ)根据1992年施瓦茨价值观理论开发,针对11岁以上的儿童和未接受过抽象、自由想象思维课程教育的成人。与SVS相比,该量表对价值观题项的表述更具体、更易于理解。该量表的题项中没有使用SVS中的术语或价值观词汇,每一题项用一句话描述一个人的目标或愿望,这个目标或愿望隐含地指向一种价值观的重要性。例如"有创造性对他(她)很重要""形成自己的观点,有原创性的想法对他(她)很重要"描述的是一个重视自主价值观的人,而"富有对他(她)很重要""他(她)想拥有很多钱和昂贵的东西"描述的是一个重视权力价值观的人。

2012年,施瓦茨对价值观理论进行重构时,开发并检验了新版PVQ。量表共包含48个题项,采用6点计分,测量新价值观理论中的19种价值观。有研究人员通过对比检验,验证了新版PVQ比早先版本的PVQ在测量相同价值观的恒定性方面效果更好(Cieciuch, Davidov,

Vecchione, et al., 2014)。

3.《价值观情境迫选量表》

《价值观情境迫选量表》(1995)采用了情境测量的方法来测量施瓦茨价值观理论中的10种价值观。该量表编写了10种典型的具有价值观冲突的生活情境,每种情境配有两个选项,每个选项代表一种价值观,两个选项代表的价值观之间是冲突关系。要求被试根据每种情境完成两个任务:

(1) 假设自己是该情境中的主角,根据每种情境的两个选项对自己的吸引程度分别进行7点评分,从“完全不吸引我”(1分),到“中等程度吸引我”(4分),再到“非常吸引我”(7分)。这一步骤测量了价值观的效价。

(2) 在两个选项中必须选出一个自己在现实中会做出的选择。这一步骤测量了价值观类型。

例如,考试情境:

有两名学生修读同一门课程,正在复习准备参加第二天的期末考试。学生A想叫学生B晚上一同学习,这样可以互相帮助。学生B有许多备考的复习任务需要集中精力工作,而且为了得到一个好的考试分数需要投入大量的个人努力。假设你是学生B:

A. 我会同意和学生A在晚上一起学习,这样我们可以互相帮助。(测量维度:友善)

B. 我会自己一个人学习,因为我希望能够提高我的成绩。(测量维度:成就)

4.《价值观情境问卷》

《价值观情境问卷》(2002)以人们在生活中需要进行重要选择的8个生活领域(工作、家庭、朋友、休闲、政治、信仰、教育/哲理、社会环境/文化)为价值观域,并根据不同价值观域中存在的价值观选择设计了28种情境,每种情境用短小的5~6句话进行描述,呈现一个复杂的、模糊不清的问题,每种情境之后都设计了3~4个问题,每个问题下设计了3~12个数量不等的反应选项。问卷共由28种情境和108个问题构成,要求被试假设自己是该情境中的主角,在反应选项中进行相应的选择。例题如下:

情境:你是某公司一位高级经理,将在最近几天与来自其他城市的一些重要客户会晤。你们公司的副总裁和你一起讨论如何接待即将到来的这些客户,并对适当的接待性的娱乐活动安排给你提出了一些建议。你出于个人的一些原因非常反对副总裁提出的这些娱乐活动安排。你的许多朋友及家人甚至会鄙视这类活动。

1. 当你考虑应该怎么办的时候,下列哪些因素对你来说是最重要的?(选择3项)

A. 冒险,承担被家人和天天见面的朋友鄙视的风险

B. 保住你的工作,给你的家庭提供保障

C. 维护你的配偶对你的尊重

D. 保住你在公司的工作和职位

E. 要为你的工作感到骄傲

F. 做正确的事

G. 让别人将你视为一个有道德的正直的人

H. 让被接待的客户尊重你

2. 为了弄清楚安排娱乐活动接待客户的真正原因,你会问副总裁什么问题?(选择2项)

A. 我们公司是不是要通过建立密切的客户关系尽力使自己成为一个很强大的组织?

B. 这些客户在忙碌工作一天之后是不是要找些兴奋刺激的事?

C. 这些客户是不是对通过社交活动来了解我们的员工很感兴趣?

D. 这些客户是不是对某些高雅的娱乐活动感兴趣?

E. 这些客户是不是希望以在他们自己的文化环境中相同的方式进行娱乐?

F. 这些客户想做一些放松性的事吗?

G. 我们公司为接待这些客户的花销感到担心吗?

3. 你的老板希望你做什么?(选择 1 项)

A. 做一个报告

B. 研究一个竞争对手

C. 接待客户

D. 在公司里调整一下岗位

4. 如果你是被接待的客户,你愿意做些什么事情?(选择 2 项)

A. 去一家知名夜总会

B. 去一个减肥温泉疗养会所,以便在繁忙工作一天之后完全放松

C. 去参加晚宴以便更好地了解彼此

D. 做一些兴奋的不同寻常的事情,比如玩滑翔机或者跳伞

E. 参观当地的景观以便对环境更加熟悉

F. 听音乐会、看戏剧或者喜剧表演

G. 参观博物馆或者地标性场所以便了解相关文化

三、价值观测量方法的对比与探讨

1. 价值观测量方法的对比研究

对于上述两种测量取向,国内外学者均有相关的效度对比研究。彭凯平等人(1997)采用行为情境量表、主观偏好量表、比率法和排序法 4 种方法对大学生的价值观结构进行测量。结果发现,排序法的效度最低,比率法的效度稍高,主观偏好量表的效度更高,行为情境量表的效度最高。

芒福德(Mumford,2002)等人进行了价值观直接测量和间接测量在绩效的预测效度方面的差异研究,结果表明,价值观的直接测量和间接测量显示出了实质性的相关,但是相关程度并不高,这说明两种测量方法可能抓住了价值观的不同方面。在相关分析中,与价值观的直接测量相比,间接测量产生的与绩效指标之间的相关模式更强、更一致。在回归分析中,价值观的间接测量比直接测量能够更好地预测绩效,而且,间接测量比直接测量能够更好地对不同任务绩效进行区分。

2. 价值观二元化属性假设及其测量

关于价值观测量存在着一个争议性的问题,即直接测量和间接测量究竟哪一种方法更有效?芒福德等人虽然通过研究提出两种测量方法可能抓住了价值观的不同侧面,但是并没有更具体地解释“不同侧面”究竟指什么。

在借鉴自我价值定向理论的思想和相关研究结论的基础上,可以看到个体价值观具有二元化属性,也就是说,个体价值观是由两个不同层面的内容构成的。

第一个层面是个体的价值观表层的“价值认同”，是自己“认为”某种价值观合理或不合理、正确或不正确，此时人们的价值参照通常是社会公理、社会赞许性与政治正确性。价值认同可以用直接测量的方法来获得。这一层面的价值观形态，与人们自己实际的行为取向之间的关系是间接的和有条件的。

第二个层面是个体实际行为背后的深层的价值指导原则，即“价值取向”，是个人真正用以驱动自我行为和衡量自身价值的价值观，与个人的自我价值有着紧密的联系。人们的自我价值差异首先来自其价值取向的差别。而个人真实的价值取向由于其自我价值的直接卷入，若采用难以回避社会赞许性作用的直接价值观测量（实际是价值认同测量）是很难触及的。

当人们的上述“价值认同”与“价值取向”相一致的时候，价值认同就显示出与行为的一致性；当人们的“价值取向”与“价值认同”出现二元化分离的时候，价值认同就远不是人们实际行为的产生背景。此时我们必须了解价值取向，才能找到人们价值观的实质。

比如，某人认为自己是非常关爱家人的，那么他在价值观直接测量工具中会选择“人必须关怀家人”或者“家人非常重要”等价值认同的项目，但在现实生活的行为选择中，此人的实际行为却可能是经常外出应酬而不选择陪伴家人，即其价值观在价值认同测量层面的结果与行为之间不一致，从而使人们误以为价值观直接测量方法的结果对行为缺少应有的预测力。

在被试认真作答的前提下，直接测量取向获得的个体价值认同层面的价值观是有意义的，它更多反映出个体对社会文化价值的认同，是价值观的“应然”层面。

间接测量取向的方法所获得的个体价值观特征更接近于个体的价值取向，因而与行为之间的关联也会更为紧密，测量结果与行为的一致性更高，所以会产生间接测量方法的结果对行为或绩效的预测力更强的现象。因此，当被试客观作答时，间接测量取向获得的个体实际的价值取向也更真实地反映了其在各种情境中的行为倾向，更多反映了个体真实的、具有行为导向作用的价值选择，是价值观的“实然”层面。

从测量学角度来看，价值观的“应然”与“实然”两个层面之间的关系存在着两种情况。第一种情况是当两者高度一致时，直接测量取向与间接测量取向的结果之间应当具有显著的高相关；当两者一致性程度较低时，直接测量取向与间接测量取向的结果之间可能具有显著相关，但相关程度会比较低（Feather，1995；Mumford，2002）。之所以可能具有显著相关，是因为价值观的“应然”层面对“实然”层面是有影响的，两者的行为驱动因素是相似的，只是在强度水平上可能存在差异。第二种情况具体表现在测量结果中出现两种测量取向获得的价值观结构基本一致，但是重要性排序或价值观之间的关系会产生变化的情况，而且两者对行为的预测有差异。

在中国独特文化环境中，人们的价值认同与价值取向高度分离，如人们常常惊叹有些腐败官员上任伊始的宣言与后来严重的腐败行为相去甚远，正好验证了这种价值认同与个人自我价值取向的分离。口头声称的价值观是按照社会公理与期待表达的价值认同，同时也是特定社会位置政治正确性所要求的。而人们实际会做什么，怎么做，却是由自己真实的价值取向所决定的。这显然是一个价值观领域需要更加深入研究的问题。

第四节　中国企业家价值观

企业是国家经济结构的主要构成部分之一，企业的状况在一定程度上决定着国民经济的状况,企业家的决策走向和经营策略,则高度受其作为企业家的自身定位和方向导引系统的价值观的影响。而且,企业家作为社会结构中最具影响力的群体之一,影响企业发展走向以及自身行为的示范作用,不仅影响着社会经济的运营状况,而且也影响着社会经济发展的趋势。

针对中国企业家价值观开展研究,揭示中国企业家价值观的状况与特点,不仅可以了解中国企业家群体价值观的倾向,而且可能揭示企业家价值观与他们领导的企业运营状况和发展前景之间的关联。

为了解中国企业家价值观的状况与特点,揭示企业家价值观对他们经营走向和个人对职业角色理解的作用,金盛华等与中国企业家调查系统(CESS)合作,并且通过 CESS 对企业家实施了全国性的价值观调查。

研究选取来自全国31个省(区、市)的企业的法人代表共3 112名(有效被试),被试在企业性质和经营种类上涵盖各种企业类型。本次研究使用的《企业家价值取向问卷》是在金盛华"中国民众价值取向和精神信仰问题研究"课题编制的《中国人价值观问卷》基础上发展起来的,其中关于基础价值观的项目参考改编自《中国人价值观问卷》的项目,有关企业经营的价值观项目,则经过了来自社会学、管理学、统计学、心理学等领域的专家反复筛选和讨论,并经过对企业家的访谈试验。

一、企业家的基础价值观状况

本次调查从4个方面了解企业家的基础价值观:一是企业家的品格追求价值观;二是企业家的工作与成就价值观;三是企业家的法规与公益价值观;四是企业家的金钱权力价值观。

(一) 企业家的品格追求价值观

从品格追求价值观看,企业家对"做事情要对得起自己的良心"和"有精神追求的人生活更幸福"持赞成倾向的比重最大,所占比例分别为98.8%和98.1%。另外,企业家在"任何时候都不应为自己的利益而不顾公共利益"和"帮助陌生人更能显示一个人的品格"项目上得分也比较高,其比重分别为95.8%和89.4%。

在品格追求价值观的具体项目的认同的差异上,企业家在性别上没有表现出显著差异。56岁以上组的企业家对"任何时候都不应为自己的利益而不顾公共利益"和"做事情要对得起自己的良心"项目的认同高于55岁以下的企业家;本科以上的企业家在"有精神追求的人生活更幸福"上的得分高于大专以下的企业家,但在"做事情要对得起自己的良心"项目的认同却低于大专学历的企业家;东部地区的企业家在"帮助陌生人更能显示一个人的品格""做事情要对得起自己的良心"上的得分高于西部地区的企业家。

(二) 企业家的工作与成就价值观

企业家对"靠知识技能成功的人应该受到尊重"和"学习、工作中取得成绩是最让人快乐的事"的认同程度("有些同意""比较同意"和"非常同意")比较高,其比重分别为98.8%和98.2%。另外,在"只有工作和事业上取得成绩,人活着才有意义""最大的快乐是从工作中得来的"和"选择工作应主要看能否干出一番成绩"项目上的得分比重也比较高,所占的比例分别为92.6%、91.6%和90.9%。

从总体上看,企业家在工作与成就价值观上得分均值为5.11分,相当于最高分的85%。在具体内容上则是注重"靠知识技能(真实本领)赢得尊重"(此项均分高达5.58,相当于最高分的93%)、"在学习和工作过程中获得快乐"和个人价值的成就定位和成就欲望等。而且,这些比例的构成主要来自"非常同意"和"比较同意"的高强度认同,说明中国企业家群体在工作与成就方面有强烈的、定向鲜明的价值观。

从不同分组看,企业家的工作与成就价值观在性别、年龄与不同经济类型间均存在显著性差异。男性企业家在工作与成就价值观上所得分值明显高于女性企业家的得分,即男性企业家相对于女性更看重工作与成就;44岁及以下的企业家的得分低于45岁以上的企业家,而且随着年龄的增加,分值呈递增趋势,即随着企业家资历的增加,其对工作与成就的重视程度也在增加。

在工作与成就价值观的具体项目认同上,46岁以上男性的企业家对"最大的快乐是从工作中得到的"项目的认同程度要高于45岁以下女性的企业家;男性、46岁以上、大专以下、中部地区以及私营企业的企业家在"只有工作和事业上取得成绩,人活着才有意义"题项上的得分高于其他分组;男性、46岁以上的企业家在"选择工作应主要看能否干出一番成绩"上的得分要高于女性、45岁以下的企业家。值得注意的是,"靠知识技能成功的人应该受尊重"在性别、年龄、学历、地区及不同企业类型间均不存在差异。

(三) 企业家的法规与公益价值观

从企业家的法规与公益价值观来看,企业家对"为了国家的利益而付出个人的代价是值得的""发生任何事情都不应该做违法的事情""任何时候都不应该做社会不能接受的事情""社区的事也是自己的事"和"判断是非的最重要的标准应当是法律"等项目均表现出较高的认同程度,所占比重分别为95.4%、94.9%、93.6%、90.1%和82.5%。

从不同的分组情况来看,企业家法规与公益价值观在年龄、学历、地区及不同经济类型间均存在着显著性差异。其中,44岁以下企业家在法规公益价值观上的得分明显低于45岁以上的企业家;大专以下受教育水平的企业家得分高于本科以上企业家的得分;发达地区企业家的得分高于发展中地区企业家的得分。另外,私营企业、股份有限公司企业家的得分高于国有企业与有限责任公司企业家的得分。

从受教育水平来看,大专以下的企业家在"发生任何事情都不应该做违法的事情""任何时候都不应该做社会不能接受的事情""为了国家的利益而付出个人的代价是值得的"和"为了国家的利益而付出个人的代价是值得的"上的得分明显高于本科以上学历的企业家。

从地区分布来看,东部地区企业家在"发生任何事情都不应该做违法的事情""任何时候都不应该做社会不能接受的事情"上的得分明显高于中、西部地区的企业家。

(四) 企业家的金钱权力价值观

关于企业家的金钱权力价值观,调查结果显示,绝大多数企业家对"人活着就是为了挣更多的钱""有钱什么都能买到""崇拜权力""金钱是衡量个人价值的最重要的标准"持否定倾向("非常不同意""比较不同意"和"有些不同意"),其比重均占八成以上,分别为85.7%、84.9%、83.2%和80.3%。对"有权就有一切""有物质享乐生命才有意义""选择工作的是重要因素是工资待遇""地位显赫的人令人羡慕""金钱使人们的生活变得更幸福"持否定倾向的也比较多,分别占75.9%、74.8%、70.2%、59.5%和51.9%。

从受教育水平来看,大专以下的企业家在“有权就有一切”“人活着就是为了挣更多的钱”“有钱什么都能买到”“有物质享乐生命才有意义”“地位显赫的人令人羡慕”“崇拜权力”“选择工作的最重要因素是工资待遇”及“做人就是要出人头地”等项目上的得分明显高于本科及以上学历的企业家。

二、企业家经营价值观及其与基础价值观的关系

(一) 企业家的企业成功归因

在中国企业家群体心目中,企业成功的原因是多元的,大致分为4组因素。每一组之内差异极小,分布相当均衡,而组间则有较大差异。

第一组较为均衡地强调技术和产品的先进性及强大的市场营销能力;第二组强调有先进的管理能力、良好的背景与关系及优秀的人力资源,显示中国企业家群体依然对于背景和关系给予了高度重视;第三组则重视领导能力、财力和客户需求。有意思的是,擅长“炒作”作为一个单一项目单独构成一组,被重视程度与前三组形成了鲜明的反差,远远低于前三组。这一结果显示成熟的企业家对于“炒作”有较为理性的看法。

从受教育水平来看,大专及以下受教育水平的企业家在“具有先进的管理能力”上的比重明显要高于本科及以上受教育水平的企业家,但在“高层团队能力较强”上的比重却明显低于本科及以上学历的企业家。另外,高中及以下受教育水平的企业家在“重视客户的需求与满意度”这一项目上的比重最大,为34.0%。

调查显示,中国企业家对“表面成功”多数人保持着理性的价值观,不认同短期和表面化的企业成功模式。在“企业上市融资成功就是获得了成功”项目上,持否定选择的比例达80.2%,在“近期的成功比建立可持续发展的能力更重要”和“企业找到了优质项目就找到了成功”两个项目上持否定选择的比例也分别达到70.3%和50.4%。这与企业家高度认同企业经营理念和“靠知识技能成功的人应该受到尊重”的基础价值观是相对应的。中国企业家群体在主导倾向上关注企业实质力量的积累,而不是简单的表面成功。

(二) 经营责任与经营道德怀疑

在经营价值观方面,企业家在“企业决策者应对投资人的每一分钱负责”“不管其他人如何违规,自己始终会守法经营”“完全守法经营的人会越来越多”和“企业自身的能力比来自外部的资源条件更重要”表示同意(“有些同意”“比较同意”和“非常同意”)的企业家占到九成左右,其比重分别为93.5%、93.3%、89.1%和87.3%,显示企业家对经营规范和经营责任的认同,并对他人遵守规则表示信任。

但是,企业家在“经营道德怀疑”上也表现出对他人是否遵守经营道德的怀疑。他们对“如做生意完全守法,则赚钱的机会就很小”“如果不会被抓,很多人都会违规取得个人好处”“若违规经营可获超额利润,守法经营就是吃亏”“很少有人真正遵守自己表明的道德标准”“多数人都在假公济私”等项目的认同水平分别达到34.8%、54.6%、43.3%、47.4%、27.5%。这一发现具有重要的社会应用价值。如果相当部分的企业家在怀疑他人不遵守经营法规并由此取得好处的环境下经营,那么他们守法经营的价值观可能会被动摇,这意味着企业家的守法经营需要社会强有力的支持,并对违法经营予以打击。

三、企业家关于岗位和生活目标的价值观

（一）企业家的岗位目标

调查结果显示，企业家在“提高企业竞争力”上所占比例最高，为65.9%。其他依次为“被社会认可”(46.8%)、“实现理想”(41.6%)、“证明自己有价值”(37.1%)、“创业”(33.0%)、“证明能力”(27.9%)、“增加收入”(27.5%)、“为国创税”(24.4%)、“为他人创造机会”(23.6%)、“充实生活”(21.4%)、“保障家庭生活”(15.4%)、“获得快乐”(15.4%)、“积累经验”(11.5%)、“证明潜力”(8.6%)、“建立威信”(5.5%)、“维持地位”(3.1%)和其他(0.1%)。

企业家的受教育水平明显影响其自身在各个项目上的认同倾向。具有研究生及以上学历的企业家在“实现理想”“提高企业竞争力”“获得快乐”方面的得分最高，而在“创业”“为国创税”“保障家庭生活”等方面的得分最低，高中及以下学历的企业家在“创业”“为国创税”上的得分比大专以上学历的企业家得分高。

从不同地区来看，中、西部地区的企业家在“增加收入”“证明能力”等项目上的得分高于东部地区企业家的得分。从经济类型来看，国有企业的企业家在“增加收入”“证明能力”“提高企业竞争力”项目上的得分高于非国有企业的企业家；而在“实现理想”“为国创税”上得分低于非国有企业的企业家。另外，私营企业的企业家在“为他人创造机会”“获得快乐”项目上的得分最低，而在“积累经验”项目上的得分最高。

（二）企业家的目标生活结构

企业家的生活目标结构的重心是“事业”与“健康”，所占比重分别为81.5%和73.5%。其他依次是“家庭”(56.0%)、“诚实”(50.5%)、“责任”(46.3%)、“孩子”(35.5%)、“信任”(16.9%)、“善良”(15.7%)、“友谊”(15.6%)、“乐观”(13.6%)、“智慧”(13.3%)、“自由”(11.8%)、“信仰”(11.2%)、“收入”(9.6)、“快乐”(7.8%)、“爱情”(6.6%)、“热情”(2.7%)和其他(0.1%)。

从年龄上看，35岁以下的企业家在“事业”“责任”“信仰”“诚实”上的比重明显低于36岁以上企业家，而在“自由”“快乐”方面的比重明显高于其他年龄段的企业家；55岁以上企业家在“孩子”项目上的比重明显低于55岁以下企业家，而在“健康”“信仰”“诚实”和“乐观”等项目上最高；36～55岁的企业家则更看重“收入”“责任”等。

从受教育水平来看，本科以上受教育水平的企业家与大专以下受教育水平的企业家在“收入”“孩子”“家庭”“信仰”和“快乐”等方面表现出显著差异。其中，前者在“孩子”“家庭”“信仰”“快乐”等方面的认同比例明显高于后者；而在“收入”项目上的认同比例则明显低于后者。

四、企业家关于企业家自身角色的价值观

（一）企业家的自我认同

从对企业家特征的认同特征来看，“信守承诺”“守法经营”和“善于创新”等特征被企业家认同，所占比重均超过了半数，分别为66.0%、61.3%和50.7%，其他依次是“尊重员工”(45.8%)、

“回报社会”（35.2%）、“高瞻远瞩”（30.0%）、“认真负责”（28.1%）、“善于合作”（27.8%）、“才能杰出”（26.2%）、“锲而不舍”（22.1%）、“重视家庭”（21.6%）、“照章纳税”（19.5%）、“开朗乐观”（11.4%）等。

从性别来看，男性企业家在“信守承诺”“守法经营”“善于创新”“尊重员工”以及“回报社会”等特征上的比重明显高于女性企业家；但在“善于合作”特征上，女性企业家的比重大于男性企业家。在年龄上，45 岁及以上的企业家在“信守承诺”“守法经营”“善于创新”及“认真负责”上的比重大于 44 岁及以下的企业家，但在“回报社会”“高瞻远瞩”等特征上的比重小于 44 岁及以下的企业家。

大专及以下受教育水平的企业家在“守法经营”“尊重员工”“回报社会”等特征方面所占的比重明显大于本科及以上受教育水平的企业家，但在“善于创新”“高瞻远瞩”及“善于合作”等特征上却低于本科及以上受教育水平的企业家。值得注意的是，不同受教育水平的企业家在“信守承诺”特征上并没有表现出明显的差异。

从地区分布来看，中部地区的企业家在“信守承诺”“善于创新”“回报社会”等特征上的比重略大于东、西部地区的企业家，东部地区的企业家在“守法经营”“尊重员工”等特征上的比重大于中、西部地区的企业家。

（二）企业家拒绝的自我特征

企业家拒绝的自我特征的重心是“不守信用”和“违法经营”，所占的比重明显高于其他特征，分别为 75.3% 和 66.5%，其他依次是“贪婪”（33.0%）、“不尊重下属”（31.8%）、“妄自尊大”（31.4%）以及“自私自利”（31.1%）等特征。

不同年龄的企业家在拒绝特征上存在差异。44 岁及以下的企业家在“不守信用”“违法经营”“贪婪”“妄自尊大”“自私自利”等拒绝特征上的比重明显低于 45 岁及以上的企业家，在“不尊重下属”等拒绝特征上的比重高于 45 岁及以上的企业家。

从受教育水平来看，大专及以下受教育水平的企业家在“不守信用”“违法经营”“不尊重下属”“妄自尊大”等拒绝特征上的比重高于本科及以上受教育水平的企业家，但在“贪婪”“自私自利”等拒绝特征上的比重却小于本科及以上受教育水平的企业家。

在地区上，东部地区的企业家在“不守信用”“违法经营”“不尊重下属”及“自私自利”等拒绝特征上的比重大于中、西部地区的企业家，但在“贪婪”等拒绝特征上的比重小于中、西部地区的企业家。

思考与探究

1. 试分析价值观与价值取向的概念及其区别。
2. 试分析罗克奇的价值观理论对于分析中国人价值取向的意义。
3. 试分析中国人价值观与施瓦茨价值观理论的异同。
4. 试运用大学生价值观结构模型分析自己的价值观。
5. 试分析中国企业家的价值观在哪些方面将对企业家的经营实践发生影响。

第四部分　社会互动

第十章 沟通

本章要点

* 沟通的概念
* 沟通的意义
* 沟通的过程
* 沟通的类型
* 身体语言
* 改善沟通的方法

1990 年 1 月 25 日,哥伦比亚航空 052 号班机发生了空难,沟通失效是事故的直接原因。当天,当哥伦比亚航空 052 号班机飞行至机场上空时,机组像往常一样等候机场调度员的降落指令。由于当天天气恶劣,需延时降落,时间长了,飞行员发出"燃料快用完了"的信息,要求紧急降落,但机场调度员没有给予重视,结果飞机因燃油耗尽而坠机,机上 73 名人员全部遇难。

除此之外,还有很多事故在很大程度上也源于沟通方面的问题。沟通虽然是我们日常生活中最平常的行为,但沟通失效或沟通不畅却可能给我们带来巨大的损失。本章关于沟通的系统分析,将帮助我们认识沟通的本质和重要性,学会在日常生活中通过提高沟通质量来提升生活品质。

第一节 沟通概述

一、沟通的定义

沟通(communication)一般是指人与人之间的信息交流过程。有些学者将沟通等同于交往,但实际上,交往的含义比沟通广泛得多,它不仅指人与人之间的非物质性的信息交流,也包括物质的交换,还包括人与人之间通过非物质的或物质的相互作用过程所建立起来的相对稳定的关系或联系。

沟通是人与人之间发生相互联系的最主要的途径。醒着的时间大约 70% 都被用于进行各种各样的沟通。我们与别人交谈、读书、看手机、上课、上网、看电视,都是在进行沟通。沟通的广度和方便程度,是生活质量的重要方面。现代生活最重要的标志是交通的便利和通信的发达,而它们所改善的,也正是人们的沟通状况。今天,随着科学技术水平的高度发展,人们的沟通方式也在发生着翻天覆地的变化。除了原有的一些沟通方式以外,一些利用新的介质进行的沟通方式正在悄然改变着人们的生活。

数字通信设备的发展为人们的沟通带来了巨大的便利，手机这个在20多年前还是一部分人的身份象征的奢侈品，如今已经成为普通民众日常生活中的一个常见配备，微信、微博早已成为人们之间互相问候、互相联系、互相沟通的一个不可缺少的平台。此外，随着信息技术的迅猛发展，移动互联网络已经成为一种新的主流沟通媒介，越来越多的人使用手机来记录自己的生活，表达自我，与人沟通。可见，人们之间的沟通方式，随着时代的发展也以惊人的速度发生着变化，这种变化必将影响到我们每一个人工作、学习乃至生活的各个方面。

【微课】
沟通的概念

二、沟通的意义

对于人类社会而言，沟通具有以下意义。

（一）沟通为个体身心发展提供必需的信息资源

人体是一个系统的有机体，是信息加工和能量转化的主要载体，它时刻与外部环境保持相互作用，接受着外界的各种刺激，并对各种刺激做出适当反应，其中，社会性的沟通过程具有核心地位。通过一定的沟通，个体才能够维持正常的生命活动。

心理学家赫伦（Heron，1957）等人曾经做过一个著名的“感觉剥夺”实验，在征求自愿参与者的个人同意之后，将他们关在一个杜绝光线、声音的实验室里，同时身体的各个部位也被包裹起来，以尽可能减少触觉经验。实验过程中，除了满足被试必要的生理需求以外，其他时间不允许其获得任何其他刺激。结果，仅仅3天之后，参与实验的被试的身心就出现了严重的不适应，研究人员不得不停止实验。这一实验证明，沟通不仅仅是信息传递的渠道，更维系着个体的正常机能。

此外，在个体的身心发展过程中，沟通也承担着极为重要的角色，如在前面章节中提到的“狼孩”。由此可见，沟通是个体身心发展的必要前提。不仅如此，即便在人类社会，沟通也会对人类时刻都在进行的智慧活动产生影响。对常年在祖国边陲的边防哨卡守卫的将士的调查发现，由于常年在人际交往单调、沟通环境单一的地区生活，这些将士的语言能力和其他的认知能力因沟通的缺乏而不同程度地受到影响，当他们回到人群中继续与他人相处的时候，或多或少地会表现出一定程度的不适应。此外，还有研究已证明，如果儿童在生长的环境中缺乏沟通机会，智力发展就会出现明显的延后。心理学家以早产儿为实验对象，通过一定的干预手段增加与早产儿的沟通，并对他们进行按摩，促进他们身心的正常发展，而没有受到干预的早产儿，则比较容易出现这样或是那样的问题。

沟通不仅对发展中的个体有影响，而且对于社会化程度相对高的老年人来说，同样有着深远的影响。目前，老年人退休后衰老过程加快的问题，已经得到社会广泛重视。老年人在逐步退出家庭的主角地位，退出社会的工作岗位，这本应该是社会为老年人创造安享晚年的大好机会，是社会进步的重要标志。但是调查却发现，退休前后，往往有一部分老年人由于难以适应，在心理上出现空虚、寂寞、焦虑、忧伤、抑郁等问题，人们称之为退休综合征（retirement syndrome）。研究发现，退休后老人保持良好的人际交往关系，对其更好地适应角色的变化有着不可忽视的作用。从本质上讲，保持这种人际交往，就是让老人保持与他人有一个良好的沟通，使得个体与社会保持一定程度的联系和交换，从而使机体保持对外界刺激的正常适应水平。实际上，人的机体也同样遵循“用进废退”的自然法则。研究揭示，退休后仍能坚持一些工作，承担适当社会责任的老人，衰老速度会明显减缓。医学的研究成果也揭示，独身者由于比有配偶的人缺乏配偶之间的沟通和由此形成的情感依恋，其寿命要比有配偶的人短一些。

（二）沟通是自我概念形成的途径

在第八章关于自我概念的论述中我们已经知道，无论是库利、米德、罗杰斯，还是埃里克森，他们在论述自我形成和成长的过程中，都必定涉及沟通这一核心概念。没有沟通，就没有自我的形成；没有沟通，就没有自我同一性的建立；没有沟通，就没有自我概念和自我价值感的维持。

按照库利的说法，儿童早期以镜像自我方式存在的自我概念是在与成人沟通过程中形成的。米德在强调符号互动理论对于自我形成的作用时，就更为直接地指出了沟通是自我概念形成的必要条件。米德明确提出，没有语言，没有沟通，就没有自我。人的自我概念是在与他人的沟通过程中逐步发展起来的，并且人们在沟通过程中保证自我作用的发挥和自我的不断提升和完善。

（三）人凭借沟通交换信息并建立与维持相互联系

1. 沟通是观念、思想、情感的交换过程

任何一个人，无论他多么精力充沛，他的直接经验都是有限的。人要想适应不断变化的外部世界，就必须凭借沟通获得别人的宝贵经验成果。虽然，人作为独立的个体本身是有限的，但沟通使得人能够无论在思想观念上还是情感上都变得无限。假如你有一个苹果，我有一个苹果，彼此交换后，我们每个人还只有一个苹果。但是，如果你有一种思想，我有一种思想，那么，彼此交换后，我们每个人就有两种思想。甚至两种思想发生碰撞，还可以产生出两种思想之外的其他思想。

在情感上，我们同样是通过沟通来丰富自己的。我们欣赏绘画、摄影作品，看电影、电视，阅读散文、诗歌、小说，实际上都是在体验作者创作的情感历程。不仅如此，通过作品的激发，我们在欣赏过程中还会产生出许多作品中没有的，超越作品的情感体验和思想。在情感体验的性质上，沟通的过程使积极的情感体验加深，使消极的情感体验减弱。沟通的过程，使人生真正变得丰富多彩，使人的有限生命走向无限。

2. 沟通是人与人建立和维持联系的方式

我们每个人都能够体验到，沟通与人际关系的建立和维持存在着十分紧密的联系。人与人之间建立沟通和稳定情感联系的可能性，远比我们想象的要大得多。试想：我们在北京、上海或广州这样的大城市选择一个目标人，然后请你转交给他一封信。这封信必须通过相互熟悉的人转交，目标人最后也是以他自己所熟悉的人手里接到这封信。你认为从你开始，要经过多少次两两相互熟悉的人作中介，才能将你与这个纯粹随机选择的目标人联系到一起呢？1 000 次？500 次？心理学家米尔格莱姆（Milgram，1967）通过小世界研究计划（Small World Project）证实，我们的世界小得很。在一个超过 200 万人的群体中，平均只需 6 次，最少 2 次的转手，信件就可以交到收信人手中。世界多么小！实际上，日常生活中我们每时每刻都在进行着沟通，人们通过沟通建立起人际关系并由此将个人的努力汇聚起来以产生更大的能量。沟通不仅仅对个体的身心发展产生影响，对社会中的各种群体的发展也具有重要作用。小到家庭，大到国家、全球组织，缺乏了沟通，群体将不能正常运转而无法维持下去。

第二节　沟通的条件及过程

一、沟通的条件

在沟通的过程中，语言和理解是沟通的必要条件。

（一）语言与沟通

虽然沟通的类型多样，但是在日常社会生活中，借助语言形式实现的沟通，是人与人之间沟通的主要形式，同时也是最为有效和最为精确的形式。但有效言语沟通的前提为沟通双方必须建立共同的语言符号系统。

【微课】沟通的条件及过程

语言作为社会人群已经形成高度共识的符号系统，每个字词的声、形符号都已经被赋予了一定的意义。因此一方面，人们可以用语言来指称事物、描述内心状态，另一方面又可以通过语言的声、形等物化形式，使其他人能够觉察并理解。这样，语言成了人与人之间进行沟通的桥梁。约定俗成的字词等符号系统，其含义不仅相对独立于沟通情境，而且在一定历史时期内保持着相对的稳定，因此语言沟通有着代际文化传递的特殊功能。

虽然语言已经成为具备特定意义的符号系统，但对不同文化背景下的群体而言，同样的语言符号所承载的意义不尽相同。例如，美国人和日本人在交流中，特别是在商业谈判中常会碰到沟通障碍，因为日语中的“hai”常常被译为 yes，但它的意思是“是，我正在认真听”，而不是“是，我同意”。除了语言本身，心理学家的研究还发现，不仅语言本身具有沟通的意义，语言的表达方式也传达着重要信息。一个人的语言沟通方式，所使用的词汇、语法以及发音，直接受到受教育水平、社会地位、职业等因素的影响。心理学家曾经将用纸质量、行文繁简程度、书写熟练水平以及所用的词汇和语法，综合成为复合指数，让研究人员据此来判断写信人的受教育水平，结果准确率高达 74%（参见金盛华等，1995）。

（二）理解与沟通

沟通是信息传递的必要途径，但是沟通不仅包括信息的传递，还包括意义的被理解。尽管在日常生活中人们使用共同的词汇进行沟通，去试图让别人理解或理解别人，但是事实上理解从来都不是百分之百发生的。理解的多少，取决于参与沟通的人们在沟通中所涉及的主题和所使用的词汇上有多少共同经验。共同经验越多，理解也会越到位。

有相互的理解，沟通才能够产生、发展和延续。人们在沟通中往往会有一个预设的假定，即对于沟通中用的语汇和句子，别人对它们的理解与自己的理解是相同的。事实上，如果沟通双方没有相同的概念背景，缺乏相同或相近的人生经历，那么理解和沟通会发生困难或偏差。

在思维方面，人是经验主义和自我中心的。人只能以自己已有的经验为背景去理解一切事物。没有经历过的事，他是不能理解的。由于人们的阅历与体验的背景不同，人们对任何一个概念和语词符号，都既有来自共同社会经验而与别人相同的理解，也有来自个人独特经验的特殊理解。没有经历过贫穷的人,无论如何也难以理解贫穷意味着什么;对于没有经历过进步和发达的人,进步和发达的内涵也是非常空洞的。

二、沟通的过程

(一) 沟通过程的要素

沟通是信息交流的过程,信息发出者先对信息进行编码,将其转化为信号形式(如声音、文字),然后通过媒介(信息通道)传送到信息接收者处,信息接收者对收到的信息进行解码。至此,就实现了信息在个体之间的传递。

巴克尔(Barker,1987)描述了沟通过程(communication process)的 7 个要素,包括信息源、信息、信息通道、信息接收者、反馈、障碍和背景等,见图 10-1。

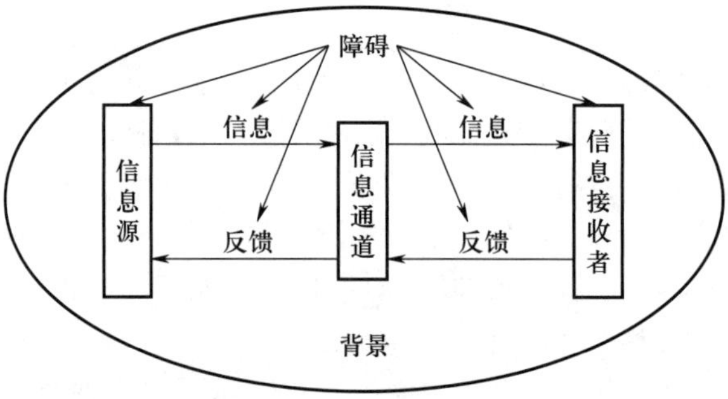

图 10-1 沟通过程的要素

1. 信息源

信息源是沟通过程中的始发者,也可以称为信息发出者。他们提供信息并试图进行沟通,在沟通过程中具有一定的主动权,可以自主确定沟通目的,选择沟通对象。

通常,沟通目的有 3 种:一是给他人提供信息;二是影响别人,使别人发生态度改变;三是纯粹娱乐或与别人建立某种联系。信息源在实施沟通前,要经历一个信息筛选、编码过程,他们会在自己丰富的记忆里选择出试图沟通的信息。然后,将这些信息通过加工,转化为可以被信息接收者接收的若干形式,比如文字、语言或表情等。这个准备过程可以使人们对自己身心状态意识得更为准确,使沟通的过程更为清晰和明确。

2. 信息

信息是沟通传递的内容。从沟通意向的角度说,信息是信息源试图传达给别人的观念和情感。但个人的感受不能直接被信息接收者接收,它们必须转化为各种不同的可为别人所觉察的信号。在各种符号系统中,最为重要的符号就是语词。语词可以是声音信号,也可以是形象(文字)符号,它们都是可被觉察、可实现沟通的符号系统。更为重要的是,语词具有抽象指代功能,它们可以代表事物、人、观念和情感等自然存在的一切事物,使得人与人之间的沟通在广度和深度上具有了最大的可能性。

3. 信息通道

从信息源到信息接收者之间形成的沟通回路需要经过一定的形式,才能实现信息的有效传递。这里,信息传达的形式就是指信息通道。通常人们的眼睛、耳朵、鼻子、嘴巴和手都是传递信息的通道,其中视听通道是最为常用的一种。日常生活中所发生的沟通也以视听沟通为主。

除面对面沟通外,还有以不同媒体为中介的沟通。手机、电视、广播、报纸、计算机、照片等,都可被用作沟通的媒体。研究发现,虽然各种沟通形式不断出现,并且深深影响了人们的生活方式,但是面对面的沟通方式仍是影响力最大的沟通形式。

面对面沟通可以使沟通的双方及时通过言语以及言语以外的其他身体语言,了解沟通双方的状态,因而双方更容易发生相互的情绪感染,使沟通更为有效。此外,面对面沟通使沟通双方的反馈更为及时、有效,因此便于信息源进行更为积极的调整,使得沟通过程更为适合信息接收者。因此,虽然通信和媒体高度发达,但美国总统大选的候选人仍然会到各地巡回演讲,就是因为直接沟通的作用是媒体不能取代的。

4. 信息接收者

信息接收者即接收信息的人,是沟通过程的终端。信息接收者对于信息的接收,不是一个被动过程,而是一个积极主动地接收和加工信息的过程。在这个过程中,信息接收者会在一定的个人经验基础上,通过一系列的注意、知觉、转译和储存等心理动作,将接收到的各种具有特定意义的符号,转译成一种观念、想法或是情感。

由于信息源和信息接收者的生活背景、个体经验和心理世界不会完全相同,因此信息接收者转译后的沟通内容,与信息源原有的内容之间很难达到完全一致,而是带有个人经验背景的印记。但是,大部分情况下,沟通依然会有效地实现。

在沟通过程中,信息源与信息接收者的角色不是固定不变的,沟通过程中的信息接收者可能很快会转变为下一个沟通过程中的信息源。

5. 反馈

沟通中信息接收者不断地将沟通的结果再回送给信息源,使其进一步调整沟通动作,从而形成一个沟通的回路,这个过程就是反馈。反馈的作用是使沟通成为一个互动过程,而不仅仅是单向传递。通过反馈,信息源可以了解信息接收者对于沟通信息的理解状态,从而进行应对性的调整,以保证沟通的有效性。

反馈分为正反馈和负反馈。如果反馈显示信息接收者接受并理解了信息,这种反馈为正反馈。如果反馈指示的是信息源的信息没有被接收和理解,则为负反馈。信息接收者对于信息的不确定的反应叫作模糊反馈。模糊反馈往往意味着来自信息源的信息尚不够充分。反馈可以有效地反映沟通的效果,因此有经验的沟通者对于反馈有着高度的敏感性。

反馈不一定都来自信息接收者,有时信息源也会通过发送信息的过程,以及对过程的自我体会和反思,做出一定的调整,这也是一种反馈,这种反馈被称为自我反馈。

6. 障碍

沟通中的障碍是指会给沟通过程增加困难或使双方没能很好地完成沟通的因素。例如,在电话回路中任何环节或是零部件不能正常工作,都可能发生障碍,导致通话过程中断或错误传达。人类的沟通过程也大致如此,经常会遇到各种障碍。信息本身的模糊不定,信息源的目的不明确,信息没有被有效或正确地转换成可以沟通的信号,误用沟通方式,或是信息接收者在接受和加工信息过程中误解信息等,都可能造成沟通障碍。

沟通障碍的产生有多种表现形式,因为沟通双方相互的地位不同,关系的不同,可能在沟通中产生地位障碍;因为沟通双方的个性倾向的差异,可能产生个性障碍;在有的群体中,组织结构庞大、臃肿,则可能造成组织障碍。另外一种常见的沟通障碍为文化障碍,即沟通双方由于来自两个不同的文化背景，使沟通很难有效实现。同样的手势在不同的文化背景下的含义截然不同，这时沟通就容易出现典型的文化障碍。

7. 背景

沟通过程的最后一个要素是背景。沟通总是在一定的背景中发生的，任何形式的沟通，都要受到各种环境因素的影响。背景是针对沟通发生的环境而言的，它可以是影响沟通的任何因素。

在沟通过程中，同样的一句话可能会由于沟通背景、情境的改变而产生不同的含义。比如，简单的一句"去你的！"，可以是亲人之间表示撒娇或亲昵的语言，也可能是对朋友言行不满的一种情绪表达，还有可能是吵架的两个人表示愤怒的一种方式。

沟通发生的背景不同，会导致沟通信息的不同加工模式，沟通效果也大相径庭。可见沟通背景对于沟通十分重要，为此我们在下面的讨论中专题论述。

（二）沟通的背景

沟通的背景包括物理背景、心理背景、社会背景和文化背景。

1. 物理背景

物理背景是指沟通发生的场所。物理背景会对信息传递的质量产生影响，噪声、沟通场所的环境布置、灯光甚至颜色搭配等，都有可能影响到沟通。听众的物理密度会对沟通过程及沟通质量产生影响。如大厅座无虚席，听众相互影响本身就会营造出倾听气氛，演讲者也会受到鼓舞；而如果听众寥寥，则演讲者很难慷慨陈词。

随着网络技术的发展，网络作为沟通过程中一种特殊的背景，受到了越来越多的关注。针对计算机系统的交互界面设计，各种聊天工具和网络交流形式的研究，进入研究者的视野。在后续的沟通类型中，我们将进行详细的介绍。

2. 心理背景

心理背景是指沟通双方的情绪或态度，包含两个方面的内容。其一是沟通双方的一般心境状态。在心境状态好的时候，沟通双方的思维处于积极活跃状态，对周围世界充满兴趣，此时人们对于沟通态度积极，有较高的心理能量投入，信息与符号的转换过程流畅。在这种情况下，不仅沟通的过程容易进行，而且沟通的内容也有较大的广度和深度。沟通也容易给沟通双方带来积极的心理效应。相反，在心境状态消极，处于烦躁、悲伤或焦虑状态时，人们对于沟通的要求往往不强烈，对沟通的心理能量投入也较低，思维处于抑制或混乱的状态，信息与符号的转换过程受到干扰。在这种情况下，沟通常常发生困难，会时常出现无反馈或错误反馈、答非所问的情况。其二是沟通双方相互接纳的状态。心理学研究发现，沟通双方的悦纳程度会影响到沟通的过程和效果。如果沟通的双方是彼此悦纳的，则沟通过程就会比较顺利，彼此为对方所提供的反馈也比较充分，理解也比较准确。但是，如果沟通的双方中有一方拒绝对方，或者彼此相互拒绝，则沟通过程中的理解常常由于偏见而出现误差，并经常因此而引起人际冲突。

3. 社会背景

社会背景，一方面是指沟通双方之间的社会角色关系，另一方面是指沟通情境中不直接参与沟通的其他人（背景人群）对沟通产生的隐性影响。

对应于每一种社会角色关系，无论是师生关系、恋人关系、亲子关系，还是一般的朋友关系，人们都有一种特定的交往适当性的期望。如果有关的沟通在方式上符合了这种适当性的期望，就被认为是恰当的而被人们接纳。如果沟通方式偏离了人们的期望，就会被认为是不恰当的，并为人们所拒绝。心理学家曾经对青少年的沟通做过研究,结果发现,家长在场会使青少年明显改变沟通方式——沟通中所使用的句子变短,语词的沟通减少,而非语词的沟通增加。青年男女之间的沟通也会因为自己的恋人或配偶在场而显示出不同的沟通模式。

不直接参与沟通的背景人群也会影响沟通过程。我们与别人谈话时,如果有其他人走近,那么我们会自然压低谈话的声音,或者干脆终止谈话。人是社会性的,任何一个人,都在与每一个被自己觉察的其他人发生各种明显的或隐含的相互作用。只不过我们通常都将注意集中在兴趣所指向的事物上,对于这样的过程不留心罢了。

4. 文化背景

文化背景是指沟通双方出生以来的长期文化经验的积累。它是沟通的最一般的社会心理背景。由于文化的内涵已转变为价值观和行为习惯而被个体自动保持,所以,人们通常体会不到文化对沟通的影响。实际上,文化在潜移默化中影响着每一个人的沟通过程,也影响着沟通的每一个环节。心理学家研究了掌握多种语言的沟通者后发现,在他们使用不同的语言时,他们所保持的沟通准备状态也是不同的。在日本生活多年的留学生,回国时如果讲汉语,那么较不容易看出他有日本的文化经验积累。但是,如果改成讲日语,他会在交谈过程中伴随更多的点头、鞠躬或注意倾听等动作。通常情况下,长期处于同一文化环境中,并不能感受到文化对自身行为、沟通的影响。只有在获得了不同的文化经验,并对不同的文化进行对比的时候,才会感觉到文化差异的存在、文化在自己身上的烙印及文化对沟通的影响。

第三节　沟通的类型及其发展

沟通的类型十分复杂,几乎每一种类型的沟通都与我们的日常生活有着密切的联系。沟通分类没有一个绝对的标准,依据不同的划分维度,可以形成不同的类型。这里,我们重点讨论几种主要的沟通类型。

一、语词沟通和非语词沟通

语词沟通(verbal communication)和非语词沟通(non-verbal communication)也被译成语言沟通和非语言沟通、言语沟通和非言语沟通。通过语词符号实现的沟通,我们称之为语词沟通;借助非语词符号,如目光、表情、体态语、姿势姿态、接触及非语词的声音和空间距离等实现的沟通,叫作非语词沟通。

语词沟通是最普遍、最准确、最有效的沟通方式。它使人的沟通过程可以超越时间和空间的限制。在人类历史发展的长河中,语言和文字的产生,使得人类文明得以高速发展和有效延续。语词使得人们可以通过文字记载来研究古人的思想,也可以将当代人的成就留传给后代。现代社会传媒事业的高度发达,使得一个人的思想可以借助媒体,通过语词的记录为更多人所分享。在人类的一切经验当中,语词是最为稳定和可靠的信息传递方式,共同性也最为显著。

非语词沟通往往和语词沟通同时发生,它广泛存在于日常沟通的每一个过程。一般而言,非语词沟通通常有 3 种方式。第一种方式是通过沟通伴随的自我表达特点传达,包括无声的目光、表情动作、手势语言和身体运动等。第二种方式是通过沟通的条件、环境等的无声信息传达,如静态无声的身体姿势和衣着打扮等。第三种方式是通过非语词的声音,如重音、声调、哭、笑来实现的。关于非语词沟通,我们将在第四节详细论述。

二、口语沟通与书面沟通

这两种沟通是语词沟通的基本方式。借助口头语言实现的沟通叫作口语沟通,通常提及口语沟通都是特指面对面的口语沟通,通过广播、电视等实现的口语沟通则会被称作大众沟通(mass communication)或大众传播。

口语沟通是人们日常生活的重要内容。交谈、讨论、开会、讲课等都属于口语沟通。口语沟通可以完整、及时地保持沟通过程的有效性,是一种保持整体信息交流的最好沟通方式。一般来说,在口语沟通过程中,可以借助非语词沟通及时提供反馈,改善沟通策略以实现高质量的沟通。

虽然,在口语沟通中,沟通双方之间的相互作用充分,沟通的影响力较大,但由于口语沟通可记忆、保留的程度不高,容易因为信息的即时性、缺乏反复的斟酌而产生失误,因此,在一些比较公开和重要的场合,口语沟通往往要结合一定的书面沟通。信息源常会预先准备书面稿,而信息接收者则往往做笔记或进行录音。

书面沟通通常是借助文字而实现的沟通形式。通知、广告、文件、报纸、杂志、书籍等都可以作为文字的形式,出现在沟通过程中。书面沟通的稳定性要高于口语沟通,一般也便于保存和流传。同时由于阅读的速度要高于听说的速度,因此单位时间内书面沟通的效率也要高于口语沟通。但是,由于缺乏面对面的机会和沟通背景的支持,多数情况下,书面沟通的影响力要低于口语沟通。不过,一些重要的"红头文件"的沟通效力要高于口头信息传达,这时的书面沟通由于具备了其他附加条件而使得沟通的影响力大大增强。

三、有意沟通与无意沟通

有特定的目的,并且经过一定的专门准备的沟通叫作有意沟通。然而还有另外一种沟通形式,就是虽然双方在进行信息交流,但沟通双方可能并没有意识到沟通已经发生,这种无意识状态下发生的沟通,就是无意沟通。

有意沟通很容易理解。每一个信息源,对自己沟通的目的都会有所意识,如演讲、授课、打电话等都属于有意沟通。但是无意沟通不容易被人们察觉,往往人们也会忽视无意沟通的意义所在。事实上,无意沟通经常会发生在我们身边。当你进入一个陌生的环境,可能你并没有和其他人产生一个明确的沟通,但是实际上你已经和这个环境中的其他人发生了无意沟通。你会默默观察环境中的其他人,从他们的神态、表情中获得你需要的信息。同时,周围的人也在观察你的行为和表情,就此建立起信息的交换和交流。在这个过程中,也许你是无意识的,但是又必然发生了沟通,这就是无意沟通过程。

心理学家(Triplett,1897)在早期就发现,如果你一个人在路上比较慢地跑步或骑车,这时出现了别人(不管你认识不认识)与你一起跑或一起骑,你的速度会不自觉地加快。显然这种信息交流的过程就是一个无意沟通的过程。谢立夫的似动研究也很好地证明,人与人之间会无意识地发生相互影响,只要你知道了别人如何判断,哪怕你们之间不经过任何沟通和交流,你的判断也会不自觉地被他人影响,和别人的意见取得一致。

四、正式沟通与非正式沟通

在正式社交情境中发生的沟通称为正式沟通；反之，非正式沟通是指在非正式社会情境中发生的信息交流。正式沟通一般发生在正式的群体中，比如会议、工作团体、公众演讲等。此时，沟通双方都高度注意语词的、非语词的信息。语言上用词会更准确，并会注意语法的规范化。对于非语词的信息，如衣着装饰、姿势行为等也会更注意。在正式沟通过程中，往往存在典型的“面具”效应，即人们试图掩盖自己的不足，行为举止上也会变得更符合社会期望。

在自然结成的群体中发生的沟通通常是非正式沟通，如亲朋好友的聚会、家庭中的沟通等。此时，人们一般都比较放松，双方的表现也更为真实。在正式群体中同样存在非正式沟通，其中小道消息（grapevine）的传播就属于非正式沟通。一般来说，小道消息多为口头传播，但也可以是书面形式（如便条或网络聊天工具中显示的信息）。小道消息一般通过图 10-2 所示的途径进行传播。

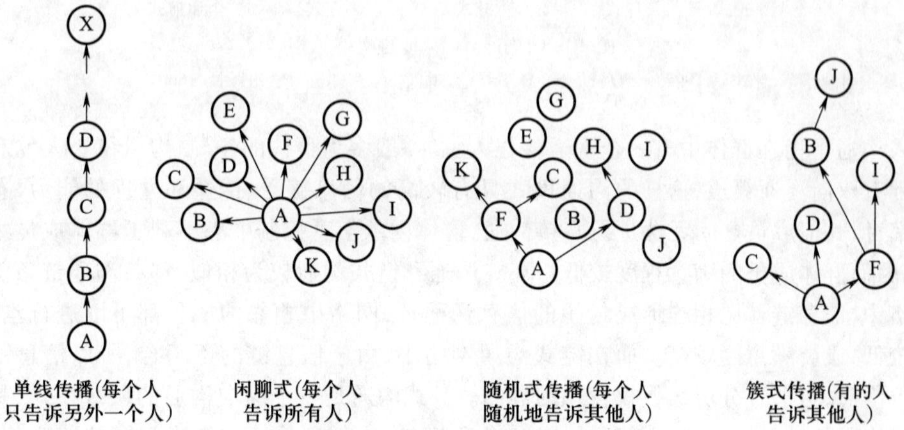

图 10-2　小道消息的传播途径种类

五、个人内沟通与人际沟通

每一次以他人为对象的沟通过程，实际上都会先在个人内部产生一个自我沟通的过程，这个过程被称为个人内沟通（intrapersonal communication）或自我沟通。个人内沟通有两种形式。一种在人际沟通发生之前，是人们为沟通进行的准备。在与他人发生沟通之前，个人内部神经系统通过信息传入和传出两个系统首先形成一个沟通回路，从而明确一定的沟通目的，选定一定的沟通策略，之后才会与他人发生沟通。

有时个人自己会有独自的自我沟通过程，这是另一种个人内沟通的形式。自言自语是最明显的个人内沟通过程。有时人们在碰到困难的时候，会通过个人内沟通鼓励自我。自我反思也是人们常常使用的一种个人内沟通过程。写日记就是一种典型的自我反思形式，也是个人内沟通常用的一种方式。

人际沟通特指两个人之间的信息交流过程。这种沟通形式与我们的生活息息相关，也受到研究者较多的关注。本书所涉及的沟通问题,主要是以人际沟通为核心的。

六、群体沟通与大众沟通

群体沟通有 3 种不同情况。第一种情况是小群体沟通,即以小群体为背景的沟通。小群体通常是指具有某种特殊职能的 3 ~ 13 人的群体,如班组、家庭、最高决策集团等。与人际沟通不同,小群体沟通有许多新的特点,出现了沟通网络、沟通的群体效益、沟通对群体士气的影响等新问题。心理学家(Leavitt,1972)通过实验研究发现,图 10-3 所示的 5 种小群体沟通网络具有不同的沟通特性。

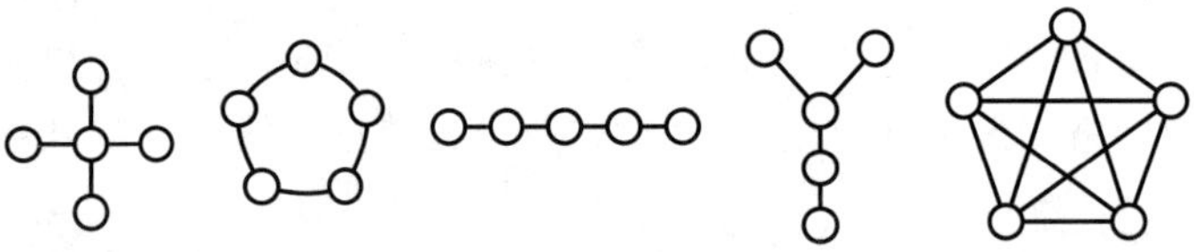

图 10-3　小群体沟通的网络结构

来源:转引自金盛华,张杰.(1995). *当代社会心理学导论*. 北京:北京师范大学出版社,166.

轮式沟通是指在群体中有一个沟通核心人物,一般多为群体的领导,沟通核心人物和每个成员之间都有双向沟通渠道,这样的沟通模式具有较高的信息接受、传递和处理的能力,有较高的沟通效率,但其他成员之间无法进行直接沟通,群体内的信息控制中心不利于群体成员之间的人际沟通,因而群体成员的满意程度较低。环式沟通和链式沟通较为相似,都有沟通链条。在环式沟通网络中,信息链首尾相连形成封闭的信息沟通环,网络中相邻的成员都可以进行沟通,集中化程度较低,成员满意度较高。而在链式沟通网络中,由于信息链的不闭合,所以信息链的首尾无法进行沟通,更适合分层级授权管理的群体。Y 式沟通是一个纵向沟通的层级模式,是链式沟通和环式沟通的结合。在 Y 式沟通中,集中化程度较高,信息传递和解决问题的速度都比较快。但因缺乏成员间的横向沟通,所以成员满意度较低。全通道式沟通是高度分散性的,其最大的特点在于信息在群体成员之间的自由传递,保证了群体成员的人际交往,有利于彼此之间的关系建立和维持,但这种网络模式缺少领导,比较适合自我管理的群体。不同模式的沟通适合不同性质的小群体。如生产型群体需要尽快决策并保持有效领导的群体,采取轮式沟通为佳;娱乐群体则旨在促进群体成员的沟通和情感联系,以环式和全通道式为佳。

另外两种群体沟通是公众沟通和组织沟通。这两种沟通实质上是小群体沟通的广延形式。公众沟通(public communication)是指一个演讲者与许多听众的沟通。在公众沟通过程中,听众并不是简单地、被动地充当信息接收者,而是也积极参与沟通过程。不过,演讲者对于沟通过程具有更大的控制力。

组织沟通(organizational communication)是在社会组织内发生的沟通。发生在公司、学校、政府机构及自发组织等机构内的沟通,都属于组织沟通。一般情况下,组织沟通是多层次的:最高领导者之间,如公司总裁和副总裁,常常保持密切的正式和非正式的人际沟通;组织的各级决策群体中间,则常常保持着小群体沟通性质的联系。在领导者与普通成员之间,则往往以公众沟通的形式保持联系。较大的组织机构,以大众沟通的形式,通过各种本组织的大众媒介保持自身机构的一体化。大众沟通的一个显著特点就是其影响广泛而深远。生活在当代社会的每一个人，几乎都要受到大众沟通的影响。我们的政治态度、商品选择、文化娱乐，都首先受大众沟通的影响。心理学家发现，电视、计算机网络的出现与兴盛，已经在世界范围内深刻改变了人们的生活方式。随着媒体事业的发展，大众沟通越来越走入人们生活的深层，对人们的生活产生深远的影响。

在2020年抗击新型冠状病毒感染的肺炎疫情行动中，大众沟通在不同阶段发挥了不同的作用，说明在社会风险事件发生时，大众沟通发挥着重要的社会影响作用，大众沟通的方式和时机选择不当，极易导致公众认知的偏差。因此，在危机来临时，需要有效利用大众沟通的途径，正向引导公众，降低社会事件的风险。

沟通问题研究者巴克尔(Barker，1987)在其《沟通》一书中曾经对个人内沟通、人际沟通、小群体沟通、公众沟通、组织沟通及大众沟通的特点做过一个总结性比较(见图10-4)。从这个比较中，我们可以清晰地看到以上各种沟通的性质与特点。

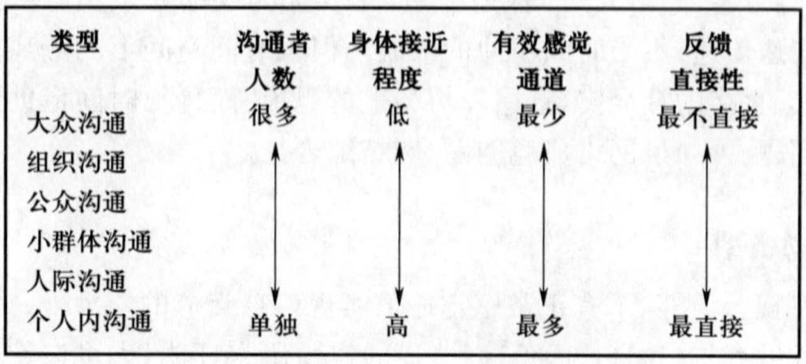

图10-4　不同关系背景中沟通的特点

来源：转引自金盛华，张杰．(1995)．*当代社会心理学导论*．北京：北京师范大学出版社，168．

七、新兴沟通类型

(一) 以互联网为媒介的沟通

在群体中，面对面沟通面临最大的问题是社会线索传递带来的沟通障碍。在面对面沟通中，会议座位的安排，成员着装差异，会议中他人的点头、微笑、皱眉等都属于社会线索。人们的行为较多地受到他人关注和控制，沟通信息的广度和深度也会受到一定的影响。而以网络为媒体的沟通在一定程度上削弱了社会线索的传递，在一定程度上减少了评价性的焦虑和社会关注，能较好地激发成员之间的自由沟通和创造性思维。

20世纪末，网络通信技术将人类社会带入网络时代，伴随着全球化趋势的发展，逐渐产生一些新的团队合作模式，其中虚拟团队就是典型的以网络为媒体的沟通团队。虚拟团队(virtual team)是指利用网络通信信息技术将不同地域、组织的人连接起来完成一个指定任务的新型组织结构(Townsend，1998)。虚拟团队是在诸多新兴沟通类型上发展起来的，如电子邮件、即时通信工具、电子通勤等，同时这些新兴沟通类型也因为虚拟团队的普及而得到进一步的发展。

1. 电子邮件

电子邮件(electronic mail)是基于计算机的沟通系统。随着互联网的发展，电子邮件也以惊人的速度在发展,逐渐成为现代人沟通的主要途径之一。电子邮件具有快捷方便、不受时间空间限制等优点。但沟通渠道的特殊性也造成了电子邮件最大的缺点——信息超载,无关信息、垃圾邮件等占据了使用者的大量时间和精力。

2. 即时通信工具

即时通信工具(instant message software)和电子邮件一样,都是在计算机和互联网络基础上建立起来的沟通系统,如QQ、微信等都是中国互联网用户常用的即时通信工具。即时通信工具最大的优点在于沟通及时,不受空间限制。不同地域的人可以通过即时通信工具进行跨地域的沟通。与电子邮件相比,即时通信工具能实现沟通双方的互动,信息源可以及时根据信息接收者的反馈,对沟通内容、策略进行调整以保证沟通准确性。

3. 电子通勤

按照严格的定义来说,电子通勤并不是某一种沟通类型,而是多种沟通形式的结合体。电子通勤(telecommuting)是指人们在除了办公室以外的地点(如家),通过网络、移动电话、计算机、平板电脑等方式与他人(如雇主、客户等)保持联系,完成全部或部分工作。从沟通角度来看,电子通勤能实现信息的快速传递,不受时间空间的限制。但长时间空间上的隔离,容易使人们脱离了非正式沟通渠道,缺乏直接的社会支持,引发情绪上的恐慌;而且长时间借助网络沟通,也会带许多新的心理和生理问题,譬如说网络成瘾问题、网络综合征。

(二) 其他沟通类型

心理学研究还发现,人类除了有正常感觉通道实现信息交流的能力外,完全有可能存在超感沟通能力。心理学家贝克尔(Baker,1980)以严谨的实验研究证明,人可以像鸽子一样,具有地磁定向的能力。这意味着人可以直接感受地磁信息。贝克尔蒙上被试的眼睛,然后坐车绕圈,行驶一段距离之后,再让他们指出出发点在什么方向。结果表明,在视觉信息被排除后,他们仍能正确地指出出发点在哪个方向。其准确程度,连被试自己都感到吃惊。贝克尔假定,在这种情况下,被试是依据地球磁场信息来定向的。为了验证假设,贝克尔进一步将被试分成两组。一组在脑后放一根干扰地磁信息的棒形磁铁。另一组则放一根同样大小、同样形状的铜棒。结果,放磁棒的第一组,辨别出发点方向的准确性大为降低。而放铜棒的第二组定向能力没有受到影响。可见,人的确存在依据地磁进行定向的能力,只不过这种能力通常都被更有效的视听能力掩盖了。

第四节 非语词符号的沟通

人们在沟通中往往更多地关注言词方面的沟通,比较注意自我语言的组织、言词的搭配等问题,而对于言词之外的非语词符号的沟通效果和意义、价值没有给予足够的重视。

非语词的研究由来已久,达尔文(Darwin,1872)在《人和动物的感情表达》一书中提到人类面部表情所表达出来的基本情绪具有普遍性,非语词沟通是生物遗传特性,而不是文化特性。达尔文认为,面部表情是曾经有用的生理反应所留下来的痕迹,在进化过程中逐渐演变成为沟通的表达形式之一。

但同时,也有研究发现,并非所有的非语词信息都具有普遍性。不同学科的研究者从不同角度展开了对非语词沟通的大量研究。人类学家站在文化的大背景下,研究不同国家的非语词行为的差异是来自文化还是来自生物遗传,以及此行为跨文化的一致性和非一致性。实验心理学家则从个体内部入手,关注情绪的面部表达是否真实地反映其内在,人们如何对表情等非语词信息进行解码以及背景在解码过程中的作用等。社会学家特别是符号互动学派更关注社会交往中的非语词沟通现象,如戈夫曼(Goffman,1959)在《日常生活中的自我呈现》一书中就着重探讨了印象管理的问题。

总而言之,许多重要的社会现象,如从众、归属、皮格马利翁效应等都依赖非语词沟通。下面,我们将对非语词沟通进行详细的介绍。

一、知觉层面的非语词沟通

在我们的生活中,非语词沟通是时刻存在的,我们总会表现出各种各样的面部表情,我们的穿着、服饰搭配会体现一个人的风格,声音的语调往往也和个体保持一致。这些非语词信息都会成为沟通,特别是面对面沟通中的重要线索,协助我们解读一个人的个性和情感,了解一个人的社会行为。但在实际的沟通过程中,并不是所有人都能捕捉到这些信息,这就涉及非语词敏感度(nonverbal sensitivity)的问题。

首先,从文化角度来看,在不同文化中,人们不仅对情境中的非语词信息的理解可能产生分歧,而且对非语词信息的依赖性也是不一样的。如中国、韩国、日本、越南等国家,都是高情境文化(high-context culture)。在这样的文化下,人们在沟通时会比较依赖非语词线索和情境线索。一个人的职位、社会地位都会在沟通中造成很大的影响。而欧洲和北美的人们则表现出低情境文化(low-context culture)。他们在沟通过程中主要依赖口头使用的语言和书面的文字(Robbins,2005)。

其次,在同一文化下,人们即便对某些非语词信息的理解是基本一致的,对非语词信息的敏感度也是因人而异的。性别和年龄对非语词信息的敏感度有较大的影响。一般来说,女性的非语词敏感度更高,更为准确,而且女性能较好地聚焦到沟通对象身上,在交往过程中较容易让人感到温暖和较少的焦虑感(Weitz,1976;Hall,1984)。同时,随着年龄的增长,人们对非语词线索的感觉准确性也会提高。非语词沟通的敏感度不仅会影响沟通的质量,也会产生其他的连带影响,如病人会对那些能够较好地读懂他人身体语言的医生表示满意(DiMatteo,Hays & Prince,1986),人们更愿意向能更好理解非语词线索的人求助(DePaulo & Fisher,1981),非语词敏感度较高的学生可以学得更好(Bernieri,1991)。

最后,非语词的敏感度与智力测验无关,两者不是共变关系,但前者会对人类的各项活动,尤其是社会交往行为产生影响。因此,研究者将非语词的敏感度的测量归为社会智力测查的一部分。罗森塔尔与其同事发展了《非语言敏感性测验》(Profile of Nonverbal Sensitivity,PONS),用来测量人们对他人非言语行为的解读能力。这一测验的材料是一些无声的录影带片段,看完影片片段之后,被试必须在实验者提供的两种叙述中选择其中最适合该片段的描述。这个测验已经成为使用最为广泛的工具,也成为社会智力测评的工具之一(刘在花,许燕,2003)。

二、符号层面的非语词沟通:身体语言

所谓身体语言(body language),是指非语词性的身体信号,包括目光与面部表情、身体运动与触摸、身体姿势与外表、身上的装饰等。身体语言沟通就是通过身体语言符号来实现的沟通,有一门学科,专门对身体语言沟通问题进行研究,称之为身体语言学(kinesics)。

心理学家经过严格的观察研究发现,“此时无声胜有声”绝不是简单的主观感受,而是科学事实。在两个人面对面的沟通(即人际沟通)中,55%以上的信息交流是通过无声的身体语言实现的。身体语言在人际沟通中,有着口头语言所不能替代的作用。

身体语言在人类的沟通,尤其是在人际沟通中具有不可替代的特殊地位,是由它自身的特点所决定的。概括起来,身体语言主要有以下特点。

1. 广泛性

运用身体语言进行沟通,是人人都具有的能力。心理学家研究发现,几个月大的婴儿就具有了发现表情线索,并对其做出恰当反应的能力。有人对6个月的婴儿做过试验,发现当成人对他们微笑,对其表示接纳时,他们也会显示出微笑的接纳反应。而当成人对其表示气愤,显示拒绝的表情时,婴儿会显出不愉快、拒绝或恐惧的表情。

在全世界传为美谈的海伦·凯勒的故事,是人类身体沟通潜力的最好例证。海伦·凯勒自小双目失明,双耳失聪,她的老师沙利文只通过触摸的途径,就教会了她说话,使她终于能够学会盲文读写,并最终成为世界著名作家。

2. 连续性

身体语言使人可以保持不间断的沟通。科学研究揭示,人们每天运用语言进行沟通的时间是很少的。伯德威斯泰尔(Birdwhistell,1970)的研究发现,人们平均每天的讲话时间只有10~11分钟。而事实上,我们与别人发生沟通的时间远远不止这些。日常生活中,语言的沟通是间断的,而身体语言的沟通则是一个不停息、无间断的过程。只要人们彼此在对方的感觉范围内,就总存在身体语言途径的沟通。

3. 不受环境的限制和保密

日常的口语沟通有着许多物理的、社会的限制。比如,距离超过一定限度后,口语沟通就很难实现。有时我们沟通的内容不希望被别人知道,而偏偏又不能躲开别人,也不能运用口语来交流信息。因为当你把自己的想法告诉你想告诉的人时,其他人也得到了同样的信息,而这有时可能成为一个对沟通者的十分不利的因素。然而,身体语言却可以不受这些情境的限制,达到言语沟通无法达到的目的。

身体语言的保密特征,更是显而易见的。身体语言通常要放到整个身体语言沟通过程中,意义才能够被确定。而且,沟通者可以随时变化每一个身体语言信号的意义,使其在特定情境中具有别人难以理解的特殊含义。比如我们在军事上常用的旗语、手语等就是考虑到了身体语言的保密性特征。

4. 跨文化沟通

在没有共同的语言背景的沟通中,身体语言可以发挥其跨文化沟通的特性。许多身体语言

都具有跨文化的功能,它们在不同文化背景中的基本意义,是同等或高度接近的。借助这些身体语言,人们仍然可以实现相当有效,有时甚至是相当准确的沟通。外国人能够在不十分精通汉语的情况下在中国自助旅游,我国边境的商人在语言不十分相通的情况下能够和外国朋友完成一次次交易活动,身体语言在这些跨文化的沟通中起着至关重要的作用。

与一般语言相比,身体语言还有另外一个跨文化优势,那就是易于学习。语言不同的人相互学习语言,常常是以身体语言为基础的。通过身体语言的帮助,人们最终可以很好地掌握另外一种语言。但需要注意的是,并不是所有的身体语言都具备跨文化沟通的特性。在不同的文化背景下,有些身体语言传达的信息可能是不同的,甚至完全相反。

5. 简约性

身体语言的最后一个特点,是它具有简约沟通的特殊功能。无论是哲学家、艺术家,还是心理学家,都承认语言对情感的表达是极其有限的。也正因为如此,语言永远不能代替身体语言。高明的摄影家抓拍一个真情流露的身体语言动作,这个动作就成了充满生命力的艺术品,一个动作反映了做出该动作的人的表现。无论如何,语言永远不能有这样的表现力。研究发现,成功的影视作品大都善于发现、展示、利用身体语言。身体语言有时能比普通语言更为有效地反映人们的内心情感。

【知识拓展】身体语言沟通的类型

三、动态交互中的非语词沟通

如果说表情、姿势等传达的是一种符号信息,那么在我们的动态交互过程中还存在一个重要的非语词沟通方式:个人空间位置和人际距离。

(一) 人际空间需要

人与人之间所保持的空间距离,直接反映着彼此相互接纳的水平。对于这一现象的揭示,是心理学家在人体语言学研究上的一个重要贡献。心理学家发现,任何一个人,都需要在自己的周围有一个自己能把握的空间。虽然这个自我空间会随情境、单位空间内的人员密度、文化背景及个人性格等因素而发生变化,但无论是谁,只要他处于意识清醒状态,都会有这种拥有自我空间的需要。而且,无论他走到哪里,都会将这个自我空间带到那里。就像一个人身体周围有一个"气泡",人的身体被包裹在"气泡"当中一样。这个"气泡"所覆盖的空间范围,就成了一个人的自我空间。

一个人的自我空间只允许已经在心理上建立起了安全感、在情感上已经被接纳的他人来分享。空间距离的接近与情感的接纳水平成正比例关系。情感上的接纳水平越高,能够与别人分享的自我空间也越多,对空间距离接近的容忍性也越高。只有对那些在情感上已经被充分接纳的对象,如恋人、亲子,人们才能够容忍长时间的有意的身体接触。否则,任何人闯入一个人的自我空间,都会被认为是严重侵犯,使此人的心理上感受到很大压力,并产生强烈的焦虑体验。这种体验会迫使人们调整自己与别人的空间距离,直到重新有了完整的自我空间为止。如果留心观察公园中恋爱的情侣,我们会发现,他们在公园的僻静处几乎是等距离分布的。每一对都有意识地选择了与别人保持适当距离的位置。在这个位置上,他们可以有效地建立起自己的"气泡",并在其中获得心理上的安全感。

影响人们自我空间大小的最重要因素,是单位空间内的人员密度。在拥挤的公共汽车上或狭小的电梯里,人们的自我空间很小,彼此不得不通过躲避别人的视线和呼吸来划分与别人的距离(Argyle & Dean,1965)。我们会发现,无论公共汽车多么拥挤,人们的视线都是朝向窗外,只有和熟悉的人谈话时保持一定的目光接触。心理学家发现,在图书馆的阅览室里,读者倾向于按照一定密度等距离分布。如果相互不熟悉,人们是不能容忍彼此坐得特别靠近的。一位心理学家(Russo,1975)做过一个实验:在一个刚刚开门的大阅览室里,第一位读者刚进去坐下,研究人员就进去拿椅子坐在他(或她)的旁边。实验进行了 80 人次。结果表明,在一个只有两位读者的空旷阅览室里,没有一个被试能够忍受一个陌生人紧挨自己坐下。当研究人员坐到他们身边后(被试不知道这是在做实验),更多的人很快就默默地转移到远离"侵犯者"的位置上坐下。有人则干脆明确表示:"你想干什么?"

另一位心理学家索莫尔(Sommer,1969)与他的同事们也进行过一项研究。该研究选择独自坐在公园长凳的休闲者为研究对象。研究者让一个陌生人到离休闲者约 15 厘米的地方坐下,然后考查休闲者在陌生人到来之后会停留多长时间。研究结果表明,与没有受到陌生人侵犯而单独一人的情况相比,他人对个人自我空间的侵犯明显缩短了人们离开的时间。图 10-5 是索莫尔等人的研究结果。

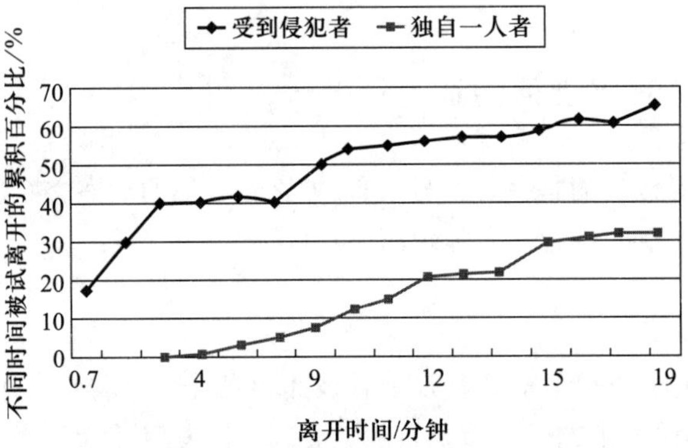

图 10-5 被试在受到侵犯时与独自一人时离开公园长凳的时间对比

来源:转引自金盛华,张杰.(1995).*当代社会心理学导论*.北京:北京师范大学出版社,189.

研究证明,在单位空间内人员密度很低且可以选择自己空间位置的情况下,人们会倾向于与他人保持一定的距离,保留较大的自我空间,别人侵犯到自己的空间后会产生心理上强烈的不适感。随着单位空间内人员密度增大,更多的空间被别人占据,人们的自我空间也会相应缩小,此时人们即使相邻而坐,也不会构成对别人自我空间的侵犯。

(二) 个人空间位置与沟通

人与人之间的空间位置关系,也会直接影响个人之间的沟通过程。这一点不仅为大量生活观察事实所说明,也被严格的社会心理学实验证明。

索莫尔(Sommer,1967)的一个研究证实,在一个课堂中,学生对于课堂讨论的参与度直接受到学生座位位置的影响。以讲台为中心,座位距中心位置距离越近,学生对于课堂讨论的参与度越高。图 10-6 是该实验的研究结果。后来的重复实验也都证明了这个结论。

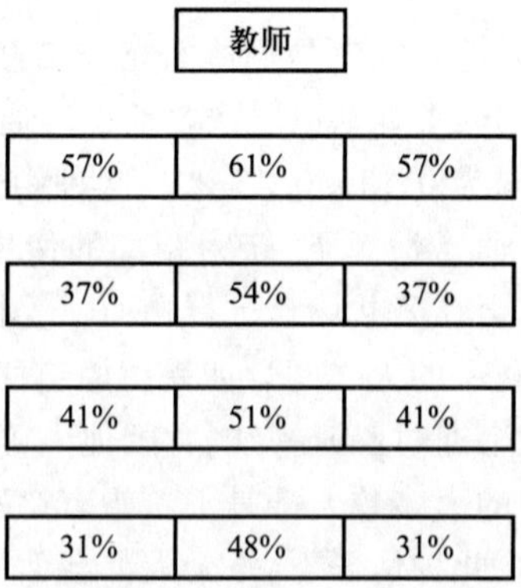

图 10-6　教室空间位置对课堂讨论的参与度的影响

心理学家的研究发现,沟通过程中所保持的距离不同,沟通也会有不同的气氛背景。在较近距离内进行沟通,容易造成融洽、合作的气氛,而当沟通的距离较远时,则很容易造成敌对、相互攻击的气氛。沟通中空间位置的不同,还直接导致沟通者具有不同的沟通影响力。心理学家泰勒(Taylor,1975)等人发现,沟通情境中不同位置的作用是不一样的。有些位置对沟通的影响力较大,有些位置则影响力较小。位居有利空间位置的人,会取得对其他人的特殊影响力。我们都有体会,同样一种发言,站到讲台上去讲和站在台下随便讲所起的作用是不同的。高高的讲台本身具有某种权威性。封建时代的帝王不仅身居宝座俯视众臣,而且要求臣子跪见,这种一高一低的反差,在心理上会自然地造成对人的压迫,使其更加惧怕帝王的权威。其实,在日常生活中,当我们坐着而别人站着对我们说话时,我们也会感到一种莫名的压力。毫无疑问,在正式的社交情境中,优势空间位置所造成的沟通压力要远比非正式情境大。这一点已经被严格的心理学实验证明。

在现实生活中,一个人在特定社会场合的空间位置,还直接与其社会身份和地位相联系并对人们的沟通发生深刻影响。领导者、长辈、重要人物会自然地被置于社交情境的重要位置,而其他人在目光和姿势上,会将这一位置当成特定情境的注意中心。社交情境越正式,人体的空间位置也就越严格。盛大的国宴场面宏大,人们很容易从宴席的空间位置确认哪些人是重要人物。重要大会的主席团人数很多,但每个人都被安排在与其社会地位相应的特定位置之上。严格的外交、政治活动,无论是座位的安排,还是出现在公众面前的次序,都有严格的规定。通过这些空间位置的信息,我们可以很好地了解一个人的实际社会地位。在日常的社交场合,甚至在家庭内,也同样有相对固定的空间位置分配。一个单位召开会议,无论是名义上的领导者,还是重要人物,都有自己的特定位置,这些位置很少被其他人"侵犯"。在家庭里,尤其是强调宗族观念和家庭权利的家庭,家庭的决策者在饭桌上、在家庭空间位置的分配上,都显然占据较为重要的位置。我们从尊卑分明、长幼有序的空间位置上,可以很容易确认谁是家庭的决策者。

(三) 人际距离与沟通

一般地,人们认为亲密性与彼此之间的正向感受相关,疏远性与彼此之间的负向感受相关。个人距离作为非言语行为系统中重要的成分之一,可以用来传递和调整人际互动中的沟通。

人类学家霍尔(Hall,1959)在其《无声的语言》一书中,将日常生活中人与人的空间距离分为4类,分别是亲密距离、个人距离、社交距离和公共距离。每一种距离又有近范围与远范围之分。

1. 亲密距离

亲密距离(intimate distance)的近范围就是身体的充分或直接接触的距离。人们在近范围沟通的时候更多的是依赖触摸觉,视觉、听觉则退居次要地位。通常情况下人们只允许情侣或孩子进入这一范围。亲密距离的远范围为0.15~0.45米。这种距离是手臂相互接触拥抱的适当距离,但不能进行身体的全面接触。通常情况下,亲密距离的使用都限于个人环境。在有些国家,因为一些礼仪或习俗的需要,个体会在公共场合进行贴面礼等行为。

亲密距离只限于在情感密切联系的人之间。如果情境迫使人们在互不认识和熟悉的情况下相互介入彼此的亲密距离,人们就会通过躲避视线、背朝他人等方式显示彼此的心理距离。在乘坐比较拥挤的电梯的时候,电梯中的大多数人都是不希望有亲密互动的陌生人,所以他们会调整行为以消除因接近带来的后果。在此种情形下,每个人都会面向前方,眼睛盯着电梯上的楼层数字,尽量避免眼神接触。他们的姿势僵硬,而且尽可能避免触碰,形成了不成文的空间规范。

2. 个人距离

个人距离(personal distance)是朋友间进行沟通的适当距离。个人距离的近范围为0.45~0.76米。这个距离可以隔断亲人之间体温和体味的"交流",同时又可以相互握手,并保持正常的视觉沟通。个人距离的远范围是0.76~1.22米。在这个距离中沟通双方没有任何触碰的空间,熟人和陌生人都可以进入这个距离。通常情况下,熟人接触更靠近近范围的近端(0.45米),陌生人更倾向于在远范围的远端(1.22米)进行沟通。

3. 社交距离

亲密距离和个人距离通常出现在非正式的社交情境中,而社交距离则出现在正式社交场合中。社交距离(social distance)的近范围为1.22~2.13米。通常在正式社交活动、社交谈判中,人们都会保持这种距离。如果社交活动在更近的空间展开,人们会有意识地通过身体语言把双方的物理距离加大。社交距离的远范围为2.13~3.65米,这个距离适用于更严格、更正式的社交情境。在这个距离范围内进行沟通,人们需要提高谈话的音量,需要更充分的目光接触。这种变化会直接增加正式、庄重的气氛。上级向下属传达指示,单位的领导接待来访,商务谈判,外交斡旋往往都采用这一距离进行沟通。

4. 公共距离

公共距离(public distance)是公开演说时演说者与听众所保持的距离。近范围为3.65~7.62米,远范围为7.62米以上。在公共距离范围内,人们之间的沟通中视觉信息的精确性显著下降,因此这个距离不适合人际沟通,只适合于演讲。

在日常生活中,环境的设计一定要考虑人际距离的需要,才能使人们之间能够建立和保护自己的个人空间,建立良好的沟通情境。比如,旅馆中床位的放置应尽量加大床与床的距离;在餐厅、茶馆尽量设计一些隔断将空间分割开来。

在人们的日常接触中,沟通双方无论多么亲密,也要尽量保持个人空间,俗话说"距离产生美",尤其是常常要在亲密距离接触的人们更要注意把握好人际距离。研究者认为,近距离既会增强积极的反应也会增加消极的反应。为此,他们进行了一项实验,要求两个女学生为一组的一些被试(每组中有一人是实验助手)共同解决问题,两人的距离为60厘米和150厘米。解决问题后,助手的态度或者是中性的,即不对被试做出评价;或者是积极的,即表扬被试解决问题时的聪明策略;或者是消极的,即批评被试解决问题时的策略是愚蠢的。不言而喻,持积极态度的助手最受被试喜欢,持消极态度的助手最不受被试喜欢。但是,令人感兴趣的是,在近距离(60厘米)

的情况下，这两种反应（最喜欢和最不喜欢）都要比远距离（150 厘米）情况下的反应更为强烈，具有显著的差异。这说明不同的个人空间会导致不同的沟通效果。我们在亲密距离接触中应尊重别人的隐私，保留一定的人际距离。

四、副语言沟通

心理学家称非语词的声音信号为副语言（paralanguage），包括说话中的重音、声调的变化、哭、笑、停顿等非语词内容，但其本身却又传达一定内容的附属信息。心理学研究揭示，副语言在沟通过程中起着十分重要的作用。一句话的含义常常并不取决于其字面的意义，而是决定于它的弦外之音。语言表达方式的变化，尤其是语调的变化，可以使字面相同的一句话具有完全不同的含义。比如，一句简单的口头语“真棒”，当音调较低，语气肯定时，“真棒！”表示由衷的赞赏；而当音调升高，语气抑扬，说成“真棒↗”时，则完全变成了刻薄的讥讽和幸灾乐祸。

心理学研究发现，低音频是与愉快、烦恼、悲伤的情绪相联系的，而高音频则表示恐惧、惊奇或气愤。副语言研究者迪保罗（Depaulo，1982）的研究还发现，鉴别别人说谎的最可靠线索就是声调。不老练的说谎者说谎时会低头或躲避别人的视线；老练的说谎者则可以有意识控制这些慌乱行为，说谎时不仅不脸红、不低头，还能有意识地以安详的表情迎接别人的目光。但是，说谎时声调提高却是不自觉的，可以真实地透露说谎者言不由衷的心态。因此，测谎仪可以通过分析人们说话的节奏，声音的频率、波长等信息来判断当事人是否在说谎。

第五节　沟通的障碍及改善方法

沟通对于个人作为有机体和作为社会成员的多方面的重要性，决定了在很大程度上沟通的状况是一个人的生存状况。为此，改进沟通的品质，提高沟通的技能，对于个人效能的发挥、主观的自我生存状态，都具有十分重要的意义。

一、沟通的障碍

沟通是人与人之间的信息交换过程，包括信息传递和理解两个主要成分。在实际的沟通中，我们发现并不是每一次的沟通行为都能达成信息传递和理解。各种各样的障碍会影响我们的沟通质量，下面将主要从 3 个方面对沟通中可能存在的障碍进行简要介绍。

（一）物理环境障碍

物理障碍（physical barriers）是指人们所处的沟通环境中存在的障碍。比如所在环境中的噪声盖过了人们说话的声音，这就是典型的物理环境障碍。此外，沟通环境的整洁度、内部座椅安排、周边装饰，甚至气候条件等都会对沟通的质量造成影响。

【微课】
沟通的障碍及改善方法

除了面对面沟通中的环境因素外，以网络为中介的沟通也存在不少障碍。如通信设备的性能、网络速度以及信息承载量等都会对沟通产生影响。以信息承载量为例,个体加工资料的能力是有限的,当需要处理的信息超过了我们的加工能力时,就会出现信息超载(information overload)。此时,很多重要的沟通因为信息超载问题而无法及时进行(Robbins,2005)。

(二) 个人障碍

个人障碍(personal barriers)主要指情绪、选择性知觉、信息过滤等个人因素障碍。信息源可能过滤和操控信息,以使人们更乐于接受。如在下级向上级进行工作汇报时,就会出现信息过滤的现象——对某些不利信息进行筛除。信息接收者则可能出现选择性知觉的问题,以自己的需要、动机有选择地视听,并且很多时候选择性知觉过程是人们意识不到的。

(三) 语义障碍

语义障碍(semantic barriers)主要是由我们所使用的符号自身的局限性造成的。尤其在不同的文化背景下,语义障碍成为更加突出的问题。首先,在不同的文化背景下,人们所使用的系统语言符号可能不一样,这就造成了沟通障碍。但这一问题随着全球化的发展,逐渐得到了解决。比如越来越多的中国人开始学习英语,可以和英语国家的人进行有效的沟通。其次,对非语词符号的理解不一致也是突出的沟通障碍。如在世界上很多国家,"V"的手势意味着胜利。但在英国,如果掌心向内,则这一手势表示"滚出这里"。因此,即便是实现了语言符号的一致,非语词符号内涵的不一致也会对沟通的准确性造成严重的影响。

二、沟通的自我评价与沟通改善计划

一切问题的解决或改善,都是以对问题的意识为前提的。对问题意识得越清晰,改变的努力就会越有效。因此,要想改善个人的沟通,必须先系统评价自己的沟通状况,之后才能改善沟通的状况。

(一) 评价自己的沟通情况

沟通状况可以根据自己独特的生活范围和交往对象来评价。这个评价过程其实是个体内部沟通的过程,通常要借助笔和纸完成。这种自我评价一般可分为 3 步。

第一步是列一个沟通情境和沟通对象的清单。一方面反省自己经常发生沟通的情境,这种情境可能是我们每天都要面临的情境,比如家庭、学校或是单位;也可能是一些因为偶然事件而产生沟通的情境,比如电影院、火车站。另一方面反省自己发生沟通的对象,并将其列在纸上。列清单的目的,是对自己的沟通范围和沟通对象建立一个明确的概念。沟通状况的改善和沟通能力的提高是全面的,仅仅注意某些情境和某些对象,不可能有效地达到提高与改善的目的。

第二步是通过问卷量表,评价自己沟通的状况。以下列出了评价自我沟通状况时通常评价的问题:

- 对哪些情境中的沟通感到愉快?
- 对哪些情境中的沟通感到有心理压力?
- 最愿意保持沟通的对象是哪些人?
- 最不喜欢与哪些人沟通?

- 能否经常与多数人保持愉快的沟通？
- 是否常感到自己的意思没有说清楚？
- 是否常误解别人，事后才发觉自己错了？
- 是否与朋友保持经常联系？
- 是否经常懒得和别人联系？

通过回答上述问题，我们可以为自己勾勒出自我沟通的状况图，如果一个人能够建立会带来愉快经验的沟通情境和对象高度局限在有限的范围内（如只在家里感到轻松，只与家人沟通时有愉快感受），就说明此人可能存在着高度的社交内敛或社交退缩的情况，尤其需要重视学会用我们这一节所提供的方法来改善自己的沟通。

第三步是评价自己的沟通方式。沟通状况直接决定了沟通方式。一般情况下，沟通主动性、沟通中的注意水平和沟通信息的充分性是评价沟通方式的 3 个最有效的维度。我们可以依据这 3 个维度评价自己的沟通方式。

沟通主动性评价的是我们在与别人进行沟通时，究竟是主动开始沟通还是被动接受沟通。主动沟通者与被动沟通者的沟通状况有明显差异。主动沟通者沟通对象广泛，沟通内容不拘一格，容易经沟通与别人建立并维持广泛的人际关系，与他人的沟通也较为充分、及时和有效。而被动沟通者的倾向则正好与主动沟通者相反。研究发现，男人和女人在沟通主动性上有着明显差异。在家庭沟通中，女性的沟通主动性往往高于男性。心理学家还发现，主动沟通者获得成功的可能性，特别在某些特殊领域，如经营、管理等，比被动沟通者的要大得多。

沟通中的注意水平评价的是沟通者开始沟通后为使其自然持续所付出的注意程度。沟通中的注意水平高的沟通者，比较全面地关注沟通的每一个细节，而且对于整个沟通过程保持着高度注意。因而，他们能够较好地根据反馈调节自己的沟通过程，对对方的沟通形成良好支持，使沟通始终保持较好的效果而得以顺利延续。

沟通信息的充分性有 3 种情况：充分、不足和冗余。充分是指沟通信息恰好准确表达沟通意图，实现沟通目的。不足是指沟通还不能使别人理解沟通意图，但沟通者不再提供有关信息。沟通信息不足常导致沟通者之间产生误解。冗余是指在信息已经充分的情况下，又进一步强调、解释或重复。

心理学家研究发现，沟通信息不足，在任何情况下都是一种沟通缺陷。人们研究夫妻关系不良的个案时发现，沟通信息不足是夫妻关系不良的原因之一。有时，某些妻子或丈夫常用一种暗示的方式表达自己意愿，导致对方没有很好地理解，没有做出信息源所期望的反应，结果使其产生挫折感，认为对方故意不反应。这种状态又会促使双方用相互猜测，而不是以明确表达自己的方式，进行进一步的沟通，从而导致误解更深，情感距离越来越大。

需要辩证地来看待沟通信息冗余情况。适度的重复并不能称为沟通冗余。有时候，适度重复对于沟通是可以产生正向作用的，如沟通中有个“6 次规则”，即一定的沟通内容在重复说过 6 次之后，才会被信息接收者完全记住。因此有时候为了达到更好的沟通效果，进行一定的重复也是必须的，这时候就不能说是沟通冗余，而是适度的重复。

（二）沟通改善计划

沟通能力的提高和沟通状态的改善是整体的，但又必须通过细节的、具体的步骤来实现。希望提高沟通能力和改善沟通状况的人，需要为自己制订一个详细计划。

计划的第一步是要明确自己试图改进哪些方面,是要改变自己的社交退缩,扩展自己的沟通范围,是改变自己与某些人,如领导或同事的沟通状况,是培养与友人保持联系的习惯,还是试图改变自己不善于与别人沟通等方面的不足?计划的第二步是将选定的改善目标与实际生活联系到一起,并转化成可以在日常生活中实施的每一个具体做法。制订计划时,切不可一下子将要求提得太高,实际上却做不到,最终失去努力的兴趣和信心。

三、提高沟通的准确性

准确是沟通成功的前提。在某种意义上,如果沟通的结果是误解,那发生沟通比不发生沟通更糟糕。不发生沟通,意味着建立良好沟通的可能性依然存在。已经产生了误解,那重建良好沟通的过程往往十分困难。

提高沟通的准确性在于一方面需要提高自己准确描述事物的能力。心理学家的研究发现,相当比例的人都不能很好抓住事物的本质特征,将自己的意思用通畅的语言表达出来,使别人准确地理解他们。在夫妻关系中,很多时候就是因为双方没能准确理解对方表达的内容,从而导致了冲突的产生。讲故事、复述故事的形式可以很好地锻炼准确描述事物的能力。准确的描述应该是基于别人能够准确理解为目的的,所以准确描述对于一个人的分析、综合以及概括能力提出了很高的要求。许多著名作家在进行基本功训练时,都是以准确描述某一个特定情境或特定的人的形式进行的。

提高沟通准确性的另一方面是对所用的一切非语词沟通方式,都必须有明确的概念,并且对别人是否也会同样理解某种非语词信息保持清楚的认识。非语词信息常常更容易发生误解。一般认为,除非沟通者之间已经建立起了很好的默契,信息源能够确信信息接收者对某一非语词符号与自己有同样的概念,否则,非语词沟通应被置于语词沟通之后。

此外,对别人包括直接的语词反馈在内的各种反馈信息保持足够的敏感,并及时调整自己的信息和符号选择,也是提高沟通准确性的不可缺少的途径。及时接收和准确理解反馈,是准确沟通的一个重要环节。

四、激发积极沟通的定向技术

(一)沟通的"同理心"定向

同理心是指站在对方的角度和位置上,客观地理解对方的真实看法和内心感受,并且基于这种理解来进行沟通,同时将自己的看法和感受传达给对方的一种沟通交流方式。同理心有时被说成移情或共情,不同术语来源一致,本质的意义也是相同的。

同理心的核心是真正理解对方的观点和情感。要实现这一点,就必须对对方有发自内心的兴趣和重视。提供信息的目的是为了被理解,而由于人们的经验背景不同,理解上可能存在显著差异,只有当我们站在别人的角度,体会到别人理解时所依赖的情绪与经验的背景时,才可能选择最能够使别人准确理解我们的语词或非语词符号。许多人摆脱不了自我中心,不能对别人的状态进行移情,纯粹从自己的情绪与经验背景出发来选择沟通的方式,因而沟通中也往往产生误解,从而使沟通失败或导致不良的后果。金盛华在人际关系研究中提出了一个解释人情融合的三角理论(见图10-7),认为沟通中的人情融合的实现是有效和充分的沟通,而充分的沟通又必发源于真诚。作为人情融合目标的亲和,是真诚关怀和充分沟通的自然结果,并且没有任何其他可能达成的途径。

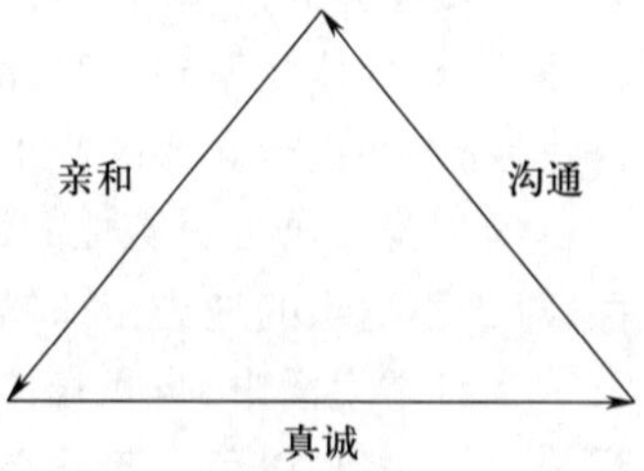

真诚:条件
沟通:方式
亲和:目标

图 10-7 三角理论

(二) 社会心理效应在沟通中的利用

由于首因效应在很长一段时间内影响着人们对某一对象后续行为特征的解释,因而建立良好的第一印象,使后续的沟通有良性的定向具有重要意义。在第六章讨论社会知觉问题时,我们提到了改进人们自我表现的 SOLER 技术。研究证明,通过这一技术,可以成功改善青少年在社交场合的沟通技巧,使他们更易于控制交往情境。

在沟通实践中,更多地寻找与沟通对象的共同点,更容易让彼此产生一种亲切感和"自己人"的心理体验,使双方的感情不断融洽,沟通就更易于深入,这就是所谓的"自己人效应"。"自己人效应"一经产生,就可以发生相互接受的先定倾向,使沟通不容易发生意义障碍,深入的沟通也因为相互的认同而变得更易于进行。

五、身体语言沟通的改善

(一) 理解别人的身体语言

正确把握和理解别人的身体语言,对于提高沟通的有效性和可信度有着非常重要的作用。

第一,必须从整体的身体语言背景来确认每一个具体身体语言信号的意义。心理学家曾进行过认真的观察,发现情侣之间在身体面对面逐步接近时没有身体角度的变化。而如果是两个朋友或熟人需要凑近谈话,则人们会有明显的身体转动。随着谈话时距离的靠近,人们也会逐渐将面对面的姿势调整成肩膀朝向别人。只有恋人从正前方附近耳语,而其他关系的人在耳语时通常都是在侧面进行的。

第二,用移情的方法理解身体语言。移情作为对别人内心真实状态的体验,是准确理解身体语言的重要前提。移情越充分,准确解释别人身体语言的可能性越大。妻子如果很好地体会到丈夫在工作上受到挫折后的心情,就不会责怪丈夫表情冷漠;家长如果很好地体会到了孩子考试失败后害怕责怪的心态,就能够很好地解释为什么孩子的目光总躲着自己,身体不愿意与父母挨得很近。

(二) 恰当运用自我身体语言

恰当使用身体语言与准确解释身体语言同样重要。要想提高自己有效使用身体语言的能力,首先要增加自己对身体语言的自觉性。

增加身体语言的自觉性,需要经过 3 个步骤。第一步是观察自我身体语言,了解自我身体语言使用的情况。这个环节可以借助他人来观察、记录,也可以通过自我有意识的观察记录方式实现。通过系统地观察记录,自己来定义和解释自身的各种身体语言信号,并仔细分析自身心态和身体语言的关系,建立符合自己特点的身体语言模型。

第二步是对自己的各种身体语言和模型进行自我体验。人是经验主义的动物。任何事情,只有在获得直接体验之后,才能更好地被理解,才能自然地将它们与自己的真实生活联系到一起。自我体验的过程不仅可以使人们将各种身体语言经历与自己的真实情绪状态和沟通过程更自然、更充分地联系到一起，而且可以使人们有机会对在第一步中建立起来的身体语言模型进行自我检验，并进行必要的修正。

增加身体语言自觉性的第三步是在实践中应用自己总结的身体语言，并进一步检验其有效性，对于不适当的地方，及时加以修正，进一步完善自我身体语言模型。

在日常生活中，自我身体语言的解释系统必须与社会整体的环境要求、他人的身体语言解释系统保持一致，以免引起不必要的误会。性格再开朗，在与异性的交往中，也需要对身体在空间上的接近和接触保持应有的敏感，否则总让别人认为被特别对待，并因此坠入情网，就可能会有严重的后果。

提高有效使用身体语言能力，其次是提高身体语言与自己社会角色及特定行为情境的对应性。一方面，人们社会角色的不同，外部社会会有不同的要求与期望。另一方面，对于同一社会角色，随着行为情境发生改变，社会的要求与期望也会发生变化。因此不同的社会角色需要使用不同的身体语言。如果我们的行为偏离了他人的期望，就会因难以被理解而容易被拒绝。

情境对身体语言的规范作用同样明显。无论在哪一种情境中，人的自我表现都有一个情境同一性问题。按照心理学家（Alexander & Lauderdale，1977）的观点，在不同的社会情境中，人们的行为模式要与自我的社会角色、身份地位相一致。对应于每一种社会情境，人们都有一种与自己社会身份相符合的行为模式。一个人在特定情境中的行为符合自己的社会身份，则有恰当的情境同一性（situated identity）。反之，则被认为是情境同一性混乱。

缺乏恰当的情境同一性，会导致沟通或社会交往困难。一个人在家里高度放松时，可以一边收拾东西，一边与家人谈话；更随便一些的人，甚至可以用脚指示别人。而在正式的社交场合，你必须用更明显的身体语言行为，告诉别人你正在注意他的谈话。至于用脚指示物品，那简直不可想象。即便是地位很高的人对待下属，也会被认为是不能容忍的侮辱。

研究证明，如果身体语言的沟通被阻断，则沟通的充分性会明显下降。在日常生活中，许多人都不善于充分利用身体语言来支持自己的沟通过程。这不仅使人感觉这些人缺乏个性与活力，而且沟通本身的影响力也大大受到影响。在学校，与不善于利用身体语言的教师相比，身体语言丰富的教师更受学生欢迎，教学效果也更好。许多著名的演说家、政治家，都很善于运用富有个人特点的身体语言。在日常的沟通过程中，有意识地运用和发展自己的身体语言，可以有效地使沟通更为充分，更易于达到沟通的目的，同时也能增加个性的活力，使个性特点更为鲜明。

思考与探究

1. 什么是沟通？沟通在哪些方面对人有意义？
2. 沟通中的理解是怎样发生的？
3. 沟通过程的要素有哪些？
4. 群体沟通有几种类型？它们的特点是什么？
5. 举例说明日常生活中身体语言沟通具有重要意义。
6. 举例分析副语言在日常沟通中的特殊价值。
7. 结合自己的实际，谈谈如何改善自己的沟通能力。
8. 试评价一下你自己目前的沟通状况，并为自己制订一个改善个人沟通的计划。

第十一章　人际吸引

本章要点

* 自我价值寻求的需要
* 独处与交往的需要
* 熟悉效应
* 犯错误效应
* 爱情的类型
* 爱情与喜欢
* 罗密欧与朱丽叶效应

人与人之间的联系是神奇的，交往中常常发生“有心栽花花不开，无意插柳柳成荫”的现象。有人总是在一起，却渐行渐远，而另一些人虽萍水相逢，却很快成为亲密朋友，很快就发展起充分的信任和良好的友谊。为什么有些人很容易吸引他人并受到欢迎，而另一些人却总是被人忽视并难以与人相处？

人际吸引(interpersonal attraction)是人与人之间的相互接纳和喜欢。社会心理学家对人际吸引进行了大量的研究。在这一章中，我们将讨论人际吸引问题，先介绍人际吸引的社会心理基础，然后探讨具有什么特征的人会被喜欢，以及哪些外部环境因素对人际吸引有着重要的影响，最后分析特殊的人际吸引——爱情。

第一节　人际吸引的社会心理基础

人需要和别人交往，并建立和保持良好的人际关系。引发人们交往意愿与行为的具体动机很多，但从社会心理学的角度来看，这些复杂的具体动机，都可以归结为人们对于自我价值寻求、安全感确立、独处与交往的需要。一方面，为了使自己的人生具有价值，获得明确的自我价值感，人需要了解他人，需要通过他人来了解自己，需要爱与被爱，需要归属和依赖，需要助人或得到他人帮助，需要有机会显示自己的优越或展现自己的专长，等等。所有这些，都使人需要他人，需要同他人进行交往，需要同他人建立并保持一定的人际关系。另一方面，人为了获得明确的安全感，需要在面临危险的情境时有他人在场，需要自己在面临困境时得到他人的帮助，需要自己在不确定的情境中得到他人的指引，需要自己在烦恼、忧愁或悲伤时得到他人的抚慰和排解。

一、自我价值寻求的需要

（一）自我价值感

人是一种理性的动物。从自我意识出现的那一天起，个体就开始用一定的价值观来进行自我评判。当自我价值得到确立时，人在主观上就会产生一种高自信、高自尊和自我稳定感。只有人生有价值，生活才富有意义并使人充满生活的热情。相反，如果一个人的自我价值感得不到确立，他就没有正常的自信、自尊和自我稳定感。此时，人就会自卑、自贬、自我厌恶、自我拒绝、自暴自弃。自我价值感一旦完全丧失，人生就不再有意义的支撑，人就只能走上自毁、自绝的道路。

人的自我意识的保持和自我价值感的确立，是通过社会比较过程来实现的。人是社会性的动物，其自我意识是在社会化的过程中随着语言的掌握而形成和发展起来的。一个人用来进行自我评判的价值标准，也是从社会化过程中获得的，是社会性的。因此，人只有将自身置于社会的背景之中，通过将自身与别人进行比较，才能确立自己的价值。心理学家大量的研究已经证明，人的自我意识高度依赖个人的新近经验。而新近经验的变化，也会引起自我意识的变化。一个人必须不断地通过社会比较获得支持性的信息，使自己相信自己是有价值的，才能保持其稳定的自我价值感。如果社会比较的机会被长期剥夺，则会使人因缺乏社会反馈而产生个人自我价值感的危机和高度的自我不稳定感。人是不能忍受自己的价值得不到肯定的。因此，自我不稳定感会引起人的高度焦虑，并促使人去同别人进行交往，进行有意或无意的社会比较，以便获得有关自我状况的社会反馈，了解自我，使自己的行为具有明确的方向，并使自我价值感重新得到确立（金盛华等，1995）。

（二）社会比较

1. 意义

对于社会比较现象的揭示和社会比较规律的发现，是社会心理学家做出的杰出贡献。大量研究揭示，人们对于自己的能力、性格与心理状态的评价，以及对人、对事、对物所持有的看法，常常是不确定的。人们要想在这些方面做出明确的判断，就必须通过将自身的状况与他人的状况进行比较，亦即通过社会比较的过程来实现。人只有在找到了一个参照系，并确定了自己在这一参照系中的位置之后，才能形成明确的自我评价。一个人对自身状态的不确定感越强，进行社会比较的需要也越强（Festinger，1957）。由于这一原因，学生在考试结束以后，往往不只关心自己的成绩，而且还很关心其他同学的成绩。因为只有既知道了自己的成绩，又知道了同学的成绩，并将自己的成绩与同学的成绩进行对比时，自己的成绩才有明确的评价意义。比如，同样是 85 分，若同学的成绩都超过了 85 分，那 85 分便成了最后一名，这时个体就会感到强烈的挫折感。但是，如果恰好考题特别难，85 分是名列前茅的成绩，甚至是第一名，那个体就会感到莫大的成功与满足。了解这种社会比较原理的家长、教师，常常并不简单地凭借一个学生的成绩来评价他的水平，而是根据他的学习水平或能力在全班、全年级或全校所处的位置来确定其水平。其中的道理，就在于一张脱离了参照系的成绩单所能提供的信息，远远少于基于一个特定的参照系所能提供的信息。

在实际生活中，我们对于自己及周围世界关系的了解，对于别人及别人同周围世界关系的了解，都必须借助社会比较来实现。只有通过社会比较，明确了自己、他人及其他被评价事物在某一特定参照系中的位置，我们才能建立起对自己、对别人及对周围世界的明确概念，才能把握自己和周围世界，使自己的行为获得明确的引导，并在此过程中保持明确的自我意识，保证自我价值感的确立。

2. 对象与过程

在社会比较的过程中，人们选择的比较对象一般是与人们在各种自然的和社会的特征上相接近的人。一个人往往首先认同与自己特征最为接近的群体，以这个群体的反应或状态作为评判自己反应或状态的标准。也正因为如此，人们的社会交往对象，都倾向于在年龄、态度、阶层、性格、社会职业、种族或地域相同的人群中选择。人们稳定的人际关系，也首先倾向于在这些人群中建立。"物以类聚，人以群分"，这种现象是有其心理学依据的。

社会比较过程是直接以确定自我价值的需要为基础的。因此，它几乎随时随地都在影响着人们的观点、情绪和行为。大量的心理学研究证明（如 Sherif,1961，参见金盛华等,1995），在社会比较的过程中，个体会有意无意地将参照群体的反应或状态，当作自己的反应或状态是否恰当的评判依据。当自己的反应或状态与他人的反应或状态出现差距时，个体会产生偏离焦虑，在心理上出现不平衡。这种不平衡会促使个体矫正自己的反应或状态，使其更接近参照群体的反应或状态，并最终消除心理上的不平衡。当然，从他人的角度来说，个体的反应或状态，也会对其发生性质相同的影响，使他人的反应或状态向个体自己的反应或状态接近。这种相互作用、相互比较的结果，最终会使一个群体达到高度的一致。

【知识拓展】
光点游动实验

日常生活中，社会比较的效应也是常见的。一所学校、一家单位、一个社区、一座城市，都有其主导的"风气"。许多人从价值倾向上认同某一群体的那一天起，就不知不觉地接受了风气的影响，并很快具有了与风气相一致的行为特征。关于全日制大学毕业生和成人教育系统大学毕业生的研究发现，前者无论在对人生的理解、对事物的态度、对某些特殊事情的看法，还是在兴趣、爱好或行为方式上，都具有明显的"大学生"模式。而后者尽管也接受过同样的知识教育，年龄也很接近，但在他们身上却很难找到"大学生"的典型特征。出现这种现象的原因，在于全日制大学毕业生在稳定的"大学"环境中生活了多年。大学成了他们相对独立于社会的共同生活背景。同学彼此之间有充分的交往和社会比较，从而使他们在许多方面都趋于一致，形成了典型的"大学生"特点。而成人教育系统大学毕业生则没有稳定的"大学"环境，他们进行社会比较的主要背景，仍然是原有的工作单位。这样，他们就没有机会在经常的社会比较过程中形成共同的"大学生"特征。

结合第八章中提到的文化差异对自我的影响，东方人的自我概念中具有更多互依自我的成分，因而更加强调自我与他人的联系，当进行自我评价的时候，也常常从他人的视角出发审视自己的言行。由于多数人以这一模式进行自我约束，因而在东方文化下更容易形成某种根深蒂固的价值观与信念，因而从当今中国人的思想与行为中，仍旧能发现许多传统性的存在，这也是文化与社会比较动机共同作用的结果。

二、安全感确立的需要

获得明确的安全感，是人们需要他人，需要交往，需要建立和维持一定人际关系的另一基本的社会心理原因。

（一）生物安全感

人作为有机体，同样要遵循生存是第一要义的生活法则。没有人会怀疑，自我保存是人最根本的原发性需要。因此，人都需要自己所处的情境能够为其提供充分的安全感。社会心理学家所做的大量研究揭示，与人交往，是获得安全感的最为有效的途径。当人们面临危险的情境而感到恐惧时，与别人在一起，可以直接而有效地减少人们的恐惧感，使人们感到安宁与舒适。沙赫特（Schachter，1959）的研究也发现，与没有任何实验控制的对照组的被试相比，安全感受到威胁的被试，需要与别人在一起的交往倾向明显增强。他们宁可放弃实验提供的可独自一人享受的条件，也要同别人在一起。与别人待在一起或与别人交往，就可以成为一种有效的安全线索。人们的心理感受有一种倾向——既然别人处于同样的情境不感到害怕，那么自己也没有理由感到害怕。这种心态的相互感染，可直接起到为人们提供安全感的作用。

心理学家发现，无论在什么场合，当人们不可避免地介入一种情境，自己不能达到对这种情境的把握，从而安全感得不到充分确立时，就需要别人或与人交往的倾向便明显加强。如果我们有过在漆黑的夜晚独自走路或独自去深山的经验，那就更能体会到对同伴的需要有多么强烈。有人研究过在战场上与部队失散了的士兵的心理，发现最令散兵恐惧的，不是战场的炮火硝烟，而是失去同战友的联系。一旦一个散兵遇到自己的战友，哪怕战友完全丧失了战斗力，哪怕他还只剩一口气，这个散兵也会感到莫大的安慰，其独自一人时的高度恐惧会大大减缓甚至消失。

（二）社会安全感

人不只有生物性的需要，也有社会性的需要。同样的道理，人不只有生物性的安全需要，而且还有社会性的安全需要。当人置身于自己不能把握或控制的社会情境时，人也同样会缺乏安全感。例如，当一个人被调到一个完全陌生的单位工作，或一个学生转到一所完全陌生的学校时，由于突然脱离了原来的人际关系支持，新的人际关系支持又尚未建立，其在自我稳定感和社会安全感方面都会出现危机。在新的人际关系建立起来之前，他会一直处于高度的自我防卫状态。

心理学的研究发现，同生物安全感的建立相似，获得社会安全感最有效的途径，也是与人交往并由此建立稳定的人际关系。当一个人的社会安全感出现危机时，进行社会交往的需要就十分强烈。不过，与生物安全感的建立不同，一个人要获得充分的社会安全感，仅有别人的陪伴或表面交往还不够。

社会安全感的本质是人与人之间的情感联系。只有在通过交往同别人建立起了可靠的人际关系（亦即稳定的情感联系和支持）之后，人们的社会安全感才能得到确立。人到了新的社会环境之中，之所以看重同别人的交往，注重别人对自己的评价，珍视别人对自己的接纳、友好和帮助，以及希望尽快同别人建立良好的人际关系，都是由确立社会安全感的需要决定的。研究(Beck & Clark,2009)发现，人们在一段关系的初期更希望向对方提供帮助而非寻求帮助，这样的行为并不能代表这个人本身具有慷慨的品质，而是因为人们在关系还未被稳固的时候，普遍对关系缺乏安全感，而提供帮助可以增加对方对这段关系的依赖，由此增强对这段关系的信心。

三、独处与交往的需要

人际交往需要是有限的，这一命题也许使人感到惊异。既然交往和人际关系对人那么重要，难道不是交往越多越充分，人际关系越丰富、深刻越好吗？难道在正常人中间也存在厌恶交往、躲避人际关系的成员吗？

研究表明，当人们感到孤独，感到缺乏情感依赖和理解，且感到没有足够的人际关系支持时，就会为交往和人际关系的缺乏而烦恼。而当人们感到交往过多，必须应酬各种人际关系，难以把精力集中在自己所选择的目标上时，人们又会为交往的过多和人际关系的过于复杂而不安。心理学家曾经对长期厮守的夫妻关系进行过研究，有趣的是，有些夫妻在为彼此之间缺乏心灵的交往而烦恼，抱怨丈夫或妻子不爱跟自己说话，有心事不向自己提及；而另一些夫妻则在为彼此交往关照过多而恼火，如丈夫抱怨妻子过问太细或是唠叨，自己缺少安静的环境；妻子抱怨丈夫什么都要过问和评价，自己不能独自地处理事情。

据报载，在当代日本，许多丈夫下班之后不是马上回家，而是先去酒吧，有时很晚才回到自己家里。这种现象，对于那些感到夫妻相聚机会太少的人来说，很难被理解。这个世界究竟是怎么回事？怎么如此矛盾，如此令人费解？

（一）独处的需要

所有这些矛盾现象的根源，都在于人身上存在着两种截然不同、彼此独立的需要。一方面，人需要获得明确的自我价值感和安全感，需要进行社会比较，因而需要与别人共处，需要与别人交往并建立和维持稳定的关系。另一方面，人也需要有内省的经验，有无拘无束、自由表现自己的机会，因此需要有独处的时间，需要暂时地远离和逃避别人（金盛华等，1995）。我们知道，任何人，无论关系多么亲密，哪怕是自己的丈夫或妻子、父母或孩子，都会对自己构成一种评价压力，对自己的行为有所限制。我们在咨询中曾接待过一位老年妇女，她抱怨丈夫退休后改变了她的生活，使她感到压抑。在丈夫退休之前，她一人在家买菜、做饭、看电视、做家务，时间完全由自己安排，做一切事情都无拘无束，哪怕是洗锅刷碗，也会不时哼哼爱唱的歌曲。虽然她已年近花甲，但经常自由得像一只快乐的小鸟。可是，退休在家的丈夫对她的行为不以为然，经常评价她的行为，干预她的安排。她做事时哼哼歌曲，丈夫会说："一大把年纪了，像什么样子。"她边看电视边摘菜，丈夫会说她："做事没个做事的样子"。慢慢地，她在做什么事时首先要想到丈夫会如何评价。久而久之，她做家务时不再感到有乐趣，情绪也变得十分消沉。

每个人对于在社交生活中的行为必须"检点"这个问题都有自己的体会。实际上，检点本身就意味着某种限制。社会交往的情境越正式，人们受限制的感觉也就越强烈。正式的社交情境的评价压力，甚至常常使人表现失常，难以自由自在地表现自己。由于社会规范和由此产生的社会期望的存在，我们在同别人共处时，无论自己的实际感觉如何，都需要尽可能地表现出一个从他人、从自己和从一般社会评价的角度来说都可以接受的形象。我们需要顾及别人的面子，顾及自己的身份和角色，需要考虑我们的言行对别人有什么样的影响，需要考虑别人对我们的言行会做出什么样的反应。

（二）交往需要与独处需要的平衡

社会心理学研究证明，就像缺乏与人共处、与人交往的经验会使人焦虑不安一样，过多的社会接触所造成的独处经验的缺乏，也同样会使人产生焦虑情绪。可以设想，如果某个人成天对我们说个不停，我们会很快从认为这个人热情、健谈转而感到其啰唆、饶舌，并很快从欢迎他变得越来越不能容忍他，以致最后不得不寻找借口逃避，甚至直言拒绝。或者，如果我们的人际交往过于密切，成天不断有人来电话、来访，那我们也会有意掐断电话或闭门谢客。研究证实（Berlyne，1960），人的机体作为一个信息加工和综合的需要系统，不仅需要使自己接受的刺激总量保持最佳水准，也需要保持各种刺激量的匹配和平衡。刺激总量的过多或过少，或者某种刺激的过多或过少，都会引起机体的调整反应（Patterson，1976）。如果机体在某一阶段接受的刺激总量超出了机体承受能力，那么机体会以疾病方式强迫人进行调整，减少此阶段的刺激量。同样道理，对于交往类的刺激，人们也需要保持一个最佳水平。交往过少，机体的调整方向是促使人们与人交往。而交往过多，机体的调整方向则是促使人们逃避他人，增加自己的独处时间。虽然，不同的人交往需要和独处需要的强度是不同的，但不论是谁，都存在着这两种相互对立的需要，并且必须使二者维持在某种水平的平衡状态。拉尔森（Larson，1997）采用经验取样法追踪青少年被试一周的时间，考察他们独处的时间，结果发现独处时间中等的青少年有 25% ~35% 的课余时间是独处的，他们比独处时间很少或太多的被试的适应力更强，体验的抑郁情绪更少，而这些青少年的学习成绩也比别的学生好。

人际交往是重要的，但同时人们对它的需要也是有限的。社会心理学家奥特曼（Altman，1971）曾经以实验充分证明了对于过多的社会接触，人们或早或晚会产生同样的消极反应。在把自愿参加实验的被试成对地关在一个小屋子里时，随着相处时间的延长，被试彼此进行交往的时间也随之减少。

其他研究还证明，过多的社会接触，常常具有破坏性的后果，即导致正常的人与人之间相互接纳和依赖的情感被破坏，使人变得不能容忍他人、不合作甚至产生敌对和冲突。有人将这一原理运用于日常的人际关系，认为无论多么亲密的关系，也需要适度的分离。如果一味认为关系亲密、情感甚笃而总是长相厮守，甚至自觉或不自觉地侵犯别人的隐私，伤害他人的情感，那么，总有一天，你会发现，这种亲密的关系实际上早已在危机之中挣扎。

四、交往需要的形成途径

人的一生是在他人的搀扶下走完人生旅程的。从社会依赖性的角度来说，人永远是一个不能独立行走而离不开别人帮助的婴儿。任何一个人，无论他多么成功、多么强有力，都离不开他人，都不得不与他人交往，不能没有稳定而良好的人际关系的支持。与人交往并通过交往建立和维持一定的人际关系，是人的一生中最为稳定、最为经常、最为强烈的需要之一。那么，这种需要究竟是怎样形成起来的呢？与人交往是人的本能需要，还是后天学习的结果呢？一般认为，人的交往需要是通过 3 条途径形成起来的，它们分别是印刻、本能和条件作用。

（一）印刻

印刻（imprinting）现象最初是由著名的动物心理学家、诺贝尔奖获得者洛伦兹（Lorentz，1935，参见金盛华等，1995）发现的。他将一组鹅蛋分成两部分。一部分由母鹅自己孵化。这一部分小鹅出壳后，看到的第一个活动物体就是鹅妈妈。根据常识，这部分小鹅会跟随鹅妈妈，并同它保持接近和依赖。事实也正是如此。另一部分鹅蛋是用孵化箱来孵化的，小鹅出壳后所看到的第一个活动物体是研究者本人。有趣的事情发生了。这些小鹅对待人的行为方式，与母鹅孵化的小鹅对待母鹅的方式完全相同。它们紧紧跟随研究者，把研究者当作妈妈来亲近和依赖。

这种有机体在其生命早期的关键期对最先看到的活动物体产生依赖的现象，叫作印刻。印刻是一种发生在生命早期阶段的特有学习方式。由此获得的依赖行为，无论是在其形成的过程当中，还是后来的长期保持，都不需要任何可以带来机体需要满足的奖励。但通过印刻所获得的依赖行为，却对有机体与环境的关系有着持久、深刻的影响。

进一步的研究发现，虽然有机体可以对各种活动物体产生印刻，但同类的对象对于有机体具有更大的吸引力。即使是在印刻产生以后，有机体的依赖仍会转向同类。科学家（Hess，1972）曾经做过一个有说服力的研究。这一研究是让新孵出的小鸭一直同实验人员待在一起（20 个小时）。很快，小鸭对实验人员产生了印刻性的依赖行为。无论实验人员走到哪里，它们都紧随其后。此后，研究者将这些已对人类产生牢固印刻的小鸭同一只母野鸭放在一起。结果，仅仅 9 分钟以后，小鸭的行为就出现了改变，它们不再随时随地地跟随原先的实验人员，而是把母野鸭当成自己的妈妈，转而依赖母野鸭。

心理学家认为，虽然与鸟类比较，人类的生物发展水平要高得多，但是人类也有同印刻相类似的过程。人类历史上出现过大量自幼就与狼、熊、羊等动物生活在一起的“狼孩”“熊孩”“羊孩”等。他们都对伴生动物产生了牢固的依赖而逃避人类。科学家们相信，就像小鹅对母鹅产生印刻性的依赖一样，通过类似的过程，人类的婴儿也会对在其“关键”期内出现的母亲产生依恋。人的交往和人际关系需要，正是在这种最初的依恋关系基础上发展起来的。随着儿童年龄的增长和社会生活情境的复杂化，他们会将早期的经验推广到各种新的社会情境，使原来对于母亲或某个特定照看者的需要和依赖，转变为一般的社会交往需要。如果儿童在这种推广过程中遭受到严重挫折，他们的情感便会固着在特定照看者的身上，并出现只依赖特定照看者的不正常现象，使正常的社会交往需要和能力发展受到阻碍。

（二）本能

强调本能（instinct）作用的心理学家认为，人的交往需要是一种本能，是一种在人类祖先身上就已经很好地形成起来了的生存能力，它可以通过遗传直接传递给后代。事实上，我们已经知道，人类祖先的自我保护能力是很差的，既不像许多巨大动物那样有拔树毁屋的能力，也没有尖利的牙齿和爪子来充当自卫武器，奔跑的速度还远远不如许多动物。因此，人类的祖先要想保护自己，要想保证自己的新一代出生后能够生存，维持自己的种族繁衍，就必须集群活动，依靠集体的力量来抵御敌害。经过长期的进化过程，人类的祖先终于形成了一种集群的习性，并通过种族繁衍遗传留给后代。因此，人天生就有与别人共处、与别人交往的需要。也只有与别人保持正常的、充分的人际交往，人才能真正具有安全感。

人际交往的生物意义，从婴儿一出生就十分明显。作为有机体，人一出生就需要周围环境存在某个能为其提供温暖、舒适、食物和安全的对象以满足其本能需要。很自然地，这个对象就是母亲。寻找母亲、需要母亲、依恋母亲，是婴儿出生后自我保存的自然手段。母亲的自然特点，也促使婴儿从一出生就把母亲作为一个特殊对象从周围环境中分化出来。动物学家哈洛（Harlow & Harlow，1966）曾对人类的近亲恒河猴做过研究。结果发现，恒河猴的依恋行为取决于对象是否具有提供温暖、舒适的机体特点，而不是取决于对象能否提供食物。它们的交往倾向是由本能需要决定的。哈洛的实验是将幼猴自小同猴妈妈分开，然后让其与一个金属网编成的猴形“妈妈”和一个绒布缝制的猴形“妈妈”一起生活。结果，在绝大部分时间里，幼猴都是与绒布“妈妈”在一起，与其拥抱、亲昵或在其怀里睡觉。

在进一步的实验中，哈洛让幼猴只能在金属网“妈妈”身上吸食乳汁，而绒布“妈妈”不能提供食物。结果，在 165 天的实验里，幼猴同两个假妈妈待在一起的时间仍有极显著的差异。幼猴在绒布“妈妈”身上待的时间平均每天高达 16 个小时；而包括吃奶的时间在内，在金属网“妈妈”身上待的时间每天只有 1.5 小时。可见，依恋行为或交往倾向决定于机体寻求温暖、舒适的本能需要，而不取决于食物的获得。温暖、舒适可以使机体获得安全感。

直接来自人类的研究结果也证明，由于人类机体同样具有寻求安全感的本能，因而也同样存在依附温暖、舒适物体的倾向。几乎没有孩子不喜欢长毛绒玩具。毫无疑问，长毛绒玩具风靡世界，是有其自身的理由的。这个理由就是，温暖、舒适的物体能为人提供安全感，使人舒适、愉快。心理学家（Passman & Weisberg，1975）通过充满智慧的实验研究很好地证明了这一点。母亲能为孩子提供安全感，差不多已是人人皆知的常识。当孩子进入新的情境时，母亲在场要比母亲不在场时孩子有更多的探究勇气，母亲在场使他们感到安全和有依靠。有趣的是，当用实验的方法使儿童与一个柔软且可拥抱的“安全毯”形成密切联系后，这个安全毯居然也能像母亲一样，为儿童提供安全感和可依赖感。在把儿童与他们已经形成依赖的安全毯一起放到新的情境中时，他们的反应同另一组与自己的母亲待在一起的儿童竟然完全相同。相反，只带着十分可爱但不能拥抱、不能提供温暖和舒适的玩具的儿童进入新情境时，则显示出明显缺乏安全感、缺乏探究新的环境及同别人交往的勇气。可见，儿童之所以依恋母亲，并不只是因为她们能提供食物，更重要的是她们能为孩子提供温暖、舒适，提供安全感。正如我们在前面提到的，母亲的功能不是特定的，她对孩子的意义完全可以被孩子的其他照看者取代。

（三）条件作用

人际交往需要形成的第三条途径是条件作用（conditioning）或条件学习。通常认为，条件作用是人的人际交往需要形成的最主要途径。儿童从出生开始，其基本需要的满足，就是与母亲或其他照看者的出现相联系的——母亲或其他照看者总是给儿童带来食物、温暖、舒适和安全。婴儿饿了、渴了，他人会给他喂食、喂水；感到过冷或过热，他人会来增加或减少衣服；感到不舒适了，他人会更换尿布或去看医生；有小猫小狗或陌生人使他感到害怕时，他人会来给他安慰，给他以安全感。

总之，他人的出现，总给他带来愉快的情绪体验。这样一个过程的多次重复，使得他人的出现，他人的形象与身体，与其愉快的情绪体验形成了稳固的联系，并使之与他人之间形成情绪上的高度依赖关系。至此，婴儿发展起了一种希望他人出现、希望与他人交往的独立需要。这就是人际交往需要形成的条件作用或条件学习过程。在这一过程中，他人起先只是儿童满足自己生物需要的手段，这时他人对于儿童的意义，是由他所能带来的需要满足所决定的。他人的出现与儿童需要的满足形成稳定联系之后，他人就具有了引起儿童积极情绪的信号或条件作用。

到这个时候，儿童就将自己生理需要的满足与对他人的需要分离开来，对他人的需要成了一种不依赖生理需要满足的独立需要。

通过条件作用过程，儿童先是慢慢学会了与母亲或其他照看者进行交往，然后随着年龄的增长，他们把握周围环境的能力越来越高，逐步地，他们会将与母亲或其他照看者的交往需要推广至别人，形成普遍的与人交往并建立和维持稳定良好人际关系的需要。

有关条件作用的研究是心理学的最大贡献之一。大量的研究不仅证明了人际交往需要是条件学习的结果，以及不同性质的人际关系直接产生不同性质的条件作用经验等事实，而且很好地证明了运用条件学习的规律，可以有效地改善人们的人际关系。

心理学家（如 Freedman，1968，参见金盛华等，1995）曾系统研究过个人成长史中缺乏与人交往经验的特殊个案。结果发现，由于偶然原因被动物养大的“狼孩”“熊孩”“羊孩”，在他们回到正常社会生活中以后，都没有常人所具有的与人进行交往，并试图建立稳定的可依赖关系的需要。他们逃避他人，喜欢孤独。而当经历了以前没有过的与人相联系的条件学习过程之后，他们又都可以养成与正常人同样的强烈的人际交往需要。

科学家的研究发现，不良的人际关系状况是同痛苦的与人交往的经历相联系的。出生 3 个月的婴儿，在接受了若干次预防注射之后，就可以形成对于注射的强烈的消极反应。因为他的痛苦经历与医生的出现已经形成了稳定的联系，医生的出现变成了痛苦与危险的信号。有人曾研究过不喜欢教师的小学生，结果发现，这些小学生在情感上都曾受到过教师的伤害。一位二年级的女孩，对所有与教师和学校相联系的事情都很反感，拒绝上学。原来，她曾受到过教师的当众伤害。起先，她只害怕、讨厌伤害她的教师，以后则发展为对所有的教师都敏感和拒绝。心理学的研究发现，随着新的条件作用的建立，人的交往关系的性质也会改变。有人做过一个有趣的实验。在小学儿童的学习中，将班上不受欢迎的学生的名字，与幸福、有知识、美好、漂亮、友好等肯定的词汇联系在一起，让大家学习。结果发现，这种做法有效地改变了那些人际关系处境不良的学生在人们心目中的印象，使他们变得更受欢迎。而那些没有做过这些处理的不受欢迎儿童，在实验期间人际关系的处境没有任何明显的变化。另有心理学家证实，当一个人总是在愉快的群体中出现时，这个人会逐步与成员在群体中的愉快体验形成稳定的联系。以后，即使这个人单独出现，也会引起群体成员愉快的感受。可见，人与人之间社会交往的性质，直接取决于条件作用的经验。

第二节 人际吸引规则

究竟什么样的人才能被人喜欢呢？从心理学家对人际吸引的研究来看，决定人际吸引的因素有很多。奥尔波特曾对人际吸引进行了研究，结果发现，人际吸引受多种因素的影响。总结社会心理学家在人际吸引领域的研究，可以发现，影响人际吸引的主要因素有情境、个人特征、相似和互补等。

一、情境规则

人们的交往是在一定的情境下进行的，不同情境下的交往常常是不一样的。情境因素反映了人际关系的结构和性质，对人际吸引有着重要的影响。这些因素包括熟悉度与居住环境的邻近性等。

（一）熟悉度与人际吸引

熟悉度对人际吸引的影响毫无疑问是很大的。随着熟悉度的增加，大家对不喜欢的事物会变得越来越喜欢，法国巴黎的埃菲尔铁塔就是一个很好的例子。在它刚被建立起来时备受责难，不少巴黎人无法忍受这个钢铁怪物，认为它非常难看，是对巴黎美丽风景的破坏。但是在今天，一提到巴黎，人们就会想起埃菲尔铁塔，它已经成为巴黎的象征。

【微课】
人际吸引规则

熟悉不仅能引起人们对事物的喜欢，也能引起人们对他人的喜欢。人们在相互交往的时候，往往是同周围的人进行交往。通过不断的接触，彼此相互了解，容易引发喜欢。人际关系的由浅入深，也正是从相互接触和初步交往开始的。

1. 熟悉引起喜欢

熟悉本身就可以增加一个人对于某种对象的喜欢。一个人仅仅经常在我们面前出现，便能增强我们对他的喜欢。心理学家扎荣茨（Zajonc，1968）等人的纯粹曝光效应（mere exposure effect）研究证实了这点。在这个研究中，扎荣茨向学生们展示了他人的面部照片，有些图片被呈现达 25 次之多，有些则仅仅被呈现一两次。然后，研究者调查了学生们对每张照片的喜欢程度以及他们对照片上的人的喜欢程度。结果发现，一个人的照片被呈现的次数越多，被试对照片就越喜欢，对其本人也越喜欢（见图 11-1）。

对真人而不是照片的研究，也得到同样的结论。莫兰德（Moreland）和比奇（Beach）在 1992 年找了吸引力相等（实验前测得）的 4 名女性，让每位女性都作为学生上社会心理学的课程，每个人上课的次数不一样，分别为 1 次、5 次、10 次和 15 次。在学期期末，通过幻灯片呈现各位女性，让学生们对其做出评定。结果发现，被学生们看见次数越多的女性，越会被大家喜欢。这种熟悉引起喜欢的作用，被称为熟悉效应。

2. 熟悉对象的性质与喜欢

是否纯粹的熟悉就能引起喜欢呢？进一步的研究表明，熟悉不是影响喜欢的唯一变量。所接触对象的性质，也影响着人们喜欢的程度。心理学家波尔曼等人（Perlman & Oskamp）在 1971

年的研究证明了这一点。他们选择三种类型的人的照片作为研究素材。一类为正面人物,如科学家或牧师,一类为穿着运动服的中性人物,还有一类为反面人物。研究仍然考察照片呈现次数(熟悉水平的实验操作)与被试喜欢照片人物程度之间的关系。结果表明,熟悉增加了被试对于正面人物与中性人物的喜欢水平,但对于反面人物,却没有这种效应。

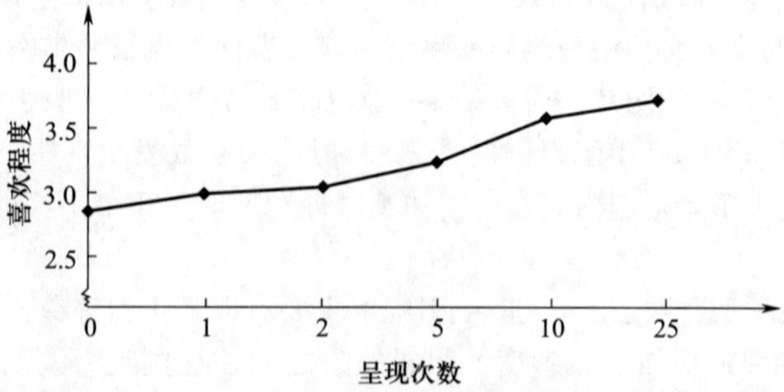

图 11-1 熟悉与喜欢的关系

来源:Zajonc,R.(1968).Attitudinal effects of mere exposure. *Journal of Personality and Social Psychology*,2,1-29.

其他研究者所做的类似研究也发现,如果被试发现,别人对某一事物的态度与自己相同,则熟悉度会增加喜欢的水平。如果被试知道,别人对某一事物的态度与自己不同,则熟悉度不影响喜欢程度。

熟悉度为何会增加人们对正面人物和中性人物的喜欢程度呢?很显然,熟悉使人们更为容易辨认事物。人在其长期演化过程中,形成一种不喜欢和恐惧未知事物的特征。人需要了解周围世界,并明确它们的意义。

许多研究还证明,不仅人们意识到的熟悉会增加人们对事物的喜爱,甚至我们没有意识到的对象的重复出现,也可以使我们产生更为积极的体验。对于经常一起上自选课的同学,尽管你完全不知道他们的任何事和名字,你也倾向于越来越喜欢他们。

(二) 居住环境的邻近性与人际吸引

或许预测两个人是否能成为好朋友的最好的方法是看他们居住的地方相隔多远。居住位置越近的人之间关系往往越亲密。相比之下,那些距离较远的人之间关系可能就不是那么亲密。

如果一个人在中国,一个人在美国,则他们很难成为好朋友。事实上,那些住宅相邻的两个人,比相隔几个街区的两个人更容易成为好朋友。在我们的生活中,和我们关系最好的朋友,往往是住在我们附近的可以常常见面的人。在学校里也一样,最亲密的朋友,可能就是坐在你前后左右的同学。

居住环境在人际吸引方面影响显著,心理学家(Whyte,1956)就选取了一个新建的郊区小镇进行研究。因为是新建的,镇上所有的居民都是同时来到这里的。这里几乎所有的住房都是一样的,大家选择房屋的时候具有很大的随意性,可以认为居民们是被随机分配到各个住宅中去的。经过一段时间的相处后,研究者对居民们进行了调查,发现那些居住距离越近的居民,越容易成为朋友。

在一个较小范围内,如同一栋公寓或者宿舍里面,也是同样的情况。1950 年,费斯廷格等人对某一住房发展区内的已婚大学生进行了调查。结果发现,住户对于住在附近的人更为友好。

在同一层楼上,被提到愿意与住户进行交往的人中,隔壁住户占了41%;隔一个门的邻居占了21%;而在走廊尽头的住户,只有10%被提到愿与其交往。不在同一层楼上的人们与住在同一层楼的人相比,更少被提到。这表明了居住环境对人际吸引的影响很大,如果人们住得很近,就比较容易互相喜欢,形成友谊。

进一步支持居住环境邻近性影响人际吸引的研究是拉特纳(Latané,1995)等人进行的。研究要求人们描述他们与别人交往中最难忘的事情。参与者同时也被要求指出在最难忘的事情中涉及的人的住处离自己住处的距离。研究结果证实了物理距离对人际吸引的影响。虽然有10%的最难忘的事情发生在相距50千米以外的人之间,但绝大多数发生在距离很近的人之间,或者在同一居民区,或者在1千米范围内。在中国和美国分别抽取了3个不同的样本,得到了相同的研究结果。

为什么居住环境的邻近性能引起人际吸引呢?主要有以下4种解释:

第一,居住环境的邻近增加了熟悉度。相邻的人之间往往"抬头不见低头见",接触的机会比较多,熟悉度越来越高,彼此间会逐渐有好感,从而使人际吸引增加。

第二,邻近常常和相似联系在一起。相似对人际吸引的影响我们将在后面谈到。居住在同一个地方的人,在生活方式上往往一样。另外,我们会选择与我们相似的人一起居住和工作,地理位置的邻近反过来增强了我们的相似性。

第三,人们能从居住邻近的人身上以相对较少的代价获得社会性报酬。我们可以很方便地跟邻居聊天维持人际关系,在需要帮助时,从邻居那里能更方便地得到帮助。而那些居住距离远的人之间建立和维持友谊付出的代价要高得多,需要时间、金钱等。因此人们倾向于和居住在周围的人发展和维持友谊。

第四,基于认知一致性。和我们一起居住或者一起工作的人如果是我们不喜欢的,就会引起我们心理上的焦虑。认知压力会改变我们对他们的看法,从而喜欢他们(Heider,1958)。然而,尽管居住环境邻近为友谊发展提供了机会,但是它并不确保一定会形成友谊。在影响人际吸引的诸多因素中,它只是其中一种,不能被过分强调和夸大。

二、个人特征规则

影响人际吸引的个人特征包括才能、美貌与个性品质。

(一) 才能

1. 才能与人际吸引

一般来说,人们喜欢那些有能力的、聪明的人。我们喜欢那些善于交谈的朋友,喜欢技术出色的篮球运动员,喜欢有见识的教授。与有能力、聪明的人在一起可以让我们获得更多的东西,也会觉得更安全。

利里等人(Leary et al.,1986)进行的一个研究说明了才能的重要性。研究要求被试分别对说话乏味和有趣的说话者进行描述。被试对乏味的说话者的评价非常消极,也更少喜欢乏味的人,认为他们不友好、不热情、不受欢迎、比较冷漠。相反,有趣的说话者增加了被试的喜欢程度。

然而,才能与人际吸引之间的关系是复杂的。有研究发现,在一个群体中,最有能力、最有头脑的成员,往往不是最受喜爱的人(Aronson,1978)。为什么会有这种现象呢?因为人对于别人有着两种不同的需要。人们在交往中,一方面希望自己周围的人都很有才能,有一个令人愉快的人际交往背景。但是,如果别人非凡的能力使人们可望而不可即,则会给自己造成一种压力。因此,当一个榜样被描绘成在各方面都完善到普通人不可企及的地步时,人们就只好敬而远之了。

可以看出,才能与被人喜欢的程度,在一定限度内成正相关关系,才能越高,越受人喜欢。超出这个范围,其才能所造成的压力就成了主要的作用因素,使人倾向于逃避或拒绝。任何一个人,无论如何也很难去选择一个总是提醒自己无能和低劣的对象来喜欢。

2. 犯错误效应

1961 年,美国的"猪湾事件"非但没有使肯尼迪总统的个人声誉下降,相反却使其大大提高了。心理学家猜想,之所以出现这种情况,恰恰是因为"猪湾事件"使得人们相信,即使是当时新闻媒体所描绘的几乎无可挑剔的总统,也难免会犯错误。这使得总统的形象更接近普通人,从而使他赢得了更多过去并不喜爱他的人。

心理学家阿伦森等人(Aronson et al.,1978)的实验研究证实了上述假设的正确性。实验给被试呈现 4 种人:① 才能出众而犯了错误的人;② 才能出众而未犯错误的人;③ 才能平庸犯了错误的人;④ 才能平庸未犯错误的人。然后,让被试评价哪一种人最有吸引力。结果表明,才能出众但有错误的人被评价为最有吸引力;才能出众但没有错误的完美者吸引力为第二位;才能平庸但没有错误的人的吸引力居第三位;才能平庸而犯同样错误的人被认为最缺乏吸引力。这一实验提供了一个有力的证据,即小小的错误会使有才能的人的吸引力更上一层。后来心理学家称这一现象为"犯错误效应"。

进一步的研究揭示,犯错误效应直接受性别角色与自尊的影响。在性别方面,男性更喜爱犯了错误的才能出众的男性;而女性则更喜欢能力出众而没有错误的人,对男女交往对象都是如此。在自尊方面,中等自尊的男性,更喜欢能力出众而有错误的人,而低自尊的男性则更偏爱没有错误的能力出众者。这种现象意味着,人们对喜爱对象的选择,会受到其自我价值保护心理的影响。中等自尊的被试,自觉与才能出众者相去不远,而才能出众者有错误,会使双方的距离缩短。对于低自尊者,能力出众者已是高高在上,双方的距离更大一些,反而可以减少社会比较的压力。

(二) 美貌

虽然我们一直被教育不要以貌取人,但是我们很难避免外貌对印象形成的影响。外貌对于人际吸引的影响是显而易见的。爱美是人的天性,无论在哪种文化背景中,美貌都是一种财富,都令人向往。

很多研究证实了漂亮是一种很强烈的刻板印象(Brigham,1980;Hatfield & Sprecher,1986;Calvert,1988)。伊格利(Eagly,1991)和费恩格德(Feingold,1992)等人的研究结果表明了韩国和美国、加拿大的男女被试中都存在着"漂亮的就是好的"刻板印象,这些参与者都认为漂亮的人比不漂亮的人更友好、更快乐、更具有适应性等。

大量的社会心理学实验表明,外貌魅力会引发明显的辐射效应(radiating effect),使人们对高魅力者的判断具有明显的倾向性。有吸引力的人被认为拥有与外貌毫不相干的优秀品质,如健康、智力等(Jackson,Hunter,& Hodge,1995)。与普通教师相比,学生认为吸引力高的女教师是更好的老师,讲课也更有趣(Chaikin,1978)。心理学家兰迪等人(Landy & Sigall)于 1974 年进行了一项研究。研究者向男性被试呈现一篇关于电视影响社会的短文,并且告诉被试短文的作者都是女性,让被试对短文质量做出评价。短文的客观质量有好坏两种。实验分为 3 组:有魅力组、无魅力组和控制组。有魅力组接到的短文附有作者照片,照片为一个公认很有魅力的女性;无魅力组所附的照片是一位没有魅力的女性;控制组所读的短文则没有附照片。该实验的结果如表 11-1所示。

表 11-1 魅力与短文质量的关系

短文的客观质量	作者的外表吸引力			总计
	有魅力	无魅力	控制组	
好	6.7	5.9	6.6	6.4
坏	5.2	2.7	4.7	4.2
总计	6.0	4.3	5.5	

从表 11-1 的结果中我们可以清楚看到,由于辐射效应的存在,同样质量的文章,被认为是有魅力的作者所写时,得到的评价更高。在文章本身质量不高的时候,这种效应就更明显。然而,并非对有魅力的人所做的判断都是有利的。西格尔等人(Sigall & Ostrove)在 1975 年做了一个研究,给被试详细的案件材料,让他们设想自己是法官,对罪犯进行判决,所有罪犯都是女性。实验分为 3 组:一是有魅力组,以案件附有漂亮的罪犯照片来操作;二是无魅力组,以案件附有缺乏吸引力的罪犯照片来操作;控制组接到同样的案件材料,但没有罪犯的照片。案件有两种类型,一种是诈骗,一种是夜盗。研究结果如表 11-2 所示。

表 11-2 判刑的平均年数

罪行	被告人的魅力		
	有魅力	无魅力	控制组
诈骗	5.45	4.35	4.35
夜盗	2.80	5.20	5.10

对于被认为与美貌有关的诈骗罪,被试倾向于认为有魅力的女性罪犯利用美貌进行诈骗,因而明显给予重判,平均刑期显著长于其他两组;而无魅力组和控制组之间则没有差异。在与外貌无关的夜盗上,有魅力的罪犯则得到了更多的同情,有明显的辐射效应存在,平均判刑年数远低于其他两组。无魅力组和控制组之间则无显著差异。

通过这些研究可以看出,虽然一般情况下美貌会产生辐射效应,使人们对有美貌的人各个方面做出更为积极的评价,但是,如果人们感到有魅力的人在滥用自己的美貌时,则会反过来倾向于对他们实施更为严厉的惩罚。

除美貌外,还有许多明显的外部特征可能提升吸引力,如身体语言、声音和面部表情,都可能影响他人对个体的印象。以面部表情为例,常微笑的人会显得更加平易近人,更容易接近,原因是一方面,笑容能够向他人传递信号,告诉对方自己希望和他建立信任、互助的关系(Owren & Bachorowski,2001);另一方面,笑容能向对方传递信息,让对方觉得他们所处的环境是没有危险的。笑容的这一含义甚至连婴儿都能感受得到。研究发现,当母亲朝婴儿微笑的时候,婴儿能够很大胆地爬过"视崖",而当母亲板着脸做出紧张的表情时,婴儿会在"视崖"边停住,不敢再往前爬(Sorce,Emde,Campos,& Klinnert,1985)。迈尔斯(Miles,2009)还用实验的方法区分了开心的笑和没有愉快情绪但被要求做出的笑容,效果是不同的。被试在不知道实验目的的情况下,更愿意接近做出真实笑容的人。笑容只是情绪的载体,如果只是形式上有微笑,内心并没有快乐情绪体验，也是无法提升吸引力的。

（三）个性品质

个性品质对人际吸引的影响很大，而且这种吸引比较稳定和持久。我们喜欢那些诚实、正直、友好、热情的人，讨厌那些虚伪、狡诈、自私、贪婪的人。在吸引人的个人品质方面，男性和女性存在着差异。男性吸引他人的品质有真诚、果断、勇敢、理智、忠诚、冒险、胸襟开阔、坚强等，女性吸引他人的品质有开朗、活泼、温柔、体贴、善解人意、待人热情、随和等。

心理学家安德森（Anderson，1968）进行的一项研究中，将 555 个描绘个性品质的形容词列成表格，让大学生被试评价在多大程度上喜欢一个有这些特点的人。表 11-3 列出了高度喜欢、中性、高度厌恶这 3 类个性品质，每类 20 个品质特征。从表 11-3 可以看出，被试评价最高的品质是真诚和诚实，而评价最低的是说谎和虚伪。

表 11-3　个人品质受到喜欢的程度

高度喜欢的品质	中性品质	高度厌恶的品质
真诚	固执	古怪
诚实	刻板	不友好
理解	大胆	敌意
忠诚	谨慎	饶舌
真实	追求完美	自私
可信	易激动	狭隘
聪慧	文静	粗鲁
可依赖	好冲动	自负
有头脑	好斗	贪婪
体贴	腼腆	不真诚
可靠	不明朗	不善良
热情	易动情	不可信
善良	羞怯	恶毒
友好	天真	令人讨厌
快乐	好动	不真实
不自私	空想	不诚实
幽默	追求物欲	冷酷
负责	反叛	邪恶
开朗	孤独	虚伪
信任别人	依赖别人	说谎

阅读上表的结果时需要特别注意，表中 3 列特征是按原来评价的顺序排列的。因此，“高度厌恶的品质”一栏仍然是按接受性由高到低排列的，即排在最前面的特征是厌恶感较低的特征，而排在最后的是厌恶程度最高的。

蒋玉娜、金盛华（2009）的研究发现，比照前 10 位积极词汇发现，在安德森的研究中，被试最喜欢的人格特征中都与真诚的潜概念紧密联系，而最反对的人格特征中又首先与真诚的反面有关(如不诚实、不说实话),正好也反证了安德森研究中被试强调真诚的潜概念的存在。与之相比,中国大学生虽也强调真诚品格,但在整体上和正反两方面,人际和谐的概念更加突出,其中不只强调真诚和诚实,更强调令人愉快、宽容、友好、乐于合作和快乐等特征。其反面则把恶毒、忘恩负义、态度恶劣、作威作福等人际和谐对立面的人格特征列到了强度最突出的位置(见表 11-4、表 11-5)。

表 11-4　前 10 位积极词汇平均数比较

排序	安德森研究		本研究	
	词汇	*M*±*SD*	词汇	*M*±*SD*
1	真诚的	5. 73±0. 55	令人愉快的	5. 13±0. 93
2	诚实的	5. 55±0. 69	真诚的	5. 08±0. 88
3	富于理解力的	5. 49±0. 72	宽容的	5. 06±0. 97
4	忠诚的	5. 47±0. 77	宽宏大量的	5. 05±0. 96
5	说实话的	5. 45±0. 78	诚实的	4. 98±0. 92
6	值得信任的	5. 39±0. 79	友好的	4. 92±0. 91
7	有才智的	5. 37±0. 79	幽默的	4. 89±0. 96
8	可靠的	5. 36±0. 81	乐于合作的	4. 89±0. 91
9	有想法的	5. 29±0. 69	负责的	4. 87±0. 92
10	体贴的	5. 27±0. 87	快乐的	4. 85±0. 96

表 11-5　前 10 位消极词汇平均数比较

排序	安德森研究		本研究	
	词汇	*M*±*SD*	词汇	*M*±*SD*
1	说谎的	0. 26±0. 60	恶毒的	0. 44±0. 74
2	虚伪的	0. 27±0. 55	忘恩负义的	0. 53±0. 89
3	刻薄的	0. 37±0. 69	态度恶劣的	0. 78±0. 88
4	残酷的	0. 40±0. 73	作威作福的	0. 87±0. 94
5	不诚实的	0. 41±0. 71	自私的	0. 92±0. 95
6	不说实话的	0. 43±0. 66	不值得信任的	0. 93±1. 09
7	可憎的	0. 48±0. 77	虚伪的	0. 98±1. 08
8	恶毒的	0. 52±0. 70	讽刺他人的	0. 98±0. 99
9	不值得信任的	0. 65±0. 79	不负责任的	1. 01±1. 07
10	不仁慈的	0. 66±0. 84	刻薄的	1. 01±0. 98

表 11-4、表 11-5 源自:蒋玉娜,金盛华. (2009). 大学生人格评定的和谐追求:200 个人格词汇喜好度中美对比研究. *心理科学*, (3), 555-558. 注意,该研究中与安德森研究有关的结果虽然英文翻译不同,但词义是对应的。

金盛华(2005)分析,人们之所以如此强调真诚,同时又高度拒绝不真诚品质,是因为真诚使人们对于与自己交往的人有明确的预见性,面对不真诚或欺骗,则意味着有可能受到侵害。在心理上,最使人感到恐惧的,不是一件不幸事件的发生,而是要随时担心一件事情的发生。随时让人感到担忧,会激发人的高度自我防卫,使人感受到强烈的焦虑与不安。

三、相似规则

在日常生活中我们可以看到,很多种情况的相似都能引起程度不同的人际吸引,诸如道德观念、宗教信仰、社会地位、受教育水平等的相似都影响着人际吸引。年轻人和年轻人之间比较容易吸引,而老年人与老年人之间也容易吸引。在相似对人际吸引的影响方面,社会心理学家已经做了大量的实验研究,证实了相似会导致人际吸引。

纽科姆在 1961 年进行的研究证实了相似性能促成友谊。研究者为参加实验的 17 名大学新生免费提供普通学生公寓住房,实验前对学生的态度进行了测量。根据测验和问卷获得的结果,分配一部分态度相似的学生住在一起,而将另外一部分态度相异的学生安排在一起居住。此后,研究者不再干扰这些学生的正常生活。结果,一起居住的态度相似的学生,倾向于彼此相互接受和喜欢,并成为好友。而一起居住但态度相异的学生,虽然同样朝夕相处,却难以相互喜欢并建立友谊。

心理学家西尔弗曼(Silverman,1971)发现,约会双方的吸引力高度接近。他安排男女评价者独立地在各种约会的自然社交环境中,对每一对约会男女的吸引力分别加以评定。结果发现,评价者对成对约会男女吸引力的评价高度接近。85% 的成对约会男女,吸引力的差异在五个等级的评定中都不超出一级。另外的研究者曾研究订婚男女吸引力的相似性,结果也发现,订婚男女的吸引力基本处于同一水平。

伯恩在 1971 年所做的研究发现,在对他人不了解的情况下,他人与自己的观点是否一致,在很大程度上决定了人们对他人的喜欢程度高低。伯恩先了解被试对于一些事物的看法,几周以后再给被试呈现一些他人情况的材料。材料将有些人的态度与观点描述得与被试非常相近,而将另一些人的观点描述得与被试相差很远。结果发现,描述的相似性大小决定了被试对他人喜欢程度的高低以及是否选择他人作为自己的工作伙伴。

阿伦森提出,之所以观点的相似影响人际吸引,是因为当人们发现别人的观点与自己相近时,会造成一种"我是正确的"奖励效果,从而使人更喜欢与自己意见相同或相近的人。而他人与自己观念不同,会提醒人们自己可能是错误的。这是一种"惩罚",因而人们不喜欢与自己意见不一致的人。

相似性能引起喜欢,反过来喜欢也能引起相似性。巴尔迪尼(Baldini,1995)等人对已婚夫妇进行了 21 年的跟踪调查。在最初的调查中,夫妻间在年龄、教育和智力方面存在相似性。随着时间的推移,夫妻之间在很多方面更加相似了。研究结果表明,最初的相似把大家吸引到了一起,随着关系的发展,他们分享经验和想法,逐渐变得更加相似。

刘蓓(2005)对来自不同企业的 841 名员工进行研究发现,企业领导与员工的相似性对领导—员工关系有显著预测作用。而且,员工感知的相似性的作用要大于实际上的社会人口特征的相似性。

四、互补规则

互补性是指双方在交往时所产生的互相满足的心理状态。当交往双方的需要和满足途径正好成为互补关系时,双方会产生强烈的吸引力。例如,一个优柔寡断的人往往喜欢和果断的人在一起,而一个内向的人往往也会和外向的人成为好朋友。双方可以取长补短,自己的特点正好适合对方的需要。

大量心理学研究和日常生活的事实都表明,人际吸引中的互补因素,往往在感情较深的朋友、夫妻间发生作用。美国心理学家克尔克霍夫(Kerckhoff,1962)等人研究了那些已经建立恋爱关系的大学生。研究结果表明,对短期的恋爱关系来说,熟悉、外貌以及价值观念的相似,是形成人际吸引的主要因素;而对于长期恋爱关系来说,互补是发展密切关系的一个非常重要的因素。

另外一种互补的情况是他人的某一特点满足了自己的理想,从而增加了对这个人喜欢的程度。这不是严格意义的互补,而更像是补偿作用。如一个人喜好某专业而自己又失去了进入该专业学习的机会,因此尤其看重学习该专业的朋友,就属于这种情况。

五、人际吸引规则的协同

(一) 相似与互补的协同

表面上,相似与互补是矛盾的,但事实上,二者有时是协同的。比如,支配型男性与服从型女性结成的婚姻,就可能既有互补关系在其中起作用,同时双方对婚姻,丈夫与妻子的角色的理解也是相似或一致的。他们可能都认为婚姻幸福取决于双方的配合,丈夫在婚姻中应起支配作用,而妻子则应处于服从地位。这样,双方的支配与服从,实际上都是在有效地履行自己在婚姻中的角色。在这种情况下,互补是建立在态度与价值观一致基础上的,相似与互补获得了协同。

另外,相似和互补并不是两个稳定且对立的维度,两者之间是可以相互转化的。例如,前面提到,一个人可能因为他人的某一特点符合自己的“理想自我”,而增加了对这个人的喜欢程度,进而他会不知不觉地去模仿和学习对方的这一特点,使自己向对方接近。这种现象在婚姻和恋爱关系中表现得尤为明显,被称作“米开朗琪罗现象”(Michelangelo phenomenon)。艺术家米开朗琪罗将雕塑过程比作从一块沉睡的石头中释放出理想的人物形象,幸福的伴侣也以相似的方式潜移默化地影响着、改变着对方,因此相爱的双方常常能感受到亲密关系带来的自我提升。研究(Rusbult et al.,2009)发现,热恋的爱人之间,很容易看到对方所具有的,而自己一直向往的能力和品质,这也是他们眼中伴侣的魅力所在。

(二) 相似与互补的不同作用

研究表明,当交往双方社会地位接近或平等、社会角色的作用相同时,如通常的友谊关系,决定人际吸引水平的主要因素是相似性。前面讨论的纽科姆与伯恩研究所涉及的人际吸引问题,属于这种情况。在我国,妇女地位已经得到实质提高,妇女通过自己的工作和同工同酬获得了独立社会经济地位,妇女择偶已告别了“夫唱妇随”的时代。

当涉及人际吸引中最关键因素或社会角色相互对应时,互补就成了影响人际吸引的主要因素,如一个服从型的人的确需要支配型的人引导的时候。在社会角色本身就是对应的,如领导与服从关系时,互补也变得比相似重要。

第三节 爱 情

一直以来,爱情是诗人和作家的永恒话题,爱情也是心理学研究的热门话题。很多人都认为爱情是一个成功的婚姻所必备的。凯普哈特(Kephat,1967)调查了1 000名大学生,要求他们回答一个问题:"如果一个男孩(女孩)有你渴望的所有品质,但是如果你不爱他(她)的话,你是否会和这个人结婚?"结果如表11-6所示。

表11-6 你是否会和你不爱的人结婚

回答	1967年		1976年		1984年	
	男士	女士	男士	女士	男士	女士
会	11.7	4.0	1.7	4.6	1.7	3.6
不确定	23.7	71.7	12.1	15.4	12.7	11.5
不会	64.6	24.3	86.2	80.0	85.6	84.9

在1967年,大部分男士认为他们不会和不爱的人结婚,然而大部分女士回答"不确定",近1/4的女士明确回答"不会"。在1976年和1984年,研究者又调查了一批大学生相同的问题,在这两次调查中,大部分大学生都明确表示不会和不爱的人结婚。

一、爱情三角理论与爱情的类型

(一)爱情三角理论

为了提供一个关于爱情的综合性的理论,斯滕伯格(Sternberg,1986)提出了爱情三角理论(triangular theory of love)。他认为所有的爱情都应含有3个要素:亲密(intimacy)、激情(passion)、承诺(commitment)。这3个要素分别代表了爱情三角形的3个顶点,三角形的面积越大,代表爱情的程度越深,如图11-2所示。若三角形的形状越不像正三角形,则表示3个要素中的其中一个要素被特别突显,这种爱情越不均衡。

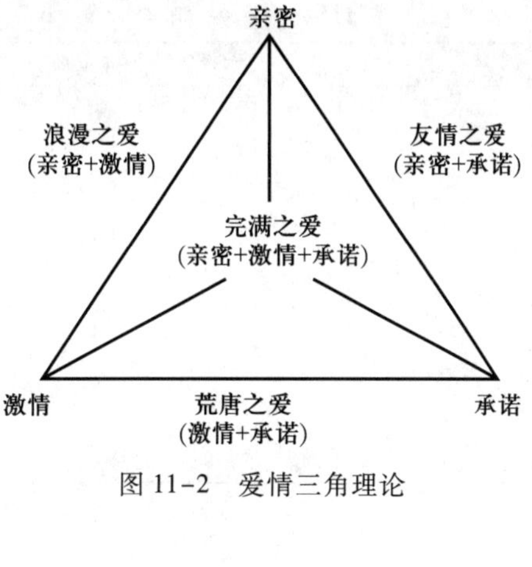

图11-2 爱情三角理论

【微课】
爱情

亲密是指彼此依附亲近的感觉，包括爱慕和希望照顾爱人，通过自我揭露，沟通内心感受和提供情绪上、物质上的支持来达成。激情是指反映浪漫、性吸引力的动机成分，包括自尊、支配等需求。激情包括强烈的正面与负面的感情以及各项社会需求，包含了许多我们对对方所感知的情绪，如思念、害羞、羡慕、兴奋等。承诺是指与对方相守的意愿及决定，短期来说是指去爱某个人的决定，长期来说则是指维持爱情所做的持久性承诺。能传达承诺成分的行动有誓约、忠实、共渡难关、订婚、结婚等。在这 3 个要素当中，亲密是爱情的情感成分，激情是爱情的动机成分，而承诺是爱情的认知成分。

由于亲密、激情和承诺这 3 个要素在爱情中所占的比例会不断变动，斯滕伯格指出了 8 种不同类型的爱情关系：

（1）无爱（non love）：3 个要素都没有，如随机的人际交互。

（2）喜欢（liking）：只包括亲密。如友情，其友谊的呈现会让朋友感受到亲近与热诚相待的感觉。

（3）迷恋（infatuated love）：只包括激情。这种爱情的关系是属于一种单相思、一见钟情式或理想化的爱情。

（4）空爱（empty love）：只包括承诺。如中国古代的指腹为婚，依媒妁之言而成的婚姻关系。

（5）浪漫之爱（romantic love）：由亲密与激情组合而成。如罗密欧与朱丽叶之间的爱情，富有激情而浓烈。

【知识拓展】
爱情深度量表

（6）友情之爱（companionate love）：由亲密与承诺组合而成。爱情中较缺少激情，和爱人之间的感情较平淡，细水长流般的绵长而不断，如长期的婚姻关系。

（7）荒唐之爱（fatuous love）：由激情与承诺组合而成。此种爱情从相识到坠入爱河快速而短暂，因缺乏亲密要素来维持，当激情过后，常会造成这段感情迅速消退。

（8）完满之爱（consummate love）：是亲密、激情与承诺三者的结合，是真爱的本质，是很难达到的完美爱情。

上述不同类型的爱情关系可以用表 11-7 来直观地表示。

表 11-7　爱的组合

爱的种类	爱的成分		
	亲密	激情	承诺
无爱	−	−	−
喜欢	+	−	−
迷恋	−	+	−
空爱	−	−	+
浪漫之爱	+	+	−
友情之爱	+	−	+
荒唐之爱	−	+	+
完满之爱	+	+	+

“+”表示存在，“−”表示不存在。

（二）爱情的类型

加拿大社会学家约翰·李（John Lee）将男女之间的爱情分成6种不同的爱情类型：情欲之爱（eros）、游戏之爱（ludus）、友情之爱（storge）、现实之爱（pragama）、激情之爱（mania）和奉献之爱（agape）。这些不同的爱情类型主要是基于人们在爱情中的不同行为表现。

（1）情欲之爱，也称浪漫之爱。一见钟情式的爱情较容易发生在这种类型之中。情欲之爱者非常注重外表的吸引力，能很快进入爱情。

（2）游戏之爱。这种爱情类型的人，从来不会把爱情当作严肃的事情。他们将爱情视为一场游戏，视自己为这场爱情游戏中的高手。虽然他们并不想给别人造成伤害，但事实上却往往如此。

（3）友情之爱。这是一种缓慢发展的爱情，恋爱关系式从友情中慢慢演变而来。相似性在此类情侣间极为重要。

（4）现实之爱。这是一种十分讲求实际的爱情类型。他们会站在现实的角度上，选择最符合其条件的情人。这些条件包括家世、学历、能力、未来成就，等等。

（5）激情之爱。对情人有强烈的依赖感、占有欲。他们的情绪常处在两极化，总为恋爱对方的喜怒哀乐而牵动着。

【知识拓展】
爱情类型量表

（6）奉献之爱。这是一种无私、给予的爱情类型。这种恋爱者视付出爱情为理所当然，永远把对方的快乐、幸福放在自己的前面，希望爱人一切都好而不求回报。

二、爱情与喜欢

爱情具有排他性和专一性。爱情不仅由人的自然属性即生物属性所决定，还由人的社会属性——人们在社会中的活动、地位、需要、社会的伦理观念、价值观念等所决定。因此，爱情在爱的形式、内容、求爱方式等方面，具有一定时代、民族、阶级和国家的一些具体特点。

最早对爱情进行科学研究的是社会心理学家鲁宾（Rubin，1972）。鲁宾认为爱情仅仅是喜欢的一种方式，是强烈的喜欢。根据这个观点，我们的积极感情是一个连续的变化体，从轻微喜欢到强烈喜欢，再从轻微的爱情到强烈的爱情。但鲁宾认为爱情与喜欢是完全不同的，它们分别代表了两个不同的维度。

鲁宾于20世纪70年代初期对爱情与喜爱的关系与区别进行了系统研究。他认为，喜欢与爱情是两种既密切关联但又各不相同的情感。有关研究揭示，喜欢的最主要的两个因素：一是人际吸引的双方有共同的理解，二是喜欢的主体对所喜欢的对象有积极的评价和尊重。与喜欢不同，爱情有如下3个最重要因素：① 依恋。卷入爱情的恋人对伴侣有着高度的依恋感，尤其在孤独时，会特意地去寻求伴侣的陪同和宽慰，而别人不能有同样的慰藉作用。② 关怀与奉献。恋人之间彼此会高度关怀对方,愿意为对方不计回报地付出,同时感到让对方快乐和幸福是自己的责任,并且对对方的不足表现出高度宽容。③ 亲密。被爱情裹挟的恋人,对对方有着高度的信赖,并且也有特殊的身体接触的需要。虽然这种身体接触最终会自然地卷入性的意味,但在恋爱起初,这种身体接触需要却是泛化的高度依恋需要的反映。通常情况下,一个成熟的青年人有较为明确的喜欢与爱情概念,可以很好区别自己对别人的喜欢与爱情情感。但对于刚刚进入青春萌动时期的少年男女,由于依赖、尊重、喜欢与新出现的性意味的朦胧爱情还没有出现明确分化,因而常常会把对自己偶像的崇敬、尊重,对长者的依赖与喜欢情感同爱情混淆。

三、罗密欧与朱丽叶效应

对爱情展开科学研究的时候,心理学家发现了一个重要的现象:如果出现干扰恋爱双方爱情关系的外在力量,恋爱双方的情感反而会加强,恋爱关系也因此更加牢固。心理学家德里斯科尔(Driscoll,1972)等人借名于莎士比亚创作的戏剧《罗密欧与朱丽叶》,称这种现象为“罗密欧与朱丽叶效应”(Romeo and Juliet effect)。这一故事所描写的,正是这种试图破坏两个人的爱情关系,却反而使两个人爱得更深的现象。罗密欧与朱丽叶相爱,但由于家族世仇,他们的爱情遭到双方家庭的竭力反对。但是,这不但没有使他们彼此分手,反而使其爱得更深,秘密结婚,最后双双殉情。

德里斯科尔等人研究了 91 对已婚夫妇和相恋已达 8 个月以上的 49 对恋人。在研究中,考查了被研究夫妇或恋人的彼此相爱程度与他们父母干涉程度之间的关系。结果发现,在一定范围内,父母干涉程度与情人间的情感变化呈显著正相关关系:父母干涉程度越高,情人之间相爱越深。在研究后的 6 ~ 10 个月,德里斯科尔等人对这些被研究对象又做了调查,试图了解他们父母的干涉是否改变了他们之间的关系和相爱的水平。结果证明父母干涉越大,情人们爱得也越深。

通过认知不协调理论,我们可以很好地解释选择自由与对所选择对象喜欢程度之间的关系。当人们自愿选择某个对象时,他们会倾向于增加对这个对象的喜欢程度;而当选择是强迫时,人们会降低对所选择对象的好感。因此,当人们被迫做出某种选择时,他们对这种选择会产生高度的抗拒心理,而这种心态会促使人们做出相反的选择,并实际上增加对自己所选择的对象的喜欢。

因此,当外在压力要求人们放弃选择自己的恋人时,由于心理抗拒的作用,人们反而更转向自己自由选择的恋人,并增加对恋人的喜欢程度。心理学家布雷姆(Brem,1981)发现,当被试面临 A 与 B 两个选择时,低压力比高压力更能促进被试的定向选择。在低压力条件下,另一个以被试身份出现的人(假被试)告诉被试:“我选择的是 A。”在高压力条件下,另一个人告诉被试:“我认为我们两人都应该选择 A。”结果表明,低压力条件下被试实际选择 A 的比例达 70%,而在高压力条件下,只有 40% 的被试选择 A。

四、爱情与性

究竟存不存在“柏拉图式”的爱情？大量的心理学研究表明，爱情的动力和基础是人的性欲，是延续种属的本能。爱情是根源于人的肉体需要而产生的一种欲念。但是爱情不仅仅是一种本能，不仅仅是柏拉图式的神奇剧、淫欲和精神的涅槃。爱情把人的自然本质和社会本质联结在一起，它是生物关系和社会关系、生理因素和心理因素的综合体。

人类的性行为并不仅仅是纯生物的本能的表现，而是生理、性欲和精神渴求的一种有机结合，是爱情与性欲的统一。也就是说，异性间互相吸引、情欲的产生都是性本能的反映。爱情包括性欲的因素，但并非只有性欲，爱情是经过人类文明净化的美好纯真的感情。在传统观念中，性行为只能到结婚后才能发生，婚前性行为是被强烈反对的。然而，在20世纪，性观念已经经历了一个戏剧性的变化，认为婚前性行为是错误的人数百分比大大降低。受第二次世界大战后掀起的民权运动和女权主义运动的冲击，从20世纪50年代开始，在美国婚前性行为在恋爱中变得流行起来。到20世纪80年代，只有17%的美国大学生还没有性经验（Christopher & Cate，1985，参见巴伦等，2004）。第一次性行为的平均年龄从20世纪70年代开始一直下降，到90年代，这一年龄达到女性17岁，男性16岁（Stodghill，1998，参见巴伦等，2004）。在20世纪90年代，美国只有5%的女性和2%的男性是在新婚之夜开始第一次性行为的（Laumann，1994；Michael，1994，参见巴伦等，2004）。

随着我国改革开放的不断深化，人们的生活方式、思想意识、价值观念等方面都发生了深刻的变化，性观念出现了多元化趋势。传统的性观念对大学生的影响逐渐减弱。对于婚前性行为，我国当代大学生既不同于20世纪五六十年代大学生的明显反对态度，也不同于现代西方社会青年人的肯定态度，显得观点暧昧，倾向于持中性态度。2018年7月，上海社会科学院社会学研究所课题组联合中国青少年研究中心少年儿童研究所、广州穗港澳青少年研究所通过澎湃新闻发布全国性针对15～24岁青少年的大规模调查，调查有效样本5 338份，其中初中生1 486份、高中生1 716份、大学生2 136份。调查表明，中学生中约四分之一（26.3%）的人已经经历了人生的初恋。初中生中有过恋爱经历的比例为10.6%，高中生中有过恋爱经历的比例为42.3%。男女生开始与异性正式交往的平均年龄分别为14.73岁和15.14岁。与1999年和2004年相比，男生对“婚前应守贞洁”的认同度分别下降了5.7和0.4个百分点，女生对此的认同度则分别下降了10.3和9.3个百分点。这显示了当代青少年对婚前性行为的容忍度呈升高趋势。

研究表明，过早的性行为并不能导致更愉快的人际互动。许多例子表明，性行为并不是决定那种长期并最终成功的人际互动的重要因素。同时，过早的性行为对自己以及社会都会造成负面的影响。过早的性行为对青少年的人格发展不利，可能打乱其人格发展的正常轨道。婚前性行为还会加重心理负担。美国预防未成年人怀孕组织的调查表明，67%有过性行为的未成年人表示，他们为过早的性行为而后悔。

思考与探究

1. 简述人际吸引的社会心理基础。
2. 交往对象是否是越多越好？交往需要与独处需要如何平衡？
3. 交往需要的形成途径有哪些？
4. 运用人际吸引的规则，分析自己喜欢的人，看看是什么让你与他们之间产生了吸引。
5. 简述罗密欧与朱丽叶效应。
6. 简述爱情三角理论在分析爱情问题上的价值。

第十二章　人际关系

本章要点

＊人际关系的概念
＊人际关系的深度
＊人际关系的发展阶段
＊人际关系破裂的过程
＊交互原则
＊功利原则

某君外出闯荡，终于生意有成，衣锦还乡，一时间门庭若市，亲戚朋友热情有加，对某君殷勤招待。某君所到之处，皆成人们关注的中心。天有不测风云，因投资不慎，某君破产后不得不回乡休整，却猛然发现门可罗雀，昔日关怀备至的至爱亲朋对其不再有往日的热情态度。

为什么同一个人在生存状态不同的情况下回乡后的境遇如此不同？仅仅是世态炎凉？人与人之间相互关系的维持背后有哪些看不见的“推手”？本章将分析人际关系的发生与发展历程，揭示人际关系的深层原则，分析人际关系问题的产生原因和改进人际关系的方法。

人作为社会性的动物，人生的情感和意义，成功和失败，幸福和痛苦，无不与人际关系密切关联。没有了人际关系带给人的情感体验，人的心灵将是一片空虚，一片苍白，一片死寂。虽然，有人从人际关系中获得愉快和幸福，有人却只获得烦恼和不幸。但是，这两种人有一点却是共同的，即他们都不能没有人际关系，不能没有与他人的交往。

由于人际关系在人们生活中的特殊地位，社会心理学家一直试图通过研究各种不同的人际关系，希望揭示出人际关系的一般规律。

第一节　人际关系概述

一、人际关系的概念

（一）人际关系的含义

人际关系（interpersonal relationship）是指人与人之间通过直接交往形成起来的相互之间的情感联系。这种联系是交往所产生的情感的积淀，是人与人之间相对稳定的情感纽带。关系一经形成，就会作为进一步相互作用的背景和导向系统，对后续的交往形成定向影响。

人是有情感的寻求对象及自身行动意义的动物。无论什么样的人，只要彼此之间有直接的交往，都会产生一定的、性质不同的意义联系，从而产生各种性质的人际关系。正因为如此，人际关系或人与人之间的情感联系，是人与人之间最具有普遍性的联系，它对于人的生活与发展有着根本性的影响。

心理学家之所以对人际关系感兴趣，正是因为人际关系会强烈地影响到一个人的个性发展、身心健康、生活幸福和事业成功。建立一段新的令人向往的关系，是人感到快乐和振奋的生活事件之一，而失去一段自己已经卷入的关系，则可能是最糟糕、最让人难过的事件之一。那些有许多朋友和拥有广泛社会支持的人，人生的状态通常都较为积极，对生活富有信心，有较高的幸福感。

（二）人际情感关系与社会角色关系

日常生活中，人与人之间所处的社会位置和所担负的社会角色会产生对应的社会角色关系，如师生关系、上下级关系、夫妻关系、亲子关系、朋友关系等。实际上，社会角色关系是不能简单与人际情感关系混为一谈的。虽然，这两类人际关系有着不可分割的联系，但同时，它们又有着本质的不同。

从联系的角度来说，一方面，社会作为一个整体，其职能是通过处于社会各个不同位置、承担不同社会角色的个人发生各种性质不同的联系来实现的。人生来就被置于一个特定位置并承担一定角色，并开始在一定的社会关系之中生活。任何一个人，要扮演自己的社会角色，就必须与他人发生交往，发生一定的角色联系，并在交往的同时产生一定的情感关系。另一方面，任何人在与他人发生交往时，由于先定性的社会位置的限制和社会角色的束缚，都不可能还原成为没有社会角色概念的一个抽象的人，其与他人的交往和由此形成的情感关系，都必定受到其所处的社会位置和所扮演的社会角色的影响。

从区别的角度来说，社会角色关系的基本指向是指人与人之间通过交往合作而扮演社会角色，执行个人的社会职能。由这种过程所产生的情感联系尽管是这一过程自然的结果，但它仅仅是过程的副产品。由于对应于每一种社会位置和社会角色，社会都已发展起了相对系统而稳定的期望，并且这种期望对于人们的行为具有强迫性质，如果个体的表现不符合这种期望，他就不能扮演好自己的角色，执行自己的社会职能。因此社会角色关系首先遵循社会现实原则，受社会习俗、伦理、政治与法律等原则支配。

社会角色涉及社会中一类人与另一类人的关系。一个人的社会位置一旦被确定，也就在一定程度上同时规定了。他与他人的社会角色关系。在社会角色关系范围内，不同的丈夫，被期望用同样的关系模式对待妻子。如果关系涉及的是个人与群体的关系，如师生关系，则不仅不同的教师被期望用同样的关系模式对待学生，同一位教师也被期望用同样的关系模式对待不同的学生。因此，由社会角色关系带来的社会经验是相对规范化、系统化、类别化的。人由此而获得社会化，形成与别人共有的心态。

人际情感关系的基本指向是人与人之间建立与维持一定的相互接纳和支持的友好情感。尽管这种过程对于个人的意义非常重要，广义地说也起着促进社会文明与进步的作用，但它却没有明确对应的社会职能。它涉及情感上的接纳或排斥。情感是不能被强迫的。爱、喜欢、接纳、满意、尊重、怀念等积极情感也好，恨、讨厌、拒绝、不满、轻视、忘却等消极情感也罢，其产生、发展与保持都是由个人自己把握的，不受制于外在的强迫力量。除非个人的情感自然地发生改变，否则任何外加的力量都不能左右已经产生的具有倾向性的情感。这种关系的产生、发展、保持与消亡，只遵循人的情感心理规律。

与社会角色关系不同，人际情感关系是个人与其他所有人更为一般的关系，是一种个人凭自身自然情感状态选择的自由关系。世界上没有任何人与他人的情感关系能与另外一个人的一模一样。即使两个人与同样的人交往，这两个人与所有人的情感关系状况也不可能完全一样，有同样的内心情感世界的情况也绝不可能出现。因此，由人际情感关系带来的社会生活，对每一个人来说都是高度特异的；由其所带来的独特生活经验，使得每个人都有与其他人不同的独特心态与个性。人由此而获得个性化。

在现实生活中，很多人都希望各种社会角色关系能转化成为纯粹平等的人际关系。但这仅仅是某些人的情感主义理想。只有极少数的师生关系、亲子关系、上下级关系、夫妻关系，能够真正按照理想人际关系的机制运转。事实上，一切人际联系都变成理想的人际关系也许并非幸事。人类社会要想保持有效运转，只有情感原则是远远不够的，许多时候，其他原则就比情感原则更为重要。

二、人际关系的意义

人一生的发展、成功、幸福，同他人的交往和关系密切联系；人一生的愉快、烦恼、快乐、悲伤、爱与恨等，也同样与他人的交往和关系分不开。没有同他人的交往和关系，也就没有人生的悲欢离合，没有文学，没有艺术，没有科学，没有一切。可见，交往及由此建立起来的人际关系，是生活的基础。

心理学家的大量研究和人们亲身的生活实践都已经证明，对于任何一个人来说，正常的人际交往和良好的人际关系都是其个性正常发展、身心保持健康、生活具有幸福感和事业获得成功的必要前提。

【微课】
人际关系需要

（一）人际关系与心理发展

心理学研究发现，儿童与其照看者之间通过积极的交往所形成的稳定的亲密关系，是其心理乃至身体正常发展不可缺少的条件。长期以来，人们曾认为，母爱或儿童与母亲的亲密关系，是儿童心理正常发展的必要条件，母亲对于儿童的作用是不可替代的。大量科学事实证明，母亲之所以对儿童的心理正常发展有决定性的影响，并不是母亲本身有什么特别之处，而是因为母亲最先与儿童形成亲密关系。在通常情况下，儿童所依附的首先是自己的母亲，并首先同母亲形成超乎他人的亲密关系。科学研究还揭示，不只父亲可以替代母亲的作用，成为儿童心理发展过程中有效的情感支持力量，其他的照看者也可以起到同样的作用（Moore，1969；Murray，1975）。只要照看者与儿童之间建立起了稳定的亲密关系，其所照看的孩子的心理健康水平，就与双亲照看的孩子没有明显区别。两种照看情况下孩子的发展都是正常的。但如果经常变换照看者，儿童不能与照看者之间形成稳定的、可预见的依赖、亲密的关系，他们的心理发展就会受到显著影响。在这种情况下，儿童会缺乏正常的安全感，难于适应社会生活的各种要求和变化。心理学家还发现，如果儿童缺乏与成人的正常交往及由此建立起来的亲密关系，不仅性格发展会出现问题（Freedman & Brown，1968），连智力发展也会出现明显障碍（Dennis，1975）。例如，在孤儿院成长的孩子，由于不能像在普通家庭中那样受到照看者的充分注意，并与他们保持积极的交往、建立稳定的亲密关系，这些孩子的智力发展水平远远低于同年龄的其他儿童，同时也有明显的性格缺陷。但是，当孤儿院的儿童被普通家庭领养，心理的状况发生根本变化之后，他们的智力发展速度很快就能赶上普通儿童。

江苏省南京市小学生心理信息采集与分析中心对 1 000 多名小学生中进行的社会调查结果显示：几乎所有的孩子都喜欢与同伴一起玩耍；但 46.7% 的孩子缺乏同伴，经常自己一个人玩；平时只有 9.7% 的家长经常和孩子玩，节假日也只有 15.6% 的家长能陪孩子玩；近 50% 的孩子找不到同伴。在独生子女家庭，孩子成长过程中本来就缺少伙伴，而很多家长出于安全的考虑，控制甚至禁止孩子和外界接触。缺少同伴和与同伴玩耍的时间，不仅会造成孩子孤僻、冷漠等不良性格特点，让孩子失去与同伴玩耍的快乐，还可能会影响孩子身体和心理健康（李延英，2006）。医学研究已经表明，长时间看电视和电脑会使孩子的大脑神经发育产生畸形，使儿童抽动障碍发病的可能性大大增加（赵新培，2007）。儿童主要靠与同伴的玩耍、游戏来学习与人交往、与人沟通，如果缺失，会有许多隐患潜伏在孩子成长的路上，如自闭症、多动症等，甚至可以迁延到成年。不仅如此，缺少同伴还会影响孩子的智商。当代研究表明，儿童发展亲密的关系最早可以从一岁开始。儿童到了三四岁，互相之间建立的亲密关系对他们的自信至关重要，而且这样的关系会让孩子在学校的最初几年感觉自在，这是他们非常需要的。如今，良好的人际关系被认为是个体健康发展的基本要求之一（Gardner，1993）。

（二）人际关系与身心健康

我国著名的医学心理学家丁瓒教授曾经说过：人类心理的适应，最主要的就是对人际关系的适应，所以人类心理的病态，主要是由于人与人之间关系的失调而来的。心理学家发现，如果一个人长期缺乏与别人的积极交往，缺乏稳定的、良好的人际关系，那么这个人往往有明显的性格缺陷。我们在青少年心理咨询的实践中发现，绝大多数青少年的心理危机，都是与缺乏正常人际交往和良好人际关系相联系的。调查研究也证实，现实中学校人际关系与中小学生心理健康之间有着显著相关，学校人际关系的困扰程度影响学生的心理健康（王希华，张哲，2006）。

我国的研究表明，大学生的心理问题中，近五成是由于人际关系紧张造成的。不良的人际关系会阻碍大学生基本需要的满足，增强大学生的挫折感，激发其内心的矛盾冲突，从而影响大学生的身心健康，导致生理、心理疾病（张伟，2005）。在大学里，同宿舍同伴之间的心理交往状况，往往决定了一个大学生是否对大学生活感到满意。宿舍中人际关系不适应会导致各种心理问题，那些生活在没有形成友好、合作、融洽的人际交往氛围的宿舍里的大学生，常常表现出压抑、敏感、自我防卫、难于合作的特点，情绪的满意程度也较低。陈青萍（2002）的研究就表明，大学生引发心理适应障碍的原因中有 35% 涉及宿舍生活。而在同伴关系融洽的宿舍里生活的大学生的心态则以欢乐、注重学习与成就、乐于与人交往和帮助别人为主流。可见，人的心态与性格状况，直接受到与别人交往和关系状况的影响；而人格因素又反过来通过作用于人际关系进而影响人们的心理健康。

人际关系紧张，必然会使人感到压抑和焦虑，导致心理失衡，产生不良的心理状态，影响心理健康；反之，良好的人际关系会起到缓解内心的冲突和苦闷，宣泄压抑和痛苦，减少孤独、寂寞、空虚和恐惧的作用，使人获得安全感和归属感，得到支持与理解，有利于增强人们的自我价值感和力量感，降低挫折感，从而给人精神上的愉悦和满足，并促进身心健康。心理学家曾经从各个不同的角度做过大量研究，结果都证明，心理健康的水平越高，与别人的交往就越积极，越符合社会的期望,与别人的关系也越深刻。奥尔波特发现,个性成熟的人,会同别人有良好的交往和融洽的关系。他们可以很好地理解别人,容忍别人的不足和缺陷,能够对别人表示同情,具有给别人以温暖、关怀、亲密和爱的能力。

按照马斯洛的经典研究,高心理健康水平的"自我实现"者,可以很好地接纳别人,同他人的关系也更深刻,他们对别人有更强烈、更深刻的友谊和更崇高的爱。另有一些心理学家曾专门研究了身体、智力与心理健康水平都很优秀的宇航员以及心理健康水平优秀的中学生、大学生和研究生。所有这些研究,都得出了一个共同的结论,即高心理健康水平的被试,同别人的交往和人际关系都很好。他们有着一系列有利于积极交往和建立良好人际关系的个性特点,如友好、可靠、替别人着想、温厚、诚挚、信任别人,等等。这些研究还有另外一个令人深思的发现,即那些高心理健康水平的优秀者,往往来自人际关系状况良好的幸福家庭。这实际上从另一个侧面提供了人际交往状况影响个性健康的佐证。

研究表明,有多种人际关系、有亲密联系的人最长寿(Berkmar & Syme,1979),而人际关系的崩溃与自杀(Stech,1980)和精神反常(Bloom,Asher & White,1978)有密切联系。因为社会支持可以减少或防止心理紧张焦虑所造成的身心疾病,有利于个体保持心理健康(Wills,1985),所以没有足够社会支持的人会感到孤立无援,人际交往过程中得不到足够的自我暴露,而自我暴露与心理健康存在倒 U 形关系,过少和过多的自我暴露都不利于心理健康(Archer,1978; Derlega & Chaikir,1975)。缺乏人际关系造成的紧张情绪对身心健康产生不良影响的另一原因是它影响了人体的免疫系统(Jemmott & Locke,1984)。

(三) 人际关系与生活幸福

研究表明,协调的人际关系有利于心理健康和身体健康,从而有利于生活幸福(Houstone, 1988)。在日常生活中,有些人往往认为,人的幸福是建立在金钱、成功、名誉和地位基础上的。实际上,对于人生的幸福来说,所有这些方面,都远不如健康的交往与良好的人际关系重要。交往和人际关系在人们生活中的地位,无法为金钱、成功、名誉和地位所取代。

美国心理学家长期的追踪研究发现,自 20 世纪 30 年代以来,美国民众的金钱收入基本呈上升趋势,但对生活感到幸福的人的比例并没有增加,而是稳定在原来的约 1/3 的水平上。这说明,金钱并不能简单地决定人的幸福。有人曾对每天都去歌厅花费一大笔钱的个体经营者做过调查,结果发现,虽然他们的收入很多,但仍然摆脱不了得不到别人尊重、难以与别人建立深刻关系的烦恼,因此,去歌厅已成为他们排解怅惘与孤独、摆脱自卑的唯一方式。报道也揭示,携巨款逃到国外定居的腐败分子,非但没有过上他们希冀的幸福生活,反而落寞、焦虑,因为他们原来的交往和社会支持体系已经崩溃。

1977 年,心理学家克林格(Klinger)做了一个广泛的调查,结果发现良好的人际关系对于生活的幸福具有首要意义。当人们被问到"什么使你的生活富有意义"的时候,几乎所有的人都回答,亲密的人际关系是最首要的。自己的生活是否幸福,取决于自己同生活中其他人的关系是否良好。如果与别人有深刻的情感联系,就会感到生活幸福且富有意义。反之,则会感到生活缺乏目标、没动力、不幸福。在这些被调查者的回答中,人际关系的重要性远远超过了成功、名誉和地位,甚至超过了西方人最为看重的宗教信仰。

朋友关系是影响幸福感的重要因素已经被研究证实(Larson,1994)。严标宾(2003)的研究证实,朋友支持同个体的总体幸福感、生活满意度、积极情感和消极情感都有显著的相关。其他研究证实,个体与他人关系的品质可以预测生活满意度(Kwan et al.,1997)。张灵等人(2007)发现,大学生的人际关系困扰与主观幸福感有中等负相关关系,对主观幸福感有较好的负向预测作用,人际关系处理得较好的学生,有较高的生活满意度,会有较高的积极情感体验,较低的消极情感体验。戴巧云(2005)、陈咏媛(2006)、夏俊丽(2007)和吴超(2008)采用不同方法证明了青少年人际关系对其主观幸福感的影响。研究表明,人际关系能力对于个体心理健康是重要的预测源(Davis & Humphrey, 2012)。李艺敏和李永鑫(2015)的研究发现,中学生人际关系能力能显著地预测个体的社交自卑感,即人际关系能力越弱的中学生,其社交自卑感水平越高。

(四) 人际关系与事业成功

良好的人际关系是一个人的无形资产,与人友好相处,可以互通信息,交流经验,相互切磋,从而增长知识,开阔眼界,开创事业的一片广阔天地。良好的人际关系是事业成功必不可少的重要条件。研究发现,人际关系直接影响人们的事业成功,良好的人际关系会影响到新进员工的工作满足和工作绩效(Thomas & Albert,2000)。许科等人(2008)研究 382 名企业员工的结果也发现,满意的工作关系,对员工工作绩效和工作满意度都有显著正向影响。陈晶等人(2007)通过对 5 家单位 254 名员工的研究发现,和谐和灵活等积极的人际关系倾向有利于协调上下级关系,退让和对抗等消极的人际关系倾向不利于上下级关系的发展。

曾任美国总统的罗斯福说:成功的第一要素是懂得如何搞好人际关系。美国石油大王洛克菲勒坦言:我愿意付出比天底下得到其他本领更大的代价来获取与人相处的本领。中国传统文化中有“天时不如地利,地利不如人和” 和“家和万事兴”的格言也强调了良好人际关系的重要性。要想获得事业的成功,良好人际关系的保障是必要前提。

第二节　人际关系的发展过程

一、人际关系的状态和深度

(一) 人际关系的状态

人与人之间相互关系的形成和发展,从无关到关系密切,需要经过一系列的变化过程。最初,当两人彼此没有意识到对方存在的时候,双方关系处于零接触状态。此时双方是完全无关的,没有任何个人意义的情感联系。如果一方开始注意到对方,或双方产生了相互注意,则人与人之间的相互关系就已经开始,一方开始形成对另一方的初步印象,或彼此都获得了对于对方的初步印象。不过,在直接的语言沟通之前,彼此对于对方都还处于旁观者的立场,没有相互的情感卷入。双方的情感联系,是从直接接触开始的。从交往双方开始直接谈话的那一刻起,彼此就开始了真正的情感关联。不过,在通常情况下,人与人的沟通、信任和关系是逐步深入的,最初的直接接触是表面的,彼此之间几乎没有情感卷入。但直接接触是双方情感关系发展的起始点,标志着一种新的人际关系的诞生。

【微课】
人际关系的
发展过程

共同心理领域是相互认同、接受、信任及关系的基础。双方实质关系的开始和深入,是随着双方在沟通的不断深入和扩展并发现和确认双方共同心理领域的过程中实现的。共同心理领域越多，双方之间认同、接受和信任的程度就越高，可能建立的情感联系也越广泛、越深刻和越稳固。人的需要有许多共通之处，经历也很容易相通，但只有被发现的共同心理领域，才真正对双方人际关系产生影响。两人虽然存在很多的共同之处，但由于沟通在广度和深度上的限制，这些共同心理领域没有被交往的双方发现。在这种情况下，双方的情感联系仍然只处于较低的水平。

交往双方共同心理领域的发现，意味着双方真实情感的融合。发现的共同心理领域越多，情感融合的程度也越高。心理学家按照情感融合的相对水平，将人际关系分为轻度卷入、中度卷入和深度卷入 3 种。在轻度卷入的人际关系中，交往双方所发现的共同心理领域较小，双方的心理世界只有小部分重合，这一范围内，双方的情感是融合的。在中度卷入的人际关系中，交往双方已发现较大的共同心理领域。相应地，双方的心理世界也有较大的重合。在深度卷入的情况下，双方已发现的共同心理领域有可能大于相异的心理领域，彼此的心理世界高度重合，情感融合的范围也覆盖了大多数的生活内容。在实际生活中，人们只同极少数人能够达到这种人际关系的深度，有些人则从来没有与任何人达到这种深度的关联。

图 12-1 以图解的方式，对人际关系的各种状态及其相互作用水平的递增关系进行直观的描述（Levinger & Snoek，1972）。图中圆圈表示人际关系涉及的双方。需要特别指出的是，图 12-1 还表示了一个十分重要的概念，即不存在双方心理世界完全重合的情况。无论人们的关系多么密切、情感多么融洽，也无论人们主观上怎样感受彼此之间的完全拥有，关系的卷入双方都不可能在心理上取得完全一致。人与人之间只存在多大程度上相一致的问题，而不存在完全相一致的情况。

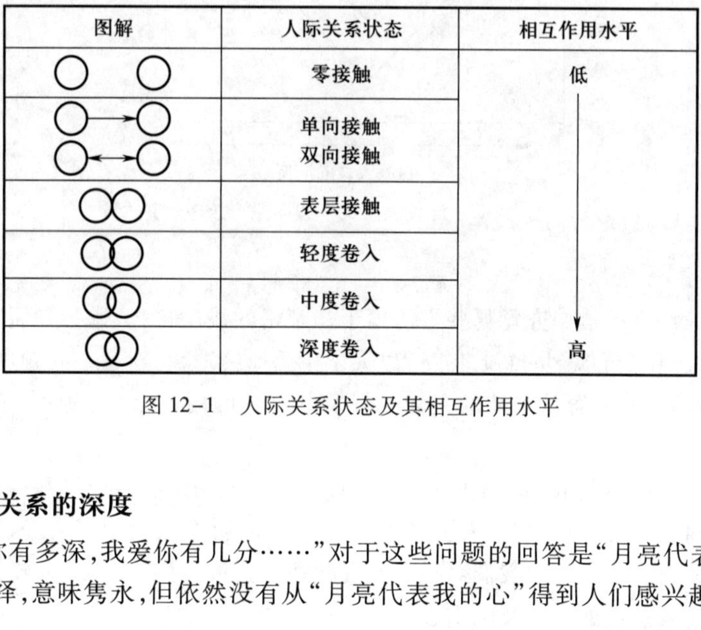

图 12-1　人际关系状态及其相互作用水平

（二） 人际关系的深度

“你问我爱你有多深，我爱你有几分……”对于这些问题的回答是“月亮代表我的心”。歌词经过歌手温情演绎，意味隽永，但依然没有从“月亮代表我的心”得到人们感兴趣的“你问我爱你有多深”的回答。

人们都希望了解自己在别人心目中有多重要，也希望对自己在别人身上的情感深度进行评价。但是，评价究竟应该从哪里入手呢？奥特曼和泰勒（Altman & Taylor，1973）用社会渗透理论（social penetration theory）来解释人与人相互关系的水平。他们认为，亲密人际关系是在一个人

"渗透过"一个人的表面特征,并逐步了解到一个人内部自我的过程中发展起来的。他们从人际交往的广度和深度两个方向发现,良好的人际关系,是随着人们自我表露逐渐增加而发展的。随着对一个人的接纳性和信任感越来越高,人们也会越来越多地表露自我,同时也要求别人越来越多地表露他们自己。这样,自我表露的深度,就成了人们同别人的关系如何的重要标志。想要知道别人对我们有多信任、多接纳,只需要了解别人对我们的自我表露的深度如何。因为,人们在哪种水平上表露他们自己,就意味着他们对交往的对象有哪种水平上的安全感和信任。

1. 自我表露的广度与深度

根据社会渗透理论,人们对于陌生人、熟人和亲密朋友,在自我表露的广度和深度上是明显不同的(见图 12-2)。对于熟人,自我表露的广度和深度会增加,但对于有亲密性的话题涉及的范围很小。亲密朋友是人们通常交流最为广泛充分的对象,沟通的内容在亲密话题和非亲密话题上都会有很广泛的涉及。同样,社会渗透理论也表达了一个重要概念,即无论对什么人,无论关系多么亲密,人们在心理上都会有不愿意暴露的领域。因此,我们没有理由因为关系亲密或者是情侣、夫妻、亲子关系而要求对方完全敞开心扉,更不能任意侵犯对方所不愿暴露的领域。否则,对方会产生强烈的排斥情绪,从而导致对你的接纳性大大降低。

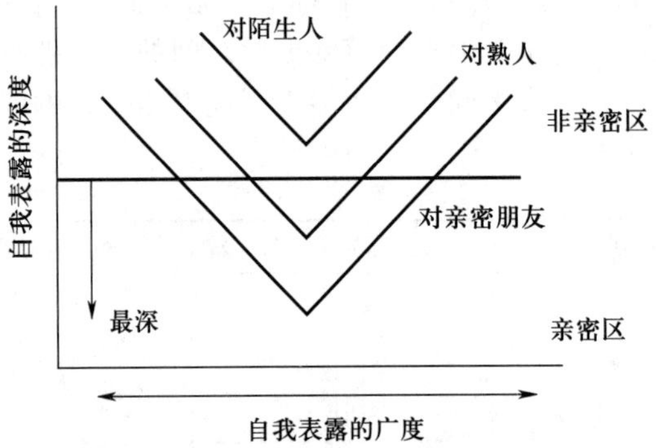

图 12-2 自我表露的广度和深度的差别

2. 自我的分层

一个人的自我心理结构中究竟哪些方面属于非亲密的浅层自我,哪些方面属于深层自我呢?心理学家鲁宾等人(Rubin & Shenker,1978)以大学生为研究对象,对这一问题进行了探讨。结果发现,个体自我最表层的内容是个体的兴趣爱好及其有关的内容,如饮食、偏好、日常情趣、消遣活动的选择等。

自我第二层次的内容是人们真实的态度,如对某一个人的看法、对时事政治的观点。对于涉及评价是否会被对方接受,以及与个人利害关系更为密切的内容,我们不会轻易表露。它们已经属于更深一层次的自我内容。如我们对某一课程教师的评价、对社会特定人物的评价等,都属于不轻易向不能确定其态度的人谈及的内容。

自我第三层次的内容通常是私密性更高的个人的人际关系状况与或个人自己对自身的真实评价。如我们同父母的关系、夫妻情感的状况、同上司的私人关系状况,或者是自己不为人所知的不足、自卑情绪等。对属于这一层次的内容,我们有很高的自我卷入,表露时也需要以已经建立对对方的高度安全感和信任为前提。日常生活中,人们通常回避这些内容。

根据鲁宾等人的分析,在西方社会,属于自我最深层次的,是被称为隐私的个人生活内容,如某些不能为社会一般观念所接受的经验、念头、行为等:我们曾经产生过的偷窃念头、冲动;自己较早就出现的第一次性经验;自己与社会身份或社会的一般评价不相符合的行为;等等。这些个人生活内容,人们可能一辈子也不对任何人表露。当然,如果有人向我们表露了他们的这些方面,那说明他对我们有了超乎寻常的信任和依赖。我们应当从保护他人的角度考虑,不扩散他人对我们提及的个人生活。

实际上,通常意义的个人隐私并不是个人自我最深层次的内容。因为有些隐私虽然是为社会评价所不接受的,但这些经验对于个人却并不带来特殊心理压力和问题。在实际生活中,许多人的价值观念与社会的价值观念不是简单的对应关系,他们身上可能存在自己接受但社会并不接受的东西。有人在网络上开设专栏让网民匿名暴露最出格的个人想法,由此可以看到很多人身上存在的社会不接受的想法和欲望。这从一个侧面印证了所谓隐私还不是自我最深的部分。

根据自我价值定向理论,自我更深层次的内容,应当是连个人自身都不接受的,与个人的自我价值相对立的经验、冲动和行为经历,如青少年性意识萌发阶段,有可能出现反伦理的性幻想或性冲动,而当个人发展到有成熟的自我价值判断时,这些早期的窘迫经验会使自己感到有很大压力。这些经验和记忆,会直接威胁到个人的自我价值感,因而会带来严重的自我否定和心理负担。为此,许多人会出现弗洛伊德称为“选择性遗忘”的现象,即有些经验被“有选择地”遗忘了。这种过程是无意识发生的。当一种经验因被记住而使人痛苦并且自觉意识难于承受这种痛苦时,这种经验就会被压抑进无意识,出现“选择性遗忘”,或者个体对某事产生了双重态度。如很少有人会对别人甚至自己承认他有种族歧视,但内隐实验的结果证明,他在无意识的层面上存在种族歧视,或者有的人爱上自己认为不该爱的人,而到最后才醒悟。这都是因为人会将自己不接受的意识层面上的态度压抑到无意识层面,其本质与“选择性遗忘”相同,都是防御机制或自我价值保护。

通过了解他人在怎样的层次上对我们暴露自己,我们可以很好地了解他人对于我们的信任和接纳的程度,了解我们同他人关系的状况。当然,我们对他人的信任和接纳程度如何,也可以通过我们能没有顾虑地对他人暴露哪一层次的自我信息来了解。自我表露的层次越深,说明我们在一种关系上卷入的程度也越深。

两位心理学家(Luft & Ingham,1955)在20世纪50年代提出了一个将人们心理世界进行简单图示分类的方法,帮助人们更好地认识人际交往、交流和人际关系的心理认知工具,这个图示分类方法以两位提出者名字的组合来命名,即乔哈里窗(Johari window)。这种方法最早用于自助小组和启发式等的合作练习中。在练习过程中,要求被试从55个形容词中挑出5个最能代表自己个性的词汇,同时也要求其同伴挑出他认为最能表现被试个性的5个词汇。最后将这些词汇绘制在乔哈里窗的4个格子中。其中,被试和同伴选中挑出的相同词汇构成个人的公开自我(open self),即自己和别人都知道的自我特征;被试自己选中而被试同伴未选出来的词汇组成了隐藏自我(hidden self),即只有自己知道而别人不知道的自我特征;只有同伴选中而被试自己未选的词汇组成了盲区自我(blind self),即别人能看出来,但自己不能察觉的自我信息;被试自己和同伴都没有挑选的词汇所指示的特点,被认为是人可能存在但没有被人认识的未知自我(unknown self),即自己和他人都不知道,但可能存在的自我特征(见图12-3)。乔哈里窗从另一种视角对自我进行结构划分,对于人们提高自我认识和相互了解,都具有借鉴意义。本质上,它是另一种自我分层的方法,与前面提到的自我分层实际上有对应之处,如未知自我可能蕴含自我最深层次的内容,而公开自我则可能是最表层自我的内容。

图 12-3　乔哈里窗

二、人际关系的发展阶段

奥特曼和泰勒(Altman & Taylor,1973)经过对人际关系的长期研究认为,和谐、融洽的人际关系的建立和发展,从交往及情感的由浅入深,良好的人际关系的形成和发展,一般需要经过交往定向、情感探索、感情交流和稳定交往 4 个阶段。这 4 个阶段对应着前文提到的自我的层次。

(一) 交往定向阶段

交往定向阶段涉及交往对象的选择,包含着对交往对象的注意、抉择和初步沟通等多方面的心理活动。在熙熙攘攘的世界里,人与人发生关联的可能性几乎是无限的。心理学家曾经通过实验发现,真实生活的确是一个所谓的“小世界”,我们几乎可以与任何一个没有联系的人只通过简单的中介就发生关联。然而,实际上我们并不是同任何一个相遇的人都建立良好的人际关系,而是对人际关系的对象有着高度的选择性。在通常情况下,只有那些具有某种会激起我们兴趣特征的人,才会引起我们的特别注意。在一个团体中,我们会首先将这些人放在注意的中心,并试图与其发生实际的交往。

注意也是选择,它本身是某种需要倾向的反映,但注意的选择是自发的、非理性的。比如在我们选择恋人时,某些与我们观念中理想的情人形象相接近的那些异性,会尤其吸引我们的注意。一场舞会中,我们会对舞场中的许多人都视而不见,只把注意力高度集中在一个或几个异性身上。

与注意不同,抉择是理性的决策。人们究竟决定选择谁作为交往对象,并与其保持良好的人际关系,往往要经过自觉的选择过程。只有那些在我们的价值观念上具有重要意义的人,我们才会选作交往的对象。一个女孩温柔漂亮或一个男孩英俊潇洒,就足以引起我们对他们的高度注意,这种注意完全是自发的,很多心理学家猜测这种自发性的注意选择有着深层的遗传因素基础。不过,我们是否会选择一个漂亮女孩或一个英俊男孩来做交往的对象,并试图建立深厚的情谊或建立恋人关系,还要决定于对象的许多方面。如果我们知道一个青年美丽的外表后面隐藏着极端自私、嫉妒,甚至作风轻浮,那么理智的选择会是深层的安全感被警示并决定退避三舍。

初步沟通是在选定一定的交往对象之后,试图与这一对象建立某种联系的实际行动。真正的交往和关系是由此开始的。如果我们属于社交主动型的人,就会主动与选定的交往对象打招呼,并与之攀谈。在初步沟通的过程中,谈话只会涉及自己最表层的方面,即鲁宾的自我第一层内容。初步沟通的目的,也是对别人获得一个最初步的了解,以使自己知道是否可以与对方有更进一步的交往,使彼此之间的关系发展有明确的定向。由于初步沟通实际上是试图建立更深刻关系的尝试,因此,尽管人们所暴露的有关自我的信息是最表面的,但都会希望在初步沟通过程中给对方留下良好的第一印象,以使以后关系的发展获得一个积极的定向。

人际交往的定向阶段,其时间跨度随不同的情况而不同。邂逅而相见恨晚的人,交往定向阶段会在第一次见面时很快就完成。而对于可能有经常的接触机会而彼此又都有较强的自我防卫倾向的人,这一阶段要经过长时间的沟通才能完成。

(二) 情感探索阶段

情感融合的基础,是双方的共同信任,也就是相互之间建立安全感。本质上,在哪种程度上建立安全感和信任,人际情感就在哪种程度上融合。

情感探索是双方探索彼此在哪些方面可以建立信任和真实的情感联系,而不是仅仅停留在一般的正式交往模式上。随着双方共同情感领域的发现,双方的沟通也会越来越广泛,自我表露的深度与广度也逐渐增加。在这一阶段,人们的话题仍避免触及别人私密性的领域,自我表露也不涉及自己深层的方面。尽管双方关系到这一阶段已开始有一定程度的情感卷入,但交往模式仍与定向阶段相类似,具有很大的正式交往特征,彼此还都仍然注意自己表现的规范性。

(三) 感情交流阶段

人际关系发展到感情交流阶段,双方关系的性质开始出现实质性变化。此时双方在通常生活领域中涉及的人际关系安全感和信任感已经得到确立,因而沟通和交往的内容也开始广泛涉及自我的许多方面,并有较深的情感卷入。如果关系在这一阶段破裂,将会给人带来相当大的心理压力。在这一阶段,正式交往模式的压力已经趋于消失,双方交往的行为表现可以超出正式交往的范围,显示出融合的自发交往关系。此时,人们会相互提供真实的评价性的反馈信息,提供建议,彼此进行真诚的赞赏和批评。

(四) 稳定交往阶段

在稳定交往阶段,人们心理上的相容性会进一步增加,自我表露也更为广泛和深刻。此时,人们已经可以允许对方进入自己高度私密性的个人领域,分享自己的生活空间和财产。但在实际生活中,很少有人达到这一情感层次的友谊关系。许多人同别人的关系并没有在感情交流阶段的基础上进一步发展,而是仅仅在感情交流阶段的同一水平上简单重复。

三、人际关系的破裂

每个人都希望美好的友谊、美好的爱情、美好的亲人关系能够地久天长。但事实上,在一个人所交往过的人群当中,多数都或早或迟地分道扬镳了。许多开始被人们认为"天生一对,地设一双"的美好婚姻,终于也以天各一方为终结。无论人们在结婚时感到多么美满和幸福,人们都摆脱不了一个事实,即现在结婚的人们当中,将有相当一部分人最终离婚。人际关系的破裂本身是一个过程,而非一个简单的事件。深刻的和长时间的情感联系不会很快就破裂,而且关系越亲密、越长久,可供选择的其他伴侣越少,关系破裂引起的痛苦就越深刻(Simpson,1987)。研究发现,在人际关系破裂好几个月或好几年后,人们对于被抛弃或抛弃别人会比当时唤起更多的痛苦

(Baumeister & Wotman,1992)。现实生活中夫妻关系的破裂,比起其他关系,会有更多的代价,比如父母和朋友的震惊、对当年海誓山盟的愧疚、财产的分配,有孩子的还要对孩子履行抚养义务等。了解这些与愿望背道而驰的情感历程,就有可能使人们有机会在人际关系走向终结的开始阶段防微杜渐,使真挚情谊之树常青。

(一) 人际关系破裂的过程

人们在面对人际关系的危机时,倾向于做出 4 种反应。这 4 种反应分为两种交叉的态度维度,一个是主动—被动维度,一个是建设性—破坏性维度(参见 Rusbult et al.,1986,1987,1998)。关系发生危机时,“忠诚等待”的反应是建设性的但被动的选择,用“沟通”尝试寻找改善关系的途径则是建设性的主动选择;“忽视”是破坏性的被动选择,而“退出”则是破坏性的主动选择。关系的问题太痛苦而无法言说,或分开代价高昂,都可能使人选择被动地忠诚等待,希望重回以前的美好;忽视会任由关系恶化、被动,但对关系确实具有破坏性,忽视常会伴随情感最终的分离。在沟通方面,沟通越少,关系双方的关联性也越低,也更容易重新定义自己的生活,而积极沟通可能会促进寻找问题的解决办法和尝试改变自己等,带来关系的改善。退出是一种关系的结束。按照自我价值定向理论的解释,退出就是一种关系对于个人价值的丧失,从而使结束关系成为双方有价值的选择。

通常来说,一种情感关系从融洽走向终结,需要经历 5 个阶段(参见 Myers,2002)。

1. 分歧

人际关系的本质是情感的相互联系、相互卷入、相互拥有。它的基础,是卷入关系的双方必须有共同的情感。共同的情感存在,彼此的关系就存在。共同的情感消失,彼此的关系就破裂。而分歧,正是共同情感消失的开端。分歧意味着人际关系双方不同点扩大,心理距离增加和彼此的接纳性下降。随之而来的,是双方在知觉和理解上都朝不利于双方关系的方面倾斜,彼此都感到开始难以准确地判断对方。

2. 收敛

当关系开始出现裂痕时,双方总的沟通量会出现下降。此时谈话会高度注意、高度选择,并都指向减少彼此的紧张和不一致。在收敛阶段,关系的发展还没有足以使人们明确表示对彼此的关系不再有兴趣,情感上的拒绝水平也还较低。因此,双方在表面上仍试图维持关系状态良好的印象。但实际上,此时彼此的关系已出现明显的困难。双方自发沟通的减少,实际上就会降低双方自然的情感融洽的程度。

3. 冷漠

在冷漠阶段,交往的双方开始放弃增进沟通的努力,人际关系的气氛变得冷淡。通常情况下,此时人们已不太愿意进行直接的谈话,而是多凭非语词方式来实现必要的沟通和协调。但与情感融洽时的状态不同,此时的非语词沟通是缺乏热情的,目光是冰冷的,也没有热情的期待。许多人都将与别人的关系在这一阶段上维持很长时间。原因有两个,一个是期望关系仍然朝好的方向发展,因而不愿意一下子就明确终止关系;另一个是考虑到自身的利益。有时人们在情感上和实际生活的许多方面,如经济支持或相互服务等方面,很难一下子适应突然失去某种关系的支持。追踪新婚夫妇的研究发现(Huston,et al.,2001),与忧伤和争吵相比,冷漠、绝望和理想幻灭对婚姻不幸的预测性更强。

4. 逃避

随着关系进一步恶化，人际交往的双方会尽可能相互逃避，特别是避免只有两个人在一起无所适从的窘境。关系恶化到逃避这一阶段，人们往往感到很难判断对方的情感状态和预言对方的行为反应，因此人们通常避免直接的询问、提出要求等。在知觉和理解上，这一阶段很容易发生纯粹主观的误解。因为在这种状态下，人们都有强烈的自我保护倾向，对许多本来正常的人际行为都会有过敏的反应。

5. 终止

关系的终止可能是立即完成的，也可能拖延很久。关系终止的方式也各种各样。在某些情况下，关系终止有一个明显的标志，即在先前关系恶化的基础上发生一次直接的、激烈的冲突。而在另一些情况下，关系的终止则是前几个阶段关系恶化的自然延续。随着彼此相互交往的隔断，或彼此利益依存关系的解脱，冷漠和逃避的关系状态会转变为关系的最后终结。

（二）人际关系破裂的预防

心理学家（Myers，2002）发现，认清人际冲突或分歧的本质，并学会建设性地处理分歧或冲突，可以有效地减少人际关系恶化和破裂的发生。

首先，每个人有其不同于其他任何人的经历，有自己独特的情感、理解和利益背景，因此，人与人之间出现不一致或冲突是不可避免的。无论什么样的关系，也无论交往的双方关系有多么深刻，情感有多么融洽，都可能出现冲突。因此，我们在同他人交往的过程中，都应对可能出现的冲突有所准备。

其次，预计冲突是正确了解冲突，并建设性地处理冲突，避免在冲突中付出不必要的更大代价的最有效途径。如果一个人在毫无准备的情况下被直接卷入冲突，那么在整个冲突过程中仍然保持理性是十分困难的。人是情绪化的动物，在过于激动的时候，思维会受到明显的干扰，很难保持对事情的正确判断。

最后，在实际生活中，很多人际冲突都是可以避免的。学会用移情的方式去体验别人为什么会像他所表现的那样言行，可以有效地帮助我们正确理解别人，避免判断的错误，也可以防止发生不恰当的体验和行为。

对于已经发生了的冲突，如果处理得当，就事论事，往往不会给人际关系带来太大危害。心理学家经过研究，提出了解决冲突的有效步骤。实践证明，以下步骤可以有效地帮助人们控制和消除冲突：

第一，相信一切冲突都可以理性而建设性地获得解决。

第二，客观地了解冲突的原因。

第三，具体地描述冲突。

第四，向别人核对自己有关冲突的观念是否客观。

第五，提出可能的解决冲突的办法。

第六，对提出的办法逐一进行评价，筛选出最佳的解决途径，最佳方法必须对双方都最有益。

第七，尝试使用选择出的最佳方法。

第八，评估实现最佳方案的实际效应，并按照给双方带来最大利益和有利于良好人际关系维持的原则给予修正。

兴趣窗口

建设性的争吵

每一种亲密的关系都是伴随冲突存在的。世界上没有一种长久的亲密关系是长期和平的。分歧、争吵，区别而又融合，是一切让人感到满足和幸福的关系的恒定特征。为此，人际关系的双方必须懂得，争吵是关系存在的一部分，也是相互了解的一种方式。而要想维持双方融合的感情和温馨的关系，双方都必须学会如果建设性地应对这些几乎一定会或早或晚、或急或缓地发生的冲突，那么冲突本身就能成为双方相互了解得更深的机会和在争吵开始就已经为和解准备了机会，并在争吵后产生真正的甚至更深的融洽。戈特曼（Gottman，1994，1998）在对2 000对夫妇的研究后发现，健康的婚姻中并非没有冲突，而是他们有能力去用爱情来调解分歧以及平衡批评。在成功的婚姻中，积极的相互沟通（如微笑、抚摸、赞美等）比消极相互作用（如挖苦、不赞成、侮辱）至少要多五分之一。

如何让争吵有建设性？心理学家（Gotlib & Colby，1988）对于怎样才能避免破坏性争吵，以及怎样才能使争吵具有建设性，提供了系统的建议（见表12–1）。

表12–1　有建设性的争吵措施

不要做	要做
1. 草率地道歉。	1. 单独地争吵，远离孩子。
2. 逃避争论，使用冷处理，或者退出争吵。	2. 准确地定义问题，以你自己的语言复述对方的论点。
3. 使用你了解的对方隐私来不择手段地伤害或侮辱对方。	3. 让积极的或消极的感受暴露出来。
4. 引入无关的话题。	4. 愉快地接受关于你的行为的反馈。
5. 假装达成一致，实则心存愤恨。	5. 澄清什么是你所赞同的和反对的，什么是对双方来说最关键的。
6. 将他或她的感觉告诉对方。	6. 提问，帮助对方找到词语来表达他/她的关注点。
7. 通过批评对方所重视的事物来间接地攻击对方。	7. 发生冲动的情感爆发时，等待它平息，而不要以牙还牙。
8. 通过增强对方的不安全感或者以灾难性的后果为威胁伤害对方	8. 就双方的共同改进提出积极的建议

四、改善人际关系的训练

我们可以通过以下两种方式来改善人际关系。

（一）敏感性训练

敏感性训练在美国盛极一时，被美国著名心理学家罗杰斯誉为20世纪“最有意义的社会发明”。它是一种团体训练技术，是从团体心理疗法发展起来的。敏感性训练最普遍的方式是训练团体或称T组（T–group，training group的简称）。这类团体通常由5～15人组成，包括一名心理学家。训练期限可以是 1～4 周,活动方式主要是语言交流。

训练团体主要以非指导性的方式为参与者提供真实体验“此时此地的”情境。在活动的开初,团体成员之间往往先谈论参加这种活动的意图、试图解决的问题和对什么样的目标感兴趣。随着沟通的深入,人们会逐渐了解他人对自己的问题或当时的表现怎样反应。当团体成员之间的信任感和真诚的气氛建立起来之后,团体作为一个整体,会不容忍任何成员拒绝暴露自己的真正自我。此时参与者的角色伪装会被撕去,使他们更好地看到自我的本来面目,并在其他成员的支持下理解并接纳自己真正的自我。

参与者也会在没有社会角色限制的条件下,通过各个成员所提供的多角度的见解,学会准确掌握、理解和评价他人的情绪状态和行为的意义,并在他人真实的反馈调节中,做出正确而为他人所接纳,同时又对人际关系起积极作用的反应。

敏感性训练之所以能够成功地改变人们人际关系的状况,是因为它提供了一个不同于通常社会生活的特殊世界。在日常生活中,我们由于受多种社会联系的束缚,既不能自然、真实地表现自己,也难以得到有关自己行为或状况的真实反馈。由于人们在日常生活中必须进行印象管理和维持一定的良好关系,因此常常给我们提供不切实际的行为反馈。例如,明明我们能力平平,他人却说我们能力超群;实际上他人并不接受我们,却表明与我们有很亲密的关系。这样,我们事实上很难知道自己的真实状况和别人的真实状况,很难知道我们的行为适当与否。一个人的社会地位越高,他的周围世界受到各种角色关系束缚的程度也越严重。所以,高地位的人更可能得不到有关自我的真实反馈,从而使其更脱离真实世界。显然,学会摆脱角色关系的束缚,以互相合作、互相依赖的方式维持真诚的人际关系,是个性真正向高水平发展的基本前提。

阿伦森(Aronson,1978)曾对训练团体的目的和功能进行过如下总结:

(1) 培养明确、坦诚的交往技能。

(2) 学会摆脱角色关系的束缚,以互相合作、互相依赖的方式,建立和维持真诚的人际关系。

(3) 学会用正常的人际交往技能解决纠纷和冲突,抛弃强制和操纵的方式。

(4) 提高对于自己内部的情绪反应和行为的觉察力和敏感性,增加对自己行为后果的觉察力。

(5) 增加自我内在系统与外在情境的沟通。

(6) 提高对他人情绪反应和行为的觉察力与敏感性。

(7) 学会从多种立场来了解人与事物。

在上述总结中,第一至三条属于社交技能改善的范畴;第四、五两条属于自我意识水平提高的范畴;第六、七两条涉及移情能力改善。

(二) 角色扮演

角色扮演(role playing)是一种常用的训练技术。它是通过充当或扮演某种角色,去体验、了解和领会别人的内心世界,理解自己反应的适当性,由此来增加扮演者的自我意识水平、移情能力,并改变其过去的行为方式,使之更适合自己的社会角色,从而获得新的社交技能。

在人际关系方面,角色扮演可以直接帮助人们改善双方相互作用的状况,最终有效地改善彼此之间的关系。下面是一个运用角色扮演方法改善人际关系的实例。

一位妻子因丈夫下班回家很少同她谈话,更不谈自己工作上的事,感到很难同丈夫交流思想。为此,她十分苦闷,不得不求助于心理学专家。

心理学家通过咨询发现,这位妇女很难同丈夫沟通的实质原因并不是丈夫不爱搭理她,而是她自己对丈夫的接纳性越来越差,对丈夫的许多生活习惯越来越难以忍受,经常唠叨个没完。结果使丈夫情绪恶劣,反过来对她产生讨厌情绪,不爱与她交谈,夫妻之间的相互作用由此出现了恶性循环。

针对这个案例,心理学家提出了一个运用角色扮演方法来矫正夫妻关系的方案。他要求这位妇女从第二天起,就像是一个完全与丈夫没有关系,不了解丈夫而又有修养的普通女性,对丈夫的生活习惯熟视无睹,绝不轻率地任意评价、指东说西。并且,每天至少要从丈夫身上找到一个优点,并像对一般人那样给予夸奖。心理学家还强调,在这样做的时候,要保持一种意识,即自己根本不了解其实是丈夫的这样一个男人。他不过是一个刚刚碰到一起、刚刚生活在一起的伴侣。

实行矫正方案的第一天,这位妇女感到要想找到丈夫的优点真是难上加难,而看不惯的事却俯拾皆是。"你看,你怎么吃完东西不马上收拾?""那件衣服怎么又穿到身上了?"……但终于,她还是听了心理学家的忠告,忍住了自己的不愉快情绪,没有进行评论,并终于找到了一个夸奖丈夫的机会。丈夫把坏了的电灯开关修好了。"啊,开关修好了。我正愁没法子。谢谢你了。"这位妇女一开口这么说话,连自己也感到是装腔作势,很不自在。她已经很久没有这样说话了。

在以后的几天里,情况仍大致如此。

但是,3个星期之后,奇迹发生了。这位妇女发现,再要找到丈夫的优点并由衷地夸奖,已不再是一件困难的事了。"看,他对工作总是那么负责;他对孩子总是那么友好,他很能干……"丈夫在她心目中的形象变了。3个星期之后,求助于心理学家的妇女对于丈夫的态度发生了实质性转变。她开始由衷地接纳丈夫了,并感到对这样一个好丈夫"唠叨没完其实是个坏毛病"。

丈夫当然也会感到妻子如此明显的变化,因为他已长时间听不到曾使他厌烦至极的唠叨了。结果,双方之间的关系出现了一次实质性的改善。丈夫面对妻子的诚意,做了自我批评,表示自己的确有坏毛病,决心要改正。妻子也诚恳地承认自己过去说话没完没了是一种缺陷。夫妻之间的情感又融洽了,又有说不完而又双方都喜欢听的话了。夫妻之间的相互作用出现了良性循环。

在本书第二章关于角色理论的介绍中,我们已经较为详细地叙述了角色扮演的各种应用。在人际关系方面,角色扮演同样有重要的应用价值,它可以被用来成功培养儿童的移情能力和助人技巧。心理学家斯陶布(Staub,1979)曾进行过一系列实验研究。结果发现,儿童在扮演需要帮助者和被帮助者两方面积累的经验,可以很好地改善儿童帮助别人的动机和技能。社会心理学家凯利(Kelly,1955)研究证明,较长时期的角色扮演,可以使人们在扮演过程中,将所扮演对象的个性特征最终固定在自己的个性结构中,从而实现改变个性、改变人际关系能力的目的。

角色扮演还能作为重要的测试方法。通过向被试描述一种假想的人际情境,让被试想象它发生了,并按要求做出行为反应。研究者会对被试的言语和非言语行为及行为的有效性进行评定。这种方法在人才测评中广泛被使用:测试人员根据工作需要,模拟一个人际关系情境,设计出一系列的人际关系问题,要求被试扮演某一角色并进入角色情境,去处理各种问题。通过对各种情境下被试人员所表现出来的行为进行观察和记录,测试人员评价被试在模拟的情境中的行为表现与组织预期行为模式及将担任职务角色规范之间的吻合程度。角色扮演可以评价一个人的人际关系、情绪的稳定性和情绪的控制能力、随机应变能力、处理各种问题的技巧和方法等。

与传统测试方法相比,角色扮演的优点在于它能引发现实生活中难以观察的低频行为,突破直接观察所具有的局限。我们可以控制对被试的刺激，使测试环境标准化。然而，它的局限在于它远离现实，在假设的情境下，缺乏真正的体验和经历，会出现偏差。例如，假设情境是一个非常焦虑的情境，而被试表现出的焦虑往往较轻，表现也会不一样。一个被试在假设情境下表现得好，也并不一定能说明他在现实生活中肯定行。

目前，应用角色扮演最为成功的是萨提亚“联合家庭治疗”工作坊。萨提亚创建的家庭治疗模式，在世界范围内广泛传播。她重点关照那些被家庭关系困扰的人，更多关注外在言行与内在感受和需求间的联结，从家庭系统方面着手，处理每个人身上所背负的问题，最终让个人达致“身心整合，内外一致”。此工作坊强调沟通的重要性，主张一旦好的沟通模式建立了，人们就能顺畅表达内心，从而改善家庭关系。角色扮演是萨提亚工作坊中的一个重要的工具。通过角色扮演等方式，工作坊的导师将当事人的心理图画外显出来，可以很快地触及当事人最深层次的困扰。而当事人内心的成长和内在力量的增长也常常表现为爆发性的，可以在很短的时间里，让当事人感觉仿佛一下子走过了几十年的心路历程，并产生类似于顿悟般的心灵体验。这种角色扮演技术应用行动化的原理，将人际互动的系统动力具体呈现出来，使当事人加深觉察与感受，并且增加新的观点与选择。此法经常用于帮助当事人觉察到自己习惯采用而没有察觉的无效沟通形态，借以练习有效的沟通形态。

第三节　人际关系的原则

一、真诚原则

心理学家对各种不同类型的人群的调查发现，不同类型的人群在回答“人际交往上你最喜欢什么特征的人？最期望别人采取什么样的交往方式同自己交往？自己会采取什么样的交往方式与别人交往？”等问题时，答案会高度会聚于同一个答案：真诚。与男性相比，女性的这种倾向更加明显。可见，真诚的品质与交往方式，在人际交往中具有尤其特殊的地位。

仔细研究安德森(Anderson，1968)所完成的关于个性品质受喜爱程度的研究结果后，不难发现，在最受人们欢迎的个性品质中，排在序列最前面、受喜爱程度最高的6种个性品质，包括真诚、诚实、理解、忠诚、真实、可信，都直接或间接地同“真诚”有关。而排列在序列最后，被高度厌恶的几个品质，如说谎、虚伪、不诚实、不真实，又都同“不真诚”有关。由此我们很容易得出结论，“真诚”是最受人欢迎的个性品质，而与其对立的“不真诚”，则是最令人厌恶的个性品质。一个人要想吸引别人，赢得别人，与别人保持良好的交往，真诚是必须有的品质。从安德森的研究到现在的调查，从古人的向往到现代人的期待，可以说真诚是一个“古今中外，概莫能外”的人际交往基本原则。

【微课】
人际关系的原则

为什么人们如此期待真诚，而对于不真诚又如此高度拒绝呢？人作为社会的动物，需要自己在物理环境和社会环境上都处于一个安全的境地。真诚使人们对于与自己交往的人对自己怎样行为有明确的预见性，因而更容易建立其安全感和信任感。而不真诚，就意味着自己有可能受到侵害。“不怕贼偷，只怕贼惦记。”在心理上，最使人感到恐惧的，不是一件不幸事件的发生，而在于要随时担心一件事情的发生。这种担心会使人长期处于高度自我防卫状态，并使人在主观上感受到焦虑与不安。为此,对于引发我们焦虑的不真诚对象,我们只能选择拒绝和逃避。

二、交互原则

(一) 人际交往的交互现象

根据自我价值定向理论,因为他人的评价是自我价值的重要来源,为此,人们希望别人能够接纳自己、喜欢自己、支持自己、承认自己的价值。这种寻求自我价值确立和情绪安全感的倾向,会引导人们在社会交往中愿意表现自己,对吸引别人的注意感兴趣,并处处期待别人首先接纳自己、喜欢自己。这种以自我为出发点而不是以他人为出发点的交往倾向,恰恰是人们在人际关系上常常遇到困难的原因之一。社会心理学家通过大量的实验研究发现(如 Aronson & Linder, 1965),人际关系的基础是人与人之间的相互重视和相互支持,人际交往当中喜欢与厌恶、接近与疏远是相互的。大量研究表明,喜欢我们的人,我们也倾向于喜欢他们;愿意接近我们的人,我们也愿意去接近他们;而对于疏远我们、厌恶我们的人,我们对他们也会疏远或厌恶(Kenny,1994; Kenny & Nasby,1980)。在爱情关系中也具有这种人际关系的交互现象(Aron,Dutton,Aron,et al.,1989),而且它在第一次见面的几分钟内就能发生(Chapdelaine,Kenny,& LaFontana,1994)。

日常生活中的事实和观察也很容易证明,对于真心接纳、喜欢我们的人,我们也倾向于接纳对方,愿意同他们交往并建立和维持关系。相反,对于表现出不喜欢、排斥我们的人,我们也倾向于排斥、疏远对方,避免与其有进一步的交往。

(二) 人际交往中交互的原因

北京的某路公共汽车上,一位优秀的售票员请别人给抱小孩的乘客让座时有个非常成功的绝招:她先将抱小孩的乘客引到一位坐着的年轻小伙或姑娘面前,引导孩子先说“谢谢叔叔”或“谢谢阿姨”,紧接着再说:“请您给这位抱小孩的乘客让个座。谢谢!”研究者跟踪观察售票员请人让座的方式,发现这种请求方式屡试不爽,非常有效。

为什么这种请求别人帮助的方式能获得成功呢?有研究者(Foa & Foa,1975)认为,任何人都有着保护自己心理平衡的稳定倾向,都要求自身同他人的关系保持某种适当性、合理性,并根据这种适当性、合理性使自己的行为及与别人的关系得到解释。这是人们在社会化过程中学会的解释自己行为,并由此维护自己的心理平衡的重要适应能力。当实际发生的事情偏离个体已经建立的解释轨道时,个体会发生强烈的情绪反应。因此,日常生活中,人们需要自身与别人保持某种关系的适当性,并根据这种适当性来解释自己的行为及与别人的关系。如果别人对我们做出一个友好行动,对我们表示接纳和支持,我们觉得“应该”对别人报以相应的友好应答的心理反应会被激发,并引导我们用同样的行为方式做出回答。否则,我们的行为就是不合理、不适当的,就会妨碍自己以合理性观念为基础的心理平衡。因此,在上述让座的例子当中,在人们接受了一声别人的“谢谢”时,都会很情愿地做出让座的回报。如果这个“谢谢”来自童稚的孩子,那么它产生的回报压力更大,当孩子说出一句“谢谢叔叔”或“谢谢阿姨”时,无论从接受谢谢的乘客个人,还是公共汽车中的社会环境,都会产生强大的引导人们做出相应回报的压力。因此,售票员的请求与孩子的“谢谢”一起,成功地引导了人们的助人行动,而且使行动者心理平衡,感觉良好。

另外,当我们自己对别人做出一个友好行动,表示对别人的接纳以后,我们也会期望别人做出相应的友好应答。如果别人没有做出我们期望的行动,我们会对对方感到不愉快,性格强烈和较真的人甚至会认为对方不值得我们以友好的态度去对待。另一个发生在公共汽车上的让座事例,可以很典型地说明这一问题。一次,一位很友好的小伙子给一位年纪较长的妇女让座,不知为什么,这位妇女对别人的友好行为未做出任何应答就要泰然落座。这时,一件奇怪的事情发生了!让座的小伙就在她刚要坐下的一瞬间,突然说:“别坐,我的钱包!”等这位妇女再直起腰的时候,小伙又一侧身坐回了刚让出来的座位上,引起了车上人的大笑。这是一个典型的别人行动不符合自己的期望,友好行为未得到相应应答而又收回友好的例子。

同样道理,对于排斥、拒绝我们的人,其排斥与拒绝对我们是一种否定,因此我们也只有报之以相应的排斥和拒绝才是合理和适当的。如果我们对这样的人反而报之以友好的接纳与喜爱,我们的行为就得不到合理的解释,我们就难以达到心理上的平衡。所以,在实际生活中,对于排斥、拒绝我们的人,我们的反应也是相应的,对他们也会合理地采取排斥、拒绝的行为方式。佛家倡导“以德报怨”,实际上是一种理想的至高境界,而不是常人的心态结构。

“爱人者,人恒爱之;敬人者,人恒敬之。”“己所不欲,勿施于人。”华夏先贤以他们的智慧和洞察,同样总结出了在实际生活中必须遵守的交往原则,与社会心理学的研究和分析殊途同归。为此,在实际的人际交往行为和人际关系的建立与维持的实践当中,我们需要遵循交互原则,对于同我们发生交往的人,我们应首先学会接纳、喜爱他们,保持在人际关系上的主动。拒绝别人或试图自我显示而赢得别人,都是人际交往中需要摒弃的误区。

然而,刻意奉迎或假装喜欢别人的人也不会拥有良好的人际关系。当我们知道自己某个地方根本不值一提,别人却大肆夸奖我们时,我们就会怀疑这种恭维的动机,这样奉承就不起作用了(Gordon,1996;Jones,1964;Shrauger,1975)。所以,我们有时会觉得批评比赞扬来得更加真诚(Coleman et al.,1987)。

三、功利原则

(一) 人际交往的本质是社会交换

人际关系的交互原则所强调的是人际交往行为倾向的相互对应。在日常生活中,人与人之间的交往更多的时候都不只需要倾向的相互一致,还需要保持交换的对等。

在本书第二章介绍社会心理学理论时,我们介绍了社会交换理论。在人际关系领域,社会交换理论是非常有影响力的理论观点(Molm,1995)。根据该理论倡导者霍曼斯的观点,人与人之间的交往,本质上是一个社会交换过程。这种交换不仅有物质品的交换,同时还包括非物质品,如情感、信息、服务等各方面的交换。福阿(Foa,1974)对人际交换进行了分析,提出了人际交换的6种基本回报类型,包括金钱、物品、信息、服务、地位和感情等。

根据人际交往的交互原则,人际交换中回报与付出应当是对应的。有研究(Sedikides,1994)发现,大学生在恋爱关系中的回报包括:伴侣关系、被爱的感觉、快乐、亲密、自我理解、性满足等,付出则包括压力和对关系的忧虑、缺乏足够的和他人进行社交活动的自由、维持关系所需的时间和努力、冲突以及对伴侣的依赖感等。虽然,男性和女性在回答的恋爱关系的付出与回报内容方面大致相同,但还是有一些性别上的差异。如女性更关注对伴侣的依恋,而男性则更关注金钱的花费和在时间、精力上的投入。

“费力最小原则”是人类行为的基本原则之一,即人都有用最小付出换取最大回报的倾向,因此人们会讨价还价,走路会倾向于走捷径。具体到人际交往上,人们都希望交换或一种关系对自己来说是值得的,希望在交换或保持关系的过程中得大于或至少等于失。不值得的交换是没有理由去实施的,不值得的人际关系也没有理由去维持,不然我们就无法保持自己心理的平衡。所以,人们的交往行动和人际关系的建立与维持,都是人们根据一定的价值观进行选择的结果。对于那些对自己来说是值得的、得大于失或至少等于失的人际关系,人们就倾向于当成一种“值得的”关系,愿意去努力建立和保持;而对于那些对自己来说不值得,或失大于得的人际关系,人们则倾向于逃避、疏远或终止。

无疑,在实际生活中,我们要想与别人建立和维持一种人际关系,就必须使我们同别人的关系对别人而言是“值得的”,为此我们必须遵循人际交往的功利原则。也就是说,我们要想自己被别人接纳,与别人建立和维持良好的人际关系,就必须了解人们在人际关系方面的价值倾向,并在与人们的交往当中,始终保持人们得大于或至少等于失,从而使人们感到同我们的交往是值得的。也只有这样,我们同别人的关系才能够顺利建立、维持和发展。

应该指出,强调在同别人进行交往时要注意关系维护,强调使别人在同我们交往中得大于或至少等于失,并不意味着我们一定要吃亏,或必须多投资少收益。在关于交互原则的论述中我们已经说明,人们在心理上需要维护合理性和心理平衡的倾向,使人们在实际的人际交往中会自然地选择给双方都带来最大满足的行为。因此,实际生活中的人际关系更多时候都保持着一种礼尚往来的动态平衡,更多人与他人的人际关系都被很好地保持在平等、合理和平衡交往的范围内。

(二) 增值交换与减值交换

增值交换与减值交换是本书根据自我价值定向理论提出的解释双赢和双输人际关系现象的概念,也是作者对人际关系类型分析的一个重要推进。在日常生活的观察中我们可以发现,有些人彼此的交往不再维持交往得失的相对平衡和礼尚往来,而是出现双方都感到欠对方情谊,而希望为对方付出更多且不希望对方回报的双赢局面。另一种极端情况是双输,即人际关系的双方都感到对方欠自己的,并期待对方为自己付出更多,并且不愿意对对方的付出做出回报。作者发现,这种双赢和双输的人际关系,可以很好地通过自我价值定向引导的增值交换与减值交换机制来解释。

不同的价值取向引导着人际交往中不同的社会交换机制。对于重内在情感价值的人来说,他们在人际关系当中个人情感的卷入更多,因而有明显的重情谊、轻物质的倾向。这一类人与别人的交往倾向于是增值交换过程,也就是他们对于交往媒介的价值估计,往往高于交换行动的发出者。从而,他们在人际关系当中总感到欠别人的情分。因此,在他们做出回报时,往往也超出别人的期望。这种过程的循环往复,就使得卷入增值交换过程的双方都感到得大于失。

同样,人际交往当中也有与增值交换相对应的减值交换机制存在。对于重外在物质利益的一类人来说,他们在人际关系当中,纯粹的物质利益交换意识要多于个人情感的卷入。因而他们倾向于用物质价值来衡量自己在人际关系当中的得失。这类人与别人的交往倾向是减值交换过程,也就是他们对于交换媒介的价值估计,往往低于交往行动的发出者。他们总感到自己在人际交往中吃亏,别人对他们没有做到应该做的。这样,他们在对别人的交往行动做出回报时,就往往低于别人的期望。卷入减值交换过程的双方最终往往都感到失大于得,同对方的交往不值得。心理学家认为,人际关系双方都感到得小于失,正是由减值交换机制引起的。交换媒介的价值在交换过程中由于价值估计的倾向而出现了减值。

四、自我价值保护原则

（一）自我价值保护倾向

根据自我价值定向理论，保护自我价值不受威胁和提高自我价值，是个人先定的优势心理倾向。大量的社会心理学研究证明，任何一个人，其心理活动的各个方面，从知觉信息的选择到内部信息的加工，从对行为的解释到人际交往，都具有明显的自我价值保护倾向。在人际交往中，人们的自我价值保护倾向表现在很多方面。比如当别人不同意我们的观点时，我们通常的第一反应是为自己辩护，有时虽然不表现出来也会在心里寻找维护自己的证据。再如，当别人夸奖自己时我们会感到高兴，很多人都喜欢跟别人分享自己经历过的能证明自己优秀品质的事情，甚至还有人喜欢在别人面前夸耀自己，等等，这都是人们保护和提高自我价值的行为表现。

（二）人际吸引水平的增减规律

阿伦森与林德（Aronson & Linder，1965）曾经所做过一个著名实验，发现了人际吸引的增减规律的存在。实验中，研究者巧妙安排了被试可以很自然地被合作伙伴反复评价，同时又合理地安排了被试每次都“无意中”听到合作伙伴如何评价自己。由反复评价的变化和性质，构成了4种不同的实验情境：① 肯定，即被试始终得到好的评价；② 否定，即评价始终是否定的；③ 提高，即评价前几次是相同否定的，后几次则由否定逐渐转向肯定，并最终达到第一种情况的肯定水平；④ 降低，即评价前几次是相同肯定的，后几次则从肯定水平逐渐下降，最后降到第二种情况的否定水平。实验最后让被试评价自己对合作伙伴的印象好坏，表12-2是该研究的结果。

表12-2 喜欢水平的增降趋势

条件	喜欢水平
肯定—否定	+0. 87
否定—肯定	+7. 67
否定—否定	+2. 52
肯定—肯定	+6. 42

注：表中得分是-10～+10等级评定量表上的得分。-10为最厌恶，+10为最喜欢。

表12-1的结果表明，人们对于原来否定自己而最终变得肯定自己的交往对象喜欢程度最高，明显高于一直肯定自己的交往对象。而对于从肯定到否定变化的交往对象喜欢程度最低，大大低于一直否定自己的交往对象。这说明，我们最喜欢的是对我们的喜欢水平不断增加的人，而最厌恶的是对我们的喜欢水平不断减少的人。阿伦森的研究证明，当个人获得评价者的尊重，并且这种尊重逐步提升时，个人对评价者印象最好，他由此提出，人际交往中存在吸引力得失现象：① 在获得方面，积极评价在负向评价之后出现（消极—积极），会比两个评价都是积极的（积极—积极）情况引起更多好感；② 在失去方面，负向评价在积极评价之后出现（积极—消极），比两个评价都是负向（消极—消极）的情况引起更多的恶感。

后续的研究结果并不一致，有的研究结果支持得失效应（Aronson & Mettee，1974；Clore et al.，

1975),另一些研究则质疑理论得失效应的普遍正确性(Signal & Aronson,1967;Taylor et al.,1969;Tognoli & Keisnerk,1972)。有研究者重复并拓展了此实验,得到的结果却是持续积极反馈导致引起的印象最好,持续消极反馈导致的引起的印象最差,而“积极—消极”反馈与“消极—积极”反馈导致的印象分数处于中间,而且“积极—积极”反馈导致的印象显著好于“消极—积极”,“消极—消极”反馈导致的印象显著差于“积极—消极”。也有实验发现,“消极—积极”可以得到比较微弱的“得效应”(gain effect),但“积极—消极”没有产生显著的“失效应”(loss effect)(Mettee,Taylor,& Friedman,1973)。

综合以上研究结果我们可以看出,虽然“得失效应”具有一定的局限性,但印证了一个共同的趋势,外界反馈的变化会引发人们对一个对象喜欢程度的变化,新增的喜爱使人偏于更喜欢,而新增的负面评价使人更少喜爱。

自我价值定向理论,可以很好地解释这一倾向的心理原因。人在任何一个时期的自我价值感,都是既有的一切自我价值支持信息的总和。既有的自我价值支持力量,无论多大,都已成为一个人自我价值感的有机构成部分,它并不带来任何特别的注意。上述研究结果,都证明了这一点。然而,由于人们的自我价值感对于外界自我价值支持性信息的依赖,当外界有关人们自我价值的参照信息出现变化时,人们的自我价值感也会出现相应变化。人寻求自我价值确立的需要,会使人尤其敏感于自我价值支持信息的改变,并在得失效应上有所反映。

(三) 保护他人的自我价值

人们对自我评价的敏感和强烈的自我价值保护倾向说明,在人际交往和人际关系维持上,我们必须遵守自我价值保护原则,即必须在同别人的交往和关系维持中作为别人的自我支持力量而存在,只有支持别人的自我价值,才可能被别人接受和赢得别人的尊重。在任何情况下,只要我们威胁到别人的自我价值,别人就会警觉起来,自我价值保护的优势心理倾向就会引导其用防范、拒绝和贬低我们的方式来进行自我价值保护,我们建立和维持良好人际关系的目标就会遭受破坏。这些实验和心理分析的结论是,在人际交往中我们需要学会始终保护他人的自我价值。

人际关系的自我价值保护原则,是本书基于自我价值定向理论的重要发现之一,不仅本身是对自我价值定向理论的丰富,在实际的交往和人际关系方面也有着重要的应用意义。一个家庭,无论多么优越,如果一个成员在其中没有得到尊重,其自我价值不能以这个家庭为立足基点,那么可以预期,或早或晚,他必定摆脱这个不时给他痛苦体验的家庭。

需要说明的是,保护他人的价值并不意味着处处讨好别人。研究已经证明,虚伪地讨好同样会引起人们的警惕。在人际交往方面,人是非常敏感的。在我们真心支持对方的前提下,即便我们是批评别人,对方也能从中感受到真情的支持。让人感受到真情的支持的批评非但不会妨碍人情,而且可以深化人情。陈毅元帅就曾经有过“难得是诤友”的感怀诗句。

五、情境控制原则

(一) 什么是情境控制

我们可能注意过猴子进入新情境时的行为:它们总是东张西望,这儿摸摸,那儿拍拍。巴甫洛夫称这种行为是“这是什么反射”。人进入新情境时,也有同样的行为表现。那么,我们为什么一定要弄清“这是什么”呢?“这是什么反射”的真正含义,是探究环境,了解环境事物对于我们的意义,从而把握环境,使我们在该环境中的行为有一个明确的定向。

情境的不明确,或不能达到对情境的把握,会引起机体的强烈焦虑。假设我们深夜听到窗子“咣当”一声,接着又是“啪”一声响,那么,我们不弄清声音是怎么回事,是绝难安然入睡的。只有起来查看一番,确信是一阵大风吹开窗子,打碎了花瓶,我们才能安然入睡。因为此时声音的意义已经明确,它不是危险的信号,因而继续睡觉是恰当的行为。我们走夜路害怕,到陌生的地方不安,旅途上感到焦躁等,都是由于不能达到对情境的控制引起的。

对于人来说,不仅对物理环境的不明确和不能把握会引起焦虑,对社会环境的不明确和不能把握,也同样会引起机体处于高度紧张的自我防卫状态。因此,人们对于这类社会情境也倾向于逃避。我们可能都还记得,在我们新入学或新调入某一工作单位时,由于对周围环境和人都缺乏了解,因而机体会在相当一段时间内都处于高度紧张的自我防卫状态。直到我们熟悉了周围的环境,了解了经常发生联系的同学、教师或同事,我们才真正放松、真正适应。

(二) 寻求平等与自由

情境控制原则是指人都需要达到对所处情境的自我控制。因此,我们要想使别人从内心深处真正接纳我们,就必须保证别人在同我们共处的时候能够实现对情境的自我控制,保持表现自己的自由。如果我们增加了人们达到情境自我控制的困难,或是与人们对情境的控制不对等,使别人的自我表现受到限制,而不得不保持一定水平的自我防卫,那么,别人实际上不可能对我们有深层的接纳,我们与其关系的状况也只能停留在正式的、表层的水平。

人作为有机体,其自然的安全需要扩展至社会安全方面,就成了寻求平等与自由的需要。只有在处于平等与自由的人际情境中,人才能够真正达到自我控制,获得充分的安全感。生物学家与心理学家的研究都已经证明,在人的继发性社会安全需要受到威胁时,它所激发的机体的焦虑与防卫状态,与原来作为基础的原发性生物安全需要受到威胁时所激发的机体状态是同质的,具有类似的行为动力作用。因此,人作为一个有机整体,无论在怎样的社交情境中,都是用整个身心来进行交往的。当人面临威胁时,整个身心都会投入自我捍卫的行动中。了解了这一点,就不难理解人们为什么会经常因为非常细小的事情而引发不可调和的强烈冲突。“士可杀不可辱。”尽管不同的人采取的自我捍卫的策略和方式是不同的,但人面临威胁时都必定会全力自卫这一点却是共同的。将人描绘成理性的圣贤或将人简单描绘成动物都是偏颇的。

【知识拓展】
人际关系的测量

本书作者对人际关系长期的观察研究发现,任何一种关系,无论社会关系多么紧密,只要关联的双方对于情境的控制是不均衡的,一方必须受到另一方的限制,这种关系就必定不能深入,必定缺乏深刻的情感联系。即使是亲子关系、夫妻关系也不例外。所以,当父母或领导以权威的身份出现在我们面前时,无论他们怎样强烈地希望了解我们的内心世界,我们都难以对其报以真正的信任,并暴露自己的内心真情。因此,当教师抱怨难以了解学生、家长抱怨孩子不信任自己、领导者抱怨下属不容易合作时,更可能是因为他们没有摆脱权威身份的束缚,而与人们保持真正平等的交往。在这种情况下,无论人们的关系表面上看来如何接近,他们之间也必定会缺乏实质性的情感纽带。而这,正是真正良好的人际关系的本质。

思考与探究

1. 人际关系对个人成长有什么意义？
2. 简述人际关系的发展阶段。
3. 人际关系的原则包括哪些？
4. 试用自我价值定向理论对人际吸引水平的增减规律进行解释。
5. 如何改善人际关系？

第十三章　助人行为

本章要点

* 助人行为的概念
* 助人的原因
* 责任分散
* 社会作用力理论
* 助人的决策过程
* 助人行为的影响因素
* 提高助人行为的方法

2005 年 2 月 20 日下午 5 时许，一列由杭州开往温州的火车正呼啸着驶来。此时，途经村火车道口的河南民工李学生突然发现在铁轨上玩耍的 4 岁女孩和 8 岁男孩。急促的火车汽笛声，使两个小孩惊慌失措，呆立不动。在这千钧一发之际，李学生奋不顾身冲上铁轨，将男孩救出，当他再次冲上铁轨救女孩时，带着巨大惯性的火车将他们撞出数米远。男孩得救了，女孩却未能逃过厄运，李学生用生命感动了温州，感动了中国。

2011 年 10 月 13 日，2 岁的小悦悦在广东佛山相继被两车碾轧。7 分钟内，18 名路人路过但都视而不见，漠然离去，最后只有拾荒阿姨陈贤妹上前施以援手。这一事件引发网友的广泛热议。小悦悦虽经医院全力抢救但仍死亡。10 月 23 日，佛山 280 名市民聚集在事发地点悼念小悦悦，宣誓“不做冷漠佛山人”。

李学生舍命救童，感动华夏；过路人闻难不动，冷落人心。究竟什么原因使得李学生能气贯长虹，又是什么原因使得过路民众闻危难而无动于衷？个体在什么情况下会帮助别人，又是什么原因让人见死不救？本章内容将对这些与我们日常生活息息相关的社会心理问题进行纵深探讨。

第一节　助人行为及其原因

一、助人行为的概念

（一）亲社会行为

亲社会行为（prosocial behavior）泛指一切符合社会期望而对他人、群体或社会有益的行为。

它主要包括分享行为、捐献行为、合作行为、助人行为、安慰行为和同情行为等。有些心理学家用积极社会行动来代替亲社会行为的概念，二者实际意义是一样的。有些社会心理学家则简单地将“亲社会”理解为对他人有积极后果而忽视了符合社会期望这一重要特征。事实上，对他人有积极后果未必是亲社会的，如包庇触犯法律的亲人，虽然对他人产生了积极的作用，但这些行为却不是亲社会的而是反社会的。亲社会行为不一定以特定的人或群体为直接对象，例如及时在丢失井盖的地方竖起警告牌，虽然行为对象是物体，但结果却是使个人、群体或社会受益，因而也是亲社会行为。

（二）助人行为与利他行为

助人行为（helping behavior）特指以特定的个人或群体为对象的亲社会行为。根据助人行为的动机性质，又可以分为两类。一类是无个人动机，不期望任何回报的助人行为，即利他行为（altruism）。李学生舍身救童的壮举，危急中不顾个人安危，义无反顾地想着把孩子从死亡线上拉回来，是典型的利他行为。日常生活中经常发生的慈善行为，多数也属于利他行为。典型的慈善行为是不期待回报的，因此企业或个人为了自身经营的目的所进行的捐助本质上还不是纯粹的慈善行为。

另一类助人行为具有个人意图。与利他的慈善行为相比，有些助人行为是出于自己的利益而发生的。比如，为了给外人留下很好的印象，为了充实自己的简历而去参加青年者志愿协会、福利院活动，为了让自己或自己的企业有更高的知名度或美誉度进行社会捐助，都属于有个人意图的助人行为。不过，无论哪种助人行为，都属于社会鼓励的亲社会行为范畴。

很多研究者没有严格区分助人行为和亲社会行为。实际上，亲社会行为是比助人行为概念更为广泛的描述对社会有益行为的概念。从狭义上来说，亲社会行为是指自愿做出的，符合社会期望的，可以给别人带来好处并促进相互之间人际关系的和谐的行为（Greener & Crick，1999；Fabes et al.，1999，转引自寇彧，王磊，2003；张庆鹏，寇彧，2008）。

（三）三种社会期望行为的关系

从以上分析中我们可以看到，亲社会行为、助人行为、利他行为三者之间是一个包含的关系。在整体上，三者都是有关对社会有利的行为的描述，越是向利他行为靠拢，个人的意图就越少，符合社会的期望就越多。三者的关系可以从图 13-1 中得到简洁的描述（参见 Krebs，1994）。

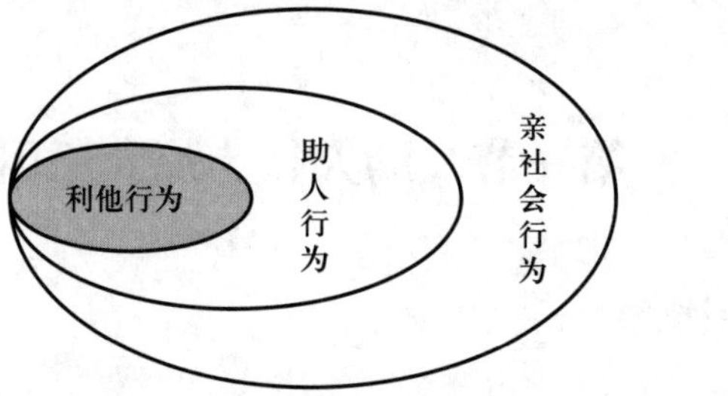

图 13-1　亲社会行为、助人行为和利他行为的关系

二、助人的原因

（一）社会生物学解释

社会生物学假设，助人行为是人的先天特性，来自我们的基因，可以遗传。正如达尔文指出的那样，经过物竞天择的自然过程，有利他天性的生物将有更好的种族存留机会，从而使得它们的物种被留存下来。社会生物学家威尔逊（Wilson，1975）对动物进行长期观察，出版了《社会生物学——新的综合》一书。在这本有影响的著作中，他列举了大量的动物研究资料，从野兔、白蚁到狒狒等灵长类动物，说明利他行为是动物的一种以自我牺牲换取其他个体与群体生存机会的本能。于是就形成了这样一种观点：利他主义是“人之本性”，由基因决定。

【微课】
助人行为及其原因

威尔逊的利他遗传观点与孟子的性善论相吻合。孟子对人性抱有乐观的想法，用人的本性来解释助人行为。不过，威尔逊的观点主要来自动物研究，在人类身上是否适用还有待证明。但这一理论的确提供了一种解释的可能性，可以用来解释我们为什么更愿意帮助我们亲近的人、和我们相似的人。

随着医学和神经生物学研究的推进与跨领域研究合作，越来越多的研究者开始从生物学和认知神经科学的角度解读影响亲社会行为的生理因素。例如，研究发现，催产素（oxytocin，OT）及人类的催产素受体（oxytocin receptor，OXTR）会对人们的人际信任和慷慨行为等亲社会行为产生影响。共情作为亲社会行为的重要情感基础，干预研究发现，催产素可以提高人们的情感推理能力，增进人际信任，促使人们做出更多的亲社会行为。而不同 OXTR 的个体也会在共情和亲社会行为方面存在差异。但这些来自基因和激素水平的研究在解释亲社会行为的机制方面尚未达成一致的结论（参见吴南，苏彦捷，2012），而亲社会行为神经机制的研究，通过经济学的博弈游戏范式也获得了许多成果。例如，研究发现，大脑皮质的颞上回后部、腹侧被盖区等都会参与到助人行为当中，而大脑的内侧框额皮质、杏仁核和前额叶等也会参与到合作和信任行为中（参见吴南，2015）。

（二）社会交换论观点

社会交换论强调，人与人之间的相互作用，本质上是个人试图尽可能获得最大利益，同时又尽可能少地付出代价的社会交换过程。心理学家福阿（Foa et al.，1975）、格根（Gergen，1981）等人都持这种看法。他们认为，人们在做出亲社会行为之前，往往要先对自己、对别人及对社会背景做出评估，考虑助人行为是否能够给自己带来快乐或减少自己的痛苦。不过，与其他简单强调外在奖励作用的强化论者不同，社会交换论者认为，不仅外在的奖励可以有积极强化作用，个体自己内在的自我奖励也可以有同样的效应。按照福阿等人的观点，即便是最具有利他主义特征的行为，如捐赠、资助路边的乞讨者，也都具有社会交换的色彩。个人在一手拿出钱财的同时，另一手也拿进了自我尊重和赞誉，或者通过助人行为来减少自己的焦虑。实验研究支持了社会交换论的理解。心理学家达顿（Dutton，1973）的有关研究表明，当用实验的方法引发人们的焦虑，使人们感到自己不像自己声明的那样没有种族偏见时，人们向黑人乞讨者捐出了更多的钱。此时，人们这么做是为了向自己证明，别人说自己有种族偏见是错误的。实验后的捐助行动，成为减少自己因被误解而产生的焦虑的策略。

社会交换论强调助人行为的自身理由,似乎任何助人行为都是带着"自私"的目的,有意或无意地获得回报。这种观点与人们希望显示自己有好德行的"好人品效应"的倾向是相违背的,而且也确实无法解释特定条件下自发救助的利他行为。但是,社会交换论强调了助人行为是一个双向互动过程,即帮助了别人的行为,也会给帮助者回馈积极的自我观念,这显然是合理的。

(三) 社会规范论观点

社会学家古尔德纳(Gouldner,1960)提出,人类道德准则中最普遍的成分是交互性规范。也就是说,各种社会对人们的行为都有一个共同的期望:人应当帮助对自己有善意的人,而不是伤害他们。由于这一规范的存在及其在社会化过程中对人的长期影响,人都获得了报答别人善意和帮助的观点。为此,当别人帮助我们或对我们有善意的时候,会在心理上激起我们回报的压力,迫使我们也以同样的方式对待对方,从而使我们表现出亲社会的行为。这也在一定程度上说明为什么有时候人们会拒绝他人的帮助。中国古训有"人世间最沉重的债务是人情债"。人情压力也会像其他压力一样,使人焦虑。

按照社会心理学家迈尔斯(Myers,2002)的观点,交互性规范是支配社会交换、保持社会关系中得失平衡的一个基本原则。伯克威茨(Berkowitz,1972)等人做的一系列实验研究,则直接为社会规范论提供了科学的支持。

交互性规范可以很好地解释亲社会行为的相互性,却不能解释整个社会中最初的亲社会行为是怎样发生的。回报是推动人们做出应答性亲社会行为的心理原因,那么,做出初始的亲社会行动,并推动亲社会行为的交互循环的动机又是什么呢?

伯克威茨提出,除了交互性规范外,我们的社会中还存在另外一类规范——社会责任规范。这一规范是指社会期待人们去帮助需要帮助的人,如父母应当抚养孩子,教师应当爱护学生,别人遇到困难时我们应当提供帮助,等等。交互性规范和社会责任规范是人类社会最为普遍的规范。不过,随着个人发展水平与文化背景的不同,我们对这些规范的理解也是有差异的。

施瓦茨把内化的社会规范(internalized social norm)作为利他行为的动机因素(参见杨志强,2004),认为内化的社会规范的激活会引发人们对他人的道德义务感(feeling of normal obligation),道德义务感的强度会影响利他行为的发生。施瓦茨指出,个人规范意识和对他人行为后果的意识,对道德义务感的产生起着决定性作用,责任归因则对道德义务感的产生起激活作用。由此,施瓦茨提出了"规范激活理论",认为个体的道德义务感的激活,以及个体对亲社会行为需要付出的代价和可能的后果进行评估,都会影响个体是否会做出亲社会行为(王美芳,庞维国,1997;丛文君,2008)。

社会规范在人类生活中的普遍存在,为人们提供了学习这些规范的文化基础,并解释了助人行为的社会根源。随着社会化进程,个体学到了更多的社会规范,并以这些规范作为自己行动的指导。较之生物学观念和社会交换论,社会规范论更强调社会对助人行为的引导作用,从一个更高的角度解释了助人行为的发生。

(四) 进化心理学解释

1. 交互利他行为理论

交互利他行为(reciprocal altruism)理论认为,只要利他者能够在将来的某个时刻,从受惠者那里获得回馈式的收益,那么促使人类在非亲属之间产生利他行为的心理机制就能够得以进化

(参见巴斯,2007)。这个理论自问世以来,不断得到丰富和扩充,而且已经产生了很大影响(Axelrod,1984;Axelrod & Hamilton,1981;Cosmides & Tooby,1992)。该理论强调双方受益是行为进化的条件,那么就产生了一个问题:行为的做出者根据什么来确信他所做出的利他行为在将来能够得到回报?

2. 社会契约理论

交互利他行为理论假设,个体从合作性交换中将会获得收益,但交互交换活动很容易出现欺骗行为——获得收益的一方没有付出相应的代价(Cosmides & Tooby,1992)。因此,进化心理学家(Cosmides & Tooby,1992)提出了社会契约理论来解释人类合作性交换活动的进化过程,并特别致力于探究人类如何来解决欺骗问题(参见巴斯,2007),认为人类已经进化出了5种能力来解决社会交换中的欺骗问题,从而确保交换活动得到保障,包括:人类必须识别其他个体,记住与不同个体的交换历史,向他人表达自己的价值观、需要和愿望,识别他人的需要和愿望,用代价和收益来对各种不同的交换事物进行表征。

很容易看出,研究者看问题的角度不同,对助人行为的解释也是高度不同的,这不仅说明助人行为本身有其复杂性,也意味着该领域仍然需要更加深入的研究,特别是需要揭示助人行为的群体差异和个体差异的内在心理机制,解释为什么有些群体和个人更容易发生助人行为,而另一些群体和个人的行为倾向却相反。

第二节　责任分散与社会作用力理论

正如开篇的示例一样,在我们的生活不断演绎乐于助人的动人故事的同时,见死不救的冷漠故事也在不断发生。

1964年在美国纽约发生的一起吉诺维斯凶杀案,引起了社会心理学家探究人为什么会见死不救的深层原因的兴趣。案发期间,吉诺维斯被歹徒劫持长达35分钟,而吉诺维斯的很多邻居都听到或看到了这起事件,但无一人帮助,也无一人报警。为什么如此众多的目击者却没有人救人于危难?是这个街区的人们良心泯灭了吗?

【微课】
责任分散

一、责任分散与紧急助人

(一) 责任分散假设

社会心理学家受吉诺维斯案件启发,开始了系统的思考和研究,其中以拉特纳和达利的研究最为著名。他们试图解释为什么在吉诺维斯案和其他类似个案中,人们目睹事件发生而不给予帮助时,首先想到了别人的在场抑制了个人助人的动机这个原因。

拉特纳和达利两位心理学家没有像媒体那样用人的良心泯灭来解释事件,而是假设当紧急事件发生时,如果有很多旁观者在场,那么任何一个旁观者出面帮忙的可能性都不大。这里可能的原因是:助人者人数的增加导致了个人责任感的降低。也许每一个人都会想:其他的人会帮忙的,甚至他们已经那样做了。每个人都会把另外的人想象成乐于助人、勇于承担责任,而实际上,却可能没有一个人采取实质性的帮助,大家都保持着旁观者的身份。在吉诺维斯案中,当每个目击者看到其他窗户上也有人影闪现时,他们会感到自己没有必要行动,或者认为既然别人也看到了事情的发生,别人可能已经通知了警察。

另外,冷漠行为出现的原因也可能是由情境的不确定性造成的。在情境比较模糊时,大家都不确定对方是否是真的需要帮助。吉诺维斯是真的遇到了危险,还是与她的丈夫在争吵?碰到这种情况时,我们很自然的做法是先看一看周围其他人的反应,以其他人的反应作为对这件事的紧急程度判断的标准,再来决定是否要伸出援助之手。可是,人们忽视了这一点:不仅仅"我"这个目睹了现状的个人在寻求确定情况是否紧急的证据,其他旁观者也在寻找社会证据。而因为我们总是喜欢在他人面前表现出沉着、冷静,所以在寻找证据的过程中每个人都表现得若无其事,只偷偷地对周围人扫一眼。因为每个人都表现得很镇定,于是,紧急的事件被解释成了非紧急的。事情变得越来越危险,最终到了某一个临界点,这个时候终于有人不再受其他"镇定的"人的影响,采取了救助行动,但是这时往往已经无济于事了。

依靠他人的行为对模糊情境进行判断,并由此将需要帮助的情境判断为无须干预的情况,研究者将这一心理现象称为"人众无知"(pluralistic ignorance)。在很多现实的情境中,助人的信息往往是模糊不清的,潜在的助人者就需要对此做出判断:是否有人真正需要帮助。而为了对模糊的情形做出判断,人们往往会以周围他人的行为作为参考。由此就可能出现人众无知的局面,即每个人都在观望,却没有人真正做出帮助行动。

(二) 责任分散的实验验证

为了验证责任分散假设,拉特纳和达利设计了一系列实验研究(Latané & Darley,1968,1970)。

1. 紧急报警实验

这项实验是由拉特纳和达利于1968年完成的。实验的被试为男性大学生,就在他们填写问卷时,研究者通过通风孔,向屋子灌送表明紧急情况的烟雾。研究的真实目的是,测量被试是否向实验者报告紧急情况、报告的速度如何。更重要的是,研究要考察别人的在场是否会影响被试的行为。实验的结果表明,当被试单独一人在屋里时,75%的被试在发现烟雾之后的6分钟内报告了紧急情况。其中,50%的被试在两分钟内就做出了反应。而当被试与其他人一起在屋里时,报告的比例明显降低至38% ~10%。

2. 紧急助人实验

这是拉特纳与达利在同一年里做的另一项验证研究。该研究提供的是一个类似吉诺维斯案的情境。大学生被试被请到实验室与其他大学生讨论大学生活问题。研究者让被试相信,各个讨论者不相互见面,而是在小隔间里以电话系统讨论更好。研究分为3种情境:一种是被试独自与另一个人讨论;第二种是让被试相信除自己之外还有另外两个人;第三种情境则让被试相信,一起讨论的有6个人。无论哪种情境,每次实验实际上只有一个真正的被试参加。讨论开始时,其中一个讨论者(实际为标准化的录音)发言时谈到自己在大学生活中发过癫痫病。当再轮到这个讨论者的声音在电话中出现时,他表现出癫痫再次发作的声音:"我要死了……呃……救命……呃呃……发作了……呃……"

该研究的真正目的,同样是考察被试在独自一人时的助人倾向是否与他相信还有其他人存在时的不同。研究结果很好地证明了实验的假设:可能的帮助者越多,被试对癫痫发作的讨论者做出试图帮助的反应的比例就越低,并且在采取帮助行为之前所耗费的时间更多。具体研究结果见图 13-2 和图 13-3。

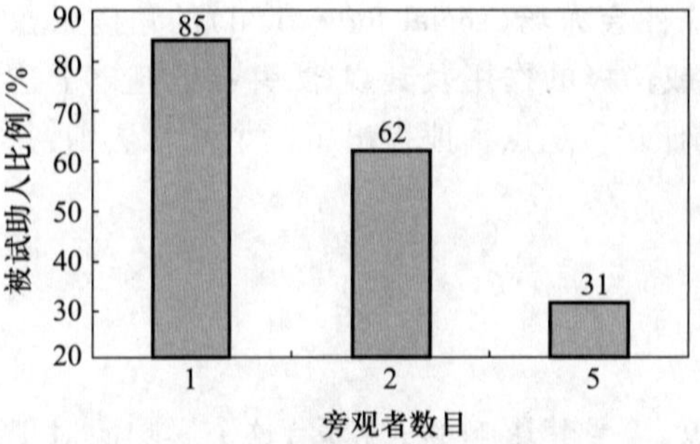

图 13-2 旁观者数目对助人行为的影响

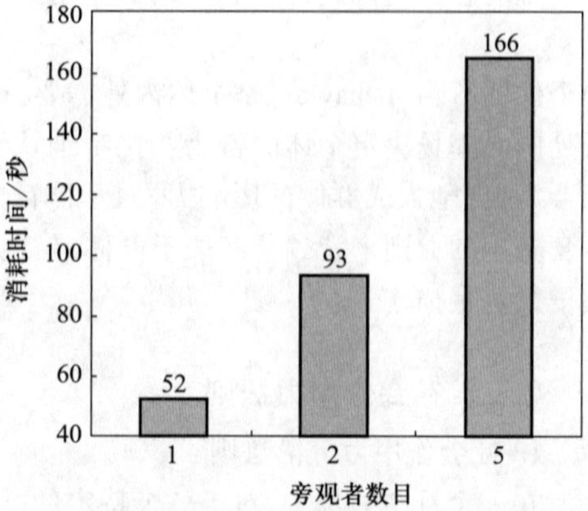

图 13-3 旁观者数目对助人行为反应时间的影响

来源:转引自巴伦,伯恩.(2004).*社会心理学*(第 10 版).(黄敏儿,王飞雪等 译).上海:华东师范大学出版社,503.

3. 不幸女士实验

该实验是由拉特纳与另外一个助手于 1969 年完成的。实验过程是:一位女实验员安排好被试填写一张问卷后到隔壁办公室工作去了,4 分钟后,被试可以听到那位女士站在椅子上够东西的声音,紧接着听到尖叫、椅子倒地的声音。随后是女士痛苦的声音:"噢,天哪! 我的脚……我……我……搬不动它,噢,我的脚脖子……我……没法拿开身上这东西……"

研究者试图了解,在这种情境中被试独自一人时的反应与还有其他人在场时的反应是否有差别。结果显示,被试单独一人时,70% 的人会试图以不同方式提供帮助;两个被试在场时,出现其中一人试图提供帮助的比例为 40%;如果旁观者被换成无动于衷的假被试,则仅有 7% 的真被试尝试提供帮助。别人的存在与态度,造成了明显的观众抑制作用。

根据拉特纳(Latané,1981)的总结,到 1980 年为止,近 50 个研究比较了个人独自一人及与别人在一起时助人行为的不同。其中,90% 的研究都表明,独自一人时帮助别人的可能性更大。这是从近 6 000 名被试的研究中获得的结论。

拉特纳和达利相信,公众目睹别人身临危难却不去救援的原因,不是公众人性的丧失,而是由于其他人在场所产生的相互影响,抑制了人们的援助动机。在场的人越多,个人对特定事件负有责任的意识就越低。我们下面所讨论的社会作用力理论,从社会影响的角度,更为细致地解释了别人在场造成责任分散的原因。

二、社会作用力理论

(一) 社会作用力理论的来源

社会作用力理论(social impact theory)是一个关于群体或他人影响个体的著名理论,由拉特纳(Latané,1981)在总结自 20 世纪 60 年代开始的利他行为和旁观者干预的实验研究后,在 20 世纪 80 年代初正式提出。在该理论中,拉特纳提出了一系列有关个人受群体背景影响的理论原则。通过这些原则,他期望解释个人在应急情境中的助人行为,并揭示日常生活中一般的群体影响个人的社会影响机制。

社会作用力理论源于勒温的团体动力学理论。勒温和他的追随者们提出场论公式：

$$B=f(P,E)$$

即个体的行为(behavior)是个体内外需要(person)与其所处心理环境(environment)的函数，个体所处的心理场决定个体的行为。拉特纳认为，应该从社会力场(social force field)的角度来探索社会力(即他人或群体的影响力)对个体行为的积极或消极的作用及其规律，并在此基础上建立一套基本的原则来统领所有关于群体或社会影响的研究和观点。他提出了三个基本法则，并对其进行定量描述。

(二) 社会作用力法则

1. 社会作用力分散法则

在一个社会力场中，对于一个特定的社会影响源，接受其影响的人越多，这个影响源对于某一目标个体的作用力也就越小。特定影响源的社会作用力，在接受同样影响的目标个体当中是分散的。目标个体越多，每个目标个体所接受的来自影响源的作用力也越小。此种情况下社会作用力的值是目标个体的强度、接近性与数量三者的负指数。这个作用力原则常被用来解释社会责任分散现象。例如，在一辆公共汽车上，一个年轻人坐在位子上，他旁边站着几个老人，那么他就有可能坐立不安，但如果有几个年轻人坐着却只有一个老人站着，那么，单个个体所感受到的社会作用力就会小得多。这种效应又称分散效应(disperse effect)(见图 13-4)。

2. 社会作用力心理社会法则

时间是影响社会作用力的重要因素。同样的影响源，在不同时间里出现，对人们所产生的社会作用力是不同的。影响源数目的增加，虽会使整个社会力场的作用力增加，但与原有影响源所发挥的作用力相比较，后增加的影响源所产生的作用力是递减的。与第一个提供信息的影响源相比，第十个提供同样信息的影响源所产生的社会作用力要小得多。如果用公式来表示这一法则，即 $I=sN^{t}$(t<1)。式中，I 表示社会作用力(impact)，s 表示一个比例常数，N 表示社会作用源的数量，t 是幂指数(t<1)。式中，N 和 t 是限定描述值(limited descriptive value)，其数值在不同的社会环境中会有所变化(图 13-5)。

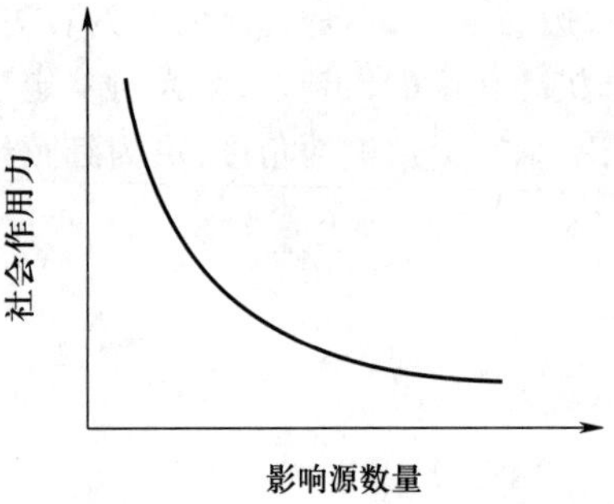

图 13-4　社会作用力分散法则

来源：改编自金盛华，张杰.(1995).*当代社会心理学导论*.北京：北京师范大学出版社，349.

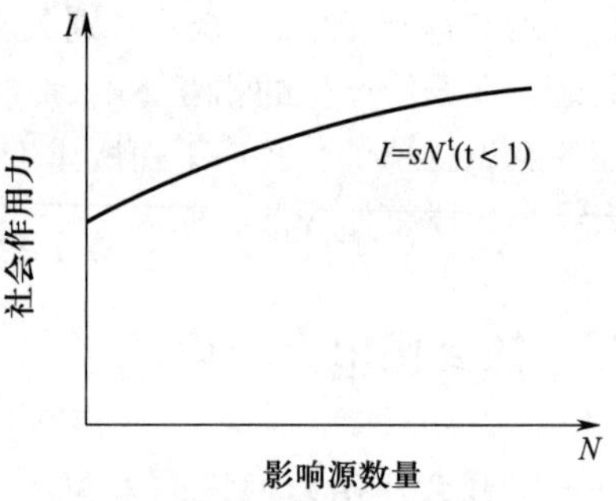

图 13-5　社会作用力心理社会法则

来源：转引自金盛华，张杰.(1995).*当代社会心理学导论*.北京：北京师范大学出版社，348.

3. 社会作用力乘法法则

社会作用力乘法法则又称倍增效应(multiplicative effect),或电灯泡效应,是指当一些社会源(social sources)或称作用源、影响源作用于一个目标个体时,该个体体验到的作用力 I(impact)是这些社会源的强度 S(strength)、接近性 I(immediacy)和社会源数量 N(number)乘积的函数,即$I=f(SIN)$。社会源的数量越多(如群体规模较大)、各个社会源的影响力越大(如个人生活中的重要他人)、影响作用越直接(如社会源在时间与空间两个维度直接发挥作用),个体所受到的作用力也越大。社会源某一维度被削弱,整个作用力的强度也会削弱。另外,提高某一维度的强度也可以弥补另一维度强度较弱带来的缺陷,从而提高整个作用力的强度。拉特纳对强度进行了进一步说明,指出目标个体体验到的强度与社会源的身份、年龄、社会地位、对目标个体未来的影响等因素有关。比如,一个小学生(目标个体)与另一个同龄的小学生(社会源)交谈时,他感到的社会源的强度(S)要比他面对一个教师(社会源)交谈时的强度要小得多。社会作用力乘法原则可用图 13-6 来表示。

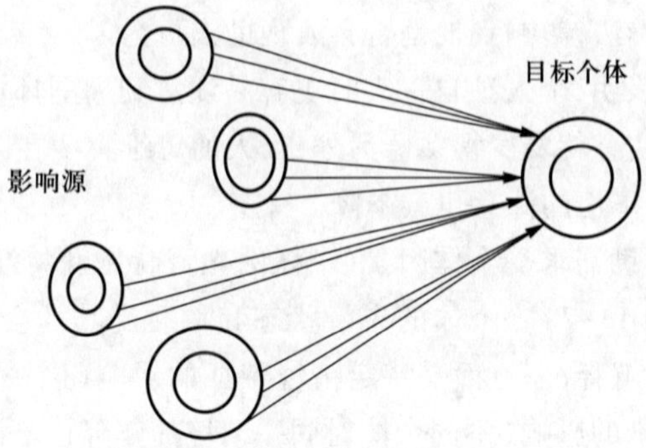

图 13-6　社会作用力乘法法则

来源:转引自金盛华,张杰.(1995).*当代社会心理学导论*.北京:北京师范大学出版社,347.

总之,拉特纳所发展起来的社会作用力理论,一方面有其自身长期实证研究的基础,另一方面,其他研究者有关社会影响问题的各种不同时期的研究也很好地证实了这一理论的正确性。事实证明,社会作用力理论不仅可以很好地解释应急条件下人们的助人行为发生机制,对于后面将讨论的从众、社会助长、群体思维等现象,也有很好的解释能力。

第三节　助人的决策过程及影响因素

一、助人的决策过程

【微课】
助人的决策过程

李学生在勇救儿童时,没有时间让他去思索可能带来的后果,但在更多情况下,助人行为是由一个复杂的决策过程引发的。拉特纳与达利通过对责任分散现象的研究发现,日常生活中的助人行为,不是一个简单的全有或全无的过程,而是需要经过一个复杂的、多步骤的决策序列。只有在决策的每一个步骤上,选择都是指向做出助人行为的时候,实际的助人行为才会发生。20 世纪80 年代中期,美国儿童心理学家艾森伯格(Eisenberg)总结出了亲社会行为的理论模式,并按亲社会行为产生的过程,把亲社会行为分为3个阶段:对他人需要的注意阶段、确定助人意图阶段、意图和行为相联系阶段(王美芳,庞维国,1997)。综合前人研究的结果,助人决策包括以下几个步骤。

(一) 觉察帮助需求

一个人对一个需要帮助的人是否会伸出援助之手,首先取决于他能否意识到对方需要帮助,即他能否注意到对方的困境。有时这种困境是很明确的,如一个老太太摔倒在地很久都没有站起来。但是,在很多情形下,就很难确定是不是需要帮助,比如,大街上一位年轻女子在尖叫,一位青年徜徉在河岸很久。

当情境不明确时,人们可能会有两种想法:此人不需要别人帮助和此人的确需要帮助。当旁观者抱有第一种想法时,他们可能会出现疏忽,认为所见到的情况与普遍情况没两样,会相信他人不需要帮助。只有在人们意识到此人的确需要帮助时,才可能警觉起来,采取可能的行动。潜在的助人者对事件的不同看法,影响到他是否会表现助人行为。

拉特纳与达利的研究表明,个人独自一人时更容易注意到周围环境中特殊事件的发生,而在群体背景中对同样事件的注意就要少得多。另外,当人的思维集中在某一件事情上时,如有紧急的事情赶着要做,其对周围事情的注意也会下降。

艾森伯格认为,觉察帮助需求受个体因素(个体的先行状态和特质等)和个体对特定情境的解释两个方面的影响(见图13-7)。个体的先行状态和特质受其社会化历史和社会—认知发展水平的制约;个体对情境的解释,一方面受特定情境特征的影响(同一个体对不同情境的解释不同),另一方面还受个体因素的影响(不同个体对同一情境的解释也不同)。

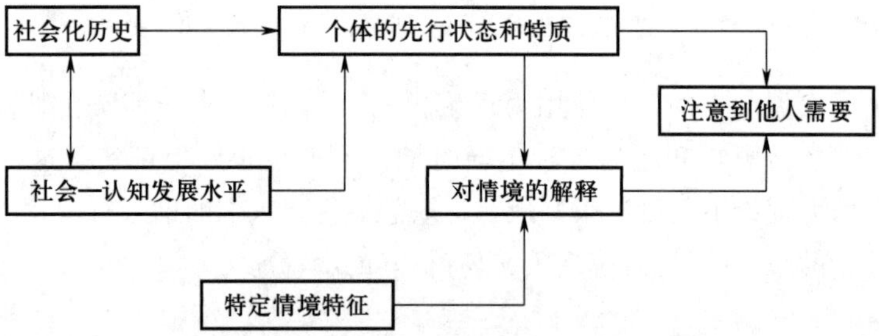

图13-7 对他人需要的注意阶段

来源:转引自王美芳,庞维国.(1997).艾森伯格的亲社会行为理论模式.*心理学动态*,(4),36-41.

(二) 确定助人意图

一个潜在的助人者一旦注意到他人的需要,便需决定是否要助人,从而进入亲社会行为——助人意图的确定阶段。艾森伯格认为,这一步可能通过两种方式进行:在紧急情况下,情感因素在助人决策的过程中起主要作用;在非紧急情况下,个体的认知因素和人格特质起主要作用。

1. 紧急情况

在紧急情况下,由于时间紧迫,不容许可能的助人者全面分析个人得失,这时,情感因素,如移情、同情、内疚感或个人痛苦等起着主导作用。

2. 非紧急情况

在大多数情形下,受助者并非处于一种十分危急的状态,此时,个人是否产生助人的动机受多种因素的影响,其中认知因素和人格特质会发挥更重要的作用。

(1) 助人责任意识。在非紧急情况下,当旁观者觉察到他人的确需要帮助时,他并不一定会采取行动,旁观者会考虑自己是否应该承担帮助人的义务,自己是否有责任帮助他。想象一下:

你在教室里自习,进来一个人,把书包放在你旁边的座位上就匆匆离去。过不久后又进来另一个人,开始翻你旁边的那个书包,并把里边的手机、钱包之类的贵重物品拿走了,此时你会有什么反应呢?你是否会去阻止此人的行为呢?

你可能对此无动于衷,认为自己并没有责任去对付他。你可能会觉得周围人都在静观事态,为什么我就一定要伸出援助之手呢?于是就任此人光明正大地把东西拿走。但是,如果书包的主人在走出教室之前请求你帮她看管一下书包,你对此人的任意行为还会睁一只眼闭一只眼吗?当书包的主人信任你,给了你看管书包的责任时,你就再也无法置之不理了。

研究证明,当个人的责任越明确时,助人的可能性就越大。曾有一个研究设置不同的实验条件看孩子们捐赠玩具的多少。第一种条件是一群人中的每个孩子都被告知有责任去帮助他人;第二种条件是告诉一群孩子他们有责任去帮助他人;第三种条件是没有对孩子们强调有帮助他人的责任。研究结果显示,每种条件下孩子们捐赠的玩具数目不一样(见图 13-8)。当个体认为自己应当承担帮助他人的责任时,就会考虑行动的后果。

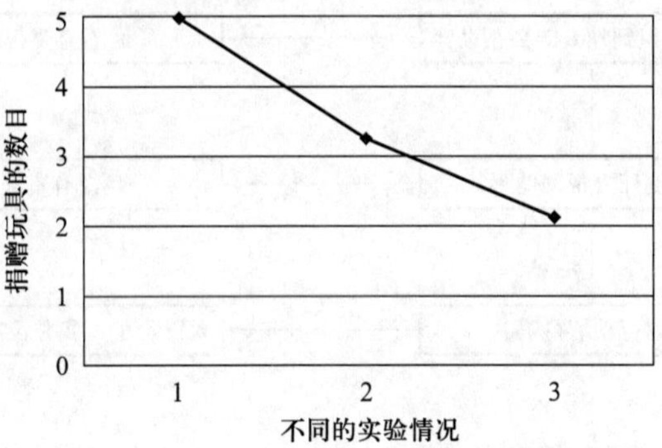

图 13-8　责任意识与捐助情况的关系

但是,在有些情况下,虽然个体意识到有责任去帮助他人,最终却没有采取相应的行动,原因在于:个体遇到过因为助人而给自己带来不利的后果。在美国曾发生过这样一件事情:两个人帮忙把一个受伤的中年男子抬回家,结果这两个人被中年男子 13 岁的儿子误认为是劫持他父亲的匪徒而枪击致死。这样助人的代价可谓巨大。在平常生活中,我们也有这样的经历:你看到一位母亲在责骂甚至殴打她的女儿,好心好意去相劝,想帮那个孩子一把,结果却遭来母亲的大骂。类似的经历使得我们越来越多地放弃了我们应该承担的责任,这也是为什么很多悲剧发生的缘故之一。

(2) 得失。当意识到自己有责任去帮助他人时,潜在的助人者并不一定会有实际的行动。从决策的观点来看,人们会权衡在一个特定的行为中潜在的收益与付出是否对等。当人们意识到助人行为较之不助人行为能带来更大的利益(奖赏与代价之差)时,他们更可能表现得乐于助人。在一些情境下,助人是件很容易的事情,如帮老太太提沉重的箱子,扶一位盲人过马路。但是在很多情形下,助人意味着时间、精力的付出,可能更加复杂,甚至包括生命受到威胁:你是否愿意每天都花一个小时做免费家教?你是否会不顾生命安全抢救溺水的儿童?付出的代价越大,助人的可能性就越小。受助者越值得你去付出,你从助人行为中得到的越多,助人的可能性就越大。

除了衡量助人可能带来的益处外,我们也会考虑不助人可能带来的后果:可能会产生内疚感乃至罪恶感,他人可能给我们安上了"冷漠"的字眼。更严重的是,我们的不助人行为与我们的道德标准发生了冲突:我们一向认为自己是个乐于助人的人,会在他人需要帮助的时候毫不迟疑地采取行动,可是,当他人真正需要我们的帮助时,我们却采取了回避行为。这种冲突使得我们坐立难安,为了避免冲突,我们也会采取助人行为。

(三) 采取有效的救助措施

当个体明确应该采取助人行为时,个体还会评价自己是否有能力帮助、用什么方式帮助。人们只有在确认自己有能力帮助,并且可以在现场找到合适的帮助方式时,才会对事件进行直接干预。如果个体无力帮助或现场无法实现帮助时,人们则可以用呼吁其他帮助途径的方式,对事件进行间接干预。显然,仅仅从直接干预的立场来考察助人行为是不够的。间接的干预尽管表现形式不同,但其中蕴含的利他主义意义也是巨大的。

综上所述,助人决策的过程可以用图 13-9 来表示。

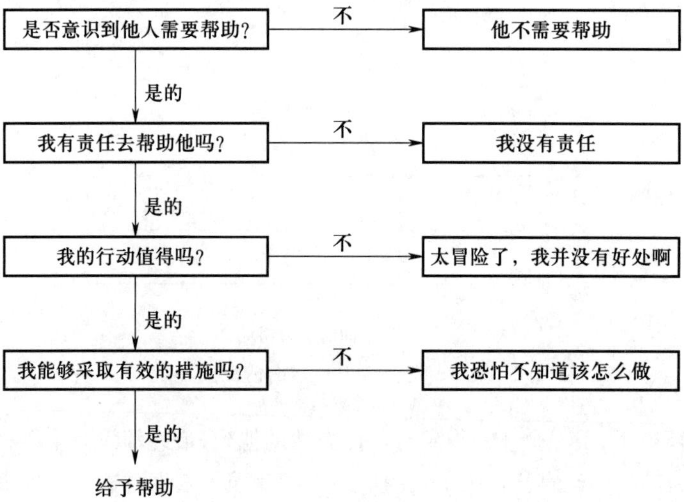

图 13-9 助人的决策过程

二、助人行为的影响因素

(一) 受助者特征

这个世界每时每刻都有人需要帮助,但是并不一定每一个需要帮助的人都能得到他人的关注而走出困境。那么,我们更愿意帮助哪些人呢?受助者的哪些特征会影响到他人对其的反应呢?

1. 性别

或许我们每个人都有过这样的经历:碰到不同的人以各种理由向你乞讨。当乞讨对象是十五六岁的少女,或是三十来岁的中年男子时,你更容易向哪一个慷慨解囊呢?毫无疑问,你对少女更加充满了同情心。研究表明,女性的确比男子更容易得到帮助。伊格利等人(Eagly & Steffen,1986)考察了35项研究,比较男子不幸者与女子不幸者受到帮助的差异。研究涉及的都是临时遭遇情境。结果表明,如果潜在助人者为男子,则女性不幸者比男性更容易得到帮助,80%的研究都证明了这种倾向。不过,如果潜在助人者为女性,则男女不幸者得到帮助的可能性是同等的。另有研究表明,女性司机的汽车出麻烦时,远比男性司机容易得到帮助;单身女性免费搭车时,远比单身男子和成对男女容易得到帮助,而且停下来提供帮助的人多数是那些独自驾车的年轻男性。这其中的原因可以用到图13-9中的最后一步——能够采取有效的助人措施——来解释。一般情况下,男性比女性拥有更多修理汽车方面的知识和技能,当然,这种男性助人的动机可能并不完全是利他的,因为当对方是一个有魅力的女性时,会有更多男性停下来提供帮助(West & Brown,1975)。

2. 相似性

有关潜在助人者与受助者具有相似性的研究有很多。比如,心理学家研究不同人种肤色之间的相互助人特点后发现,人们是不是更倾向于帮助和自己同种族肤色的人是个很复杂的问题,和当时助人情境有很大关系:当黑人需要帮助时,如果现场同时有白人和黑人,那么白人表现出的对黑人的帮助并不是太积极;但是在同样的一个黑人需要帮助的情境,当现场只有白人时,帮助程度没有差别(Gaertner & Dovidio,1986)。

不过,也有人强调来自同一群体、种族、国家,尤其是政治态度相似的人,更容易得到帮助(Emswiller et al.,1971)。有人曾经做过实验,如果我们捡到的信封是要投递给和我们相似的人,比如是同一个国家、地区,或者有着相似姓名的人,我们更乐意帮助其完成投递工作。下面有一些实验结果将更有助于我们理解相似性对助人行为的影响。

曾经有研究者在网络上做过一个调查,以确定姓名(这里指西方人的姓名)的相似性对助人行为的影响。50个学生都收到一封电子邮件,要调查他们的饮食习惯以帮助完成一项研究。这份问卷假定是这50个学生各自所在的学校的学生发出来的。在其中一半的邮件中,发邮件人的名和接收邮件的人的名是相同的,另一半邮件则不相同。研究结果表明:当姓名中的名相同时,接受填写问卷请求的人较之不相同名的人要多(Gueguen,2003)。

一个很有意思的研究揭示人们的社会认同会直接影响人们的助人行为(Levine & Thompson,2004)。该研究设置了这样一个实验情境:一场足球比赛,各自球队都有一批自己忠实的球迷,比赛刚结束的时候,突然有一个球迷倒在地上,急需帮助。在这种情况下,支持同一个球队的球迷旁观者,比竞争对手的球迷更容易实施帮助;而当实验情境变为倒地球迷没有穿着球迷标志服装时,发现两个球队的球迷都更乐意于帮助球迷。

总的来说,受助者和潜在助人者的相似性影响了个体是否采取救助行动,这一点与前边我们所提到的社会生物学理论也是相对应的。

3. 外部特征

受助者的外部形象会影响人们的助人意愿。一个有魅力的求助者比那些缺乏魅力的人会得到更多的帮助,这种魅力不仅仅包括人的长相,也包括人的穿着打扮。美国一家媒体特别请一位女明星以不同的社会形象在高速公路边举起“停车”提示牌,并在其身边停着一辆掀起前盖的抛锚汽车。结果表明,当她着装为一新潮浪漫少女时(贴身背心加迷你裙),最易于得到驾车人的注意。不到30秒钟,即有热心人将车停到路边试图提供帮助,而且帮助者还加速来到,唯恐别人捷足先登。当女明星打扮成女行政人员,架上眼镜,手提公文包时,时间过去了1.5分钟,过去了62辆车后才得到帮助。同样是该明星,换成孕妇打扮时,等了2.5分钟,过去一百多辆车,才有一对身为救护人员的夫妇从对面行车线掉头过来试图提供帮助。扮作行动不便的老年妇女时的等候时间为5分钟,开过200多辆汽车后才得到帮助。而当该明星打扮成嬉皮士,穿破牛仔裤、花T恤,额头缠一条丝巾时,等候了15分钟,过去了350辆各类车辆,也仍然没有人愿意将车停下来。

4. 人格特征

受助者的人格特征也会影响人们的助人意愿。我们更愿意帮助那些看起来善良、友好的人,我们更愿意帮助那些没有伤害过我们的人,我们更愿意帮助那些是由于外在不可控的原因而使自己陷入无助状态的人,而不太愿意帮助那些因为内在理由而使得自己面临困境的人。相比较一个因酗酒而醉倒在地的中年男子,我们更乐意帮助一个心脏病突发的老人。

5. 受助者的感受

有时我们给他人提供了帮助,并不一定换来对方的“以礼相待”,这时我们就要考虑受助者的感受了。

按常理来说,助人应该让对方产生感激的积极情感,但是,我们忽视了文化的特点:向人求助往往意味着自己的无能,自尊也就受到了挑战。当提供帮助的是你的朋友或是和自己类似的人时,特别是当助人者看起来比自己小或比自己弱时,接受帮助会让你感到很沮丧,因为你会觉得他们比你强,能做你所不能做的事情;相反,如果是一个陌生人,一个和自己完全不一样的人对你提供帮助,你的感觉可能要积极一点,因为这对自尊的威胁要小一点。总结而言,不同的情况下,受助者会产生不同的情感反应,见图13-10。

(二) 助人者特征

很多情况下,一个助人情境下会有很多旁观者,此时,什么样的旁观者更容易对人施以援助呢?研究者认为有以下几个影响因素。

1. 年龄与性别

助人者的年龄应该说是一个间接因素。一般认为,随着年龄的增长,助人意愿是不断增强的。这种趋势和人的道德发展水平有关。道德发展到一定阶段,就超越服从和依从的水平,进入信念水平。当然并不是每个人到了一定的年龄就自然而然地进入道德发展的最高阶段。在信念水平上,道德标准才会成为一个人不可损害的人格尊严,才会成为一个自觉的行为动机。当道德标准内化程度很高时,个体在助人情境中就会表现出十分积极的态度,他预见到,若不实施助人行为就将感到自责,而实施助人行为则会产生极大的自我满足与自我尊敬。有时,个体的道德标准内化程度已达到自动化水平,他在紧急的情境中,遵循的是“如果他需要,我就给予帮助”的逻辑,所以,他会面对危险毫不犹豫地给予帮助,根本没考虑行为的后果。当然这种助人意愿的增强并不是无止境的。

伊格利(Eagly,1986)等人回顾了涉及近50 000名男女被试的172个研究,结果发现,在陌生人需要帮助而又有潜在危险的情境中,男性更可能提供帮助;但在较为安全的情境中,女性提供帮助的比例稍大一些。伊格利等人提出，如果从长期照顾和亲密关系着眼，而不是简单地只注意临时同陌生人的遭遇，那么结论定会是女子比男子更会提供帮助。

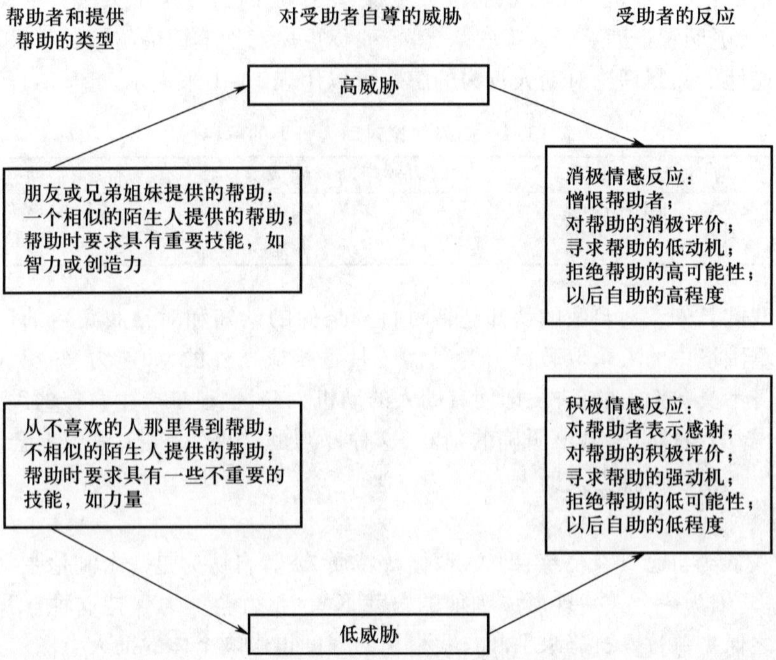

图 13-10　受助者的感觉

来源：转引自巴伦，伯恩．(2004)．*社会心理学*(第 10 版)．(黄敏儿，王飞雪等　译)．上海：华东师范大学出版社，539.

2. 认知特点

在第三节中，我们也谈过很多情况下助人行为是一系列的思考过程，也就是说，人的认知、人对事件的理解与对自我的了解将决定是否采取有效的措施。

（1）对当前所处情境的认知。在助人活动中，面对被助者的困境，通常情况下，人们会对当前的各种情况进行必要的评判、分析，即认知。认知内容涉及事态的严重性、事态的发展、周围环境、活动的结果等。认知的结果往往会决定助人者采取何种行动。比如，尽管事态较为严重，本应采取助人行为，但由于助人者并未认识到其严重程度，或认为受助者自己有能力解决，或认为有别人去救助而无须自己相帮，那么有时就会降低助人的动机，减少助人的可能性。如果把困境评判得较为严重，认为自己有责任有义务去救助，那么在良心和道德的驱使下，更易于去助人。可以说，认知影响着人们在不同情境下的行为方式。

在对情境的认知中，也包括对受助者的认知。一般来说，弱者（如老人、小孩、女性等）较易引发人们的同情心而获得更多的帮助。因为在人们的内心中，极易把他们评判为最需要帮助的人。而对那些违背道德规范、触犯刑律或被人们评判为自作自受、咎由自取的人，则很难获得人们的同情和救助，因为人们认为他们不值得帮助。即便是在高尚道德观念或较强责任心的支配和驱使下，个体不得已伸出了援助之手，过后也极易引发内心的矛盾、冲突，造成心理的失衡。

（2）人际责任归因风格。在进行决策的过程中，人际责任归因与助人意愿之间有着密切的关系。行为原因的控制性与责任推断和情感反应有直接的联系，并进而对助人意愿有显著的作用。当你认为对方之所以需要帮助，是因为他没有做到他可以做到的事情——他忽视了自己的责任时,对这种人,你更多的是感到生气,而非同情,因而你帮助他人的意愿也就降低了;反之,如果你认为对方之所以需要帮助,是因为一些他不可控制的因素,那么你帮助他人的意愿更高。如两个人来向你借笔记,一个是外出游玩而没去上课,一个是因为生病了无法去上课,你会对哪个人更抱有同情心,更愿意帮助哪个人呢?毫无疑问,你更愿意把笔记借给第二个人。这个结论具有跨情境的普遍性。归因理论对助人行为的解释可以用表13-1来表示。

表13-1 归因理论对助人行为的解释

对他人需要帮助的原因推断	对需要帮助者的情感反应	助人意愿
不可控制:同学借笔记是因为他病了	移情 同情	高——该人值得去帮助
可控制:同学借笔记是因为他逃课了	生气 激怒	低——该人不值得帮助

(3) 对自我的认知。对自我的认知包括对自身条件的认知和对自我角色的认知。对他人,尤其是处于严重困境中的人采取救助行为是需要具备相应条件的,如能力、知识、经验、工具、时间等。假如自身不具备助人的条件,即使有助人的动机,有时也很难产生直接的助人行为。要想助人,必须对自身的条件迅速做出明确的判断,这种评判的结果,在很大程度上会直接影响人们助人行为的产生或采取何种方式助人。

3. 个性特点

如果一个人认为自己具有仁慈、助人、慷慨等特质,或者自认为是一个利他主义者,其亲社会倾向就更强,这是因为一个人一旦形成利他的自我形象后,就会努力保持这种自我形象,并且使自己的行为与之保持一致。自尊水平和自我聚焦的程度也影响个体的助人意图。人的自尊水平不同,助人的原因也可能不同,如与高自尊的人相比,中度自尊和低自尊的人更可能为赢得社会赞许,或避免受拒绝而产生亲社会行为动机。巴特森(Batson,1987)的研究表明,与低移情和自我效能感较低的人相比,高移情与自我效能感高的人帮助他人的可能性更大。罗默尔等人(Romer et al.,1986)的研究发现,个性特点直接影响着个人如何对特定情境做出反应。怀特等人(White & Gerstein,1987)的研究则表明,高自我监控者会高度受别人期待的影响,如果以一定方法使他们相信,帮助别人会得到社会奖励,他们就会变得尤其乐于助人;而低自我监控者则倾向于内部引导,较少受别人如何理解助人行为的影响。

有研究者认为,一个人为造福他人而做出牺牲的意愿,在很大程度上依赖他对自己利他性的看法。虽然我们还没有有效办法准确地查明利他性的人格特质,但与那些不认为自己具有仁慈、同情、乐于助人品质的青少年和成人相比,把亲社会倾向看作自我概念重要组成部分的青少年和成人确实具有更强的亲社会倾向。此外,人的自尊水平与移情能力的高低都会影响到个人是否对他人施予帮助行为。

格拉齐亚诺等人(Graziano & Tobin,2009;Graziano,Habishi,Sheese,& Tobin,2007)试图研究"大五"人格因素中的宜人性(agreeableness)在亲社会与助人行为中所发挥的作用。作为"大五"人格中的一个维度,宜人性是我们常说的富有同情心、慷慨、原谅、热心等个性品质当中的一种核心特征。格拉齐亚诺等人的研究发现,宜人性水平得分高的个体会更愿意帮助身边的亲人、朋友甚至是陌生人,而他们也会期待周围人像自己一样,在人际关系当中表现出容易相处而慷慨的一面,因此他们的友善行为也很容易促进积极良好的人际关系的产生。

彭纳等人(Penner,Fritzsche,Craiger,& Freifeld,1995;Penner & Orom,2010)试图从更加广泛的视角来确定塑造"亲社会人格取向"(prosocial personality orientation)的影响因素。他们的研究

发现,有两种与亲社会人格和亲社会行为相关的关键特质。第一种特质被称为他人导向共情(other-oriented empathy)。在这种特质上得分高的个体,往往具有更强的社会责任感,能够更好理解那些有需要或身陷困境者的处境与心理感受,也会更加强烈地感受到助人的道德责任感。这一因素与宜人性有很大程度的相关性。第二种特质是个体的助人性(helpfulness),这一特点与个体的真实助人行为紧密关联。具有高助人性的人会由于过去成功的助人行为体验,而在助人方面具有更强的自我效能,因此在未来的助人情境中也更可能会表现出一致的助人取向和行为。

4. 心境

心境(mood)是一种使人的所有情感体验都染上某种色彩的较持久而又微弱的情绪状态。心境与人类生活关系密切,几乎每时每刻都影响着人的行为,它对助人行为的影响也是复杂的。心理学家艾森(Isen,1970)的研究表明,如果通过实验操作让被试相信,他们在一测验中得分非常好,那么他们会在遇到一位几乎抱不动一大堆书的女士(实验助手)时,更愿意提供帮助。好的心境,直接增加了一个人帮助别人的可能性。在日常生活的观察中,我们也可以找到大量说明好的心境使人更愿意帮助别人的例证。当一个人获得意外的惊喜时,如一篇不指望被采用的文稿被发表,向爱侣的示好或求爱得到肯定反馈,都会造成一种“成功的温暖光辉”效应,使人明显地更乐于帮助别人。

好心境使人更愿意帮助别人,那么坏心境的作用又是怎样的呢?到目前为止,有关研究的结论还不尽一致,但社会心理学家都同意,好心境使助人意愿增加的效果较为一致,而坏心境的后果如何,则决定于更多的其他因素。进一步研究证明,对于儿童,坏心境会减少他们的助人行动;而对于成人,坏心境则可以增加助人行为。因为成人的行为遵循“消极状态解除模型”:在社会化的过程中,成人已经懂得,亲社会行为具有自我奖励的意义,可以消除不愉快情绪,而儿童还尚未学习到这一点。

罗森汉(Rosenhan,1981)的研究更进一步揭示,心境对个人助人行为的影响作用,取决于个人将注意的焦点是投向自己还是投向别人,取决于个人怎样比较其自身状态和受助者的条件。如果个人对自己的状态感到悲哀(坏心境),则会认为自己就是需要帮助的人,因而较少可能去帮助其他人。很明显,顾影自怜的人是没有帮助别人的动力的。但是,如果个人的思维焦点集中在其他的不幸之上,则提供帮助的可能性就较大。反过来,从快乐(好心境)的角度来说,如果一个人对自己的状态感到愉快,则个人的心态就处在积极认知的光环笼罩之下。已有研究确认,这是一种促进助人行为的心态。但是,如果一个人的思维集中在别人的好运气之上,心存嫉妒,则就缺乏强烈的助人需要。

特温格等人(Twenge, Baumeister, DeWall, Ciarocco & Bartels, 2007)设置了 7 个实验研究,通过告知被试“他将孤单地终了此生”,或者告诉他别的被试已经把他从群体中排除出去了,由此来操纵被试的被排斥感。结果发现,被排斥的被试对学生基金的捐助明显减少,也更不愿意去做后来进行的实验的助手(志愿者),显示出更少的助人倾向。而被排斥所表现出的亲社会动机及行为的减少多以移情为中介,而不以心境、自尊、归属感、信任、控制感、自我意识为中介。这个结果意味着暂时被排斥,可能影响了情绪反应,降低被试对他人情绪的觉察(移情)能力,因此就表现出助人倾向或合作意愿的减少。

5. 移情与宗教信仰

移情是设身处地理解他人情绪感受的过程,被认为是亲社会行为产生的重要情感基础。如果儿童在他人导向的道德认知上得分高,同时又在移情上得分高,那么该儿童就会表现出更多的对同伴的亲社会行为(Miller,Eisenberg,Fabes,& Shell,1996)。在日常生活中,很多人会觉得具有宗教信仰的人似乎显得更加和蔼可亲、更加愿意帮助他人,宗教心理学领域的研究者提出了“信仰亲社会假设”(religious prosociality hypothesis),并且被系统实证研究证实(参见董梦晨,吴嵩,朱一杰,郭亚飞,金盛华,2015)。虽然很多研究发现,宗教信仰者似乎更容易取得他人的信任(Tan & Vogel,2008),也被认为更富有同情心与更高的道德水平,但也有研究者认为这些结论可能受到宗教信仰者身份及其刻板印象的影响,“宗教信仰者更亲社会”的刻板印象可能会对他人评价和宗教信仰者自身的行为方式产生影响。有研究者发现,宗教信仰者的身份似乎不能有效预测他们普遍的亲社会行为,很多时候,宗教信仰者表现出的亲社会行为往往只针对内群体的成员,具有内群体偏好的特定指向。启动个体关于自己宗教身份的意识,不仅会产生亲社会行为,也可能激发宗教信仰者的种族歧视、群体偏见等反社会的情绪或行为,而个体内在的宗教虔诚和精神信仰则能够更好地预测人们善待他人的态度和亲社会行为的取向。因此,对于宗教信仰是否会促进亲社会行为这一问题,不能一概而论,需要针对宗教信仰的不同成分、维度和情境条件分别讨论。

(三) 情境因素

任何行为都是在一定的情境下发生、发展的,助人行为也不例外。不一样的情境对助人行为有不同的影响。

1. 自然环境与社会环境

人们较有可能在晴朗的天气里帮助他人,而较少在寒冷和刮风的天气里帮助别人。由此可见,舒适的天气可以使人更愿意帮助别人(Cunningham,1979)。但是这种现象的产生是由于天气好坏而造成人们心情的好坏呢,还是由于天气的不同而使助人行为的代价不同呢?我们很难回答。此外,有研究发现,较之小城镇或农村的人,大城市的人有较少的助人行为,这主要是大城市的特征容易导致责任的分散,从而降低了旁观者的帮助率。

每一个社会都有自身特定的文化。人们的助人行为受所处地域的社会文化的价值观和行为规范影响。文化背景不同,助人行为也不同。米德根据不同社会对早期儿童抚养的实践对这些差异进行了解释。她在新几内亚比较了两种不同的社会,发现阿拉佩什的成年人比较喜欢和纵容他们的孩子,因而培养了该社会儿童彼此亲密和同情他人的品格,这种品格一直被保持到他们成年;而蒙杜古马的人比较注重独立和自我奋斗的行为,对待儿童比较淡漠,很少培养儿童的同情心,因此该社会的儿童在成年以后可能没有助人的愿望。可见,不同的文化造成了成人对儿童助人行为的不同教导,最终产生助人行为的不同。

有研究者对美国和印度公司的软件工程师的助人行为进行了研究。已有研究结果证明,美国文化是个人主义而印度文化是集体主义。在该研究中,美国公司的工程师只会帮助那些他们认为将来有可能帮助他们的人,而印度公司的工程师会更愿意帮助一切需要帮助的人。但是,这种差异并不是由于两种社会文化的影响,而是不同的环境影响了助人行为的形成。在美国,助人行为被认为是一种不必要的、让人讨厌的行为;在印度,助人行为被认为是一种展示自我能力的行为。可见,我们并不能把不同环境中的助人行为全归为文化的不同。

家庭、学校、社区等小环境的亚文化对助人行为的养成同样有重要的影响。儿童最早是从家庭中获得初步的生活经验,学习到一般的社会道德评价标准及行为规范,家庭对孩子具有直接、深刻、持久的影响。心理学家在对助人者的采访中发现:父母的言传身教是孩子利他主义行为形成的重要原因。我们不能希冀在一个冷漠自私的家庭成长起来的孩子会对人类抱有极大的同情心、同理心；一个从小受到家庭一系列中国传统美德熏陶的孩子，当她面对他人的求助、他人的不幸时，很有可能会表现出友善的行为。因此，父母要努力为孩子们营造一种鼓励他们向善的家庭氛围。

学校对孩子助人行为的养成也有重要的作用。随着教育的发展，孩子进入学校的时间提前，接受学校教育的时间也延长。学校的方方面面会影响到学生各个方面的成长。如果一所学校仅仅注重升学率，忽视学生道德品质的培养，对于学生之间的恶性竞争、有意伤害也不闻不问，那么，我们很难期待这个环境下成长的学生会形成多少助人美德。

此外，我们生活的社区，包括朋友圈子，也影响着我们的助人行为。如果我们的邻居是冷漠的，如果我们的同伴对我们帮助他人的举动不屑一顾甚至加以讽刺挖苦，那么久而久之，我们也会面对他人的困境漠然置之。"孟母择居"说明了环境对一个人成才的重要作用，其实环境对个人亲社会行为的影响一样重大。"近朱者赤，近墨者黑"说明了身边人对我们的影响，所以我们要慎重选择同伴。

2. 匆忙与助人代价

助人行为一般发生在特定的情境下，因此很多时候我们不能以一个泛化的情境因素来考虑其对助人行为的影响大小，如我们前边提到的自然情境与社会情境；我们更要考虑到一些特殊情境对助人行为的影响，匆忙情境下的助人就是一种特殊的形式了。当然，匆忙助人与紧急助人是不同的：前者更相对于可能助人的一方而言，后者更相对于需要受助的一方。

达利等人在 1973 年的研究证明，个人在有紧急的事情要做和没有紧急事情的情况下，助人行为有着不同的模式。匆忙的水平越高，人们对身边不幸者提供帮助的可能性就越小（见图 13-11）。

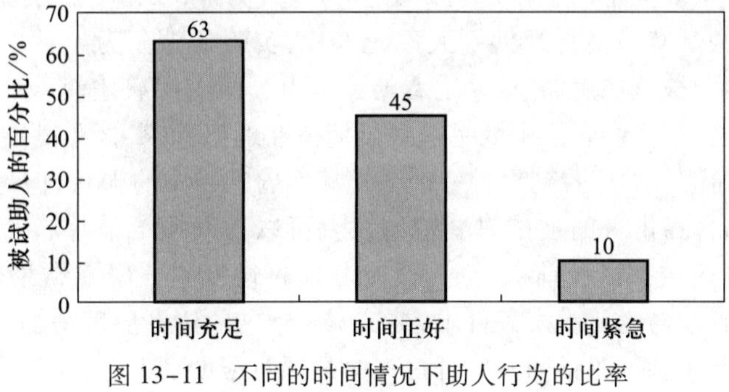

图 13-11 不同的时间情况下助人行为的比率

来源：转引自巴伦，伯恩.（2004）. *社会心理学*（第 10 版）.（黄敏儿，王飞雪等 译）. 上海：华东师范大学出版社，507.

很显然，人们在帮助别人时，需要考虑助人行为对于自己的代价。匆忙，增加了人们助人的代价，从而帮助别人的可能性减小。有研究者曾经专门考察了助人行为代价对助人行为的影响，研究发现，虽然一起乘坐地铁的人们通常会及时帮助不幸的乘客（假被试），但如果不幸者的乘客倒下时，咬开一个装有红色液体的小塑料瓶，使他人看起来该乘客嘴里正流出鲜血，事件相当严重时，则目击者对乘客的帮助明显少于对不流血的乘客的帮助。流血意味着问题更严重，卷入帮助行动会付出更大代价，从而使人不轻易卷入帮助行动。按照自我价值定向理论，如果助人行为的代价更大，则相应地，个人也必须有充分的理由来说明付出这些代价是值得的，个人才会实施助人行动。如果仅仅是单方面助人行为代价的增加,而个人又找不到付出这些代价对于自身的价值,则个人实施助人行为的可能性就降低。

研究表明,随着紧急程度的加大,白人对黑人的帮助,相比于对白人的帮助,呈下降趋势(Kunstman & Plant,2008)。研究者采用种族歧视和唤起的综合理论来解释这个研究结果,认为实施助人行为的高代价、高紧急状态的情境,激活了白人施助者对黑人的高度厌恶,而这种高厌恶直接导致了对黑人受助者的低水平的帮助行为。研究同时也表明,紧急状态下的种族偏见,仅仅存在于白人被试对黑人受助者进行施助的情况,而在黑人被试身上不存在。

随着城市扩张和全球化的迅猛趋势,居所流动性和工作流动性开始成为日益普遍的社会现象。在某一特定时期或区域内更换住所或工作的频率,也会通过心理与环境的作用影响人们的行为和互动方式。大石等人(Oishi et al.,2007)研究发现,长期处于同一地方或是与同一群体相处,会促使个体更愿意参与到亲社会行为当中。而此时流动性对于个体行为的影响,很大程度上是通过个体对于所在群体的认同来实现的。另外,在工作和组织环境中,员工感知到的工作流动性水平也会影响他们自愿为组织做出积极贡献的组织公民行为(organizational citizenship behavior,OCB)(Hui,Law,& Chen,1999)。

3. 情境性的内疚—补偿

内疚是一种行动与自身社会角色不相符合时自我否定性的消极情感体验。为了寻求个人自我价值的肯定,个人出现内疚体验后,会设法去消除内疚。消除的途径有 3 种。① 直接弥补引发内疚的行为过失,如骑车撞倒别人后,赶紧非常友好地扶别人起来,并带别人去看医生。② 做出其他与过失行为无关的好的举动,抵消不好的行动,如对一个人做出了抱歉行动,无法弥补,转而帮助无关的人。③ 承担不愉快的事情或付出某种代价,惩罚自己的错误。

心理学家考内尼(Konecni,1972)在一项设计精巧的实验里,更好地揭示了内疚对助人行为的广泛的促进作用。该研究是以正行走在大街上的行人为被试,由一个实验者突然在其面前掉下一堆索引卡片,让被试有机会去帮助别人捡起卡片,实验条件分为 4 种。① 补偿。这一条件是手捧卡片的实验者与被试擦肩而过,使之看上去是由于两人擦肩才使卡片散落的。② 泛化内疚。该条件是先设定一个实验者手中的书被被试撞掉在地下,该实验者很快自己捡起书走开,并显示出不高兴。③ 同情。被试看到另外一个人撞掉实验者手中的卡片,但这个人继续走自己的路。而作为不愉快事件目击者的被试只要他愿意就可以帮助捡拾卡片。④ 控制条件。控制条件使得除了卡片意外地在被试面前散落外,没有其他事情发生。研究结果表明,与控制条件相比,在个人有过失的补偿与泛化内疚条件下,被试实施帮助的比例显著增加。这一实验更有意思的发现是,人们在目睹了别人犯错而不弥补过失时最愿意帮助别人。

为什么自己没有过失,目睹别人有过失又不去弥补时更愿意帮助别人呢? 西方社会心理学家至今没能对这一有趣现象进行解释。从自我价值定向理论的观点来看,对助人行为最有吸引力的条件是有利于促进个人自我价值的情境,有利于个人自我价值促进或提高的行为带给人最大的满足。在上述实验中,补偿和泛化内疚条件下人们助人是减少自己的不愉快,弥补自己的过失。同情条件则给人们一个显示超越别人的机会。别人行为粗鲁且不去弥补,而我自己没有过失却愿意热心助人,这显然有利于一个人通过助人而更好地确认自己的价值。因此,同情条件下的助人就是一个十分愉快的行为,这种条件下人们助人的比例显著高于其他各种条件。

第四节　提高助人行为的方法

人类并非强大到足以凭借个人的力量去应对各种各样的情境,我们每个人都会有需要被帮助的时刻。因此,如何提高每个人的助人意识进而提高助人行为就变得十分重要。那么,有哪些具体方法可以提高助人行为呢?

一、明确责任与增加互动

我们在前文的助人决策过程中其实已经提到了责任感的重要性,也就是说,我们只有意识到有助人的责任时,才有可能付诸行动。既然如此,要提高助人行为,就要帮助人们正确解释事件,从而增加责任的明确性,增加人们的助人可能性。贝克曼(Bickman)与其同事们在 1975—1979 年所做的一系列实验研究证明了这一假设的正确性。该系列实验用被试在目击别人于商店行窃后是否报告来衡量亲社会行为。实验让有些被试先看到一些指示牌,旨在提醒他们注意商店中的偷窃行为,告诉他们怎样报告案件。结果表示,指示牌几乎不起作用。而对另一些被试的操作则是听到另一个旁观者在解释所发生的事件:"唉,看她。她正偷东西。她把那件东西放进了自己的包里。"这一实际为实验助手的旁观者假装急于寻找不见了的孩子,离开时被试还可以听到他在说:"我们看见了事情的发生。我们应该报告。这是我们的责任。"结果证明,这种面对面的评论显著增加了人们报告偷窃行为的比例。旁观者的提醒,使得事情的解释和责任都变得更为明确了。

直接的人际相互作用可以明显增加人们的助人行为。因此,通过增加人际相互作用来激发人们的助人动机,是十分有效的方法。所罗门(Soloman & Soloman)等人在 20 世纪七八十年代所做的研究证明,相识会使人们的助人倾向比不相识时有显著的增加。他发现,如果先让人们彼此相识,然后再让实验助手装作突然生病,那么人们要远比不相识时更愿意提供帮助。在另外一个研究中,实验助手故意把陌生的被试当作好像认识的人来称呼。有意思的是,与没有错认而与被试打招呼的情况相比,由于错认而先打过招呼的人更容易得到帮助。很显然,通过某种形成建立起不幸者或需要帮助的人与助人者之间的某种联系,可以有效地推动助人者更多地帮助别人。

【微课】
助人行为的培养

有关直接利用个人影响来呼吁帮助的研究,更进一步证实了人际相互作用对助人行为的促进作用。福斯(Foss,1978)调查了数百名献血者,结果发现,新入教的教徒都是由于有某个人的请求而献血的。杰森等人(Jason et al.,1984)的研究确认,用亲友个人请求的方式呼吁献血,效果远比进行通常的公众宣传更好。利用增加人际相互作用来激发人们助人动机的方法,在实际生活中可以被广泛地运用。研究表示,免费搭车者如果直接看着开车人的眼睛,而不是注意过来了什么样的汽车,那么他搭到车的机会将增加一倍。西方许多慈善机构也开始用给捐助者邮寄被资助儿童的个人照片与成长资料来促进人们继续捐助贫困国家的儿童。有长途旅行经验的人也知道,如果我们先与素不相识的人打过招呼,或简单相互自我介绍过旅行目的地与社会身份,就可以更容易赢得别人的友好态度与帮助。从自身的立场上,与没有打过招呼或相互自我介绍的情况相比,我们在与别人逐渐相互熟悉后也更愿意帮助别人。

二、示范作用

示范作用对助人行为的提高实际上是基于社会学习理论的,即我们的助人行为可以通过观察他人的助人行为而获得,具体来说,有两种形式的示范作用。

(一) 现场的示范作用

正如其他旁观者在场时会使想提供帮助的人犹豫不决一样,利他行为的榜样人物会促进其他人的助人行为。布赖恩等人(Bryan et al.,1967)考察了男性摩托车手是否愿意在高速公路上停下来,帮助一位正在换汽车轮胎的妇女。他们发现,在车子开来的路上,与没有看到过这一幕的摩托车手相比,刚刚看到过男性驾驶员帮助另一位妇女换轮胎的摩托车手,更可能提供帮助。

研究资料显示,行为榜样能有效地引起儿童的助人行为。罗森汉(Rosenhan)和怀特(White)让四年级和五年级的男女学生玩一种滚球游戏。在这种游戏中,学生可以赢得一种能到玩具店兑换礼物的代币。研究者让一组学生看到一个成年人把他的一些代币投入一个箱子中——"特伦顿孤儿基金"箱,箱上画着穿破烂衣服的儿童。这组学生中,有 47.5% 的人后来在他们单独一个人时也做出了助人行为——把代币投入箱子中。反之,另一组没有看到成人榜样行为的学生,没有一个做出助人行为。

(二) 媒体人物的示范作用

研究表明,电视节目中的亲社会榜样对人的影响作用比反社会榜样还要大。心理学家希罗德(Hearold,1979)以统计学方法进行了 108 个亲社会节目与中性节目的比较,结果发现,如果一个观看者看亲社会类节目,而不是中性节目,那么他的亲社会行为的百分位数会从第 50 位提高到第 74 位,而且这些亲社会行为都是典型的利他行为。

在另一个研究中,研究者(Friedrich & Stein,1973)以学前儿童为被试,在幼儿园的教育节目中选用电视片《罗杰斯先生的邻居》(这是一个教育节目,目的在于促进儿童的社会性与情绪发展),每天放映一节,持续四周。结果表明,在放映期间,来自教育缺乏家庭的儿童变得更加合作与乐于助人,并更愿意表达自己的情感。

从上面两种形式的示范作用我们可以看到:观察到他人的助人行为增加了个体助人的可能性。实际上,不同的强化形式会深层地影响到个体的助人行为。当个体看到他人的助人行为受到鼓励表扬时,倾向于助人;当个体看到他人的助人行为受到责备批评时,倾向于不助人。这种强化同样也适应于我们自己的经验。有研究结果证明了对待助人行为的不同反应导致了不同的助人行为(见图 13-12)。当孩子看到他人的助人行为受到表扬时,孩子给予他人玩具的数量最多;看到他人的助人行为受到惩罚时,孩子给予他人玩具的数量是最少的。

三、助人情感倾向的培养

(一) 移情能力培养

移情研究的代表人物霍夫曼(Hoffman)认为,非常年幼的儿童已经能够体验其他人的情绪状态，一旦儿童能够区分自我和他人，就通过帮助困境中的他人来对这种共鸣的情绪做出反应。纳弗等人（Knafo，Zahn-Waxler，Van，Robinson，& Rhee，2008）通过研究发现，儿童表现出移情和亲社会性（prosociality）的平均年龄是 14 ~36 个月。大量的研究表明，移情增加了助人和其他亲社会行为（Batson，1991；Eisenberg & Miller，1987，1989），是亲社会行为的重要促动因素。

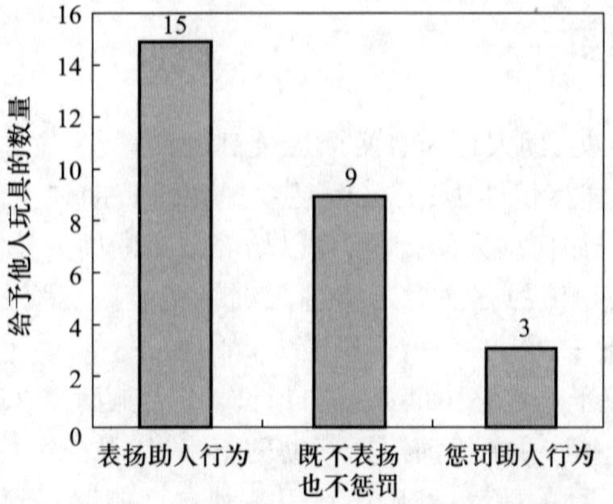

图 13-12　不同反馈条件下助人行为的不同频率

那么，如何培养移情能力呢？移情训练无疑是一种较有效的方法。研究者让儿童参加一系列人为设计的活动，引导儿童考虑他人的想法和情感，并想象自己在类似情境中的感受（寇彧，王磊，2003）。结果发现，通过每周 3 次（每次 15 分钟），共 10 周的训练，儿童普遍增加了亲社会行为，减少了攻击性行为。

艾森伯格（Eisenberg，1994）认为，移情对亲社会行为的影响是按“移情—同情—亲社会行为”这一模式产生的，有效的移情是对他人产生同情心的基础，而同情心又是对困境中他人实施亲社会行为的重要条件。因此，通过移情训练培养儿童的同情心就成为移情训练的直接目标。此外，孟昭兰（1986）认为，移情的产生主要有直接联想、模仿、代表性联想、角色扮演等方式。

（二） 动机提升

在前面有关章节中讨论过度理由效应时，我们提到，过度的外在理由会使人将行动归因于外在理由而不是内部动机。但是，如果我们用引导人们内在动机的方法，使人们以充分的内在理由来促进一种有益的行为，则可以帮助人们最大限度地通过实施这种行为而使自己获得满足与快乐。

巴特森（Batson）与其助手 1978 年、1979 年的研究表明，如果用钱奖励人们的助人行为，会导致过度理由效应，使人们认为自己的助人行为不是利他主义的。而如果不给予奖励，也没有社会压力，则人们对自己愿意做的助人行为感到最具有利他主义。在另一个研究中，实验者引导一部分被试相信帮助别人是依从于压力，而使另一部分被试相信自己帮助别人是出于同情。随后，当被试被问到是否愿意为地方服务机构提供自愿帮助时，前一种被试只有 25% 的人同意帮助，而后一种被试的这一比例达到 60%。

很显然，人们在解释“我为什么要帮别人”这一问题时，最佳的条件是使人们回答：“因为有人需要帮助，我是一个关怀、奉献和乐于助人的人。”并且，人们越是相信自己帮助别人是出于高尚的利他动机，以后在遇到别人需要帮助时，做出助人行为的可能性就越大。而如果人们将助人行为归于利己动机，则再遇到有人需要帮助时，人们会倾向于首先从自己的角度考察是否值得伸出援助之手。研究发现，如果研究者告诉某些被试，个性测验显示“你是一个善良而关怀人的人”，则与其他被试相比，他们会在后来遇到需要帮助的人时，显得更为友好与关怀（Strentaand & Kejong，1981）。

四、助人技能的学习

斯陶布（Staub，1978）认为，助人行为有两个最关键的因素：一个是对不幸者的状态进行设身处地地设想和体验的能力，即移情能力；另一个是掌握如何帮助别人的知识或技能。因此，通过训练儿童的移情能力和实践如何助人的行为，可以培养儿童的助人技能。

1971 年，斯陶布以游戏扮演的方法对儿童进行训练实验。实验分为 5 种情境：① 一个孩子在隔壁房间里从椅子上摔下来；② 一个孩子想搬太重的椅子；③ 一个孩子因为积木被另一个孩子拿走而不高兴；④ 一个孩子站在路中间，一辆自行车正飞驰而来；⑤ 一个孩子因跌倒而受伤。研究者将每两个儿童组成一组，一个扮演需要帮助的不幸者，另一个扮演给予帮助者。实验先向帮助者依次描述各种需要帮助的情境，然后让其用各种自己能够想到的方法帮助“不幸者”。必要时研究者会给予提示。各种助人行动包括实际地进行帮助、口头上进行安慰，以及喊别人来给予帮助。最后，两个儿童交换扮演的角色，再行重复以上程序。

斯陶布用 3 种亲社会行为来检测训练的效果：一是帮助一个隔壁房间里因摔倒而哭喊的女孩；二是帮助一个把曲别针散落一地的成人；三是给被试儿童糖果，然后要求他与别的没有糖果的儿童分享。研究的结果表明，角色扮演的游戏训练收到了良好的效果。与控制组相比，实验组表现出更多的亲社会行为，并且效果至少可以保持一个星期。该研究证明通过行为实践来培养亲社会行为是一种有效的方法，可以成功提高人们以后助人的可能性。

五、价值观的教育

在前文，我们已经探讨了助人行为产生的具体因素，如当时的情境、助人者的特征、被助者的身份等，也从不同的方面对提高助人行为提出了一系列建议。社会行为的产生，受到多种因素影响的同时，必然会有一种或几种因素在其中占据主导地位，它决定着其他各辅助因素，在一定程度上，会直接决定着个体是否做出某种行为。就助人行为的产生来说，其最直接的根源还是助人者的价值观，这种内在的主导因素支配着其他各外在因素。心理学家（Sprinthall，1981）发现，在科尔伯格道德发展阶段上达到高水平的被试，更倾向于拒绝在实验条件下对别人实施伤害性侵犯，这证实价值观确实影响到个人对其他人行为的方向，并且道德水平越高，相应的亲社会倾向也越强。

价值观是个体社会化活动产生的重要动力，会影响个体对相同社会活动的态度。助人行为作为社会活动的一部分，自然也会受到价值观的影响和制约。我国学者研究表明，价值观与个体的亲社会行为有一定的或接近显著的关系（董婉月，1989；刘磊，1990）；当多种因素一起影响亲社会行为时，价值观（利他取向）主观效应尤为显著（张志学，1991）。由此可推论，改变个人的现有价值观可增进亲社会行为，研究也证实了这一点。

思考与探究

1. 请总结各种有关亲社会行为的理论，并对亲社会行为及相关概念做出自己的界定。
2. 用责任分散效应解释现实生活中的实例，并提出避免其出现的对策。
3. 简述助人行为的影响因素。
4. 理解社会作用力理论，并思考如何在现实生活中利用它的三个法则。
5. 试提出提高助人行为的有效建议。

第十四章　侵犯行为

本章要点

* 侵犯行为的概念
* 侵犯行为成因的解释
* 影响侵犯行为的因素
* 媒体暴力与侵犯行为
* 侵犯行为的控制与预防

> 2008 年 8 月 29 日的深夜，店铺林立的温州市区依然热闹。突然，有辆越野车从国际大酒店门口飞驰而来，越野车撞了一辆正常行驶的出租车后，又撞上了一个路人。车子顶着那位路人直接冲进了旁边的银行，被撞的人当场身亡。这是警方监控录像中录下的一段视频。
>
> 越野车驾驶员和被撞的路人之前并不认识，他们刚刚因为口角而打了一场架，越野车驾驶员占下风，为了报复，他驾车撞向了受害者。

"人是社会的动物"暗含着人类的动物性依然存在。人类社会从诞生直到今天，始终充满着征服与被征服。每一次征服与被征服都弥漫着无尽的血腥和杀戮。在和平与发展成为世界两大主题的今天，部分地区仍遭受着战火与硝烟。从石块木棒到火枪大炮，再到导弹航母，科技进步在带给人们喜悦的同时，也带来了生存的恐慌。

人类社会为什么充满争斗和血腥？人为什么会侵犯他人？是什么引发了人们的侵犯行为，是与生俱来的本能，还是对他人的模仿学习？本章对侵犯行为的讨论，就是试图寻找到这些问题的答案。

第一节　侵犯行为概述

一、侵犯行为的概念

（一）侵犯行为的定义

侵犯行为(aggressive behavior)简称侵犯，是一种有意违背社会规范的伤害行动。这种伤害行为可以是实际造成伤害的行动或语言，也可以是旨在伤害而未能实现的行为。例如，罪犯开枪杀人，即使子弹没有命中目标造成实际伤害，也因为行为违背了社会规范且具有造成实际伤害的可能性，所以仍属于侵犯。

社会规范和伤害意图是判断一种行为是否属于侵犯行为的两个关键特征。首先,侵犯行为必定是违反社会规范的。可能会对他人造成伤害的行为有两种:一种是违反社会规范的行为;另一种是社会规范许可的行为,如受到攻击时出于保护自身或他人利益进行的正当防卫,或警察在必要时制服罪犯,虽是伤害他人的行为,但目的是减少社会付出的代价或受到的伤害,因此不属于侵犯行为。也有人将后者称为亲社会侵犯。实际上这一说法是欠妥的,侵犯不能是亲社会的,所谓亲社会侵犯,实际上是社会目的指向的攻击行为。当然,非侵犯性的攻击行为也可能转化成超出社会许可范围的侵犯。例如,防卫过当造成不应有的人身伤害,或警察制服歹徒后又继续施以虐待,这类行为就从社会许可的攻击行为转化成了侵犯行为。

【微课】侵犯行为及其原因

除社会规范许可的因素外,伤害意图是侵犯行为的另一个关键特征。虽是社会规范不许可的,但如果伤害不是有意造成的,那么依然不能归为侵犯。不具备刑事责任能力的精神病人可能在精神状态失常时对他人施加伤害,因为其意识导向是不清晰的,因而同样不被认为是侵犯。相反,如果一个人有目的地伤害他人,那么这个人的行为就是侵犯行为。劫匪持械抢劫,即使没有真正使用器械伤人,也因为其行为意向的指向是明显的伤人,并且违背社会规范,因而是严重的侵犯行为。

在日常生活中,“敌意”是一个很容易与“侵犯”相混淆的概念。实际上,二者的意义有本质的区别。敌意通常是一种态度状态,并不带来直接的可被观察到的伤害,而侵犯是会带来直接伤害或可能导致伤害性后果的行为。不过,敌意作为一种高度排斥的态度准备状态,它常常可能会成为侵犯行为的准备阶段,并在某种因素的触发下引起侵犯行为。

(二) 侵犯行为的分类

人类侵犯行为的一个重要特点是其侵犯形式的多样性,从不同的维度可以把侵犯划分为不同类型:

(1) 从侵犯的方式来看,侵犯可以分为言语侵犯和动作侵犯。使用语言进行的侵犯行为(如谩骂、讽刺、诽谤、嘲笑、讥讽等)都是言语侵犯;使用身体某一部位或是武器进行的侵犯行为(踢打、撞击、砍杀、枪击等)都是动作侵犯。

(2) 从侵犯的动机来看,侵犯可以分为报复性侵犯(retaliatory aggression)和工具性侵犯(instrumental aggression)。报复性侵犯的目的在于造成对方身心上的痛苦或是伤害,如帮派之间的聚众斗殴;工具性侵犯的目的则是通过侵犯对方达到其他的目的,如小孩抢玩具欺负同伴,抢劫犯威胁收银员交出现金,都是通过侵犯的方式来达到工具性目的。

(3) 根据侵犯的指向性,还可以分为公然侵犯(overt aggression)和关系侵犯(relational aggression)。公然侵犯是直接侵犯,通常以与他人面对面的公开对抗行为为特征,身体攻击、语言威胁、损坏他人财产等都是典型例证(Connor,1998,转引自 Griffin & Gross,2004)。关系侵犯是隐蔽的间接侵犯,指“通过有意操纵同伴关系或者损害(或威胁)同伴关系、伤害他人的行为”(Crick,1996),属于心理欺负。有意中断或威胁中断关系、传播谣言都是典型的关系侵犯。关系侵犯的破坏性虽然比公然侵犯小,但该类型的侵犯被研究者高度关注(Griffin & Gross,2004)。

(三) 侵犯的普遍性

地球上的哺乳类动物,很少不受到人类活动的威胁。不仅如此,人类之所以感到自己是个侵犯性很强的物种,是因为从来就没有停止过自相残杀。纵观人类的历史,从原始部落到现代化的工业社会,“战争”这一残酷的侵犯形式成了人类的特有标志(见图 14-1)。

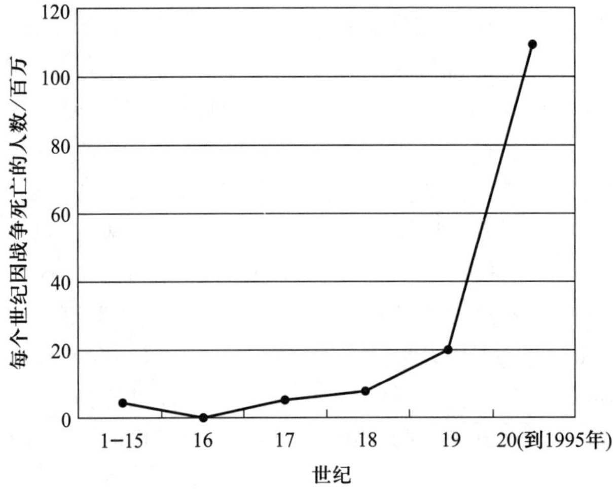

图 14-1 最血腥的 100 年——20 世纪

不仅如此,人类的侵犯还表现为日常生活中的各种具体形式:家庭暴力、校园欺凌、各种形式的性侵犯、谋杀案件……每年遭受各类侵犯事件的人们不计其数。仅在美国,每年就有数量庞大的侵犯事件,而且侵犯形式多种多样。如果从全世界范围来统计,这个数字将更为庞大。侵犯行为普遍存在,不受人们所处的国家、所属的种族和宗教信仰的限制。我们只有认识到这一点,才能明白研究侵犯行为的重要性。只有对侵犯行为的特点、成因以及发生条件深入了解,才可能找到减少侵犯行为的途径和方法。

(四) 侵犯的稳定性

研究者认为,侵犯行为有较强的稳定性,个体早年的侵犯性与成年后的侵犯行为有普遍联系。赫伊斯曼(Huesmann,1984)等人发现,8 岁时被同伴评定为有侵犯性的人,在成年后自己或配偶报告的侵犯行为显著相关,也与 22 年后的犯罪记录有关。范瑞顿(Farrington,1989)做的一项研究显示,在 12 ~ 14 岁被教师评定为侵犯性严重的学生中,22.4% 的人后来因暴力行为而被定罪;在被教师评定为侵犯性弱的学生中,只有 7.2% 的人犯罪。

从性别角度来看,这种稳定性不仅表现在男性身上,也表现在女性身上。赫伊斯曼等人对 600 多名被试进行了历时 22 年的追踪研究,结果发现,无论男性还是女性,8 岁时的侵犯性记录能够很好地预示他们成年(30 岁)以后的侵犯性行为。

应强调的是,稳定性具有相对性,早年的侵犯性表现与后来的暴力行为相关,但并不意味着这两者之间的因果关系成立。在以往的纵向研究中,无法排除其他因素的干扰(诸如成熟、家庭教养方式、受教育的环境等),因此对此类研究的解释需要慎重。

二、侵犯行为成因的解释

关于侵犯的成因,不同的学者有不同的解释。第一种是寻求侵犯的内在因素,即认为侵犯是由内部原因所引发的,认为个体是在本能力量的推动下或者是由某种内在的生物机制所引发而做出侵犯行为的,因而研究的重点在于考察机体的内部。第二种是寻找侵犯的外部因素,即认为个体会在外部原因的推动下做出侵犯行为,重在探讨外部的环境条件或情境条件是如何影响个体的侵犯行为的。综合内外两种因素的共同作用,构成了第三种解释。

在对侵犯行为的解释中,本能理论、生物学理论倾向于从生物学机制解释出发,认为侵犯的成因在于其内在因素;挫折—侵犯理论和社会学习理论则关注外部因素对侵犯的作用。

(一) 本能理论

本能理论认为,侵犯是一种本能。也就是说,侵犯是由遗传获得的,而非习得的。弗洛伊德和洛伦茨都是本能理论的支持者。但是,他们在对侵犯的功能的认识上并不相同:弗洛伊德认为侵犯是一种破坏性行为,而洛伦茨则认为侵犯是一种适应性行为。

1. 弗洛伊德的精神分析观点

弗洛伊德早期认为,人有两种基本的本能:性本能与自我保持本能。性本能是人类行为的基本动力,由性本能驱动的行为不仅包括明显的性欲行为,还包括几乎所有寻求快乐的行为;而自我保持本能或自我本能则使人具有变通性,能够适应现实环境、趋利避害。侵犯是性本能的一部分。

在目睹第一次世界大战带来的摧毁和死亡后,弗洛伊德发现很难用他的理论来解释社会中各种破坏性的冲动。如果人类行为的基本驱力是遵循快乐原则,那么如何解释战争中的屠杀、痛苦和残害呢?因此,他在《超越快乐原则》一书中,将原来的两种本能修正为生的本能和死的本能。按照弗洛伊德的观点,死的本能是一种对内的自我破坏的倾向。但生的本能与死的本能是对立的,死的本能会受到生的本能的阻碍,人们很少会表现为明显的自毁行为。大多数情况下,生的本能会把侵犯推离自我,推向他人,把对内的破坏力量转向外部,表现为对他人的攻击。

弗洛伊德认为,人生来就有侵犯的本能。他认为人的攻击力由内而发,而且人类的侵犯行为不会消失。因此,重要的是让人们有机会以非破坏性的方式将侵犯冲动释放出来,比如,进行体育竞技、自由搏击等活动。这些社会许可的替代性侵犯方式都是很好的释放侵犯冲动的途径。

2. 洛伦茨的习性学观点

同弗洛伊德一样,洛伦茨也认为侵犯是一种本能,这种本能在动物身上非常普遍。但与弗洛伊德不同的是,洛伦茨并不认为侵犯指向毁灭,而认为侵犯是具有生物保护意义的生的本能。而且,同类的侵犯不一定以毁灭为结局,而多以失败者的让步为目的。

洛伦茨从习性学的角度出发,认为同种系内的侵犯是一种适应行为,对物种的延续非常重要,侵犯是一种本能,被释放出来促进生存。动物通过攻击来犯的其他动物保护自己的领地和食物。动物为交配相互争斗,最强壮的个体才能赢得伴侣,繁衍后代。在种群之中,只有适应能力强的才能存活下来,而弱者则遭到淘汰。侵犯是动物适应性的一种表现,有助于动物的物种延续,并控制种群数量的过度增长。

因此,由此推演,侵犯也是人类生活中不可避免的组成部分。人类之所以在每个时代都有大规模战争发生,是因为人的侵犯本能被发泄了。他认为,现代社会使人们在日常生活中难于实施侵犯,而战争就成了发泄侵犯冲动的重要途径。他建议,人类要想避免战争,就需要多开展冒险性的体育活动,耗散侵犯本能。

许多生物学家支持洛伦茨的看法,他们认为,人类许多社会行为都是演化的结果,特别是以一种对繁衍后代有利的行为模式进行。

3. 对侵犯的本能理论的评述

侵犯的本能理论认为人类之所以会出现侵犯行为,是因为与生俱来的侵犯本能。这种观点遭到很多研究者的质疑,这些质疑主要集中在以下两类。

一类质疑是,在动物身上是否真的存在侵犯本能。郭任远(Kuo,1930,参见 Worchel,2000)曾做过一项研究,试图给本能理论一个有力的回击。他在实验中喂养了 3 组小猫,第一组和母猫一起生活,第二组独自生活,第三组和老鼠一起生活。经过一段时期后,把长大的小猫放在老鼠面前。根据本能理论的假设,如果存在侵犯本能的话,那么,无论是跟母猫还是跟老鼠生活在一起的小猫,都应该表现出捕鼠的行为。但是,在与母猫一起生活的小猫之中,有 85% 的小猫做出了捕鼠的行为;而在与老鼠一起生活的小猫之中,只有 17% 的小猫做出了捕鼠的行为。这似乎说明侵犯行为不是本能行为。但是事实上,这个研究并不能把先天的本能和后天的学习剥离开来,因此,我们并不能得出小猫没有侵犯本能的结论,后天的学习环境可能在某种程度上对本能有抑制作用使其不表现出侵犯性。

另一类质疑是,即便在动物身上存在侵犯本能,那么是否意味着人类就一定具有侵犯本能呢?如果人类具有侵犯本能,那么我们可以预期,人类应该在侵犯本能的驱动下程序化地表现出侵犯性。由此推断,人类侵犯行为的表现上应该有许多相似之处。事实上,人类侵犯行为的表现方式多种多样。如果侵犯纯粹是一种人类本能而不受环境影响的话,那么研究者应该发现不同的国家在侵犯案件的种类和数量上有着惊人的一致。然而,事实并非如此。

(二) 生物学理论

生物学理论同样认为,侵犯源于个体内部。该理论的研究者试图找出诱发人类做出侵犯行为的内在生物学机制,识别出那些可能与侵犯有关的特定脑区。影响我们情绪的边缘系统中,海马(边缘系统的一部分)在侵犯行为中起着重要作用(Hitchcock,1979)。有研究者也发现,杏仁核与人类以及低等动物的侵犯行为相关联:当该区域受到电击时,温和的机体会变得暴躁;当该区域的神经活动被抑制时,暴躁的机体会变得温和。还有研究者认为大脑皮质也起着重要作用,当皮质受损时,人们会表现出更激烈的侵犯行为。

马拉佐蒂等人(Marazzitti,1993)分析了 3 组人的血液成分,结果发现,在自杀组和攻击组成员的血液成分中有一种神经传导复合胺,其与控制组的复合胺大相径庭,而对前者的缺乏则降低了自杀组与攻击组成员控制攻击性的能力。还有研究者发现,因暴力犯罪入狱的囚犯的睾酮的水平远远高于因非暴力犯罪入狱的囚犯。

虽然部分脑区被识别出与侵犯有关,但是,仍然不能得出这些部位就是刺激人们做出侵犯行为的原因所在。而化学物质在侵犯中的作用也非常不明朗——究竟哪些化学物质或者什么样的化学物质在影响着侵犯行为,仍需要更多研究来弄清楚化学物质在侵犯行为中所起的具体作用。

(三) 挫折—侵犯理论

挫折—侵犯理论是第一个为解释侵犯行为而提出的理论。与本能理论和生物学理论不同的是,挫折—侵犯理论避开侵犯本能的论争,把目光投向了侵犯的外部条件:究竟是什么样的外部条件促使人们做出侵犯行为?

1. 最初的理论观点

(1) 挫折与侵犯。多拉德(Dollard,1939)和其同事对挫折和侵犯这两个概念进行了清晰的定义,挫折即“对行为后果的阻碍”,换句话说,“当我们想要什么东西却又得不到的时候,我们就会遭受挫折”。

(2) 挫折与侵犯的关系。多拉德(Dollard,1939)等人把挫折与侵犯联系起来,认为“侵犯永远是挫折的一种后果”,“侵犯行为的发生,总是以挫折的存在为条件”。他们认为,侵犯只有一个原因(挫折),挫折只有一个反应(侵犯)。勒温(Lewin,1941,参见 Barker,1941)的研究很好地说明了挫折同侵犯行为之间存在着某种关联。实验者把实验组的孩子领到一个全是玩具的房间前。虽然孩子非常期待玩那些玩具,但是实验者只允许他们从窗外观看,不许他们进去玩。在经历漫长而痛苦的等待之后,这些孩子最终有机会玩那些玩具。控制组的孩子在一开始就被允许玩那些玩具,没有遭受挫折。结果发现,在玩玩具的时候,实验组比控制组的行为更具破坏性:将玩具摔在地上,往墙上砸或踩踏玩具。这个实验巧妙地创设了挫折情境,使孩子们感到挫折,表现出侵犯行为,说明了挫折会引发侵犯行为。马利克(Mallick,1966)等人所做的实验也得出了类似的结果。他们以小学三年级学生为被试,实验任务是搭积木。对于实验组,搭完积木后会得到报酬,但是在搭积木过程中,安排一个小学六年级同性别的学生捣乱,不让他们搭成。对于控制组,搭完积木后没有获取报酬,所出现的大孩子也不是捣乱,而是帮助。在实验的后一个阶段,研究者安排每个被试有机会在不见面的情况下电击实验中出现的大孩子。研究者告诉被试:“如果刚才的同学没有正确回答我的问题,你就给他电击,无论给多少次、多强的电压都行。他不知道谁在电击他。”研究结果表明,受到挫折的实验组被试实施电击的次数更多,电压也更高,说明挫折增加了人们的侵犯行为。研究者还发现,如果捣乱者的行为能够被合理解释(如捣乱者的情绪不好),则被试可以理解捣乱者,减少侵犯。这一发现说明,在实验的条件下,人们仍然掌握着对自己行为的控制感,并要求自己的侵犯行为能得到合理的解释。如果捣乱者的行为归因为是故意的,则被试感到有理由给他们实施更强的电击。如果捣乱者的行为能被合理解释,则被试认为自己实施侵犯的理由不充分,从而减少侵犯行为。这种理论还假设挫折感越大,导致的侵犯性越强。哈里斯(Harris)在 1974 年的研究支持了这一假设。他让实验助手在商场、银行和售票窗口排队的人群中插队,插到第 2 个人或者第 12 个人的前面。被插队的人的反应被编码成言语攻击或非言语攻击(包括出现不友好的动作及推搡)。观察表明,第 2 个人对插队者的反应比第 12 个人更具有侵犯性(见图 14-2)。由于第 2 个人比第 12 个人能更快地达成目标,所以体验到更多的挫折感。

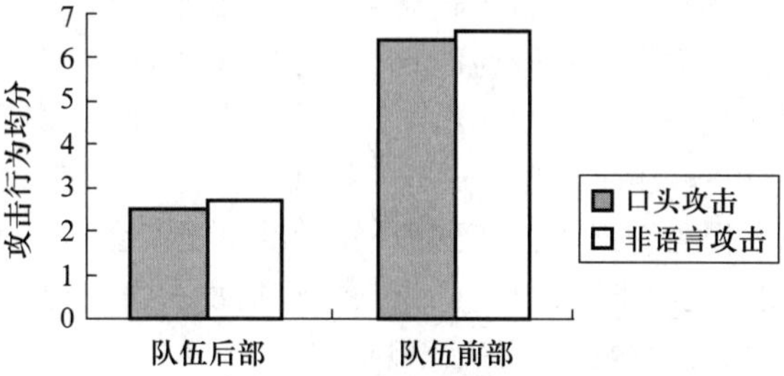

图 14-2　排队的位置对侵犯行为的影响

(3) 替代性侵犯。挫折—侵犯理论探讨了受到挫折后可能出现的侵犯类型。多拉德和其同事认为,直接的身体侵犯和言语侵犯是最常见的侵犯类型。然而很多情况下,侵犯由于种种原因并不能够被直接实施在引发挫折感的对象身上。例如,当侵犯者发现对方的力量强大或是地位很高,自己的力量不足以与其抗衡时,那么替代性侵犯就可能出现,如散播对方的谣言或是攻击他的好友。替代性侵犯(displaced aggression)有两种类型:侵犯对象的替代和侵犯类型的替代。这两种替代在日常生活中经常出现。举例来说,受到父亲责打的孩子由于不能直接挥拳打倒父亲,可能会嘟嘟囔囔地骂父亲几句(侵犯类型的替代),或是欺负比自己弱小的弟弟妹妹(侵犯对象的替代)。米勒(Miller,1948)认为,替代性侵犯的对象应该和最初引发挫折感的对象有某些相似之处。因此如果引发挫折感的对象是父亲,那么侵犯对象可能替代性地指向母亲,因为他们是受挫者的双亲。还有研究者(Berkowitz & Knurek,1967,参见 Worchel,2000)认为,侵犯可能替代性地指向与挫折源的名字相同的个体。但是,无论哪位研究者,都未给出寻找替代性侵犯对象的通用法则。

简而言之,最初的理论认为,受到挫折的人总是采取某种形式的侵犯,而所有的侵犯行为都产生于挫折。

2. 理论的修正

挫折—侵犯理论的显著特点是简洁明了。但是,挫折—侵犯理论在解释生活中的许多现象时都遇到了困难。因此,批评者认为挫折不是侵犯的唯一原因,而且挫折并不总是导致侵犯,侵犯也不一定是挫折的自动化反应,从挫折到侵犯,这中间有时还存在其他影响要素。

(1) 侵犯线索。许多研究者开始修正这一理论。根据伯科威茨(Berkowitz,1965)的观点,挫折引发了个体做出侵犯行为的预备状态,以及被个体标定是"愤怒"的情绪状态;只有当环境中出现能引发侵犯的适当线索时,侵犯才会出现。因此,他提出了"侵犯线索"这一概念。侵犯线索(aggression cue)被定义为那些经常伴随着引发挫折的对象和侵犯行为出现的刺激物。它可以是任何事物,比如刀、枪、人等,而且具有个体差异性。也就是说,对于某个人来说是侵犯线索的事物,对另一个人来说可能就不是。只有当个体将某个事物与侵犯行为联系在一起时,侵犯线索才具有引发侵犯的作用。有研究者推断,某些诸如刀枪之类的武器可能是一种诱发侵犯的主要线索。

(2) 武器效应。为了证明武器线索在诱发侵犯时所起的作用,伯科威茨和其同事进行了大量关于武器效应的研究。伯科威茨和佩奇(Berkowitz & Page,1967)先让实验助手故意制造挫折情境来激怒被试,然后使被试有机会对实验助手实施电击。一种实验条件是,桌子上除了电击设备外,还有一杆猎枪和一支左轮手枪(武器条件)。另一种实验条件是,在电击设备旁边放置一副羽毛球拍。结果表明当被试愤怒时,他们在武器条件下比在羽毛球拍条件下对实验助手实施了更多电击。后来,人们将武器增强侵犯行为的现象称作"武器效应"(weapon effect)。伯科威茨认为这些结果支持了"武器促使愤怒的被试做出侵犯行为"这一假设。

伯科威茨(Berkowitz,1989)还对其理论进行了拓展。他认为,不仅仅是挫折或愤怒能引发侵犯,任何负面情绪都能引发侵犯。当人们感到愤怒时,侵犯线索会增加侵犯的强度,这可能是由于愤怒的个体更易注意到侵犯线索的缘故。简言之,侵犯线索的出现会增加个体做出侵犯行为的可能性;但在没有线索时,侵犯行为也可能出现。

3. 对挫折—侵犯理论的评述

我们在前文已经谈到过挫折—侵犯理论的观点并不完全正确。挫折并不是侵犯的唯一原因,而且挫折也不总是导致侵犯行为。但研究证实,在一些条件下,挫折确实会导致人们做出侵犯行为。这种理论区别于本能理论,可以用实验来证实,因此引发了大量关于侵犯的实验研究。这类研究旨在探求挫折在哪些外部条件的作用下会导致侵犯,以及如何能减少受挫后的侵犯行为。

一些研究者则对侵犯和挫折的概念提出质疑。有研究者认为,暴力行为是一种体现控制感的方式。个体对事物进行破坏,并不是为了破坏而破坏,而是为了证明个体有能力掌控它们,决定它们的去留。侵犯行为是个体形成控制感的手段,旨在证明个体有能力掌控自己的行为和周遭的环境。

挫折究竟是指一种外部的环境条件(某一事件),还是一种个体的内部状态(由这一事件引起的内部感受)?挫折—侵犯理论在这一点的阐述上有些不足。举例来说,孩子正在观看一个有趣的电视节目,在情节将要达到高潮时,父母关掉电视。毫无疑问,孩子受到了挫折。但是,挫折是关掉电视这一行为,还是孩子因这些行为所引起的感受呢?

另外,替代性侵犯的观点非常有趣,可是,人们对于究竟什么样的事物会成为替代性侵犯的目标物还没有给出充分的界定,也没有足够的研究加以证实。而且,挫折—侵犯理论也无法解释攻击行为多样性的问题,即为什么受到挫折后,人们的反应会如此不同:有些人责骂不休,有些人挥拳相向,而有些人则忍气吞声?

侵犯线索也没能逃开研究者的质疑。一些研究者认为,被试可能猜测出这种条件下的要求特征,并对此做出相应的反应。被试可能会把武器条件当作来自实验者的线索,它表明实验者想让被试在这种条件下做出侵犯行为,因此被试才做出了侵犯行为。

尽管挫折—侵犯理论遭到很多质疑,但是由于此理论的提出,研究者从本能理论的小圈子中暂时跳出来,不再在"侵犯是不是一种本能"的问题上转来转去,开始关注侵犯的外部条件,并且该理论采用了实验研究的方法,这无疑对侵犯研究起了极大的推动作用。当然,它在解释侵犯行为上还是存在局限性的。

(四) 社会学习理论

社会学习理论的倡导者班杜拉(Bandura & Walters,1963;Bandura,1973)提出,儿童的侵犯行为并非生来就有,而是后天习得的。通过直接经验和观察学习,儿童学会什么时候做出以及怎么样做出侵犯行为。因此,侵犯是直接经验和观察学习的结果。

1. 侵犯行为习得的机制

第一,通过强化习得侵犯行为。孩子常常因为做出攻击行为而获得奖励(口头表扬或是物质奖励)。打架输了的孩子哭着跑回家时,可能得到的只是父亲的一阵臭骂;打赢了的孩子可能反而会得到父亲的夸奖。另外,孩子由于侵犯行为而受到家长和教师额外的关注,其行为也会被强化。害怕被大人忽视的孩子非常愿意付出这样的代价来赢得由侵犯带来的家长和教师的关注。

另外,研究者(Cowan & Walters,1963,参见金盛华等,1995)还提出强化的模式对将来的侵犯行为起决定作用。沃尔特斯在 1963 年做了一项经典研究,这项研究的实验材料是一个肚子上写着"打我"的玩具娃娃,在击打娃娃的肚子时,它的眼睛和插在纽扣洞上的一朵花会发光。参加实验的儿童分为 4 组,第一组的儿童每次击打玩具娃娃,都会得到一个有色玻璃球作为奖励;第二组的儿童间断获得同样的奖励;第三组的儿童没有外加奖励,只有击打时娃娃身上发出的光作为积极反馈;第四组为无强化支持的控制组。

实验进行两天后,研究者用巧妙的方式引起被试的挫折,然后安排被试同一个未参加实验的儿童玩游戏,看被试如何解决游戏中出现的矛盾。结果发现,各个奖励组的被试实施侵犯行为(推人、踢人、撞人等)明显多于控制组,而其中间断强化组最高,显著高于其他各组。这项研究的结果表明,即使没有奖励,间断强化模式也能维持更长时间的侵犯行为。

第二,通过观察习得侵犯行为。另一种习得侵犯行为的机制是观察学习,即模仿。儿童通过观察他人的侵犯行为习得侵犯行为。班杜拉与其助手做过许多研究,证明通过观察榜样的行为,儿童就可以学习到侵犯。班杜拉等人于1961年在一所幼儿园做了一项实验,他们让被试与一个成人一起待在一间游戏室里(游戏室里有一个高约1.5米的充气娃娃)。与实验组被试在一起的成人,先装配一会儿其他玩具,之后对充气娃娃实施长达9分钟的侵犯,不仅拳打脚踢,而且或骑到娃娃身上,或使劲摔它,并用木棍抽打它。侵犯的同时,他的嘴里还不停喊叫:"揍它的脸!""打倒它!"与其在一起的被试则一直看他如何对玩具娃娃实施侵犯。与控制组被试在一起的成人则装配其他玩具,不去理会充气娃娃。之后,每个被试都被单独留在游戏室20分钟,室中除其他玩具外,有3个充气娃娃。

结果发现,实验组出现了成人的许多侵犯行为,对充气娃娃的侵犯远远多于控制组,两组差异十分明显,表14-1为该研究的具体结果。

表14-1 儿童观察不同榜样后的侵犯行为

实验条件	攻击行为总量(得分)	
	身体侵犯	言语侵犯
暴力模式(实验组)	12.73	8.18
平静模式(控制组)	1.05	0.35

在另一项研究中,班杜拉和其同事发现,孩子除了会模仿真实生活中的人物之外,还会模仿电影中的成年人或者卡通人物,出现攻击玩具的行为。研究发现,不只儿童,即使是成年人,也会模仿榜样所做的真实或虚假的侵犯行为。

但是,人们在模仿不同的榜样时,程度并不相同。有研究证明,孩子更倾向于模仿同性别的被试,即男孩更多模仿男性榜样,女孩则更多模仿女性榜样。而且,比起地位低的榜样,孩子更倾向于模仿地位较高的榜样。

从做出侵犯行为的榜样是受罚还是受奖来看,被试更可能模仿受到奖励的侵犯行为(Bandura, Ross, & Ross, 1963; Walters & Willows, 1968)。而从侵犯行为的性质来看,与无理的侵犯行为相比,被试更可能模仿合理的侵犯行为(Geen & Stoner, 1973)。

2. 对社会学习理论的评述

社会学习理论关于侵犯的论述非常重要,这是因为,社会学习理论对习得的侵犯行为和实际出现的侵犯行为进行了重要区分。个体可以通过得到的奖励或者观察习得侵犯行为,但是不一定会表现出侵犯行为。因此,孩子观察到因做出侵犯行为而受罚的榜样后就不会做出侵犯行为。这并不是孩子没有学会侵犯行为,而是其侵犯行为被抑制。在条件允许的情况下,孩子可能会把侵犯行为表现出来。

社会学习理论还解决了挫折—侵犯理论所不能回答的问题:人类侵犯行为的多样性。根据社会学习理论,我们以前的生活经验和学习对表现侵犯的方式起着重要的影响。因此,有的人可能是在打架斗殴的环境里长大,所以他习惯于使用拳脚相加的方式处理问题;有的人可能生活在父母会斥责侵犯行为的环境中,所以他会忍气吞声,不做出侵犯行为。

除了解释侵犯行为的多样性外,研究者还提出减少侵犯的方法。父母因孩子的恶劣行为而体罚他们,这很可能会起到反作用,导致孩子侵犯行为的增加。在这种情形下,父母扮演了侵犯的角色,成为孩子模仿的对象。虽然孩子不敢在家里做出侵犯行为(怕遭到父母的责骂),但他们可能在其他情况下表现出在家中习得的侵犯行为(如在学校欺负同学)。

根据社会学习理论,对侵犯行为不关注或忽视,可减少侵犯行为。这种条件既没有提供可以仿效的侵犯榜样,也没有提供额外关注的强化。布朗和艾略特(Brown & Elliott,1965)的研究证实了这一点。他们让幼儿园教师奖励孩子的合作行为和不打架行为,并忽视侵犯行为。2 周以后,孩子们出现的侵犯行为明显减少;3 周后,孩子们的侵犯行为进一步减少。

第二节　影响侵犯行为的因素

挫折可能会引发侵犯行为,但不能就此得出结论"侵犯行为总是挫折导致的",有些研究者甚至认为,挫折并不是侵犯行为出现的重要条件。侵犯行为是一种非常复杂的行为,人们是否做出侵犯行为,往往不是由单一因素决定,而是多种因素共同作用的结果。下面我们分别从 3 个方面探讨侵犯行为的影响因素,包括个人因素、情境因素、社会因素。

【微课】
侵犯行为的影响因素

一、影响侵犯行为的个人因素

在生活中我们往往会发现,有些人的侵犯行为要比另一些人的多。是否真的存在某些特质,使一部分人表现出比他人更多的侵犯性?

(一) 侵犯行为的神经生理基础

侵犯过程会受到个体的神经生理基础影响。自 20 世纪七八十年代开始,人们对侵犯行为的生理基础进行了大量的探讨。研究的发现集中在神经递质与自主神经活动、神经病理与侵犯的关系等方面。

研究指出,侵犯行为的发生会受到多种神经递质的作用,这些递质之间存在着复杂的相互作用。例如,5-羟色胺机能降低会使多巴胺机能增强,因此侵犯行为中涉及的神经递质及其作用机制还需要进一步研究。

研究发现,侵犯和暴力可能具有神经病理基础。研究发现:某些严重的暴行起因于颞叶癫痫障碍;很多暴力犯罪与青少年或成人的脑电异常有关;暴力行为可能与前额叶皮质缺陷或受损有关。现有资料表明,前额叶皮质以及某些边缘区域,可能与侵犯行为的控制机制有关,这种控制失败会导致个体侵犯和暴力的可能性增大。

(二) A 型人格

心理学家(Glass,1977;Strube,1989)提出了相对应的两种人格特质:A 型人格和 B 型人格。A 型人格的人被描述为非常有竞争意识、行事匆忙、遇事特别容易生气以及攻击性比较强的一类人。相对地,B 型人格的人被认为是竞争性不是很强、行事从容、不容易发怒的一类人。研究者找到了 A 型特质的 3 种最主要的特点:第一,A 型人格的人更有竞争性,更能为成功而奋斗;第二,A 型人格的人有时间紧迫感;第三,A 型人格的人在对待挫折情境时,更容易产生攻击性和敌意。

有些研究证明了 A 型人格的人比 B 型人格的人更具有侵犯性(Baron,Russell,& Arms,1985;Carver & Glass,1978)。大部分人都能够从容地对待日常生活中的碰撞和摩擦,但是 A 型人格的人会有过激的反应,他们对极其微小的烦恼都会表现出对抗、暴怒、粗鲁、乖戾、批评和不合作(Dembroski & Costa,1987)。例如,对于雨天交通拥堵或是工作上出现的小差错,大多数人都会从容应对,而 A 型人格的人却会焦躁不安,行为失控。还有研究者认为,A 型人格的人比较容易出现虐待儿童或虐妻的行为(Strube,1984)。

(三) 敌意归因偏差

归因对侵犯产生的过程有重要的影响。假设你漫步在图书馆前的小路上,突然一个冒失的家伙撞倒了你,并且对你破口大骂。你会有怎样的反应呢?你很可能会觉得他是故意的。如果他在撞倒你之后,把你扶起来并道歉,如果他表现出真诚的歉意,你就不会变得很愤怒,也不会想寻找机会报复他。

对他人行为目的的归因直接影响着我们对他人行为的反应,然而,要识别他人行为的动机非常困难。有研究者(Mummendey & Otten,1989)曾做过一项研究,他们让被试观看两个男孩打斗的录像片段,并告诉一部分被试要从打人者的角度观察,而告诉另一部分被试要从被打者的角度观察。从被打者角度观察的被试更倾向做出侵犯者怀有恶意的解释。的确,我们在情境不明确的状况下,会将对方的动机或意图视为有敌意的倾向,这就是所谓的敌意归因偏差(hostile attributional bias)。当我们的归因有偏差的时候,通常不会把他人的动机归因为善意的,而是做出恶意归因,继而可能做出报复性的侵犯行为。有研究证实(Dodge & Coie,1987),当男孩的敌意归因偏差倾向越高时,他们越有可能表现侵犯行为。

(四) 性别

当男性被问到是否曾参与过攻击性事件时,研究者发现男性参与的频率高于女性。但是,能否说是性别差异造成了这种现象,或从这一调查研究中得出“男性比女性更具有侵犯性”的结论呢?一些研究者对这类研究进行了回顾,发现大量事实表明,这种侵犯的性别差异的确存在,男性比女性更具有侵犯性(Bettencourt & Miller,1996;Knight,Fables,& Higgins,1996)。

男性和女性不仅在侵犯的数量上存在差异,而且在侵犯的方式上也不相同。男性的攻击多为身体侵犯,而女性的攻击多为言语侵犯和其他间接的侵犯行为。有证据表明,男性出现的身体侵犯多于女性,而对于言语侵犯来说,其性别差异会减小甚至消失(Eagly & Steffen,1986;Reinish & Sanders,1986)。有研究发现,这种男女攻击方式上的差异,在 8 岁时已出现(儿童时期的间接侵犯有说谎、冷漠、报复等形式),然后差异逐年增加,并延续到成人时期(Bjokqvist,1992)。然而,当男性和女性被他人直接激怒时,侵犯的性别差异也会缩小(Bettencourt & Miller,1996)。

这种性别差异究竟是先天因素决定的,还是后天学习导致的呢?一些研究者认为,这种差异是受激素的影响而产生的,而且是先天的。有研究证实,雄性激素较高的男性的侵犯性较高(Christiansen & Knussman,1987)。这种观点受到其他研究者的猛烈抨击。他们认为,侵犯的性别差异并不应该归于先天因素。在社会化过程中,学习起着重要的作用,社会赞许性和社会角色认同可能扮演着重要的角色。有研究发现,侵犯行为上表现出的性别差异实际上一种误解,性别对于侵犯行为的预测作用很小,而性别角色对侵犯情境中侵犯行为的发生有更大的预测作用(Richardson & Hammock,2007)。

需要指出的是,我们在实验研究中无法把性别作为单一变量,完全控制其他因素。因此,即使是生物因素对侵犯有影响作用,我们也不能得出“性别对侵犯起着重要的作用”或者是“男性比女性更具有侵犯性”的结论,我们只能说“侵犯行为存在着性别上的差异”,而且我们无法对这种差异做出精确的解释。

二、影响侵犯行为的情境因素

研究者除了关注个人因素外,还试图寻找那些影响侵犯行为的情境因素。研究者发现了许多情境因素:高温、酒精与药物、唤醒水平、去个性化等。

(一) 高温

很多人在闷热的天气里经常会感到脾气暴躁和容易发怒。是不是温度越高,人们的侵犯行为就越多呢?

有研究者收集了美国50个城市45年内(1950—1995)的年平均温度,并获得了关于暴力犯罪、财产犯罪以及强奸犯罪的信息。然后,他们对温度和犯罪的关系进行分析。结果表明,在天气越热的年份里暴力犯罪的比例越高,但是财产犯罪或强奸犯罪并不明显。安德森等人(Anderson,Deuser,& DeNeve,1995)则用实验的方法来探究原因。在研究的第一阶段,被试在一个可调节温度的房间内打游戏,房间内温度可调节。结果发现,温度越高,被试体验到更多敌意,会出现更多的侵犯念头。

科恩等人(Cohn & Rotton,1997;Rotton & Cohn,2000,参见巴伦等,2004)则考察了美国两个不同的城市在两年内的身体侵犯记录。侵犯和温度的记录都来自每天之中的两个小时。结果表明,温度和侵犯行为之间的相关为曲线关系而非直线关系,结果见图14-3。随着气温的升高,侵犯性会增加,到达某一点时,侵犯性到达最高值;超过这个点,随着气温的升高,侵犯性反而会减少。

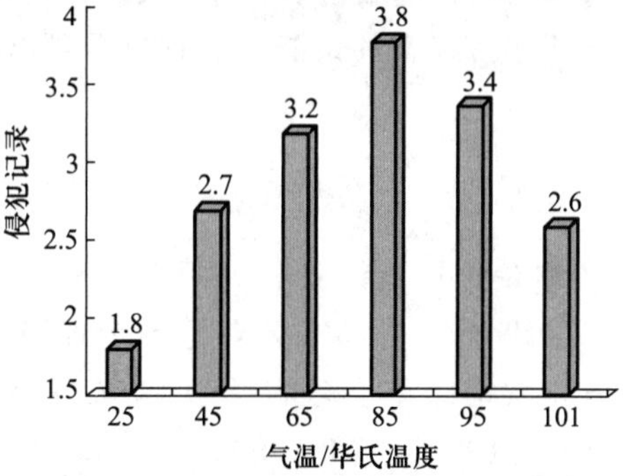

图14-3　温度和侵犯

来源:转引自巴伦,伯恩.(2004).*社会心理学*(第10版).(黄敏儿,王飞雪等　译).上海:华东师范大学出版社,456.

(二) 酒精与药物

许多研究证实,酒精在某种程度上会导致侵犯行为。心理学家(Schmutte & Taylor,1980)曾做过一项研究,让喝醉的人和没喝酒的人完成一项任务。在完成任务的过程中,被试能电击对手,对手也能电击他们。一种条件是,被试听不到对手疼痛的叫声;另一条件是,被试能听到对手非常难受而发出的惨叫声。结果显示,喝醉的被试比没喝酒的被试更具有侵犯性,他们的侵犯行为不会受到对手惨叫声的影响。没喝醉的被试在听到疼痛的反馈后,减少了他们的侵犯行为。研究表明,大剂量的酒精会使人们对周围环境以及侵犯后果的意识程度降低,以至于表现出更多的侵犯行为。

拉普拉斯(Laplace,1994,参见 Brehm & Kassin,1996)得出一项有趣的结果:当以往喝酒经验少的人喝了大量的酒时,他们比起那些喝酒经验多的人更容易表现出侵犯性。在实验中,研究人员告诉男性被试要在一项反应时任务中开展比赛。一半的被试饮用大剂量酒精,另一半被试饮用小剂量酒精。实验中的竞争对手没有表现出挑衅行为,对于那些以往很少饮酒的被试来说,饮用大剂量酒精者和没有饮用大剂量酒精者之间的侵犯行为(电击强度)差异显著,见图 14-4。

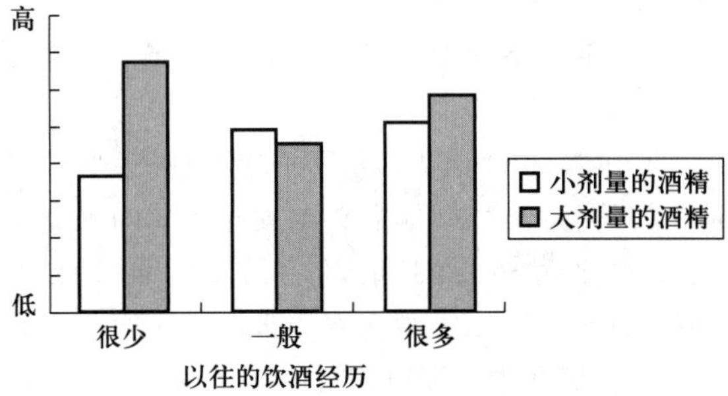

图 14-4 酒精和侵犯

药物对侵犯行为的影响非常显著,但是其作用的方向取决于药物的种类、剂量以及被试的状态。泰勒及其同事(Taylor & Gammon,1975)研究了酒精和大麻对侵犯的影响。结果发现,即便是超大剂量的酒精,就其本身而言也并不会诱发侵犯行为。但是如果被试处于被激怒或是被威胁的状态下,那么大剂量的酒精会引发更多的侵犯行为。但是,大麻的作用与酒精并不相同,在服用大剂量的大麻后受到威胁的被试,比起服用小剂量的大麻和没有服药的被试来说,表现出较少的侵犯性。研究者还发现,用于治疗亢奋的镇静剂具有与酒精相似的作用(Gantnot & Taylor,1988)。

(三) 唤醒水平

沙赫特和辛格的情绪二因素论把情绪体验分为两个部分:生理唤醒以及个体对这种唤醒状态的认知性标定。何谓认知性标定?即个体对这种生理唤醒状态的解释,如把这种唤醒(arousal)标定为高兴、愤怒等情绪感受。总的说来,个人的情绪唤醒水平会直接影响到他的侵犯行为。齐尔曼(Zillmann,1971,1978,1994,参见 Worchel,2000)把此理论应用于侵犯的模式,并做出推断:被其他原因唤醒(如性唤醒)的个体可能会把这种唤醒状态标定为愤怒。

20 世纪 70 年代之后的许多研究证实,不仅情绪唤醒水平直接影响到人们的侵犯行为,特异性的唤起水平,如性唤醒,也会改变人们的侵犯性。齐尔曼(Zillmann,1971)研究了性唤醒状态对侵犯行为的影响。他把被试分为 3 组:第一组被试观看一部能引起性唤醒状态的影片,第二组被试观看一部暴力拳击片,第三组被试观看有趣但不会引起唤醒的资料片。之后,实验助手激怒其中一些被试,而不激怒另一些被试。最后,让被试充当老师,对实验助手进行电击。结果表明,观看能引起性唤醒影片的被试表现出最强的侵犯性(即他们实施的电击强度最大)。这一结果正与下述观点相吻合:被试把由电影引起的性唤醒状态解释为愤怒,这导致了更强的侵犯性。有学者则认为这类影片会对男性观众的态度产生令人不安的影响,他们证明观看此类影片的男性会对强奸产生更多的幻想(Malamuth,1984),对强奸的敏感度降低,并且更强烈地认为自己也可能犯强奸罪(Malamuth,Haber,& Feshbach,1980)。

(四) 去个性化

去个性化(deindividuation)的概念最初是由费斯廷格等人于 1952 年提出的。所谓“去个性化”是指个人在群体中自我同一性意识下降,自我评价和控制水平降低的现象。在群体中,一旦去个性化状态出现,个人的行为会较少受自己的个性支配,责任意识会明显丧失,而倾向于跟随整个群体的状态。群体的规模越大,凝聚力越强,越易于引发人的去个性化状态。

社会心理学家辛格(Singer,1965,参见金盛华等,1995)的研究采用匿名的方式引发被试的去个性化状态。与可被认出来的条件相比,被试在处于匿名条件时,在有关色情问题的集体讨论中更多使用猥亵语言。

津巴多在 1969 年所做的一个经典实验则很好地证明,个人在去个性化的状态下攻击性明显增强。被试是来自纽约大学的女学生。每 4 个被试分为一组,在两种情况下进行实验。一种情况是给被试每人发一件从头蒙到腿的大罩巾,不使用她们的姓名,并在黑暗中进行实验,因而同一组被试彼此无法相互辨认。另一种情况则安排被试每人胸前都配有一个很大的姓名卡片,并相互引见,同组被试之间知道每个人的姓名。前者为去个性化组,后者为控制组。研究者告诉被试,实验的目的是测定移情能力,方法是给被评价对象(实验助手)以电击,引发她的痛苦,然后对其进行评价。被评价对象有两种:一种是一个温柔的富有献身精神的年轻妇女,她正为资助未婚夫上大学而工作;另一种是一个令人讨厌的自私自利的女性。

实验进行时,被试可以看到被评价者正在说话,但听不到声音。每当被试按键给予电击时,被评价者就身体扭动,挣扎,表现出痛苦的样子。电击共 20 次,分两个阶段操作。当电击进行到第 10 次时,被评价者痛苦强烈,以至于挣脱了电极带,然后继续进行后 10 次的电击。

图 14-5 为实验的结果。从中可以看出,无论是前 10 次还是后 10 次电击,也无论是对善良的人还是对令人讨厌的人,去个性化组都实施了差不多两倍时间的电击。去个性化状态使人最大限度地降低了自我观察和评价的意识,降低了对于社会评价的关注。因此,通常的内疚、羞愧、恐惧和承诺等行为控制力量都被削弱,从而使压抑行为外露的阈值降低,使人表现出通常社会不允许的行为,也使人的侵犯行为增加。

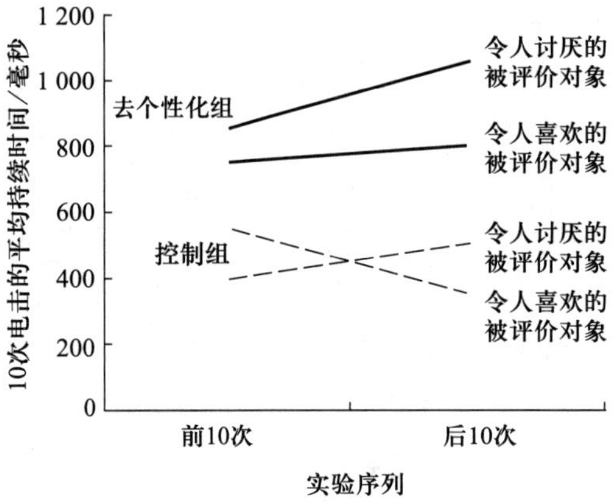

图 14-5　去个性化条件下侵犯行为明显增加

来源:转引自金盛华,张杰.(1995).*当代社会心理学导论*.北京:北京师范大学出版社,332.

三、影响侵犯行为的社会因素

我们知道,某些特定文化崇尚暴力,某些暴力行为在那些文化所主导的社会里是被认可的;但是在另一些文化中则不然。侵犯行为在不同的文化中似乎有着不同的定义。这样,我们就发现一个更为宏观的影响侵犯行为的因素:社会因素。下面将主要探讨文化与侵犯的关系以及媒体暴力、暴力视频游戏对个体侵犯行为的影响。

(一) 文化与侵犯

从已有的资料来看,文化与侵犯行为之间有着密切的关系(余建华,2007)。在一个村庄里,恐惧、互相不信任等主导着人们的生活,但他们之间却很少发生身体冲突。因为这里的儿童自出生起就开始被灌输恐惧意识以达到对儿童的控制,而且当儿童成长到一定时期,公开的侵犯行为被严厉禁止。

在本质上,文化影响侵犯不是决定侵犯行为是否发生,而是文化规范了侵犯行为的表达方向。位于北美苏必利尔湖附近、主要靠渔猎为生的某个族群,表面上人与人之间相互合作,每个人似乎都有很好的忍耐性和自控力,甚至找不到关于谋杀、自杀的官方记录,但在合作的外表下面,隐藏着敌意和厌恶,当地文化认可背后传播流言、诽谤他人,甚至用巫术报复他人的不公开侵犯行为方式。显然,这种不公开侵犯方式具有替代性侵犯作用(McNeil,1959)。

(二) 媒体暴力

媒体暴力是引发侵犯的重要社会因素。媒体暴力(media violence)是指大众媒体(包括电影、电视、报刊、网络等)传达的暴力内容对人们的正常生活造成负性影响的现象。电影、电视等这些普及率高的大众媒体对暴力概念的重新解释与传播,显然有着其他媒体不可替代的更为直观、形象的作用,逼真的暴力画面对观众更具有蛊惑力。互联网的不断普及,一方面让人们体验到信息获取的方便快捷,另一方面也使暴力内容和色情内容易得。实验室研究和生活事实,都证明了暴力传播的潜在危险。绝大多数社会心理学家都赞同,暴力传播会增加公众尤其是儿童的侵犯性。

1. 媒体暴力与侵犯性的关系

对于媒体暴力在侵犯行为中所起的作用,几种主要的侵犯理论(挫折—侵犯理论、侵犯线索理论和社会学习理论)对此得出了截然相反的结论。

挫折—侵犯理论认为,个体只要做出侵犯行为(无论是真实出现的还是模拟的),就会得到精神上的宣泄。如果让人们观看暴力节目从而替代地宣泄侵犯性,宣泄出积聚的负性能量,减少自己想要侵犯他人的念头,那么他们将来的侵犯行为就可能会减少。在该理论看来,观看电视上的暴力节目不失为解决暴力的良方。

社会学习理论和侵犯线索理论提出,目睹暴力行为并不是一种宣泄,而会导致更多的侵犯行为。从社会学习理论的角度来看,人们的很多行为是习得的,而媒体上的暴力会被观众认同,当作榜样来模仿;从侵犯线索理论的角度来看,媒体上的暴力是诱发观众出现侵犯行为的线索,引发人们做出侵犯行为。

大量的研究证实了观看暴力电视会增加观众的侵犯行为。利伯特和巴伦(Liebert & Baron,1972,参见 Aronson,1999)让实验组的孩子观看非常暴力的警匪片的片段,而让控制组观看时间长度相仿的无暴力的体育节目,然后允许他们每个人(实验组和控制组)与另外一组孩子一起玩。结果发现,无论是男孩还是女孩,看过暴力警匪片的孩子比看过体育节目的孩子对同伴表现出更多的侵犯行为。

帕克(Parke,1977)等人所做的实验也证实了这一点。他们连续 3 个星期观察被试行为以得到侵犯行为的基线水平,之后将被试随机分成两组。在接下来的一个星期内,一半被试每晚看暴力电影,而另一半被试看非暴力电影。之后,连续 3 个星期再对他们的日常生活进行观察,并在"侵犯性"维度上对他们的行为进行评定。在每种情况下,观看暴力电影的被试都比观看非暴力电影的被试表现出更多的侵犯行为。这与社会学习理论相一致。

但是,另一些研究则认为,观看暴力电影之后,侵犯行为将有所减少。费什巴赫(Feshbach,1961)证实,原本处于愤怒状态的观众在观看暴力电影后,其侵犯行为会减少。他让被试(处于愤怒或非愤怒的状态)观看暴力或非暴力的电影,之后给被试侵犯的机会。结果发现,在生气的被试中,观看暴力电影的人比观看非暴力电影的人表现出更弱的侵犯性;而在不生气的被试中,观看暴力电影的人比起观看非暴力电影的人感到更强的敌意。他认为这项结果表明,观看电影里的侵犯行为,会降低生气观众的侵犯动机。费什巴赫和辛格(Feshbach & Singer,1971)发现,在一项涉及 625 名 10 ~ 17 岁男孩(包括来自上层家庭的私立学校男生,以及来自流浪者救助社区中心的男孩)的研究中,观看暴力电影会减少侵犯行为。这一研究被认为支持了精神宣泄假说。但它遭到许多学者质疑:研究者选用了过于暴力的被试,所得结论不能推广到正常人群。

以上谈到的大多是较为短期的横断实验研究的结果。一些纵向研究都表明,长期观看电视或电影上的暴力场面与暴力行为之间存在相关关系(Huesmann & Miller,1994;Huesmann,Moise,& Podolski,1997)。纵向研究还发现,这种媒体暴力的影响很可能在孩子身上显现出短期效应,也可能出现长期效应。休斯曼(Huessmann,2003)从 1977—1992 年做了长达 15 年的纵向研究。结果显示,儿童期过多观看暴力电视能预测男性和女性在成人初期的侵犯行为,并且根据其对暴力电视人物的认同度和所理解的电视暴力的真实程度也能预测后续的侵犯行为。

兴趣窗口

凶杀率和"拳王争霸赛"

菲利普斯(Philips,1983)做过一项研究,考察了凶杀率和"拳王争霸赛"中的公开暴力之间的关系。他比较了1973—1978年18次重量级"拳王争霸赛"之后的预期凶杀率和实际凶杀率,见表14-2,凶杀案平均增加了7.29起。而凶杀案最高的增长发生在媒体宣传力度最大、收视范围最广的比赛(著名的阿里/弗雷泽之战)结束之后。这场比赛结束之后,凶杀案增加了26起之多。

表14-2　重量级拳击赛后3天美国凶杀案发生率的变动

拳击手	实际凶杀数量	预期凶杀数量	差值
弗尔曼/弗雷泽	55	42.10	12.90
弗尔曼/罗曼	46	49.43	-3.43
弗尔曼/诺顿	55	54.33	0.67
阿里/弗尔曼	102	82.01	19.99
阿里/魏普纳	44	46.78	2.78
阿里/里尔	54	47.03	6.97
阿里/伯格纳	106	82.93	23.07
阿里/弗雷泽	108	81.69	26.31
阿里/库普曼	54	45.02	8.98
阿里/杨	41	43.62	-2.62
阿里/邓恩	50	41.47	8.53
阿里/诺顿	64	52.57	11.43
阿里/伊万格利斯塔	36	42.11	-6.11
阿里/夏佛斯	66	66.86	-0.86
斯平克斯/阿里	89	78.96	10.04
霍尔梅斯/诺顿	53	48.97	4.03
阿里/斯平克斯	59	52.25	6.75
霍尔梅斯/伊万格利斯塔	52	50.24	1.76

总体来说,许多研究者都认为,媒体暴力会增加观众的侵犯行为。虽然宣泄被证实是一种减少暴力行为的途径,但是观看暴力电视能否作为一种有效的宣泄途径,其作用及其适用范围有待进一步的研究和证实。

就现有的研究来看,观看暴力电视确实是影响侵犯行为的重要因素。然而,我们不禁要问:究竟是侵犯性高的人更倾向于观看暴力电视,还是个体由于观看暴力电视而导致侵犯性?已有研究表明,侵犯性高的人爱看攻击性的电视节目(Bushman,1995;Fenigstein,1979)。但是,研究者用统计方法控制了儿童最初的侵犯性,研究结果表明看暴力电视会导致儿童日后的侵犯行为(Lefkowitz,1977;Singer & Singer,1981)。

2. 媒体暴力对儿童的影响

媒体上的暴力画面屡见不鲜。从暴力电视到暴力电影,从暴力书籍到暴力漫画,陪伴儿童成长的卡通人物常常“大打出手”。除了暴力电视以外,网络上随处可得的暴力信息更是让家长忧心忡忡。儿童的心智仍处于发展阶段,他们有极强的学习能力和模仿能力,而媒体暴力给儿童带来了巨大的影响。

(1) 媒体暴力影响儿童对于暴力的认知。看着由于暴力行为而达到目的的电视人物,儿童很可能会对“暴力行为是解决问题的方式”这一观点产生认同。尤其当他们喜欢的英雄痛打敌手时,他们可能会认为“好人”也会使用暴力行为,从而接受“在某些情况下使用暴力未尝不可”的观点。而且,在很多情况下,这些“电视英雄”的暴力行为还会受到奖励(如旁观者欢呼喝彩),这无疑是对儿童的替代性强化,让他们更加坚信暴力是一种解决问题的方式,甚至是一种最“好”的解决方式。

(2) 媒体暴力改变儿童关于暴力的态度。对于长期观看暴力电视的儿童来说,暴力镜头已经不构成新异刺激,他们对此已形成漠视的态度,甚至有些儿童会形成错误的认识,认为电视中常出现的枪战和武打场面在现实的生活中是真实的。观看暴力节目减弱了他们对暴力行为的敏感度,降低了他们对受害者的同情,使他们无法站在受害者的角度思考,导致他们对暴力出现“免疫”。

(3) 媒体暴力引发孩子对暴力的模仿。儿童看到电视上看似真实、没有受到惩罚的暴力行为,很可能模仿这种行为,在学校、家里实施侵犯,如摔打玩具、推倒同伴等。他们的道德观、价值观正处于形成阶段,很难依照社会准则对“对错”进行准确判断,从而出现对某些电视英雄的暴力行为盲目认同,做出“好酷”“厉害”的评价。他们对行为造成的后果缺乏认知,甚至可能认为“人死是能够复生的”“英雄好汉是打不死的”。由于认知上的偏差,他们很可能去模仿一些非常暴力的行为,或者在处理问题时,采取以暴制暴的方式,而那些在情感、行为、学习和控制能力等方面有问题的儿童更可能受到媒体暴力的影响。

(三) 暴力视频游戏

暴力视频游戏被越来越多的研究关注。研究者认为,暴力视频游戏将会引发游戏者的侵犯行为。研究已经证明,实验室中设置的暴力视频游戏会增加被试的侵犯想法和行为,暴力视频游戏与侵犯行为、违法行为有较高的正相关关系。这一效应在具有侵犯倾向的个人,尤其是男性身上表现得更加明显(Anderson & Dill,2000,转引自 Ferguson,2007)。

近年来,网络暴力内容对青少年攻击行为影响的问题受到了更多关注,而且有关研究已经从关注外显的攻击行为转向内隐攻击性(魏谨, 佐斌, 温芳芳, 杨晓, 2009)。周宗奎教授的团队研究了网络暴力材料对青少年内隐攻击倾向的影响(田媛,周宗奎,丁倩,2011),认为长期反复接触网络游戏和论坛中的暴力内容,会影响青少年的内隐攻击性水平,增加青少年攻击性行为的发生概率,进而导致其他由攻击性行为引起的负面效应。他们还研究了互联网中暴力材料对不同攻击性特质青少年内隐攻击性的影响作用,结果发现,网络暴力刺激会增加青少年的内隐攻击性,而特质攻击高的青少年受网络暴力刺激启动的内隐攻击性水平,明显高于其他个体。

该研究还发现,网络暴力材料刺激所激发的内隐攻击性不存在性别差异,而攻击性性别差异的消失,可能导致女性暴力行为增加,近年来我国中学校园频发女学生暴力事件,正好佐证了这一研究有关的结果和论断。这一发现提醒广大教育工作者,应该同时加强对女学生攻击行为的关注及其所接触的网络和媒体环境的重视。

第三节 日常生活中的侵犯行为

在日常生活中,侵犯行为表现为许多具体的形式:家庭中的暴力虐待、校园内的欺凌事件、职场的性骚扰、街头的暴力抢劫等。不同的侵犯行为虽然在本质上具有共同之处,但是每种侵犯行为又有其独特性。在本节中,我们主要关注 3 种侵犯行为:家庭暴力、校园欺凌和网络欺凌。

一、家庭暴力

家庭暴力(family violence)曾被视作家庭内部事务,得不到人们的重视。国内第一部反映家庭暴力的电视连续剧《不要和陌生人说话》自上映以来,引发了社会大众的强烈反响。家庭暴力是存在于婚姻中的严重问题,带有极大的隐蔽性和私密性。表面和睦的家庭可能暗潮汹涌,除非受害者本人告发施虐者,否则他人是很难发现或干预的。家庭暴力的发生具有一定普遍性,可能发生在社会各个阶层,而受害者一般以妇女儿童居多。就总体而言,受教育程度越低,生活越贫穷,社会地位越低,家庭暴力的发生率越高。

家庭暴力主要包括 3 种形式:身体暴力、精神暴力以及性暴力。身体暴力是指用手、工具等对受害者进行侵犯,造成其身体损伤;精神暴力是指采取冷落疏远、当众羞辱、威胁恐吓等手段对受害者的心理造成伤害;性暴力是指在受害者不愿意的情况下,以要挟、打骂等强制性手段迫使受害者与之发生性行为。

柏国平等人(1998)报告的 112 例家庭暴力虐待案例主要是身体暴力,拳脚致伤有 90 例,占 80.3%;其他案例的施暴工具多为器具(如菜刀、棍棒等)。他们发现,在家庭暴力的受害者中,妇女占绝大多数,其中受教育程度低的农村妇女较多;20~40 岁为发生家庭暴力高峰期,婚后 3~4 年最易发生家庭暴力;受损部位以四肢和躯体等非致命部位为主,多部位、新旧伤并存等可能也是家庭暴力致伤的特点。

儿童也是家庭暴力的主要受害者。杨世昌等人(2004)调查了 286 名受虐儿童,筛选出 86 名在近一年内受过虐待的儿童并对其受虐方式进行分析。结果发现,儿童受到多种形式的虐待,受到两种及以上虐待方式的儿童有 52 人,占 60.5%。言语侮辱和身体虐待是儿童虐待中的常见形式。其中,身体虐待又包括拳打脚踢、抓咬、打耳光等行为,见表 14-3。

表 14-3 86 名受虐儿童受虐形式统计

方式	数量/例	所占比例/%
言语侮辱	59	68.6
拳打脚踢	46	53.5
经济控制	28	32.6
抓咬、打耳光	26	30.2
忽视	18	20.9
用刀、棒	10	11.6
隔离	2	2.3
性虐待	0	0.0

来源:转引自杨世昌,张亚林,黄国平,郭果毅.(2004).儿童受虐方式的研究. *中国临床心理学杂志*,*12*(2),140-141.

家庭暴力发生的原因非常复杂,施虐者和受虐者的个人特点是一个重要因素。许多家庭暴力的施虐者曾经受过虐待,或者孩童时期目睹过虐待行为。他们深受上一代暴力文化的影响,认可暴力是解决问题的最佳方式,因此对家人挥拳相向。有研究者认为,这种类型的施暴者存在一定人格缺陷,带有强烈而不稳定的人际关系倾向,具体表现为强烈依赖、控制、自我概念模糊,不能忍受孤单和焦虑,易怒,酗酒。但是,并不是所有在虐待家庭长大的人都是施虐者。有研究者(Kalmuss,1984)提出,在报告曾目睹父母打架的人中,94%的个体在婚后并不会出现身体上的虐待行为。受虐者可能具有受教育程度低、无职业或固定收入、经济处境困难等特点。家庭暴力发生后,受虐者抱有幻想,认为伴侣的怀疑猜忌是出于对自己的爱意,这种事情只是偶尔发生,或是碍于面子不去寻求解决之道,最终导致更为严重的家庭悲剧。

家庭暴力除了施虐者、受虐者的个人因素外,还涉及家庭社会、文化价值观等多方面的影响。传统的“男主外、女主内”生活模式在我国的许多地区仍占主导地位。许多女性认为,女性教育子女和照顾丈夫是天经地义之事,因此不惜辞掉工作,居家相夫教子。女性在经济上的非独立性导致她们在经济和心理上对男性的双重依赖,而这种依附关系又极大降低了她们在家庭中的地位。部分女性将自身完全依附于丈夫,以至于担心离婚后自己没有经济来源,生活窘迫无法抚养孩子。传统的女子忠贞观让一些女性相信“一女不事二夫”,离婚是一件非常耻辱的事情,把受虐和忠诚联结在一起,遭到家庭暴力只能怪自己“命不好”,因此对暴力行为逆来顺受,无心反抗。

许多家庭暴力案的出现是由于父母试图约束孩子,或者夫妻中的一方想要控制另一方的行为。家庭暴力常常先以温和的侵犯形式(如言语攻击)出现,当施虐者发现它能够有效影响其家人的行为时,其行为就会逐步升级,直至严重的身体侵犯。

处理家庭暴力的步骤一般包括:首先,使家庭暴力的受害者暂时从压抑的家庭环境中脱离出来,接受专业的心理咨询和辅导;然后,对所有的家庭成员进行辅导和治疗,找出导致暴力的来源,制订解决问题的方案;最后,全体家庭成员共同实施这一方案。及早对家庭暴力进行干预非常重要。休格曼等人(Sugarman,Aldarondo,& McCoy,1996)认为,当虐待形式较为温和时,对家庭暴力进行治疗的效果要好于当出现严重的身体侵犯时再进行治疗的效果。

二、校园欺负

校园欺负(bully in school),也称校园欺凌是中小学生中经常发生的一种侵犯行为,包括恶意推搡他人、打骂他人、给他人起侮辱性的绰号、散布谣言等。学校中的欺负非常普遍,在各个国家中都具有很高的发生比例。挪威、英国、意大利、日本等国的研究表明,10% ~25%的中小学生卷入过欺负/受欺负的问题。奥维尔斯在对约5万名挪威学生的调查结果显示,平均每7个学生中就有一个卷入欺负或被欺负的关系中。而在我国也发现了类似的结果。陈世平等(2002)对3 332名中小学生进行调查,结果发现,小学生中经常被欺负的比率为20.3%,初中生和高中生分别为11.8%和4.0%。这表明,我国的中小学中也存在着严重的欺负/受欺负问题。

(一) 欺负行为的特点

奥尔维斯(Olweus,1999)把欺负定义为“当一个学生长时间反复被一个或更多的同伴以负面的行为对待,这个学生就是受欺负的”。他认为,欺负行为具有3个典型的特点:它属于侵犯行为或故意伤害行为;欺负行为具有长期性和反复性;欺负行为的双方存在力量上的不均衡。

欺负行为和侵犯行为有密切的联系，欺负行为是一种更为具体的侵犯表现形式。和普通的侵犯行为一样，欺负行为是意欲对他人造成伤害的行为（Farrington，1993；Smith & Thompson，1991）。但是，这二者的差异在于欺负行为的双方在力量上不均衡，而侵犯行为的双方可以是力量均衡的。这种不均衡可以是真实或是想象中的力量上的不均衡，如可以是身体力量上的不均衡（欺负者比受害者身体强壮），也可以是心理力量上的不均衡（欺负者比受害者在某一方面上有优越感）。

从形式上看，欺负包括身体上的（打、踢、抢钱或者抢东西等），言语上的（起外号、冷嘲热讽、辱骂、威胁等），或者心理上的（社会交往上的排挤、孤立、恶毒的谣言等）（Bjorkqvist，Lagerspetz，& Kaukiainen，1992；Crick & Grotpeter，1995；Wolke & Stanford，1999）。沃尔克（Wolke，2001）在英国和德国小学的调查中发现，言语欺负在所有的欺负行为中所占的比例最高。研究者（O'Moore，1997；Whitney & Smith，1993；Wolke & Stanford，1999）的研究结果表明，在小学和初中的研究中，给别人起外号和殴打他人是常见的欺负形式；而且男生参与直接或身体的欺负行为要多于女生。张文新等（2001）在中国也发现，小学和初中阶段的学生群体中，直接言语欺负的发生率最高，其次是直接身体欺负。

（二）欺负行为的影响因素

校园中为什么会出现那么多的欺负行为？影响欺负行为的因素究竟有哪些？很多研究者试图寻找答案。一些研究把目光投向欺负行为参与者的人格特质。很多研究表明，欺负者的人格特质在其出现欺负行为上起很大作用，如缺乏移情力而导致的侵犯性，极强的支配欲和对暴力持有积极的态度等，而且在欺负者身上往往发现不完善的自我发展现象（如冲动、不能延迟满足、行为自控力差）。欺负者可能缺乏某种基本的自控能力，从而使自身行为缺乏理智性，表现出动作化人格，通过动作直接表达内心的意愿以纾解内心的情绪和压力。而情绪不稳定、缺乏自尊及由此导致的较低的自我效能感和社交能力可能是儿童受欺负的重要原因。

陈世平（2000）采用《艾森克个性问卷》对364名天津市小学生进行测量，结果显示，欺负组被试的典型特征是高精神质和相对外倾型，而受害组被试的典型特征是高神经质和内倾型；欺负组被试更多表现出冲动倾向、学习问题和师生关系紧张等问题倾向，而被欺负组被试更多表现出孤独、缺乏自信等问题。张文新（2001）认为，欺负者通常持有与社会规范相悖的价值观，它表现为社会认知过程的某种偏差或缺陷，使这些儿童对欺负行为及整个社会环境的态度和看法偏离正常的认知，进而促成特定的情绪情感和攻击性行为模式。

早期的研究把欺负行为的参与者分为欺负者和被欺负者两类。后来，研究者发现，欺负行为的参与者中，还包括第三类人群：欺负/被欺负者（即指既欺负别人，又遭到他人欺负者）。有研究者指出，这类儿童一般身体强壮，做事武断，欺负别人的同时，常抱怨受到别人欺负；他们在神经质与精神质维度上的得分显著高于欺负者与受欺负者，而且其社会接受性或同伴地位远低于其他儿童，属最不受欢迎的一类，容易陷入被孤立的境地。还有一些研究者把受欺负者细分为挑衅型受欺负者和被动型受欺负者两类。人们对被动型受欺负者的认识比较一致，这类儿童行为退缩、顺从，有抑郁倾向。

另外一些研究者则关注影响欺负行为的环境因素，如家庭因素。研究认为，家庭环境与儿童的身心发展有密切关系。施瓦茨（Schwartz，2000）等人发现，幼年曾生活在严厉、苛刻、压力大及有暴力倾向的家庭环境中的儿童，很可能在日后成为群体欺负的对象。而另一些研究者发现欺负者和被欺负者在家庭教养方式上存在明显差异：与欺负者相比，受欺负者的家长在放任性、拒绝性和专制性上的得分明显较低，而在溺爱性和期望性上的得分较高；与普通对照组相比，这类家长民主性的得分也较低。这反映出受欺负儿童的家长在一定程度上存在着娇宠、溺爱孩子的倾向。

陈世平（2000）还发现，欺负组和欺负/被欺负组的家长表现出较高的体罚倾向，多倾向于对子女采用专制的教育方式。体罚并没有使孩子们的行为向好的方面发展，家长反而成了孩子模仿的暴力榜样。

欺负行为严重影响着中小学生的校园生活质量，妨碍了他们的成长发展。从受欺负者的角度来看，欺负行为伤害了他们的身心健康，使他们产生消极情绪、自信心受挫，还导致部分学生出现社交退缩、自残等问题行为；而从欺负者的角度来看，经常欺负他人可能会导致以后的行为越轨，拉帮结派，实施暴力犯罪。

欺负行为给学校教育和家庭教育都带来了极大的挑战。简单的说教和惩罚措施并不能有效地解决这一问题，甚至使学生产生逆反心理，行为上变本加厉，引发其他问题行为。对欺负行为的控制和干预，已是近年来教育学界与心理学界着力探讨的重大问题。

三、网络欺负

网络欺负，是指在网络社会中，在违背他人意愿和不要求双方同时在场的情况下，通过符号互动或其他技术手段，以非身体接触方式伤害他人为目的的一种行为。电脑和智能手机的日益普及、互联网技术的快速发展和社交网站的流行，网络欺负开始变成全球范围的现象，是近年受到心理学和教育学高度关注的一个社会问题。美国、加拿大、日本、英国等国的研究者和政府机构分别对本国青少年的网络欺负状况进行了大规模的问卷调查和心理学临床研究。根据美国2009年的调查，在美国大约有10%的受访者遭遇过网络欺负，声称在网络生活中至少遭受过一次欺负的比例超过17%。根据欧盟2009年的一项调查，其成员国中青少年受到网络骚扰的比例从10%至52%不等。诺顿公司发布的《2016年诺顿网络安全调查报告》显示，尽管66%的中国家长允许子女在11岁之前访问互联网，但许多家长对此表示出多种担忧。例如，44%的中国家长认为，子女在网上遭遇网络欺负的可能性甚至高于现实生活。

网络欺负会给受害人带来严重的后果。研究发现，遭受网络欺负的青少年会产生压力从而改变他们的应变经验，类似的后果表现为离家出走、考试作弊、逃学、使用酒精或大麻，而且由于很多青少年不愿将受到网络欺负的情况告诉权威人物，可能会导致非常严重的结果：出现学业成绩下降，同伴关系不和谐，吸烟、饮酒甚至药物滥用等问题行为。反复遭受网络欺负的青少年可能会出现逃学旷课次数增加，甚至辍学，出现自我伤害行为、自杀的可能性也会提高。

网络欺负的方式有即时信息、手机短信、电子邮件、“人肉搜索”、网络论坛和个人网络博客等。网络欺负大致可以分为情绪失控、网络骚扰、网络盯梢、网络诋毁、网络伪装、披露隐私和在线孤立等七种表现形式。研究发现，12～20岁的青少年受网络欺负频率与年龄整体呈负相关，但在10～15岁，年龄越大，遭受网络欺负的频率越高。大量研究表明，网络欺负不存在性别差异，与传统欺负方式需要诉诸武力不同，网络欺负可以通过短信、邮件和网络电话等方式，网络提供了不需要直接的身体攻击的路径（参见张乐，2010）。

研究表明，小时候受过家庭成员不良对待的经历会增加儿童日后被欺负的可能性，亲子关系不和谐更有可能使孩子成为欺负者。网络欺凌中,欺负者的行为与其亲子关系质量存在显著相关。父母调节可以在青少年网络使用中起到一定保护作用。父母调节是指父母为了保护孩子,避免网络危险而采取的活动。已有研究表明,父母制订的关于网络活动的规定会降低青少年在网上遭遇危险的可能性。

网络欺负同样也受社会环境因素的影响。研究结果发现,网络欺负和暴力环境因素成正相关,与感知到的社会支持成负相关关系:来自朋友的社会支持越少,青少年越可能实施网络欺负行为。文化背景会影响青少年的网络欺负行为,他们感受到的学校环境越是处于信任、公平和愉快的氛围中,实施网络欺负行为的可能性就越低。基于加拿大和中国青少年的比较研究发现,加拿大的青少年会比中国的青少年更多地实施网络欺负,而中国青少年中网络欺负的受害者和旁观者则更可能将所发生的网络欺负事件告知成年人。并且,中国学校里的成年人在得知网络欺负事件后,会更多地进行干预(参见胡阳,范翠英,2013)。

第四节　侵犯行为的控制与预防

侵犯行为是各种内外因素共同作用的结果,在某种程度上具有可控性和可预测性。了解侵犯的特点,是为了更好地控制和预防侵犯行为。这一节主要从两个方面来讨论侵犯行为的控制和预防:一是个人层面上的控制,如移情能力的培养、成熟个性的培养、宣泄;二是社会层面上的预防,如社会公平的建立。

一、移情能力的培养

移情包括两个方面:一是识别和感受他人的情绪、情感状态;二是能接受他人的情绪、情感。

【微课】
侵犯行为的控制与预防

社会心理学家米尔格莱姆在其著名的权威—服从实验中发现,受害者痛苦状况的反馈越直接,人们也就越难于服从命令对别人实施伤害性的电击。另外,个人对别人的痛苦状况体会得越深刻,就越倾向于抵御外在压力,拒绝服从命令去伤害别人。移情对于侵犯行为的抑制作用,已经为犯罪心理学研究所证实。犯罪心理学家发现,让性暴力犯罪者观看他所侵犯的受害者痛苦反应的录像,可以有效地降低其重新犯罪的可能性。而没有看录像的对照群体,重犯率显著高于看录像的实验组。费希巴赫等人的长期系统研究也表明,移情能力与侵犯行为之间是负相关的关系,移情能力越高,也就越不容易对别人采取侵犯行为。社会心理学家建议,移情能力的评价和培养,应成为罪犯改造的一个重要步骤。

有研究表明,小学生在移情能力上得分高,则教师评定其出现侵犯行为的情况很少;移情能力得分低的个体则表现出很高的侵犯性。在一项研究中,高攻击性的 11～13 岁的"少年犯"参加了为期 10 周的移情训练后,他们的敌意和攻击性明显减少。对 9～11 岁儿童的移情训练也获得了同样的结果。

家长和教师可以通过培养儿童的移情能力降低其侵犯性。日常生活中易于运用的角色扮演法,是培养移情能力的良好方法。角色扮演是个体自我发展的重要机制,儿童通过扮演某个重要他人的角色,才能逐步地学会身临别人所处的情境,暂时充当别人的角色,真实体验别人在一定情境下的内心状态。家长在强调指出儿童侵犯性行为带来的不良后果的同时,也要注意引发儿童移情,培养其同情心,让儿童把自己置于受害者的地位,设身处地地体会受害者的痛苦,想象受害者的痛苦、难受的感觉和心情,产生对受害者的"感情共鸣"。这是从根本上消除儿童侵犯性的一种好办法。

尽管多数研究者认为,比起那些不具侵犯性的儿童或成人,具有侵犯性的儿童或成人常被假定为具有较低的移情能力,但是,洛维特等通过综述 17 个关于移情和侵犯之间关系的研究,结果发现,儿童的侵犯和低移情的关系不稳定,但成人的侵犯和低移情的关系得到了证实(Lovett & Sheffield,2007)。

二、成熟个性的培养

不同领域的心理学家,由于研究的着眼点不同,对成熟个性的理解也有一定差异,但心理学家在成熟个性的内涵上看法比较一致。犯罪心理学家强调,个性成熟者的自我意识和控制水平较高,对别人进行侵犯的可能性也较小。他们强调的成熟个性特征主要有:① 有道德责任意识和成熟的敏感性;② 关心别人的福利和得失;③ 不保留敌意与怨恨;④ 不歪曲现实;⑤ 自我认识客观;⑥ 对自己的行为负责;⑦ 懂得自己的角色是权利和责任的统一。而不成熟的个性特征则与此相反。

研究表明,个性不成熟者自我意识水平较低,倾向于运用侵犯的方式来达到目的。此类个体运用社会允许的方式满足自己需要的能力较低,缺乏客观的自我意识和自我控制能力,因而运用突发性、破坏性、侵犯性行为方式满足自己需要的可能性大大增加。

其中,道德水平是成熟个性的核心标志。心理学家斯普林撒尔(Sprinthall,1981,参见金盛华等,1995)等人在《教育心理学》一书中引用了能说明这一点问题的研究。该研究用科尔伯格的道德发展阶段作为衡量被试道德水平的手段,然后考察不同道德水平的被试在米尔格莱姆式的权威—服从实验上实施侵犯行为的差异。研究的结果证明,道德发展水平处于第一至第四阶段上的被试拒绝服从权威而没有对别人施以伤害性电击的比例仅有 13%。也就是说,道德水平停留在惩罚与服从定向阶段、工具性相对主义定向阶段、人际协调定向阶段、维护权威或秩序定向阶段这四个阶段的被试,在知晓自己的行为将会伤害别人的情况下,其抵抗外在权威力量影响的能力很小。

与前 4 个阶段形成鲜明对照的是,道德发展水平达到第五和第六阶段的被试,拒绝服从权威而没有对别人实施伤害性电击的比例高达 73%。道德发展的第五阶段为社会契约定向阶段,第六阶段为普遍道德原则定向阶段。道德发展达到这两个阶段后,人们开始以一般的道德原则来指导自己的行为,而外在的影响则退居次要位置。因此,在米尔格莱姆式的实验中,虽然有权威的指示,但大多数被试仍拒绝对别人实施伤害性的侵犯。

这表明,个人的道德发展水平越高,越倾向于体察他人的感受;道德发展水平越低,越倾向于忽视他人的感受。个人道德水平的提高,会减少侵犯行为的发生。

三、宣泄

侵犯的本能理论者,无论是弗洛伊德还是洛伦茨,都倡导侵犯的宣泄。宣泄(catharsis)的基本假设是，侵犯性的精神能量是一个常数，能量聚集越多，其发生侵犯性行为的可能性愈大。若这些不良情绪得以合理宣泄，就可以减小其侵犯性的强度，攻击行为也会随之减弱。一切实际的侵犯行动或在想象中实施侵犯行为，都可以使侵犯性的精神能量得到释放，从而减少侵犯性冲动，达到减少侵犯行为的目的。

随着挫折—侵犯理论广为人们所接受，人们开始将这一理论同宣泄联系起来，认为个体一旦为挫折的情境所惹怒，愤怒的情绪状态就会作为一种有侵犯危险的心理准备而存在。被激起的愤怒情绪只有得到宣泄，才可以有效地降低个体的侵犯性。

宣泄对于减少侵犯的作用，得到了大量事实证据的支持。心理学家霍坎森（Hokanson，1961）的研究发现，受到假被试（实验助手）侮辱的被试被激怒后，其生理水平发生改变：血压升高，心跳加快，处于一种高唤醒水平的攻击准备状态。此后，实验安排一部分被试有机会电击侮辱他们的假被试。另一部分作为控制组则没有这样的机会。过后的生理测量表明，实际施行了攻击行为后的实验组被试血压回降，心跳恢复正常，生理紧张性下降，表明高唤起水平的攻击准备状态已经消失。而没有实施攻击的控制组被试，攻击准备状态则依然存在。

进一步的研究表明，想象的攻击行为和观察他人攻击也具有宣泄的作用。心理学家杜布（Doob，1972，参见金盛华等，1995）进行过这样一项实验。研究者将被激怒的和未被激怒的被试分为 3 组。对第一组的操作是让他们有机会电击激怒他们的人；第二组则为目睹实验者对激怒他们的人实施电击；第三组为控制组。研究结果（见图 14-6）发现，3 组被试在后一阶段对别人施以电击时，在被激怒的被试中，原先已对别人实施电击的第一组被试实施的电击次数最少，目睹实验者电击的第二组被试居中，控制组最多；而未被激怒的被试中，控制组实施电击的次数最少，已对别人实施过电击的第一组被试居中，目睹实验者电击的第二组被试实施了最多的电击。

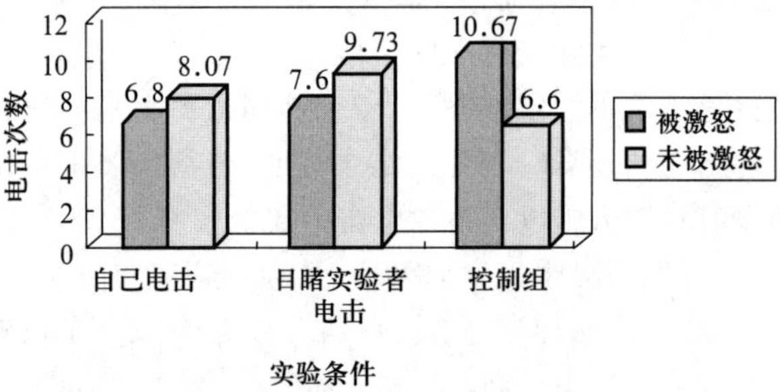

图 14-6　观察他人攻击的宣泄作用

来源：转引自金盛华，张杰.（1995）. *当代社会心理学导论*. 北京：北京师范大学出版社，336.

这一结果表明，对于被激怒的被试，自己先实施攻击产生了宣泄作用，因而减少了后继的攻击冲动；而目睹别人实施攻击也有替代性的宣泄作用。但对于未被激怒的被试，先进行攻击和目睹别人攻击引起的不是宣泄作用，而是学习和强化作用，因而再次实施攻击时其强度反而高于控制组。实验研究也证明，想象侵犯目标的实现过程，可以降低侵犯的发生的可能性（Denzler & Liberman，2009）。

必须强调，宣泄是针对已经产生了对一定对象的侵犯准备而言的。对于未产生愤怒攻击准备的人，想象、目睹别人实施侵犯行为，可能反而会更增加侵犯的危险性。

四、社会公平的建立

在现代社会中,完整的社会公平体系包括权利公平、规则公平、分配公平、社会保障公平等方面。其中,分配公平是社会公平中的重要内容,社会财富(包括物质财富和精神财富)分配的合理性往往是人们评价一个社会是否公平的核心依据。

由于人类作为被试的不可控性,生物心理学家(Brosnan & DeWaal,2003)用卷尾猴作为被试进行实验研究,探究高级灵长类动物对不公平现象的反应。在实验中,研究者给一对猴子每只各一个代币,它们可以用代币从人类实验员那里换取报酬(黄瓜或者是猴子更喜欢的葡萄)。实验条件有 4 种:第一种是平等条件,两只猴子都得到黄瓜;第二种是不平等条件,一只猴子得到葡萄(高价值的报酬),另一只猴子得到黄瓜(低价值的报酬);第三种是努力对照条件,一只猴子没有付出努力(没有换代币)就获得葡萄,而另一只猴子用代币只能换得黄瓜;第四种是食物对照条件,一只猴子用代币换得黄瓜后,发现在另一只猴子常待着的地方放有葡萄。

结果发现,猴子出现了拒绝行为。研究者把猴子的拒绝行为分为两类:一种是拒绝归还代币,一种是拒绝接受提供的低价值报酬,结果见图 14-7。从图中可以看出,在后 3 种实验条件下,猴子在遭受到不平等待遇后的拒绝行为明显增加。这一现象可用“相对剥夺理论”解释。美国心理学家亚当(Adam,1965,参见刘磊,2001)认为,人们总将自己所做的贡献和所得的报酬,与一个和自己条件相等的人的贡献与报酬进行比较,如果这两者之间的比值相等,双方就都有公平感;否则,就会产生相对剥夺感。古尔(Gurr,1970,参见 Worchel,2000)认为,粗略地讲,“相对剥夺”和“挫折”的含义相当。当个体认为该得到的东西没有得到时,就会产生相对剥夺感,由此体验到各种负性情绪,做出各种拒绝行为。

图 14-7　猴子拒绝不公平的报酬

来源:转引自 Brosnan,S. F.,& deWaal,F. B. M. (2003). Monkeys reject unequal pay. *Nature*,*425*(6955),297-299.

在人类社会中,许多情况都会导致相对剥夺的产生,如社会各阶层贫富差距的拉大。实践表明,“大锅饭”的收入模式并不利于经济的发展;在收入分配上适度扩大差别性,有助于提高经济增长的效率,促进社会财富的积累。然而,差别过大,少数人占有过多社会资源,就会对经济增长产生负面影响。这种生活质量上的悬殊会使广大人群产生巨大的心理落差,使其产生嫉妒、不满及仇恨等不良情绪,抢劫、绑架等严重的社会案件就会急剧增加,继而引发更为强烈的社会动荡。

思考与探究

1. 你怎样看待侵犯行为的普遍性和连续性?

2. 有人认为,没有一种侵犯理论能够解释所有的侵犯行为。你怎样看待这一问题?试比较各种理论间的异同。

3. 请你举一个生活中替代性侵犯的例子。你觉得什么时候会出现替代性侵犯?

4. 怎样解释去个性化与侵犯行为之间的联系?

5. 社会学习理论和挫折—侵犯理论对媒体暴力的作用提出了不同的看法,你赞成哪一派的观点?请详述原因。

6. 设计一个实验考察酒精对侵犯行为的影响。你觉得有哪些变量需要控制?

7. 除了本章提到的控制侵犯行为的途径外,你觉得还有哪些途径?

第五部分　社 会 影 响

第十五章　从众、依从和服从

本章要点

* 从众、依从和服从的概念
* 从众的原因
* 依从和服从的心理机制
* 依从行为诱导策略
* 服从的经典实验
* 服从的原因

> 股市无常,赔钱的多,赚钱的少。赚钱的人,一定是股市长期暴跌,股民都远离之后入市待涨,赢得机会;等涨到一定程度,新老股民兴奋入市的时候,获利者又悄然隐退,等待下一次时机。而赔钱的股民,往往都是跟风"追涨杀跌",看大多数人和股市气氛操作,总是与机会错过半拍,所收获的股市投资的结果,则是事与愿违,一赔再赔。

为什么对于经济投资这样重大的事项,人们仍然倾向于以大多数人的行为和自己感受的气氛当作行为参照,而不是根据自己的理性分析来指导实际的投资操作呢?本章的内容将系统分析人们在日常生活中,自己跟随他人行为的种种社会心理原因及其中的规律。

第一节　从众、依从和服从概述

一、基本概念

从众、依从和服从属于社会生活中常见的社会影响,三者都是个体或群体态度与行为朝着社会占优势的方向变化的现象。这里的"优势的方向"可以是多数人的行为方向,可以是互动对象的期许,也可以是权威的命令。从最轻的"简单暗示"到最重的"强化灌输"都包括在社会影响范围内(Coon & Mitterer,2007)。根据行为原因和行为表现的不同,社会影响可以划分为从众、依从和服从三种主要类型。

(一) 从众

从众现象是普遍存在于我们日常生活中的一种现象,是社会影响的一种主要形式。所谓从众(conformity),是指个人的观念与行为由于群体直接或隐含的引导或压力向与多数人相一致的方向变化的现象。宋官东(1997)认为,从众是在客观或心理上模糊的情境中,人们自觉或不自觉地以他人确定的行为准则做出与他人一致的行为或是行为反应的倾向，图 15-1 是其总结的从众行为的反应模式。

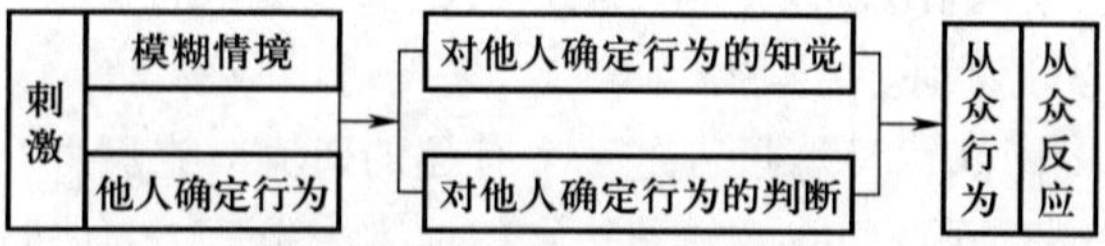

图 15-1　从众行为的反应模式

来源：转引自宋官东.(1997).对从众行为的新认识. *心理科学*,(1),88-90.

从众行为的本质，是个体受到某种社会影响的作用之后，产生的一种适应性行为反应。在日常生活中，参照群体、群体规范与群体压力是广泛存在的，个体在受到群体的暗示或提示时，会被引导表现出群体要求或期待的行为或对情境做出一定的反应。

从众行为作为个体处理其与群体关系或情境关系的一种方式，是个体在日常生活中自我调节、适应社会环境的一种普遍心理机制。

日常生活中的从众，可以表现为在临时的特定情境中对占优势的行为方式的采纳，如助人情境中跟随大家旁观等，也可以表现为长期性的对占优势的观念与行为方式的接受，如顺应风俗、习惯、传统等，还可表现为对在场多数人的意见的赞同，如开会进行举手表决时，少数人会由于多数人举手的压力也举手赞成多数人的意见。

社会生活过程是一个群体互动过程，群体成员在互动过程中不断获得各自需要的信息。任何一个人，无论他怎样聪明，他的知识都是有限的，他在适应所遇到的每一种情境时都需要有环境特别是群体成员的引导。因此，个人需要用从众的方式在最大可靠程度上使自己迅速适应一种自己缺乏判断资源的情境。

从众的行为方式对于个人具有重要的社会适应意义。一个社会从社会功能的执行到社会文化的延续，保持多数人的观念与行为一致都是必要的。社会有共同的语言、共享价值观与共同的行为方式，社会成员之间的交往才能够顺利进行，社会作为整体才能够顺利运作和延续。从个人的角度来说，一个人只有在更多的方面与社会的主导倾向取得一致，才能够适应其赖以生存的社会，否则他将面临重重困难。

（二）依从

依从（compliance）是指人因为他人的期望压力而接受他人请求，行为符合别人期望的现象。与从众一样，依从也是人与人之间发生相互影响的基本方式之一。依从不是听任支配的服从，虽可能有迫于其他人压力的成分，但依从行为仍然是以自主为特征的。

依从的基本方式是“被要求—默许”。一方面，引起依从行为的要求可能是直接的，如我们面对慈善捐赠活动时，会被直接要求做慈善捐助；另一方面，引发依存行为的要求也可能是隐含的，许多国家在总统选举的时候，各方的支持媒体会运用各种宣传画或广告片，用不直接吹捧自己支持的候选人的方式，希望能够让民众受到潜移默化的影响，而投特定候选人一票。

（三）服从

服从（obedience）是指个体或群体在权威命令之下，迫于直接的或规范的压力而做出命令指定行为的现象。考斯林和罗森伯格（Kosslyn & Rosenberg，2003）认为：服从是对命令的顺从。

纳粹德国的士兵曾在上级的命令下屠杀了600多万关入集中营的被押者，日本侵略者在第二次世界大战中制造了骇人听闻的南京30万人大屠杀惨案。仅仅是服从上级的命令造成了这些灭绝人寰的暴行，还是人性的阴暗面使然？服从有没有底线？社会心理学关于服从的研究，正是试图揭示人们服从的心理原因。

阿伦森等人(Aronson et al.,2005)报告过一个有趣的研究。在开学的第一天，教授宣布课堂守则：① 每个学生的座位都是固定的，必须到指定的地方去坐；② 上课时不许说话；③ 未经允许不得提前离开；④ 在任何时候，上课时都必须带着课本；⑤ 只许用铅笔做课堂笔记；⑥ 把手表都要摘下来；⑦ 整堂课必须把双手放在桌子上；⑧ 双脚必须着地；⑨ 课堂上要求站起来并鼓掌3次；⑩ 用两个手指捏住鼻子，然后学鸭子叫。你感觉自己会拒绝教授的不合理要求吗？实际情况是，虽然许多人感到教授的命令不合理，但仍然会继续服从(转引自Coon et al.,2007)。

二、从众、依从与服从的联系与区别

虽然从众、依从和服从的出发点和外在引导力量不同，个体意识参与的水平也存在区别，但它们都是由于他人或群体影响而引发的，属于个体或群体受到社会影响而行为向外在影响力方向靠拢的现象。

从众、依从和服从三者的核心区别在于压力源和行为动机不同。依从和从众影响机制接近，都是因为外在影响而产生的自我行为选择。从众和依从的区别在于，依从行为的影响源是有意对行为者施加直接的或隐含的影响，而从众行为的影响源通常并不针对特定对象施加影响，而是个体感受群体压力之下的自我跟从行为。

服从的社会影响机制与从众和依从不同，服从的引发具有强制性，命令者与服从者之间通常有着规定性的或强迫性的社会角色联系，人们服从的理由是外在的。在从众和依从中，影响源与行为者之间并没有规定性的社会角色关系或强迫性关系束缚，从众者和依从者必须有一定的认同或寻找到自身行为的理由，才会跟从外部影响而行动。

三、少数人影响

除了上述3种主要的社会影响外，莫斯科维奇等人曾改编阿希的经典从众实验范式，探讨了少数人对多数人的影响问题(Moscovici et al.,1969)，研究以少数几名假被试对作为多数派的真被试群体施加影响，结果发现，即使在少数派不是特别强大或者没有很高的威望时，意见一致的少数派也能产生显著的影响力。

在莫斯科维奇的研究中，每个小组包括2名假被试和4名真被试，实验任务是进行颜色识别：屏幕上会呈现一系列幻灯片，要求小组成员判断颜色和光的强度，所有幻灯片都是不同强度的蓝色，但假被试在某些实验中会把它们判断为绿色。研究结果发现，真被试在8%的实验中会跟随假被试，32%的被试至少报告了一次错误判断(绿色)。相反，控制组的被试在792次判断中只有2次错误判断。

这一实验结果表明，少数人能够对多数人产生显著的影响，但前提是少数人的意见必须既保持一致又保持稳定。在随后的扩展研究中，研究者还证明了少数人的影响还可以产生内化的认知效果。

虽然少数人对多数人的影响毋庸置疑，但其影响力是有限的。多数人在其观点上的个人卷入程度和主导文化气氛，都会造成少数人影响的降低或消失。按照自我价值定向理论的观点，个人卷入程度高的事件，更不容易受到影响，时代精神的走向也会影响观点的倾向，如 20 世纪 80 年代，同是少数派支持的“支持堕胎”和“废除死刑”在民众中所产生的改变，前者就远大于后者(Maass,1982)。

第二节　从　众

一、阿希的从众经典研究

社会心理学家阿希(Asch,1951,1956)从 20 世纪五六十年代开始一直致力于从众问题研究，为从众现象的心理机制以及理论建立提供了丰富的实验支持，此后许多心理学家重复和发展了他的从众实验。

【微课】
从众

1956 年，阿希报告了一个有关群体压力下从众现象的经典实验，真实地反映了从众行为的产生过程。他原先假设，如果事实的真相非常明显，那么聪明的人就不会产生从众行为。但是实验的结果却与他的假设大相径庭，聪明的人也会说“白谎”——为和群体或他人保持一致而产生从众行为。

他的实验过程是这样的：参加实验的被试被分为 7 人一小组，他们被告知参加一个知觉判断实验，实验者并没有告知被试实验真正的目的。通过专门的分组，这 7 个人当中，只有编号为 6 的被试是真被试，其他 6 人都是研究者请来的助手。

小组成员坐下后，实验正式开始，实验者依次呈现 50 套两张一组的卡片。每一组的两张卡片中，一张画有一条直线，称为标准直线，另一张画有 3 条直线，其中一条同标准直线一样长(见图 15-2)。实验者要求被试按照各自编号依次回答，选择出与第一张图片上标准直线一样长的那条线，并把这条线段的编号告知实验者。

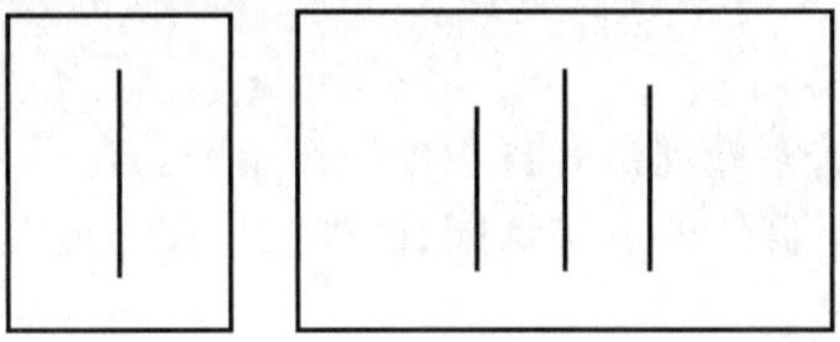

图 15-2　阿希从众实验的图例

来源：转引自金盛华，张杰. (1995). *当代社会心理学导论*. 北京：北京师范大学出版社，372.

实验开始后，在最先开始的两组卡片的选择中，每个小组成员都按照真实的情况作答，使得作为第 6 号(第 6 个进行判断)的真被试开始觉得知觉判断很容易、很快。在第三组卡片的比较开始以后，实验助手们就开始故意给出错误的判断，6 号真被试在这个过程中总是先听完大家的判断，才能进行自我的判断，真被试听着这些判断，困惑越来越大。当 6 号真被试面临选择的时候，就必须抉择是相信自己的判断，还是跟随大家一起做错误判断的两难问题。实验结果证明，个体单独判断时正确率可以高达 99%，但在跟随小组判断时，由于从众情境的影响，判断准确性大大降低，跟随大家一起做出错误判断的总比例，达到全部反应的37%。75%的被试至少有过一次从众的行为——和大家一起做出错误的判断。

我国心理学家时蓉华（1982）、董婉月（1986）和宋官东（1997，2004）等人也做过与阿希类似的研究，得出了类似的结论。

我们在第二章介绍自我价值定向理论时提到，董婉月的从众研究因为考虑到了不同自我价值卷入水平对从众的影响，在从众研究上具有突破性的意义。根据我们关于自我价值定向的思考，董婉月假定，被试在非自我价值卷入（如阿希式的所谓知觉判断）上的从众行为模式，应与阿希的研究发现相类似；如果是在被事前确认的自我价值卷入性问题上，被试出现了明显不同的从众模式，此时虽然被试显示出正在遭遇强大的群体压力，但他们依然倾向于选择与自己先前判断一致的答案，而不是简单跟随假被试的选择。

二、从众的类型

从众行为的具体类型是非常复杂的。在街头，如果有一个地方聚集了许多人，那么其他人也会受到吸引而围上去看个究竟，这是生活探索型的从众。新进入公司或某一机构的员工，期望被群体接纳和获得别人的支持，也很容易出现从众行为，此时的从众是适应型从众。概括各种从众行为，根据从众行为与个人内在态度的一致性，我们可以将从众行为分为真从众、权宜从众和不从众三类。

（一）真从众

真从众个体不仅在外显行为上与群体保持一致，其内心的看法也认同于群体，也就是我们通常所说的表里如一、心服口服的从众。在阿希式实验情境中，真从众是指被试确实认为自己的认知发生了错误，这时候相信他人或群体是正确的，因此会产生从众行为。阿希在深入探讨的实验研究中发现，当第二张卡片上标准线与3条比较线的长度非常接近的时候，人们从众的性质就发生了改变，他们会认为自己判断错误，群体的意见是正确的，这个时候出现的从众行为就是真从众，即表里一致的从众。日常生活中我们会发现，依赖性较强的人往往在做决定的时候比较犹豫，容易产生真从众。

真从众对于一个群体的关系处理是有着积极的作用的。在真从众的情况下，群体成员可以与群体达成真实的一致性和对群体的真实认同，群体成员在心理上也不存在冲突。这是一种群体与成员之间的理想关系。

（二）权宜从众

虽然行为上表现出和群体一致的意见，但是内心并没有完全认可群体的看法，只是迫于群体的压力才做出屈服于群体选择的从众行为就是权宜从众，实际上这只是一种表面从众。阿希实验中的从众，就是这种类型的从众。因为相关的检查表明，被试实际上可以准确无误地进行正确判断。

在实际生活中，很多从众都是以权宜从众的形式表现的。一个群体中，人与人相互之间往往都有一定的利害关系，在许多情况下，人们不得不为了一定的现实利益而做出一些和内心选择不一致的决定，从而保持和群体的一致，这个时候的行为就是权宜从众。

认知失调状态是这种从众类型的个体常有的一种状态。一般情况下,在产生权宜从众的时候,个体都有一个比较强烈的内心冲突,若最终屈从,就会认知失调。针对这种失调,如果群体压力长期存在,个体又无法摆脱群体的时候,就会倾向于改变自身的态度,权宜从众从而转变为真从众。或者,个体会寻找理由将自己的行为合理化,弥补观点与行为之间的距离,达到一种新的平衡态,使得认知系统重新协调。

(三) 不从众

不从众是从众的对立面,是指个体在群体中可以不被群体的意见左右,而保持自我原有选择的一种行为。不从众的情况有两类。一类是表面上不从众,内心其实是一种接纳状态。这种从众行为往往在比较特定的条件下发生。通常表现为内心倾向虽与群体一致,但由于某种特殊需要,行动上不能表现出与群体的一致。如在群体由于某种原因而群情激奋时,作为群体的领导者,情感上虽认同于群体,但行动上却需要保持理智,不能用自己的行动鼓励群体的破坏性行动而逞一时之快。这时的表现就是表里不一致的假不从众情况。

另一类不从众是内心观点和行动都表现的与群体的不一致,这是表里一致的真不从众情况。通常情况下,真不从众只有在群体对个人缺乏吸引力,个人在行动中不需要考虑与群体的一致性时才出现。另外,个体的个性特点也可能会影响不从众行为的产生,对于一个比较自我、主见非常强的人,往往不从众行为的比例会相对高一些。

三、从众行为的运用与控制

(一) 运用有益从众

虽然在西方文化中从众带有典型的负面含义,但它在社会良性行为的引导和群体一致性的达成方面,可以发挥十分积极的作用。利用榜样的力量,激发从众行为,是引导从众良性效应的一种有效方式。实验研究发现,亲社会从众可以跨情境,而且能使从众者的共情水平提高,说明亲社会从众有我们以往所不了解的广度(Nook,Ong,Morelli,Mitchell,& Zaki,2016)。

团体共识是团体有效性的重要前提,共识暗含着正确性(Cialdini,1993),对群体成员如何行为提供了启发。虽然,从众行为从根本上来说是个体迫于外界群体的压力而产生的一种非自愿的行为,但在个体与团体利益发生冲突的时候,为了团体的利益而克服冲突的情况下,从众得到了充分的肯定。如果能正确运用从众行为在群体达成一致方面的积极作用,可以有效促进群体更为有效地运行。

(二) 控制不良从众

从众行为的本质是个体在一定的群体压力之下,使自己的行为符合群体期望,避免偏离惩罚的一种行为模式。在群体决策过程中,群体容易因群体思维倾向而使从众行为模式受到鼓励。严重压抑不同意见和选择的可能性,致使决策风险增加(见第十七章关于群体思维的讨论)。对于青少年来说,长期非自愿地屈服于从众压力的行为,会使个体逐渐失去个性。

因此,一个良性的群体,需要发展民主氛围,减少群体的压力,以使不良的从众倾向受到控制。研究表明,如果群体给予从众者较多的赞赏和对偏离者不能宽容时(许多教育环境实际上正好是这种情况),就会诱导更高的从众行为。一个群体如果希望降低从众行为发生的比例,群体成员相互之间就需要宽容、接纳，相互之间形成一个互相激励、共同促进的气氛。

四、从众的动机

社会心理学家基斯勒认为，从众行为的产生从个体角度来看，有四种需求和原因：① 与大家保持一致以形成团体的目标；② 为取得团体其他成员的好感；③ 维持良好的人际关系；④ 不愿意感受到群体不同意见的压力。罗桑德等人（Rosander & Eriksson，2012）发现，在网络社区同样存在从众现象。从众与任务难度成正相关关系：当人们主观知觉的或客观的难度提升时，更容易跟从网络上多数人的意见。

综合来看，我们将从众的动机分为以下 3 个方面。

（一） 行为参照

人是一种具有社会属性的动物，在许多的情境中，人们由于知识储备的不足，经验背景的缺乏，所以不能十分肯定地做出某种选择。依照社会比较理论，这个时候人们会选择一定的参照系统，作为自己行为选择的比较系统，从而指引自己做出一定的选择。而从众所指向的是多数人的行为，自然就成了最可靠的参照系统。

人们对多数人共同选择的信任度会大大提高，这样的实例在现实生活中比比皆是。在通常情况下，人们普遍有这样一个推论：大部分人都这样做，应该是有充足的理由，即使选择错了，也不是我一个人的错，还有这么多人陪着。因此在不了解更多信息的情况下，我们也会更愿意到人多的商店购物，到人多的地点去旅行，到生意好的餐厅吃饭，这些社会现象的一个重要心理原因就是从众。

（二） 偏离恐惧

"枪打出头鸟"是中国的古训，暗喻如果偏离群体就会受到特别打击。在现实生活中，这种现象确实存在，如果一个人表现得过于突出，偏于群体的一般情况，那么此人会面临群体的强大压力乃至严厉制裁。沙赫特（Schachter，1951）的一项研究发现，群体成员会更喜欢与群体保持一致的成员，对于偏离群体的个人，往往会厌恶、拒绝和制裁；当群体出现不稳定状态时，首先被排挤的往往是先前偏离群体的成员。沙赫特发现，群体会对和群体意见不一致的成员施加影响，促使其行为和态度发生变化。他在实验中安排 3 名助手用 3 种不同方式参与群体：与群体一致、开始不一致但后来被影响后发生改变和始终不一致。结果发现，在一个 6 人小组中，后两种情况的两组成员，都会积极、主动地花许多时间来说服与群体不一致的成员（假被试）改变态度。进一步的实验结果还表明，群体成员对于态度和群体态度一致的新成员，表示出的接纳和喜欢程度更高。对于始终不改变态度的一名顽固分子，群体则明显倾向于将其抛弃于群体之外。

弗里德曼（Freedman，1968）等人通过实验研究很好地证明了群体对偏离者会采取惩罚态度。实验的任务是让参加实验的小组成员分别选择两名成员，一名去参加一个会遭遇电击痛苦的实验，另一名去参加会有报酬的愉快的学习实验。实验开始时，实验的操作首先使被试相信，小组中有 5 人的意见是一致的，只有一名被试和大家的意见不一致。然后再让小组成员决定由谁去接受痛苦，又由谁去获取报酬。实验结果显示，群体中 5 个特征共同的被试，几乎一致地选择了被认为特征与群体不同的第六人（偏离者）。当推选一人参加有报酬的愉快学习实验时，群体却尽可能避免选择那个与众不同的人。

梅奥(Mayo,1931)在美国西部电器公司的霍桑工厂研究发现,在工人工作的非正式群体中,会形成一个自发的默契——每个人的产量都不能太高或是太低,否则就会成为“偏离者”,遭受其他成员的排挤。在现实的生活中也有很多事例能够佐证这个研究结果。

在日常生活中,大部分人都有着这种偏离的恐惧感,一旦感觉自己偏离了群体,就会产生焦虑感,而且个人越从众,就越害怕偏离群体。从文化特征上说,东方文化更倾向于鼓励人们的从众行为,因而人们也倾向于对偏离更敏感。

(三) 人际适应

人的社会性发展历程和用社会定位自己的特性,使得作为个体的人在社会中都不是孤立的,而必定与特定的人形成一定的群体,建立一定的联系,形成一定的人际交往环境。按照自我价值定向理论,人的自我价值感首先来自社会支持。因此,无论人归属于哪个群体,都会期望在这个群体中获得认可,维持与他人的良好的人际关系。在一个群体中,如果一个人能保持良好的人际关系,则有助于这个人取得更好的成绩。良好的人际关系也是一个人心理健康的一个标准。在人际交往中,有的时候为了获得肯定,建立和维持良好的关系,人在必要的时候就必须改变自己的行为和态度以和大多数的人保持一致。这个时候表现出的从众就是前面提到的权宜从众,但是如果发生权宜从众的客观条件不容易被改变,那么人们会通过个人的认知调节,使这种从众向没有心理失衡的真从众转变。

五、从众的条件

(一) 群体因素

1. 群体自身的一致性

群体自身的一致性,是构成群体压力的最重要因素之一,也是影响从众行为产生的主要条件。很多从众行为的产生,都是在个体看到群体中的他人采取了相同的行为,个体为了保持和群体的一致性而产生的。一位球迷参与聚众闹事,被警方拘捕,当警察询问他为什么要参与闹事的时候,他坦然承认:“别人都在吼,如果我安安静静地坐着,别人就会针对我,所以我选择了加入他们。”

相应地,很多研究也都证实对群体一致性的任何破坏,都会导致从众率的显著下降。小群体的行为表现会非常明显地影响整个群体从众行为的发生比例。阿希在 20 世纪 50 年代的实验研究及莫里斯等人(Morris & Miller,1975)的研究证实,无论群体的规模如何,只要群体出现了不一致,即使持不同意见的人没有任何权威,也会使从众的比例大大下降。阿希的研究发现,如果判断群体中再加入一名真被试,则从众比例会明显下降(见图 15-3)。也就是说,从众人数的比例下降,或群体中出现个人观点的支持者时,人们更容易抗拒群体的压力。

莫罗夫等人(Malof & Lott,1962;Allen & Levin,1971)的研究则证明,群体不一致意见一旦出现,无论持不一致意见者与真被试在情感和态度上是否相同,都会导致从众比例的下降。

群体意见不一致导致从众比例下降的原因有 3 个方面:

第一,出现不一致的时候,人们对于多数人的信任度就会降低,这给本来就对群体意见有所怀疑的个体找到了支持力量,提供了可以怀疑的空间,这就削弱了人们将多数意见作为参照来进

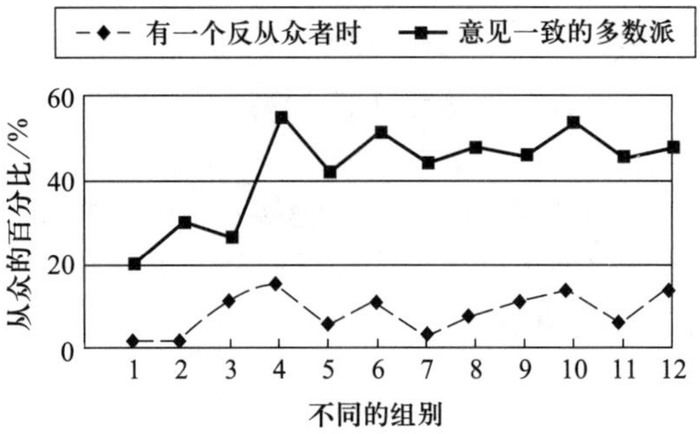

图 15-3 有一个反对者时对从众行为的影响

行判断的依赖性,导致从众率下降。

第二,这种来自他人的支持力量同时也能提高个体对自我判断的信心,从而降低从众产生的比例。

第三,群体已经不一致的时候,减小了人们的偏离恐惧,降低了群体对个体造成的压力,使得人们进行独立判断的倾向增加,从而使从众比例下降。

2. 群体的凝聚力

群体的凝聚力(cohesiveness)是指群体对其成员的总吸引力水平。群体的凝聚力越高,个体对群体的依附性和依赖心理越发强烈,越容易对自己所属群体有强烈的认同感。他们与群体有密切的情感联系,有对群体做出贡献和履行义务的要求。如果一个群体内部意见不一,四分五裂,群体对个体的压力就很难形成,个体从众现象的产生就会越少。

社会心理学家多依奇(Deutsch,1955)等人做过一个阿希式的实验,不过在实验中,多依奇改变了小组间的关系,让几个小组进行竞争比赛,看哪个小组出现的错误更少,并对优胜的一组进行奖励,以此来增加临时性实验小组的凝聚力及与个人关联的密切程度。结果表明,在竞赛的情境中,群体成员会努力地、有意识地、自愿地尽量达成一致意见。

根据自我价值定向理论,个人对某些群体的隶属关系,是其自我同一性的重要构成部分,也是其自我价值感的重要来源。由于个人与群体关联的这种深刻意义,所以个人在许多时候需要通过维护群体的形象来维持自我的价值。在一个群体凝聚力很强的群体里,每个成员都会有很强的压力感,从而引发更多的从众行为。因此,群体可以利用这点,通过群体凝聚力造成的压力,对个体行为产生影响,使其维持从众倾向,促进其向群体期望的方向发展。

3. 群体的规模

无论是实验室实验,还是日常生活观察,都很容易发现,群体的规模是影响从众行为的重要因素。一间屋子里有两个人,一个人说感觉屋里特别热,但实际上这间屋子很冷(与第二个人的感受一致),那么,第二个人不容易赞同第一个人的观点。但是如果屋子里有 5 个人,其中 4 个都感觉很热,只有一个人感到很冷,那么判断结果会产生变化:这一个人可能会改变自己的立场,转而于大多数人的判断相一致。一般来说,群体的规模越大,引起的从众比例也就越高。按照社会作用力原则,随着影响源群体的增大,相互作用力也会相应增大,从而诱发更多的从众。

实证研究表明,在一定范围内,人们的从众性是随群体规模的增大而升高的。但是阿希、杰拉德(Gerard,1968)等心理学家的研究也表明,群体在 4 人以下的时候,随着人数的增多,从众行为也增多,但是当群体达到 4 人以上时,群体的规模不再引起从众比例的变化(见图 15-4)。

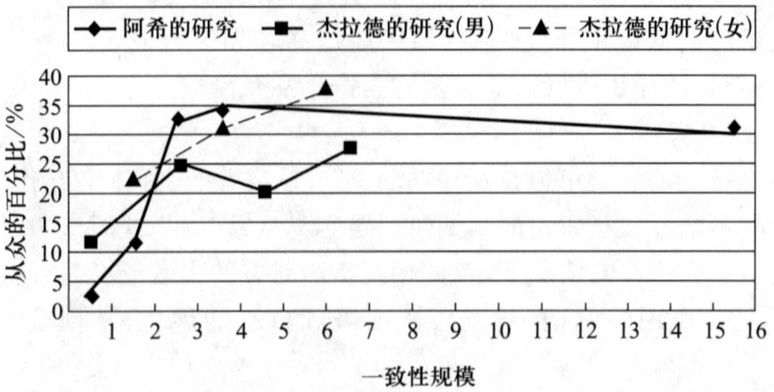

图 15-4 群体规模与从众行为的关系

来源:转引自金盛华,张杰.(1995).*当代社会心理学导论*.北京:北京师范大学出版社,379.

米尔格莱姆(Milgram,1969)等人也做过与群体规模有关的从众实验,得到的结果有同样的趋势。实验是在美国纽约市的一个热闹的街头,实验助手站在街边,抬头看一个街对面的办公大楼六层的一个窗户,并测试从这里经过的人的从众行为的发生情况。实验助手的群体规模分别是1人、3人、5人、10人和15人5种情况。实验结果表明,过路人同样也抬头观望的人数明显随群体规模的增大而增多,5人内群体规模引起观望人数的增加非常明显,超过5人时从众行为人数的增加速度放慢。

除了以上3个因素外,权力地位和合法性的交互作用也会影响人在群体中的从众。与以往研究一致,合法的高权力会降低一个人的从众倾向,但低合法性的高权力会提升一个人的从众倾向,其行为会更符合群体的常规(Hays & Goldstein,2015)。

(二) 情境因素

1. 刺激物的性质

刺激物的性质是影响从众的情境因素之一,人们更容易对模棱两可的刺激物做出从众反应。心理学家克雷奇等人(Krech & Crutchfield,1963)的研究也表明,在被试非常肯定的项目上的从众率只有15%,在较为肯定的项目上的从众率为24%;而难以肯定的项目的从众率为36%。阿希的实验研究也发现,当卡片上线段的客观差异变得较小时,进行正确回答的概率下降,从众的比例上升。这一点意味着,当情境的模糊性较大,人们较难做出自信判断时,更容易从众。

任务难度可以影响对他人做出正确判断的依赖性:难度越大,引发对团体观点的从众行为就越多(Coleman,1958)。造成这个结果的原因在于,外来的信息本身十分模糊、模棱两可的时候,其会对个体的判断和认知带来困难。当人们不能明确判断一则信息的时候,就会倾向于和群体的意见取得一致,从而增加了从众行为的可能性。

2. 个人地位

人们的从众行为因为其在群体中的地位不同而有所不同。权威者往往因为角色定位的关系,被认为有权利和能力,常常表现出更多的自信和才干,信息渠道多,因此易于赢得地位较低的个体的信赖,从而使得更多的低地位者跟从。

岑国祯等人(1992)对8~12岁儿童道德判断的研究发现,群体情境会使儿童的道德判断发生明显的从众变化,成人权威的群体情境最为有力,小型的和友伴群领袖的群体情境次之,微型的群体情境又次之。张道田(1999)的一项研究表明,引起从众心理压力的大小,与已经发表过意见的成员人数和威信的高低成正相关关系,如果威信高者和多数成员已经发表了一致意见,这时,后发表意见的特别是威信相对低些的成员就会产生从众倾向。

3. 时间因素

时间因素对从众行为的影响可以从两个方面理解。一方面,群体交互作用过程中的不同阶段对从众行为的影响不同。交互作用的早期阶段更容易从众,因为这时双方处在相互适应阶段,双方都试图建立规范。在这样的情况下,双方相互接纳对方的程度较高,比较易于被说服和接受他人观点。而到了交互作用的后期,双方会试图巩固自己的地位,从而变得不易接受影响而从众。

另一方面,在早期阶段,如果个体自我怀疑,同时又有高群体压力,个体就易从众(Tuckman,1965)。这个时候,如果表达自己的意见前,先了解别人的想法并写下来,轮到自己表达观点的时候就会表现出较多的从众,但是如果在听别人说之前先思考过,那么表达的时候就会表现出较少的从众(Tetlock,Skitka,& Boetter,1989)。

(三) 个体因素

1. 个性特质差异

个性特质的不同对从众行为的影响也曾被许多研究证实。一般,情绪不稳定、智力较低、意志较薄弱、缺乏自信、易受暗示、比较懦弱、患得患失的个体更易表现出从众。反之,个体一般不易产生从众行为。前面提到,判断事物的标准越明确,人们对自我判断的肯定程度也越高,相应的行为从众率也越低。而随着问题的模糊性增加,人们会由于自身的判断失去明确的参照而倾向于从众。

斯奈德(Snyder)等人在1960年的研究发现,被试的自我评价越高,从众性越低。我国心理学工作者在1982年的研究也发现,表现一致的独立行为被试,倾向于认为自己的看法积极而稳定,有很多的自信。他们都强调:“尽管许多同学与我不一致,我还是深信自己的判断是正确的。”相反,易于从众的被试表现出的自信较少。他们表示:“有几次我感到不对,但还是跟从了大家。”“开始我坚持己见,后来发现大家说的同我的不一样,就开始怀疑自己眼睛有问题,害怕自己弄错了,跟随了大家。”

一些研究也证明了个性对从众性的影响。伊克斯(Ickes)等人在1981年的研究发现,被试的果断性越强,则越倾向于不从众。董婉月在1986年的研究发现,在中等自我卷入的具体价值取向问题上,认知方式倾向于场独立型的被试,从众率明显低于场依存型的被试。

2. 性别差异

人们通常认为男性比女性更不易从众,而且这个差别也被人们在生活中普遍接受。但是男女在从众行为上表现出的差异在心理学领域还没有一个非常一致的结论。心理学家科尔曼(Coleman)等人在1958年的研究表明,对于问题难度与从众率的相关系数,男性的为0.58,女性的高达0.89,即问题越困难或缺乏客观标准,从众率也越高。女性在相应的困难程度下比男性更倾向于从众。

而斯特拉克(Sistrunk,1971)在实验中发现,过去的研究之所以得出女性比男性更易从众的结论是因为选择的实验材料更为男性所熟悉的缘故。后来他在实验中分别选择了男女均适用的材料,结果表明,在男性比较熟悉的实验材料上,男性表现出较少的从众,而在女性比较熟悉的实验材料上，男性反而表现出比女性更多的从众。由此他认为，两性之间在从众行为方面有很少差别。

我国学者杨青(1998)对小学二、四、六年级的学生的研究，王星军(2003)对3～6岁的儿童的研究都发现从众行为在其研究对象上没有表现出明显性别差异。

3. 年龄差异

从年龄上看，青少年期及之前的年龄段被认为是易从众时期，这个时期个体处于发展阶段，通常也被称为可塑期。随着年龄的长大、性格的稳定，从众行为的年龄差异就不再明显。我国学者杨青(1998)、王星军(2003)对从众行为的研究表明，随着年龄的增长，从众行为有下降的趋势。

4. 个人的自我卷入水平差异

费斯廷格及其他许多社会心理学家的研究都发现，与意见没有表达出来的情况相比，人们在意见表达后，在相关选择上的自我卷入水平会有实质的增加，并由此直接导致从众率的降低。在讨论态度改变时我们提到，同样价值的东西，人们选择其中一种之后，由于在所选择的东西上有更多的自我卷入，因而认为自己更喜欢所选择的东西，而较不喜欢没有选择的东西。

同样，一种意见一旦被表达出来，人们就会更强烈地意识到自己已经选择了某种态度。如果由于群体压力，迫使人们做出与多数人相同而与原来选择不同的态度，那么人们也会明确知道自己屈服于群体压力而做出了态度改变。很显然，这种意识会激发人们的抗拒反应，促使人们保持自己态度的一致，不轻易屈服于他人的压力，从而使人们倾向于做出不从众的选择。如果意见是被公开表达的，则不仅有上述自我意识更为强烈的问题，还有一个在公众面前是否有独立性，是否坚持自己意见的自我形象问题。这种意识会使人们选择不从众的倾向更为强烈。

多伊奇(Deutsch,1955)等人的一个极为巧妙的研究证明了以上推论。研究者设计了4种情境来考察被试从众率的不同：① 实验的刺激呈现后，其他人先表达，被试不表达自己的判断；② 听别人表态前，先在魔术本上写上自己的判断，听完别人的意见后，再次写出自己的意见，最后抹掉魔术本上写出的内容；③ 在听别人反应前，先在普通纸张上写下自己的意见，但不用给别人看；④ 写下自己的答案，并签名，在实验结束时交给研究者。这种巧妙的实验安排，使四组被试在实验中有四种不同的自我卷入水平(见表15-1)。研究结果表明，自我卷入水平直接与从众倾向有关。个人意见向外表达越充分，自己要求保持自身一致性的倾向就越强，从众率也越来越小。

表 15-1 表达公开程度与从众比例

条　件	自我一致要求的水平	从众行为比例/%
无预先表达	低	24.7
魔术本上的个人私下表达	↓	16.3
普通纸张上的个人自我表达	↓	5.7
公开表达	高	5.7

来源：转引自金盛华，张杰.(1995).*当代社会心理学导论*.北京：北京师范大学出版社，383.

按照自我价值定向理论，我们可以从自我价值关联的程度来评价自我卷入水平。阿希式实验所用的知觉判断材料是非自我价值关联的刺激；“物质无限可分”的命题是非自我价值关联的刺激；“留学生没有理由不回国”的命题是涉及具体价值的低自我价值关联性问题；而“人的价值取决于他的地位和声誉”“自私是人的本性”等问题，则是涉及普遍价值的高自我价值关联性的问题。董婉月于1986年以大学生为被试进行了研究，证明问题的自我价值关联水平越高，越倾向于与自己的观点保持一致而反从众。

（四）教育和文化因素

1. 受教育水平

若个体有广泛的知识背景和较高的受教育水平，那么从众行为的发生比例也会有所降低。李淑艳（1997）研究了不同文化层次的人对文化常识的发现能力，结果发现，不同文化层次人群的文学常识随着被试受教育水平的提高、知识面的扩大，从众的人数呈逐渐递减之势。这个结果的产生，本质上是因为不同的个体对材料的熟悉程度的差别，产生了从众比例的不同。

2. 文化背景

从众似乎是在各种社会文化中存在的普遍现象，但从众的程度则会因为文化不同而不同。米尔格莱姆在1963年曾用一个类似阿希的实验在法国和挪威进行了一系列研究，结果发现，挪威被试的从众率是50%～75%，法国被试的从众率为34%～59%。米尔格莱姆推论，这种差异是基于文化的：因为挪威人更加凝聚，倾向于认同社会性反应的文化传统，而法国人喜好批判性地判断。心理学家惠特克等人（Whittaker，1967）在多个国家和地区重复了阿希的从众实验，发现人们从众的强调与阿希的发现相接近，各地具体的从众比率为：黎巴嫩31%，中国香港32%，巴西34%。但在有鼓励从众和惩罚偏离文化传统的罗德西亚的班图部落，从众比率高达51%，显示出不同的从众行为模式。一项跨17个国家的阿希式研究的事后分析得出结论：文化价值观影响从众，尤其是被描述为更有集体主义倾向的国家（如中国）的人对他人的影响比更强调个人独立的国家（如英国和美国）的人反应更强烈。

研究揭示，文化的作用是在个人身上逐步加强的。杨青（1998）的从众行为跨民族的研究发现，城乡儿童从众行为差异显著，并且这种差异性随着儿童年龄的增长逐渐明显。但是在研究不同民族间的个体从众行为差异的时候，却发现学龄初期蒙古族、汉族儿童之间从众行为无显著差异。王彦、苏彦捷（2004）以幼儿园儿童为被试的研究结果表明，儿童的一般从众行为随年级的增加而减少，但与好朋友选择的一致性却随年级的增加而增加，而且这种发展趋势是以年级而不是以年龄为自变量的。这体现了中国文化对于从众行为的影响，反映了儿童对"关系"重视程度的逐渐提高。但由于作者没有做跨文化比较，其他文化背景下的儿童是怎样反应的就不得而知。因此，这一结论还有待进一步检验。

第三节 依　从

一、依从行为的原因

个体产生依从行为的原因包括以下几个方面。

（一）潜在损失危机

一种东西有失去的潜在可能性，会使人们给予更积极的评价，也更容易产生依从行为。在一个商业情境中，当啤酒批发商被告知即将发生进口啤酒短缺，且短缺信息来自进口商独家消息时，批发商们愿意买进更多的啤酒。

在另一个研究中，用潜在丧失的概念推动女性用自我检查法来检查乳腺癌，收到更好的效果。如宣传“如果你每月不花5分钟的时间做胸部检查，你将失去几个潜在的健康利益”来推动自我检查的健康习惯的效果明显优于使用“如果你每月花5分钟的时间做胸部检查，你会获得几个潜在的健康利益”的策略。正如丢掉电影票的痛苦的强度要比捡到电影票的喜悦的强度大一样，潜在失去的心理，会推动人们跟从某种信息的指引而做出相应的行为。

（二）互惠心理

正如因果报应思想在各种文化中有普遍的认同那样，人类文化价值中最具有普遍性的规范就是互惠，这个规范使个体有回报的压力。在这一规范的推动下，人们需要回报礼物、恩惠、服务或帮助给那些已经为他们做出相应付出的人。许多时候，回报要高于他们已经得到的恩惠。

研究表明（Berry & Kanouse，1987），主动提供礼物之后再提出捐赠的请求，可以启动人们的互惠规范意识，使捐赠更容易和捐赠更多。研究者用先付出报酬的策略促使医生填答和回寄很多问题的问卷，结果发现，如果问卷带了20美元的支票，那么78%的医生会填答调查问卷并照要求返回问卷。但是如果告诉医生只有返回一份完整的问卷后才会得到20美元回报，则只有66%的人填答并返回问卷。大量的研究实践也发现，邮寄的调查问卷如果伴随金钱回报，就能明显增加回收的比例。

（三）喜爱和熟悉

很容易理解，当请求来自一个自己喜欢的对象或自己熟悉和有积极评价的对象时，依从行为更容易发生。某公司利用家庭聚会的形式，安排顾客从认识的人那里购买公司产品，而不是从一个不认识的销售员那里购买公司产品，结果表明，在家庭聚会的情境下，购买率得到明显增加。某物业管理公司鼓励物业管理人员与业主增加相互熟悉度，并在业主不满意时首先由业主熟悉的管理员出面处理，结果发现，这种方式明显减少了业主与物业管理者之间的纠纷发生率，降低了纠纷处理难度。喜爱和熟悉带来了“自家人效应”，让业主解释事件的方式发生了改变，变得更多地依从物业管理的有关规定。

（四）情感

随着研究的不断深入，人们开始关注情感过程与依从行为之间的相互影响。研究发现，个体的情绪、情感体验与其外在请求的反应是相互作用的。个体的情感会影响其对外在请求的反应。处于积极情感状态下的个体，依从于外在请求的可能性会显著提高（侯玉波，2002；张夔，许加明，2006）。此外，对请求的反应也会反过来引起情绪情感的变化。研究发现，表面依从有助于个体避免或降低羞愧和恐惧，而内在依从有助于个体避免或降低内疚和怜悯（Rind et al.，2001）。

二、依从诱导策略

（一）登门槛效应

登门槛效应（foot-in-the-door effect）是最早来源于推销行业的一个推销技巧，原意是指如果推销员能把脚踏进顾客家的大门，那他最后定会达到推销的目的，将产品成功销售给主人。后来社会心理学学者们借用“登门槛效应”一词来泛指在提出一个较大要求之前，先提出一个小的要求,从而使别人对较大要求的接受性增大的现象。

社会心理学家弗里德曼(Freedman,1966)和助手最早用实验方法验证了登门槛效应的存在,后来的许多研究都进一步证实了登门槛效应。心理学家普利纳(Pliner,1974,参见 Gilbert,1998)的研究发现,如果直接一步提出要求,居民愿意为癌症学会捐款的比例为46%,而如果分两步,前一天先请人们佩戴一个宣传纪念章(每个参与者都同意),第二天再请他们捐款,愿意捐款的人数百分比几乎增加一倍。日本社会心理学家原岗的研究也揭示,如直接到居民区请求家庭主妇给予饮料解渴,要求被接受的比例为45.5%。如果分两步,先提一个较小的要求,然后再提出要喝饮料,则78.5%的家庭主妇愿意提供帮助。

(二) 低球技术

低球技术(low-ball technique)同样是从推销行业中发展起来的诱导策略,它与登门槛效应相近但又有不同的操作方法。它的具体做法也是两个步骤,但不是像登门槛效应一样先提出一个小的要求,一段时间后再提出较高的要求,而是在提出的一个小的要求被满足后,随即提出较大的要求。

在低球技术的操作上,先提出的小的要求往往是非常容易完成的,因而答应的人的比例会很高,然后在别人接受这个小的要求后马上提出一个别人要付出更大代价的要求。与直接提出大的要求相比较,用低球技术提出要求更容易得到实现。商家经常使用这种策略吸引客户,增加销售。超市会发行某某物品降价的广告,并用这种方式吸引顾客,而实际上顾客并不只买最便宜的商品,还会花费更多买其他更贵的商品。

心理学家们从心理反应的角度分析登门槛效应与低球技术的发生原理,认为人们在接受一个要求之后,增强了人们对一个对象或一件事情的卷入程度,提高了对这个问题的注意水平,责任意识得到增加,因而人们对更大要求的接受性大大增加。进一步的分析还认为,人际关系的作用在两种行为诱导策略中发挥了不可忽视的作用。由于人们倾向于在他人面前保持自我形象的一致性,因而在接受了前面的要求之后,意味着在一个特定对象身上建立了自己的形象定位,为此,当再有一个更大的要求被提出时,即使是一个可能会让自己为难的请求,为了保持先前已经建立的形象,也会变得更难于拒绝别人,最终增大了同意后续更大要求的可能性。日常生活中,人们难于对熟悉者或朋友说"不"的心理根源,正来之于此。自我价值定向理论认为,除非拒绝别人的要求比在人们面前维持一致形象的价值更大,否则人们就总倾向于接受别人更大或更多的要求。

(三) 留面子效应

留面子效应(door-in-the-face effect)也称互惠让步技术,正好是与登门槛效应和低球技术相对立的现象。我们在使用这个策略时,是在开始时提出一个几乎总是被拒绝的极端要求,接着退回到一个更温和的要求——我们从一开始就预先设计好的。通过这种从极端要求到温和要求的程序,可以激发被要求对象做出一个互惠的让步,从最初的较大要求的拒绝转移到接受较小的要求。它利用了人们通常的一个心理,在拒绝了一个较大的要求之后,会通过接受一个较小的要求来作为拒绝的补偿,让别人感到没有被完全拒绝。

人与人之间的交往是人的自我价值意识的重要来源。他人的不愉快,是个人不愉快的主要原因之一。按照社会交换理论的观点,人们在人际交往中会自然地倾向于选择给交往双方都带来最大满足的行为。为此,当人们拒绝别人较大的要求,假定由于自己的拒绝使别人产生不愉快之后,出于补偿,通过接受别人后续的较小要求而挽回别人的不愉快情绪。

在日常生活中,很多买卖交易都在使用留面子效应。自由市场中的售货人会运用留面子效应,先把价格标得远远超过实际应有的价格。然后在讨价还价中,通过让顾客在拒绝高价后形成的高接受性,使实际交易价格比标定的高价低得多而又高于应有价格。

心理学家戈尔德曼(Goldman,1986)将留面子效应和登门槛效应结合到一起使用,结果使更多的人同意提供帮助的请求。研究者以地方动物园的名义,请附近居民装 75 封信并写上地址。直接提这一要求时,仅有 22% 的被试同意接受要求。对另一些居民,以留面子效应提出请求,先提出给 150 人打电话,做有关动物园的调查这一过大的要求,然后再提有关 75 封信的要求,结果接受后一个要求的比例上升到了 42%。对第三类居民,研究者先用留面子效应,随后再用登门槛效应,即先提过分要求,然后提出很容易的采访要求,最后才提装 75 封信的要求。这种情况下,居民同意的比例又上升到了 57%。可见,恰当使用不同的依从诱发策略,可以有效地对人们的行为施加影响。

（四）过度理由效应

前文已经提及,过度理由效应是指附加的更有吸引力的外在理由会取代人们行为原有的内在理由而成为行为支持力量,从而使行为由内部控制转向外部控制的现象。当外在理由一旦替代了内在动机,行为就转向依赖外在理由的支持,内在动机就不再发生作用。以下这个生动的例子可以很好地说明过度理由效应的戏剧性作用。

有一个院子里的孩子们经常在上夜班的邻里白天休息时嬉戏喧闹。大人们一次次劝告和屡次的干涉都没有解决问题,因为孩子们一旦玩起来就把吵闹会影响别人的事忘得一干二净。偶然来访的心理学家为他朋友找到了一个治理孩子吵闹的方法。结果神奇地收到了意想不到的效果。

这一方法是将孩子们叫到一起,告诉孩子们,谁的叫喊声越大,谁得到的钱就越多。结果,有些孩子得到 5 角钱,有些得到 2 角钱,有些只得到 5 分钱——自发的游戏变成了“工作”。等到孩子们被吸引到金钱奖励上之后,孩子们突然发现,钱给得越来越少了。在接下来的日子里,孩子们希望不公平的对待会被改变、得到的钱能够重新多起来。但结果是,奖励被彻底停止了。哪怕叫翻天,也没有人再得到一分钱。孩子们感觉受到的对待更加不公正。没有报酬的工作是没有人做的。“不给钱了谁还给你喊叫?”至此,孩子们对大声喊叫完全失去了兴趣,原来的行为模式发生了根本改变。

以上实例是典型的利用过度理由效应诱发人们依从行为的例子。金钱奖励使得孩子们喧闹的行为变成了挣钱的“工作”。当金钱奖励不存在的时候,吵闹的行为理由就不存在了,此时停止行为才是合理的。金钱作为外加的过度理由,很好地引发了过度理由效应。

过度理由效应除了为费斯廷格等人在 20 世纪五六十年代所进行的大量实验研究所证明外,社会心理学家德西等人(Deci & Ryan,1985,1987)在后来的实验中也证实了它的存在。在实验设置的智力测试情境中,一组可以得到报酬,一组不会得到任何报酬。结果,与没有得到报酬的人们相比,得到报酬的人降低了对原来喜欢的测智难题的兴趣,如果停止付给报酬,他们就倾向于放弃解题的机会。而没有受到报酬这一过度理由影响的人,则一直保持对解题的兴趣。

过度理由效应的发现,使人们找到了另一种分步依从诱导策略。日常生活事实和实验研究的结果都证明,人们维持认识平衡的自然心理需要是经常性发挥行为调节作用的,当一种行为的外在理由越来越多时,相应的内在动机理由就会越来越少。因此,当孩子取得好成绩的时候,如果家长一再给予过多、过于频繁的物质奖励,则很容易引发过度理由效应,使得学习的动机从原有的内在转为外在,而这无疑对孩子的学习和发展是有害的。科学的做法应当是奖励孩子学习的进步,这种奖励会强化孩子对学习的兴趣。

(五) 最低要求启动策略

大量社会心理学研究证明,用最低要求的方式来请求别人做出捐助行为,是一种有效的启动别人善意捐助行动的策略,我们称这种策略为“最低要求启动策略”。设想,当你面对“哪怕捐出一分钱也是对我们的帮助”的请求时,你会怎么做？你会拒绝捐赠一分钱吗？如果拒绝了,那么你还怎么告诉自己,我是一个善良的人？

最低要求启动策略最早在慈善捐款中被使用,并且被证明在增加慈善捐赠者人数以及捐款数目上是非常成功的。这个技术的主要方法就是提出一个很小的要求,使得对方基本上不好拒绝,然后利用个体期望维护自我良好形象的心理,获得成功,使个体产生依从行为。

社会心理学家西奥迪尼(Cialdini)等人在 1976 年做了一个非常有趣的研究。该研究发现,当募捐人对居民说“我在为美国癌症学会募捐”时,捐款人数为 29%,平均每人捐 1.44 美元。而当募捐人加上一句“哪怕一分钱也有帮助”时,捐赠人上升到了 50%,平均每人捐 1.54 美元。韦安特(Weyant,1984)的重复研究得到了同样的结果,加上一句“哪怕一分钱也有帮助”,捐款人数从 39% 上升到 57%。1987 年,韦耶恩特等人给多达 6 000 人发信,请求他们给美国癌症学会捐款。结果表明,被要求捐小数目的人比被要求捐大数目的人实际捐助的比例更大,并且捐款的数目高于平均数。

按照自我价值定向理论,“做好人”是人们最稳定的追求之一,本书作者在中国民众价值观研究中也发现了这一点(参见第九章关于价值观的讨论)。人们为了保持自己利他主义的自我形象,更难以拒绝做出一点小小的奉献。在被要求较大数目的捐款时,人们可以用没有太多的钱等理由拒绝,而不伤害自己的利他主义形象,而被要求捐款的数目小到每个人实际上都可以负担时,人们就没有理由再拒绝。若拒绝,则会提醒人们缺乏起码的利他主义奉献精神,很少有人愿意承受如此巨大的自我否定而拒绝做出一个小小的奉献。一旦人们实际进行捐助时,就会拿出一个有利于自己形象确立的捐款金额。人们没有只满足被提请的最低要求,而是被最低要求启动,实际做出了要求提出者期望的行动。

三、被动依从

日常生活中,个人受到他人程度不同的辱骂、蔑视,身体或尊严受到伤害的情况时有发生,但许多人往往不愿意因一点小事就与别人发生冲突,从而采取息事宁人的方式忍受这些“小伤害”,莫里亚蒂(Moriarty,1975)将这种“人平静地屈从于不合理要求或苛求条件”的现象称为被动依从(passive compliance),并进行了系统实验研究。在其中一个实验中,两名被试被安排在一个十分狭小的房间里完成一个难度很大的测验任务。其中一人是真被试,另一人是假被试。两人相背而坐,各自答题。但当实验者安排完实验离开后,假被试立即拿出单放机,将音量开到最大,放出震耳欲聋的摇滚音乐,在这种情况下,真被试居然可以忍受长达 17 分钟而没有抱怨。80%的真被试尽管做出了皱眉、瞪眼、堵耳朵、停止工作等反应,但始终什么也没说。实验后的随访中,大部分人对假被试的行为表示了愤慨,但对直接提出抗议又都心存顾忌(参见 Coon et al.,2007)。

此后,莫里亚蒂又把实验场景搬到了剧院、图书馆、电话亭等现实情境中,发现也极少有人提出抗议。吉布森等人(Gibson & Werner,1994)在机场进行的现场实验也发现,一个人在不吸烟的候机者附近吞云吐雾,即便旁边就是"禁止吸烟"的警示牌,也只有9%的不吸烟者会明确要求吸烟者停止吸烟。

东方有倡导"忍"的文化背景,这种被动依从现象显然也是普遍存在的。从理性上说,一定限度内的忍耐有利于减少冲突和社会和谐,但有时候人们会因此而被动地接受他人对自己人权的践踏。研究发现,有过度被动依从特点的女性更容易成为男性性侵犯和性虐待对象(Richards et al.,1991,参见 Coon et al.,2007)。

四、逆反心理

逆反心理是个体由于刺激物的消极特征而诱发的非常规性质的逆向反应。当人们的逆反心理被激发时,人们对来自逆反对象的社会影响产生一种与影响方向相反的对抗,包括内隐的和外显的心理抗拒反应。最典型的逆反心理有 3 种,分别为超限逆反、自我价值保护逆反和禁果逆反。

(一) 超限逆反

超限逆反是指机体过度接受某种刺激之后出现的逃避反应,它是机体的自我保护反应。生物学与心理学的研究都已证明,对于任何刺激,包括能够给机体带来巨大满足的刺激,机体的接受性都是有限的。当刺激量超过一个最适当水平之后,刺激对于机体的意义就会从带来满足转向造成伤害,此时机体就必须逃避这种刺激。譬如,美妙的音乐可以带给人享受,但音量过大则造成耳膜的痛觉和心脏的压力,人就必须躲避;美好的食品可以带给人满足,但过食后人会对山珍海味感到厌烦;等等。很明显,一种刺激过量之后所引起的机体反应会出现根本性的逆转,使人从原来的趋近、赞成和接受态度转向回避、反对和拒绝态度。

刺激量过大的一种特殊形式,是一种刺激被反复呈现给有机体。任何时候,有机体只对对自己有意义的刺激感兴趣和产生积极反应。一种刺激无论怎样富有意义,过多的重复都会使它成为无意义的消极刺激。当个人对一种刺激的意义已经明了,可以对这一刺激做出预测时,这一刺激对于个人就不再具有意义。此时这种刺激再出现就不是引起个人的积极态度反应,而是引起消极的态度反应。一部电影无论怎样出色,当它的播放不能再激发人们新的感受时,它就可能成为纯粹干扰人们的无关刺激,而引起人们的逆反心理反应。因此,任何旨在诱发人们态度改变的说服引导,都必须避免无意义的重复,否则会适得其反。

(二) 自我价值保护逆反

自己活着有价值,是人生活富有意义的最重要的理由。人是理性的动物。正如哲学家卡穆斯所说的："人一生的全部努力，都在于使自己相信，生活不是荒谬的。"任何时候，当外在的劝导或影响威胁到人们的自我价值时，人们都会有意无意地进行自我价值的保护。人们由于自我价值保护动机的推动，对外界劝导或影响所做出的反向反应，即为自我价值保护逆反。

（三）禁果逆反

禁果逆反是指理由不充分的禁止反而会激发人们更强烈的探究欲望。伊甸园中的夏娃受蛇的诱惑，偷食了善恶树上的禁果，受到了上帝的惩罚。禁食的果实分外甜，由于被禁食，人们尝试的欲望反而更加强烈。禁果逆反正是因这一故事而得名。希腊的一个神话叙述的是相同现象。在这一神话中，潘多拉好奇地打开了被禁止打开看的宙斯的魔盒，将一切不幸降到了人间。宙斯越是禁止别人偷看他的魔盒，潘多拉想看个究竟的欲望越强烈。因此，禁果逆反现象也被称作"潘多拉效应"。

心理学的大量经典研究表明，探究周围世界的未知事物，是人类普遍的行为反应，是人在长期生物进化过程中形成起来的具有生物适应意义的稳定需要。对一件事物进行不说明原因的简单禁止，会使这件事物有区别于其他事物的特殊吸引力，使人自然地将更多的注意转移到这件事物之上。而且，没有得到解释的禁止会引发起各种推测和假设。从认知不协调理论的观点来说，当人们对禁止感到理由不充分时，人们就找不到充分理由来扼制自己的探究欲望，从而心理的平衡会朝违反禁止的方面倾斜，使人倾向于做出偷食禁果的行为。阿伦森等人（Aronson，1963）以严格的实验证明，对一件东西的外部禁止越是严格，它对人们的吸引力也越大。这意味着，禁止本身可能会增加人们对事物的关注和吸引力，并增加人们犯禁的可能性。

日常生活中有大量利用禁果逆反来诱导人们行为改变的例证，最为典型的事例恐怕要算土豆在法国的引种。在当时的法国，土豆被人们称为"鬼苹果"，农民都不愿意引种。农学家长时间的劝说、引导都未能奏效。最后，他想到了一个绝妙的办法。他受国王特准，在一块贫瘠的土地上种植土豆，并由一支着军礼服、全副武装的国王卫队看守。一到夜晚，看守卫队故意撤走。结果，人们受到"禁果"的引诱，每到晚上就来挖土豆，引种到自己的田地里。通过这种方法，土豆的种植在法国得到了迅速推广。

第四节 服 从

一、米尔格莱姆的权威—服从实验

米尔格莱姆的权威—服从实验开创了社会心理学领域关于服从的实验研究先河，并使服从研究成为社会心理学中一个备受关注的课题。他的研究无论在理论的意义上，还是在实际生活的应用意义上，都具有开创性价值。

（一）实验程序

这一研究的40名被试，都是用登广告的办法招募来的志愿者，被试的详细情况见表15-2。

表 15-2 米尔格莱姆权威—服从实验的被试

职 业	20~29 岁	30~39 岁	40~50 岁	人数	百分比/%
熟练与不熟练工人	4	5	6	15	37.5
推销员、商人与白领工人	3	6	7	16	40
专家	1	5	3	9	22.5
人数	8	16	16	40	—
百分比/%	20	40	40	—	100

来源:转引自金盛华,张杰.(1995).*当代社会心理学导论*.北京:北京师范大学出版社,385.

由于米尔格莱姆的被试群体来自从社会招募的普通人群,被试不像许多心理学实验一样只是大学生,因此研究结果具有更为广泛的推广价值。

米尔格莱姆的实验是将被试两两配对,两名被试中有一名为真被试,另一名为实验助手。被试进入实验室后,研究者会告知他们进行的是关于学习的研究,考察教师对学生学习的影响,以及电击惩罚对学生学习的作用。然后被试抽签决定分工:一名成为教师,另一名充当学生。通过实验的操作,真被试总是在抽签中被选作教师,而实验助手则被安排为学生。只不过这种实验安排真被试事先并不知道。

然后,研究者告诉被试各自的任务,教师主要是教学生学习语词配对,并即时检查其学习效果。检查的方式是教师读出刺激词,学生从 4 个选项中选择一个,如果回答错误,教师就要用电击器给予学生电击惩罚。随着学生的错误不断,惩罚电压会被要求不断加大。

实验开始后,作为学生的实验助手被带到另外一间房间,让真被试看到学生被用带子固定到椅子上,并在其手腕上绑上电极。学生的手旁边有一个键盘,上有四个电键,供学生在学习过程中回答问题使用。在教师的房间中,教师可以通过操作电击的机器即时看到学生的相应回答。

安排好学生后,实验者带真被试回到教师操作的房间中,操作一台有 30 个电键的电击控制器。每个电键上都注明了电压的伏特数,电压从 12 伏到 450 伏不等,并有各自显示相应电压正在工作的指示灯。同时,设备上按每 4 个编号为一组,标明了电击的严重程度,从“轻微电击”(编号1~4,电压 15 伏~60 伏)一直到“危险:严重电击”(编号 25~28,电压 375 伏~450 伏)。最后的两个电键则用“×××”做了显明标记。

实验开始后,如果学生回答反应是错误的,实验者就让被试打开电键,给予电击,并逐渐增加电击强度。如果被试犹豫,实验者就告诉被试,由于实验需要,你必须继续。

(二) 预测结果与实际结果的差距

米尔格莱姆原先预测,在实验的情境中,作为教师的真被试在被要求施加电击惩罚时,电压高到一定程度,被试就会选择拒绝。实验前,他邀请精神病专家、大学生和一般的白领阶层成人共 110 人来预测结果,3 个群体预测的平均电压为 135 伏,都认为电压超过 135 伏时,被试就会停止服从了。并且,40 名精神病专家预计,在这种情境中,被试对“学生”施以最强的 450 伏电击的可能性只有 0.1%。

实验的实际结果大大超出了人们的预测。虽然,实验在电压加强到 300 伏时,特别设定了被试受电击挣扎、蹬踏墙壁的声音,但在 40 名被试中,只有 5 人到 300 伏后拒绝提高电压。有 4 名被试到 315 伏时开始不服从实验者的指示。在 330 伏时停下的有两人,在 345 伏、360 伏、375 伏时停下的各有一人。总共有 14 名被试,最终都发生了拒绝执行实验者命令,继续增加电压,占总数的 35%。但是,更多的被试,一直服从实验者的指示,将实验一直进行到最后,直至电压加至最高的 450 伏。这类被试达 26 人,占总数的 65%。

实验的描述性结果也非常重要。多数被试虽然继续服从实验者指示进行实验,但他们是在极度紧张下继续合作的,内心冲突非常强烈。当达到 450 伏的终点,实验者终于叫停时,这些被试发出了放松的叹息,擦去额上的汗水,紧张地乱掏香烟,或是用手指在额头上乱挠,有些被试还发抖、口吃、咬嘴唇。只有几个被试从头至尾没有明显的紧张表现。

二、服从的原因

(一)合法权力

合法权力是指社会赋予了卷入社会角色关系的一方更多的影响力,从而使另一方认为自己有服从的义务:教师要学生回答问题时,学生就有应答的义务;警察要求司机停车时,司机就必须将车开到路边。

任何一个社会,都是一个按整体功能要求组织起来的结构化实体。这一结构中的不同位置,也具有不同的影响力。占据社会结构特定位置的人,通过规范化的社会角色联系,自然地就获得了指挥、命令某一部分人的合法权力。无论什么样的人被选作美国总统,他就自然地是武装部队的最高统帅,美国军队的官兵就有义务听从他的指挥。

我们在第三章中提到的监狱模拟实验,有力地证明了社会角色关系对人们行为的定向性影响。虽然同是应聘来参加实验的大学生,扮演看守的一部人由于在社会结构上处于有利位置,因而他们就获得了命令乃至虐待另一部人的权力。同为被试但扮演了囚犯的一部人,由于社会角色的规定,认为自己作为囚犯,有义务服从看守,甚至对于明显是不合理的命令,也采取了服从的态度与行为。心理学实验中合法权力的作用尚如此强大,现实生活中的合法权力会发生怎样深刻地影响人们的行为,可想而知。

不仅稳定的社会角色关系使一部分人获得指挥另一部分人的合法权力,而被认为对指挥者有服从的义务(如老板与雇员、军官与士兵、上级与下级之间),更重要的是,临时的社会角色关系,也会使在社会结构上处于有利位置的人获得指挥别人的权力,而被指挥者会被认为有义务服从指挥。米尔格莱姆的权威—服从实验,涉及的正是这种临时社会角色关系。

临时性的合法权力是同特定的情境或领地相联系的。在特定的情境中,具有支配这一情境权力的人,可以命令别人,而别人有义务服从。在医院的手术室或检查室,医生命令病人脱下衣服,病人有义务去服从,因为医院是医生的"领地"。而在大街上,情境的支配权在于警察,因而穿着警服的人命令别人停车,别人不敢不从,因为大街是警察的"管区"。同样,实验室是实验者的"领地",进入实验室的被研究者,有义务服从实验者的安排与指示。这样,米尔格莱姆实验情境中被试对于实验者的高度服从,就合乎人们在社会化过程中逐步建立起来的行为规则。

离开特定的情境条件,临时性的合法权力就不复存在。医生在大街上试图拦停别人的汽车,没有人会去理睬他。而警察无论怎样,在大街上也没有命令别人脱去衣服的权力。

(二)责任转移

米尔格莱姆实验的一个重要发现是人们在明知自己的行为对别人有伤害性后果时,也仍然倾向于服从权威的命令。虽然实验的描述性结果表明,多数人对自己用伤害性的电击对待别人心存冲突,但大多数被试最终还是对一同来参加实验的“伙伴”实施了残忍的电击行为。

米尔格莱姆认为,出现这种结果的原因是被试在行为归因上,将行为的责任转移给了实验者,认为自己仅仅是帮助实验者达到研究目的的代理人,不对行为后果负有责任。在这种心态下,人们关心的是如何更忠实地履行自己的义务,而不关心行为的后果。实际上,这是一种放弃自己的独立判断、降低对自身行为控制的另一种自我意识水平下降的现象,与去个性化状态有共同的特点。

米尔格莱姆所进行的进一步研究证明了责任转移的推论。在另一个实验中,实验者不是直接地当面给被试指示,而是通过电话系统来控制实验情境。结果表明,由于实验者不与被试直接在一起,他们的行为自我责任意识明显增加。在这种情况下,只有22%的被试一直服从实验者的指令到最高电压。

在归因上,没有别人在场,更容易使人们将行为责任归于自己本人,从而拒绝服从,停止给别人实施伤害性电击的人数显著增加。从道德发展的阶段性考虑,人们的道德理解超越了“维护权威和秩序的道德定向阶段”之后,人们就开始倾向于用独立的普遍道德原则评价自己,因而在米尔格莱姆的实验情境中拒绝伤害别人的被试比例大大增加。

相关的研究表明,服从权威和责任转移是人们非常稳固的心理机制。人在社会化的过程中,已从社会中很好地学会了这些行为规则,并将它们当作适应社会的手段在日常生活中广泛使用。在美越战争正激烈的1968年,上百名美国官兵在陆军中尉卡利带领下,制造了一起屠杀数百名无辜平民的血案。官兵中只有一位大学生出身的上等兵,没有对无辜的老人、妇女和儿童开枪。正是这位上等兵,后来报告了这次大屠杀。卡利也因此在美国受审。发人深省的是,不仅报告者的家庭不支持报告这一案件,盖洛普民意测验所在卡利被治罪后进行了电话民意调查,结果表明,全美抽样的人群中,完全支持卡利的比例高达79%。正如卡利在法庭上为自己开脱时所说的,他仅仅是服从上级军官的命令,自己对事件没有责任。大多数公众显然也认为,一个军官服从上级命令不应受到惩罚,即便是屠杀无辜,也是在履行自己的合法权力。

三、影响服从的因素

米尔格莱姆权威—服从实验的结果与人们最初估计的结果大相径庭,远远超出人们的预想,因而引起了社会心理学界和社会的高度关注,后来很多研究者也做过一系列的研究,认为产生服从行为的条件可能有以下几点。

(一) 命令者的权威性

一个人的权威由其权力、地位、专业知识技能、经验和能力等因素构成。一般来说,具有权威的人,其命令容易被他人接受,并做出服从行为。在米尔格莱姆关于服从行为的进一步实验中发现,研究主持者不同的权威性会直接影响被试的服从。如果告诉被试发出命令的是耶鲁大学的教授,那么被试绝对服从并一直将电击电压加到最大值的比例为65%,而如果告诉被试研究发起者是一家公司时,那么被试绝对服从的比例明显降到了48%。这个结果说明,命令发出者的权威性对于个体是否会服从有着明显的影响。

(二) 他人支持

米尔格莱姆在原有实验的基础上进行改变,让3名被试(其中有两名是假被试,都是实验助手)在一起进行这个实验,其中依次安排两个假被试在不同电压的时候拒绝服从继续增加电压施加电击,在150伏时第一名假被试拒绝服从,并且坐在旁边观看其他人,当电压达到210伏时第二名假被试也拒绝进行。实验结果表明,他人支持高度降低了权威者的命令效力,大大提高了被试的反抗程度。当有别人的反抗支持时,90%的被试都变得对抗实验者,拒绝服从。有些被试在假被试一退出马上也拒绝继续,另一些被试则延迟一会儿再做出拒绝反应。

社会支持显著增加了人们对权威的反抗和拒绝。和最初的实验比较,一种是单独环境下的操作,一种是和他人一起的操作。和他人一起的时候,他人的拒绝服从行为成为榜样力量,高度支持了人们的反抗权威意识,因此服从的比例大大降低。

(三) 行为后果反馈

米尔格莱姆的研究还进行了另一个变式,即用不同方式来提供行为后果的反馈。结果发现,不同的反馈形式,同样会显著影响服从行为产生的比例。

在变式实验(Milgram,1974,参见金盛华等,1995)中,实验者比较了4种反馈情境对于被试服从行为的不同影响。

(1) 间接反馈。在这种情况下,真被试听不到,也看不到充当学生的假被试的痛苦状态,只能听到有撞墙的声音(录音)。

(2) 声音反馈。这是通过事先准备好的标准录音播放来提供的,录音设定好在不同电压强度的情况下,假被试在被电击时有不同的喊叫,抱怨,愤慨和挣扎。到120伏时,录音出现"啊!真疼";到150伏时,反应是"啊! 实验员! 够了。我要出去";到330伏时,录音内容变为"让我离开! 我要走! 我的心脏难受";最后变为歇斯底里式的重复,"我要离开! 让我走"。

(3) 身体接近。通过假被试在被电击时进行非常逼真的表演,显示各种痛苦表现和声音反馈,这时假被试和真被试保持一定的距离,大概40厘米左右。

(4) 身体接触。这种情境和身体接近的情况较为接近,但真被试会将假被试的手压在电击台上,实施电击(见图15-5)。

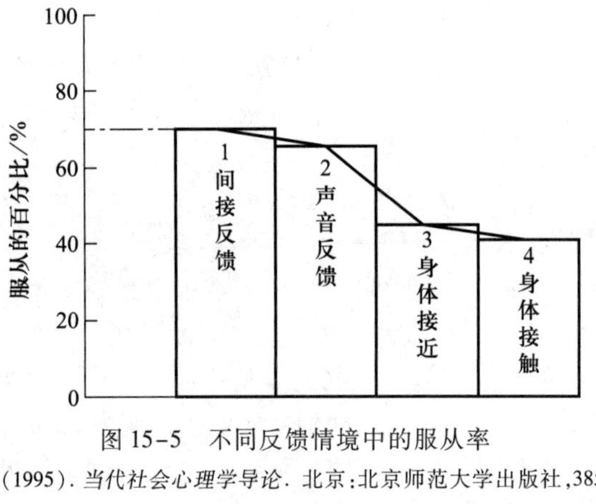

图15-5 不同反馈情境中的服从率

来源:转引自金盛华,张杰.(1995).*当代社会心理学导论*.北京:北京师范大学出版社,385.

从图15-5的结果可以看到,行为后果的反馈越直接、越充分,人们服从权威,做出伤害别人行动的可能性就越小。相反,被试对自己行为的后果了解越少,服从权威而对别人施加伤害性电击的可能性也越大。社会心理学家分析,这一发现有着令人不安的现实意义。现代武器技术已经发展到控制武器发射的人可以丝毫不接触受害者。这就存在着一种危险,即武器系统操作人员对自己工作的危险性认识越来越模糊,就好像他们的工作对象就是武器本身,而不是可能造成千百万人丧生,甚至可以毁灭整个城市的现代恐怖工具。在之前美国发动的战争中,海、空军士兵依赖高科技所进行的战争打击更像上班各司其职,发射完炸弹下班回营。执行打击的士兵根本不接触战争后果。这种缺乏战争直接后果接触的新的战争方式,无疑更增加了战争的威胁性和残酷性。

20 世纪 80 年代中期,美国描写核战争毁灭性恐怖的电影《浩劫后》(*The Day After*),放映后曾引起全球震动。核威胁实际上已经存在了几十年,但对更多的人而言并没有明确的核恐怖的概念。《浩劫后》一下子将核战争的后果变成可见的,使人们更直接地感到了核恐怖的存在。

(四) 执行者个人特征

执行者的道德发展水平直接同人们是否服从命令去伤害别人有关。道德水平越高,越倾向于按照自己的独立价值观行事,拒绝服从权威而去伤害别人。越战中卡利中尉指挥的上百名官兵一致地卷入了屠杀平民的活动,只有一个人没有服从命令,并且他始终保持对事件的一贯见解,还抵御社会压力,将事件公之于众,使惨案制造者终于受到制裁。毫无疑问,这名不服从者有着区别于别人的独特性。

社会心理学家扬克洛维奇(Yankelovich & Yankelovich,1980)的研究表明,70% 的大学生将"有机会运用自己的头脑"作为选择工作的首要标准,甚至比薪水更加重要。同样强调的另外一个因素是工作中有参与决策的机会。对普通蓝领工人所作的调查结果也与大学生相类似,比例仅略低于大学生。

属于不同民族和不同文化背景的人们在服从行为上表现有所不同。惠特克(Whittaker,1967)等人研究发现,非洲南部罗德西亚的一支土著民族,其民族文化竭力要求服从,对抗拒行为会有严厉惩罚,因此这个民族的被试服从行为的比例远远高于其他民族。研究发现,强调个人主义文化价值的社会中,自我取向占主要地位,因此要求个人对自己负责,忠于自己的价值取向和信仰,与强调集体主义取向文化价值的亚洲和非洲的社会相比,服从行为明显低于后者。

虽然服从权威是社会生活的一个重要方面,在维护社会秩序中起着关键作用,但社会心理学中的研究主要研究了服从的破坏性作用,大多数研究都忽视了不服从在权威关系中的作用。帕西尼等人(Pacini & Morselli,2009)发现了一种新的研究个人与权威关系的视角,即服从与不服从是平行的概念,二者都具有两面性,既可能起建设性作用,也可能产生破坏性。这种观点显然更符合实际社会生活中服从与不服从行为的社会意义的双重可能性,也是一个理解服从的更为辩证的视角。

波齐等人(Pozzi,Fattori,Bocchiaro,& Alfieri,2014)的研究发现,服从和不服从都被理解为是权威情境下的行为,其本身并不直接具有积极或消极意义。但服从主要是对法律、社会规范或实体权威的不加批判的回应,而不服从则需要是一种主动的和有意识的行动。

迄今为止,社会心理学领域对人们的服从和不服从研究还主要聚焦在服从方向之上,关于不服从行为及其积极或消极作用及其对行为者的影响等问题,尚缺少应有的关注和研究。

思考与探究

1. 举例说明从众的原因。

2. 哪些因素会影响日常生活的从众行为？
3. 举生活实例说明依从的实质内涵。
4. 试举例说明怎样运用依从诱导策略促进日常生活中的亲社会行为。
5. 米尔格莱姆的权威—服从实验的主要贡献是什么？
6. 服从的心理原因是什么？
7. 试分析服从的两面性。

第十六章　劝导与态度改变

本章要点

* 两种劝导模型
* 态度改变的睡眠者效应
* 平衡理论
* 态度改变的认知反应路径与信息加工
* 影响态度改变的因素
* 态度接种效应
* 态度改变的方法

> 在第二次世界大战初期，德国人造了几十艘潜水艇，这些潜艇需要数千名水兵。当时，许多德国青年把在潜水艇上当水兵看作一种新奇、崇高、富有浪漫色彩的职业，因此积极报名参加潜艇部队。为了干扰和破坏德国的征兵工作，英国海军情报部门针对德国青年天真脆弱、尤其害怕孤独的心理，设计了一种图文并茂的传单散发到德国，宣传当潜水艇员如何危险、寿命缩短，潜艇如“水中棺材”等。英国还通过对敌广播，告诉德国人如何假装患某种疾病可以避免当潜水员。这些宣传使得德国青年逐渐产生了一种恐惧心理。结果，德国的潜水艇员招募工作拖延了好几个月。

态度改变是在一定的社会影响下，在既有态度背景上形成新的态度的过程，其本质是个人的继续社会化。社会和周围环境的不断改变，在客观上要求作为人们行为引导系统的态度也要发生相应的变化。因此，面对社会与环境的改变，人们需要不断调整自己，形成新的态度，否则将难以成为一位合格的社会成员。

第一节　劝导与态度改变的过程

【微课】态度的实质

人们在社会生活中与他人不断发生相互作用，并不断自觉或不自觉地在他人影响下改变自己的生活。我们上课、与别人谈话、用手机看“朋友圈”、看电视广告、浏览网站新闻，无时无刻不在接受各种信息，不断受到各种影响，并调整自己对周围世界的认识与态度准备。别人通过各种方式和途径向我们提供信息的过程，实质上也就是引导我们态度改变的劝导过程。劝导是如何引起我们态度改变的呢？劝导过程中哪些因素会影响劝导效果？人们态度改变的心理机制又是怎样的呢？对于这些问题，不同的研究者通过大量的研究提出了不同的劝导与态度改变的模型。

一、霍夫兰的劝导模型

最初对劝导和态度改变的研究主要是霍夫兰和詹尼斯(Hovland & Janis,1953)在耶鲁大学进行的。这些研究主要集中于“谁向谁说了些什么信息,而后又出现了什么结果”这一问题,即传达者的哪些特点、传递信息的哪些特点以及接收者的哪些特点会对信息接收者的态度改变产生影响。基于对这些问题的大量研究,霍夫兰(Hovland,1953)等人提出了态度改变的劝导模型(见图16-1)。

影响态度改变的外部刺激主要包括劝导者、劝导信息和情境,内部因素则主要是态度主体自身的特点。它们各自不同的特点会影响劝导的效果,这些特点包括:劝导者是否有较高的可信度、是否令人喜爱、是否属于态度主体的参照群体;信息提供的论据是否强有力、是否与原有态度存在差异、是否会唤醒恐惧情绪;情境是否有预先警告出现、是否会使态度主体分心;态度主体的卷入程度如何、是否受到态度接种;等等。

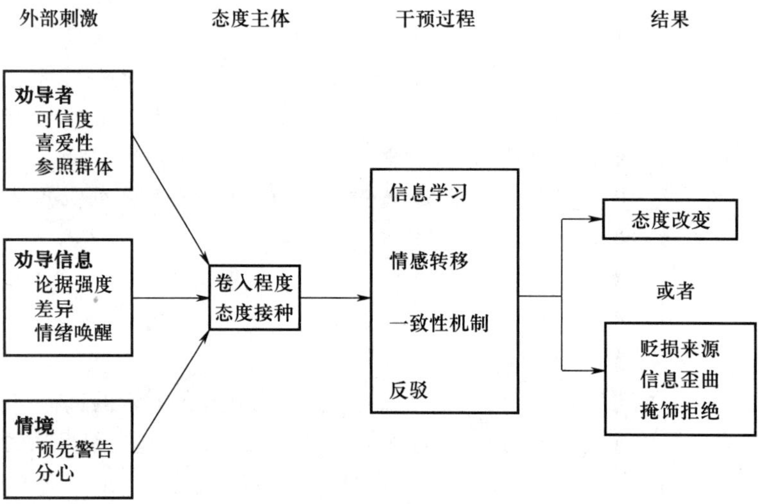

图16-1 霍夫兰劝导模型

二、佩蒂和卡乔波的精加工似然模型

传统的劝导模型描述了劝导的基本过程,说明了态度改变在何种情况下更容易发生,以及它是怎样发生的。但是,对于“人们为什么会在不同劝导信息或不同刺激下发生态度改变”这一问题,传统研究几乎不能给出任何回答(Baron,1997)。劝导的认知观点对这一问题给予了足够的重视,将研究聚焦于以下两个方面:① 当个体面对说服信息时,他在思考什么? ② 个体的这些想法和认知加工过程是否影响个体的态度改变,改变会在多大程度上发生? 在大量研究的基础上,佩蒂和卡乔波(Petty & Cacioppo,1981,1986)提出了态度改变的精加工似然模型(elaboration likelihood model,ELM)(见图16-2)。

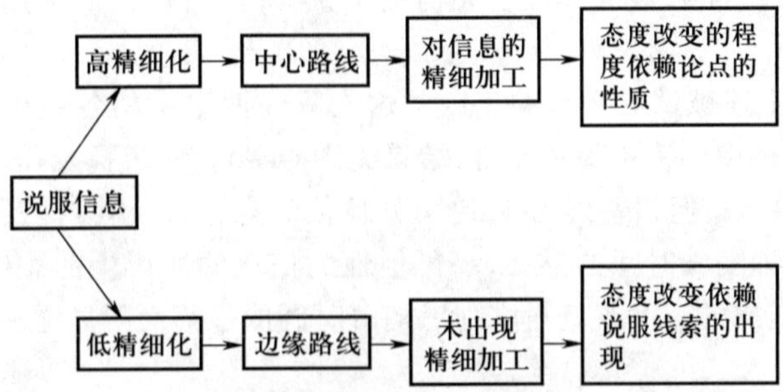

图 16-2　精加工似然模型

精加工似然模型认为，根据信息接收者对信息进行加工的动机（个人相关性）和能力（认知能力）的不同，存在着两种不同的说服路线，即中心路线和边缘路线。说服的中心路线的发生条件是接收者认为信息有趣、重要或者与个人有关，而且没有外界干扰。在这种情况下，个体会对信息进行深入、细致的认知加工，在认为信息合情合理后，才被说服并表现出态度改变。边缘路线则在接收者认为信息枯燥、与个人无关，或者存在外界干扰时发生，个体在无法对信息进行理性的思考与精细加工情况下，直接接受说服线索而发生态度改变（两种路线的具体区别见表 16-1）。大量研究证明了两种加工方式的存在，后续论述中将涉及有关研究。

表 16-1　态度改变的两种路线比较

路线	路线特点	态度改变过程中的影响因素	态度改变的效果
边缘路线	接收者依据外部线索而不是通过积极思考信息本身的内容	说服者的特征（如可信性和吸引力）；信息表面特征；说服的次数	态度改变微弱而短暂，根据态度较难推测个体行为
中心路线	接收者对信息内容反应积极并进行认知加工	信息接收者的认知反应；信息接收者的逻辑判断；说服的质量	态度改变相对强烈，较持久，可由态度预测个体行为

三、态度改变的睡眠者效应

为了促使他人的态度发生改变，说服者往往需要增加劝导的说服力，而说服者本身的可信性是影响劝导说服力的一个重要因素。如前所述，我们已经知道了高可信性个体的劝导效果要明显优于低可信性个体的劝导效果。那么这种效果是否会随着时间的推移而发生变化呢？是否低可信性的说服者的劝导努力都是白费的？

凯尔曼和霍夫兰（Kelman & Hovland，1953，参见金盛华等，1995）通过严格的实验对该问题进行了研究。首先，研究者向两组中学生被试提供了一篇《司法制度应从宽处理少年违法者》的文章，告知甲组被试此文的作者是一位知识渊博、公正无私和值得信赖的人（即高可信性者），而告知乙组被试此文作者是一位无知、有偏见和不负责任的人（即低可信性者）。此后让被试在一份有参照点的表上确定自己对文章观点的相信程度。结果发现，甲组被试的平均分为 50，乙组被试的平均分为46,两组相差为4,这也验证了先前的结论,即高可信性的传达者的说服效果要优于低可信性的传达者。

3周后,再次询问上述被试对文章的态度。这次只在两组中的各一半的被试中重提作者的可信性,而在另一半被试中则不再提及作者,结果见图16-3。两组提及作者的被试,其相信程度都有所下降(48.8∶44.8),但相差仍为4,说明分歧依然存在;而不再提及作者的两组被试的赞同程度几乎没有差别,即随着时间的推移,高可信性的信息源所产生的态度改变量逐渐减少,而由低可信性的信息源造成的态度改变量实际上随着时间的推移而明显增加。

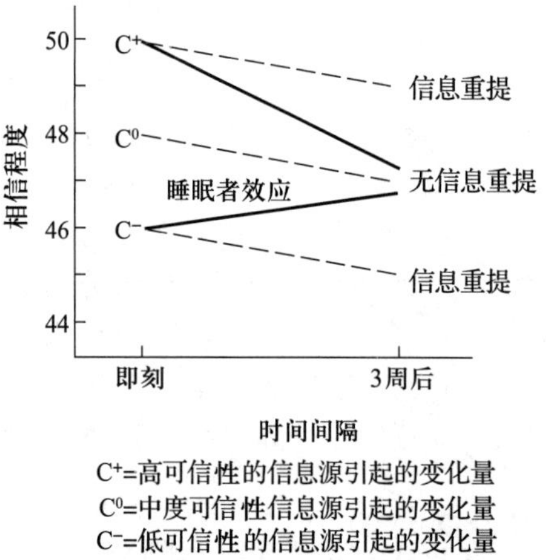

图16-3 信息源可信性的时间效应

来源:改编自金盛华,张杰.(1995).*当代社会心理学导论*.北京:北京师范大学出版社,220.

这种由低可信性传递者造成的态度的改变量随着时间的推移而明显增加的效应被称为睡眠者效应(sleeper effect)。它显示信息源的低可信性阻碍了人们恰当地估计信息内容,从而产生了暂时性拒绝改变。但随着时间的推移,人们逐渐忘记了信息源低可信性的提示,阻碍消失,人们更关注信息本身,从而使态度产生定向改变。

凯尔曼和霍夫兰的实验研究证明了态度改变的一个重要的基本过程和规则,即从长远眼光看,没有任何态度改变的努力是无效的。任何来源的沟通信息,最终都将对人们产生一定的态度改变效果。只要环境提供了与人们既有态度不同的信息,那么人们终将为这些信息所影响。这意味着我们需要从社会生态学的观点来看待人们日常生活中所发生的态度变化。人们通过观察学习获得的认知观念,最终将通过认知平衡等复杂的内部机制影响人们的态度。

事实上,在日常生活中,人们所接受的各种信息中多数是从周围普通人那里获得的,而且受到了这些信息的影响。比如,我们在坐公共汽车时听到别人议论某地物价如何高得惊人或低得令人向往、某国如何发达或如何落后,我们也会有跟随性的相关观念产生,尽管这些信息来自普通民众。这意味着人必定受其环境的影响。当环境发生变化时,生活在其中的人或早或晚将发生相应的变化。

生活在信息化、数字化时代的人们,实际上,时刻都会受到环境信息的影响。面对几乎无法摆脱的信息包围,人们有时需要提醒自己保持判断的理性,以免被一些误导性的信息影响。

第二节　有关态度改变与说服的理论

一、态度分阶段变化理论

凯尔曼(Kelman,1958)通过分析典型的态度变化例证,提出态度变化是分 3 个阶段实现的,这 3 个阶段为依从、认同和内化。

(一) 依从

依从(compliance)是指人们由于外在压力,为了达到一个更重要的目标而改变自己的态度反应或表面行为。这是一种权宜的态度改变,其目的是在表面上显示出与他人的一致。因而依从阶段的态度变化,实质为一种印象控制策略。依从阶段是态度变化的第一阶段,也是最为表面的态度改变。例如,一个群体的成员为了保持与群体的一致性,防止成为群体的异己而被群体拒绝或制裁,就常常需要依从群体中大多数人持有的态度。

【微课】
态度改变与说服的理论

需要指出的是,由于人们在心理上具有保持认知一致性的需要,因而长期的依从将可能导致整个态度结构的真正改变。

(二) 认同

认同(identification)是指个人在情感上存在与别人或群体的密切联系,从而接受某些观念、态度或行为方式。例如,当一个人被置于一个特定的社会位置,获得新的社会角色时,他的自我认同自然地需要与新的社会身份和社会角色相一致,此时他就需要采纳新的态度。一个新加入伙伴群体的学生,对同伴中的行为方式会产生认同,从而使已有态度发生改变。比如,伙伴们都吸烟或有追星的热情,则新加入的成员会感到作为群体的一员,应该保持与群体的一致,从而也接受吸烟行为或加入追逐明星的行列。

认同阶段的态度变化与依从阶段的根本区别在于:第一,认同阶段的态度变化是自愿的,而不是被迫的;第二,认同阶段的态度变化已不是简单的表面态度的变化,而是已有情感因素的改变,并开始涉及态度的认知因素。长期的认同会导致整个态度的根本转变。

(三) 内化

内化(internalization)是指个人获得新的自觉的认知信念,并以这种信念评判自己的价值时所发生的完全的态度改变,是一种新价值观的获得,是态度改变中最深刻的层次。新建立的内化阶段的态度,会成为个人整个态度与价值体系的一个构成部分。因此,内化了的态度已成为个人自己的态度,它与依从阶段和认同阶段的态度的最大区别,就是不再依赖外在压力及个人与其他人的关系,它已成为一种独立的态度。因而无论是从态度改变,还是从新态度的形成来讲,内化的态度都是最为坚定的态度。我们在前一章中提到,进入大学后,长期的共同生活使大学生个人的价值观朝群体偏移,因而其态度越来越与大学生角色相一致,而越来越远离原来的家庭。大学生在大学生涯中新的价值观的建立,就是内化的态度改变。前一章提到的文化对人长期影响所形成的态度,也是内化的态度。

二、平衡理论

平衡理论(balance theory)是社会心理学家海德(Heider,1946,1958)提出的,现常引用他在1958 年所著的《人际关系心理学》一书中阐明的观点。

平衡理论的基本观点与认知失调理论很相近。海德认为,相互联系的事物组成了一个单元或系统。如果单元内各个方面的动力特征都是相同的,则它处于平衡状态,不存在引发变化的压力。如果单元内各成分不能协同存在,则单元处于不平衡状态。状态不平衡的单元内会存在压力,使认知组织发生变化,以实现平衡状态。

海德提出了一个著名的 P-O-X 模型来以最简单的形式体现平衡理论的基本原则。模型中的 P 代表认知主体,O 为与 P 发生联系的另一个人,X 为与 P 和 O 发生联系的另一个任意对象。以 P 为主体的 P-O-X 模型的关系状态见图 16-4。

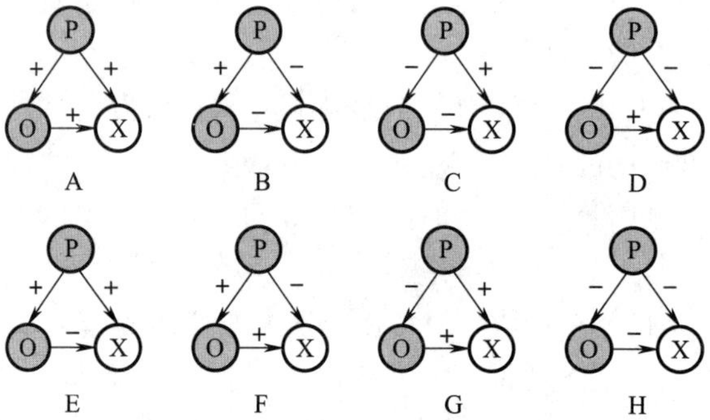

图 16-4　各种平衡和不平衡状态

根据海德的观点,图 16-4 中的箭头表示了主体 P 对 O、X 的态度(即主体心向)以及客体 O 对 X 的态度。态度是有肯定与否定之分的,模型中的正负号则代表了这一性质。在模型 A 与模型 B 中,P 对 O 是肯定的态度,而且 P 与 O 对另一个共同的对象 X 的态度也是一致的,因而系统是平衡的。在模型 C 与模型 D 中,P 对 O 是否定的,并且 P 与 O 对另一个共同的对象 X 的态度也是不一致的,因此系统仍然是平衡的。在模型 E 与模型 F 中,P 对 O 是肯定的,但二者对另一个共同的对象 X 的态度却是不一致的,因而系统是不平衡的。在模型 G 与模型 H 中,P 对 O 是否定的,但二者对另一个共同的对象 X 的态度却是一致的,因此系统也是不平衡的。

概括上述 8 种模型可以得出,当模型中的符号均为正或者为两负一正时,即当模型中的 3 个符号相乘为正时,系统是处于平衡状态的;当模型中的符号均为负或者为两正一负时,即当模型中的 3 个符号相乘为负时,系统是处于不平衡状态的。

根据海德本人以及后来社会心理学家纽科姆(Newcomb,1968)等人的研究,单元或系统的不平衡状态向平衡状态运动时,遵循费力最小原则,即以尽可能少地付出人际情感联系的代价来实现平衡。另外的研究表明,人际联系处于肯定情况下的平衡状态要比人际联系处于否定状态下的平衡状态更令人愉快,而人际联系肯定情况下的不平衡状态的压力,也要大于人际联系否定时的压力。因此,P-O-X 模型中的 P-O 之间的关系是最为重要的关系。由于这个原因,P-O 联系性质是肯定或否定下的平衡与不平衡是有区别的。P-O 联系为正时的平衡为强平衡,不平衡为强不平衡。而 P-O 联系为负时的平衡为弱平衡,不平衡亦为弱不平衡。因此,前文中模型 A 与模型 B 为强平衡型,模型 C 与模型 D 为弱平衡型;相应地,模型 E 与模型 F 为强不平衡型,模型 G 与模型 H 为弱不平衡型。

平衡理论突破了传统的格式塔心理学只是从主体与客体关系上考察个人认知的局限性,而将人际关系引入认知研究领域,并用简单的概念与图解揭示了个人态度变化的过程,指明了其他人对于主体态度变化的作用,在理论上有很重要的启发作用。但是该理论没有阐明单元与主体认知系统的关系,以及主体对客体的心向关系和客体之间的单元关系有怎样性质。由于在这一方面缺乏应有的分析,所以平衡理论也晦涩难懂。

三、自我知觉理论和自我确认理论

(一)自我知觉理论

我们曾在第八章自我概念的讨论中介绍过自我知觉理论,该理论也可以用来解释人们态度的改变。按照自我知觉理论的观点,人们往往通过观察自己的行为及其出现的情境来推断自己的态度(Bem,1965)。例如,你从几种饮料中取出可乐来喝,有人问你是否喜欢可乐。你就会思考:“我只选择了可乐,而且没有人强迫我,那我肯定是比较喜欢可乐的。”因此,你会告诉他你很喜欢可乐。这个例子说明,认知失调理论用减少心理紧张或使自己的行为合理化来解释态度改变可能是有局限的,人可以通过观察自己的行为来对态度进行冷静、理性的加工。

为了验证该理论,贝姆(Bem)向观察者描述了费斯廷格和卡尔史密斯(Festinger & Carlsmith,1959)验证认知失调理论的经典研究,让观察者猜测参与者的态度。正如贝姆所假设的,被试倾向于根据自己的行为来推测自己的态度。

态度改变究竟是由自我知觉还是由认知失调引起的呢?有研究者认为(Fazio et al.,1977),两种理论都是正确的,但解释的情境不同。当个体的行为与其已有态度高度不一致时,个体会体验到不协调的紧张感,态度的改变遵循认知失调原理;而当个体的行为与已有态度的不一致性较低时,个体会通过行为推断形成态度,符合自我知觉理论。

(二)自我确认理论

自我确认理论(self-affirmation theory)是斯蒂尔(Steele,1981,参见 Worchel,2000)从自我认同的角度提出的。他认为人们并不总是特别在意认知的一致性,而是很在意维持他们的自我价值。在不协调状态下,与态度不一致的行为会威胁人们将自己看成理性的或者诚实的观点,于是他们通过改变自己的态度以和自己的行为相一致的方式来证明其自我价值。但是,不协调感的降低也可以通过任何可以证明其价值的方式来实现。于是斯蒂尔假设:如果在不协调情境下,人们能够通过其他的方式来证明自我的价值,那么即便是做出了与态度不一致的行为,也不会发生态度改变。在一项研究中(Steel,1981),研究者要求被试写一篇文章反对为帮助残疾者而成立基金会。在写这篇文章之前,研究者告诉一些被试他们一会儿将被要求去帮助一位失明学生,而其他被试则没有给予这种期待信息。当被试写完文章后,研究者对他们的态度进行测量,结果发现态度改变只是发生在没有给予期待去帮助失明学生的被试身上。可以看出,期待去帮助失明学生的被试并没有被与他们态度不一致的行为困扰,因为他们知道他们的自我价值很快会被再次肯定。

四、认知反应路径与信息加工

（一）认知反应路径

认知反应路径(cognitive response approach)的基本假设可以概括为以下几个方面(Bohner & Wanke,2002)。① 接收者主动地将说服信息与他已有的相关知识与态度联系起来,这样就产生了新的看法,即认知反应。② 态度改变是以这些认知反应为中介的。③ 态度改变的程度和方向是由与信息的内容和立场相关的认知反应的效价决定的,认知反应分为积极支持、负性反对和中立 3 种。④ 某一信息激起的积极支持的反应比例越大,负性反对的反应比例越小,态度朝着信息的方向的改变就越大。

为了测量认知反应在说服中的中介作用假设,研究者引入了一种新的方法——想法罗列技术(thought-listing technique)。要求被试在给定的时间(如 3 分钟)内罗列出他在读或听一条说服信息时头脑中出现的所有想法,然后从这些罗列的想法中,对支持反应和反对反应的数量进行统计。支持反应的数量反映着态度改变的结果(因为支持反应有利于说服),而反对反应的数量显示态度不会改变(因为反对反应阻止了说服)。

（二） 双加工模型

认知反应路径强调了说服中个体主动、努力的加工过程,但是有些时候非努力的加工也会产生个体态度的改变。双加工模型(dual-mode processing models)就是从努力与非努力认知加工两条路线出发研究说服的。它主要包括佩蒂和卡乔波(Petty & Cacioppo 1981,1986)的精加工似然模型与柴肯(Chaiken,1980,1987)的启发—系统模型(heuristic-systematic model,HSM)。精加工似然模型已在本章第一节中论述,这里主要介绍启发—系统模型。

1. 两种加工方式

启发—系统模型根据个体在加工中付出努力的多少,将加工方式分为非努力的启发加工和努力的系统加工。系统加工反映了对信息的全面、仔细、深思熟虑的分析与加工,它需要较高的认知能力和动机水平才能进行。启发加工则是在认知启发策略——仅仅凭经验的方法——而非仔细分析相关信息的基础上做出的判断。启发的条件是可得性和可用性,即有关知识曾通过学习等方式已经储存于记忆之中(可得性),必须在一个特定情境下可以利用(可用性)(Zuckerman & Chaiken,1998)。认知启发策略通过提供假定或规则,加快人们的决策,以简化对外部世界的反应。认知启发策略经常是精确而有效的捷径,但是它们也会误导人们做出错误判断。在说服的领域,常见的误导启发包括“多数人赞成的观点是正确的”以及“专家说的总是对的”等。

2. 信息加工的充分原则

启发—系统模型认为,人们在加工信息时是一个“认知的吝啬鬼”(Taylor,1981)。在一般的情况下,人们总是尽可能以最小的努力来获得认知判断的最大把握。柴肯(Chaiken,1994)和他的合作者通过一系列的研究,提出了与态度改变有关的信息加工的充分原则。

充分原则是指人们在做出态度改变时总是尽可能地获得充分的把握。充分性是由充分阈值(sufficiency threshold)和实际信心(actual confidence)决定的。充分阈值是指个体希望具有的把握水平。启发—系统模型认为,只要实际信心低于充分阈值,个体就会被驱动去加工信息,而且两者的差距越大,越可能进行系统加工;差距越小,越可能只进行启发加工。

充分阈值和实际信心是随着个体和情境而发生改变的。它们的关系也会受到信息对个体的相关性影响(Hazlewood & Chaiken,1990)。如果某一说服信息与个体相关性很低,个体的充分阈值和实际信心都很低,那么此时个体几乎没有付出加工努力的愿望。如果该信息与个体的相关性提高,充分阈值也会提高,那么个体会被驱动进行努力加工,减少充分阈值与实际信心的差距。而当充分阈值和实际信心同样高时,个体进行加工努力的愿望也会变得很低。

研究发现,充分阈值与实际信心的差距只是促使个体投入更大努力进行加工的外部因素,如果个体认为他们没有能力去减小这种差距的话,也不会投入更大的努力进行加工。

3. 信息加工动机

启发—系统模型认为,个体总是使用各种动机来指导其信息加工,这些动机包括精确性、防御性和表现性动机。精确性动机驱动个体去坚持有效反映真实和客观现实的态度,防御性动机驱动个体保护其重要的价值和自我信念,表现性动机则驱使个体为了给他人留下好的印象或者与他人友好相处而认同他人的态度。

需要注意的是,精确性动机驱动的加工对接收的信息是相对开放的,而防御性动机驱动和表现性动机驱动则倾向于对信息进行有选择和有偏差的加工。如个体被驱动去保护他的核心价值或与他人的和谐关系,那么他就会有选择地忽视任何可能对其核心价值或人际关系造成挑战的信息,而选择那些能够证明自己核心价值与人际关系的启动线索。使用何种动机与加工方式,部分是由个体当时的满意水平以及对态度的信心决定的(Bohner,1995,参见 Bohner,2002)。

(三) 联结—命题评价模型

加夫龙斯基(Gawronski et al.,2006)提出了联结—命题评价模型(associative-propositional evaluation model,APE),认为内隐态度改变和外显态度改变是两种不同的心理过程。

1. 联结加工和命题加工

联结加工是内隐态度的潜在心理机制。联结评价(associative evaluations)的典型特征,是个体受到相关刺激会自动激活特定联结,并引起自动情感反应。这种激活不需要很多认知能量,并且联结评价独立于真实价值观(truth value),即不管个人认为这一评价是对还是错,这一过程都会被自动激活。

联结加工的另一个重要概念是模型激活(pattern activation),是指由先前存在的联结结构和特定外部刺激之间的关联对特定联结的激活。例如,由刺激物“篮球”和“体育”激活的联结模式可能包含“弹跳”概念,不会包含“漂浮”概念,但由刺激物“篮球”和“水”激活的联结模式,就可能含有“漂浮”而不是“弹跳”概念。

命题加工是外显态度的潜在心理机制,它以基于演绎推理的评价判断为特征。思维系统将联结记忆中输入的信息转换成命题(如把一种消极的情感反应转换为命题“我不喜欢……”),然后通过演绎推理来评价命题的有效性。评价命题的有效性则受其与相关命题一致性的影响。与联结加工不依赖于真实价值观不同,命题推理的加工过程往往与价值观和信念的确认有关。

2. 内隐态度和外显态度的改变

联结—命题评价模型认为,导致内隐态度改变的原因有两种:一是联结结构的改变,二是激活模式的改变。

评价性条件作用(evaluative conditioning,EC)会影响到联结结构。评价性条件作用引起的喜欢(积极)或厌恶(消极)的刺激可以转移到原先中性的刺激上。研究证明,中性态度对象与积极或消极刺激反复地成对呈现给个体,可以引导个体的内隐态度发生改变,使个体对与积极刺激伴随出现的对象给予较为积极的内隐评价,而对与消极刺激相伴出现的对象给予较为消极的内隐评价。

模式激活的改变是联结评价改变的又一原因。联结—命题评价模型认为,当个体评价熟悉的对象时,情境线索就可以决定记忆中的哪个联结模式将被激活,因为个体对熟悉的对象形成了多方面的联结结构,因此情境线索的改变会激活不同联结模式,使个体发生内隐态度的改变。

根据联结—命题评价模型,外显态度改变的原因在于3个方面。① 个体倾向于依据自动情感反应带来的命题进行评价,因而联结评价本身的改变可能会导致外显态度的相应变化。② 相关命题的变化会影响个体的评价判断,因为个体在进行评价判断时会考虑相关的命题。③ 个体在演绎推理时遇到命题之间不一致时,会通过一定的协调策略来达成一致,协调和策略的选择不同,也是导致外显态度改变的原因之一。

联结—命题评价模型认为,外显态度和内隐态度的改变是相互影响和相互作用的过程,外在的影响因素可以单方面影响联结评价或者命题推理,也可以同时对二者都发生影响,联结加工和命题加工之间可能会产生相互的作用。因此,外显态度改变与内隐态度改变会相互影响,并且二者存在不同的作用模式。

除以上讨论的理论外,我们在第二章介绍社会心理学的理论时还详细介绍了认知失调理论。认知失调理论从认知失调的角度解释了人们做出态度与行为改变的原因,是一个在态度改变方面应用最为广泛和影响最大的理论之一,有关认知失调理论的介绍可参见第二章的论述。

第三节　影响态度改变的因素

一、态度系统的自身特性

态度系统本身所具有的特性是影响态度改变的核心条件之一。总结有关态度改变的相关研究后发现,态度系统自身对于态度改变的影响主要在于以下几个方面。

(一) 态度强度

研究表明,一种态度的强度越大,意味着该态度的支持力量越多、越充分。态度的强度通常与认知的支持有着直接的联系。一般,态度强度越大,支持的理由越充分可靠,改变起来也就越困难。中华民族追求祖国统一的愿望和强烈态度,不仅通过政府的意志被反复强调和重申,而且是诸多国际关系的首要前提。中华人民共和国成立70周年所引发的全国范围内高唱《我和我的祖国》的热情,充分说明我国民众爱国态度的强度。

(二) 态度向中度

我们在第五章讨论态度形成时提到,向中度是态度的核心特征之一。向中度决定着态度本身与个人核心价值观的联系,也决定着有关态度对于个人的意义。态度的向中度越高,其对于个人的意义就越重要,相应的认知与情感支持也越多,改变起来就越困难。这种态度更决定于个人自身的价值观,而情境的相对影响作用很小。董婉月(1986)关于高自我卷入的价值观难以在从众情境压力下改变的实验,很好地证明了这一结论的科学性。在中西文化交融的过程中我们也很容易发现,许多涉及日常生活和社会运作表层的价值观改变起来非常迅速。在衣着打扮、生活方式上,我们已经接受了很多外来文化的影响,麦当劳、肯德基、必胜客和美国大片,都已经成为我们日常生活的内容,但这些方面涉及的只是表面的价值观;而西方人在社会制度、伦理、教育等方面的许多价值观,却很难代替我们既有的态度结构。五四运动开始推行的发源于西方的民主与科学精神,真正融入我们的深层价值结构,显然是需要时日的。

(三) 态度深度

不同态度的发展路线是不同的。有些态度是在非自我卷入的情况下,首先通过认知途径形成起来的,如对于奥运场馆的"鸟巢"设计的认识和接受;另一些态度则是在高度自我卷入的情况下形成的,如对于曾经给我们施加痛苦的日本侵略者的看法。后者因为与个人强烈的情绪体验相联系,因而态度的深度特征更为突出。这种态度在改变过程中常常引发"理通情不达"或相反的"情通理不达"的效应。饱经战火硝烟、出生入死的军人,尽管也能够理解为了避免进一步的战事,敌我双方应当走向和平,可就是难以接受曾经杀害了无数战友的敌人成为座上客,这种情况下就会出现典型的理通情不达的效应。亲人违法犯罪后徇私舞弊、明知故犯的例子,则为典型的情通理不达的例证。有强烈情绪背景的态度,会存在非常强烈的、自发的态度改变抗拒反应,使人有意无意地拒绝改变自己已有的态度。

约翰逊和伊格利(Johnson & Eagly,1989)认为,卷入是一种动机状态,卷入度越深,态度改变越难。佩蒂和卡乔波(Petty & Cacioppo,1984)运用实验很好地证明了态度对象的自我卷入深度会影响态度改变,自我卷入越深,态度改变越困难。研究者给学生提供了一条信息:他们所在大学的高年级学生要想毕业就必须通过一门专业综合考试。研究者告知一部分被试,这种综合考试可能很快被他们的学校采纳(暗示结果可能会影响到他们自身),由此形成高卷入组;而告知其他的被试,这种考试要10年左右才会被学校考虑(低卷入组)。两种被试对举行专业综合考试的态度出现了明显不同,高卷入组被试比低卷入组被试的态度更为否定,他们不喜欢新的学习负担的到来。

二、态度主体特性

态度主体在态度改变中具有重要的作用,因为一切态度的变化都是在态度主体身上发生的。一切旨在劝导人们发生态度改变的沟通努力,也必须为态度主体所接受才可能发生作用。作为沟通信息的接受者,态度主体不是被动的,而是具有主动性的活生生的人,他们既有的信念、价值观、个性特点和智力状况,以及他们所扮演的社会角色等都会对其态度改变过程发生影响。具体而言,影响态度改变的态度主体的特性主要有以下几个方面。

(一) 个体差异

1. 年龄与性别

年龄是影响态度改变的重要的因素之一。大量的研究表明,年长者的态度比年轻者的态度更为稳定,更不易受外界事物的影响(Alwin et al.,1991;Ceci & Bruck,1993)。此外,在人生的各个年龄阶段中,处于青春期晚期和成年早期阶段的个体的易感性最强,其态度也最容易发生变化(Krosnick,1989)。

以往的研究认为,女人比男人对外界的影响更敏感,更易被说服。但有一些研究却发现:从整体来说,男人和女人在态度说服上的差异很小,且他们之间的差异与各自的专业分工有关。如在西方,男性一般从事的是政治与财务等工作,而女性则更多从事的是抚养和家务工作,当涉及政治与财务等信息时,因为女性对这方面相对比较陌生,所以往往比男性更易被说服,而对于家务与抚养孩子相关的信息,男性比女性更易被说服。

2. 智力

智力一直被认为是影响态度改变的因素之一。通常人们认为智力水平高的人比智力水平低的人更难以被说服,但迄今为止的实验均未能证明智力与说服程度之间的这种关系。原因是:一方面,智力提升了理解能力,因为理解了事实而可能会改变态度;另一方面,智力提高了抵制改变的能力(McGuire,1968;Eagly &Warren,1976)。如 10 岁的孩子和博学的经济学家一起听有关反对增收个人所得税的宣传,儿童可能因年轻幼稚容易受人影响,虽可能明白其要点,但是他的学识有限而无法反驳,只得被说服;而博学的经济学家则会因为立场的不同而引用很多的事实根据反驳宣传,因而不易被说服。不过,研究也发现,高智力的人与低智力的人在态度改变上的差异主要表现在动力特征上,即高智力的人易于接受一些复杂的和新的观点,了解各种观点及其逻辑根据,主动改变态度,并且改变后的态度也较为稳定;而低智力的人的态度变化往往是被动的,他们难于理解一些复杂的观点,而易于接受非一致、非逻辑的观点影响,易于接受群体压力,同时变化后的态度也较不稳定。

3. 人格特征

国内外的社会心理学研究表明:态度主体的很多人格特征都会影响劝导效果,如自尊、权威主义或教条主义等。

自尊不仅会影响人们接收信息的倾向,同时还会影响人们如何理解信息。在简单情境中,低自尊的人易于被说服,而当情境变得越来越复杂时,低自尊的人会在全面理解信息中出现困难,因而对说服的接受性也相应降低。

权威主义或教条主义对劝导效果的影响吸引了大量研究的关注。权威主义或教条主义指的是倾向于思想封闭、偏执、对权威的恭敬、不受任何理想或政治信仰约束的个性。低教条主义的个体易于被强论点而不是弱论点说服。高教条主义的个体只有在信息传递者不是专家的情况下才会被强论点说服;当传递者是专家时,高教条主义的个体会被专家的权威吸引,而不论信息论点的强弱均会被说服(DeBono & Klein,1993)。

4. 认知需要

认知需要(need for cognition)是个体参与认知活动的愿望。高认知需要的个体更喜欢探究难懂的问题,对情境和主题进行深度加工,而低认知需要的个体则尽可能更少地付出认知努力,除非迫于外界的压力。认知需要对态度改变的影响已经得到研究的验证(Cacioppo & Petty,1982,1983,1984;Axsom,Yates,& Chaiken,1987;Chaiken,1987)。高认知需要的个体更经常使用中心路线或系统加工,他们对信息进行了细致的分析,更易受信息的有效性影响而发生态度改变;而低认知需要的个体更经常使用边缘路线或启发加工,更易受到信息有效性以外的干扰线索影响,如说服者的吸引力、声望、他人的看法等。

5. 自我防卫倾向

研究表明,高自我防卫的人和低自我防卫的人对于新信息的接受度是不一样的。前者倾向于维护自己的既有形象和自尊,较难接受新的信息或者易于曲解新信息,因而不易改变态度。进一步的研究表明:高自我防卫的人安全感较强,对被攻击较为敏感,思维方式上倾向于保守,态度变化也较难发生。关于自我防卫倾向的几种表现形式会在后文谈到。

6. 知识背景

个体已有的知识背景也是影响个体态度改变的重要因素之一。与那些没有相关知识背景的个体相比,具有相关知识储备的个体能够更好地对说服信息做出判断,其态度改变也较为困难。一个研究检验了这个假设。实验开始前,研究者了解到大学生被试几乎都支持环境保护,根据这些学生列出的关于环境保护的观念和相关的行为,可以将被试分为两组:环境保护知识丰富组和环境保护知识缺失组。经过一周或几周后,让两组被试同时阅读一则反对环境保护的资料,考察这份材料的影响作用。结果发现,知识缺失组被试受到材料影响而倾向于保持中立立场,而知识丰富组被试的立场则几乎毫无动摇(Wood,1982)。

(二) 好心情

詹尼斯和他的同事通过研究指出,拥有好心情的个人更易于接受他人的劝导。在一项实验中,他们让有些被试在读说服性信息的时候吃一些可口的零食(可以让心情变得很好),而另一些被试却没有。结果发现,前一组被试发生了更大的态度改变。戈恩(Gorn,1982)、米利蒙(Milliman,1986)发现,同样的效果也发生在听美妙的音乐时。另有研究发现,在宽敞、舒适的环境中也会出现同样的效果。至少有两个原因可以说明这种效果(Mackie & Worth,1991)。首先,对材料的深加工是需要努力的,而拥有好心情的人们可能为了维持他们的心情而避免进行艰难的思考。其次,好心情可能会降低精细加工信息的能力,因为它们激起了记忆中大量积极的相关资源。

(三) 承诺

承诺(commitment)是指个体对自己关于某事所持的看法已经承担了相应的义务。已经承诺的态度比没有承诺的态度更难受外部的劝导影响而改变。承诺的强度一般受制于4个条件。① 已经做出了相应的行为。如某人刚刚买了一台电脑,他会比没有买电脑以前更相信这是台很不错的电脑。② 公开化。公开表达了自己的观点是很难让个体的态度发生改变的,因为改变就意味着他公开承认自己是错的。所以当某人公开声称他反对喝酒时,他此时所做出的承诺要远远高于他将该观点埋在心里时。③ 直接体验。当个体亲身经历了某一事件时,他的态度就会变得更为稳定。④ 自由选择。当某一态度或行为是个体在没有任何压力下自由做出时,他就对该态度与行为有了更强的承诺。

(四) 态度主体与群体的关系

在第五章,我们谈到个人态度的形成同所属群体直接相关。研究表明:个人对所属群体的认同感越高,越倾向于保持自己与群体相一致的态度,被说服的可能性也越小。凯利(Kelly,1952)总结个人与群体的关系对态度改变的影响时得出了3点结论:

第一,个人对群体成员身份的重视程度影响态度改变。一个人越是重视自己的群体成员身份，就越不易接受反对群体的观点。

第二，个人在群体中的地位影响态度变化。一个人在群体中的地位越高，抗拒与群体规范不一致的劝导力量越大，态度也越不易改变。我们前面已经提到，个人在群体中的位置直接影响着其对于群体的认同。地位越高，维护群体形象、保持与群体一致的责任意识也越强。

第三，个人对群体的看法或评价影响态度改变。个人越是信赖群体，相信群体规范的合理性与价值，就越倾向于保持与群体的一致性，难于接受说服而改变态度。

三、劝导说服力

在态度改变的过程中，劝导是否有说服力，除了受到态度主体的影响外，劝导信息的特点以及传达这些信息的说服者本身的特点也会影响劝导的说服力。

（一）传达者的特点

大量的社会心理学实验研究揭示：信息的直接传播者——传达者的可信性、生理吸引力，与态度主体的相似性等都会影响到他所提供的信息的说服效果。可信性越高，生理吸引力越大，与态度主体的相似性越高，说服的效果越好。

1. 传达者的可信性

对传达者的特点研究最多的就是可信性。可信的传达者是指那些真诚地被接受，能够被人们信任的人。可信性通常包括两个方面的含义，即专长与可靠性。

专长代表拥有相关的知识与经验。阿伦森等人（Aronson，1963，参见 Penrod，1983）通过实验研究发现：有专长的传达者在说服他人的时候更为有效。研究者告诉被试他们正在参加一项有关美学评价的实验，实验任务是让被试对一篇没名气的有九段诗句的现代朦胧诗进行评价，然后看另一人对被试非常不喜欢的一段诗的评价，这个评价要好于被试的评价。实验通过操作，让一半的被试相信所看的那段评价出自著名诗人埃利奥特，而让另一半被试认为该评价仅仅出自一位不知名的女大学生。读完评价后，要求被试对诗文进行重新评价。结果与研究假设相符合，即身为专家的信息传达者引发了更多的态度改变。

可靠性表示没有隐藏私有的动机——交流者是根据他所知道的证据诚实表达他的看法的。研究发现，传达者是否可靠也会影响说服的效果。当人们认识到传达者试图影响他们而从其所倡导的观点中获利的话，人们便会怀疑传达者的可靠性，从而产生心理抗拒反应，使已有的态度较难改变。如常说的“王婆卖瓜，自卖自夸”，王婆的瓜未必就不好，但人们因为已经意识到了她的意图而怀疑她的可靠性，从而不去买她的瓜。

2. 传达者的生理吸引力

大量的实验研究结果表明：有吸引力的人对公众具有巨大的说服力。如柴肯（1983）在一项研究中，让漂亮的人和一般人去说服大学生参加一个请愿活动，结果发现，前者说服了 43% 的人，而后者说服了 32% 的人。另外，米尔斯（Mills）与阿伦森（1965）的研究发现，有吸引力的女性不仅对别人有显著的说服效果，而且在其刻意表明宣传目的时，对公众的影响更大。这种明确表明宣传目的而不会引起公众抗拒反应的现象，可能是因为人们对高吸引力的人有更高的认同。

3. 与态度主体的相似性

一般来说，传达者与态度主体的相似性越高，态度主体越易受到传达者的影响而发生态度改变。这种相似性不仅包括共同的爱好、价值观等,而且与他们的种族观点等也有一定的关系。如阿伦森(1962)等人的实验发现,同样的信息,如果是由黑人提供的,对于存在黑人偏见的人影响较小,而对于没有黑人偏见的人影响较大;如果是由白人提供的,则正好相反,即对于有黑人偏见的人影响大,而对于没有黑人偏见的人影响小。这是因为对于有黑人偏见的人,黑人是处于反对地位的,因而倾向于降低他们所提供信息的可靠性;而对于没有黑人偏见的人,种族偏见的社会背景会使他们感到更应该认同黑人的观点,而倾向于更高地肯定黑人提供的信息。

另外,有两种特殊情形会促使态度主体与不同观点的信息传达者进行比较。第一,对一个事实(可证实的信念)的看法不同,或者自己的评价或偏好与传达者不同时,人们会进行对比。在这种情况下,人们对涉及事实的前者会更有信心。第二,当我们担心自己的看法可能不妥时,也会与看法不同的人进行比较。比如,如果你是一个时装设计师,在评价你自己的设计时,不但应向与你有相同时尚感的设计师征求意见,还应向与你有不同时尚感的设计师征求意见,这样你才能获得一个更为广阔的视角(Zimbardo,2007)。

(二) 说服信息的特点

在劝导说服过程中所传递的信息的特点也会影响说服的效果。信息的这些特点主要表现在以下几个方面。

1. 信息的差异

任何态度的改变都是在说服信息与态度主体已有态度存在差异并引起心理压力的情况下发生的。社会心理学家博克纳等人(Bochner & Insko,1966)曾让一位诺贝尔奖获得者(高可信性)和一位基督教青年会咨询员(低可信性)给出关于普通人每晚需要睡觉的小时数信息。每个被试从一位传达者那里获得一种信息,如 8 小时、7 小时等。由于大多数被试最初认为 8 小时是最合适的,所以最初态度与 8 小时信息的差异为 0,而与 7 小时信息的差异为 1,依此类推。询问被试他认为每晚睡觉几个小时最合适。起初,态度的改变量随着差异的增加而增加,但是到了适中的水平后其态度改变量开始下降。另外,传达者的可信性越高,参与者发生最大态度改变量的差异水平也越高。也就是说,对于高可信性的诺贝尔奖获得者引起被试的态度最大改变量(6 小时)是提倡睡 1 小时(差异为 7)的情况下;而低可信性的基督教青年会咨询员引起被试的态度最大改变量(6.48 小时)是在提倡睡 3 小时(差异为 5)的情况下。

2. 信息唤起的恐惧情绪

在说服人们停止某一不良或不正确行为的说服信息中,通常会出现一幅或一些令人恐惧的画面或数据,希望以此使人们害怕而改变他们的已有行为与习惯。唤起恐惧情绪是否是改变态度与行为的一个有效方法呢?

在社会心理学领域里,早期的研究结果是不一致的。一些研究者通过实验研究认为恐惧唤起是有助于态度与行为改变的,而且唤起的恐惧感越强烈,态度越易改变。但另一些研究者却发现低度恐惧或者无恐惧信息的说服力要比高度恐惧的说服力更大(Janis & Feshbach,1953,参见 Worchel,2000)。麦奎尔(McGuire,1969)认为这种不一致的结果可能是因为恐惧唤起的信息具有双重性。首先,它们增加了听众接受演讲者建议的意愿,因为听众并不想处于信息所描述的那种负性结果中;其次,因为恐惧唤起的细节是对人有威胁的或令人厌恶的,它们引起了人们的防卫机制,降低了听众对该信息的关注愿望。

罗杰斯和他的同事们提出的保护动机理论(Maddux & Rogers,1983;Rogers,1983)对恐惧唤

起进行了详细的说明。罗杰斯认为,恐惧唤起能否有效地产生态度改变,取决于以下 4 个因素及其相互的作用:

第一,事件的严重性。如果观众或听众相信信息中所描述的事件很严重(如肺癌),他们将会更为积极地去避免它。

第二,事件的可能性。如果观众或听众相信该事件会发生到他们自己身上时,他们将更可能去避免它。

第三,做出改变的有效性。如果观众或听众相信通过改变他们的行为可以很大程度地减少出现该事件的概率,他们更可能去听从建议。

第四,自我效能感。如果观众或听众相信他们能很容易或有效地实施推荐的行为,他们会更乐意这么做。

罗杰斯认为,是这些认知观点而不仅仅是恐惧情绪本身决定了恐惧信息对态度和行为的影响。一些实验支持了这一理论。如罗杰斯和缪博恩(Mewborn,1976)给抽烟的学生提供了一些有关吸烟的信息,这些信息包括上述的前 3 个因素的不同状况的不同组合:第一,提供有关吸烟高度有害或低度有害的影片(在高严重状态下,增加了肺切除的镜头);第二,提供吸烟对肺癌发生的高或低可能性的短文;第三,认为戒烟会明显减少得肺癌的概率。分别向不同的学生提供 3 种信息的不同状况的不同组合,然后测量学生对戒烟的意向。结果支持了保护动机理论,即当被试认为戒烟能明显减少他们得肺癌的概率时,他们表达了很强的戒烟意向。

(三) 信息呈现方式

信息的不同呈现方式也会对观众或听众的态度改变产生作用。信息的呈现方式主要包括说服信息呈现的顺序、说服所运用的媒体、所提供的单面论据与双面论据以及信息结论的给定方式。

博松等人(Bosone,Martinez,& Kalampalikis,2015)发现,当传递健康促进信息(正面框架)时,采用正面的角色模范效果较好;当传递预防信息(负面框架)时,采用负面的角色模范效果较好,即信息呈现的框架(正向或负向)需要与信息内容(促进或预防)相一致,才会产生高说服力的效果。

信息呈现的顺序对个体的态度有着不同的影响。早期的研究发现,先前呈现的信息比后来呈现的信息有更大的影响效果,表现出明显的首因效应(Luchins,1957)。后来,研究又发现,当呈现的信息与态度的测量之间有一段时间延迟时,首因效应通常会发生作用;而当信息的呈现与态度的测量紧密相连时,最后呈现的信息影响作用更大,表现出明显的近因效应(Wilson & Miller,1968)。

从媒体的角度来看,大众传播加上面对面交谈的效果要明显好于单一的大众传播。在信息比较复杂时,书面媒介的效果较好;而在信息比较简单时,视觉效果最好,其次是听觉,书面效果最差。

单面论据是指在说服过程中,传达者只是单方面地表明对自己有利的论点。双面论据是指传达者在说服过程中既表明自己的论点和优越性,也同时指出与自己相反的论点存在的价值,并通过辩驳,强调目的所指一方。霍夫兰在第二次世界大战期间所进行的研究发现:对于普通大众,提供单面论据的信息说服效果较好;而对于受教育水平较高的对象,则同时提供正反两面论据的信息的说服效果较好。另外，当个体已有态度与传递者所提倡的观点不一致时，双面论据更有说服力；而当个体已有态度与传递者的观点一致时，单面论据的说服力更优。

关于信息结论的给定方式一般有两种：一种是只提供信息，让听众自己去获得结论；另一种是提供信息的同时给出明确的结论。霍夫兰等人的研究发现，只提供信息材料，而由听众自己作出结论，可以更好地引发态度改变；而命令式地给出结论的方式，容易引起人们的自我防卫机制，阻止态度的改变。对于较难的问题或者是接受者判断力比较低时，则提供信息时给出结论更有利于态度的改变。

另外，信息的呈现方式还受信息本身性质的制约。当论点中的信息是重要的，并且受众对其不熟悉的时候，应该强调对理性论点的理解(Rothschild,1987)。当信息的重要性比较低，熟悉性比较高，并且信息经常被重复时，动之以情会更有说服力。有证据表明，电视能传递情绪性诉求，而纸质媒体适合理性的论点。情绪性的形象需要电视提供的图像、声音和动作，而理性论点则强调对论点呈现节奏的控制。总之，电视动之以情，而纸质媒体则晓之以理。

（四）重复

对信息进行重复是否会影响说服的效果？一些早期的研究支持了对信息的重复会提高说服效果的观点。佩蒂和卡乔波却认为，重复对说服的影响与说服信息的有效性有关。他们对重复的效应进行了研究。实验者给学生一条信息：学校的高年级学生将进行一场专业领域综合考试，以此作为毕业的条件。当然，这个观点与大多数参与实验的学生所持的态度是不一致的。一部分的学生听到的信息是有关考试制度的支持性证据(如雇主们招收参加了综合考试的毕业生的比例越来越大)，而另一部分的学生则听到几乎没有说服力的信息(如综合考试来源于古希腊传统)，并且其中一部分学生只听到一次相同的信息，另一部分则听到3次相同信息。听完后，要求学生说明他们对毕业前的综合考试的态度，以及他们对测验信息的回忆。研究结果见图16-5。无说服力的信息显示了比强说服力的信息更少的态度改变，并且重复提高了强说服力的信息的说服度，降低了无说服力信息的说服度。但是，米勒(Miller,1976,参见章志光等,1996)认为，信息的重复呈现以适中为宜，如果重复超出限度，会使人们感到是对他们的智力或决断的侮辱或威胁，从而引起防御性的反抗。

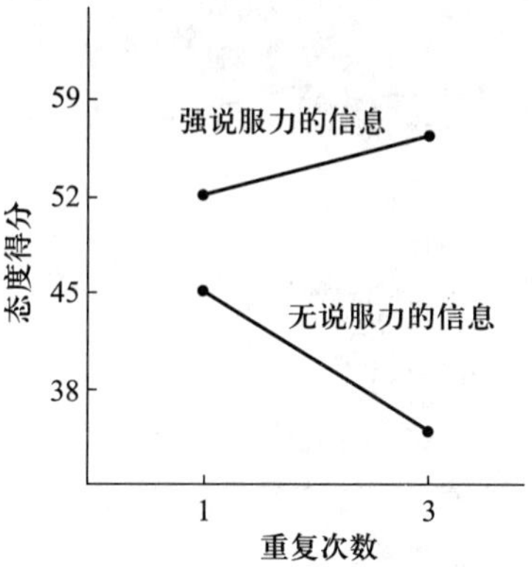

图16-5　对综合考试的态度

（五）论点的有效性

在上述有关重复的实验研究中以及下文将要提到的分心实验中，都得出了一个共同的结论，即有说服力的论点要比无说服力的论点更能产生态度的改变，而且这一结论在态度主体对该信息有更强烈的认知需要时表现得更为明显。但事实与实验结果一致吗？研究发现：人们在说服情境下对强论点的积极反应主要是因为他们被高度注意驱动，而且对这些论点进行了仔细的加工（如重复与分心实验中的参与者）。可是，在很多情况下，人们并不会很仔细、努力地加工信息，对信息的重复往往比信息的有效性更为有效（Wanke et al.，1996）。因此，论点的有效性并不总是发挥说服的效果，它的说服效果依赖人们对说服信息的卷入程度。

四、劝导情境的作用

（一）分心

从正在接收的信息中分心（distraction），从直观的角度来看，似乎会降低信息的说服力。佩蒂和他的同事们也认为，分心的确会降低强有力信息的说服力，但是对于没有说服力的信息来说，分心的效果又如何呢？在一项研究中，佩蒂等人设计了一个实验，让学生通过耳机听一个有关讨论减收学费的演讲（这是与大多数学生的观点相一致的）。其中一部分学生听到的是对该事件的一些强说服力的证据，而另一部分学生则听到的是对该事件的一些无说服力的证据。并且，学生在听到这个信息时需要完成另一项分心任务。该任务要求学生在一张纸上记下“Xs”出现在他们面前屏幕上的次数。在低分心情境下，“Xs”每隔 15s 出现一次，而在中等分心情境下，“Xs”每隔 5s 出现一次。在通过耳机听完该信息后，学生报告他们对减收学费的态度，然后写出在听信息时他们头脑中所出现的任何想法。研究结果见图 16-6。

在低分心与中等分心的情况下，强说服力的信息要比无说服力的信息更有说服力，这进一步验证了论点有效性的作用。但是，强说服力的信息在中等分心下的说服力要小于低分心状态下的说服力；而无说服力的信息在中等分心下的说服力却比低分心状态下的明显提高。这一结果表明，分心有效地干扰了对信息的优势反应，即分心降低了强说服力信息的说服度，而提高了无说服力信息的说服度。

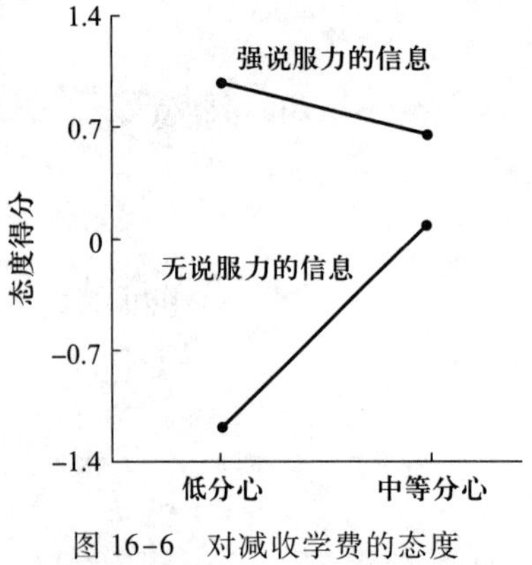

图 16-6　对减收学费的态度

（二）情境的强化作用

态度改变的情境，是由各种力量的相互影响构成的。在这些复杂力量的综合体中，某些力量会有助于人们改变态度，而另一些力量则促使人们维持已有立场。根据个体趋利避害，即对积极刺激产生肯定态度体验，而对消极刺激产生否定态度体验的基本原理，如果将说服信息与一些积极的强化刺激联系起来，那么说服信息的作用会得到提高。实验研究已经证明了这种预言的正确性。

詹尼斯的研究发现，在被试接受广告信息的时候赠以一瓶百事可乐，可以使被试更容易接受广告的劝导。虽然百事可乐本身与广告信息无关，但它激发起的快乐感（如上所述的好心情）和报答情感，却增加了被试的接受性。社会心理学家里根（Regan，1971）所做的类似研究也验证了这种“送礼效应”的存在。研究者分析，一方面，别人的惠待可以使人处于较好的精神状态，从而增加个人用积极的眼光与情绪看待一切事物的倾向，使个人对说服信息的接受性增加。在这里，惠待造成一种类似晕轮效应的作用。另一方面，在通常情况下，除非人们经过特别提醒，否则他们在评价、判断和选择事物时，不可能不受情绪和动机的影响。别人的惠待，可以有意无意地增加个体对于他人的信任，从而使个体对来自这一途径的信息的接受性增加。除此之外，惠待所激发的报答意识，也是使个体接受他人的一个重要原因。这一问题，我们将在讨论人际关系问题时详细论述。

第四节 态度的防卫与保护

态度是理性的，是与个体的价值观密切相连的。因此，当人们面对态度改变的压力时，首先的反应往往并不是直接去改变态度，而是要尽力维护个人的已有态度，拒绝受到别人的影响，这种现象就是态度改变的自我防卫。

一、态度的自我防卫及其策略

（一）自我防卫倾向

大量的社会心理学研究发现，至少有3个方面的心理倾向会使人们拒绝接受他人的影响。① 抗拒反应。即当人们感受到自己被别人操纵时，心理上会出现自发的抵抗，维持自我控制。任何明显影响别人的企图都可能引起别人的抗拒反应。② 心理惯性。人们的心理活动总是遵循着费力最小原则。因此，在人们没有感受到改变的必要性时，通常是较少改变自己。③ 保留面子。人们为了维护自己的尊严，需要保持一个不轻易受到影响的形象。除非在特定条件下，必须跟随别人才是唯一正确的选择，如学会逃命，否则，人们会感到轻易跟随别人是有损自己形象的。

【微课】态度的防卫与保护

（二）态度改变的自我防卫策略

研究者对长期有关态度问题的研究进行总结后发现，人们经常运用的自我防卫策略主要有以下几种。

1. 笼统拒绝

当接收的信息表明了一种与个人已有态度不相一致的观念时,最为简单的解决方式就是笼统拒绝所接收到的信息。笼统拒绝不是逻辑、理性地去提供证据反对或者攻击新的观点,而只是表现不相信、不信服。因此面对不一致信息,采取这种策略的个体可能没有明显的理由去拒绝新的信息,也不需要提供任何反对的证据,只需一句“我不相信”就可以维持已有的态度,阻止其改变。

2. 贬损信息来源

当个体面对接收信息与已有态度不一致的压力时,也可以通过某种方式来断定信息的来源不可信或者具有消极性质,以此缓解压力。从平衡理论可以看到,当一个人对另一个人不接受时,他更不会接受这个人的观念,这样才有利于系统保持平衡。

贬损信息来源的方法在日常生活中很普遍,在政治生活、日常的非正式辩论、法庭审判及敌对行动中都可以看到。辩护律师在证人的证据无可辩驳时,总是试图怀疑他的可靠性,因为当一个人不再可靠、可信时,他所说的一切也就大打折扣。

3. 歪曲信息

消除压力的一种方法就是歪曲传达的信息,减少其与自己见解之间的差异。比如,对于宣传吸烟有害健康的文章,吸烟上瘾的人看到后会将它理解成吸烟并不一定就危险,很多吸烟的人不是也很长寿嘛。这样的歪曲就会使因不一致而产生的压力减少。断章取义或在记忆中歪曲或重组相关的信息都可以缩小传达信息与已有态度之间的差异。

歪曲信息的另一种途径是将传达的信息进行极端夸大,使其变得荒唐可笑。这在辩论赛中表现得尤为明显。

霍夫兰指出,歪曲信息也是有一些规律可遵循的。当新的不同立场更为接近个人已有观点的时候,人们会将它看得比实际的更接近,借此缩小差距,这种现象称为同化作用。如果新的立场更为远离个人已有的观点,则人们会将它看得比实际的差距更大,这一现象称为反衬。这两种现象都可以减少态度改变情境的压力。同化作用缩小了差异的程度,因而减少了压力;反衬则使新的立场被夸张到了极端,从而失去了可靠性,进而使人们已有的立场显得更为合理,因此也就不需要去改变已有的态度。

4. 论点辩驳

论点辩驳是一种更为主动的自我防卫方式。人们通过强调自己立场的长处与证据,指出传达信息的不足与论据的缺乏,可以增加自己观点的可信性,降低传达信息的可靠性,从而减少态度改变的压力。辩驳的形式可以是表现于外的,也可以是含而不露的;可以是书面的,也可以是口头的;可以是有意识的,也可以是无意识的。辩驳的过程,可以产生支持自己观点的证据,也可以指出传达的信息中存在的反逻辑或者不一致的地方。

尽管论点辩驳是一种很主动的自我防卫方式,但是由于在劝导过程中,信息的传达者往往有着更强的动机与明确的目标,而信息的接收者往往处于没有充分准备的被动地位,同时,大多数人更多的时候都很难仔细地对所提供的信息进行深入、系统的分析,而说服信息往往是有计划性和逻辑性的,因此,这种防卫方式在现实的生活中往往很少被运用。

5. 合理化作用及其他防御方式

在前面讨论减少认知失调感的途径时,我们曾提到增加新的认知因素可以减少和消除不协调感。实际上,这是使自己的态度与行为合理化,从而减少心理压力的一种方法。

弗洛伊德所讨论的多种心理防御机制,如投射、转移、合理化、压抑等,都可能被用于应对态度改变的情境压力中。在日常生活中,许多人在面对和选择不同的立场、态度、价值观和行为方式时,都会利用心理防御机制来获得心理的协调与平衡。

(三) 与态度防卫有关的人格因素

研究发现,人格因素直接影响人们的态度防卫机制。比如,社会警戒主义(social vigilantism, SV),即一个人把自己"优越"的信念强加和传播给他人以纠正他人更"无知"的倾向,可以很好预测参与者抵制说服时所使用的防卫策略。社会警戒主义与前文介绍的几种抵抗策略具有正向联系,表明社会警戒主义是态度抵抗过程中一个重要的个体差异变量(Saucier, Webster, Hoffman, & Strain, 2014)。

二、预先警告

如前所述,信息接收者在面对精心加工过的劝导信息时多是无准备并处于被动地位的,因而也很容易被说服。因此,针对这种情况,在劝导时,事先透露劝导的企图,可能会给接收者创设发展反对论点的机会,从而极大地增强其对态度改变的抵制。弗里德曼等人(Freedman & Sears, 1965)的一项研究证明了这一假设。首先,研究者告诉一部分青少年被试,他们一会儿将会听一场有关"不允许青少年开车的原因"的报告,而另一部分青少年被试则未被告知这一信息,然后过了 10 分钟,所有被试都开始听该报告。结果发现,得到预先警告的一组被试接受报告观点的人数要比未受到预先警告的被试人数少得多。研究者认为,在预先警告后的 10 分钟内,被试有足够的机会去进行自我防卫,如思考支持自己观点的论点,准备反对对方的论点,从而能更为主动、从容地坚持自己的观点,抵制说服。

可是,也有一些研究发现,预先警告可能还有相反的作用,即对于没有卷入这一主题的被试,它可能会促使态度发生改变。阿普斯勒和西尔斯(Apsler & Sears, 1968)曾进行了一项"警告、个人卷入和态度改变"的研究,结果发现,预先警告在高卷入组起到了阻止变化的作用,而对低卷入组则促进了变化。这可能是因为对于低卷入组而言,这件事无足轻重,对已有态度的坚持性也较差,预先警告作为一种线索对他的态度改变起到了一定的促进作用。

因此,针对预先警告的双面性,要想达到预先警告对态度改变的抵制作用,需要首先让个体处于一种高卷入的状态中。

三、态度接种效应

(一) 态度接种的提出

接种(inoculation)这一概念来自医学,它是指在个体从未感染某种病毒、自身缺乏抗体时,为了预防这种疾病,提高免疫力,而先注射少量的可以激发机体产生抗体的病毒,从而在真正遭遇这种病毒侵袭时机体已经准备好了防御。

麦奎尔(McGuire, 1964)将这一概念引入态度改变中,认为一个人已有的态度如果从未接触过相反的论点并与之有过交锋,为了预防态度被说服,抵制态度改变,也需要对态度进行"接种”。那么态度接种是否能有效抵制态度改变呢？麦奎尔和他的同事们做了一系列的实验来验证这一效果。

研究者先找到一些社会上普遍持有的从未受到过攻击的看法(如经常刷牙可以避免龋齿,精神病并非传染病,一天要睡够 8 小时等)。提前两天告诉被试与上述看法相反的信息(如经常刷牙会损坏牙齿等),这样会使被试处于态度的自我防卫状态。然后将被试分为 3 组:第一组(论点支持组)接受了更多的正性论点的支持(如研究显示:一天刷 3 次牙的人比很少刷牙和从不刷牙的人,更少出现龋齿);第二组(接种组)给予接种,即对被试的已有看法给予轻度的攻击,促使他能驳倒这些论点而保护自己的立场;第三组(控制组)则未采取任何干预。接下来,各组的已有看法都受到一次强烈的说服性攻击。最后,测查 3 组被试的已有看法改变的情况。

结果包括以下几个方面。① 态度的自我防卫倾向虽然可以暂时加强态度,但面对强烈的攻击时,控制组总是会被说服。② 强烈攻击已有的正性论点时,论点支持组较不易被说服;但面对新的论点时,论点支持组的抵制性较差。③ 接种组能够有效地抵制含有新论点的说服。④ 接种组对已有态度的持续性较长。⑤ 论点支持和接种同时使用的效果要优于单独使用论点支持的效果。

(二) 态度接种的过程

有效的态度接种过程包括 3 个具体步骤。

1. 告知接收者将要面对攻击

该步骤在态度接种过程中发挥了很重要的作用。它有利于激活接收者的防御机制,从而为抵制即将到来的攻击做出各种准备。尽管接收者对即将到来的攻击可能缺乏准确的认识,他所做出的防御准备也可能在将来根本就用不到,但最重要的是接收者已经处于保护已有态度的应激状态中。

2. 给予轻度的攻击

给予轻度的攻击会使接收者感到一种威胁,从而迫使他进行更为仔细、全面的思考,并主动产生自己的想法和行为。在这个环节,一定要保证接收者受到的攻击是轻微的,或者说不是很有效的,可以让接收者通过思索而驳倒的;如果给予的攻击太强,则可能会出现相反的效果,即接收者由于没有来得及进行有效的认知加工而被说服。另外,这个攻击也要有一定的力量足以使接收者会采取行动对其进行反击。

3. 使接收者主动反击说服信息

大量的研究表明:接收者反击说服信息的主动性越强,已有的态度就会越稳定。主动的反击是指接收者不仅仅只是有反击的想法,而且要大声地用语言表达出来。这里很重要的是接收者要尽可能少地得到外部的帮助,独自地做出反击。这样才能保证态度的稳定。

(三) 态度接种对青少年抵制同辈影响的作用

青少年对一些事物的正确看法(如吸烟是有害于身体的,毒品是不能碰的等)最初大多来自父母和教师。对于这些看法,他们更多是认同和接受的,但同时这些看法也很少受到质疑。进入青春期,同辈群体开始成为青少年重要的社会支持与认同来源。为了得到同辈群体的喜欢和认同,青少年总是很容易被同辈影响而发生态度与行为的改变。这也是青少年不良行为(抽烟、喝酒等)形成的主要原因。如山口和坎德尔(Yamaguchi & Kandel,1984)研究发现,判断某一青少年是否抽大麻最好的标准就是看他是否有一位抽大麻的朋友。在青少年还没有这些不良习惯的时候,对他们进行态度接种是否能有效地增强青少年对同辈压力的抵制力呢？麦卡利斯特(McAlister,1980)采用角色扮演,让高年级的学生告诉七年级学生一些可能会遇到的同辈群体对他不抽烟的攻击,然后让高年级学生扮演攻击者向七年级学生进行攻击,其中给予七年级学生有反击的机会,并且当时没有被攻击者说服,然后对接种的学生与未接种的学生以后的抽烟行为进行追踪研究。33 个月后发现,接种的学生吸烟的人数要远远低于另一相似背景学校中未接种的学生(见图 16-7)。其他的研究也证明了态度接种在青少年抵制同辈影响上的有效作用(Killen,1985;Falck & Craig,1988;Chassin,Presson,& Sherman,1990)。

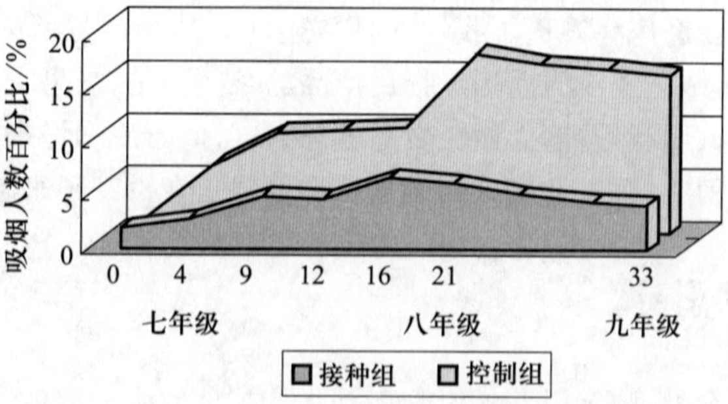

图 16-7　态度接种与否对青少年吸烟行为的影响

第五节　态度改变的方法

从前几节的论述中我们可以看出,态度的改变受到多方面因素的影响。一个系统的态度改变过程,需要考虑多方面的问题。

一、信息影响力的提升

在第三节的讨论中我们已经知道,信息本身的影响力是达成态度改变目标的重要条件。因此,态度改变需要尽可能选择高可信度与高吸引力的传达者来提供有关信息。一个与此相关的社会动向,就是以专家和某某科研机构、某某知名大学、某某协会等暗含权威性的个人或组织来宣传产品在广告中的比重日益增加。其本质都是试图运用信息传达者的权威性和影响力来诱导人们接受某种产品。

【微课】
态度改变的方法

前面的讨论已经证明,提供信息时适度激发人们的情绪,将沟通信息与人的已有态度的差异调整到适当的水平,以及利用生动的演讲方式来提供信息等,都是有效地增加沟通信息影响力的途径。在日常生活实践中,由市场规则驱动的广告商显然要比执行公务职能的宣传部门更关注社会心理学的科学知识积累及消费心理学的研究结果。

二、态度防卫的回避

在第四节我们已经熟悉,当人们面对外来态度改变的努力,特别是人们知道别人正在试图对自己施加影响时,态度主体会产生旨在保护自己态度不受影响的态度抗拒反应。因此,有效的态度改变必须遵循弱化态度主体的自我防卫倾向的原则。

根据第二节讨论的研究发现,在态度改变的过程中,传达者需要尽可能使自己的立场向信息接收者靠拢,并避免命令式地给定结论,同时适当通过分散人们的注意而减弱其自我防卫倾向。研究也证明,通过各种特定方式激发人们的认同,是很有效地引导人们接受一种新的对象的方法。这些态度改变策略已经广泛渗透了我们的日常生活。某些广告所采取的立场不是推销,而是向公众介绍产品,甚至站在公众的立场上指出产品的某些不足,结果大大增加了人们对产品的信任感。通过惠待式的试用、热情请人们免费品尝等方式,商家成功增加了个体对一种产品的认同感。在实际产品的推销中,有关态度改变的技术和策略正在得到越来越多的运用。

三、参照群体的引导

人本身所具有的社会性,决定了我们必然与他人和群体发生一定的联系,而这些联系对个体的态度改变起到了重要的作用。因此,利用个人与他人以及与群体的关系来改变个人的有关态度,是一条比较有效的途径。关于与他人的关系对个人态度和行为的影响问题,我们已经在前面人际关系一章中涉及,这里就不再重复。这里只着重讨论如何利用参照群体对个人的影响来引导个人的态度改变。

大量社会心理学家的实验研究都证明了如果人们从属于某一群体,群体的规范就会在其成员身上形成明显的参照效应,人们就倾向于选择与群体相一致的态度与行为。著名社会心理学家勒温在这一方面曾做过大量的研究。以下是他所进行的两项比较典型的实验范例。

在第二次世界大战期间,勒温应政府要求劝说美国人接受食用猪内脏的新观念以解决战时食物不足的状况,而这一观念是与美国人不食用动物内脏的既有习惯大相径庭的。勒温考虑到食物都是由家庭主妇负责采购和烹调的,因此选取的研究对象为美国的家庭主妇。研究者将被试分为两组,一组听一位演讲者讲解猪内脏营养如何丰富,如何美味,以及宣传美国参战的意义和支持军队的责任,劝导她们食用猪内脏,并请有经验的厨师现场演示如何烹调猪内脏。最后,让大家“举手表决”是否同意食用猪内脏来代替猪肉。这时事先安排的一些假被试(即研究者的合作者)相继举手表示同意,其他的被试则迫于群体的压力也大都举手表示同意。最后,勒温宣布大家是一致同意这个倡议,希望大家今后能够食用猪内脏等来代替猪肉。而另一组被试则只是被告知希望她们今后能够食用猪内脏等代替猪肉,而没有更多的信息,这一组实际上就是控制组。两周后,研究者对两组被试进行问卷和访谈调查,了解她们是否已经开始食用猪内脏。结果发现:第一组进行群体决策的妇女食用猪内脏的比例为70%,而控制组的食用率仅为30%。

另一项研究是考察怎样使产妇出院后仍坚持给新生儿喂鱼肝油和橘子汁的。研究者将被试分为两组,一组以医生劝导的方式施加影响,另一组则被告知医院规定大家回家后每天要喂一定量的鱼肝油和橘子汁给孩子吃。一个月后进行复查后研究者发现:接受医生劝导的一组被试,只有少部分人仍在坚持给孩子喂鱼肝油和橘子汁,而规定组被试几乎全部都在按规定喂食。

为什么参照群体的引导对态度的改变有如此大的影响？这可能是受到多方面因素的共同影响。个人对群体的认同、群体成员必须按照群体规定去做的社会压力、群体的权威性，以及群体与个人的关系等，都会促使个人选择与群体一致的态度与行为。

四、过度理由效应

过度理由效应是从费斯廷格的认知失调理论衍生出来的概念。它是指附加的外部理由取代了人们行为已有的内在理由而成为行为支持力量，从而使行为由内部控制转向外部控制的现象。

大量的相关研究证明了该效应的存在。这里仅对德西（Deci，1971，参见金盛华等，1995）的实验研究进行介绍。该研究以大学生为被试，让他们分别独自去解决很吸引人的智力测验问题。实验分3个阶段：第一阶段，每个被试自己解题，不给任何奖酬；第二阶段，将被试分为两组，第一组被试每解决一个问题就得到1美元作为奖酬，而第二组被试则同第一阶段一样没有任何奖酬；第三阶段，自由活动时间，被试想做什么都可以，目的在于考察被试是否维持着对解题的已有兴趣。结果发现：无奖酬组的被试在第三阶段仍继续解题，而奖酬组的被试尽管在有奖酬时很卖力地解题，但在自由活动阶段明显失去了对解题的兴趣。这说明第二阶段的金钱奖励作为外加的过度理由，使奖酬组的被试将解题的行为解释为是为了获取奖酬，而使自己已有的内在兴趣发生了变化。到第三阶段，一旦外部理由消失，已经发生态度改变的奖酬组被试就没有了解题的理由而停止了解题。可是对于无奖酬组被试来说，因为没有过度的外部理由的替代，仍维持着对解题的已有态度。

从这一实验结果可以看出，利用外部的附加理由可以达到改变他人态度的目的。因此，在现实生活中我们可以利用这种方法来引导他人，使他们的态度与行为的改变符合社会的期望。

另外，过度理由效应也告诉我们，一种行为的外在理由越多，它的内在理由就会越少。无论是对学习成功给予的金钱与物品奖励，还是给人的道德行为强加的外在约束力量，都会使人倾向于用外在的理由来解释自己的行为。因此，在使用过度理由效应的时候一定要考虑到使用后的长期效果，毕竟有些态度如果发生了改变可能是不利于个体的健康成长与发展的。

五、行为改变的态度改变作用

（一）诱导服从

无论认知失调理论还是平衡理论，都指出了一个基本的心理学原理，即人必须保持认知的协调或心理的平衡状态，不协调或不平衡都是暂时的，它必将促使人们向协调或平衡的方向做出调整。按照这一原则，任何人的相关的态度和行为之间都不可能长期存在不一致的关系，即一种态度的存在，必然会以某种方式从行为中表现出来，而一种新行为的出现与保持，也必定会引起态度的相应改变。在现实生活中，当个体做出了与内心的态度不相一致的行为时，如果没有其他附加的理由可以解释这一行为的话，个体就只能通过态度改变来减少自己的不协调感。

费斯廷格（Festinger，1959）等人在社会心理学最有名的一次实验中证明了行为的确会影响态度的改变。研究者让被试在一个小时内重复完成两项非常无聊的任务：在木板上来回拧螺丝、将绳子绕到木板上再解开。该任务完成后，实验通过巧妙的安排让被试协助研究者向下一位等待实验的被试（实际上是假被试）撒谎，告知他们“将要做的实验任务是很有趣而且是令人兴奋的”。一部分被试得到了1美元作为协助研究而撒谎的报酬，另一部分被试得到了20美元。最后他们离开之前在要对该实验中的两项任务的有趣性和愉快性打分。图16-8显示了1美元组、20美元组和控制组的研究结果。控制组指被试完成了所有的任务，但并没有要求去撒谎也没有得到任何报酬。

由图16-8可以看出，获得20美元组和控制组的被试对任务的评价差不多，都认为该任务是枯燥无味的。可是对于1美元的被试来说，他们对该任务的喜欢程度却明显高于20美元组和控制组。研究者分析，这种现象是因为当被试撒谎后，其撒谎行为和他对任务的已有态度之间出现了不协调而引发的。根据认知失调理论，改变对撒谎行为的认知是很困难的，而20美元这一不小数目的报酬，正好可以作为协调的认知因素，减少人们的态度与行为之间的不协调（我是因为被付了一大笔钱才说这些任务是有趣的）。可是对于1美元的被试来说，1美元的报酬并不能合理地解释他们所做出的撒谎行为。于是，他们只能通过感觉“这些任务真的是有趣的，我没有因为1美元撒谎”来降低认知上的不协调。只不过，被试自己并没有清晰意识到自身态度的变化过程。

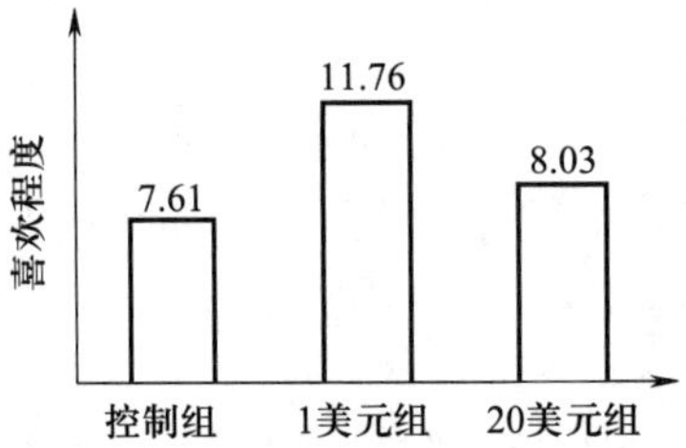

图16-8　对枯燥任务的喜欢程度

注：喜欢程度得分越高，对任务的评价越积极。

很明显，通过建立新的行为去改变态度是一条极为有效的途径。心理治疗所运用的各种行为矫正方法，表面上不关心内在的态度变化而只关心外在行为的转变，事实上，态度与行为是紧密关联的。行为变化的同时，通过认知向协调状态的调整，态度也在发生相应的变化。新的行为模式得以建立的同时，也实现了新的态度的建立，或者说实现了已有态度的转变。

（二）角色扮演

在日常生活中，当人们进入一个新的环境用一种新的方式去行为时，或者是社会地位发生变化，履行新的社会角色之后，其已有的态度都会发生变化。这些都说明，当生活变化使人们的行为出现改变时，人们的态度也会出现相应的改变。新的生活经验必将导致新态度的形成。

金盛华（1988，1993）在1984—1985年所做的有关角色扮演的实验研究表明，小学智力正常但学习成绩长期落后的后进生，其根本的原因在于社会处境不良。不利的家庭、学校、师生交往与同伴交往，最终造成了后进生的角色整体地偏离了一般学生的角色。当学校通过高年级学生辅导低年级学生的形式，赋予后进生以“小老师”这一新的社会有利身份4个月后，后进生整个行为系统的各个环节都出现了积极的改变。他们在自我胜任与一般的自我概念，成绩的自我期望，自我学习成绩估计，以及其与教师、家庭成员和同伴的交往，学习努力等各个方面，都建立起了新的更为积极的态度。他们的整个角色偏离都得到了矫正或改变。

思考与探究

1. 试运用劝导与态度改变过程模型分析态度发生变化的过程。

2. 举例说明态度变化存在睡眠者效应。

3. 试运用认知失调理论和平衡理论分析自己某态度改变的过程。

4. 影响态度改变的因素主要有哪些?

5. 当有人试图评价或者说服你时,你在哪些方面能清晰感受到自我防卫倾向?结合实际案例分析用哪些方法可以减少这些防卫的作用。

6. 改变态度的方法有哪些?

第十七章　群体中的相互作用

本章要点

* 群体及其形成
* 社会助长及其心理机制
* 性别助长
* 社会惰化
* 群体决策
* 群体极化和群体思维
* 冒险转移

《三个和尚》是我国一部获得国际大奖的优秀动画片，所讲述的就是我们耳熟能详的“三个和尚没水吃”的故事。山上有一座小庙，需到山下取水。“一个和尚挑水吃。”庙中只有一个和尚的时候，他到山下挑水上山，日复一日，没有改变，不能改变，也不需要改变。“两个和尚抬水吃。”当庙中又有一个和尚来临之后，挑水的和尚显然不能继续挑水而让新来者坐享其成。于是，两个和尚只好用抬水的方法，取得平衡。“三个和尚没水吃。”不幸的是，庙中又来了第三个和尚。人多了，水的问题却反而越来越难以解决直至没水吃。没有人再抬水而让第三者坐享其成，更不可能有人挑水而让其他二人白白受益。三个和尚的故事是典型的社会惰化现象，是本章关于群体相互作用问题之中的一部分。

每个人都生活在群体之中，从出生到死亡总是群体的成员。群体是个体社会生活的主要背景，一旦离开群体，个体也就丧失了其社会性。同时，个体在互动中会形成一些新的特性，群体是这些新特性的载体，具有个体所没有的色彩，群体对于个体的心理和行为还会发生微妙的影响。因此，群体心理特征的研究是科学社会心理学的重要组成部分。在这一章中，我们就来探讨一些群体的特征及其心理过程。

第一节　群体及其形成

一、群体的概念

（一）什么是群体

群体是指两个或两个以上相互依赖和相互作用的个体，为了某个共同的目标而结合在一起的彼此之间具有情感联系的人群。不过，社会心理学讨论的群体通常为规模不超过40人的较小群体。

群体的核心是成员之间彼此有直接接触和交流，并发生相互之间交叉影响和情感上的认同感，形成“我们”的概念和归属。

群体成员在总体上感觉是一伙人，是一个与其他人不同的联合体。这种群体凝聚的感觉会引起一系列后果，引导群体成员分享共同的信念、态度，接受该群体的一些共同准则。

【微课】
群体及其形成

与群体相联系的还有集群(collective)的概念。集群是指彼此之间没有目的导向的相互作用但却卷入相同活动的个体集合体。候车室内候车的人群，电影院中的观众和飞机上的乘客，仅仅在同一时间、同一地点出现并进行了相似的活动，但相互之间并没有产生交互作用。集群并不具有群体的特征，因此是与群体不同的两个概念。

社会认同理论认为，群体界定的核心标准，是成员社会类属的自我认同。群体是在“两个或两个以上的个体……感到自己是同一社会类属的成员”时出现的(Tajfel & Turner, 1982, 参见 Brown, 2007)。当两个或两个以上的人认同自己为一个特定群体的成员，并且其身份被至少一个其他人承认时，相互认同类属的人群就成了一个群体(参见 Brown, 2000, 2007; 方文, 2008)。

（二）群体的特征

社会心理学意义上的群体是由具有目的导向交流的人员组成的集体，有以下几个显著的特征。

1. 共同目标

这是群体形成的先决条件和原因，也是群体的重要特征。一个群体中的成员是为了一定的目的而集合在一起的，他们或是为了完成一定的任务，或是为了一个共同的关系网络而在一起。同时，为了实现共同的目标，群体还会制定出一系列规范来约束成员行为以确保目标的实现。有学者认为，决定群体形成和存在的关键因素是共同命运(Rabbie & Horwitz, 1988)。

2. 结构和规范

群体是组织化的人群，每一个成员在群体中都占据一定的位置，扮演一定的角色，承担一定的义务并享有一定的权利。一个群体有其正式的或内隐的由地位和角色关系所构成的社会结构(Sherif, 1969)。群体还会形成一定的准则，群体成员之间的互动会受到这些群体规则的约束。

3. 归属感和交互作用

在大部分情况下，群体成员对群体存在归属感。群体成员分享他们共同的信念、态度，接受该群体的共同准则，视自己是一个与非群体成员不同的联合体。归属感会形成群体的凝聚力，使成员在心理上对于群体形成依赖。群体成员在群体内部会发生一定的交互作用，相互影响。这种相互影响有时是显性的，成员彼此能够感受到；有时是隐性的，人们并没有明显察觉到。大量实验证明，在成员没有觉察到的情况下，群体成员间的相互影响不仅存在，而且还会深刻地影响人们的态度。

（三）群体的类型

群体可以从各个不同的角度划分为各种类型，主要有以下几种。

1. 首属群体和次属群体

根据群体内人与人之间关系的密切程度，可以将群体划分为首属群体和次属群体。首属群体的概念是由库利(Cooley,1923)提出的,是指个人直接生活在其中,与群体成员有充分的直接交往和亲密人际关系的群体,也称为初级群体。这些群体之所以是初级的,是因为在形成个体的社会性和思想观念等方面所起的初始作用,如家庭、同学、邻里等,都属于首属群体。

首属群体通常是由于自然的人际交往形成的,它的基础是人际交往和人际关系,群体成员之间通过直接的交往进行面对面的互动。它通常没有严格的群体规范,人数也较少,它的存在依靠的是人与人之间的情感联系而不是规定性的角色关系,结构较为松散。

首属群体往往是一个人最为直接的社会现实,也是其社会影响的最直接来源,因此对社会成员的初级社会化起着重要作用。在幼儿个性和人格的形成中,研究首属群体具有特别重要的意义。

与首属群体相对的概念是次属群体,它指的是按照一定规范建立起来的,有明确社会结构的群体,如公司、企业、学校等。次属群体的规模一般会显著大于首属群体,前者的结构也较为严密,群体成员有明确的社会分工,群体的运转依赖明晰的规范和成员的社会分工。

由上可见,首属群体和次属群体在个体的社会化过程中所起的作用是不同的。在社会化初期,首属群体起着重要作用,到了中后期,次属群体成为人们进入更广泛的正式社会的主要途径,对其自我同一性的发展有着重要影响。

2. 正式群体和非正式群体

人们参与活动通常通过两种途径:正式活动和非正式活动。在正式活动中,人们在群体中共有一定的目标,依照一定的规则,有计划地公开进行活动。非正式活动是人与人之间自发地交往,没有特定的目标,活动进行的随意性较大。与两种活动形式相对应,群体可分为正式群体和非正式群体。

正式群体是指组织结构确定、角色分配明确的群体。在正式群体中,成员的地位、角色有比较明确的规定,人员之间有明确的权利和义务规范,如政府、机关、学校、班级等就是正式群体。

非正式群体是指成员依照各自的喜好自发形成的,没有明确角色分化和权利义务规定的群体,一般形成于正式的工作情境之外,如员工一起吃午餐,喜爱乒乓球的人一起打球,"密友群"等都属于此类。非正式群体成员之间往往有比较一致的共同利益和价值观,并且常以感情为纽带,有较强的凝聚力和较高的行为一致性,如大学校园的同乡会、联谊会,社会上的各个汽车俱乐部、体育项目俱乐部等就具有这样的特点。

如果说人们对于正式群体的选择和参与是基于理性思考的,是通过参与正式群体来参与社会,明确自己的社会立足点和社会认同的,那么人们对于非正式群体的选择和参与,则主要基于自己情感上的好恶,是通过参与非正式群体来满足自己的情感需要的。从个人与社会联系的意义上来说,参与非正式群体为人们参与正式群体提供了更多的背景支持。

3. 成员群体和参照群体

成员群体是指个体为某个群体正式成员的群体,在这个群体中,成员对群体有较高的认同度。而在现实社会中往往有这样一种现象,某个群体的成员对其他群体有着较高的向往,将其他群体的规范作为自己的行为参照,这时其他群体就成为参照群体。例如,某人参加了一个特定的群体,是该群体的正式成员,但却把另一个群体的观点、准则、规范看作自己行为的榜样。此时引导个体行为的自身所属群体之外的群体,就是参照群体。

参照群体是与成员群体相对应的群体形式。美国心理学家海曼(Hyman,1942)最早根据自己的研究发现了"参照群体"现象。他把个体在实际上没有参加但接受其规范的群体,称为参照群体。

根据参照群体的性质,可以将其划分为正参照群体和负参照群体。正参照群体是以学习其他群体的合理规范为特征的。例如,某单位领导去某公司考察,发现该公司的工作环境更好,其规章制度更合理,管理方法更科学,工作效率更高。于是他决心学习此公司先进的管理制度,该公司就是此领导的正参照群体。其他像"三好"学生、模范班级等榜样群体也都属于正参照群体。

与正参照群体相反,负参照群体是以学习其他群体的不合理规范为特征的,而且这种行为规范往往是其所属的群体没有公认的,甚至是与自己的群体规范相矛盾的。例如,有些青少年受到社会不良习性的影响,将一些不良团伙的规范作为自己的行为参照,并在实际生活中加以模仿,给自己和社会都造成不良影响。

由于参照群体会对有关个体的价值观和规范意识产生重大影响,因此在人的社会化过程中发挥着巨大的作用。正参照群体可以催人上进,负参照群体则使人堕落。尤其是处于反叛时期的青少年,虚荣心和攀比心较强,接触到一些不良群体之后,容易接受负面的亚文化影响,走上偏离的道路。家长和教育工作者要充分认识到参照群体对青少年的重要影响,引导他们接触和选择正参照群体,走良性的发展道路。

4. 面对面群体和虚拟群体

在传统意义上,一个群体的成员之间必须有直接的相互接触和交流的机会。成员之间通过面对面的交往,形成一定的交互作用和沟通,并在一定的规范指导下,完成一定的目标、任务。这种以直接接触为基础运行的群体称为面对面群体。

随着智能手机、计算机和网络技术的发展,现代社会逐渐形成了一种新的群体形式——虚拟群体。所谓虚拟群体是指群体成员之间分布于不同的物理位置,可以跨地域、跨时间、跨越组织甚至国家界限,通过网络通信技术进行沟通而形成的一种群体形式。

一个良好、高效的虚拟群体获得成功的必要条件在于控制合作过程中的信息网络结构,形成成员间的有效反馈渠道,构建合作机制。在这个过程中,群体内成员间的相互信任是影响工作绩效的另一个重要因素。虚拟群体内部可以通过建立成员间稳定、积极、可持续的维持沟通行为的运作平台,制定规范的成员行为守则,以保持成员间的相互信任。

另外,还有学者按照群体的规模把群体划分为大型群体和小型群体;按照群体成员个人的归属感划分为内群体与外群体。群体的划分可以依照不同的研究目的和研究视角进行不同的多视角划分。

二、群体的形成

(一)影响群体形成的因素

1. 互动与共同目标

一般情况下,成员之间的互动是群体形成的前提。如果想形成一个群体,那么准群体中的成员之间必须保持一个较高水平的互动。充分的交往、频繁的互动才能使成员之间有感情和思想的交流,为形成一个群体奠定良好的基础。

共同目标既是群体的特征之一,也是形成群体的重要因素。无论在何种情况下形成的群体都应该有一个共同目标。研究表明,当人们必须去共同面对一种情境时,就倾向于形成一个群体。比如,旅游途中一次意外的事故,可能让先前并不相识的几个人共同面临一个困境,这个时候虽然平时这几个人并没有相互的关联,但是也会为了共同目标——脱离困境而频繁互动,从集群状态演变形成一个群体。

心理学家米德尔布鲁克(Middlebrook,1980)提出,在人们意识到不能单独完成一项工作时,或者是通过多人的共同努力能够更顺利地完成时,人们就倾向于组成群体来达到共同目标。

2. 隶属需要

人在社会中的存在不能仅仅以个体的形式出现,大多数情况下需要归属于一定的群体,这是人们一种基本的需要,就像人一出生就归属于某个家庭一样,个体在成长的过程中都离不开一定的群体,依靠群体找到和定位自己的归属。这些需要包括:

(1) 安全需要:通过加入一个群体,个体能够减小独处时的不安全感。个体加入一个群体后自己会感到更有力量,自我怀疑会减少,在威胁面前更有韧性。

(2) 地位需要:加入一个被别人认为很重要的群体中,个体能够得到被别人承认的满足感,使自身感受到一种被认可、被首肯的积极体验。

(3) 自我寻求与自尊需要:按照自我价值定向理论,个人需要建立明确的自我概念并在自我价值确立后获得自尊感,而群体是个人获得自我概念的必要背景。研究表明,社会认同是积极自我的重要来源(Tajfel & Turner,1986)。个体所属的群体身份,也是人们自我界定的核心要素。

(4) 情感需要:也可以称之为社交需要。不管处于何种群体中,在成员的相互作用中,人们可以沟通思想,交流感情,获得情感上的满足。

(5) 权力需要:权力需要只有在群体活动中才能实现,个人无法自我进行满足。因此在群体中可以满足人们的权力需要,尤其是一些成就动机较高的人群,更需要从群体中获得权力需要。

3. 工具作用与情境压力

人们加入某一群体有时是为了某种功利目的,因为群体成员的身份可以使得这个目标更容易达到,而通常此目标与群体的共同目标不吻合。心理学家罗斯特(Rost,1952)研究发现,工会成员们报告,工会成员身份的意义在于得到高薪和更大的工作保障。维勒曼(Willerman & Swanson,1953)等人的研究也显示,女大学生参加联谊会的原因之一是通过这种身份增加自己在学校的声誉。

大量社会心理学的研究结果都显示,高压力的情境会直接促进人们形成群体或加入群体。心理学家夸兰泰利(Quarantelli,1982)等人的研究发现,灾祸的受害者会自动与邻里和朋友组成群体去寻找庇护或救援受害者。佩皮通等人(Pepitone & Kleiner,1957)的研究则表明,高恐惧诱发情境会明显增加个人参与群体的倾向。

(二) 群体形成过程

交往、共同活动和一致的目标是群体形成的基本条件。无论正式群体还是非正式群体,首属群体还是次属群体,只有具备这样的基本条件才得以形成群体。谢立夫在 20 世纪 60 年代进行了一项经典研究,在整个活动中揭示了群体形成的全过程。

实验以夏令营活动的形式开展。被试是 12 岁的男孩,他们分别来自不同的学校和街区。研究在第一个阶段将被试分为独立的两个小组,各自以小组为单位完成一系列的活动,如一起做饭、修游泳池、玩垒球等,在小组共同的任务驱动下,两个小组很快形成了两个群体。每个小组都发展了自己不成文的规则、非正式的领导者,以及其他一些组织化群体应该具有的特点,甚至两个小组还分别为自己的组织起了名字。

研究在第二个阶段让两个群体之间开展一些对抗性的比赛,如橄榄球、垒球及其他项目的比赛。在这个阶段,两个群体的成员明显表现出各自群体的情感,“我们”和“他们”的意识发生了明显分化。第二阶段结束后,研究者请被试在两个群体中择友,结果发现,两个群体成员选择本群体成员作为朋友的比例分别为 92.5% 和 93.6% 。

研究在第三个阶段探索如何减轻或消除群体间的冲突,具体分为两个步骤。第一步,安排两个小组被试一起进行一系列可以独立开展的共同活动,如撒豆游戏(即先把豆子撒下,然后捡起来猜捡到的豆子数目)、一起用餐、一起看电影短片等。然而,这样的操作并未有效减轻双方的敌意。有一次,两个群体还在吃饭时发生了直接的冲突。第二步,让两个群体共同完成一个特定的任务,这个任务本身靠一方的单独力量是无法完成的,两个群体成员必须相互合作才能完成,如一起修野营基地的蓄水池,否则大家都会缺水;一起协力将卡车拖出泥潭等一系列共同活动。结果发现,两个群体的敌对情绪明显减缓,两个群体的成员选择对方作为朋友的比例达到了 1/3 左右。

实验结果充分证明交往、共同活动和一致的目标是群体形成的基本条件。一些社会心理学家在这个领域进行了进一步研究,得出相同的结果(Sherif,1966)。

(三)群体形成过程的认知因素

塔吉菲尔(Tajfel,1970)创设的研究群体认知分类的“最低限度群体”的实验表明(见第二章的社会认同理论),仅仅是认知分类就足以导致内外群体的分化、内群体偏好和外群体敌意。最低限度群体的实验具有重要的群体研究意义,因为其划分是任意和随机的,成员间没有任何直接接触,而且群体的形成和群际行为表现剥离了一切实际的社会负荷,即群体界定的各种标准(共同命运、社会结构、面对面互动等)都被有效“屏蔽”了。因此,最低限度群体实验获得的群体效应,可以更充分地体现认知分类在群体形成过程中的作用。

特纳(Turner,1987)认为,由于人们视野中的社会十分纷繁复杂,很难把每个人都当作相互分离的单独实体来对待,因此,人们会用类别化的方法来简化世界。把每个人(包括自己)放在各种不同的类别之中,这些类别正是把人划分为群体的基础。所以,群体实际上是主观的,是人们根据社会线索“发展”出来的。特纳指出,人们知觉社会有 3 个水平:高级水平——把所有人都看作人类群体中的一员;中级水平——依据相互之间的相似性与差异性把人区分为内群体和外群体;低级水平——把人当单独个体的低级水平。社会心理学关于群体的讨论,通常都是在中级水平的群体概念之上进行的。

特纳后来进一步指出,人们依据在特定情境中突显的要素来构建群体,并且依据匹配律(the rule of fit)把人分配到所构建的群体之中。当一个人拥有某群体的核心特征时,他就会被归入该类别或群体中去。

如果说谢立夫的夏令营实验证实了群体形成过程中一些外部条件的作用,那么特纳等人的观点则为其提供了个体认知的微观解释,双方从不同视角看到了群体形成过程的不同侧面。

第二节　社会助长与社会惰化

人们都熟知体育上的“主场效应”,即运动员在自己所熟悉的地方和观众支持的情境中

【微课】
社会助长与社会惰化

比赛，成绩会提高甚至超水平发挥，法国就是在这种背景下夺得了 1998 年世界杯比赛的胜利。在助人行为的讨论中我们已经知道，他人在场会影响人们的助人行为。那么，群体背景下个体行为会发生什么变化？导致这些变化的原因又是什么呢？责任分散现象很好地解释了为什么应急情境下有许多目击者时反而没有人实施助人行为。那么，他人在场和群体环境对我们还有哪些其他影响？

一、社会助长

（一）社会助长及其性质

1. 社会助长的概念

社会助长(social facilitation)也称社会促进或社会助长作用，是指个人对别人的意识，包括别人在场、与别人一起活动或是在电子监控的情况下所带来的行为效率的提高。与社会助长相反，如果别人在场或与别人一起活动，造成了行为效率的下降，就称作社会干扰或社会干扰作用。

最早以科学方法揭示社会助长现象的是心理学家特里普利特(Triplett,1898)。他通过实验研究发现，别人在场或群体性的活动会明显促进人们的行为效率。他让被试在 3 种情境下骑车完成 25 英里(1 英里≈1. 61 千米)路程。第一种情境是单独骑行计时；第二种情境是一人骑车时让另一人跑步伴同；第三种情境是与其他骑车人竞赛。结果显示，在单独计时的情况下，平均速度为每小时 24 英里；有人跑步伴同时，时速达到 31 英里；而竞争情境中的速度则无明显的提高，平均时速为 32. 5 英里。特里普利特在实验室条件下，让被试完成计数和跳跃等工作，也发现了同样的社会助长。

很多继续特里普利特实验的研究也发现，人们在群体或在观众面前的成绩要好于单独一个人时的反映(Allport,1924；Hirschi,1925)。据此，心理学家们发现了许多有趣的现象，包括观众效应、同作效应等。观众效应是指因为他人在场而使个人绩效水平有所变化的现象。研究表明，当需要完成的任务难度较低或比较容易操作时，绩效会提高，产生助长作用；当任务难度较大并且被试不太熟悉的时候，绩效反而会有所降低，产生干扰作用。同作效应是指多个人共同完成一项任务和一个人完成该项任务相比绩效效果产生一些微妙变化的现象。

2. 性别助长

“男女搭配，干活不累。”日常生活中一直存在着性别影响行为效率的现象，但是，这一心理现象一直没有被概念化，也未能得到科学实验的证明。西方有关社会助长问题的研究，一直没有注意到性别助长这一特殊现象。金盛华在 1989 年根据日常生活的异性效应，提出了性别助长(sex facilitation)概念，并提出了性别助长假设：对于性意识发展达到成熟水平的个人，异性的存在会导致特殊的行为效率增加；而性意识尚未得到充分发展的青春期之前的儿童，则不存在这种性别助长现象。由性别助长假设驱动的许多实验都证明了这个现象。

根据上述性别助长假设，王青于 1990 年设计了一个巧妙的实验，很好地证明了性别助长的存在。她以小学二、四、六年级及初中二年级学生为被试，让他们在两种不同情境下完成仰卧起坐。一种情境为两个同性别的同学注视，另一种情境为两个异性同学注视。研究结果证实，尚未进入青春期的小学二、四年级同学，无论是男生还是女生，同性注视和异性注视之间没有显著差异，不存在性别助长。而对于已经进入青春期，性意识得到较高水平发展的小学六年级与初中二年级学生,男生在异性注视下所完成的仰卧起坐次数,明显高于同性注视。女生的实验结果较为复杂:小学六年级女生在同性与异性注视下,完成的仰卧起坐次数没有明显差异;而初中二年级女生在异性注视下,完成次数反而明显少于同性注视,显示出明显的性别干扰作用。

女生的结果不同于男生的,可能是由性意识的发展与性别概念的差异造成的。虽然全世界范围内的研究都证明女性在生理上的性成熟会略早于男性,但这并不意味着女性的性意识的发展也早于男性。在中国,多种角度的研究已经揭示,无论在大社会文化方面,还是群体的亚文化方面,女性涉及性主题的自由度都明显低于男性。有理由认为,六年级男生接触性主题的讨论与其他有关信息的机会,远远高于女性。对于十二三岁的六年级女生,社会的各个方面都努力将她们置于"性保护"之下。在十几岁的一群男生面前有限地讨论性的问题,未必十分唐突,而在十几岁的一群女生面前谈话涉及性,无论如何都是一件"大逆不道"的事情。此外,有关研究也表明,由于文化的影响,女生性意识萌发后,对于特殊的与性有关的体验更倾向于自我保留;而男生则与同辈交流和探索的可能性更大。这种差异的直接结果是在男生的青少年同辈群体中,性主题比在女生中活跃得多。对于已经步入青春期的六年级小学生,情况可能正是如此。这样,在进入青春期的最初阶段,与男生相比,女生性意识的发展会存在一个特殊的文化滞后效应。更有可能,小学六年级女生在行为上尚未显示出明显的性别影响,正是由这种性意识发展的滞后造成的。

根据自我价值定向理论,初中女生随着性意识萌发,其自我同一性开始发生变化,女子的柔美概念开始进入其自我价值定向系统。她们在异性注视下仰卧起坐次数反而明显减少,原因在于仰卧起坐为讲求力量的运动。在更多的文化背景中,女性都不是通过表现力量来确立自己的价值和在异性心目中的形象,她们更强调柔顺、文雅、轻灵之美。因此,在强调力量的行为上,异性的影响通过性别抑制的形式表现了出来。在实验过程中,研究者也发现,女生被试对于异性在场表现出了明显的不安。这样,对于初二女生,同性在场所发生的作用为一般的社会助长,而异性在场则引起了性别抑制,从而使结果正好与通常的性别助长相反。

进一步的研究强化了性别助长的合理性。蔡文楠在1997年的研究证明,在男女生共同参与的活动中,学生都积极努力,表现出色,希望在异性中留下好的印象。李朝旭等人(2004)在更为深入的研究中发现,异性效应有一定的性别差异,在完成一种体育项目时,男生对女生绩效的影响小于女生对男生绩效的影响。同时研究还表明,高魅力女性对男性绩效有助长作用,而低魅力女性对男性绩效有削弱作用。现在,性别助长作为一个社会助长的延伸概念,统指人在性意识萌发之后出现的异性影响高于同性影响的行为促进现象。

3. 社会助长与社会干扰

前面已经提到,除了助长作用,还存在他人在场非但不能提高行为绩效,反而还会降低绩效的社会干扰现象。

佩森等人(Pessin & Husband,1933)发现,观众在场降低了迷宫任务和无意义音节任务的学习效果。有趣的是,当被试学会迷宫和无意义音节任务后,他们在观众面前展现得更好。

那么,什么时候会出现社会助长而什么时候又会出现社会干扰呢?扎荣茨(Zajonc,1965)提出了社会助长驱动理论,指出单纯的他人在场增加了个体的唤醒水平和驱力,这种唤醒要求个体以新的方式更快更好地行动。这种唤醒很重要,因为驱力的增长,增加了个体采取优势反应的可能性。但他进一步指出,当个体学习一个新的行为,正确的行为还没有变成优势反应时,他人在场反而会抑制新行为的习得。因此,他人在场将抑制学习新的复杂的反应,但会助长已经学会了的成为优势反应的行为。

这种优势反应强化说很好地解释了社会助长和社会干扰，得到了其他研究的证实。科特雷尔等人(Cottrell,1967)做了一项实验，让被试在独自一人和与群体一起两种情境中学习单词配对表。配对单词有两类：一类由同义词组成，学习起来非常容易；另一类由无关单词组成，非常难于学习。结果表明，在容易的工作上，群体背景有明显的社会助长；而在困难的无关单词配对的工作上，效果正好相反，群体背景带来了社会干扰，被试的成绩反而不如一人独自完成的情况。

（二）社会助长的心理机制

对于社会助长的心理机制，许多心理学家还提出了不同的看法。

弗里德曼(Freedman,1981)解释说，群体背景之所以能够引起行为内驱力的增加，是因为它唤起了人们的竞争和被评价意识。因为人在社会化的过程中，已经学会了将社会情境作为竞争情境来看待。在有他人出现的社会情境中，人们会有意或无意地感到由社会比较引发的竞争压力，从而使人们行为的内在动力增加。

金盛华从自我价值定向理论出发，认为被评价意识的被激发，会直接提高人们的自我观察、自我评价和自我调整的水平，使行为过程实质上成为一个由高度自我意识支配的自我表现过程(包括意识层面和无意识层面两个部分)。高度的自我意识被激发后，人们的行为会遵循自我价值支持和保护原则，即行为朝着有利于自我价值确立的方向倾斜，寻求新的自我价值支持，或在自我价值遭遇威胁时进行自我保护。在被评价情境下，人们期望得到积极评价的动机被有意识或无意识地激发，从而导致行为效率的明显增加。被评价意识越强烈，这种作用也会越强。

桑德斯(Sanders,1981)认为，他人在场导致了分心。在这种情况下，个体要选择注意他人还是注意任务，这一冲突导致了驱力的增长。如果任务要求优势反应，则会助长任务成绩；反之亦然。这一理论得到了许多心理学家的支持，也被称作“分散—冲突”模型(Baron,1986)。

研究证明(Geen & Bushman,1987)，他人在场导致了注意超载和对环境线索关注的缺乏。如果任务比较简单，忽略的线索与任务无关，那么成绩就可能提高。相反，如果任务比较复杂，注意的狭窄将导致个体忽略一些与任务有关的信息并降低成绩。一些实验研究也证明了注意窄化会产生简单任务绩效提高，但在复杂任务上绩效会降低的现象(Monteil & Huguet,1999)。

一项研究为社会助长提供了生理心理学的解释。这种理论认为，他人在场可能存在两种冲突的生理物理反应模式：激励或威胁。当个体具有足够的资源来应对任务时就会激发激励模式。在生理上，这种模式类似于做有氧运动时肌体产生的反应。相反，当个体没有足够的资源来应对任务时就会激发威胁模式，肌体发生了类似于应对危险时的反应。不同的生理物理反应模式最终影响到了个体的成绩(Blascovich,1999)。这个理论得到了生理心理学家的支持。

关于社会助长，还有一种从认知角度的解释认为，人们在社会任务中的绩效是由两种因素共同决定的。其一是行为者对自己的自我预期，其二是执行相似任务的他人通过社会比较传递给行为者的潜在评价(Sanna,1992)。简单任务导致高预期，它很可能因社会比较者的评价而被放大；困难的任务导致低预期，它也会因为社会比较者的在场而进一步被放大。

【知识拓展】
社会助长的应用：头脑风暴

研究证明，有很多因素导致了社会助长，如以上列举的竞争、被评价的焦虑、分心、注意超载、生理物理反应模式以及认知解释等。事实上，越来越多的研究者认为，不同的理论解释之间并不是相互对立的，它们可能同时存在于社会助长的过程中(Geen,1991)。

二、社会排斥

人类是社会动物,需要依靠社会关系来维护自己的身心健康。各种类型的身体上或情感上与他人分离的社会经历都会威胁到人们的社会关系,使个人心理上感到被排斥。根据社会经验,排斥可以分为两个子类:拒绝和排斥。

社会排斥会威胁个体的归属需要,警示个体其与社会的联系被割裂。这种拒斥是一种“心理痛”。研究表明,社会排斥所激活的脑区与身体疼痛所激发的脑区相同。社会排斥对个体的行为影响广泛,不仅能影响排斥者的心理和行为,同时也会让被排斥者感知到归属需要的缺失、自我控制感的下降等。

从心理视角划分,社会排斥的反应可以概括为 3 类:正向反应的重新回归群体的意愿及相应行为,如被拒斥后的亲社会行为;负向反应的反社会行为和攻击性行为;被动反应的感情冷漠以及尝试逃离所在环境的行为。社会排斥在何种情况下,将会引发何种定向性的具体行为,是特别值得研究的问题。曾经发生并引起巨大社会反响的“马加爵案”,是社会排斥的极端例证,至今仍然具有重要的现实警醒意义。

三、社会惰化

前面提到的社会助长发生的原因中一个很重要的因素是个体感到他们的成绩将被评价,那么如果个体感受不到这种压力,情况会怎样呢?现在我们就来讨论这种情形下可能发生的一种情况:社会惰化。

(一) 社会惰化的概念

社会惰化(social loafing)也称社会惰化作用或社会逍遥,是指群体一起完成一件事情时,个人所付出的努力比单独完成时偏少的现象。

20 世纪 30 年代,心理学家达希尔(Dashiell,1930)就在研究中发现一个有趣的现象:随着共同完成一件事情的人数增加,每个人所付出的个人努力程度也会逐步下降。达希尔通过实验设计,测量了拔河比赛中每个人的拉力水平。结果发现,如果一个人独自参加实验,那么平均拉力可达 63 公斤;但如果是群体一起参与,参加人数越多,则每个人所贡献的平均拉力也越小。

20 世纪 70 年代,心理学家英厄姆(Ingham,1974)等人更精确地重复了达希尔的实验。他们专门设计了一个供实验用的拔河仪器用以精确测量实验中被试的拉力。实验时,唯一的真被试被蒙住双眼,并且被安排在最前面的第一个位置。实验要求每个人都尽最大努力拉绳。结果表明,在被试认为自己后面的第二至第六的位置上还有其他人也在拉时,他的最大拉力要比认为自己只有一个人在拉的情况平均低 18%。

杰克森和威廉姆斯等曾对 49 个社会惰化的研究(包含了 4 000 多个被试)做了统计摘要图,详见图 17-1。从图上曲线走向可以看到,个体付出努力的百分比随群体规模的增大而降低。

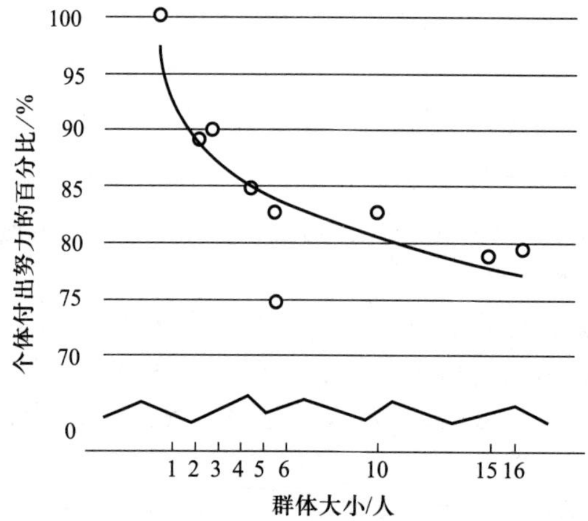

图 17-1　社会惰化作用示意

（二）社会惰化的心理机制

关于社会惰化现象产生的原因,一种令人信服的观点是:如果群体成员相信他们个人对于群体的贡献无法被识别时,就会发生社会惰化。威廉姆斯等人(Williams et al.,1981)曾在研究中设置了3种不同的实验情境,让被试单独大喊或在群体中大喊。第一种实验情境是,让被试相信他们的表现总是可以被辨别出来的;第二种情境则让他们相信只有当他们单独一个人时才能被辨别出来;第三种情境是让他们相信他们的成绩永远不会被鉴别出来。在图17-2中,当被试觉得他们的努力在群体中不能被辨别出来时,成绩最差。研究者认为,如果当个体认为只有群体的成绩可以被识别而个体的贡献不被识别时,就会发生社会惰化。

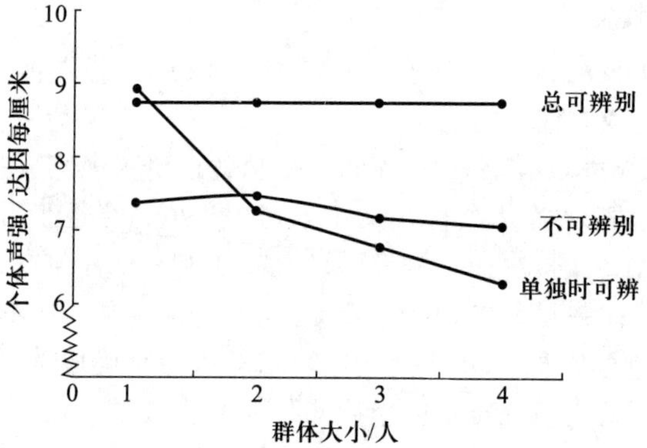

图 17-2　声强是群体规模和可辨别性的函数

也有研究者认为,社会惰化产生的最根本原因在于群体成员缺乏对群体的认同感。彼得罗夫斯基(Petrovsky,1985)研究发现,当工作人员的群体感很少时,最有可能发生社会惰化。哈金斯等人(Harkins & Szynanski,1989)的研究也发现,当群体成员被给予一个标准并相信他们的群体将依标准被评价时,没有产生社会惰化。

关于社会惰化的研究也有不少进展,最有影响的理论是卡劳等人(Karau & Williams,1993)

提出的集体努力模型。他们认为，个体努力工作的条件有 3 个：个体相信努力工作会有好的成绩、个体相信努力工作会被认可、个体重视所得到的奖励。而当个体结合成群体进行工作时，这 3 个因素的效果都会打折扣，因为这时个体不再是决定群体成绩的唯一因素，其他成员的努力水平也会影响最终绩效，而个体努力工作的成果也可能被均分，个体的贡献最终也被抹杀。在付出和所得由于其他成员的加入都变得不再确定的时候，社会惰化便会发生。

显然，当成员相信他们的努力可以在群体结果中体现出来而且他们看中所得到的奖赏，又对群体有着强烈的归属感时，社会惰化一般不容易发生，而当成员认为个体贡献不被识别，群体归属感又不强烈时，社会惰化便很容易发生。

（三） 社会惰化的跨文化一致性和预防

既然社会惰化出现的重要前提是个体认为自己的贡献将被群体遮盖，那么在强调个人的西方社会，社会惰化作用显然更可能发生。卡劳等人的研究也证明了这个结果，在美国人中发生社会惰化的倾向要显著高于亚洲文化的国家和地区。但是，社会惰化绝不是西方个人主义文化的产物。在强调集体主义的亚洲国家和地区，包括日本、泰国、印度、马来西亚、中国台湾等，也同样存在社会惰化现象（Myers，1983）。卡劳等人的研究也证明了社会惰化在不同的文化背景中都可能存在。

虽然社会惰化现象非常普遍地存在于现实社会中，但是进一步研究表明，群体共同完成一项工作并不一定导致“浑水摸鱼”式的社会惰化，人们在以下几种情境下，倾向于较少出现社会惰化：

（1）群体成员之间有着亲密的交往，有着较高的相互认同。

（2）工作项目本身具有挑战性、号召性，能够激发人们的工作动机，使得群体成员有着较高的自我卷入水平。

（3）注重群体整体效益，以群体整体成功为目标的奖励引导。

（4）强调协作精神的群体，群体的团队合作性较强。

（5）个体对群体充分信任，相信群体成员也像自己一样努力。

第三节 群体决策中的群体极化和群体思维

我们有很多理由相信群体可以比个体做出更好的决策，社会心理学中也确实有研究证明了群体常常比个体做出更好的决策。但是，另一些研究又表明，群体决策的正确性有时不如个体单独决策，甚至是完全错误的。这一节我们就重点讨论群体决策中可能出现的偏差现象：群体极化和群体思维。

一、群体决策

（一） 群体决策的任务类型

群体决策的任务可分为 4 种，分别是社会决策图式、项目排序任务、信息取样模型和多层次团队决策任务(蒋丽,于广涛,李永娟,2007)。

社会决策图式最典型的例证是美国陪审团的决策过程,这类任务关注在团队成员意见不完全一致的情况下,团队如何做出一致的决定。

项目排序任务与社会决策图式类似,只是决策任务为排序任务,如在“荒岛求生”任务中,群体对各种物品的重要性进行最终的排序。

信息取样模型则关心群体决策形成前有关决策的信息在成员中的分布情况、如何影响群体决策。斯塔塞(Stasser,1985)发现,当任务无结构且属于判断任务时,决策会出现两种偏差:分享信息偏差,即决策向各成员讨论前拥有信息的方向偏差;偏好偏差,即决策向有利于群体决策前原有偏好的方向偏差。

多层次团队决策任务则不同于其他3类任务,该任务的信息是动态变化的,由群体成员分工收集。在该任务中,不同的群体成员有明确的角色和分工,群体中有领导者角色。最为典型的该类型任务团队有飞行机组、消防队和手术组等,这类任务团队极其关注决策质量。有学者认为,团队信息水平、团队有效性和层级敏感性3个因素是该类型团队决策质量的关键(Hollenbeck,1995)。其中,团队信息水平指的是团队对做出决策所依赖的有价值的信息的掌握情况,团队有效性是指团队成员对其负责的岗位出现的情况的判断准确性,而层级敏感性则是指团队领导者在多大程度上有效利用其成员提供的信息。一个高层级敏感性的团队拥有一个可以给各个成员一个最优组合的反馈信息的领导。

(二) 群体决策的质量

1. 领导者作用

研究者曾用经典的“卖马”难题进行过个体决策与群体决策比较的经典研究:

有人以60美元的价格买了一匹马,并以70美元卖出。后来他又以80美元买回了这匹马,后来又以90美元卖出。请问:在这匹马的交易中,他共赚了多少钱?(正确答案:20美元)

研究发现,当独自一个人解答这个问题时,只有45%的大学生能够得出正确答案。但当被试组成一个5~6人的小组时,回答正确率得到提高。在领导者不活跃(领导者仅仅观察成员讨论)的群体中,回答正确率为72%,而在鼓励型领导者(领导者鼓励所有人发言)的群体中,正确率达到84%。特别是当小组中只有一人持正确答案时,鼓励型领导者的作用最大,此时不活跃领导者的群体的正确率为36%,鼓励型领导者小组的正确率达到76%,效率出现了成倍增长(Maier & Solem,1952)。

2. 人多优势

尽管存在群体极化的风险和诸多影响因素(如任务性质、难度、成员能力、互动方式等),但是群体判断的准确性在总体上要比个体判断高。研究者经综述研究发现,对于数量判断等简单问题,群体通常比个体要稍微准确一些;对于逻辑等问题,群体比个体的表现更好。不过,对于群体中最优秀的个体而言,其独自解决问题的结果要好于群体的整体结果,群体对这类成员有抑制效应(Hastie,1986)。其他研究者的文献回顾性研究也得出了类似结论(Hill,1982)。

3. 团队异质性

除了团队规模和领导者特征外,团队异质性对团队决策的影响也受到越来越多的关注。团队异质性既包括与任务相关的团队成员异质性,如教育背景、工作年限等,也包括与工作任务相关性低的年龄、性别等人口信息异质性(刘嘉,许燕,2006)。目前,比较一致的研究结果是职能和教育背景等与任务相关的团队异质性能够提高团队绩效。国内的研究支持了这一结论。梅强和徐胜男(2012)针对创业团队高管的研究发现,创业团队高管间的异质性与创业团队的绩效呈正相关关系。高层管理团队教育异质性越高、职能异质性越高的创业团队在上市时,其首次公开募股折价越低(徐志坚,魏娟,夏伟,2013)。房地产上市公司高层管理者的任职经验异质性也与公司财务绩效呈正相关关系(林新奇,蒋瑞,2011)。

团队异质性越高,团队发生的冲突也就越多,但是适当的冲突对于提升决策质量和团队绩效来说必不可少。对于团队决策而言,与任务相关的冲突是有益的,可以为决策提供不同的信息和视角,但是关系冲突则不利于团队决策质量和团队绩效。团队成员需要有效处理团队内部的关系冲突。

二、群体极化

(一) 群体极化的概念

群体极化(group polarization)是指群体成员中已存在的倾向性得到加强,使一种观点或态度从原来的群体平均水平加强到具有支配性地位的现象。

我们可能有这样的体验,在一个群体中进行群体讨论的时候,会出现原来群体中大部分人所持的观点得到正向加强的现象。也就是说,讨论使群体中原本大多数人的意见变得更强,使原来同意这一意见的人更相信意见是正确的。这样,群体中原先大部分人支持的意见,讨论后会更加成为主导观点,得到更多支持,而原先被反对的意见,讨论后反对的程度也更强,从而最终使群体的意见出现"极化"。图 17-3 是群体极化现象的示意,按照群体极化假设,群体讨论会使群体的态度倾向朝两极方向运动,使原来不同意见之间的距离加大。

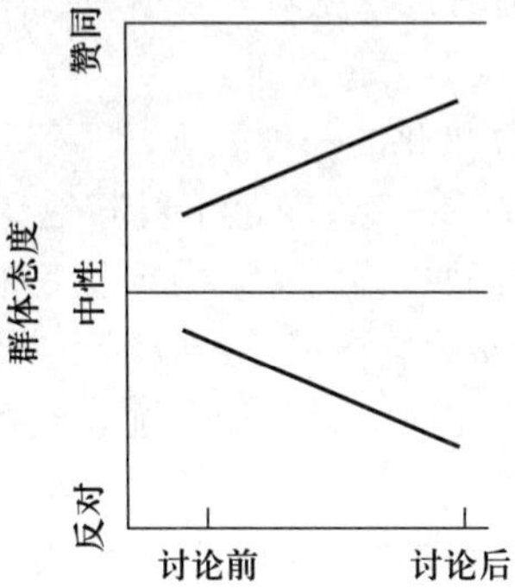

图 17-3　群体讨论对群体态度倾向的影响

(二) 群体极化的机制

对于群体极化的解释主要有两种观点。一种观点认为,群体极化的发生是信息的作用。当群体中一种观点获得最大程度认可的时候,这种信息会对其他成员造成影响,使某些群体成员被说服,从而改变他们的观点,转向支持这种有说服力的观点,从而使一种观点在群体中极化。欣茨(Hinsz,1984)等人的研究证明,论据是使一种态度在群体中被极化的主要因素。此外,有研究证明,积极的语言参与使人们更易于接受一种观点而使其极化。

另一种观点是基于社会比较理论提出的。这一观点认为,人们希望自己被认为是优秀的人,而优柔寡断或采取中立观点,都不是社会所期望的优秀人物的表现。人们在讨论中会希望表现得与别人一样自信。根据这一解释,通过群体讨论,人们会与别人比较他们的观点,比较的结果一般是他们会转变自己的观点,最终使其观点看上去和其他成员的观点一样极端(Goethals & Zanna,1979;Myer,1982)。

20 世纪 80 年代中后期,这两种解释开始得到整合。研究者倾向于认为社会比较和信息的共同作用促使了群体极化的发生,社会比较会促使人们强化所持观点的论据信息,而论据信息的呈现不仅使得信息持有者更加坚定,而且也影响了其他成员的意见,使他们最终转向这个观点,导致群体极化发生(Brown,1986;Isenberg,1986)。

布朗(Brown,2000)在他的著作《群体过程》中提出了关于群体极化的另一条解释路径,即采用社会认同理论来解释群体极化过程,主张当群体极化发生时,所表现的过程是群体成员试图进一步遵从内群体标准立场的过程。当情境激起人们强烈的内群体认同,如群际关系引发人们的成员分界时,内群体规范会变得更加极端,以使人更清楚地区别于外群体规范,从而加强了群体内的思维极化(Wetherell,1987)。

群体极化的影响是巨大的。在一些重大的商业、军事和政治决策的失误中,都可以找到群体极化的影子。因此如何避免决策的极端化,是今后社会心理学家应该深入研究的问题。

三、群体思维

(一) 群体思维的概念

所谓群体思维(group think),指的是一种群体决策时的倾向性思维方式。在会议上、课堂中或是其他凝聚力很高的场合,如果有人的意见与大家不一致,那么他很可能最终放弃说出自己的想法而顺从群体的意见。这种现象就是群体思维。

【微课】
群体决策与
群体思维

群体思维是群体极化的一种表现,即高凝聚力的群体在进行决策时,人们的思维会高度倾向于寻求一致,以至于对其他变通行动路线的现实性评价受到压制。群体思维往往导致错误的决策结果。后来的资料表明,1941 年,日本在偷袭美国珍珠港之前,夏威夷警方就已经收到了大量日本军队正准备攻击的情报。攻击前夕军队的智囊团也失去了与日本航空母舰的无线电目标,但自信的美国司令官们还是决定不对部队发出任何警告。所以,当珍珠港偷袭发生时,美国的官兵正沉浸在周末美好的休闲时光中。另一个由于群体思维导致的灾难是挑战者号航天飞机爆炸。这些事实表明,群体思维的确存在于我们日常生活之中,并在不断带来重大决策失误。

(二) 詹尼斯的群体思维模型

从 20 世纪 70 年代初期开始,社会心理学家詹尼斯就一直致力于群体思维的研究,他细致分析了美国各界高层在 20 世纪决策失误的典型案例,包括珍珠港事件、1961 年的"猪湾事件"、20 世纪 60 年代中期的美越战争升级,以及挑战者号航天飞机失事等,最后,詹尼斯得出结论,群体思维是当人们深深地卷入一个高凝聚力群体时具有的一种思维模式,成员努力获得一致意见的动机,超越了现实地考虑其他行动方案的动机(Janis,1972)。詹尼斯根据自己的研究提出了他的群体思维模型(见图 17-4)。

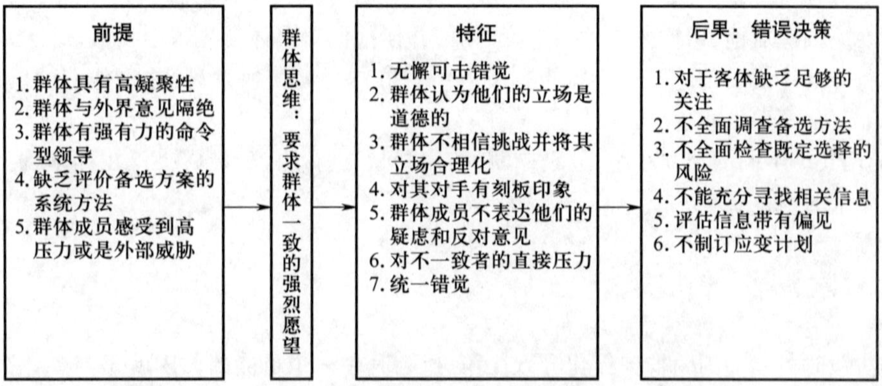

图 17-4　詹尼斯的群体思维模型

(三) 群体思维发生原因

在图 17-4 中,詹尼斯分析了群体思维发生的可能前提,发现群体具有很高的凝聚性是一个重要的条件,它使得成员将自己封锁在其中而不考虑外界的意见。另外,发生群体思维的群体还要有非常强势的领导,他对于某一问题提出了特定而强有力的解决方案,使得成员不再考虑其他方案。成员即使有不同意见,也会说服自己,打消疑虑,以求得与群体的一致。

另有研究者(Tetlock,1992;Kameda & Sugimori,1993)阐述了导致群体思维的两个关键因素:一是群体成员有相似的背景、利益和价值观,由此群体产生了成员间彼此的高度认同,从而使群体处于高凝聚状态;二是群体规范要求成员以支持群体决策的方式支持群体的崇高地位。实际上,这两个因素是詹尼斯模型中一系列原因的简化版。正是由于这两个深层的原因,才导致了与外界意见的隔绝和缺乏评价备选方案的系统方法。群体成员也会对不一致感受到高压力而放弃独立看法。

(四) 群体思维的预防

大量案例研究证明,群体思维的确常常发生在我们日常生活之中,并造成巨大决策错误。在全球化时代,各大国在政治、军事、经济和文化上都在追求最大的自我发展空间。决策智囊团的普遍运用,使群体思维的危险性比以往更高。在这种情况下,如何避免群体思维的产生,减少重要决策集团的决策失误,是每个决策群体必须面临的课题,无论从群体自身利益,还是从更广泛的社会利益着眼,都具有十分重要的意义。

詹尼斯提出了防止群体思维发生的 10 种具体操作方法。

(1) 使群体成员懂得群体思维现象及其原因与后果。

(2) 领导者应当保持公正,不要偏向任何立场(防止形成不成熟倾向)。

(3) 领导者应引导每一位成员对提出的意见进行批评性评价,应鼓励提出反对意见和怀疑。

(4) 应该指定一位或多位成员充当反对者角色,专门提出反对意见。

(5) 时常将群体分成小组,并让它们分别聚会讨论,然后再全体聚会交流分歧。

(6) 如果问题涉及与对手群体的关系,则应花时间充分研究一切警告信息,并确认对方会采取的各种可能行动。

(7) 形成预备决定后,应召开“第二次机会”会议,并要求每个成员提出自己的质疑。

(8) 在决议达成前,请群体之外的专家与会,并请他们对群体意见提出挑战。

(9) 每个群体成员都应向可信赖的有关人士就群体意向交换意见,并将他们的反应反馈回群体。

(10) 用几个不同的独立小组,分别同时就有关问题进行决议,最后决议在此基础上形成,以避免群体思维的不良影响。

四、冒险转移

群体决策时可能会因为群体极化导致决策失误,其中一个可能的原因就是与个体决策相比,群体决策时决定更倾向于冒险。这种群体决策比个人决策更具有冒险性的现象,就称为冒险转移(risky shift)。

研究发现,假设某人得了心脏病,做手术会改进他的身体状况,但这种手术是有风险的,手术失败可能造成更严重的后果。研究人员请了一些测试者给这位患者提一个建议,请他们在如下的手术成功率中做选择:10%、30%、50%、70%、90%。被测试者在个人进行选择时,平均选择成功率在50%时接受手术。但是,当决策情境变为7个人一起讨论再决定给患者建议时,小组讨论后给病人的建议是,有30%成功率就可以动手术。这意味着手术风险从50%增加到了70%。冒险转移现象出现了。

人们在现实生活中经常会面临一些决策情境,并且在决策的过程中势必会承担一定的决策风险,此时多数人都会有这样的体验:当这个决策是一个人做出的时候,由于没有更多的环境和心理支持,个人更倾向于做出较保守的决策,减小决策风险;而当某个决策是群体一起做出的时候,由于心理上有更多的支持,认为责任和风险共担,群体就倾向于做出风险更大的冒险决策。心理学家科根等人(Kogan & Wallach,1967)的一项研究表明,个人单独决策时,倾向于认为需要有70%的成功把握时才可以投资,而群体决策时形成的决定把成功的可能性的要求降到了50%。

冒险转移不仅在各种类型的决策中存在,而且也是人类社会的共同现象。心理学家针对不同国家(包括美国、加拿大、德国、英国、以色列等)的被试都做过相关的决策过程中冒险转移的实验,结果证明各个国家的被试都具有这种倾向。大多数心理学家认为,冒险转移是群体极化在决策方面的一种特殊表现。

造成冒险转移的原因主要有以下几个方面。

第一,群体成员形成的心理支持氛围。群体成员之间的亲密关系会增大冒险转移现象发生的概率。群体成员之间的熟悉使得他们更加开放和大胆。成员之间关系的亲密化,营造了一种和谐的气氛,在这种融洽相处的气氛中,成员会变得更加大胆和勇敢,促使他们提出冒险的观点。

第二,责任分散。在有关助人行为和社会惰化的讨论中,我们已经知道,群体的背景会直接导致个人行为责任意识的下降。在群体中,个体往往会有相互依赖和推脱的倾向,尤其是在群体中地位不是很重要的个体,更容易产生责任分散的倾向,使冒险性得到鼓励。去个性化研究的结果也证明,当匿名情境和群体氛围造成人们的行为责任意识下降时,个体会变得敢于尝试那些通常被自我控制所抑制的行为。

另一种责任分散的情境是在高凝聚性群体一起做出决策时,群体中相互支持和鼓励勇敢的倾向也会使群体中的个体降低责任风险意识,变得更倾向于尝试更为冒险的行动。而且,人们由于社会文化的鼓励,在心理上倾向于认为别人比自己敢于冒险。这种情况就形成了产生冒险转移的前提,使得群体成员在决策时倾向于冒险。

第三,社会和文化鼓励斗士和勇敢的普遍价值取向,使人们倾向于对高冒险性有较高评价。媒体关于斗牛、骑野马表演,空中飞人,空中滑板等冒险活动的渲染,也强化了鼓励冒险的价值取向,使人们认为冒险是一种被鼓励的品质。根据自我价值定向理论,如果人们认为社会文化价值鼓励人们冒险,并且这种价值已经被折射到个人自我价值定向系统之中,则在群体决策的情境中,就倾向于有意或无意地显示自己"勇敢者"的角色而不是去做"胆小鬼",使得人们倾向于选择和支持高风险决定。

思考与探究

1. 群体的特征有哪些?
2. 不同群体在人们社会化过程中的作用有哪些区别?
3. 试分析群体的形成过程及影响因素。
4. 根据实际生活中社会助长和社会惰化例证,解释二者发生的心理机制。
5. 观察性别助长发生的年龄特征并试分析其中的社会心理机制。
6. 分析群体极化、群体思维和冒险转移3个概念间的区别和联系,并进行小组讨论,谈谈如何在群体决策时避免这3种倾向。

第十八章　合作、竞争与冲突

本章要点

* 影响合作和竞争的因素
* 竞争心理优势
* 搭便车效应
* 引发冲突的原因
* 解决冲突的方法

有人做了一个关于在市区开车换车道时打开转向灯和不打开转向灯有什么差别的实验。结果显示，的确在许多情况下，后车看到前车闪灯准备换道时，不是减速让行，而是加速使前车无法换道。

竞争心理优势可以很好地解释驾驶时的抢行行为。人们在日常生活中遇到需要与别人共同拥有一种资源的时候，竞争会成为主导的心理倾向。公园中的座椅，人们会倾向于坐到中间位置而暗示不打算与后来者分享。公路空间在交通拥挤的情况下成了被争夺的资源，此时竞争心理优势会使人们在公路上倾向于抢占位置而养成不友好的驾驶习惯。

每个人从降生开始就是社会的一员，就与周围的人发生着各种形式的相互影响。人作为一个有自身需要的个体，许多时候都会面临是共享资源还是独占资源、在互动过程中是进取还是让步的问题。在全球化和社会变化更为迅速的时代，生存环境也越来越具有开放性，合作、竞争与冲突的问题，从来没有像今天这样渗透到人们生活的各个方面。本章将详细讨论合作、竞争与冲突发生的条件和作用，探寻在日常生活中如何促进良性的合作，使竞争富有建设性，并有效地控制和解决冲突。

第一节　合作与竞争

一、合作与竞争及其原因

（一）合作与竞争的概念

合作（cooperation）是指不同个体为了共同的目标而协同活动，促使某种既有利于自己，又有利于他人的结果得以实现的行为或意向。竞争（competition）则是与合作相对立的概念，是指不同的个体为同一个目标展开争夺，促使某种只有利于自己的结果得以实现的行为或意向。

在人们的需要结构中，有一部分是自己不能单独实现的，此时就必须通过相互间的合作来实现自己的目标。个人之间共同组建公司、科研的群体攻坚、不同公司的合作以及国家或者地区间的联盟,都属于合作的范畴;学生之间成绩的浮动,员工之间绩效的比拼,不同群体之间的较量,各国政治、军事和经济上的角逐都是竞争的实例。

(二)合作与竞争的原因

什么原因导致了人们放弃合作而走向竞争呢?在什么情况下人们会重视合作的价值呢?

1. 自我利益最大化

什么样的动机驱使人们在两难情境中是采取合作还是选择竞争?哲学家霍布斯被认为是最早从实证的角度来阐明这个问题的学者,他在《利维坦》一书中提出个体都是自我利益至上的。在这个假设的基础上,霍布斯提出,既然个体都是自我利益至上的,那么社会和群体凭借什么来很好地运作?后人称此为“霍布斯悖论”,并成为后来很多理论探讨的核心内容。

一个世纪后,古典经济学家亚当·斯密为了解释霍布斯悖论,提出了著名的“看不见的手”的观念来假设自我利益和集体利益都是导致合作而非竞争行为的重要因素。他认为,合作社会的功能性更强,个体从中可以获得更大的自我利益。

从此观点出发,合作与竞争都是人类社会长期发展的结果,合作是人类生存的基本条件与手段。人类社会发展的历史也证明,合作是人类生存的必要方式。

2. 相互依赖

当合作更能够促使利益最大化时,个体倾向于实行多人的协同努力,通过合作来达到目标。凯利等人(Kelley & Thibaut,1978)在探讨合作与竞争行为产生的原因的时候,提出了相依理论(interdependence theory),提出了重要的“转换”概念,认为个人会将追求暂时的简单利益转换成为追求长期的优化利益或群体利益。这时,群体利益本质上成为个体优化利益的存在方式。为此,个体会在实际行为过程中显示出调整的灵活性,虽然一种行为暂时不会对个人利益最大化,但从长远的关系来讲,又是必需的行为。例如,个体在听音乐的时候会顾及他人而放低音量。考虑到他人和关系整体和长期的利益,人们也会做出不喜欢但可以接受的行为。个体将追求自我利益转换到追求长期利益或群体利益,导致了合作行为。

3. 情感与承诺

在探讨是引发合作还是引发竞争的因素中,很多研究聚焦到利他主义的要素。研究证明(Batson,1995),情感可以激发人们利他主义的价值取向,当个体对群体中某一特定个体产生心意相通的感觉时,他倾向于与这个个体合作,不管所得结果是否对整个群体有利。现实社会中因为个体之间的相互接受和情感关系而促进群体间合作的现象也屡见不鲜。

除了情感因素外,承诺是另一个激活利他合作的因素。实验发现,通过激发被试产生归属感和承诺来激活利他主义,可以促成被试之间的妥协。归属与承诺一经产生,即使其对手不合作,被试也仍然采取合作行为(Rusbult,1991)。

4. 攻击本能

如果说合作是在内群体中发生的,那么竞争则是在外群体的领地争夺和生存较量中衍生的。研究者认为,人类采取竞争行为的其中一个原因是攻击本能。研究发现(Goozen,1995),在变性治疗过程中,操纵雄性激素的水平,会影响人愤怒的脾性:女性转变为男性之后,愤怒的倾向会随雄性激素水平一起升高;而男性变为女性之后,愤怒的倾向也会随雄性激素水平一起降低。

研究也证明了愤怒与攻击性是高相关的。人们在决定是采取合作还是竞争的时候,往往不是一开始就采取进攻手段来剥夺他人的利益，当个体看到他人没有采取合作行为时，进攻本能就会被激活，从而采取更为不合作的行为。凯利等人（Kelley & Stahelski，1979）的社会两难情境研究发现，对社会结果的不公平感会激发人们的攻击本能，从而产生竞争的行为，甚至有合作倾向的个体有时候会比那些无合作倾向的个体还要不合作。

二、合作与竞争的影响因素

很显然，社会文化的、群体的、人际的、个人的等各种层次的因素，都可能对人与人之间的竞争与合作产生影响。

（一）人际交互作用

日常生活中很容易被人们注意的是个人之间的合作与竞争。根据社会交换理论，在人际交往过程中，如果双方的行为能够形成一种公平和相互获益的关系，那么这种行为与关系就可以得到继续与发展，否则就会减少或停止。人际交往过程中发生的合作或是竞争也遵循同样的规则。如果别人给予我们惠待，做出合作姿态，我们就会感到有偿还的义务，因此会更倾向于与对方进行善意的合作；相反，如果对方自私自利，用竞争的方式与我们发生关联，则我们也会倾向于用同样的方式回敬他（Kerr & Kaufman-Gilliland，1994）。

我们在讨论人际关系时，深入讨论了人际交往的交互原则，其中就揭示了人际交往中合作倾向在人际支持中产生和发展的原理。“人敬我一尺，我敬人一丈”，中国文化的深层价值，也揭示了人们在交往中合作倾向的根源在于“敬”和先得到别人的“敬”。但是，这种“人敬我一尺，我敬人一丈”的心态也暗示着在交互作用过程中的被动。良好的合作环境的建立需要通过主动的接纳和付出来赢得。如果我们用“我敬人一尺，人敬我一丈”的方式去启动人与人之间的合作倾向，则更加有利于合作环境的赢得，并阻止恶性竞争的发生。

（二）沟通

许多研究都证明，充分的沟通会导致更多的合作（Kerr & Kaufman-Gilliland，1994）。群体成员间的沟通会影响合作或是竞争行为的产生。严进、王重鸣（2003）的研究发现，在群体任务中发生的合作行为，在连续多阶段的博弈过程中，不同阶段的反馈信息是决策者选择合作决策行为的重要线索，一个有效的沟通网络对于合作行为的产生有着积极的作用。

威克曼（Wichman，1970）的实验证明，沟通对于合作会发生重要影响。他设置了4种实验情境：同伴间不可见也无交谈（无沟通）；可以看见但不可以说话；看不见但可以交谈；看得见也可以交谈。结果发现，不同的沟通形式对合作行为的比例产生了不同的影响，沟通越充分，沟通的形式越直接，合作行为的比例也就越高。在无沟通条件和无言语交谈情况下，竞争水平最高，只有40%的被试选择合作；而当实现了言语沟通后，合作行为的比例上升到70%以上。言语沟通在促使双方讨论计划、增进彼此了解、做出承诺和使对方信服等方面产生了一系列作用。最为关键的是，他们通过沟通增强了信任，这可能是沟通因素最终起作用的关键。

（三）个体特点

群体成员的社会特性，包括群体成员的种族、年龄、性别、受教育水平、角色地位等特征，都会影响合作和竞争行为的产生。在朝韩关系和美朝关系中我们可以看到,由于韩国与朝鲜在种族上的同一,当美国试图对朝鲜采取压服式方式解决朝核问题时,韩国却更多站在朝鲜一方。共同的种族,拉进了朝韩两国的距离,使双方在许多重大事务中都采取合作的方式。

不仅群体成员的社会属性影响群体成员的合作,成员的性格背景也会对合作和竞争倾向产生影响。有研究表明,个体在合作和竞争上存在的差异,与“大五”人格密切相关:严谨性、开放性和外向性与总体竞争呈正相关关系而与神经质是呈负相关关系(岑延远,黄曼娜,2007)。利布兰德等人(Liebrand & McClintock,1988)发现,个体在与他人相处时有 3 种不同的价值趋向或策略。① 合作倾向者:这类人倾向于使包括自己在内的所有成员获得最大的利益。② 竞争倾向者:他们的目标是比别人获得更多的利益,要比别人做得更好。③ 个人主义倾向者:力求自己所得利益最大化而不管他人得失。

不同的策略对人们在不同情境下的行为有很大影响。当人们面对两难选择时,不同取向的人可能产生不同的归因模式,形成不同的思维习惯,合作者更倾向于选择合作,竞争者则可能选择一种更加竞争性的模式。如果他们的选择得到对手的相似回应,就会一直合作或是竞争下去。需要指出的是,个体价值观只是在一开始决定个体的合作或竞争倾向,如果另一方对此做出相反的回应,则个体也会相应地调整策略,此时交互作用开始起决定性作用。

(四) 奖惩结构

心理学者认为,不同的奖惩结构对于个体选择是竞争还是合作的策略有很大影响。竞争性的奖惩结构是指个体最终所得是以别人的失去为条件的,如运动会上只有一个运动员能成为冠军;某个班级里只有一个学生可以成为第一名;等等。这种以竞争为主导的奖惩结构,称为“竞争性相互依存”结构。在这种结构之下,个体倾向于选择竞争策略以得到最终唯一的成果。有些企业实行员工过失处罚制度,然后将处罚员工的现金用于奖励先进员工。从表面上看,似乎是很好的奖勤罚懒、奖优罚劣的管理策略,而事实上,这种策略强化了组织的竞争性相互依存结构,实际上会损害员工之间的相互支持关系。

与竞争性相互依存结构相对的是“合作性相互依存”结构,即成员之间以积极的方式相联系,群体的绩效是以成员间的合作为基础,每一名成员做得越好,群体越可能取得最后的胜利。比如,学校用群体的共同进步来作为奖励的理由,并且不强调哪个群体是第一,这样不仅强化了群体内合作,而且使群体不把其他群体作为对手,而是更关注自身进步。这种奖励结构引导个体通过群体合作取得共同成绩来达成自己的目标。

第三种结构是个人主义结构,它是指一种成员之间的成绩相互独立的结构。在这种结构中,个体之间相互独立而不易发生直接的竞争关系。比如,公司进行绩效考核时,对每个雇员单独进行考评,每个人的成绩只以公司所制定的绩效考核标准为评定依据,与其他雇员的绩效成绩无关。不过由于个人主义结构强调个体的独立性,所以成员彼此之间缺乏必要的沟通、认同与合作,易于形成个体的分化,并产生成员间始于社会比较欲望的原发性竞争倾向。

除以上谈到的影响因素以外,群体的规模、群体的认知特性、群体要完成的任务的难度和类型也都会影响群体成员的行为模式是倾向于竞争还是倾向于合作。

三、合作与竞争的社会作用

（一）合作的社会促进作用

合作是社会成为一个整体的基本条件,为此,其积极的社会功能是显而易见的。在日常生活中,社会心理学家运用合作原理在学校中建立合作学习小组并取得了巨大成功。在合作学习小组里,孩子们共同学习,进行面对面的交流,并且小组最终的学习成绩由每个成员决定。大量研究都表明,合作式学习较之竞争性的或是个体式的学习在促进不同阶层孩子之间的相互接受和喜爱程度上有更大的有效性。米勒等人(Miller & Davidson,1987)曾对 25 个涉及合作学习的研究进行了元分析,结果发现合作型小组较之控制组产生了更高的种族吸引力。另有其他研究表明,较之竞争型组织,合作型组织的成员间有更高的友谊水平,群体内成员之间的偏见也更少(Brown,1988)。可见,合作是促进人们良好交往和友好共处的有效工具。

（二）竞争的两面性

合作的巨大功用并不意味着竞争毫无益处。在竞争状态下,人们的潜力会被激发,精力更加充沛,从而取得平时不能达到的成绩。一定强度的竞争对群体行为有着积极的推动作用,可提高群体效率,增强群体凝聚力。此外,竞争还是人们的一种原发性动机,是人们自身意义寻求和支撑的一种方式。

在一个完整的社会结构中,合作与竞争执行着不同的社会功能,二者是不能偏废的。人类具有更倾向于竞争的心理特点,决定了合作是暂时的而竞争是绝对的。米勒等人的元分析发现,在群体内部存在竞争的合作型小组,其成绩比那些内部不存在竞争的合作型小组更为优异,这很好地证明了竞争的促进作用。一个发展正常的人,既需要有良好的合作能力,善于赢得支持,促成更大、更广泛目标的实现,也需要有良好的竞争能力,有面对挑战、在困难环境中顽强努力、争取超越的力量。在市场经济条件下,竞争直接导致了人们创造力与生产力的解放和市场的繁荣。竞争迫使人不断进取,为发展做出不懈努力,从而使社会进步有了源源不断的动力。正是因为竞争,人类社会才不断地向前发展。

因此,在合作与竞争的社会作用问题上,不能只强调合作而忽视竞争。一个正常的个体、组织或国家,要想取得不断进步,就必须在两者之间寻求适当的平衡。可以说,合作最终是为了竞争,竞争又促进了更高水平的合作。适度的竞争和有效的合作,对于任何个人、组织、民族和国家都是必要的。

第二节　竞争心理优势

"竞争心理优势"是金盛华提出的概念(章志光,1996),是指在需要共同拥有资源的情境中,人们在合作与竞争的两重选择上更倾向于选择竞争的心理现象。这种现象不仅为大量的经典实验研究所证明,也在日常生活的观察中反复被印证。本章开头关于驾驶行为的举例就是一个很好的证明。

一、竞争心理优势的实验

社会心理学中研究竞争的经典实验有两个，一个是下文即将介绍的囚徒两难困境，另一个经典的实验是多依奇等人（Deutsch & Krauss，1960，1962）进行的卡车运输游戏实验。实验情境是这样的：假设两个被试都经营运输公司——一个叫艾可米公司，另一个叫波尔特公司。现在双方都需要让自己公司的一辆卡车尽快赶到终点。两辆卡车的起点和终点是不同的，但在途中需要经过一段双方都要经过的单行道，且单行道两端有两道电门分别由双方控制，如果不想让别人通过则可以关闭电门。由于单行道只能允许一辆车行驶通过且两辆车是相向而行的，因此唯一的办法就是双方交替使用。一方先在自己的线路上等待一会儿，等对方卡车通过后再驶入。如果其中一个被试关闭自己所控制的电门就会使单行道失去通行作用，只能启用备用路线。研究者在实验前会明确告诉被试，即使交替使用单行道需要等待，也比走备用路线更加经济和高效。图18-1是实验路线的示意。

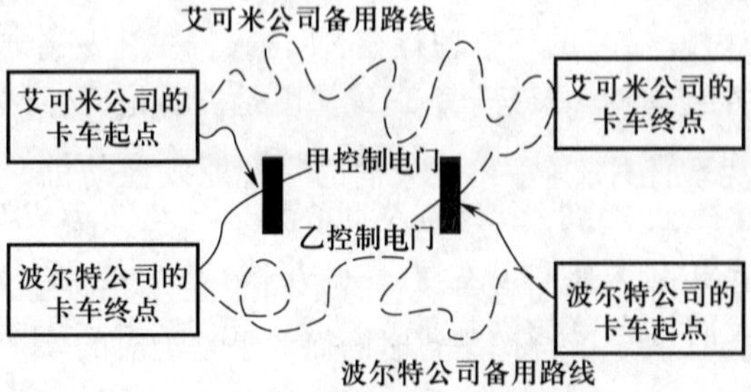

图18-1　卡车货运游戏路线示意

很显然，最佳的选择是两个人合作使用单行道。这样，双方都可以使用直接的近路，其中一人只需等待几秒钟，等另一辆车通过后就可以驶入。然而，被试为了单行道而发生了争夺，他们关闭自己所控制的电门，最终都以失分而告终。

实验中被试的典型行为是双方都试图使用单行道，他们在中途相遇，然后倔强地对峙，都拒绝后退。最后，其中一个开始倒车，然后关闭自己控制的电门迫使对方也退出去，这样最终两方都使用费时的备用路线。实验中双方偶尔也会合作，但是大部分回合的实验都是竞争性的。人类的竞争心理优势得到了很好的证明。

二、竞争心理优势的引导

研究证明了竞争心理优势在人群中的普遍存在，说明在现实生活中，当需要共享有关资源时，人们更倾向于选择竞争的行为方式，而不是选择更富有建设性的双赢合作。正如我们在本章开头的举例中所提到的，人们由竞争心理优势引导的驾驶行为本想让自己更快，而实际上大家都互不相让，使堵车现象更为严重。更为重要的是，我们的驾驶行为显示出了自身的习惯素养，点滴行为实际上投射出了我们在紧急关头更倾向于自我中心的思维方式。

社会应当怎样引导人们的竞争心理优势向合作的方向发展呢？社会的发达与否，不仅在于其物质生活是否丰富，更重要的是其社会资源配置机制和社会行为引导机制是否建立在公平的规则基础上。

发达社会的一个基本特征是社会的“循规导引”机制,即法律面前人人平等,人们的行为已经在“外规内则”的支持下规范化。所谓“外规”,是面向全体公众的社会规范约束;所谓“内则”,是在可靠的经常性执行机制引导下内化为个人习惯素养的内在的遵守规范的意识和相应的行动习惯。在发达社会中,包括权贵们在内的社会民众,在公众情境中没有也不期待不合理特权。外在的“规”与内在的“则”达于一致,因而呈现出人人守法的景象。在发达社会中,契约精神维持法规张力,引导民众养成遵纪守法的习惯,学会使竞争符合规范,并在竞争的情境中采用多视角考虑问题的倾向和习惯。并且,社会对人进行实际评判的价值取向是社会法规化的,遵守规范者会得到社会接纳,而违反规范者则很难逃脱惩罚和公众指责。这种稳定的社会机制,发挥着支持人们弱化竞争心理优势、强化合作倾向的作用。

落后社会的一个重要特征,是社会的“势力导引”机制,社会规则在面对“势力”时会十分脆弱,“势”常常超越“规”,使有些人成为法规之外的特殊人群。在这样的社会中,人的行为规范虽然同样会受到社会法规的制约,但不同势力的人受到法规制约的程度是不一样的。外在的法规由于没有可靠的经常性执行机制支持,在很大程度上没有内化成为人们内在的“则”,更由于许多人会在公众情境中显示“法规之外”的不合理特权,使得人们更容易养成追求特权而不是追求遵守法规的愿望。在这样的社会环境中,竞争心理优势不是被弱化,反而是得到了强化。在落后社会中,社会和国家的金钱和资源容易为“势力”无序控制,而不是让国家资源在法规的轨道中服务于国家和人民。与发达社会中掌握金钱的人不敢为自己花钱形成鲜明对照,落后社会中掌握金钱的人会用各种方式和利用各种机会为自己花钱,甚至是花大钱,从而容易形成“官本位”心态和价值取向,使人们将竞争的兴趣放在进入可以掌握资源的位置而不是创造效益和财富上。

此外,如果一个社会的法规执行高度取决于特定情境中对象的权势,而不是对所有对象采取一样的制约方式,如有些人驾驶时违反规则不会受到惩罚,他们可以在众目睽睽之下横行无忌,则这种社会环境和规范执行的机制很容易使人们的竞争心理优势得到强化,使人们的心态和习惯向竞争的方向倾斜。因为在竞争中赢得优势实际上可以使自己在现实生活中占据有利位置,而且,这种竞争心理优势会泛化延伸,使人们热衷追求权势,因为权势可以使人们获得更广泛的竞争优势和赢得避免法规制约的资本。

显然,竞争心理优势的弱化,需要有健全的社会法规及稳定和公平的执行机制引导。一个社会变革的方向,首先是建立真正平等并且被有效和公平执行的法则,当社会机制变为遵守法规者受到奖励和支持,而违反法规者必受到公平的惩罚,付出应该付出的代价时,民众的社会心态才会转向追求遵守法规而不是追求特权,社会才会向弱化竞争心理优势和重视合作的方向发展。

三、社会两难情境与搭便车效应

(一) 社会两难情境的概念

社会两难情境(social dilemma),又称社会困境,是个体利益和群体利益发生冲突的一种情境。当群体中每个成员的选择都倾向于对自己有利,而个人的选择累积起来的后果最终会对群体成员(包括选择者本人)不利时,就出现了社会两难情境。具体而言,社会两难情境具有如下属性:① 无论群体中其他个体是合作还是背叛选择,个体做出背叛选择所得到的收益要高于其做出合作选择时所得到的收益;② 行为选择的结果依赖他人做出的选择;③ 与合作选择相比,背叛选择总是对他人有害;④ 所有人合作的结果要比所有人背叛的结果更好(Dawes,1980;Messick & Brewer,1983)。在社会两难情境中,个体选择了自己的短期利益,但从长远看,包括本人在内的群体成员的利益最终会被损害。

假设你与一群朋友在餐馆吃饭,大家约定平摊付账。你会点什么菜呢?是选择便宜的菜降低大家的花销,还是点那些很贵的酒菜,希望大家来分担你的开销呢?如果你足够奢侈,就会点很昂贵的饭菜(反正是大家共同分担,不用太担心钱的问题)。可问题是,如果每个人都这样做,那么大家最终会负担一大笔餐费。

在这个范例中,个体可以把自己的花销摊给每个成员而自己大饱口福,这就是所谓的"搭便车效应"(free rider effect)(Glance & Huberman,1994)。个体采取搭便车行为,会最终损害群体的利益,使得群体其他成员付出代价。

现实生活中"搭便车效应"的例子很多。如在大学生公共浴室里,当每个学生都可以无限制地使用热水时,你是否考虑到了地球水资源紧缺并注意节约用水?在旅游景点,你是否有过随手丢弃垃圾的行为,在方便了自己的同时却对自然环境造成了污染?

对于社会两难情境的研究是社会心理学一个比较活跃的领域。人们的选择究竟是从群体利益最大化出发还是从个人利益最大化出发,是当今社会广泛存在的问题。在资源短缺的当今时代,这一问题更加突显。

(二) 社会两难情境的类型

1. 公共资源两难

公共资源两难是指人们对于有限的公共资源不加节制地恣意使用,最终每个人都会蒙受资源短缺的后果。经济学家哈丁(Hadin,1968)提出,在资源两难情境中,很有可能发生"公共资源悲剧"(tragedy of the commons),即人们竞相对资源进行掠夺,甚至滥用资源,最终使资源得不到补充而枯竭,为此社会成员必须通过合作来使资源合理再生和循环。现实中,滥用资源而使资源枯竭的事例不胜枚举,诸如水资源浪费、水环境污染、空气污染,湖海渔场由于渔业资源的滥捕致使无鱼可捕,矿产资源的过度开采导致生态环境恶化,森林的乱砍滥伐和草原滥牧导致土地沙化等,都是人们在公共资源两难情境中恣意滥用资源的后果。在世界范围内,公共资源困境已经成为一个日益严重的问题,引起了世界各国的重视。

2. 公共福利两难

公共福利两难是指人们都使用诸如公共交通设施、公园等社会福利服务,但却不给予回馈。如果每个人都只索取而不给予,这种公共福利最终会无法维持下去。最为常见的公共福利两难是公园草地的养护,游园人都喜欢在草地上休闲,却没有养护和保护草地的明确责任。在特定条件和有关责任不够明确的情况下,许多国家资源也被不恰当地当成公共资源而面临公共福利两难的窘境,使国家资源面临被蚕食的危险。许多国有资产和土地资源流失就是这一窘境的直接后果。

公共资源两难与公共福利两难具有不同的特征(Kollock,1998)。公共资源两难的关键特征是利益的减损性(subtractability),因为一个人消耗了这种资源,其他人就不可能享用了。公共福利两难是非竞争性的(nonrival),因为公共福利是非排除性的,即不创造或维持这种公共物品也可以享受这种物品,结果就会产生搭便车效应。

3. 囚徒困境

研究合作与竞争的一个经典情境是囚徒困境，这是一种假设的两个嫌疑人被分别审讯的情境。假定，警方认为两个嫌疑人共同参与了同一项犯罪活动但是没有证据能够证明二者的罪行；如果两个嫌疑人都不认罪，则由于证据缺乏，两人都只会被判较轻的罪；而如果两人都认罪则都会被判重刑。还有另外一种两难的情境，即如果其中一人认罪，而另外一人没有认罪，则认罪者会因为协助警方而被释放，而拒绝认罪的嫌疑人，则会受到更为严重的判决。图 18-2 是囚徒困境示意。

显而易见，两个嫌疑人现在面临一个选择上的两难问题：如果他们认为同伴会认罪，那么他们自己最好也认罪。最好的结果是两个人联合一致都不认罪，这样两个人都会被判 1 年。因此，如果两个嫌疑人相互信任的话，他们应该选择合作都不认罪，这样两人都会被从轻判决。但是，如果其中一个人相信同伙不会认罪，他很有可能认罪，因为这样尽管同伙会被判重刑，但是他自己会被释放。合作还是竞争？在这个两难的情境中，囚徒该怎样选择？

嫌疑人B \ 嫌疑人A	认罪	不认罪
认罪	都被判刑10年	B被释放 A被判15年
不认罪	A被释放 B被判15年	两人都被判1年

图 18-2 囚徒困境示意

在这一困境中，两名囚徒都选择不认罪而共获轻判就是一种合作；其中一个囚犯在同伴选择不认罪的前提下自己选择认罪，不顾他人的代价，只求自己能够被轻判，就是选择了竞争的策略。

在多达 2 000 个研究中，研究者对大学生在各种变化了的囚徒困境中的心理进行了研究，不过内容不再是囚禁或释放，而是变成了是否得到筹码、现金和学分。研究的结果表明，被试在特定的决策上更倾向于背叛，因为这样剥夺了他人的合作，并保护自己不受他人伤害。但不幸的是，因为没有采取合作，实际上双方都不能得到只有相互信任才能获得的共同利益。这种困境能使双方都深陷其中，虽然双方都能认识到可以互惠，但因彼此都不信任，结果注定为不合作。

在囚徒困境中，人们对于自我利益的不加制约的追求，对双方都会带来破坏性后果。在第二次世界大战之后，美苏双方的冷战使各自的军事战略都定位为“互相毁灭”。此时如果真的有一个无私的外星人观察地球，很可能会下结论：“愚蠢。”

（三）如何避免“搭便车效应”

总结有关研究结果，可以从以下几个方面来有效避免“搭便车效应”。

1. 改变奖惩结构

比如改变公共浴室无限制用水的做法，改为每个人按照使用的水量来支付水费。实验证明，这个做法可以很好地达到节约用水的目的。全国许多大学已采用个人 IC 卡计量消费的方式，大大节约了浴室用水。这种做法之所以会有作用，是因为它运用了个人主义的奖惩结构，明确了每个人的责任，并使人们对自己消费的公共资源按量付出代价。

2. 规范提醒

研究证明,如果提醒游客社会规范对于乱扔垃圾是不容许的,那么游客就不太会乱扔垃圾。违反规范可能意味着个体对于群体的一种脱离,因此规范提醒对于个体有约束作用。

3. 营造有利气氛

如果要制止游客在景点乱扔垃圾,那么一个很好的办法是把路面打扫干净。在干净的环境中,游客扔垃圾的可能性会降低。因为这相当于一种提示,暗示别人是爱护环境卫生的。在这种无形的压力下,个体也会发生同步行为。如果周围的卫生比较糟糕,那么游客也会倾向于扔垃圾。

4. 强化成员联系

搭便车效应在个人所造成的影响不能辨认的大群体中更容易发生,因为此时因个人的自私行为而产生的代价被均分成了很多小的部分,分到每个人身上时已经小到个人可以不在意的程度。比如,在集体聚餐分摊费用的例子中,12 个人一起的群体点昂贵饭菜的概率会高于 4 个人聚餐。而且,小群体使人们可以发生更加紧密的相互联系。在 4 个人的群体中,每个人都与点菜人有密切联系是很容易的事,而在 12 个人的群体中就不容易发生如此紧密的联系了。而且,小群体的紧密联系还预示着他们会发生更加密切的关联(如生意上的合作,未来一起生活,长期交往的朋友等),从而产生利益上的相互关联,因而不易产生搭便车效应。

5. 增进成员间的沟通

沟通可以促进合作,在搭便车效应中也是如此。成员之间的讨论,会为共同商定合作性共识提供机会。如果点菜者与其他成员在点菜前讨论一下价钱问题,也许其他成员会同意并乐意点昂贵的饭菜。同时,这样也能增强成员对于群体的认同水平,进而进行更加有效的合作,使群体内资源得到合理的分配。

四、群体间竞争

以上我们主要关注的是个体之间的合作与竞争。不同群体之间合作和竞争的情况又是怎样的呢?群体会比个体更倾向于合作吗?

(一) 群体比个体更具有竞争性

心理学家英斯科(Insko)等人对于群体间的合作与竞争问题进行了一系列小群体实验室研究。结果发现,与个人情境相比,当人们处于群体中、群体成员身份凸显时,竞争心理优势会表现得更加突出,合作也变得更加困难。也就是说,群际相互作用倾向于引发人们的竞争性,研究者称这种现象为竞争的“不连续效应”,亦即个体间和群体间的竞争性是不一致(即不连续)的。群际间的相互作用倾向于增强人们的竞争性,降低合作性。

(二) 不连续效应的发生机制

为什么在群体中竞争心理优势得到了强化呢?英斯科(Insko,2001)等人认为有以下 3 个原因。

第一,个体的自私行为在群体中更容易得到社会支持。与个体间发生作用的情境相比,群体更容易凸显贪婪和自私。因为当个体从外群体掠夺他想要的东西时,会得到所属群体的支持,而在纯粹的个体相互作用中,这种支持是得不到的。

第二,个体对于所在群体的认同感使得他可能对外群体怀有偏见,如认为这些人好争斗、好侵犯、不诚实等。因此,一旦他看到一种情境主要涉及群际关系而非个人关系时,就倾向于做出竞争性反应。

第三,可鉴别性被弱化。个体之间的竞争,敌我非常明确,个体做出竞争决策后要为这个决策负责任。而在群体中,个体的自我意识被群体整体隐匿,对于群体的竞争决策可以不承担像个体决策时那么多的责任,匿名性为不承担责任提供了保护屏障,导致了更多的竞争。

英斯科等人还用一个长期定位的实验证明了这些因素的客观存在。在这个实验中,被试以个人或 3 人一组的形式参与囚徒困境游戏。一半被试被告知只有一次与对手选择合作或竞争的机会,另一半被试被告知有多次机会。实验的假设是,如果有多次机会,小组的竞争倾向会大为减弱,因为时间上的长期定位会对群体间竞争发生影响。对于个体而言,由于个体间已经保持了较高的合作水平,这种时间上的长期定位则不会发生明显的作用。研究的结果验证了假设的合理性,见图 18-3。在小组有多次选择的情况下,竞争的倾向性明显降低,而个体竞争性降低的幅度相对更小。

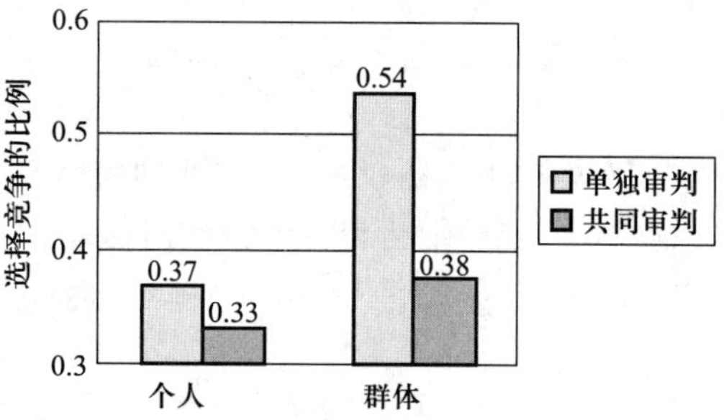

图 18-3 减少不连续效应:长期定位的潜在好处

来源:转引自巴伦,伯恩.(2004).*社会心理学*(第 10 版).(黄敏儿,王飞雪等 译).上海:华东师范大学出版社,632.

对群体竞争性的另一种解释是以社会认同理论为基础的。社会认同理论认为,人们的社会认同是以其所归属的群体为基础建立起来的。由于大多数人希望尽可能建立最积极的认同,所以他们会努力加入有吸引力的群体。而且,个体会尽最大努力来提高其所属群体相对于外群体的地位。提高自己群体的地位可以通过偏见性知觉(关注自己群体的优点和外群体的缺点)和对外群体的歧视(给予内群体更多的分数、钱和机会,对外群体的则加以克扣)来实现。因此,仅仅把人群划分为内群体和外群体,就足以激发起人们与外群体进行竞争的动机(Turner,1987)。对手不是内群体成员的事实,会强化不连续效应的发生。不过,在个体人际关系情境中,因为卷入的双方可能把彼此都看作同一个群体的成员,竞争就会被减弱,此时个体之间的相似性减少了人们竞争的倾向。

第三节 冲突及其平息

在纷杂的现实生活中,除了合作与竞争,还有另一种表现更为激烈的人际和群体关联方式——冲突。从家庭到街头,从公司到组织,从城市到国家,可以说,较量和冲突就没有一天停止过。

一、什么是冲突

冲突是个体或群体感受到另一方的不利于自身利益的行为并进行反击的现象。冲突的发生需要具备四个基本要素,见图 18-4。

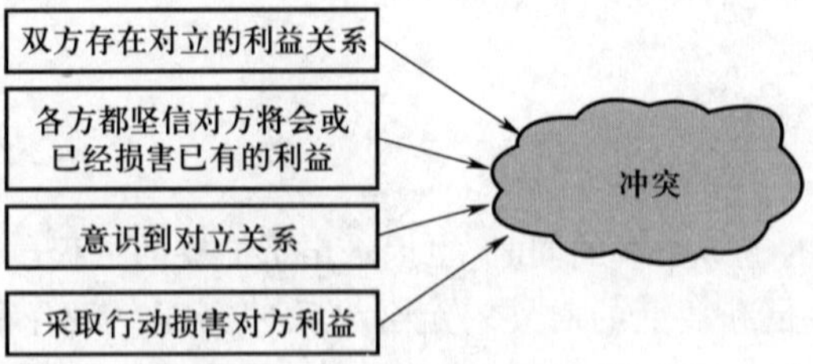

图 18-4　冲突包含的要素

来源:转引自巴伦,伯恩.(2004).*社会心理学*(第 10 版).(黄敏儿,王飞雪等　译).上海:华东师范大学出版社,633.

在冲突的类型上,除成员间认知不一致引起的认知冲突外,还有情绪冲突和直接在行动上显现的行为冲突。在一般情况下,无论是个人间,还是群体间,抑或民族间、国家间,认知冲突比较容易解决,而情绪冲突和行为冲突则会有更为严重的后果。

在不同类型的关系上,认知冲突如果不能得到及时的解决,最后会形成情绪冲突和行为冲突。许多个人间、组织间冲突乃至国家间的大规模的军事冲突都是从认知冲突开始的。

二、冲突的作用

通常认为,冲突是群体行为中的一种极端行为,会导致一定的消极作用,它常常被认为是暴乱、破坏、非理性的同义词,因此冲突是有害的、应该避免的。但是,我们应该思考一个问题:任何事物都有两面性,冲突既有消极作用,也有积极作用。

首先,在某些情况下,冲突是深化互动双方彼此了解的一条途径,如有时候群体决策中成员间发生认知冲突,可能导致观念改变。这种冲突如被适时恰当引导,是可能转化为促进群体效能的积极因素的。认知冲突会促成成员对不同观点的思考和判断,提高其认知加工深度,增加其对独享信息的分享度,诱发决策过程中新知识的建构,促成群体决策水平的提高。

其次,群体间的冲突是群体确认其同一性的一种有效手段。研究表明,新建群体更倾向于同外群体保持竞争关系。研究者分析,同外群体的竞争关系可能是建立清晰的群体同一性的一种有效手段。冲突迫使人们站在一方的立场上,使"我们"和"他们"的区分更清楚,从而加强了"我们"的联结。

此外,社会学家还提出,冲突能够引发社会变革。由于黑人不断地与白人进行抗争(如马丁·路德·金、曼德拉领导的黑人运动),促进了美国社会各种族有了相对稳定的共同融合环境,南非也结束了种族隔离主义统治的历史,促进了社会的变革与发展,为社会的平等提供了更多的机会,创造了更为美好与和谐的社会图景。

最后,在现代管理实践中,“激发功能正常的冲突”已经成为很多公司的一种管理理念。惠普公司对持不同意见的人进行奖励,即使他们的想法最后未被管理层采纳;通用电器公司等世界500强企业在决策中会引进吹毛求疵的异见者。这种主动建构冲突的做法,使得公司能够在更广泛的视野中进行有效决策,促进了企业的沟通和变革,也使企业得以长期保持经济活力。

当然,冲突的消极作用也是显而易见的。冲突可能会引起人际关系的破裂和资源的巨大浪费。因此,无论是组织还是国家,都有一个如何利用良性冲突和避免恶性冲突的问题。对于冲突,我们必须善加利用,有的时候冲突本身也为潜在问题的解决提供了一个适当的契机,如果运用得当,就完全可以创造巨大的社会价值和经济价值。

三、引发冲突的因素

图 18-4 在表示冲突的基本要素的同时,也揭示出了冲突的过程。双方利益的对立是引发冲突的前提条件,但是,是不是利益上的对立一定会导致冲突呢?还有哪些因素影响了冲突的发生呢?

研究表明,有时即使存在利益矛盾,冲突也不会发生;而有时即使双方没有根本的利益矛盾,也会发生冲突(Tjosvold & DeDreu,1997)。显然,利益矛盾仅仅是冲突的一个方面,还有很多其他因素在冲突的引发上具有重要作用,大量的研究也证明了这一点。

(一) 竞争

在第十七章中,我们介绍了谢立夫进行的夏令营群体形成实验。在这一研究中,当研究者安排两个独立的群体相遇,并进行一系列竞争性活动,如橄榄球、垒球等有奖竞赛时,两个小组在竞争时发生了白热化的冲突。两个小组先是在竞技时相互叫对方小组的带有贬抑性的绰号,然后冲突升级到“垃圾战”——在餐厅里用厨余垃圾相互攻击对方成员,直至夏令营管理人员将这场战争制止。在这个实验里,被试是被随机分配到两个小组的,在文化、生理特点、经济条件上没有显著差异,因此可以认为是一个相对纯粹的实验情境。谢立夫解释,得到—失去的竞争情境引发了群体的冲突。竞争是引发冲突的一个重要因素。

(二) 威胁

多依奇和克劳斯(Deutsch & Krauss,1960,1962)在卡车运输游戏实验中,通过变化双方控制门的数量,研究了“威胁”变量对冲突的作用。他们通过变动控制门的可获得性,设置了3种不同的条件:无威胁(没有电门)、单边威胁(只有一个游戏者控制一道电门)和双边威胁(两个游戏者都有各自所控制的电门)。在每一轮尝试之后,实验者都宣布每位游戏者赢了或输了多少。

研究结果表明,在双方都缺乏威胁手段时,游戏者获利最多;而在双方都能使用威胁时,他们获利最少。表 18-1 是研究中多轮游戏后的结果。从中可以看到,只有在无威胁条件下游戏者才能实现盈利。无论在有单边威胁还是双边威胁的情况下,两个游戏者都会有损失。但是,单边威胁较双边威胁对游戏者双方有更好的结果。这些结果显示,冲突情境中的潜在性威胁越大,冲突程度就越高,达成一个合作性的解决方案就越困难。实验证明,威胁不仅不是应对冲突的有效方法,还会对冲突的发生和升级起推波助澜的作用。

表 18-1　卡车运货游戏中的盈利状况

变量	无威胁	单边威胁	双边威胁
盈利总合	203.32	-405.87	-875.12
艾可米公司盈利	122.44	-118.56	-406.56
波尔特公司盈利	80.88	-287.31	-468.56

（三）不公平感

公平指的是个体或群体感知到的一种投入与获得成比例的心理平衡状态。在日常生活中，我们常常会抱怨："这不公平！""凭什么你拿的比我多？"哪些因素引发了人们的不公平感呢？

根据公平理论，每个人所得到的收益与他的投入遵循一定的比例，投入越多，收益也应该越大。在人际交往或群际交往中，双方的收益与投入之比应该大致相同，双方的关系才能继续维持下去。在双方的投入相差无几的条件下，如果一方认为对方的收益和投入之比大于自己的收益和投入之比，就会产生不公平感。这种不公平感会进一步导致诸如不满、愤怒等负性情绪。心理学家认为，越是富有竞争性和认为自己的产出有价值的个体或群体，越容易感到不公平，并倾向于进行报复（Ross，1971）。冲突在这种情况下更容易发生。

实际上，经济公平只是影响公平感的一个因素，在有些情况下，影响公平感的主要是社会常规或准则。平均主义的文化价值可能会使社会民众形成"均贫富"的公认常规，期待社会资源和财富在适当条件下的平均分配，此时即使违背了经济上"多劳多得"的公平，也不会引起冲突。此外，这种投入与产出不成比例的情况在一些较私密的关系（如家庭成员之间）中也客观地存在着，并受到特定文化价值的支持。

不同社会文化条件下人们的公平和公正观念有着巨大的差别。在一个社会内部，随着人们的社会位置发生变化，公平和公正的观念也会发生相应的改变。当一个社会的各个阶层和群体对于公平和公正的观念趋于一致的时候，社会就不容易出现冲突。而如果一个社会不同阶层和人群关于公正和公平的理解不相一致，甚至相互矛盾，则这个社会就容易发生各种冲突。

（四）知觉偏差

社会群体间的冲突常常是由于知觉偏差引发的，镜像知觉、双重标准、冲突维持归因等，都可能引起人们对其他群体的误解。

1. 镜像知觉

镜像知觉（mirror-image perceptions）是指对立双方持有关于对方的相似的知觉印象。这种印象通常是负性的、消极的，其主要特征是相互之间对对方的看法惊人的相似，像镜子一样相互反射，因此被称为镜像知觉。有研究者曾经调查过美国和苏联人民对彼此的相互印象，结果发现了明显的镜像知觉，见表 18-2。从表 18-2 中我们可以看到，每一方都坚持认为"我们"的动机是好的（保障自己的安全和领土不受侵犯），而对方则是动机不良的（如消灭我们，贪婪地掠夺我们的领土等），双方都没有意识到自己的实际行动加剧了对方的疑虑、恐惧和愤怒。这样彼此间越来越不信任，冲突会因此而发生并逐步升级。

表 18-2 镜像知觉:我们怎样看待他们,他们也怎样看待我们

假设	美国总统里根支持其假设的宣言	苏联总书记支持这个假设的宣言
我们愿意达到相互解除武装的目标	“我们愿意与对方一道减少武器数量,对我们而言,没有任何其他东西比这个更重要。”(《时代周刊》,1984)	“我们并没有试图去占有军事上的优势;我们想要的是这种对立的终结,而不是军备竞赛的继续。”(《时代周刊》,1985)

镜像知觉的连锁效应其实是一种预言的自我实现。假设你听到了一个谣言——你的一个朋友说了你的坏话,那么你就会冷落他甚至中断与他的交往。此时,他可能真的会说你的坏话,这反而验证了你先前的想法,更坚定了你对他的先于事实的错误知觉。此时一旦有导火索,冲突便很可能发生。

2. 双重标准

这种认知偏差是指人们倾向于认为自己所做的事情都是具有正向意义的——好的、对的;而对方所做的都是负向的——邪恶的、坏的。

美苏的冷战冲突就很好地体现了双重标准的问题。虽然双方在军事上的行为如出一辙,但双方都认为自己是在维护世界和平,而对方的做法是对全人类的一个巨大的潜在威胁。也就是说,我们对自己和对别人的标准具有两重性。由于受自我价值保护的影响,我们对自己所采取的标准比衡量别人的标准要低,这导致了我们在评价自己和对方的同样行为时,不容易得到客观的结论。如此,结论不仅对对方不利,而且更加剧了我们对于对方的负面印象,并可能促使我们做出反对对方的冲突行为。

3. 冲突维持归因

冲突维持归因(conflict-maintaining attributions)是另一种知觉偏差,是指人们倾向于用不好的解释去推断对方的某种行为。例如,在美苏冷战中,苏联采取了很多降低攻击性的举措,但美国认为这些行为都是由于苏联在经济上的力量减弱,或是其政策出现了一些失误或是由于一些内部原因造成的,而“苏联可能想与我们达成和平”这种对于对手的积极归因,从来没有占据过主导地位。这种冲突维持归因使人们将自己的敌对行为合理化。

认知偏差使双方维持不信任状态,并会在特定事件的触发下最终引发冲突。尤其需要注意的是,这些归因上的偏差在群体情境中更容易出现。因为在群体情境中,成员受到群体思维、群体极化、不连续效应等诸多群体效应的影响,更不容易发表可能客观但不被群体接受的意见,因此,更容易导致群际冲突的发生和升级。

(五) 个人因素

个人因素是能够引发冲突的另外一个潜在根源,其中,包含个人的个性特征和价值观体系两个方面,某些人的个性特征可能更容易引发冲突。例如,A 型人格的人由于具有竞争性,在对待挫折情境时更容易产生攻击性和敌意,因此更容易与别人发生冲突。

价值观的差异是很多冲突可以追寻的根源。如美苏之间长达 20 年冷战的根本原因,是意识形态上的对立;父辈与子代之间的很多冲突也来源于对事物和问题的不同看法;甚至朋友或夫妻之间由于对同一事件的不同意见而发生争吵,也是由于价值观的不一致而导致的。人们是基于自己的价值观对事物和现象做出判断的,价值观体系的差异是引发冲突的一个重要的深层原因。

四、冲突的平息

社会和谐是中国社会的时代追求,也是人类社会的共同愿望。形形色色的冲突扰乱了人们生活的平静和世界和平,妨碍了安全感的建立,降低了人们的生活品质。为此,如何平息冲突,是我们必须关注的问题。以下主要讨论在社会心理学领域积累起来的关于如何平息冲突的途径。

(一) 接触

研究表明,接触可以促使人们进行交流,减少敌意进而降低冲突发生率。许多关于种族歧视的研究证明,种族隔离制度的废除有效地降低了种族歧视的程度。费斯廷格(Festinger,1951)通过一项研究,考察了不同的接触方式在改变种族歧视和减少冲突方面的作用。研究以与黑人为邻但从不与黑人交往的白人为被试,让被试用 3 种不同方式与黑人发生联系:第一种方式是让被试与黑人一起玩扑克牌;第二种方式是让被试同黑人一起观看别人玩扑克牌;第三种方式是安排被试与黑人同待在一间屋子里,但不组织任何共同活动。结果发现,3 种情况下白人被试对黑人显示出友好态度的比例分别为 66.7%、42.9% 和 11.1%。3 组的差异十分显著。这一实验结果说明,主客体相互作用的水平越高,态度改变也越明显。其他心理学家所做的不同研究也发现,不仅主、客体相互作用的水平影响主体的态度变化,主体对于主、客体相互关系的注意水平及自我卷入水平也直接影响态度的改变。注意水平越高,自我卷入水平越高,态度也就越容易发生变化。这说明人与人之间的相互作用方式,直接影响着人们心理上的相互融合。当我们的对手变得与我们有紧密关系时,融合就替代了歧视、敌意和冲突。

有限制地废除种族隔离(如只在学校内部废除,两个种族群体在事实上仍然是不平等的)并不能显著地改善种族歧视现状。接触只有在双方地位完全平等且接触非常充分的条件下才会收到较好的效果。除此之外,接触只适用于冲突程度较轻的对象,是一种较为初级的降低冲突的技术。

(二) 共同目标

正如谢立夫的夏令营实验所揭示的,两个发生冲突的群体一起进行一系列共同活动,如玩撒豆游戏、一起用餐、一起看电影短片等,并没有减少两个群体间的冲突。但当活动变为需要两个小组合作来完成一个对双方都有意义的共同目标时,冲突被成功消除了。双方一起修给全体成员供水的蓄水池、一起协力将卡车拖出泥潭等共同目标的活动,致使双方从冲突走向了合作与融合。共同面对一些目的性、限制性较强,而任务靠一方的努力并不能完成,必须通过双方合作才能实现目标的行为,使得两个群体真正消除了敌意。

研究者分析,促使双方摒弃歧视,从冲突走向合作的动因,是双方群体共同拥有的一个超越群体自身的超级目标(superordinate goal)。超级目标的存在,引发了更高的超级同一性(superordinate identity),即成员们感到他们已经同自己的群体一起,从属于一个包容范围更广的新的整体。此时,原来群体的属性消减,人们赢得了在更大群体中的统一身份,而不再将自己归为原来的类别。在超级目标完成后,一个新的更大群体已经形成,原来属于不同的小群体的成员开始作为一个新的共同体的成员一起吃饭、在篝火旁联欢。敌意消失了,冲突被融合替代。

超级目标的存在和共同为实现这一目标的努力,使群体成员不再关注相互间的冲突,而把注意力集中于努力解决所面临的问题。一同工作的个体或群体更多关注手头的任务,而较少将自己仍然划分为原有的不同类别。每个成员都依赖他人的现实,使成员间形成了一个新的“我们”。此时,所有一起为超级目标努力的成员都属于同一类,人们沟通的内心障碍已经消除,因而人们之间走向融合。

另有研究(Worchel,1980)表明,合作结果是一个重要的调节变量。如果合作达到了双方都想要的成功结果,无疑会促进双方的关系发展。但如果合作并没有达成目标,则会重新激发双方的冲突,并且使关系进一步恶化。

(三) 谈判

无论是个人之间还是组织或国家之间,在合作出现困难或遭遇失败时,人们会选择用谈判的方法来消除冲突。谈判是一种更正式、更直接、更公开化的解决冲突的方式,在日常生活中有广泛的应用,大至国家间冲突的化解,小到家庭内夫妻纠纷的解决,都可以采用谈判的方式。

1. 影响谈判结果的因素

研究表明,灵活性是影响谈判的首要因素(Rubin,1990)。例如,两个公司对某种商品的价格进行谈判,比较有效的策略是在谈判进入尾声时才对其价格做出让步,这样比较容易达成一致。如果一方坚持自己的最初开价拒不让步或是在谈判刚开始就让步,都不会取得满意的效果。谈判中的灵活性需要很复杂的信息加工过程。心理学家称这个过程为整合复杂性(integrative complexity),它包括对结果的预期、对选择的权衡、对潜在策略的考虑等。

在谈判过程中可能削弱或损害认知与行为灵活性的原因包括以下几种。

(1) 反应性贬值(reactive devaluation):认为任何对对方有利的都对自己不利,也被称作“不相容知觉”。

(2) 认知启发(cognitive heuristics):过度依赖显著信息和明显特征。

(3) 锚定效应(anchoring):对初始付出的评价给予了过多的权重。

(4) 损失框架(loss framing):因为过分聚焦于损失而导致错失达成协议的机会。

另一个影响谈判的因素是准确理解对方的立场和观点。谈判中需要注意,我们可以不同意对方的立场和观点,但不能不知道和理解对方的立场和观点。虽然对于有分歧的谈判双方来说很难做到这一点,但它的确可以有效地增进彼此间的交流和理解,提高信任,进而促使问题朝良性的解决方向发展。

2. 争取双赢的谈判结果

如果双方能够在谈判过程中做到灵活并相互理解,那么谈判成功的可能性就会比较大。心理学家鲁宾(Rubin)指出,一般而言,好的谈判结果是双方都做出一些让步,达到了50—50的平衡折中。然而在某些谈判情境中,一种对双方更为有利的结果——整合一致(integrative agreement),是最理想的结果。

所谓整合一致,是指双方通过协商,都获得了自己最想要的资源,这种获得不像折中的方法那样必须牺牲自己一半的利益。相反,它只是失去一些自己并不看重的东西,以此从对方那里获得自己更想要的东西。这种方法的前提是两方想要得到的资源是不一致的,交换有相互需要的基础。

【知识拓展】
如何提高谈判技能

在市场经济的宏观背景下,这种双赢的谈判结果显得尤为重要。市场经济在本质上是交换经济,用对自己而言不重要甚至闲置、浪费掉的资源,换取必需的资源,更为重要的是,在建立互惠交换的同时,也与交换者建立了良好的信任和合作关系。这种关系对于经济良性循环和发展有着举足轻重的作用。

(四) 第三方的介入

除可以采用直接的交往和沟通来解决冲突之外,当接触没有发生作用、合作失败或谈判陷入僵局时,冲突双方会转向请第三方介入,或与双方有关联的第三方主动介入冲突,充当调停人、和解人或仲裁人以帮助冲突双方找到解决方法。

1. 和解

和解(conciliation)是指受到冲突双方信任的第三方在两方之间提供非正式的沟通,促进冲突的解决。和解人所起的作用更多时候是一种沟通渠道,促进双方的了解和交流,客观地了解各自的立场和观点、要求和让步空间,促使双方达成协议。这种方式多用于家庭和社区冲突情境中。在国际事务中,第三方促使冲突双方和解的事例也越来越普遍。

2. 调停

调停(mediation)是指中立的第三方使用劝说、讲道理、建议等方式来促进冲突双方达成一致。婚姻纠纷、劳资纠纷和民事纠纷中常常使用这一策略。在我国,居委会和街道办事处等机构的调解职能在社区运行和和谐方面长期发挥着重要作用。与西方发生纠纷就请律师不同,中国人社会生活中的许多纠纷可以在邻里和居委会的调解下获得解决。这种解决不仅具有及时性从而使社区生活尽快恢复应有的和谐,而且在社会运作成本上是一种高度节约的方式。为此,西方法律专家开始高度关注中国社区运作的机制。有些专家则试图引进中国社区运作的理念和实践,在西方社区建立同样的机制。

【知识拓展】一种有效解决冲突的方法

在使用调停策略时,有两点必须要注意:一是冲突强度不能太高,当冲突处于中等水平时,调停方式最为有效;二是调停的第三方必须被冲突双方认为是中立的,如果调停的一方偏向冲突的一方,则调停不但不能帮助冲突平息,而且可能火上浇油,加剧冲突,甚至将第三方卷入冲突,使冲突的局面变得更为复杂。

3. 仲裁

仲裁(arbitration)是指运用权威的第三方对冲突双方施加强制性影响来达成协议,实现冲突的解决。一般而言,冲突双方只有在无法协商下去的情况下,才会被迫启用这一方法。冲突双方诉诸法律就是一个例证。由于仲裁者拥有地位上的不可侵犯性,其决定带有某种程度上的强制性,因此,仲裁通常能够迅速解决一些久而未决的冲突。然而也正是由于这一方法过多地带有强制色彩,如果一方感到不满意,不愿意接受仲裁者的裁决,那么冲突再次爆发的可能性也就更大。

与调停相比,仲裁过程通常难以令双方都获得满意结果,而且没有使冲突双方对对方的态度发生任何实质的改变,因此不是根本性的冲突解决方案,而是暂时性地缓冲冲突。西方社会问题研究者和法律专家开始对中国的调停社会机制发生浓厚兴趣的原因,也正在于调停在解决冲突方面是比仲裁更好的选择。

思考与探究

1. 合作与竞争的影响因素有哪些?联系生活实际举出具体的案例。

2. 试分析合作与竞争的两个经典研究设计的合理性和问题。
3. 什么是竞争心理优势？为什么会出现这种倾向？
4. 什么是“搭便车效应”？怎样避免该效应的发生？
5. 冲突的发生受哪些因素影响？据此提出你能想到的预防冲突发生的措施。
6. 怎样认识冲突的两面性？解决冲突的措施有哪些？

主要中文参考文献

蔡华俭．(2003)．内隐自尊效应及内隐自尊与外显自尊的关系．*心理学报*，*35*(6)，796-801.

陈玲丽，金盛华，刘文，孙丽．(2013)．国内学者个体主义—集体主义概念的内容分析．*心理研究*，*6*(1)，36-41.

程蕾，陈煦海，黄希庭．(2011)．左脑还是右脑？——自我觉知神经机制的述评．*心理科学进展*，*19*(9)，1319-1327.

崔冲，吴黛舒．(2019)．教材中性别角色的实证分析：以部编本语文教材为例．*全球教育展望*，*48*(4)，105-118.

杜维明．(1988)．*人性与自我修养*（胡军，于民雄　译）．北京：中国和平出版社．

段锦云，古晓花，孙露莹．(2016)．外显自尊、内隐自尊及其分离对建议采纳的影响．*心理学报*，*48*(4)，371-384.

耿晓伟，郑全全．(2005)．中国文化中自尊结构的内隐社会认知研究．*心理科学*，*28*(2)，379-382.

苟雅宏．(2008)．应用内隐联想测验的内隐社会认知研究新进展．*社会心理科学*，*23*(5)，12-17.

贺腾飞．(2007)．内隐性别刻板印象研究综述．*山西大同大学学报（社会科学版）*，*21*(3)，99-101.

金盛华，李玲，车宏生，何立国．(2019)．中国人价值观特点及其与社会主义核心价值观的契合性．*心理科学*，*42*(3)，722-730.

金盛华，辛志勇．(2003)．中国人价值观研究的现状及发展趋势．*北京师范大学学报（社会科学版）*，(3)，56-64.

金盛华，郑建君，辛志勇．(2009)．当代中国人价值观的结构与特点．*心理学报*，*41*(10)，1000-1014.

李玲，金盛华．(2016)．Schwartz 价值观理论的发展历程与最新进展．*心理科学*，*39*(1)，191-199.

李延英．(2006)．“伙伴危机”影响孩子心理健康．*家庭与教育*，(9)，28.

李艺敏，李永鑫．(2015)．青少年人际关系能力对社交自卑感和心理健康的影响：社会适应性的作用．*心理科学*，*38*(1)，109-115.

梁漱溟．(2005)．*中国文化要义*．上海：上海人民出版社．

刘书青，彭凯平，方平，孟亦田，林卓．(2013)．辩证思维与辩证情绪的因果关系探究．*心理与行为研究*，*11*(4)，457-462.

唐军华．(2013)．*内隐自杀意念测量及在自杀逃避理论中的应用*．第四军医大学博士学位论文．

参考文献

田媛,周宗奎,丁倩.(2011).网络暴力材料对青少年内隐攻击性的影响研究.*教育研究与实验*,(4),88–91.

魏谨,佐斌,温芳芳,杨晓.(2009).暴力网络游戏与青少年攻击内隐联结的研究.*中国临床心理学杂志*,(6),715–717.

吴金峰,汪宇,陈红,黄俊锋.(2015).从自我到社会认知:默认网络和镜像神经元系统.*心理科学进展*,*23*(10),1808–1817.

吴明证,杨福义.(2006).自尊结构与心理健康关系研究.*中国临床心理学杂志*,*14*(3),297–299.

徐维东,吴明证,邱扶东.(2005).自尊与主观幸福感关系研究.*心理科学*,*28*(3),562–565.

徐振华,刘电芝,黄颀,刘金光,张姣,李宇清.(2010).大学生性别角色形成研究:双性化与未分化个案的对比.*心理科学*,*33*(1),219–222.

杨福义.(2006).*内隐自尊的理论与实验研究*.华东师范大学博士论文.

杨国枢.(2013).*中国人的价值观:社会科学观点*.北京:中国人民大学出版社.

周帆,王登峰.(2005).人格特质与外显自尊和内隐自尊的关系.*心理学报*,*37*(1),100–105.

朱鑫亚.(2010).大学生内隐职业性别刻板印象研究.*社会心理科学*,*25*(1),47–52,93.

郑重声明

读者意见反馈

为收集对教材的意见建议，进一步完善教材编写并做好服务工作，读者可将对本教材的意见建议通过如下渠道反馈至我社。

咨询电话　400-810-0598

反馈邮箱　zz_dzyj@pub.hep.cn

通信地址　北京市朝阳区惠新东街4号富盛大厦1座
　　　　　高等教育出版社总编辑办公室

邮政编码　100029